JN434966

구칸쇼愚管抄

1판 1쇄 인쇄 2012년 12월 14일
1판 1쇄 발행 2012년 12월 24일

저 자 | 지엔慈圓
역 자 | 박은희 신재인 유인숙 박연정
발행인 | 이방원
발행처 | 세창출판사
신고번호 | 제300-1990-63호
주소 | 서울 서대문구 냉천동 182 냉천빌딩 4층
전화 | (02) 723-8660 팩스 | (02) 720-4579
http://www.sechangpub.co.kr
e-mail: sc1992@empal.com

ISBN 978-89-8411-357-2 93910

이 책은 한국연구재단의 지원으로 세창출판사가 출판, 유통합니다.

잘못된 책은 구입하신 서점에서 바꾸어 드립니다.
책값은 뒤표지에 있습니다.

이 도서의 국립중앙도서관 출판시도서목록(CIP)은
e-CIP홈페이지(http://www.nl.go.kr/ecip)와 국가자료공동목록시스템
(http://www.nl.go.kr/kolisnet)에서 이용하실 수 있습니다.
(CIP제어번호: CIP2012005839)

구칸쇼 愚管抄

지엔慈圓 저

박은희 · 신재인 · 유인숙 · 박연정 역

세창출판사

역자 서문

그 실체를 쉽사리 드러내지 않는 망령 같은 존재 '불안'이 현대인을 서서히 잠식하고 있는 요즈음이다. 신자유주의의 아찔한 속도감 속에서 '부자 아빠와 가난한 아빠'라는 양분화된 갈림길을 마치 곡예라도 하듯 아슬아슬하게 버티며 살아온 우리는 어느 날 문득이 소란스럽고 거침없고 무자비한 경쟁과 질주가 자신의 삶에 무겁고 짙게 그늘을 드리우고 있음을 자각하게 된다. 과도한 경쟁으로 인해 시기, 질시, 분노로 표출되던 감정은 이윽고 무기력함, 공허함, 우울함으로 그 외형을 바꾸어 우리의 삶을 침잠시킨다. 그 내면에는 스스로의 존재에 대한 '불안'이라는 잠재의식이 자리잡고 있는 것이다.

결국 그 누구도 벗어날 수 없는 구조적인 상황 속에서 나만 불안하지 않음을 위로받고 싶어하고 위안받기를 원하는 상태에 이르게 된다. 바로 그런 시기에 화두로 떠오르는 것이 '힐링'으로 대변되는 치유의 말과 글임은 새삼 놀라울 것이 없는 사실이다. 우리는 누구에게 치유받고 위로받기를 원하는가? 스스로의 내면의 삶을 조용히 들여다보며 묵묵히 자신의 길을 걷고 있는 구도자들에게서 그리고 종교에서 그 답을 찾으려 하는 것은 어찌 보면 당연한 귀결점이라고도 할 수 있다. 사찰에서 이루어지는 힐링 캠프, 스님이 집필한 에세이를 최근에 많은 사람이 찾고 있다는 점도 그런 사실을 뒷받침해주고 있다.

서설이 길었다. 이번에 번역 출간하게 된 『구칸쇼愚管抄』는 바로 일본 역사상 진정한 '불안'의 시대라 평가될 만한 중세 시대에 승려 지엔慈圓에 의해 쓰여진 역사철학서이다. 전란이 끊이지 않았던 그 시대 사람들은 바로 다음날의 삶의 존속도 보장받지 못한 채 불안에 떨어야 했다. 환란과 전란, 특히 조정과 막부의 갈등이 거듭되는 속에서 지엔은 스스로의 눈으로 직접 확인하고 몸소 체험한 경험을 바탕으로 도도히 흘러가는 역사를 반추하며 변하지 않는 역사의 원리를 담담히 풀어내고자 했다.

지엔의 말을 본 번역서에서 빌려 인용해 보면 "요 근래 이십 년 전부터 올해 조큐承久까지의 정치, 사람들의 마음이 향하는 바를 살펴보니 불안하기 그지없다. 상세히 말해도 미래를 예언하는 말이 되어버리니 맞혔다 한들 참된 것이 아니다. 다만 하치만八幡 대보살의 보살핌 아래 세상일은 펼쳐지고 나타날 것이다. 그 모습을 써내려가면 양식 있는 사람들은 거기에 덧붙여 써가야 할 것이다"라고 한다. 불안한 이 시대 속에 구도자 지엔이 할 수 있는 일은 세상일이 펼쳐지고 나타났던 그 일련의 과정을 묵묵히 써내려가는 수행자의 모습을 강건히 유지해가는 것에 다름이 아니다.

역사는 변하지 않는 진리, 즉 도리에 의해 움직여가며 그 모습을 흐르듯 역사를 써내려가는 과정 속에서 발견할 수 있다는 그의 철학적 성찰은 놀랍고도 귀하다. 다시 그의 말을 빌리자면 "세상의 도리는 조금씩 변화하면서 세상을 지키고 인간을 지켜왔다는 사실을 서술하고자" 하였으며, 그 역사 또한 후대인이 다시 써내려가며 흐름을 이어나가야 한다는 것이다.

모든 것이 불안하고 어수선한 상황 속에서 사람들은 소통의 부재, 철학의 부재를 외치며 인문학의 소생을 갈망한다. 변화하지 않는 것, 구심점을 찾고 싶어 하는 이 소란 속에서 지엔의 역사 속에서의 도도한 흐름, 도리를 찾아가는 그 구도의 행위에 저절로 시선이 간다. 우리 모두 중심을 잃지 않을 일이다.

본 번역서의 기획은 2005년에 시작되었다. 함께 공부하는 연구자 네 명이 의미 있는 고전 작품을 번역하자는 데 한뜻을 모았고 논의를 거쳐 선정된 작품이 바로 『구칸쇼』이다. 원문 자체의 난해함으로 번역에 고충도 있었지만 공동번역이라는 특성상 많은 시간을 투자해야 하는 작업이었기에 지난한 과정의 연속이었다. 2009년에 한국연구재단의 명저번역사업에 선정되면서 번역 작업에 가속도가 붙었고, 만 7년이 지난 이 시점에 출간이 가능할 수 있었다. 수차례 거듭된 방대한 교정 작업에도 불구하고 묵묵히 모든 요구를 수용해준 세창출판사 분들에게도 감사할 일이다.

2012년 12월

역자 일동

차 례

일러두기

1. 일본 지명과 인명은 일본음을 한글로 표기한 후 한자를 병렬 표기하였다.
2. 한자는 일본 약자가 아닌 정자正字를 사용하였다.
3. 관직명은 되도록 우리말 음으로 표기하는 것을 원칙으로 하였으나 경우에 따라 뜻이 통하지 않는 관직명의 경우 일본음으로 표기하였다.
   예) 대신大臣, 대납언大納言, 구로도藏人
4. 서적의 경우도 우리말 음으로 표기하는 것을 원칙으로 하였으나 뜻이 통하지 않는 경우에는 일본음으로 표기하였다.
   예) 일본서기日本書紀
5. 연호는 일본음을 한글로 표기한 후 한자를 병렬 표기하였으며 가능한 한 서력을 병기하였다.
   예) 지쇼治承 3년(1179)
6. 사찰명은 일본음으로 표기하였으며 스님의 위계는 한글음으로 표기하였다.
   예) 도다이지東大寺, 법인法印, 승정僧正
7. 궁궐 이름, 건물 등은 되도록 한글음으로 표기하였다.
   예) 청량전淸涼殿, 자신전紫宸殿
8. 주는 각주의 형식을 취하였으며 인물과 역사적 사건에 대한 설명, 본문 해석을 위해 필요한 사항에 한정지었다.
9. 일본 노래인 와카和歌의 경우 5, 7, 5, 7, 7의 음수율에 맞추어 번역하였다.

구칸쇼 | 제1권

중국연대기

반고盤古[1] 천지인天地人이 정해지고 난 후의 천자다.

삼황三皇[2] 천황자天皇子,[3] 지황자地皇子,[4] 인황자人皇子[5]를 말한다. 또는 복희伏羲,[6] 신농神農,[7] 황제黃帝[8]를 삼황으로 삼는 견해도 있다.

오제五帝[9] 소호小昊, 전욱顓頊, 고신高辛, 요堯, 순舜의 다섯 천

1_ 중국신화에서 천지를 개벽하고 세상을 처음 창조한 존재. 천지가 혼돈하여 계란 같은 상태에서 태어났다고 한다.

2_ 중국 고대 전설에 나오는 세 명의 임금을 말하며 천황 씨, 지황 씨, 인황 씨로 보는 설과 복희 씨, 신농 씨, 황제로 보는 설 등이 있다.

3_ 중국 태고 시대의 전설적인 인물. 삼황의 으뜸으로, 12형제가 각각 만 팔천 년씩 왕의 자리에 있었다고 한다.

4_ 중국 고대 전설상의 제왕. 천지인 삼재三才 사상에 바탕을 둔 삼황의 하나로 천황 씨를 계승하였다고 한다.

5_ 중국 고대 전설에서 원고遠古부락의 장로로서 후에 신화화되어 천황, 지황과 함께 삼황이 되었다. 『사기』 「삼황본기」에 의하면, 인황은 머리가 아홉 개이고 구름을 타고 다녔는데, 형제 아홉 명이 아홉 개의 주州를 나누어 각각 성읍을 세웠다고 한다.

6_ 중국 고대의 전설상의 제왕帝王. 팔괘八卦를 처음 만들고 그물을 발명하여 어획·수렵의 방법을 가르쳤다고 한다.

7_ 중국 삼황의 하나로 흔히 '염제炎帝 신농'으로 불린다. 황제 헌원 씨 이전에 한족에게 농사짓는 방법을 알려주었다고 알려진 신화 속 인물이다.

8_ 중국의 건국 신화에 나타나는 제왕으로 중국을 처음으로 통일한 군주이자 문명의 창시자로 숭배되고 있다. 배와 수레, 60갑자를 만들었다고 한다.

9_ 오제에는 여러 가지 설이 존재한다. 『예기』에서는 태호(복희), 염제(신농), 황제, 소호, 전욱이라고 하고, 『사기』에서는 황제, 전욱, 제곡帝嚳, 당요唐堯,

자를 의미한다.

삼왕三王 하夏, 은殷, 주周 세 왕조를 의미한다. 하나라는 17왕 432년이며 은나라는 30왕 618년이다. 은나라를 상商이라고도 한다. 그리고 주나라는 37왕 867년간 지속되었다.

12제후 춘추시대의 강국으로 정鄭, 조曹, 송宋, 진晉, 위衛, 진秦, 제齊, 연燕, 노魯, 채蔡, 초楚, 진陳을 말하며 12제후에는 들어가지 않으나 오吳를 넣는 경우도 있다.

육국六國 전국시대의 강국을 말하며 주나라 27대 원왕元王[10] 때에 강했다. 한韓, 위魏, 조趙, 제齊, 연燕, 초楚의 육국을 지칭한다.

진秦 6제帝[11] 56년.

한漢 12제 214년이라 일컬어지는데 왕망王莽[12]이 세운 신新에 의해 중단되었다. 신은 14년간 이어졌다. 경시更始 3년(25)[13]에 후한이 재건되었다.

후한後漢 12제 195년.

삼웅三雄 후한 말기에 일어난 위魏, 오吳, 촉蜀 삼국을 이른다.

위나라는 5제 45년이며 오나라는 4제 49년, 촉나라는 2제 43년이다.

우순虞舜이라고 한다. 『상서』 공안국 서문에서는 소호, 전욱, 고신, 당요, 우순이라고 한다.

10_ 주周나라 왕으로, 재위기간은 기원전 475-469년이었다.

11_ 일반적으로 진나라는 진시황 이후로 삼황제가 있었고, 진시황 이전의 왕을 더하여 4제 43년인데, 6제라고 하는 것은 어떤 사실에 근거한 것인지 알 수 없다.

12_ 중국 전한 말기의 정치가로서 신新 왕조의 건국자. 이상적인 나라 건설을 위한 개혁정치를 펼쳤으나 부하의 칼에 죽임을 당함으로써 건국한 지 15년만에 멸망하였고, 이후 한나라의 혈통을 잇는 광무제에 의해 후한이 건국되었다.

13_ 광무제가 즉위한 해를 말한다.

진晉　15제 155년의 역사를 갖고 있는데 제2대 혜제惠帝 이후 한족漢族 이외의 민족이 황제를 칭했으며[14] 남연南燕, 후량後涼, 후진後秦, 후촉後蜀, 위하僞夏, 서진西秦, 남량南涼, 전진前秦, 전량前涼, 전연前燕, 후조後趙, 대代, 위魏, 북량北涼, 서량西涼, 북연北燕, 후연後燕과 같은 나라들이 나타났다.

남조南朝 북조北朝　진나라 이후 한족에 의한 남조와 북방민족의 북조로 나누어지는데, 송(宋: 8제 59년), 후위(後魏: 14제 139년), 남제(南齊: 7제 33년), 서위(西魏: 3제 23년), 동위(東魏: 1제 16년), 양(梁: 4제 55년), 후주(後周: 5제 24년), 진(陣: 5제 23년), 북제(北齊: 7제 28년)와 같은 왕조가 잇달아 흥망했다.

수隋　3제 37년.

당唐　20제 289년.

오대五代[15]　당나라 이후 양(梁: 3제 16년), 당(唐: 4제 13년), 진(晉: 3제 12년), 한(漢: 2제 3년), 주(周: 3제 9년)의 다섯 왕조가 흥망을 거듭했다.

대송大宋　지금까지 13제이며 올해 263년이 된다. 조큐承久 2년(1220)[16]에 이 책을 쓴다.

一 천조踐祚는 즉위를 말한다. 조祚는 조阼이며 이는 시작을 말한다. 즉 천조는 밟기 시작했다는 뜻이다.

14_ 한나라 혜제는 기원전 194-188년 동안 다스렸으며 이때 제후 중에 스스로를 황제라고 부르는 자가 생겨 5호 16국 시대가 개막되었다고 한다. 5호는 흉노匈奴, 갈羯, 선비鮮卑, 저氐, 강羌의 북방 다섯 이민족을 가리키며 이들이 세운 16개의 나라가 있었다.

15_ 5대에 속한 다섯 나라에는 모두 후後라는 명칭이 들어가 있으며, 후량, 후당, 후진, 후한, 후주가 그에 해당한다.

16_ 조큐 2년은 1220년으로 앞서 올해라고 언급한 대송 263년(1222)과 연도가 맞지 않는다.

一 탈사脫屣는 왕의 자리에서 물러남을 의미한다. 황제黃帝[17]가 신선도神仙道를 구하여 왕위를 피한 것이 구두를 벗은 것과 같은 데서 유래되었다고 한다.

一 국왕의 통치 기간을 계산할 때 선왕이 수선受禪한 해는 버리고 다음 해부터 취하였다. 즉 유년법踰年法을 사용했다. 수선은 양위를 말한다. 선양禪讓 또는 수선.

진무神武 — 스이제이綏靖 — 안네이安寧 — 이토쿠懿德 — 고쇼孝昭 — 고안孝安 — 고레이孝靈 — 고겐孝元 — 가이카開化 — 스진崇神 — 스이닌垂仁 — 게이코景行 — 야마토타케루노미코토日本武尊 — 주아이仲哀 — 오진應神 — 하야부사隼總 황자 — 오토오男大迹王 — 시이오私斐王 — 히코아루지오彦主人王 — 게이타이繼體 — 긴메이欽明 — 비다쓰敏達 — 오시사카노오에忍坂大兄 황자 — 조메이舒明 — 덴지天智 — 시키施基 황자 — 고닌光仁 — 간무桓武 — 사가嵯峨 — 닌메이仁明 — 고코光孝 — 우다宇多 — 다이고醍醐 — 무라카미村上 — 엔유圓融 — 이치조一條 — 고스자쿠後朱雀 — 고산조後三條 — 시라카와白川 — 호리카와堀川[18]

17_ 삼황의 하나로 소개된 황제 헌원軒轅 씨를 지칭한다. 사마천의 『사기』에 황제가 용을 타고 승천했다는 이야기가 있다.

18_ 이상의 인물에 대한 상세한 설명은 〈황제연대기〉에 있는 주 참조.

황제연대기

제 1 대 | 진무神武 천황[19]

재위 76년. 원년 신유辛酉년. 52세 즉위. 127세 붕어.

히코나기사타케우가야후키아와세즈노미코토彦波瀲武鸕鷀草葺不合尊[20]의 넷째 아들이며 정월 초하루 경진庚辰 날에 태어났다고 한다. 모친은 다마요리히메玉依姬[21]이며 해신海神의 딸이다. 이 천황 치세에 이르러 비로소 제주祭主를 두어 모든 신을 제사지냈다. 이 나라를 아키쓰시마秋津島[22]라 이름지어 불렀다.

19_ 진무 천황神武天皇. 천손天孫 니니기노미코토瓊瓊杵尊의 증손자로 『고지키古事記』 『일본서기日本書紀』에 의하면 제1대 천황이다. 야마토大和 지방을 평정하여 신유년에 초대 천황의 자리에 올랐다고 전해지며 휴가日向를 나와서 동쪽으로 나아가 야마토를 평정하고 기원전 660년 가시와라노미야橿原宮에서 즉위했다고 한다. 그 사적에 신화적인 요소가 많다.

20_ 히코나기사타케우가야후키아와세즈노미코토彦波瀲武鸕鷀草葺不合尊. 일본 신화 속 인물로서 히코호호데미노미코토彦火火出見尊의 아들이며 진무 천황의 아버지다. 참고로 천손의 계보는 다음과 같다. 아마테라스오카미天照太神 — 아메노오시호미미노미코토天忍穗耳尊 — 니니기노미코토瓊瓊杵尊 — 히코호호데미노미코토 — 히코나기사타케우가야후키아에즈노미코토 — 진무 천황.

21_ 다마요리히메玉依姬. 일본 신화 속 인물로서 와타쓰미綿津見 신의 딸이다. 우가야후키아에즈노미코토와 결혼하여 진무 천황을 비롯하여 아들 네 명을 낳았다고 한다. 다마요리비메라고도 한다.

22_ 좁게는 야마토 지방, 또는 혼슈本州를 말하며 넓게는 일본을 지칭한다. 진무 천황이 야마토 지방의 산 위에서 국토를 내려다보고 잠자리가 서로 꼬리를 물고 있는 모습과 같다고 말했다는 일화가 『고지키』에 실려 있다.

궁궐은 야마토 지방의 가시하라橿原 궁[23]이다. 진무 천황이 즉위한 신유辛酉년은 석가모니 열반 후 290년에 해당한다고 한다. 또한 주周나라 제16대왕 희왕僖王 3년에 해당한다고 한다. 그러나 일설에 의하면 주나라 혜왕惠王 17년 신유년이라고도 하는데 지금까지 별다른 의문이 제기되지 않았기에 혜왕 17년 설이 옳다고 생각한다.

제2대 스이제이綏靖 천황[24]

재위 33년. 원년 경진庚辰년. 52세 즉위. 84세 붕어.

진무 천황의 셋째 아들로 진무 42년 정월 갑인甲寅 날에 동궁으로 책봉되었다. 당시 19세. 모친은 다타라이이스즈히메タヽライ五十鈴姬[25]이며 고토시로누시노카미コトシロヌシノ神[26]의 딸이다. 진무 천황 붕어 후 4년째 되는 해에 즉위하였다.

궁궐은 야마토 지방 가즈라키노다카오카葛木高岡 궁이다. 스이제이 천황에게는 황후 한 명과 황자 한 명이 있었다.

23_ 진무 천황이 즉위식을 올렸다고 전해지는 궁궐로서 현재의 가시하라 신궁神宮은 메이지 시대에 그 궁궐터를 추정하여 지어진 것이다.

24_ 스이제이 천황綏靖天皇. 전설상의 천황으로서 진무 천황의 셋째 아들이다. 진무 천황 사후 이복형이 자신을 죽이고 왕위를 찬탈하고자 하는 음모를 품고 있다는 사실을 알고 먼저 행동을 취해 이복형을 죽였다. 막내임에도 불구하고 그 용맹함으로 인해 왕위에 올랐다고 전해진다. 참고로 제2대 스이제이 천황에서 제9대 가이카開化 천황에 이르는 여덟 명의 천황은 『고지키』와 『일본서기』의 천황 계보에서 그 이름은 확인할 수 있으나 구체적인 사적이 없어 전후의 사학계에서는 가공의 인물로 보는 설이 지배적이다.

25_ 다타라이이스즈히메タヽライ五十鈴姬. 진무 천황의 황후. 『고지키』에 따르면 고토시로누시노카미의 딸로 간야이미미노미코토神八井耳命와 스이제이 천황을 낳았다고 한다. 『일본서기』에서는 오모노누시노카미大物主神의 딸이라고 한다.

26_ 고토시로누시노카미コトシロヌシノ神. 일본 신화속 인물로 오쿠니누시노미코토大國主命의 아들이다. 자신들의 영토를 천손 니니기노미코토에게 양보하라고 아버지에게 권유한 것으로 유명하다.

진무 천황에게는 세 명의 아들이 있었다. 첫째 아들은 다기시미미노미코토手研耳命[27]이며 둘째 아들은 간야이미미노미코토神八井耳命,[28] 셋째 아들은 동궁인 스이제이 천황이었다. 진무 천황 붕어 후 상중에 있던 동궁은 큰 형에게 국정을 돌보게 하였다. 그러나 얼마 지나지 않아 큰 형은 두 동생에게 나쁜 마음을 먹었다. 동궁이 이를 알아차리고 둘째 형에게 첫째 형을 죽이라고 권했다. 둘째는 활과 화살을 잡기는 했으나 손이 떨려 쏘지 못했다. 그 때 동궁이 그 활과 화살을 빼앗아 들고 한 치의 오차도 없이 화살을 쏘아 큰 형을 죽였다. 그 뒤 둘째 형은 자신이 천황의 그릇이 되지 못함을 말했다. 동궁은 둘째 형에게 형이기에 즉위해야 한다고 말하였다. 이렇듯 서로 양보하다가 4년 동안 아무도 즉위하지 못하였다. 4년째 되던 해에 마침내 형의 권유로 동궁이 천황의 자리에 올랐다. 이 일을 깊이 생각하면 역사의 첫 부분에 세상의 모든 이치가 이토록 훌륭히 드러나 있음을 깨닫게 된다. 형을 죽인 것은 악한 일이지만 자신이 왕위에 오르기 위해 죽인 것이 아니다. 보편적인 입장에 서서 악과 대치하고자 하는 마음에 의한 것이었다. 그리고 또한 둘째 형을 왕위에 오르라고 권했다. 이는 오직 도리를 최우선으로 삼았다는 것을 의미한다. 진무 천황은 이와 같은 셋째 아들의 기량을 헤아려 동궁으로 삼았던 것이다. 이 최초의 예를 토대로 훗날 일어난 닌토쿠仁德 천황과 우지宇治 태자의 일[29]을 생각해본다. 이들 역

27_ 다기시미미노미코토手研耳命. 진무 천황의 아들로서 『고지키』에 의하면 진무 천황 사후 아버지의 후처를 자신의 부인으로 삼고 이복동생들을 죽여 왕위를 찬탈하려고 하다 결국 동생에게 죽임을 당했다고 한다. 『일본서기』에도 비슷한 이야기가 실려 있으나 아버지의 부인을 취하고자 했다는 내용은 없다.

28_ 간야이미미노미코토神八井耳命. 진무 천황의 둘째 아들. 이복형이 자신들을 해하려 한다는 사실을 알고 형을 죽이려고 했으나 손이 떨려 화살을 쏘지 못하고 결국 동생인 스이제이 천황이 이복형을 죽인다. 이 사건을 계기로 자신이 연장자임에도 불구하고 천황의 자리를 동생에게 양보했다고 한다.

29_ 닌토쿠仁德 천황은 이복동생인 우지宇治 태자와 서로 왕위를 양보하였다. 장

시 황자와 동궁이 정도正道를 가고자 하는 마음에 서로 왕위를 양보하였다. 마침내 닌토쿠 천황이 형과의 논쟁에 져서 왕위에 오른 것은 닌켄仁賢 천황과 겐조顯宗 천황이 아름다운 선례를 따르고 신하들의 의견에 따라 왕위에 올랐던 것과 맥락을 같이한다.[30] 형을 죽인 것은 모든 악을 물리치고 선에 귀의하고자 하는 마음이다. 쇼토쿠聖德 태자 때에 스슌崇峻 천황이 살해되고,[31] 오토모大友 황자 또한 덴무天武 천황에게 죽임을 당했는데,[32] 이와 같은 예는 후대에도 많다. 이처럼 역사의 첫 부분에 앞으로 일어날 모든 일의 이치가 미리 예시되어 나타나 있다.

제3대 안네이安寧 천황[33]

재위 38년. 원년 임자壬子년. 20세 즉위. 55세 붕어.

스이제이 천황의 태자이며 스이제이 25년 정월 무자戊子 날에 동궁이 되었다. 모친은 황태후 이스즈요리히메五十鈴依姬[34]이며 고토시로누시노카미의 딸이다.

유유서를 중시하는 우지 태자가 자살하자 어쩔 수 없이 닌토쿠 천황이 즉위했다고 한다.

30_ 닌켄 천황과 겐조 천황 역시 서로 보위를 미루다 동생인 겐조 천황이 먼저 왕위에 오르고 형인 닌켄 천황이 그 뒤를 이었다.

31_ 스슌 천황은 소가노 우마코蘇我馬子의 전횡에 분노하여 그를 척살하려다가 오히려 우마코에게 살해당했다.

32_ 진신壬申의 난을 가리킨다. 덴지 천황 사후 덴지 천황의 장자인 오토모 황자에 대항하여 요시노吉野에 은신해 있던 오아마大海人 황자가 일으킨 난이다. 결국 오토모 황자는 자살하고 오아마 황자는 즉위하여 덴무 천황이 되었다.

33_ 안네이 천황安寧天皇. 전설상의 천황. 스이제이 천황의 첫째 아들로 이름은 시키쓰히코타마데미磯城津彦玉手看이다.

34_ 이스즈요리히메五十鈴依姬. 스이제이 천황의 부인으로 아버지는 고토시로누시노카미이다. 안네이 천황을 낳았으며 안네이 천황 즉위 후 황태후가 되었다고 한다.

궁궐은 야마토 지방 가타시오우키아나片鹽浮穴 궁이다. 안네이 천황에게는 황후 세 명과 황자 네 명이 있었다.

제4대 이토쿠懿德 천황[35]

재위 34년. 원년 신묘辛卯년. 34세 즉위. 77세 붕어.

안네이 천황의 둘째 아들이다.[36] 안네이 11년에 동궁으로 책봉되었다. 모친은 황태후 누나소코나카쓰히메淳名底中姬[37]이며 고토시로누시노카미의 손녀이다.

궁궐은 야마토 지방 가루노마가리와輕曲峽 궁이다. 이토쿠 32년에 공자가 죽었다고 한다. 혹자는 고쇼孝昭 7년에 공자가 죽었다고 한다.[38] 이토쿠 천황에게는 황후 세 명과 황자 한 명이 있었다.

제5대 고쇼孝昭 천황[39]

재위 83년. 원년 병인丙寅년. 32세 즉위. 120세 붕어.

이토쿠 천황의 태자로 이토쿠 22년에 동궁으로 책봉되었다. 모친은 황태후 아마토요쓰히메天豊津姬[40]이며 오키이시미미노미코토息石

35_ 이토쿠 천황懿德天皇. 전설 속의 천황으로서 안네이 천황의 둘째 아들이다. 이름은 오야마토히코스키토모大日本彦耜友라고 한다.

36_ 『렌추쇼簾中抄』에 의하면 셋째 아들이라고도 한다.

37_ 누나소코나카쓰히메淳名底中姬. 안네이安寧 천황의 황후로서 고토시로누시노카미의 손녀이다. 이토쿠 천황과 오키이시미미노미코토息石耳命를 낳았다고 전해진다.

38_ 이토쿠 32년에 공자가 죽었다는 설은 『미즈카가미水鏡』 『역대황기歷代皇紀』에도 보이나 고쇼 7년설은 무엇에 근거하고 있는지 알 수 없다.

39_ 고쇼 천황孝昭天皇. 전설 속의 천황으로 이토쿠 천황의 첫째 아들이다. 이름은 미마쓰히코카에시네觀松彦香殖稻.

40_ 아마토요쓰히메天豊津姬. 이토쿠 천황의 황후로서 오키이시미미노미코토의 딸이다. 고쇼 천황을 낳았다고 전해진다.

耳命[41]의 딸이다.

궁궐은 야마토 지방 와키노카미이케고코로掖上池心 궁이다. 고쇼 천황에게는 황후 세 명과 황자 두 명이 있었다.

제6대 고안孝安 천황[42]

재위 102년. 원년 기축己丑년. 36세 즉위. 100세 혹은 137세[43] 붕어.

고쇼 천황의 둘째 아들로 고쇼 68년에 동궁으로 책봉되었다. 모친은 황태후 요소타라시히메世襲足媛[44]이며 오하리무라지尾張連의 선조에 해당하는 오키쓰요소타라시히메瀛津世襲足媛의 여동생이다.

궁궐은 야마토 지방 무로아키즈시마室秋津島 궁이다. 고안 천황에게는 황후 세 명과 황자 한 명이 있었다. 황자가 두 명이라고 기록한 서책도 있다.

제7대 고레이孝靈 천황[45]

재위 76년. 원년 경오庚午년. 53세 즉위. 110세 혹은 128세 붕어.

고안 천황의 태자로 고안 76년에 동궁으로 책봉되었다. 모친은 황태후 아네오시히메姉押姫[46]이며 아마타라시히코쿠니오시히토노미코

41_ 오키이시미미노미코토息石耳命. 안네이 천황의 아들이며 어머니는 이토쿠 천황과 같다.

42_ 고안 천황孝安天皇. 전설상의 천황으로 고쇼 천황의 둘째 아들이다. 이름은 야마토타라시히코쿠니오시히토日本足彦國押人.

43_ 『고지키』에 의하면 123세에 붕어했다고 한다.

44_ 요소타라시히메世襲足媛. 고쇼 천황의 황후로서 고안 천황과 아메타라시히코쿠니오시히토노미코토天足彦國押人命를 낳았다고 전해진다.

45_ 고레이 천황孝靈天皇. 전설상의 천황으로서 고안 천황의 첫째 아들이다. 이름은 오야마토네코히코후토니大日本根子彦太瓊.

46_ 아네오시히메姉押姫. 고안 천황의 황후로서 고레이 천황과 오키비노모로스스

토天足彦國押人命[47]의 딸이다.

궁궐은 야마토 지방 구로다이오토黑田廬戸 궁이다. 고레이 천황에게는 황후 세 명과 황자와 황녀 여섯 명이 있었다.

제8대 고겐孝元 천황[48]

재위 57년. 원년 정해丁亥년. 60세 즉위. 117세 붕어.

고레이 천황의 태자로 고레이 36년에 동궁으로 책봉되었다. 모친은 황후 구와시히메細媛[49]이며 시키아가타누시오메磯城縣主大目의 딸이다.

궁궐은 야마토 지방 가루사카이하라輕境原 궁이다. 고겐 천황에게는 황후 세 명과 황자와 황녀 다섯 명이 있었다.

제9대 가이카開化 천황[50]

재위 60년. 원년 계미癸未년. 51세 즉위. 115세 붕어.

고겐 천황의 둘째 아들이며 고겐 22년에 동궁으로 책봉되었다. 모친은 황태후 우치시코메노미코토鬱色謎命이며 호즈미노오미토호쓰오야우쓰시코오노미코토穗積臣遠祖鬱色雄命의 여동생이다.

궁궐은 야마토 지방 가스가이사와카와春日率川宮 궁이다. 가이카

미노미코토大吉備諸進命를 낳았다고 전해진다.

47_ 아마타라시히코쿠니오시히토노미코토天足彦國押人命. 고쇼 천황의 아들로서 모친은 고안 천황과 동일한 황태후 요소타라시히메.

48_ 고겐 천황孝元天皇. 전설상의 천황으로서 고레이 천황의 첫째 아들이다. 이름은 오야마토네코히코쿠니쿠루大日本根子彦國牽.

49_ 구와시히메細媛. 고레이 천황의 황후로서 고겐 천황의 모친이다.

50_ 가이카 천황開化天皇. 전설상의 천황으로서 고겐 천황의 둘째 아들이다. 이름은 와카야마토네코히코오히비稚日本根子彦大日日.

천황에게는 황후 네 명과 황자와 황녀 다섯 명이 있었다. 위의 아홉 천황 시절의 신하臣[51]에 대한 기록은 보이지 않는다.

제10대 스진崇神 천황[52]

재위 68년. 원년 갑신甲申년. 52세 즉위. 120세 혹은 119세에 붕어.

가이카 천황의 둘째 아들로 가이카 28년에 동궁으로 책봉되었다. 모친은 황태후 이카시코메노미코토伊香色謎命[53]이며 오헤소키大綜麻杵의 딸이다.

궁궐은 야마토 지방 시키노미즈가키磯城瑞籬 궁이다.

스진 천황이 보위에 오른 후 역병이 돌아 병들어 죽는 사람이 많았다. 그래서 아마테라스오카미天照太神[54]를 가사누이笠縫 마을[55]에 옮겨오고 각 지방에 신사를 만들어 여러 신을 제사지냈다. 그 후 세상이 평온해지고 백성들 또한 풍요로워졌다. 조정에 세금을 바치고 각 지방에 연못을 파서 배를 만들어 띄운 것도 이 천황 치세 때의 일이다.

51_ 오미臣, 즉 재상에 해당하는 조정 중신을 의미한다.

52_ 스진 천황崇神天皇. 가이카 천황의 둘째 아들로 이름은 미마키이리비코이니에御間城入彦五十瓊殖이며 실존인물일 가능성이 높다. 역병이 만연하여 오모노누시노카미大物主神에게 제사지냈다는 이야기, 아마테라스오카미의 신전을 가사누이 마을에 옮겼다는 이야기, 네 명의 장군을 파견하여 전국을 평정하게 했다는 일화 등이 전해진다.

53_ 이카시코메노미코토伊香色謎命. 고겐 천황의 비로 히코후쓰오시노마코토노미코토彦太忍信命를 낳았으며 고겐 천황 사후에는 아들인 가이카 천황의 황후가 되어 스진 천황을 낳았다고 전해진다.

54_ 일본신화에 등장하는 해의 여신으로 황실의 조상신이자 신도의 중심역할을 하는 신이다.

55_ 스진 천황은 궁궐 내에 있던 아마테라스오카미 신전을 가사누이 마을로 옮겨 황녀 도요스키이리히메豊鍬入姫로 하여금 제사지내게 했다고 한다. 이후 아마테라스오카미 신전은 스이닌垂仁 25년에 신탁에 의해 이세伊勢 신궁으로 옮겨지게 된다.

스진 천황에게는 황후 네 명과 황자와 황녀 열한 명이 있었다. 신하를 사도四道에 보내어 천황의 교화에 따르지 않는 자들을 평정했다.[56] 그러나 아직 오미臣,[57] 무라지連[58]와 같은 칭호는 없었다.

제11대 스이닌垂仁 천황[59]

재위 99년. 원년 임진壬辰년. 43세 즉위. 130세 혹은 101세, 151세 붕어.

스진 천황의 셋째 아들로 스진 48년에 동궁으로 책봉되었다. 모친은 황태후 미마키히메御間城姬[60]이며 오히코노미코토大彦命[61]의 딸이다.

궁궐은 야마토 지방 마키무쿠노타마키卷向珠城 궁이다. 스이닌 천황에게는 황후 네 명과 황자와 황녀 열한 명이 있었다.

56_ 스진 천황은 전국 평정을 위해 네 명의 황족출신 장군을 사도에 파견했다고 한다. 호쿠리쿠北陸에는 오히코노미코토大彦命, 도카이東海에는 다케누나카와와케노미코토武渟川別命, 세이도西道에는 가비쓰히코노미코토吉備津彦命, 단바丹波에는 다니와노미치누시노미코토丹波道主命를 파견했다.

57_ 고대 호족들에게 주어진 성姓의 하나로 무라지와 더불어 고위高位에 속하는 성이다. 야마토 정권의 중핵을 이루는 소가 씨蘇我氏, 고세 씨巨瀨氏, 기씨紀氏 등의 유력 호족이 오미를 사용하였다. 그러나 덴무 천황 때 오미臣의 일부가 아손朝臣으로 승격, 오미는 제6위 성이 되었다.

58_ 고대 호족들에게 주어진 성姓의 하나로 고위에 속하는 성이다. 무라지 성을 쓴 유력 씨족으로는 오토모 씨大伴氏, 모노노베 씨物部氏 등이 있다.

59_ 스이닌 천황垂仁天皇. 스진 천황의 셋째 아들로 이름은 이쿠메이리비코이사치活目入彦五十狹茅이다. 황후 사호비메狹穗穗姬와의 일화가 유명하다. 사호비메는 모반을 일으킨 친정 오빠의 부탁으로 스이닌 천황을 죽이려 하지만 애정 때문에 실패하고 결국 죽음을 선택, 스이닌 천황의 노력에도 불구하고 오빠와 함께 죽음을 맞이한다.

60_ 미마키히메御間城姬. 스진 천황의 황후로서 스이닌 천황과 히코이사치노미코토彦五十狹茅命, 구니카타히메노미코토國方姬命 등을 낳았다고 한다.

61_ 오히코노미코토大彦命. 고겐 천황의 첫째 아들이며 가이카 천황의 형이다. 스진 천황 때 사도 장군의 한 명으로 호쿠리쿠北陸 지방에 파견되어 반역을 꾀한 다케하니야스히코노미코토武埴安彦命를 평정했다. 아베阿倍, 아에阿閉 등 일곱 씨족의 시조라 여겨진다.

스이닌 천황 때 아마테라스오카미天照太神를 받드는 신궁을 이세伊勢 지방의 이스즈五十鈴 강[62] 상류로 옮겨왔다. 이는 신의 계시에 따른 것이다. 사이구齊宮[63] 제도도 이때 시작되었다. 또한 옛날에는 사람이 죽으면 무덤에 부리던 하인을 산 채로 매장하였는데 이 치세 때부터 이를 금하는 대신 흙으로 사람 모양을 만들어 같이 매장하였다. 그리고 이 치세 때에 도코요常世國 지방에서 과일을 가져왔다.[64] 그 과일이 바로 지금의 귤이다. 당나라에 처음으로 사신을 파견하고 신라에서 처음으로 사신이 온 것 또한 이 천황 치세 때이다.

아베阿部 오미臣 등 다섯 씨족의 선조[65]가 천황의 명을 받들고 정치를 논하였으나 모두 모우치기미卿라 불렀으며 아직 오미의 칭호는 없었다.

제12대 게이코景行 천황[66]

재위 60년. 원년 신미辛未년. 44세 혹은 71세 즉위. 106세 혹은 133세, 130세 붕어.

스이닌 천황의 셋째 아들로 스이닌 37년에 동궁으로 책봉되었

62_ 미에三重 현 이세伊勢 시 가미지神路 산에서 시작되어 이세 만灣으로 흘러내리는 강이다. 이세 신궁으로 흘러 들어오며 예로부터 맑은 물로 유명했다.

63_ 이세 신궁에서 신을 모시는 황녀를 지칭하며 고대에서 남북조시대에 걸쳐 유지되었던 제도이다. 천황이 즉위할 때마다 미혼의 황녀 중에서 사이구를 지정하여 이세 신궁으로 보냈다.

64_ 도코요는 바다 건너 저편에 있다고 여겨졌던 불로불사不老不死의 나라이다. 스이닌 천황은 다지마모리田道間守를 시켜 도코요에 가서 비시향과非時香菓를 가져오도록 명령하였는데, 그가 이것을 가지고 돌아왔을 때에는 스이닌 천황이 이미 붕어한 후였다고 한다.

65_ 본문에는 오대조五代祖라고 되어 있으나 『역대황기歷代皇紀』 등을 참조하여 다섯 씨족의 조상으로 번역했다.

66_ 게이코 천황景行天皇. 스이닌 천황의 셋째 아들로 이름은 오타라시히코오시로와케大足彦忍代別이다. 아들인 야마토타케루노미코토日本武尊로 하여금 규슈九州의 구마소熊襲와 동국東國 지방의 에미시蝦夷를 평정하게 하였다. 전국에 조정 직할령인 둔창屯倉을 두었다.

다. 모친은 황태후 히바스히메노미코토日葉州媛命[67]이며 다니와미치누시노오키미丹波道主王[68]의 딸이다.

궁궐은 야마토 지방 마키무쿠노히시로纏向日代 궁이다. 게이코 천황에게는 황후 여덟 명과 황자와 황녀 팔십 명이 있었다.

이 치세 때에 다케우치노 스쿠네竹內宿禰[69]를 처음으로 대신大臣이라 칭하였다. 그리고 각 지방 백성들에게 성姓을 하사했다.

다케우치노 스쿠네는 동량棟梁 신하에 임명되었는데 동량 신하는 이때부터 시작되었다.

제13대 세이무成務 천황[70]

재위 61년. 원년 신미辛未년. 49세 즉위. 107세 붕어.

게이코 천황의 넷째 아들로 게이코 51년에 동궁으로 책봉되었다. 모친은 황태후 야사카이리히메노미코토八坂入姫命[71]이며 야사카이

67_ 히바스히메노미코토日葉州媛命. 스이닌 천황의 황후로서 게이코 천황, 야마토히메노미코토倭姫命 등을 낳았다. 천황보다 먼저 죽었는데 당시 순장 풍습을 금했기 때문에 대신 토우土偶인 하니와埴輪를 사용했다고 한다. 이것이 하니와의 기원 설화다.

68_ 다니와미치누시노오키미丹波道主王. 가이카 천황의 손자이며 『일본서기』에 의하면 스진 천황 때 사도 장군의 한 명으로 단바丹波지방 평정에 나섰다고 한다.

69_ 다케우치노 스쿠네竹內宿禰. 『고지키』와 『일본서기』에 보이는 전설적인 인물. 세이무 천황부터 닌토쿠 천황에 이르는 네 명의 천황, 『일본서기』에서는 게이코 천황을 포함한 다섯 천황을 보좌했다고 한다. 소가蘇我, 헤구리平群 등 중앙 호족의 조상이라 일컬어진다. 긴 수명(280세, 296세 등)을 자랑하며 이상적인 충신의 모습으로 묘사되나 실존 인물일 가능성은 적다.

70_ 세이무 천황成務天皇. 『고지키』『일본서기』에 전해 내려오는 제13대 천황. 게이코 천황의 첫째 황자로 이름은 와카타라시히코稚足彦이다. 게이코 천황의 동궁으로 책봉되어 즉위 후 같은 날 태어난 다케노우치노 스쿠네를 중용하였으며 게이코 천황 치세 때의 국가 평정을 이어받아 지방과 지방 사이의 경계를 정하고 각 지방의 수장을 두었다고 한다. 실재했는지의 여부에 관해서는 의문이 있으며 계보상 창작된 천황일 가능성이 높다.

리히코八坂入彦 황자[72]의 딸이다.

궁궐은 오미近江 지방[73] 시가노타카아나호滋賀高穴穗 궁[74]이다. 세이무 천황 이전에는 왕궁이 모두 야마토 지방에 있었다. 이 치세 때에 각 지방의 경계를 정했다. 세이무 천황에게는 황후 한 명이 있었고 자식은 없었다.

다케우치노 스쿠네는 대신大臣이 되었는데 대신이란 칭호는 이때부터 사용되었다. 다케우치 대신은 천황과 같은 날 태어났기 때문에 특별한 총애를 받았다고 한다.

제14대 주아이仲哀 천황[75]

재위 9년. 원년 임신壬申년. 44세 즉위. 52세 붕어.

게이코 천황의 손자이며 야마토타케루노미코토日本武尊[76]의 둘째 아들이다. 모친은 태후 후타지이리히메노미코토兩道入姬命[77]이며 이쿠

71_ 야사카이리히메노미코토八坂入姬命. 게이코 천황의 황후로서 세이무 천황을 비롯하여 7남 6녀를 낳았다고 하는 전설상의 인물이다. 게이코 천황은 원래 미인으로 소문난 야사카이리히메노미코토의 여동생에게 청혼했으나 동생이 거절하자 아버지인 야사카이리히코노미코토八坂入彦命는 그 대신 언니를 권했다고 한다.

72_ 야사카이리히코 황자八坂入彦皇子. 스진 천황의 아들로 오와리노오아마히메尾張大海媛 사이에서 태어났다.

73_ 지금의 시가滋賀 현을 말한다.

74_ 지금의 시가현 오쓰大津 시 부근에 있었다고 하는 게이코, 세이무, 주아이 천황의 궁궐.

75_ 주아이 천황仲哀天皇. 야마토타케루노미코토의 둘째 아들로 이름은 다라시나카쓰히코足仲彦이다. 구마소 정벌 도중 쓰쿠시筑紫前 가시이橿日 궁에서 죽었다. 그 죽음과 관련해서는 구마소의 화살을 맞아 죽었다는 이야기와 부인인 진구神功 황후에게 내린 신탁을 믿지 않아 신의 노여움을 사 죽었다는 이야기가 있다.

76_ 야마토타케루노미코토日本武尊. 고대 전설상의 영웅으로 게이코 천황의 아들이다. 본명은 오우스노미코토小碓命. 천황의 명을 받들어 구마소를 정벌한 후 동국 정벌에 나섰다가 돌아오는 도중에 이세伊勢에서 죽었다.

메活目천황, 즉 스이닌 천황의 딸이다. 세이무成務 48년에 동궁으로 책봉되었다.

궁궐은 나가토長門 지방[78]의 아나토토요라穴戶豊浦宮 궁[79]이다. 주아이 천황에게는 황후 세 명과 황자 네 명이 있었다. 이 치세 때 황후가 도요라 궁에서 여의보주如意寶珠를 얻었다. 바다 속에서 나왔다.

대신 다케우치노 스쿠네

오무라지 오토모노 다케모쓰노 무라지大伴健持連 오무라지는 이때부터 시작되었다.

주아이 천황의 아버지인 야마토타케루노미코토는 지금의 오와리尾張 지방[80]의 아쓰타 대명신熱田大明神[81]이 되었다.

제15대 진구神功 황후[82]

섭정 69년. 원년 신미辛巳년. 32세 즉위. 100세 붕어.

주아이 천황의 황후이며 오키나가노 스쿠네息長宿禰[83]의 딸이다.

77_ 후타지이리히메노미코토兩道入姬命. 야마토타케루노미코토의 비이며 스이닌 천황의 딸이다. 주아이 천황을 비롯하여 네 명의 자녀를 낳았다.

78_ 지금의 야마구치山口 현 서부와 북부를 말한다.

79_ 주아이 천황이 구마소熊襲를 정벌할 때 머물렀던 행궁으로 지금의 야마구치 현 시모노세키下關 부근이다.

80_ 지금의 아이치愛知 현 서부에 해당한다.

81_ 아쓰타熱田 신사에서 모시는 신으로서 야마토타케루노미코토가 동국 평정을 하고 돌아오는 중에 오와리尾張에 체류, 미야스비메노미코토宮簀媛命와 결혼하여 구사나기草薙 검을 부인 곁에 남겨두었다. 야마토타케루노미코토 사후, 미야스비메노미코토가 이 검을 아쓰타에 안치하여 지금의 아쓰타 신사를 만들었다고 전해진다.

82_ 진구 황후神功皇后. 주아이 천황의 황후이며 오진 천황의 모친이다. 『고지키』 『일본서기』에 의하면 주아이 천황과 함께 구마소熊襲를 정벌하러 갔으며 주아이 천황 사후에는 임신한 몸으로 신라를 정벌했다고 한다. 귀국 후 오진 천황을 낳았고 오진 천황이 즉위하기 전까지 섭정을 펼쳤다고 전해진다.

83_ 오키나가노 스쿠네息長宿禰. 가이카 천황의 증손자이며 진구 황후의 부친이다.

부친인 오키나가노 스쿠네는 가이카 천황의 아들인 히코이마스노미코토彦生命[84] 황자의 아들 오쓰쓰키마와카大筒城眞稚의 아들이다. 모친은 가쓰라키노타카누카히메葛木高額媛이다.

궁궐은 야마토 지방 이와레와카사쿠라磐余稚櫻 궁이다.

대신 다케우치노 스쿠네

진구 황후는 남장하여 신라, 고려, 백제 삼국을 정벌하였고 오진應神 천황을 낳고 다케우치를 황자의 후견인으로 삼았다. 오진 천황의 이복형들이 반란을 일으켰으나 다케우치 대신이 이를 모두 물리쳤다. 이와 같은 일은 세세히 서술하여 대대로 전할 만하지 않다.

제16대 오진應神 천황[85]

재위 41년. 원년 경인庚寅년. 71세 즉위. 101세 혹은 110세 붕어.

주아이 천황의 넷째 아들로 진구 황후 3년에 동궁이 되었다. 모친은 진구 황후이다.

궁궐은 야마토 지방 가루시마노아카리輕島明 궁이다. 오진 천황에게는 황후 여덟 명과 황자와 황녀 열아홉 명이 있었다. 지금의 하치만 대보살八幡大菩薩[86]은 바로 오진 천황이다.

백제로부터 비단을 짓는 여자, 여러 장인들, 박사 등이 건너왔

84_ 히코이마스노미코토彦生命. 가이카 천황의 아들이며 스이닌 천황의 황후 히바스히메노미코토의 부친인 다니와미치누시노미코토의 부친이다.

85_ 오진 천황應神天皇. 주아이 천황의 아들로 진구 황후가 쓰쿠시筑紫에서 낳았다고 전해진다. 『고지키』와 『일본서기』에 의하면 오진 천황 때에 에미시蝦夷의 조공, 요시노쿠즈吉野國樔의 공헌, 기비吉備의 행정적 편성이 있었고 도래인渡來人들이 건너왔다고 하나 신빙성에 대해서는 확신할 수 없다.

86_ 오진 천황은 사후 하치만八幡 신이 되었다고 여겨졌으며 신불습합神佛習合사상에 따라 하치만 신은 하치만 보살이 되었다. 예전부터 하치만 신은 황실 조상신과 겐지源氏의 조상신으로 숭상되었으며 나중에는 무가武家의 수호신으로 숭배되었다.

다. 경전[87]과 말 등도 보내왔다.

대신 다케우치노 스쿠네

제17대 닌토쿠仁德 천황[88]

재위 87년. 원년 계유癸酉년. 24세 즉위. 100세 붕어.

오진 천황의 넷째 아들로 오진 40년에 태자보太子輔가 되어 국정을 돌보았다. 모친은 황태후 나카쓰히메노미코토仲姬命[89]이며 이호키이리히코五百木入彦 황자[90]의 손녀이다.

궁궐은 세쓰攝津 지방[91] 나니하노타카쓰難波高津 궁[92]이다. 닌토쿠 천황에게는 황후 세 명과 황자와 황녀 여섯 명이 있었다. 형제가 왕위를 서로 양보하여 공석이 된 채 3년이 지났다. 자세한 사항은 뒷부분에 기록하였다. 오진 천황은 생전에 닌토쿠 천황의 동생인 우지노와키이라쓰코菟道稚朗子[93]를 동궁으로 삼았다. 이 설은 타당한

87_ 『일본서기』에 의하면 백제로부터 아직기와 왕인이 경전과 전적典籍을 가지고 도래한 것이 오진 천황 때라고 한다.

88_ 닌토쿠 천황仁德天皇. 5세기 전반에 재위한 천황으로 오진 천황의 아들이다. 리추履仲, 한제이反正, 인교允恭 천황의 아버지로서 이복동생인 우지노와키이라쓰코菟道稚朗子와 왕위계승을 놓고 서로 양보하다가 이복동생이 자살하자 비로소 즉위했다는 일화가 있다. 백성들의 집에서 연기가 피어오르지 않는 것을 보고 과세를 면제했다는 일화 등, 성군으로서의 일화가 많다.

89_ 나카쓰히메노미코토仲姬命. 오진 천황의 황후이며 닌토쿠 천황의 모친이다. 부친은 게이코 천황의 손자이며, 언니와 여동생 모두 오진 천황의 황후가 되었다.

90_ 이호키이리히코 황자五百木入彦皇子. 게이코 천황의 아들로서 게이코 천황의 팔십 명의 자식 중 야마토타케루노미코토, 세이무 천황과 더불어 태자가 되었다.

91_ 지금의 오사카大阪 부 일부와 효고兵庫 현 일부가 해당된다.

92_ 닌토쿠 천황의 궁으로 전설상으로 존재하나 위치는 미상이다.

93_ 우지노와키이라쓰코菟道稚朗子. 오진 천황의 아들로서 『일본서기』에 의하면 백제에서 온 왕인, 아직기에게 한적을 배웠다고 한다. 오진 천황이 총애하여

듯하다.

대신 다케우치노 스쿠네 이 대신은 280년 동안 여섯 천황을 보좌했는데 어디서 사망했는지 모른다.

이 치세 때에 얼음 창고氷室를 처음으로 만들었다. 또한 매를 풀어서 매사냥을 했다고 한다. 닌토쿠 천황은 붕어 후 히라노平野 대명신이 되었다.

제18대 리추履仲 천황[94]

재위 6년. 원년 경자庚子년. 62세 즉위. 70세 붕어.

닌토쿠 천황의 첫째 아들로 닌토쿠 31년에 동궁이 되었다. 모친은 황후 이와노히메노미코토磐之媛命[95]이며 가즈라키소쓰히코葛城襲津彦[96]의 딸이다.

궁궐은 야마토 지방 이와레노와카자쿠라磐余稚櫻 궁이다. 리추 천황에게는 황후 네 명과 황자와 황녀 네 명이 있었다. 이 치세 때에 우네메采女제도[97]가 시작되었다. 그리고 처음으로 대신이 네 명 임명

형들을 제치고 태자를 삼았으나 장유유서를 중시하여 닌토쿠 천황에게 왕위를 양보했다고 한다. 서로 왕위를 양보하다 3년이 흐르자 태자는 자살함으로써 닌토쿠 천황을 왕위에 올렸다고 한다. 반면 또 다른 형이 왕위를 찬탈하려 하자 책략을 써서 물리쳤다는 이야기도 존재한다.

94_ 리추 천황履仲天皇. 5세기 전반의 천황으로 닌토쿠 천황의 아들이다. 『일본서기』에 의하면 처음으로 전국에 지방관인 국사國司를 두게 하여 국내 정세를 보고하게 했다고 한다.

95_ 이와노히메노미코토磐之媛命. 닌토쿠 천황의 황후이며 리추, 한제이, 인교 천황의 모친이다. 질투심이 많아 후궁을 들이는 데 반대하는 등 천황을 곤란하게 했다는 일화가 전해진다.

96_ 가즈라키소쓰히코葛城襲津彦. 4세기말 전후에 실존한 인물로 여겨지며 다케우치노 스쿠네의 아들이라는 전설이 있다. 닌토쿠 천황의 황후 이와노히메의 부친이다. 『일본서기』에는 진구 황후 때에 신라, 가야, 백제에 파견되었다고 기록되어 있으나 사실이라고 보기는 어렵다.

97_ 궁중 여관女官의 일종. 천황과 황후 곁에서 식사, 의복 등의 시중을 들었다.

되었다. 각 지방에 창고를 만든 것도 이 치세 때의 일이다.

집정執政 헤구리노 즈쿠노 스쿠네平群竹宿禰[98] 집정執政은 이때부터 시작되었다.

소가노 마치노 스쿠네宗我滿知宿禰[99]

모노노베노 이쿠부쓰物部伊久佛[100]

오무라지 가즈라키노 쓰부라노 오미葛木圓使王[101] 다케우치노 스쿠네의 증손자

제19대 한제이反正 천황[102]

재위 6년. 원년 병오丙午년. 55세 즉위. 60세 붕어.

닌토쿠 천황의 셋째 아들로 리추 2년에 동궁으로 책봉되었다. 모친은 리추 천황과 같다.

야마토 조정은 지방 호족에게 복속의 증거로 딸을 궁중으로 보내게 했으며 대화개신大和改新 이후에도 군을 단위로 지방 관리의 자매와 딸 중에서 용모단정한 자를 궁으로 보내도록 했다. 나라奈良 시대에는 여관으로서 중요한 위치를 차지했으나 헤이안平安 시대로 넘어가면서 그 지위는 점차 낮아졌다. 배전陪膳 우네메, 미쿠시아게髮上 우네메 등이 있다.

98_ 헤구리노 즈쿠平群竹. 다케우치노 스쿠네의 아들이며 헤구리 씨의 선조다. 닌토쿠 천황과 생일이 같으며 백제, 가야에 파견되는 등 외교부문에서 활약했다고 한다. 닌토쿠 사후 왕위계승 싸움에서 리추 천황을 추대했다고 한다.

99_ 소가노 마치宗我滿知. 다케우치노 스쿠네의 손자라는 설과 백제에서 건너온 귀족이라는 설이 있으나 그 존재 자체가 의문시되기도 한다. 리추 천황 때에 헤구리노 즈쿠와 더불어 국사를 돌보았다고 한다.

100_ 모노노베노 이쿠부쓰物部伊久佛. 리추 천황 때 헤구리노 즈쿠, 소가노 마치와 더불어 국사를 돌보았다.

101_ 가즈라키노 쓰부라葛木圓. 가즈라키노 다마타葛城玉田의 아들로 리추 천황 때에 정무를 돌보았다고 한다. 안코安康 천황을 살해한 마요와오眉輪王를 집안에 숨겨주어 안코 천황의 동생 유랴쿠雄略 천황의 공격을 받았다. 결국 마요와오와 함께 집에서 불에 타 숨진다.

102_ 한제이 천황反正天皇. 5세기 중엽의 천황으로서 닌토쿠 천황의 셋째 아들이다. 리추 천황과 모친이 같다. 『일본서기』에 따르면 아와지淡路 섬에서 태어났다고 한다.

궁궐은 가와치河內 지방[103] 다지히노시바카키丹比柴籬 궁이다. 한제이 천황에게는 황후 두 명과 황자와 황녀 네 명이 있었다.

집정 가즈라키노 쓰부라노 오미葛木圓使王

제20대 인교允恭 천황[104]

재위 42년. 원년 임자壬子년. 39세 즉위. 80세 붕어.

닌토쿠仁德 천황의 넷째 아들이며 모친은 리추 천황과 같다.

궁궐은 도쓰아스카遠明日香 궁이다. 인교 천황에게는 황후 두 명과 황자와 황녀 아홉 명이 있었다. 오진 천황의 손녀라 운운하는 소토오리히메衣通姬[105]는 인교 천황의 황후이다.

오무라지 오토모노 무로야노 무라지大伴室屋連[106]

103_ 지금의 오사카 부 동부가 이곳에 해당된다.

104_ 인교 천황允恭天皇. 5세기 중엽의 천황으로서 닌토쿠 천황의 넷째 아들이며 안코, 유랴쿠 천황의 부친이다. 씨성제氏姓制의 혼란을 바로잡기 위해서 구카타치(盟神探湯: 고대 재판에서 시비를 가리기 어려울 때 신에게 맹세하고 끓는 물에 손을 넣는 것)를 행했다고 한다.

105_ 소토오리히메衣通姬. 전설상의 인물로서 소토오리히메라는 이름은 피부가 아름다워 옷 밖으로 광채가 날 정도라는 데서 유래했다. 『일본서기』에서는 자신의 언니이자 인교 천황의 황후인 오시사카노오나카쓰히메忍坂大中姬의 질투를 피해 잠적했다고 한다. 『고지키』는 소토오리히메를 오시사카노오나카쓰히메의 딸로 설정함으로써 태자와의 사랑, 즉 친형제간의 사랑에 괴로워하다 자살하는 비극적인 인물로 그리고 있다.

106_ 오토모노 무로야大伴室屋. 5세기 후반의 조정 중신으로서 『일본서기』에 의하면 인교 11년에 소토오리히메를 위해 후지와라베藤原部를 만들었으며, 유랴쿠 천황 때에 최고 집정관인 오무라지가 되었다고 한다. 유랴쿠 천황의 유언을 받들어 세이네이淸寧 천황을 옹립하였고 호시카와星川 황자의 반란을 진압했다.

제21대

안코安康 천황[107]

재위 3년. 원년 계사癸巳년. 53세 즉위. 56세 붕어.

인교 천황의 둘째 아들이다. 모친은 황태후 오시사카노오나카쓰히메忍坂大中姫[108]이며 와카누케후타마타稚渟毛二波 황자[109]의 딸이다.

궁궐은 야마토 지방 야마노베山邊 군 이소노카미노아나호石上穴穗궁이다.

대신 가즈라키노 쓰부라葛木圓

안코 3년 8월 마요와오眉輪王[110]가 천황을 살해하고 쓰부라 대신의 집으로 도망쳤으나 이로 인해 오하쓰세大泊瀨 황자[111]에게 죽임을 당했다.

오무라지 오토모노 무로야노 무라지大伴室屋連

안코 천황은 형인 동궁[112]을 죽이고 12월 14일에 53세의 나이

107_ 안코 천황安康天皇. 『고지키』『일본서기』에 전해 내려오는 5세기 중엽 무렵의 천황이다. 인교 천황의 아들로 형제로는 기나시노카루木梨輕 황자와 유랴쿠 천황이 있다. 인교 천황이 사망하자 형 기나시노카루 황자를 죽이고 즉위했다고 한다. 즉위 후 오쿠사카大草香 황자를 살해하고 그 부인을 황후로 삼고 총애했다. 안코 3년에 황후의 무릎에서 낮잠을 자다가 오쿠사카의 아들인 마요와오眉輪王에게 살해당했다고 한다.

108_ 오시사카노오나카쓰히메忍坂大中姫. 인교 천황의 황후로서 오진 천황의 손녀이다. 태자 가루輕, 안코 천황, 유랴쿠 천황 등 9남매를 낳았다고 한다.

109_ 와카누케후타마타 황자稚渟毛二波皇子. 오진 천황의 아들이며 인교 천황 황후인 오시사카노오나카쓰히메의 부친이다.

110_ 마요와오眉輪王. 닌토쿠 천황의 손자이며 오쿠사카 황자의 아들이다. 아버지는 안코 천황에게 살해되었으며 어머니는 안코 천황의 황후가 되었다. 아버지의 원수를 갚기 위해 안코 천황을 살해하고 당시 대신인 쓰부라의 집으로 피신했다. 그러나 안코 천황의 동생인 유랴쿠 천황이 쓰부라 대신 집을 습격, 대신과 마요와오 모두 불타 죽었다. 마요와오의 실존 여부를 의심하는 견해도 있다.

111_ 유랴쿠 천황을 말한다.

112_ 기나시노카루 황자木梨輕皇子. 인교 천황의 아들로 모친은 오시사카노오나카쓰히메忍坂大中姫. 여동생 가루노오이라쓰메輕大娘 황녀와의 연애가 발각되었으

에 즉위하였다. 또한 삼촌인 오쿠사카大草香 황자[113]를 죽이고 그 부인을 취하여 황후로 삼았다. 앞서 언급했던 마요와오는 오쿠사카 황자의 아들이다. 따라서 부모의 원수라 이와 같은 일이 일어난 것이다. 자세한 내용은 3권에 있다.

제22대 유랴쿠雄略 천황[114]

재위 22년. 원년 병신丙申년. 70세 즉위. 104세 붕어.

인교 천황의 넷째 아들이다. 모친은 안코 천황과 같다.

궁궐은 야마토 지방 하쓰세아사쿠라泊瀨朝倉 궁이다. 유랴쿠 천황에게는 황후 네 명과 황자와 황녀 다섯 명이 있었다. 우라시마浦島의 아들[115]이 낚은 거북이가 여자가 되고 신선이 된 것은 이 치세 때의 일이다.

대신 헤구리노 마토리노 오미平群眞鳥臣[116]

나 동궁이었기 때문에 벌을 면하였고 여동생만 이요伊予로 유배되었다. 인교 23년에 태자로 책봉되었으나 인교 천황 사후 왕위 다툼에서 안코 천황에게 패하였다. 황자의 최후에 대해서는 모노노베物部 씨 집에서 자결했다는 설과 이요에 귀향갔다는 설이 전해지기도 한다.

113_ 오쿠사카 황자大草香皇子. 닌토쿠 천황의 아들로서 마요와오의 부친이다. 부인은 나중에 안코 천황의 황후가 되었다. 안코 원년에 천황이 오쿠사카 황자의 여동생과 오하쓰세 황자를 결혼시키려고 사람을 보냈는데 황자는 그 제안을 흔쾌히 받아들였으나 사자使者가 거짓보고를 하여 안코 천황에 의해 죽임을 당했다.

114_ 유랴쿠 천황雄略天皇. 5세기 후반의 천황으로서 인교 천황의 아들이다. 왕위 계승 후보를 모두 없앤 후 즉위했다. 여러 씨족의 반란을 진압하는 등 왕권 강화에 힘썼으며, 대외관계에도 주목할 만한 업적을 남겼다고 전해진다.

115_ 우라시마 타로浦島太郞. 일본 고전 문학에 자주 등장하는 설화의 주인공이다. 어부 우라시마 타로가 낚시에 걸려든 거북이를 살려주어 그 보답으로 용궁을 방문하게 되었고 3년을 영화롭게 살다가 인간세계에 돌아왔더니 700년의 세월이 흘러 있었다. 이윽고 용궁에서 부인이 주었던 상자를 열었더니 하얀 연기와 더불어 노인이 되었다고 한다.

모노노베노 메노 무라지物部目連[117] 집정 이쿠부쓰伊久佛의 아들.

제23대 세이네이清寧 천황[118]

재위 5년. 원년 경신庚申년. 39세 또는 37세 즉위.

유랴쿠 천황의 셋째 아들이다. 모친은 황태후인 가라히메韓姬[119]이며 가즈라키노 쓰부라 대신의 딸이다.

궁궐은 이와레노미카쿠리磐余甕栗 궁[120]이다.

세이네이 천황은 태어날 때 머리에 백발이 나 있었다. 그래서 이름을 백발이라고 지었다. 아버지 유랴쿠 천황은 이를 신기하게 여겨 아들을 금지옥엽으로 키워 동궁으로 세웠다고 한다. 세이네이 천황에게는 아들이 없었다. 그래서 리추 천황의 손자 둘을 불러들

116_ 헤구리노 마토리노 오미平群眞鳥臣. 유랴쿠 천황, 닌켄仁賢 천황 때의 대신이다. 닌켄 천황이 사망한 후에 태자(부레쓰武烈 천황)를 위해 궁궐을 지은 후 그곳에 자신이 기거하는 등 전횡이 심했다. 결국 태자의 명을 받은 오토모노 가나무라大伴金村에 의해 자택에서 불타 죽임을 당했다.

117_ 모노노베노 메노 무라지物部目連. 『일본서기』에 보이는 호족으로 이쿠부쓰伊久佛의 아들이다. 유랴쿠 천황 때의 오무라지로서 유랴쿠 천황이 우네메 오미나기미童女君에게서 낳은 딸을 자신의 딸로 인정하도록 간언하였다고 한다. 이세伊勢의 아사케노이라쓰코朝日朗를 정벌했다고 한다.

118_ 세이네이 천황清寧天皇. 『고지키』 『일본서기』의 계보에 의하면 제22대 천황이다. 5세기 말경에 재위했다고 전해지며 태어날 때부터 흰 머리카락이 있어 시라가白髮 황자라 불렸다. 유랴쿠 천황의 셋째 아들로 유랴쿠 천황 사후에 이복형제인 호시카와 황자가 반란을 일으키자 오토모노 무로야大伴室屋의 도움으로 평정한 후 즉위하였다. 아이가 없어 유랴쿠 천황에게 살해당한 이치노베노오시하市邊押羽 황자의 아들, 즉 후의 닌켄 천황과 겐조顯宗 천황을 하리마播磨에서 발견하여 양자로 맞아들였다. 실존 자체를 의심하는 설도 있다.

119_ 가라히메韓姬. 유랴쿠 천황의 황후로서 쓰부라 대신의 딸이다. 세이네이 천황과 와카타라시히메稚足姬 황녀를 낳았다. 유랴쿠 천황은 안코 천황을 시해한 마요와오를 숨겨준 죄를 물어 쓰부라 대신을 죽였지만 가라히메는 황후로 받아들였다.

120_ 나라奈良 현 사쿠라이櫻井 시 부근 지역이다.

여 양자로 삼았다. 이들은 안코 천황 시절의 난을 피해 단바丹波 지방[121]에 숨어 있었다.

대신과 오무라지는 유랴쿠 천황 때와 같다.

제24대 겐조顯宗 천황[122]

재위 3년. 원년 을축乙丑년. 36세 즉위. 48세 붕어.[123]

리추 천황의 손자로 이치베노오시하市邊押羽 황자[124]의 셋째 아들이다. 모친은 하에히메荑媛[125]이며 아리노 오미蟻臣[126]의 손녀이다.

궁궐은 지카아스카노야쓰리近明日香八釣 궁[127]이다. 겐조 천황에게는 황후 한 명이 있었으며 자식은 없었다. 곡수연曲水宴[128]은 이 치세 때에 시작되었다.

대신과 오무라지는 유랴쿠 천황 때와 같다.

121_ 대부분 지금의 교토京都, 일부는 효고兵庫 현에 속한다.

122_ 겐조 천황顯宗天皇. 5세기 말의 천황으로서 리추 천황의 손자이다. 아버지 이치노베노오시하 황자가 유랴쿠 천황에게 살해되어 형과 함께 단바 지방으로 도피, 계속해서 하리마播磨 지방에 은신하고 있다가 결국 왕위를 물려받게 되었다고 한다.

123_ 『고지키』에 의하면 38세에 붕어했으며 8년간 치세한 것으로 되어 있다,

124_ 이치베노오시하 황자市邊押羽皇子. 리추 천황의 아들로서 안코 천황 사후 왕위 계승자로 여겨졌다. 그러나 유랴쿠 천황이 사냥하자는 꾀임에 빠져 죽임을 당했다.

125_ 하에히메荑媛. 이치노베노오시하 황자의 비로 닌켄 천황과 겐조 천황을 비롯하여 3남 2녀를 낳았다.

126_ 아리노 오미蟻臣. 『일본서기』에 보이는 호족으로서 하에히메의 부친이다.

127_ 궁의 소재지에 대해서는 논란이 있으며 가와치河內 아스카飛鳥라는 설과 야마토大和 아스카飛鳥라는 설이 있다.

128_ 고대 조정에서 행했던 연중행사의 하나로서 3월 3일에 이루어졌다. 신하들이 구불구불 흘러내리는 물에 술잔을 띄워 놓고 자기 앞에 술잔이 오기 전에 시를 한 수 읊고 그 술을 마셨다고 한다.

제25대 닌켄仁賢 천황[129]

재위 11년. 원년 무진戊辰년. 50세 붕어.

겐조 천황의 형이며 모친도 같다. 세이네이 3년에 동궁으로 책봉되었다.

궁궐은 야마토 지방 야마노베山邊 군 이소노카미노히로타카石上廣高 궁이다. 닌켄 천황에게는 황후 두 명과 황자와 황녀 여덟 명이 있었다.

겐조 천황과 닌켄 천황의 일화는 3권에서 자세히 설명하고자 한다. 두 천황이 서로 왕위를 양보하는 동안 둘의 자매되는 이를 여제女帝로 세웠다고 한다. 바로 이토요飯豊 천황[130]이다. 2월에 즉위하여 11월에 붕어하였다고 한다. 보통의 황실연대기는 이토요 천황을 생략한 것일까? 겐조 천황과 닌켄 천황이 치세하는 동안 세상은 특히 평안했다. 두 천황은 시골에서 살았던 경험이 있어 백성의 근심을 잘 살피어 백성을 위한 정치를 펼쳤기 때문일 것이다.

좌대신 헤구리노 마토리平群眞鳥 닌켄 천황 때에 오토모노 가나무라노 무라지大伴金村連[131]에 의해 암살당했다. 이 대신은 다섯 천황을 보필한 대신이다.

대신 오토모노 가나무라노 무라지大伴金村連

129_ 닌켄 천황仁賢天皇. 5세기 말의 천황으로서 부친인 이치노베노오시하市邊押磐 황자가 살해된 후 동생과 단바, 하리마에 은신하고 있다가 동생에 이어 왕위를 계승하게 되었다.

130_ 이토요 천황飯豊天皇. 부친은 리추 천황이라고도 하며, 이치노베노오시하 황자라고도 한다. 세이네이 천황 사후 겐조 천황과 닌켄 천황이 서로 왕위를 미루자 이토요아오飯豊青 황녀가 정치를 하였다. 『후소략기扶桑略記』에서 여제女帝라 칭하였다.

131_ 오토모노 가나무라大伴金村. 5세기 말에서 6세기 초에 걸쳐 활약한 호족으로서 닌켄 천황 사후 헤구리平群 씨를 멸하고 부레쓰武烈 천황을 즉위시킨 장본인이다. 부레쓰, 게이타이繼體, 안칸安閑, 센카宣化 천황 때의 오무라지를 역임했다.

제26대 부레쓰武烈 천황[132]

재위 8년. 원년 무인戊寅년. 10세 즉위. 18세 혹은 57세[133] 붕어.

닌켄 천황의 태자로 닌켄 7년에 동궁으로 책봉되었다. 모친은 황후 가스가노오이라쓰메春日大姫 황녀[134]이다.

궁궐은 하쓰세나미키泊瀬列城 궁[135]이다. 부레쓰 천황에게는 황후 한 명이 있었고 자식은 없었다. 더할 나위 없는 폭군으로 사람 죽이는 것을 놀이삼아 하였다. 헤구리노 마토리平群眞鳥 대신을 암살한 것도 부레쓰 천황이 가나무라金村와 뜻을 같이하여 한 일이다. 이 일로 인해 가나무라는 대신으로 임명되었다.

제27대 게이타이繼體 천황[136]

재위 27년. 원년 정해丁亥년. 58세 즉위. 82세 붕어.

오진 천황의 5대손인 히코아루지오彦主人王[137]의 아들이다. 모친

132_ 부레쓰 천황(武烈天皇, ?-507). 닌켄 천황의 아들로 『일본서기』에 의하면 오토모노 가나무라에 의해 즉위했으나 임신부의 배를 가르는 등 기괴한 행동을 일삼고 포악을 부렸다고 한다. 『일본서기』에서는 폭군의 전형적인 인물로 묘사되고 있으며 왕조 교체론의 유력한 근거가 되고 있는 인물이다. 게이타이 천황의 새 황통 성립을 설명하기 위해 중국 고전을 바탕으로 폭군으로 창작되었다고 보는 관점도 있다.

133_ 붕어한 시기는 책에 따라 다르다. 『미즈카가미水鏡』『약기略記』는 18세, 『역대황기歷代皇紀』『렌추쇼廉中抄』는 57세로 기록되어 있다.

134_ 가스가노오이라쓰메 황녀春日大姫皇女. 닌켄 천황의 황후로서 유랴쿠 천황의 딸이다. 부레쓰 천황을 비롯하여 1남 6녀를 낳았다.

135_ 나라 현 사쿠라이 시 하쓰세初瀬 주변을 말한다.

136_ 게이타이 천황繼體天皇. 6세기 전반의 천황으로서 오진 천황의 5대손이다. 부레쓰 천황이 후사가 없었기에 가나무라가 중심이 되어 에치젠越前에서 모시고 와 천황으로 추대했다. 전 황통과 혈연관계가 없으며 즉위 후 야마토大和에 들어오기까지 20년이 걸리는 등 이전 천황과는 다른 양상을 보인다. 이와 같은 게이타이 천황의 내력에 대해 지방 호족이라는 설(왕위찬탈론)과 야마토 정권 내부의 왕족으로 보는 설이 병존하고 있다.

은 후루히메振媛[138]이며 이쿠메活目 천황의 7대손이다. 이쿠메 천황은 스이닌 천황이다. 오진 천황의 5대손이라 함은 오진, 하야부사隼總 황자, 오호토노오男太迹王, 시히오私斐王, 히코아루지오彦主人王, 게이타이 천황의 계보를 말한다. 다만 시히오에 대해서는 이설異說도 있다. 5대라 함은 오진을 넣어서 계산한 것일까, 아니면 빼서 계산한 것일까? 진구神功 황후를 가이카開化 천황의 5대손이라고 하는데 이것은 분명 가이카 천황을 넣어서 계산한 것이다. 그렇다면 시히오를 덧붙이는 것은 잘못된 설일까? 이를 확실하게 조사해 볼 필요가 있다.

궁궐은 야마토 지방의 이와레노타마호磐余玉穗 궁이다. 야마시로山城 지방에 천도했다가 다시 야마토 지방으로 천도했다고 한다. 이때 백제로부터 오경박사五經博士가 건너왔다. 부레쓰 천황 이후 황손이 끊겨 군신들이 논의하여 에치젠越前 지방[139]에서 게이타이 천황을 데려왔다. 그간의 사정에 대해서는 나중에 기록할 것이다. 게이타이 천황에게는 황후 아홉 명과 황자와 황녀 스물한 명이 있었다. 황자가 아홉 명이고 황녀가 열두 명이다.

대신 고세노 오히토巨勢男人[140] 다케우치武內의 아들로 게이타이 20년 9월에 사망했다.

오무라지 오토모노 가나무라노 무라지大伴金村連

모노노베노 아라카비物部麤鹿火[141]

137_ 히코아루지오彦主人王. 5세기 말의 인물로 게이타이 천황의 부친이다. 게이타이 천황이 어렸을 때 사망했다.

138_ 후루히메振媛. 5세기 말의 인물로 게이타이 천황의 모친이다. 히코아루지오의 비가 되어 게이타이 천황을 낳았으나 일찍이 남편이 죽자 친정 에치젠越前 미쿠니三國로 돌아가 게이타이 천황을 길렀다고 한다.

139_ 지금의 후쿠이福井 현 동부에 해당된다.

140_ 고세 오히토(巨勢男人, ?-529). 게이타이 천황 때의 정치가로서 부레쓰 천황 사후 게이타이 천황 옹립에 지대한 공을 세웠다. 딸 둘은 안칸 천황의 황후가 되었다고 한다.

제28대 안칸安閑 천황[142]

재위 2년. 원년 계축癸丑년. 68세 즉위. 70세 붕어.

게이타이 천황의 첫째 아들[143]이다. 모친은 메노코히메目子媛[144]이며 오와리尾張 지방[145] 무라지인 구사카가草香加의 딸이다.

궁궐은 야마토 지방 마가리카와하시勾金橋 궁[146]이다. 안칸 천황에게는 황후 네 명이 있었고 자식은 없었다.

대신은 없었으며 오무라지는 전대前代와 같다.

제29대 센카宣化 천황[147]

재위 4년. 원년 을묘乙卯년. 69세 즉위. 73세 붕어.

게이타이 천황의 둘째 아들이며 모친은 안칸 천황과 같다.

궁궐은 야마토 지방 히노쿠마檜隈 궁[148]이다. 센카 천황에게는

141_ 모노노베노 아라카비(物部麤鹿火, ?-536). 부레쓰, 게이타이, 안칸, 센카 천황 때의 오무라지로서 가나무라와 더불어 게이타이 천황을 옹립하여 그 공으로 권력을 얻었다.

142_ 안칸 천황(安閑天皇, 466-535). 6세기 전반의 천황으로 게이타이 천황의 첫째 아들이다. 게이타이 천황 사후 2년간의 공백을 두고 즉위하였으나 그 이듬해에 죽었다. 자연스럽지 못한 즉위와 죽음을 둘러싸고 이복형제인 긴메이欽明 천황과의 갈등을 추측하는 설도 있다.

143_ 본문에는 둘째 아들이라 되어 있지만 첫째 아들이므로 센카 천황과 구별하기 위해 첫째 아들이라 번역하였다.

144_ 메노코히메目子媛. 게이타이 천황의 비이며 안칸 천황과 센카 천황을 낳았다.

145_ 지금의 아이치愛知 현 서부에 해당된다.

146_ 나라현 가시와라橿原 시를 말한다.

147_ 센카 천황(宣化天皇, 467-539). 6세기 전반의 천황으로 게이타이 천황의 둘째 아들이다. 전국에 둔창屯倉을 만들었다고 전해지며 다음 천황인 긴메이 천황과 병립해서 존재했을 가능성도 제기되고 있다.

148_ 나라 현 다카이치高市 시를 말한다.

황후 두 명과 황자와 황녀 여섯 명이 있었다.

대신 소가노 이나메노 스쿠네蘇我稲目宿禰[149] 마치노 스쿠네満智宿禰의 아들.

오무라지 전대와 같다.

제30대 긴메이欽明 천황[150]

재위 32년. 원년 계해癸亥년. 63세 붕어.

게이타이 천황의 셋째 아들이다. 모친은 황태후 다시라카手白香 황녀[151]이며 닌켄 천황의 딸이다.

궁궐은 시키시마磯城島 궁이다. 긴메이 천황에게는 황후 여섯 명과 황자와 황녀 스물다섯 명이 있었다. 황자가 열여섯 명이고 황녀가 아홉 명이다.

대신 이나메노 스쿠네稲目宿禰 긴메이 31년 3월 사망.

오무라지 가나무라 마로金村麿

모노노베노 오코시노 무라지物部尾輿連[152]

149_ 소가노 이나메(蘇我稲目, ?-570). 센카 천황, 긴메이 천황 때의 대신이다. 소가노 우마코蘇我馬子의 부친이며 요메이用明, 스슌崇峻, 스이코推古 천황의 외조부다. 불교 수용에 적극적인 의지를 보였으며 불교를 배척하는 모노노베物部, 나카토미中臣 씨와 대립하였다.

150_ 긴메이 천황(欽明天皇, ?-571). 게이타이 천황과 다시라카手白香 황후 사이에서 태어난 적자로서 게이타이 천황 사후 바로 즉위하여 안칸, 센카 천황 왕조와 병립해서 존재했다는 설도 있다. 국내에서는 소가蘇我 씨가 대두하여 외척으로서 권세를 누렸으며 국외에서는 신라의 국력이 신장되어 백제와 일본의 동맹이 더욱 공고해졌다. 동맹을 통해 오경박사, 불경 등 선진문물이 전래되었다.

151_ 다시라카 황녀(手白香皇女, ?-?). 게이타이 천황의 황후이며 닌켄 천황의 딸이다. 게이타이 천황은 즉위 전에 이미 지방 호족을 비로 맞이하였으나 즉위 시에 부레쓰 천황의 여동생을 황후로 맞이하였다. 이는 혼인을 통해 닌켄 천황과의 정략적인 연계를 도모했다고 이해할 수 있다.

152_ 모노노베노 오코시(物部尾輿, ?-?). 6세기 전반의 유력한 호족으로서 모리야守屋의 부친이다. 긴메이 천황 즉위와 더불어 오무라지가 되었다. 불교 수용을

이 치세 때에 처음으로 백제에서 불경이 건너와 천황이 이를 숭상하였는데 마침 그 때 나라 안에 좋지 못한 역병이 돌았다. 모노노베 대신은 천황에게 아뢰었다.

"우리나라는 예로부터 신을 숭상해 왔습니다. 이제 새로이 부처님을 모시려고 하다니요? 그로 인해 신이 화가 나서서 역병이 생긴 것입니다"

모노노베 대신은 불상을 나니와難波 강에 던져 버리고 사찰을 불태워 버렸다. 그러던 어느 날 갑자기 하늘에서 불덩어리가 떨어지더니 궁궐을 불태웠다. 그리고 해처럼 번쩍이는 것이 바다에 나타났다. 그 빛은 해보다 더욱 빛났다. 긴메이 천황은 사람을 시켜 보고 오게 했다. 삼나무가 바다 위에 떠 있었던 것이다. 그 나무를 건져내어 불상을 만들었다. 요시노吉野의 빛나는 불상이 바로 그것이다. 이 천황 치세 마지막 해에 쇼토쿠聖德 태자가 태어났다.

제31대 비다쓰敏達 천황[153]

재위 14년. 원년 임진壬辰년. 24세 즉위. 82세 혹은 37세, 28세 붕어.

긴메이 천황의 둘째 아들이다. 긴메이 15년에 동궁으로 책봉되었다. 모친은 황태후 이시히메石姫 황녀[154]이며 센카 천황의 딸이다.

궁궐은 야마토 지방의 이와토사시타磐余譯語田 궁이다. 비다쓰 천황에게는 황후 네 명과 황자와 황녀 열여섯 명이 있었다. 황자가

반대하여 소가노 이나메와 대립했으며 이들의 정치적 대립은 아들 대에 가서 더욱 첨예화되었다.

153_ 비다쓰 천황(敏達天皇, ?-585). 긴메이 천황의 차남이며 『일본서기』에는 조선 삼국과 교섭을 했다는 기록이 보인다. 백제 신라와의 교섭 실패나 전염병이 가라앉지 않은 것이 소가蘇我 씨가 퍼뜨린 불교 때문이라고 주장하며 불교를 배척했다.

154_ 이시히메 황녀(石姫皇女, ?-?). 긴메이 천황의 황후로서 센카 천황의 딸이다. 비다쓰 천황, 가사누이笠縫 황녀 등을 낳았다.

여섯 명이고 황녀가 열 명이다.

대신 소가노 우마코노 스쿠네蘇我馬子宿禰[155]

오무라지 모노노베노 유게노 모리야노 무라지物部弓削守屋連[156]

이 치세 때에 백제로부터 불경과 승려를 보내왔다. 모리야 대신은 불상을 불태우고 법사法師를 쫓아보냈다. 그런데 그 날, 구름 한 점 없던 하늘에서 비가 내렸으며 왕과 신하, 백성에 이르기까지 전국이 악성 종기에 시달렸다. 이는 부처님의 가르침을 없애고자 했기 때문이었다. 소가蘇我 대신 한 사람만이 불사리를 숭배하며 불교의 가르침을 믿고 따르려 했다.

고려로부터 까마귀 날개에 편지를 써서 보내왔다. 후네노후비토노미오쓰오야船史祖王가 이것을 읽고 해석했다.

155_ 소가노 우마코(蘇我馬子, ?-626). 소가노 이나메蘇我稲目의 아들로 비다쓰, 요메이用明, 스슌崇峻, 스이코推古 천황 때의 대신이다. 비타쓰 천황 치세 때 대신에 올라 불교 융성에 힘썼다. 황위 계승, 불교 수용, 외교 문제로 빈번히 마찰을 빚던 모노노베 씨와 아나호베穴穗部 황자, 나카토미中臣 씨를 587년에 일소하고 스슌 천황을 추대함으로써 권력을 잡았다. 592년에 야마토노아야노아타이코마東漢直駒로 하여금 스슌 천황을 암살하게 하고 질녀인 스이코 천황을 즉위시킨 후 쇼토쿠 태자를 동궁으로 책봉하였다. 쇼토쿠 태자와 협조하여 정치를 행하였고 『천황기天皇記』를 편수했다. 딸을 쇼토쿠 태자, 조메이舒明천황에게 출가시켜 소가 씨 번영의 정점을 구가했다.

156_ 모노노베노 모리야(物部守屋, ?-587). 비다쓰, 요메이 천황 때의 오무라지로서 비다쓰 천황에게 불법佛法 폐기를 주청하였다. 우마코가 세운 절과 불상을 태우고 타다 남은 불상은 나니와難波에 버림으로써 두 사람 사이의 대립이 증폭되었다고 한다. 요메이 천황 2년 때 아나호베穗部 황자를 즉위시키려 했으나 황자가 소가노 우마코에게 암살됨으로써 고립되었다. 결국 스이코 천황을 내세운 우마코 세력에 의해 피살되었다.

제32대 요메이用明 천황[157]

재위 2년. 원년 을사乙巳년.[158]

긴메이 천황의 넷째 아들이며 모친은 기타시히메堅鹽姬[159]로서 소가노 이나메蘇我稻目 대신의 딸이다.

궁궐은 야마토 지방의 이케베나미쓰키池邊列槻 궁이다. 요메이 천황에게는 황후가 세 명, 황자와 황녀 일곱 명이 있었다.

좌대신은 전대와 같고 오무라지 모리야守屋는 피살되었다.

요메이 천황은 요메이 2년(587) 4월에 붕어했는데 입관을 하였으나 아직 장례를 치르지 못하고 있는 동안에 5월이 되어 모리야와 쇼토쿠 태자[160] 사이에 싸움이 벌어졌다. 소가노 우마코 대신은 태자와 같은 편이 되어 모리야의 목을 베고 그 세력을 궤멸시켰다. 그 후 불교가 성하게 되었다. 7월이 되어 천황의 장례식을 치렀다.

157_ 요메이 천황(用明天, ?-587). 긴메이 천황의 넷째 아들이며 쇼토쿠 태자의 부친이다. 불교와 신도를 숭상하였다. 병이 들었을 때 삼보에 귀의하고 싶다고 신하들에게 말해 우마코와 모리야의 대립을 더욱 조장시키는 결과를 낳았다. 황족 중 처음으로 불교 수용을 선언한 불교 신자였으나 단명했다.

158_ 원년은 병오년이다. 을사년은 즉위한 해이다.

159_ 기타시히메(堅鹽姬, ?-?). 6세기 후반 긴메이 천황의 황후로서 소가노 이나메蘇我稻目의 딸이다. 요메이, 스이코 천황을 비롯해 7남 6녀를 낳았다.

160_ 쇼토쿠 태자(聖德太子 574-622). 요메이 천황의 아들로서 스이코 천황의 태자이다. 섭정이 되어 12개 관위를 제정, 17개조 헌법을 반포, 견수사 파견 등을 시행하였다. 호류지法隆寺, 시텐노지四天王寺를 만드는 등 불교 진흥에 힘썼다. 에지慧慈에게 사사했다.

제 33 대

스슌崇峻 천황[161]

재위 5년. 원년 정미丁未년.[162] 67세 즉위. 72세 붕어.

긴메이欽明 천황의 열다섯 번째 아들이다. 모친은 오아네노기미히메小姉君娘[163]이며 이나메稲目 대신의 딸이다.

궁궐은 야마토 지방 구라하시倉橋 궁이다. 스슌 천황에게는 황후 한 명과 황자와 황녀 두 명이 있었다.

대신은 우마코로 전대와 같다.

백제가 불사리佛舍利를 보내 왔다. 스슌 천황은 우마코 대신에게 피살되었다.

제 34 대

스이코推古 천황[164]

재위 36년. 원년 임자壬子년. 40세 즉위. 73세 혹은 83세 붕어.

긴메이 천황의 둘째 딸이며 비다쓰 천황의 황후이다. 모친은

161_ 스슌 천황(崇峻天皇, ?-592). 긴메이 천황의 아들로서 요메이 천황 사후 우마코의 힘을 배경으로 천황이 되었다. 요메이 천황 사후에 오무라지 모노노베노 모리야가 스슌 천황과 동복 형제인 아나호베穴穗部 황자를 즉위시키려 하자 소가노 우마코는 아나호베 황자를 죽이고 모리야를 토벌하러 나섰다. 스슌도 가담했으며 모리야를 토벌한 후 스이코 천황에게 추대받고 587년에 즉위했다. 그러나 결국 우마코와 대립하여 스슌 5년에 우마코가 보낸 야마토노아야노아타이코마東漢直駒에게 암살되었다.

162_ 원년은 무신년이다. 정미년은 즉위한 해이다.

163_ 오아네노기미히메(小姉君娘, ?-?). 6세기 중엽의 긴메이 천황의 황후로서 소가노 이나메蘇我稲目의 딸이다. 스슌 천황, 우바가키茨城 황자, 가쓰라키葛城 황자 등을 낳았다.

164_ 스이코 천황(推古天皇, 554-628). 여제女帝로서 긴메이 천황의 딸이다. 18세에 비다쓰 천황과 결혼하여 황후가 되어 2남 5녀를 낳았다. 비다쓰 천황 사후 소가蘇我 씨를 외척으로 하는 천황에게 양위가 되었지만 스슌 천황이 암살되면서 정치적 위기가 발행하였다. 이 때 우마코의 추대를 받아 천황의 자리에 올랐다. 쇼토쿠 태자를 집정으로 삼아 함께 정치를 펼쳤다. 외교적으로는 한반도 문물을 적극 유입하는 한편 견수사를 파견하여 중국문화를 직접 받아들이려고 했으며, 국내적으로는 관위를 정하고 17개조 헌법을 공포하는 등 중앙집권화에 노력했다.

요메이 천황과 같다.

궁궐은 야마토 지방 오하리타小墾田 궁이다.

대신 소가노 우마코 전대와 같음. 스이코 34년 5월에 사망.

소가노 에미시蘇我蝦夷[165] 같은 해에 대신으로 임명되었다. 도요라豊浦라고 불렸다.

스이코 천황은 스슌 천황이 암살당한 후 대신들의 논의로 천황 자리에 추대되었다. 스이코 천황은 우마야도馬屋戶 황자를 동궁으로 삼고 모든 정치를 맡겼다. 우마야도 황자는 요메이 천황의 아들인 쇼토쿠 태자를 말한다. 태자는 17개조 헌법을 써서 천황에게 바쳤으며 관직과 관위에 대해 자세히 등급을 정해 놓았다. 세상일에 대해서도 적어 놓았다.[166] 태자가 죽은 후 세상은 쇠락해지고 백성들의 삶 또한 궁핍해졌다고 한다.

백제로부터 달력과 천문지리책이 들어왔다. 승정僧正, 승도僧都와 같은 승려의 관위 제도가 만들어졌으며 절과 승려에 대한 규제가 생긴 것도 스이코 천황 때의 일이다.

제35대 조메이舒明 천황[167]

재위 13년. 원년 기축己丑년. 37세 즉위. 49세 붕어.

비다쓰 천황의 손자인 오시사카노오에忍坂大兄 황자[168]의 아들이

165_ 소가노 에미시(蘇我蝦夷, ?-645). 아스카飛鳥시대 호족으로 소가노 우마코의 아들이며 부친에 이어 대신이 되었다. 스이코 천황 사후 조메이舒明 천황을, 그리고 조메이 천황 사후에는 그 황후인 고교쿠皇極 천황을 옹립하여 막대한 권세를 누렸다. 아들인 소가노 이루카蘇我入鹿가 덴지 천황에게 죽임을 당하자 자살하였다.

166_ 『천황기天皇記』『국기國記』 편찬을 말한다.

167_ 조메이 천황(舒明天皇, 593-641). 아스카飛鳥 시대의 천황으로서 오시사카노오에押坂大兄 황자의 아들이다. 스이코 천황 사후 야마시로노오에노오山背大兄王와 왕위를 다투었으나 소가노 에미시의 추대에 힘입어 즉위했다. 견당사를 파견하고 백제와 신라와의 관계에 힘썼다.

다. 모친은 누카테히메 황녀糠手姫[169]이며 비다쓰 천황의 딸이다.

궁궐은 야마토 지방의 다케치오카모토高市崗本 궁이다.

조메이 천황의 이름[170]은 다무라田村이다. 지금까지 천황의 이름은 글자 수가 많아서 사람들도 쉽사리 거론하지 않았으며 그 내용이 불분명하기에 적지 않았다. 조메이 천황 이후에는 글자 수가 적어서 여기에 써넣었다. 조메이 천황에게는 황후 다섯 명과 황자와 황녀 여덟 명이 있었다.

대신 소가노 에미시蘇我蝦夷

이 치세 때에 이요伊豫 지방[171] 온천에 천황 행차가 있었다. 스이코 천황이 붕어한 후 다무라田村 황자 즉위를 반대하는 무리들을 에미시 대신이 군사를 일으켜 물리쳤다. 그 후 대신의 아들인 이루카入鹿[172]가 국정을 맡게 되었으며 그 권세가 아버지 이상이었다고 한다.

168_ 오시사카노오에 황자(押坂大兄皇子, ?-?). 6세기 후반의 유력한 황족으로서 비다쓰 천황의 아들이자 조메이 천황의 부친이다. 덴치, 덴무 천황의 조부로서 후에 '황조대형皇祖大兄'이라 불렸다.

169_ 누카테히메 황녀(糠手姫皇女, ?-664). 비다쓰 천황의 딸로서 이복 오빠인 오시사카노오에 황자와 결혼하여 조메이 천황 등을 낳았다. 덴지 천황의 할머니이며 장수했다고 한다.

170_ 이미나諱. 여기서는 천황의 실명을 의미한다.

171_ 지금의 에히메愛媛 현을 말한다.

172_ 소가노 이루카(蘇我入鹿, ?-645). 고교쿠 천황 때의 대신으로서 에미시의 아들이다. 아버지에 이어 국정을 장악하였다. 야마시로노오에노오를 살해하는 등 전횡을 펼쳤으며 결국 덴지 천황과 나카토미노 가마타리中臣鎌足에게 죽임을 당했다. 제2차 세계대전 이전 교과서에는 극악무도한 인물로 묘사되었으나 근래에 들어 재평가되고 있다.

제36대 고교쿠皇極 천황[173]

재위 3년. 원년 임인壬寅년.

이름은 다카라寶이며 비다쓰 천황의 증손자이다. 전 천황인 조메이 천황의 황후이다. 비다쓰 천황의 아들 오시사카노오오에 황자의 아들인 지누오茅渟王[174]의 딸이다. 모친은 기비쓰히메吉備姫 여왕[175]이며 긴메이 천황의 손녀라고 한다.[176]

궁궐은 야마토 지방의 아스카노가와라明日香河原 궁이다.

대신 소가노 에미시蘇我蝦夷

고교쿠 2년 12월에 쇼토쿠 태자의 아들인 야마시로노오오에노오山背大兄王는 이루카入鹿가 만든 함정에 빠져 자결했다. 이 치세 때에 대신을 좌우로 나누어 두도록 하였다. 다음 천황 때부터일지도 모른다.

도요라豊浦 대신의 아들 소가노 이루카는 정무를 돌보았는데 그 태도가 좋지 않아 황자들 사이에서는 반란의 움직임도 있었다. 이때 나카노오오에中大兄 황자[177]와 대직관大職冠 나카토미노 가마코中臣鎌子[178] 두 사람이 모의하여 이루카를 죽였다. 이루카의 아버지 도요

173_ 고교쿠 천황(皇極天皇, 594-661). 아스카飛鳥 시대의 천황으로서 비다쓰 천황의 증손자이며 조메이 천황의 황후이다. 덴지, 덴무 천황의 모친이기도 하다. 조메이 천황 사후에 즉위하였으나 645년 소가蘇我 씨가 나카노오오에中大兄 황자, 즉 덴지 천황에게 전멸당한 사건을 계기로 남동생인 고토쿠孝德 천황에게 양위하였다. 그리고 655년에 사이메이齊明 천황으로 다시 즉위하였다.

174_ 지누오(茅渟王, ?-?). 비다쓰 천황의 아들인 오시사카노오오에 황자의 아들로서 고교쿠 천황의 부친이다.

175_ 기비쓰히메 여왕(吉備姫女王, ?-643). 긴메이 천황의 손녀이며 사쿠라이櫻井 황자의 딸이다. 지누오와 혼인하여 고교쿠 천황과 고토쿠 천황을 낳았다.

176_ 본문에는 조메이 천황의 손녀라고 되어 있지만 긴메이 천황의 손녀이므로 수정하여 번역했다.

177_ 후에 덴지天智 천황이 된다.

178_ 나카토미노 가마코(中臣鎌子, 614-669). 후의 후지와라노 가마타리藤原鎌足를

라 대신 또한 자택에 불을 질러 자살하였다. 이때 일본의 중요한 문서들도 이 집에서 모두 불타버렸다고 한다. 도요라 대신은 죽어서 귀신이 되었다. 고교쿠 여제는 3년 치세 후 남동생에게 양위하였다.

제37대 고토쿠孝德 천황[179]

재위 10년. 원년 갑인甲寅년.

이름은 가루輕이다. 고교쿠 천황의 동생이며 모친도 같다. 을사乙巳년 6월 14일 경술庚戌 날에 즉위하여 같은 날 나카노오에 황자(훗날 덴지 천황)를 동궁으로 책봉하였다.

궁궐은 셋쓰攝津 지방[180] 나니와나가라토요사키難波長柄豊崎 궁이다. 고토쿠 천황에게는 황후 세 명과 황자 한 명이 있었다.

좌대신 아베노 구라하시마로阿部倉橋麻呂[181] 다이카大化 5년(649) 3월 7일 사망.

대자大紫[182] 고세노 도코다巨勢德太[183] 같은 해 4월 20일 취임.

말한다. 후지와라 씨의 시조로서 덴지 천황과 함께 소가 씨를 무너뜨리고 이루카를 죽였다. 덴지 천황을 보좌하며 율령제 개혁을 추진하였다. 임종시 대직관大織冠이라는 칭호와 대신, 후지와라 아손藤原朝臣이라는 씨성氏姓을 받았다.

179_ 고토쿠 천황(孝德天皇, ?-654). 고교쿠 천황의 남동생으로서 즉위한 다음 해에 다이카大化 개신 조서를 반포하고 동궁인 나카노오에 황자에게 실권을 주어 개혁정치를 펼쳤다는 것이 종래의 학설이다. 그러나 다이카 개신 조서는 후대에 만들어졌을 가능성이 높아 신빙성에 의심의 여지가 많다. 다이카 연간의 사적에 대해서는 확실치 않은 부분이 많다.

180_ 지금의 오사카 부 일부, 효고 현 일부를 말한다.

181_ 아베노 구라하시마로(阿部倉橋麻呂, ?-649). 아베노 우치마로內麻呂라고도 한다. 스이코 천황 사후 에미시蝦夷와 더불어 조메이 천황을 옹립하였으며 다이카 개신 후 좌대신에 임명되었다. 딸들이 고토쿠 천황과 덴지 천황의 황후가 되었다.

182_ 관위官位의 하나. 대자관大紫冠이라고도 하였다. 스이코 천황 11년에 관위 12계階를 정하고 고토쿠 천황 때에 7색 13계로 수정하였다. 13계는 직관織冠

우대신 **소가노야마다이시카와 마로**蘇我山田石川麿[184] 다이카大化 우마코馬子 대신의 아들.[185] 5년(649) 모반의 혐의를 받아 쫓기는 몸이 되자 스스로 목숨을 끊었다.

대자大紫 **오토모노 나가토쿠노 무라지**大伴長德連[186] 같은 해 4월에 임명되었다. 하쿠치白雉 2년(651) 7월에 사망하였다.

내대신[187] **대면상**大綿上 **나카토미노 가마코노 무라지**中臣鎌子連 다이카 원년(645)에 임명되었다. 일명 가마타리鎌足이며 아메노코야네노미코토天兒屋根尊[188]의 21대손에 해당한다. 소덕관小德冠 나카토미노 미케코中臣御食子의 장남이다. 다이카 원년(645) 6월 3일에 이루카를 죽인 공으로 은상을 받아 내대신에 임명되었다.

대소大小, 수관繡冠 대소, 자관紫冠 대소, 면관綿冠 대소, 청관靑冠 대소, 흑관黑冠 대소, 건무建武이다. 다이카 5년에 다시 관위 19계로 수정되었다.

183_ 고세노 도코다(巨勢德太, ?-658). 본문에는 고세노 도코巨勢德로 되어 있다. 이루카入鹿의 명령을 받고 야마시로노오에노오를 습격하여 일족을 자살하게 했으나, 나카노오에中大兄 황자의 무장으로서 소가蘇我씨 멸망에 공을 세웠다. 다이카 5년에 새로운 조정의 두 번째 좌대신에 임명되었다.

184_ 소가노야마다이시카와 마로(蘇我山田石川麿, ?-649). 아스카 시대의 조정중신으로서 우마코의 손자이다. 소가노야마다이시카와蘇我山田石川까지가 성姓이며 이름은 마로麿이다. 마로의 집안은 대대로 조정의 창고, 공납을 담당했다. 딸들을 당시 유력한 천황 후보였던 고토쿠 천황, 덴지 천황에게 시집보내는 등 마로는 일찍이 소가蘇我 본가本家와는 다른 정치적 행보를 보였다. 다이카 개신 후 공로를 인정받아 우대신이 되었으나 이복동생의 참언讒言에 의해 결국 자결했다.

185_ 아들로 기록되어 있으나 손자가 맞다.

186_ 오토모노 나가토쿠(大伴長德, ?-651). 아스카飛鳥 시대의 조정중신으로서 조메이 천황 4년(632)에 당나라 사신을 맞이하였다. 조메이 천황 장례식 때 소가노 에미시蘇我蝦夷를 대신하여 애도문을 봉정했으며, 다이카 5년(649)에 우대신이 되었다.

187_ 정확하게는 우치쓰오미內臣가 맞으나 본문에 쓰여 있는 대로 내대신으로 번역하였다.

188_ 아메노코야네노미코토天兒屋根尊. 나카토미中臣, 후지와라藤原 씨의 조상신으로서 일본신화에서 아마테라스오카미天照太神가 동굴에 숨었을 때 나오게 하기 위해 밖에서 노리토祝詞를 읊었던 신이다. 천손강림 때에 동반했던 다섯 신 중 하나이다.

그 때의 조칙에는 "종묘사직이 평안을 얻을 수 있었던 것은 참으로 공의 힘 덕분이다. 따라서 대면관을 제수하고 내대신에 임명하며 이천 호를 봉한다. 그리고 군대를 비롯한 국가의 주요 사항을 공의 처분에 맡기고자 한다"라고 쓰여 있었다고 한다.

이 치세 때에 처음으로 연호가 사용되었다. 다이카는 5년간, 하쿠치白雉도 5년간 지속되었다. 팔성八省[189]과 백관百官이 정해지고 각 지방의 경계와 조공 품목이 정해졌다. 견당사를 통해 당나라로부터 많은 문서와 보물이 건너왔다. 고토쿠 천황은 특히 불교를 숭상하여 신 이상으로 숭배했다. 이천여 명의 승려를 모아 일체경一切經을 읽게 하였으며 그날 밤 궁중에 이천여 등불을 피웠다.

하쿠치 5년(654) 정월에 수많은 쥐가 야마토 지방으로 떼지어 갔다. 천도의 전조라 일컬어졌다.

제38대 사이메이齊明 천황[190]

재위 7년. 원년 을묘乙卯년.

고교쿠 천황이 다시 즉위하여 사이메이 천황이 되었다. 궁궐은 야마토 지방 오카모토岡本 궁으로 정해졌으나, 우선 아스카飛鳥의 가와라川河 궁으로 옮겼다. 사이메이 여제는 처음에는 요메이 천황의 손자인 다카무카오高向王와 결혼하여 자식 한 명을 낳았고, 후에 조메이 천황의 황후가 되어 세 아이를 낳았다.

189_ 율령제에서 8개의 중앙행정관청으로서 중무中務, 식부式部, 치부治部, 민부民部, 병부兵部, 형부刑部, 대장大藏, 궁내宮內의 여덟 성省을 말한다.

190_ 사이메이 천황(齊明天皇, 594-661). 소가蘇我 본가本家 멸망 후 양위하였던 고교쿠 천황이 다시 왕위에 올라 사이메이 천황이 되었다. 황태자인 나카노오에中大兄 황자의 보좌를 받으며 정치를 하였으나 국내의 정국이 안정되지 않았으며 국제정세, 특히 신라와의 관계가 긴박해졌다. 나당 연합군에 대항하기 위한 백제의 구원요청을 받아들여 출병을 거행했다. 다이카개신大化改新 후에 백제를 돕기 위해 규슈九州로 출정하여 그곳에서 사망했다.

이 치세 말년에 많은 사람들이 죽었는데 도요라 대신의 영혼이 한 짓이라 이야기되었다. 도요라 대신의 영혼이 용을 타고 하늘을 나는 모습을 보았다는 사람도 있었다. 또한 사이메이 천황 장례식 날 밤에 큰 삿갓을 쓰고 이 세상을 휘이 둘러보며 돌아다녔다고도 한다.

좌대신 대자大紫 고세노 도코巨勢德 대신大臣 사이메이 4년 정월에 사망.

내대신 대면상大錦上 나카토미노 가마코노 무라지中臣鎌子連

제39대 덴지天智 천황[191]

재위 10년. 원년 임술壬戌년.

이름은 가즈라키葛城이다. 조메이 천황의 첫째 아들이며 모친은 고교쿠 천황이다.

궁궐은 오미近江 지방 오쓰大津 궁이다. 덴지 천황에게는 황후 아홉 명과 황자와 황녀 열네 명이 있었다.

태정대신 오토모大友 황자[192] 덴지 천황의 장남. 태정대신은 이때부터 시작되었다.

내대신 대직관大職冠 후지와라노 가마코藤原鎌子 덴지 8년(669) 10월 15일에

191_ 덴지 천황(天智天皇, 626-671). 조메이 천황의 아들로서 모친은 고교쿠 천황이며 덴무 천황의 형이다. 소가 씨를 무너뜨리고 다이카 개신을 단행하는 중심적 역할을 했다. 사이메이 천황 사후 즉위하지 않고 7년간 정무를 돌보다 즉위하였다. 오미령近江令을 시행하고 호적에 해당하는 경오연적庚午年籍을 만들었다.

192_ 오토모 황자(大友皇子, 648-672). 덴지 천황의 첫째 황자로 제39대 천황으로 알려져 있으나 즉위 여부는 불분명하며 『일본서기』에는 즉위기록이 없다. 그러나 1870년 메이지明治 정부는 즉위 사실을 인정하여 고분弘文 천황이라는 시호를 붙였다. 671년에 덴지 천황이 죽은 후 오미近江 조정의 중심이 되었으나 동생 오아마大海人 황자와 황위 계승을 둘러싸고 다툰 끝에 패하여(진신壬申의 난) 자결했다. 한시문에 능하고 박학다식하여 백제에서 건너온 도래인 학자와 깊이 교류하였다고 한다.

임명. 후지와라藤原 성姓을 제수받았으며 같은 달 16일에 사망. 향년 56세. 25년간 관직에 있었다.

이 외에도 좌우대신 여섯 명이 있었다. 덴지 천황은 효심이 깊어 어머니인 사이메이 천황이 붕어한 후 7년간 즉위하지 않았다.

아들인 오토모大友 황자를 태정대신으로 삼았으며 각 지방의 백성들을 조사하여 호적을 정리하였다. 또한 동궁이었을 때 물시계도 만들었다. 가마타리를 내대신으로 임명하고 처음으로 후지와라 성을 제수하였다.

고토쿠 천황 붕어 후 사이메이 천황이 왕위를 잇고 7년간 통치하였다. 덴지 천황은 앞서 언급했던 것처럼 사이메이 천황 붕어 후 7년 뒤에 즉위한 것이 아니라 왕위는 끊이지 않고 계승되었다고 생각한다. 선왕이 죽고 7년이 되는 동안 다음 천황의 즉위가 없을 수는 없다. 앞서 언급했던 7년이라 함은 덴지 천황이 자신이 즉위해야 함에도 불구하고 어머니가 다시 천황의 자리에 올라 치세했던 7년을 의미한다고 생각한다.

제40대 덴무天武 천황[193]

재위 15년. 원년 임신壬申년.

이름은 오아마大海人이다. 조메이 천황의 셋째 아들이며 덴지 천황과 모친이 같다.

궁궐은 야마토 지방의 아스카飛鳥 기요미하라淨御原 궁이다.

193_ 덴무 천황(天武天皇, ?-686). 조메이 천황의 아들로서 모친은 고교쿠 천황이며 덴지 천황의 동복同腹 동생이다. 형 덴지 천황의 아들 오토모 황자가 태정대신이 되자 동궁의 자리를 버리고 요시노吉野에 은거하였다. 덴지 천황이 사망한 후 오토모 황자를 타도한 진신壬申의 난 이후에 아스카노키요미하라노미야飛鳥淨御原宮에서 즉위했다. 율령제를 정비했다.

덴지 7년(668)에 동궁으로 책봉되었다. 덴지 천황 붕어 후에 왕위를 계승하라는 이야기가 있었지만 받아들이지 않았다. 덴지 천황의 황후나 오토모 황자를 왕위에 올리라고 한 후, 자신은 왕위를 바라지 않는다는 뜻을 보여주기 위해 출가하여 요시노吉野 산으로 들어갔다. 그럼에도 불구하고 오토모 황자는 군대를 일으켜 덴무 천황을 치려 하였다. 오토모 황자의 부인이 덴무 천황의 딸이었기에 몰래 이 사실을 아버지에게 알렸다. 덴무 천황은 '어찌된 영문일까? 나는 나대로 이렇게까지 행동했는데…'라고 생각했을 것이다. 덴무 천황은 이세伊勢로 도망쳐 이세 대신궁伊勢大神宮에 기원을 올리고 미노美濃,[194] 오와리尾張[195] 지방에서 군대를 모아 오미近江에서 전투를 치루었다. 전투에 이긴 후 즉위하여 세상을 다스렸다. 이 전란에 대해서는 모든 사람들이 아는 대로이다.

오쓰大津 황자[196]는 덴무 천황의 아들로 정무를 돌보았다고 한다. 황자는 중국의 문장을 좋아했으며 일본에서 처음으로 시부詩賦를 지었다.

좌대신 대면상大錦上 소가노 아카에노 오미蘇我赤兄臣[197] 덴무 원년(672) 8월 유배.

우대신 대면상 나카토미노 가네노 무라지中臣金連[198] 덴무 원년(672) 8월

194_ 지금의 기후岐阜 현 남부에 해당된다.

195_ 지금의 아이치愛知 현 서부에 해당된다.

196_ 오쓰 황자(大津皇子, 663-686). 덴무 천황의 셋째 아들로서 어머니는 덴지 천황의 딸인 오타大田 황녀이다. 어려서부터 문무에 뛰어나 덴무 천황의 총애를 받았다. 686년에 태정대신이 되었고 덴무 천황 사후에 모반을 획책하였으나 실패하여 자택에서 자결하였다.

197_ 소가노 아카에(蘇我赤兄, ?-?). 아스카飛鳥 시대의 호족으로 우마코馬子의 손자다. 사이메이 천황 4년(658)에 아리마有間 황자에게 모반을 하도록 권하는 한편 천황에게 밀고하여 황자를 죽게 하였다. 딸들은 덴지 천황과 덴무 천황의 황후이며 진신의 난에는 오토모 황자 편에 섰으나 패배한 후 유배되었다.

198_ 나카토미노 가네(中臣金, ?-672). 7세기 후반의 조정중신으로 가마타리鎌足의 사촌이다. 덴지 10년(671)에 오토모 황자가 태정대신이 될 때 우대신에 임명

주살誅殺.

대납언大納言 소가노 하타야스蘇我果安[199] 덴무 원년(672) 8월 사건에 연루되어 주살. 대납언은 이때부터 생겨났다. 당시에는 다섯 명이 임명되었다고 한다.

덴무 천황 때에도 연호를 사용하였다. 스자쿠朱雀는 1년이며 임신년에 해당한다. 그리고 하쿠호白鳳는 13년간 지속되었는데 이 역시 원년이 임신년으로 스자쿠 원년과 같다. 이는 연내에 연호를 바꾸었음을 의미하는 것일까? 슈초朱鳥는 8년간 계속되었는데 그 중 1년이 덴무 천황 재위기간에 해당한다.

덴무 10년(681)에 태자 구사카베草壁 황자[200]를 동궁으로 세웠다. 오토모 황자 전투 후 좌우 대신들도 함께 주살되었다. 이 치세 때 그 뒤로는 대신을 두지 않았다.

제41대 지토持統 천황[201]

재위 10년. 원년 정해丁亥년.

이름은 우노菟野이다. 덴지 천황의 둘째 딸이며 덴무 천황의 황

되었으며, 덴지 천황에게 오토모 황자를 보필할 것을 맹세했다. 진신의 난에서 패하고 주살되었다.

199_ 소가노 하타야스(蘇我果安, ?-672). 7세기 후반의 조정중신으로 소가蘇我 일족이지만 그 계보에 대해서는 알려져 있지 않다. 소가노 아카에蘇我赤兄, 나카토미노 가네 등과 더불어 오토모 황자를 보필할 것을 맹세했으며 난이 발발하자 수만의 병사를 이끌고 싸웠다. 진신의 난 후 자살했다고 한다.

200_ 구사카베 황자(草壁皇子, 662-689). 덴무 천황과 지토 천황의 첫째 아들로서 덴무 10년(681)에 동궁이 되어 국정을 돌보았다. 그의 책임하에 율령편찬사업을 개시했다. 이는 기요미하라령淨御原令으로 결실을 맺었으며 689년에 시행되었다.

201_ 지토 천황(持統天皇, 645-702). 제41대 천황으로서 덴지 천황의 둘째 황녀이며 덴무 천황의 황후이다. 덴무 천황이 사망하자 즉위하지 않고 정무를 돌보다가 4년 후에 즉위했다. 남편의 유업을 이어 기요미하라령을 철저히 실시하고 후지와라쿄藤原京를 조영함으로써 새로운 수도로 삼았다. 아들인 구사카베 황자를 즉위시키기 위해 의붓 아들 오쓰大津 황자를 처형하였으나 구사카베 황자가 사망하게 되자 690년에 즉위했다. 덴무 천황의 못 다 이룬 뜻을 잇고자 노력했으며 율령국가 확립에 힘썼다.

후이다. 모친은 오치노이라쓰메越智娘[202]이며 소가蘇我 대신 야마다이시카와 마로山田石川麿의 딸이다.

궁궐은 야마토 지방 후지와라藤原 궁[203]이다.

태정대신太政大臣 정광일淨廣一[204] 다케치高市 황자[205] 덴무 천황의 셋째 아들이다. 지토 4년(690) 7월 5일에 임명되었다. 지토 10년(696) 7월 13일에 사망.

또한 이때부터 중납언中納言을 두었다고 한다. 그밖에도 우대신, 대납언을 두었다.

동궁인 구사카베草壁 황자가 있었지만 우선 동궁의 모친인 황후가 즉위하였다. 동궁이 일찍 죽자 그의 아들인 가루輕 황자[206]를 다시 동궁으로 세웠다.

지토 천황 재위 초기에 오쓰大津 황자가 모반을 일으켜 주살되었다.

지토 천황 때에도 연호가 있었다. 덴무 천황 때의 연호인 슈초朱鳥는 7년간 지속되었으며 다이카大化(원년 을미년)는 4년간 계속되었다. 우즈에卯杖,[207] 도카踏歌[208] 등과 같은 것도 이때에 시작되었다.

202_ 오치노이라쓰메(越智娘, ?-651). 소가노구라야마다이시카와 마로蘇我倉山田石川麿의 딸로서 덴지 천황의 황후다. 지토 천황을 비롯하여 1남 2녀를 낳았다. 아버지가 이복동생의 참언의 의해 자살하게 되자 이를 괴로워하다 죽음을 맞이했다고 한다.

203_ 지토 8년(694)부터 겐메이元明 천황 와도和銅 3년(710) 헤이조쿄平城京 천도까지의 3대 16년간의 수도로서 당나라 수도를 모방하여 만들었다.

204_ 덴무 천황 때의 위계位階 중 하나이다.

205_ 다케치 황자(高市皇子, 654-696). 7세기 후반의 황족으로 덴무 천황의 아들이다. 진신의 난 때 총사령관으로 활약했다. 장자였지만 어머니의 신분이 낮아 왕위계승서열에서 밀렸다. 지토 천황 때 태정대신을 역임하며 천황을 보좌했다.

206_ 훗날의 몬무文武 천황을 말한다.

207_ 정월 첫 묘卯 날에 대학료大學寮가 조정에 바친 매화나무, 복숭아나무 가지를 묶은 장대를 말한다. 나쁜 기운邪氣을 없애는 행사.

208_ 중국에서 건너온 집단가무를 말한다. 발을 구르며 노래 부르고 춤추는 것으로 헤이안 시대 궁중행사로 성행했다. 정월 14일은 남자, 16일에는 여자

다이카 3년(697)에 동궁에게 양위하여 태상천황太上天皇의 존호를 받았다. 태상천황의 시작이다. 그 후 4년간 더 생존했다.

제42대 몬무文武 천황[209]

재위 11년. 원년 정유丁酉년.

이름은 가루輕이며 15세에 즉위하여 25세 혹은 78세에 붕어했다고 한다. 덴무 천황의 손자이며 동궁이었던 구사카베 황자의 둘째 아들이다. 모친은 겐메이 천황이다.

궁궐은 후지와라藤原 궁이다. 몬무 천황에게는 황후 두 명과 황자 한 명이 있었다. 다이카 3년(697) 2월에 동궁이 되었다. 다이카 원년은 무술戊戌년이다.[210]

지태정관사知太政官事 오사카베刑部 친왕[211] 덴무 천황의 아홉 번째 아들. 다이호大寶 3년(703) 정월 20일 임명.

대납언 후지와라노 후히토藤原不比等[212] 대직관 가마타리의 차남으로 다이호

도카踏歌가 행해졌다.

209_ 몬무 천황(文武天皇, 683-707). 구사카베 황자의 아들이며 어머니는 겐메이 천황이다. 할머니인 지토 천황의 양위를 받아 후지와라藤原 궁에서 즉위했다. 치세 초기에는 지토 천황이 후견인 역할을 하였으며 도량형을 통일하고 다이호大寶 율령을 제정하는 등 국가로서의 체제 정비에 힘썼다. 견당사를 부활시켰다. 후지와라노 후히토의 딸 미야코宮子를 황후로 맞아 그 치세 기간 동안 후히토의 세력이 막강했다.

210_ 다이카 3년은 몬무 원년이며 정유丁酉년이다. 따라서 다이카 원년은 무술년이 아니라 을미년이 된다.

211_ 오사카베 친왕(刑部親王, ?-705). 덴무 천황의 아홉 번째 아들로서 진신의 난 당시 아버지와 함께 동국東國으로 향했다. 681년에 천황의 명을 받아 『제기帝紀』를 편집하였으며, 700년에 몬무 천황의 명을 받아 후히토不比等와 더불어 다이호 율령 편찬을 맡았다. 703년에 지토 천황이 붕어하자 지태정관사知太政官事로서 국정을 맡았다.

212_ 후지와라노 후히토(藤原不比等, 659-720). 아스카飛鳥, 나라奈良시대의 귀족으로서 단카이공淡海公이라 한다. 가마타리鎌足의 차남이자 우대신으로서 고묘光明

원년(701)에 임명되었다.

참의參議 오토모노 야스마로大伴安麿[213] 참의는 이때부터 시작되었다.

지토 천황 때의 연호인 다이카大化가 1년간 지속된 후 3년간 연호가 없었다. 그 후 신축辛丑년(701) 3월 21일에 다이호大寶로 연호를 바꾸어 3년간 지속되었다. 연호는 이때부터 계속해서 존재했으며 중단된 적이 없다.

이 치세 때에 율령이 제정되었다. 또한 관위에 따라 복장도 정해졌다. 그리고 이전에는 머리에 쓰는 관冠을 하사하여 위계位階를 주었는데, 이를 관위를 적은 위기位記를 만들어 주는 것으로 바꾸었다.

갑진甲辰년(704) 5월 7일에 교운慶雲으로 연호를 바꾸어 4년간 지속되었다.

황후의 친부이다. 다이호 율령大寶律令을 선정한 공으로 승진, 율령 체제를 확립하고 헤이조平城 천도 및 요로 율령養老律令 편수를 추진했다. 두 명의 여동생을 각각 몬무文武 천황과 쇼무聖武 천황의 후궁으로 입궐시킴으로써 황권과 외척 관계를 맺고 후지와라 가문의 특권적 지위를 구축하여 후지와라 가문 융성의 기초를 만들었다.

213_ 오토모노 야스마로(大伴安麿, ?-714). 7세기 말에서 8세기 초의 관리로서 나가토쿠長德의 아들이다. 가인歌人 다비토旅人의 부친이기도 하다. 진신의 난 때 덴무 천황 편에서 활약했다. 686년에 신라 사신을 대접하기 위해 쓰쿠시筑紫에 갔으며 708년에 태정관 수뇌들과 함께 겐메이 천황 앞에서 자자손손 섬기라는 명을 받았다. 죽기 전 관직은 대납언 겸 대장군 정삼위正三位였다.

제43대 겐메이元明 천황[214]

재위 7년.

이름은 아베阿閉이며 교운慶雲 4년(707) 6월 15일, 46세에 즉위하여 61세에 붕어했다. 덴지 천황의 넷째 딸이며 몬무 천황의 모친이자 구사카베草壁 태자의 비이다. 모친은 소가히메宗我嬪[215]이며 소가노야마다蘇我山田 대신의 딸이다.

궁궐은 야마토 지방 나라奈城 궁이다.

지태정관사 호즈미穂積 친왕[216]

좌대신 이소노카미노 마로石上麿[217]

우대신 후지와라노 후히토藤原不比等 와도和銅 원년(708) 3월 1일 임명.

무신戊申년(708) 1월 11일에 와도로 연호를 바꾸어 7년간 지속

214_ 겐메이 천황(元明天皇, 661-721). 덴지 천황의 딸이며 구사카베 황자와 결혼하여 몬무 천황과 겐쇼 천황을 낳았다. 아들인 몬무 천황이 일찍 죽자 어린 손자(쇼무 천황)에게 보위를 넘겨주기 위해 자신이 직접 천황의 자리에 올랐다. 죽은 천황의 모친이 황후를 거치지 않고 여제가 된 첫 번째 사례다. 그 배경에는 후히토의 강한 지지가 있었다. 나라奈良 천도를 실행하였으며 『고지키古事記』가 완성되었고 『풍토기風土記』 편집을 실행했다. 715년에 딸인 겐쇼元正 천황에게 양위하고 721년에 붕어했다.

215_ 소가히메(宗我嬪, 640-?). 7세기 후반 덴지 천황의 빈嬪으로서 겐메이 천황의 모친이다. 소가노구라야마다이시카와 마로의 딸로서 부친은 다이카 5년(649)에 이복동생의 참언에 의해 주살되었다. 같은 해 언니인 오치노이라쓰메(덴지 천황의 황후, 지토 천황의 어머니)도 슬픔을 견지지 못하고 죽었다고 한다.

216_ 호즈미 친왕(穂積親王, ?-715). 덴무 천황의 아들로서 705년에 지태정관사, 706년에 우대신이 되었으며 715년에 일품一品으로 제수되었다. 이복동생 다지마但馬 황녀와의 사랑으로 유명하다.

217_ 이소노카미노 마로(石上麿, 640-717). 8세기 초의 귀족으로 본명은 모노노베노 마로物語麿였다. 진신의 난에는 오토모 황자 편에 섰으며 오토모 황자가 자살할 때 그 옆에 있었다. 후에 덴무 조정에서 일하게 되었으며 견신라사遣新羅使로서 활약했다. 덴무 13년(684)에 8색성八色姓 중 아손朝臣을 받았으며 이후 그의 성도 이소노카미로 바뀌었을 것으로 추정된다. 다이호 4년(704)에 우대신, 708년에 좌대신으로 승진하였다.

되었다. 겐메이 천황은 몬무 천황 붕어 후 아들인 쇼무聖武 천황이 아직 어렸기 때문에 우선 즉위하였다.

제44대 겐쇼元正 천황[218]

재위 9년.

이름은 히타카氷高이며 35세에 즉위하였다. 동궁 구사카베 황자의 딸이며 몬무 천황의 누나이다. 모친은 겐메이 천황으로 몬무 천황과 같다.

궁궐은 야마토 지방 나라 궁이다.

지태정관사 호즈미穗積 친왕 레이키靈龜 원년(715) 7월 13일 사망.

도네리舍人 친왕[219] 기요미하라淨御原 천황(덴무 천황)의 셋째 아들. 요로 4년(720)년 8월 1일에 임명되었다.

좌우대신 전대와 같다.

중납언 후지와라노 무치마로藤原武智麿[220]

참의 후지와라노 후사사키藤原房前[221] 무치마로와 후사사키는 모두 단카이

218_ 겐쇼 천황(元正天皇, 680-748). 구사카베 황자와 겐메이 천황의 장녀이자 몬무 천황의 누이로서 겐메이 천황에 이어 즉위했다. 당시 동궁의 나이는 14세로 아직 유약하여 다른 강력한 왕위후보자를 막기 위해 즉위한 것으로 추정된다. 재위 9년 후 쇼무 천황에게 양위했다. 재위 중 중요한 사건으로는 717년에 견당사 파견과 718년에 후히토에 의한 요로 율령 편찬 완료, 720년에 『일본서기』 완성을 들 수 있다.

219_ 도네리 친왕(舍人親王, 676-735). 덴무 천황의 아들로서 『일본서기』 편찬 책임자로 유명하다. 준닌淳仁 천황의 부친이다. 나라시대 초기에는 황실 장로로서 존경받았다. 720년에 지태정관사가 되어 태정관을 통괄하는 임무를 맡았으며 사후 태정대신을 제수받았다.

220_ 후지와라노 무치마로(藤原武智麿, 680-737). 나라시대의 귀족으로서 후히토의 장남이며 난케南家의 시조다. 병약하고 독서를 좋아하며 불교에 귀의했다고 한다. 동궁부東宮傅로서 동궁 쇼무 천황의 교육을 담당했다. 721년에 중납언, 729년에 대납언을 거쳐 733년에 우대신이 되었다. 737년 7월 25일에 좌대신으로 승진한 날 죽었다고 한다.

공淡海公[222]의 아들이다.

을묘년(715) 9월 3일에 레이키로 연호를 바꾸었으며 이 날 즉위하였다. 레이키는 2년간 지속되었다. 정사丁巳년(717) 11월 17일에 요로養老로 연호를 바꾸었다. 요로는 7년간 지속되었다.

후히토 대신은 요로 4년(720) 8월 3일에 사망하였다. 향년 62세로 시호諡號는 단카이공이다. 병석에 누워 있었는데 쇼무 천황의 외척이기 때문에 여러모로 중하게 보살핌을 받았다. 사후 태정대신을 제수받았다고 한다.

제45대 쇼무聖武 천황[223]

재위 25년. 25세 즉위. 58세 붕어.

아메시루시쿠니오시히라키토요사쿠라히코天璽國排開豊櫻彦 천황이라 한다. 몬무 천황의 태자로서 와도和銅 7년(714)에 동궁으로 책봉되었다. 모친은 후지와라노 미야코藤原宮子[224]로서 후히토의 딸이다.

221_ 후지와라노 후사사키(藤原房前, 681-737). 아스카飛鳥 시대에서 나라 시대 초기의 귀족으로 후지와라노 후히토의 차남이다. 모친은 소가노 무라지코蘇我連子의 딸 쇼시娼子. 정치적 역량이 뛰어났으며 717년에 참의가 되었고 겐메이元明 태상천황의 신임이 두터웠다. 우치쓰오미內臣라는 특별직에 임명되어 겐쇼 천황을 보필하였고 쇼무 천황 즉위 후 정삼위 중위대장中尉大將으로 임명되었다. 후지와라 홋케北家는 후사사키부터 시작된다. 사후에 태정태신으로 추증되었다.

222_ 후지와라노 후히토를 말한다.

223_ 쇼무 천황(聖武天皇, 701-756). 몬무 천황의 첫째 아들로서 몬무 천황이 붕어했을 때는 어려서 즉위하지 못했다. 왕위가 할머니(겐메이 천황), 고모(겐쇼 천황)로 이어지는 동안 성장하여 714년에 동궁이 되고 724년에 즉위하였다. 신흥귀족 후지와라 씨와의 관계가 깊다. 견당사를 파견하여 당의 문화를 적극적으로 받아들이고 불교진흥에 힘써 덴표 문화를 꽃피웠다.

224_ 후지와라노 미야코(藤原宮子, ?-754). 몬무 천황의 부인이며 후히토의 딸이다. 쇼무 천황을 낳아 후지와라 씨가 외척으로 세력을 잡는 발판을 만들었다. 미야코의 병을 치유했던 스님 겐보玄昉는 후지와라 가문의 형제 네 명이 천연

궁궐은 야마토 지방 나라 궁이다. 쇼무 천황에게는 황후 네 명과 황자와 황녀 여섯 명이 있었다.

지태정관사 **도네리 친왕** 덴표天平 7년(735) 11월 14일에 사망했다. 향년 60세. 같은 달 22일에 태정대신으로 추증되었으며 덴표호지天平寶字 2년(758) 6월에 스도崇道 천황[225]으로 추호追號되었다.

스즈카오鈴鹿王[226] 태정대신 다케치高市 친왕의 셋째 아들. 덴표 9년(737) 9월에 임명되었다. 덴표 17년(745) 9월 11일 사망.

좌대신 **나가야오**長屋王[227] 모반을 일으킨 죄로 주살되었다. 후지와라노 우마카이藤原宇合[228] 등을 보내 나가야오 저택을 에워쌌다고 한다. 다케치 황자의 첫째 아들이다.

다치바나노 모로에橘諸兄[229] 비다쓰 천황의 후손으로 가즈라키오葛城王라는

두로 잇달아 죽은 뒤 그 총애를 배경으로 정치적 권력을 잡았다.

225_ 도네리 친왕의 아들인 준닌 천황이 즉위하여 759년에 그 아버지로서 스도진경황제崇道盡敬皇帝의 칭호가 추증되었다.

226_ 스즈카오(鈴鹿王 ?-745). 다케치 친왕의 아들로서 나가야오長屋王의 동생이다. 나가야오 모반 사건에 연좌되었지만 사면되어 다음해 정사위상正四位上으로 승진, 덴표 3년(731)에 참의, 덴표 4년(732)에 종삼위에 올랐다. 덴표 9년(737)에 천연두로 후지와라 형제가 잇달아 죽자 지태정관사가 되었다. 죽을 때까지 지태정관사를 역임했으나 실권은 다치바나노 모로에橘諸兄가 쥐고 있었기 때문에 상징적인 역할에 불과했다.

227_ 나가야오(長屋王, 684-729). 덴무 천황의 손자이며 다케치 황자의 아들이다. 724년에 정이위正二位 좌대신이 되어 정권의 수반이 되었다. 후지와라 씨에 대항했으나 참언에 의해 결국 일가족이 자살하기에 이른다.

228_ 후지와라노 우마카이(藤原宇合, 694-737). 후지와라노 후히토의 셋째 아들이며 시키케式家의 시조다. 모친은 소가노 무라지코蘇我連子의 딸 쇼시娼子. 717년에 견당遣唐 부사副使로서 당나라에 가서 이듬해에 귀국했다. 시키부쿄式部卿를 역임했으며 724년에는 왕권에 저항하던 에미시蝦夷를 토벌했다. 천연두를 앓다 사망하였으며 죽을 때 관위는 참의식부경參議式部卿 겸 정삼위였다. 후지와라 씨 시키케는 우마카이가 시키부쿄를 역임한 것에서 유래한다.

229_ 다치바나노 모로에(橘諸兄, 684-757). 나라시대의 정치가로서 미노노오三野王의 아들이다. 덴표 8년(736)에 신적臣籍에 올라 이때 어머니 성을 받아 다치바나가 되었다. 738년에 우대신이 되어 겐보, 기비노 마키비吉備眞吉備 등을 중용하여 정권을 잡았으나, 후지와라노 히로쓰구藤原廣嗣의 난을 겪으면서 정권은 다시 후지와라 씨에게 돌아갔다.

이름을 다치바나노 모로에로 개명했다고 한다.

우대신 무치마로武智麿 덴표 6년(734) 1월 17일에 임명되었다. 덴표 9년(737) 7월 25일 사망. 향년 58세. 태정대신으로 추증되었다.

중납언 도요나리豊成[230] 무치마로의 첫째 아들. 중위中衛 대장을 겸하였다.

갑자甲子년(724) 2월 4일에 진키神龜로 연호를 바꾸었으며 이 날 즉위하였다. 진키는 5년간 지속되었다.

기사己巳년(729) 8월 5일에 덴표로 연호를 바꾸었다. 덴표는 21년간 지속되었다.

쇼무 천황은 덴표 21년(749) 7월 2일에 50세의 나이로 양위하였으며 출가하였다. 법명은 쇼만勝滿이라 한다. 그 후 8년간 더 생존했다. 도다이지東大寺를 건립하였는데 자세한 내용은 3권에 적어 놓았다.

참의 후사사키는 덴표 2년(730)에 중위대장에 임명되었는데 이는 대장으로 임명된 첫 사례이다. 덴표 9년(737) 4월 17일에 사망했다. 향년 57세. 네 가문의 원조인 후사사키의 형제들은 모두 같은 해에 죽었다. 첫째가 무치마로이고 둘째가 후사사키, 셋째가 우마카이, 넷째가 마로麿[231]인데 이 중 세 명이 참의였다. 우마카이는 8월 5일, 마로는 7월 13일에 사망하였다. 천하에 천연두가 창궐하여 죽은 자를 헤아릴 수 없을 정도였다고 한다.

230_ 후지와라노 도요나리(藤原豊成, 704-766). 무치마로의 장남이며 어려서부터 학문에 뛰어났다. 순조롭게 승진하였으며 천연두가 창궐하여 후지와라 씨가 많이 사망했을 때에도 후지와라 씨 가운데 혼자 참의가 되었다. 749년에 우대신이 되어 중직에 올랐으나 757년에 새로운 동궁 추대를 둘러싸고 동생 나카마로仲麻呂와 대립하였고 이후 실권이 동생에게로 넘어갔다.

231_ 후지와라노 마로(藤原麿, 695-737). 나라시대 귀족으로서 후히토의 넷째 아들이자 교케京家의 시조다. 요로 5년(721)에 좌경대부左京大夫가 되었으며, 덴표 3년(731)에 참의 겸 병부경兵部卿이 되었다. 나머지 형제들과 같은 해에 천연두로 죽었다.

제46대 고켄孝謙 천황[232]

재위 10년.

이름은 아베阿閉이며 30세에 즉위하였다. 쇼무 천황의 딸이며 모친은 단카이공의 딸 고메이光明 황후[233]이다.

궁궐은 나라 궁이다.

좌대신 다치바나노 모로에 덴표쇼호天平勝寶 8년(756) 2월 사의를 표하고 물러 났다.

우대신 후지와라노 도요나리 덴표쇼호 원년(749) 4월 14일 임명. 덴표호지 원년(757)에 좌대신으로 승진하여 같은 해 7월 2일에 어떤 사건에 연루되어 좌천되었다. 후지와라노 나카마로藤原仲麿[234]를 칭찬했기 때문이라고 한다.

대보大保[235] 후지와라노 에미노 오시카쓰惠美押勝 본명은 나카마로이며 무로치의 차남이다. 덴표호지天平寶字 원년(757) 5월 19일에 우대신에 임명되었다. 시비나이쇼紫微內相[236]에 임명되어 대신에 준하는 대우를 받았다. 중위 대장은 겸임한 채였

232_ 고켄 천황(孝謙天皇, 718-770). 나라시대의 마지막 여제로서 두 번 즉위하였다. 쇼무 천황과 고메이光明 황후의 유일한 딸로 첫 여성 황태자가 되었다. 쇼무 천황 양위 후에 즉위하였으나 실권은 고메이 황후와 그 조카인 후지와라노 나카마로에게 있었다. 나카마로는 쇼무 천황 유언에 따라 동궁이 된 후 나도오道祖王를 폐하고 자신이 옹호하던 준닌淳仁 천황을 후계자로 삼았다. 758년에 고켄 천황은 준닌 천황에게 양위하였다. 양위 후 상황으로서 승려 도쿄道鏡를 총애하여 준닌 천황과 대립했다. 후지와라노 나카마로의 난 후에 천황을 폐위시키고 자신이 중조重祚하여 쇼토쿠稱德 천황이 되었다.

233_ 고메이 황후(光明皇后, 701-760). 후지와라노 고묘시藤原光明子라 하며 쇼무 천황의 황후이다. 고켄 천황의 모친이자 후히토의 딸이다. 황족이 아니면서 최초로 황후가 되어 후지와라 씨 정계활동의 발판이 되었다. 쇼무 천황과 더불어 불교에 심취했으며 고쿠분지國分寺 건립과 도다이지東大寺 대불大佛 건축 등을 적극 권했다고 한다.

234_ 후지와라노 나카마로(藤原仲麿, 706-764). 후히토의 장남인 후지와라 씨 난케南家 계통 후지와라노 무치마로藤原武智麻呂의 둘째 아들이다. 고묘光明 황후의 신임을 받았다. 다치바나노 나라마로橘奈良麻呂 등의 대항 세력을 배제한 후 준닌淳仁 천황을 옹립했다. 에미노 오시카쓰惠美押勝라는 이름을 부여받고 태정대신, 정일위에 오른다. 도쿄道鏡가 대두하면서 고켄孝謙 천황과 대립하여 군사를 일으켰으나 패하여 사망했다.

235_ 우대신의 당唐나라 명칭이다.

다. 덴표호지 2년(758)에 우대신을 개칭하여 대보라 하였는데 8월 25일에 대보에 임명되었다. 같은 날 칙서에 이름 앞에 에미惠美 두 글자를 덧붙이고 나카마로의 이름을 오시카쓰押勝로 바꿀 것과 봉호封戶[237] 백 정町을 부여할 것을 명했다고 한다.

고켄 천황은 덴표칸호天平感寶 원년(749) 7월 2일에 즉위하였다. 덴표쇼호天平勝寶 원년(749)은 기축己丑년이며 8년간 지속되었다. 덴표호지 원년(757)은 정유丁酉년이며 8월 2일에 연호가 바뀌었다. 덴표호지 2년까지가 고켄 천황 재위기간에 해당한다. 앞서 언급한 덴표칸호는 4월 14일에 시작된 연호인데 그해 7월 2일에 또 다시 덴표쇼호로 연호를 바꾸었다. 그래서인지 보통 연대기에서는 이 연호를 생략하여 쓰지 않는다.

도다이지東大寺에서는 만 명의 스님이 모여 대법회를 열었다.[238] 궁궐에는 천하태평이라는 문자가 저절로 나타났다고 한다. 고켄 천황에 관해서는 3권에 자세히 써놓았다.

제47대 아와지淡路 폐제廢帝[239]

재위 6년.

이름은 오이大炊이며 26세에 즉위하였다. 덴무 천황의 손자로 도네리舍人 친왕의 일곱 번째 아들이다. 모친은 야마시로 부인山背夫

236_ 시비추다이紫微中臺의 장관으로 757년에는 나카마로가 임명되었으나 이듬해 나카마로가 대보에 임명되자 그 자리가 없어졌다.

237_ 율령제 봉록의 일종으로 일정수의 호戶를 주어 그 호가 내는 세금의 반과 부역을 자신의 봉록으로 삼게 하였다. 황족과 고관 등에게 위계, 관직, 공훈에 따라 지급되었다.

238_ 덴표쇼호 4년(752)에 이루어진 도다이지東大寺대불 개안開眼식을 말한다.

239_ 아와지 폐제(淡路廢帝, 733-765). 준닌淳仁 천황을 말하며 덴무 천황의 손자이며 도네리 친왕의 아들이다. 나카마로의 후원에 힘입어 동궁이 되어 즉위했으나 고메이 황후 사후 도쿄道鏡의 처우를 둘러싸고 고켄 상황上皇과 대립하게 된다. 당시 권력은 고켄 상황에게 있었으며 고켄 상황은 나카마로의 난이 일어나자 이를 진압하고 준닌 천황을 폐하고 아와지에 유폐시켰다.

人[240]이며 가즈사上總 군수 다이마노오유當麻老의 딸이다.

궁궐은 나라 궁이다.

대사大師[241] **후지와라노 오시카쓰** 덴표호지天平寶字 4년(760) 1월 11일 대보에서 대사로 승진되었다. 천황은 대보 오시카쓰의 집을 방문하여 주전主典 이상에게 절부성節部省[242]의 거친 명주를 지위에 따라 하사하였으며 오시카쓰에게는 태정대신을 제수하고 호위무관[243]을 허락하였다. 그러나 덴표호지 8년(764) 9월 11일에 반란을 일으켰기 때문에 천황으로부터 받은 성과 관직을 모두 박탈하고 후지와라성도 없앤 후 주살하였다.

대신 **도쿄道鏡**[244] **선사禪師** 덴표호지 8년(764)에 임명되었다. 유게弓削라는 성을 하사받았다. 원래는 소승도少僧都[245]였다.

우대신 **후지와라노 도요나리** 덴표호지 4년(760) 좌대신이 되었다가 덴표호지 8년(764) 4월에 다시 우대신에 임명되었다. 죄 없이 처벌을 받았다가 다시 복직된 것이다.

덴표호지 원년(757)은 무술戊戌[246]년이며 8월 2일에 연호를 바꾸어 8년간 지속되었다. 아와지 천황은 덴표호지 원년에 동궁이 되어 덴표호지 2년(758) 8월 1일에 즉위하였으나 에미惠美 대신과 합심하

240_ 야마시로 부인(山背夫人, ?-?). 다이마노 야마시로當麻山背를 말하며 나라시대 황족이다. 도네리 친왕의 부인이며 준닌 천황의 모친이다.

241_ 태정대신을 개칭한 명칭이다.

242_ 본문에는 초부성草部省으로 되어 있으나 이는 절부성의 오기誤記이다. 절부성은 대장성大藏省을 개칭한 것이다.

243_ 본문에는 즈이진隨身으로 되어 있다. 귀족들이 외출할 때 호위하던 무관으로 활과 화살을 들고 검을 찼다. 천황의 허가가 있어야 부릴 수 있었다.

244_ 도쿄(道鏡, ?-772). 나라奈良 시대의 승려로 고켄 상황의 병을 고쳐 총애를 받고 정계에 진출했다. 후지와라노 나카마로의 난 후에 상황이 쇼토쿠 천황으로 다시 즉위하자 태정대신 선사禪師, 그리고 법왕法王이 되어 권세를 휘둘렀다. 우사하치만궁宇佐八幡宮의 신탁을 이용하여 왕위에 오르려고 하였으나 실패하였다. 시모쓰케下野 야쿠시지藥師寺 벳토別當로 좌천되어 같은 곳에서 사망했다.

245_ 승려의 직위로서 권대승도와 권소승도 사이에 자리한다.

246_ 정유년의 잘못된 표기이다.

여 고켄 천황을 배신했기 때문에 아와지淡路[247] 지방에 유배되었다. 그 지방에서 3년을 지낸 후 붕어했다.

제48대 쇼토쿠稱德 천황[248]

재위 5년. 53세 즉위.

고켄 천황이 다시 천황의 자리에 오른 것이며 53세에 즉위하여 57세에 붕어하였다. 47세에 즉위하여 53세에 붕어했다고도 한다. 덴표호지 9년(765) 1월 1일에 다시 천황의 자리에 올랐다.

태정대신 도쿄 선사 덴표진고天平神護 2년(766)에 법황法皇의 지위를 제수받았다.

우대신 기비노 마키비吉備眞吉備[249] 우위사 소위右衛士少尉 시모쓰미치 아손 구니카쓰下道朝臣國勝[250]의 아들이며 중위대장中尉大將이었다.

대납언 후지와라노 마타테藤原眞楯[251] 후사사키의 셋째 아들. 덴표진고 2년(766) 3월 16일 사망했다.

247_ 지금의 효고 현 아와지시마淡路島를 말한다.

248_ 쇼토쿠 천황(稱德天皇, 718-770). 이전의 고켄 천황. 덴표호지 8년(764)에 고켄 상황은 후지와라노 나카마로의 난을 진압하고 이를 계기로 준닌 천황을 폐한 후 자신이 다시 즉위하였다. 불교에 귀의하여 도쿄 선사를 신임, 중용하여 천황에 비견되는 권력과 대우를 해주었다. 동궁을 정하지 못해 혼란을 가중시킨 채 병으로 죽었다.

249_ 기비노 마키비(吉備眞吉備, 695-775). 나라 시대의 학자이자 귀족이다. 견당사 유학생으로서 17년간 유학하였다. 귀국후 겐보와 함께 좌대신 다치바나노 모로에를 보좌했다. 기비 아손吉備朝臣이라는 성을 하사받았으나 나카마로의 모함에 의해 좌천되었다. 훗날 나카마로의 난 때 공을 세워 대납언을 거쳐 정이위正二位 우대신이 되었다.

250_ 시모쓰미치 아손 구니카쓰(下道朝臣國勝, ?-?). 8세기 전기의 하급무관이다. 기비노 마키비의 부친으로서 비추備中를 중심으로 한 기비吉備지방의 호족 출신이다. 직위는 우위사소위右衛士少尉에 이르렀다.

251_ 후지와라노 마타테(藤原眞楯, 715-766). 나라시대의 귀족으로서 후사사키의 아들이다. 덴표진고 2년(766)에 형 나가테永手가 좌대신이 되자 대납언으로 승진, 식부경式部卿을 겸했다. 공평하고 도량이 넓은 인물이라 평가되며 쇼무 천황의 총애를 받았다고 한다.

덴표진고 원년(765)은 을사乙巳년이며 1월 7일에 시작되어 2년간 지속되었다. 진고케이운神護景雲 원년(767)은 정미丁未년이며 8월 18일에 시작되어 3년간 지속되었다. 쇼토쿠 천황은 진고케이운 3년[252] 8월 4일에 붕어하였다.

도쿄道鏡 법황 사건에는 와케노 기요마로和氣淸丸[253]가 천황의 칙서를 받아 우사宇佐[254]로 향했다. 대신궁과 하치만八幡 등의 신탁이 있었다. 덴표호지 원년은 정유丁酉년이다. 아와지 폐제의 원년은 무술戊戌년이다. 그 밖의 사항에 대해 여기에서 자세히 언급할 수는 없지만 사람들의 입을 통해 회자되고 있을 것이다.

제49대 고닌光仁 천황[255]

재위 12년.

이름은 시라카베白壁이며 원래는 대납언이었다. 진고케이운 4년(경술庚戌년, 770) 8월 4일 계사癸巳 날에 신하들은 대납언 시라카베오白壁王를 동궁으로 세워 정무를 돌보게 하였다. 당시 62세. 다카노高

252_ 쇼토쿠 천황의 붕어는 진고케이운 4년(770)이 맞다.

253_ 와케노 기요마로(和氣淸丸, 733-799). 나라시대 후기에서 헤이안平安시대 초기의 귀족. 쇼토쿠 천황의 신임을 얻었으며 769년에 도쿄를 천황의 자리에 올리라는 우사하치만 궁宇佐八幡宮 신탁 사건 때에는 천황의 사자로 우사에 파견되었다. 그는 우사에서 돌아온 뒤 일본에서 신하가 천황이 된 적이 없으며 황족을 천황에 올려야 한다는 신탁을 올림으로써 도쿄의 원한을 사 유배당하게 된다. 고닌 천황 즉위 후 소환되었으며 간무 천황 때에는 나가오카, 헤이안 수도 조영에 참여했다.

254_ 오이타大分 현 북부 우사宇佐 군, 우사 시 일대가 이에 해당된다.

255_ 고닌 천황(光仁天皇, 709-781). 덴지 천황의 손자로서 쇼토쿠 천황 사후 후지와라노 나가테와 모모카와에 의해 동궁으로 추대되어 즉위하였다. 처음에는 이노우에 내친왕井上內親王 소생의 오사베他戶 황자를 동궁으로 삼았으나 772년에 황자와 황후를 모두 폐하고 이듬해 야마베山部 황자(후의 간무桓武 천황)를 동궁으로 삼았다. 관료조직을 축소 재편성했으며 긴축재정정책을 펼쳤다.

野 천황[256]이 남긴 칙서에 대납언 사라카베오를 동궁으로 삼으라고 쓰여 있었다고 한다.

같은 해 10월 1일 기축己丑 날에 대극전大極殿에서 즉위식이 있었다고 한다.

고닌 천황은 덴지 천황의 손자이며 시키施基 황자[257]의 여섯 번째 아들이다. 모친은 도치히메橡姬[258]이며 기노 모로히토紀諸人[259]의 딸이다.

궁궐은 나라 궁이며 고닌 천황에게는 황후 다섯 명과 황자와 황녀 일곱 명이 있었다.

좌대신 후지와라노 나가테藤原永手[260] 호키寶龜 2년(771) 2월 21일에 사망했다. 향년 68세.

우대신[261] 오나카토미노 기요마로大中臣清麿[262]

256_ 쇼토쿠 천황을 말한다.

257_ 시키 황자(施基皇子, ?-716). 덴지 천황의 아들이며 고닌 천황의 부친이다. 덴무 18년에 덴무 천황의 아들들과 왕위계승 싸움을 벌이지 않겠다는 요시노吉野 맹약을 했다. 지토 3년에는 좋은 설화를 모아 엮는 찬선언사撰善言詞에 임명되었다.

258_ 기노 도치히메(紀橡姬, ?-709). 고닌 천황의 모친으로서 기노 모로히토의 딸이다. 와도 2년(709)에 시키 황자와의 사이에서 시라카베오를 낳고 몇 달 후 죽었다. 고닌 천황 즉위 후 황태후로 추증되었다.

259_ 기노 모로히토(紀諸人, ?-?). 도치히메의 부친으로서 고닌 천황의 외조부이다. 교운 4년(707)에 종오위하從伍位下가 되었다. 내장두內藏頭에 재임 중 와도 2년(709)에 세이에치고카이征越後蝦夷 부장군으로 임명되었다. 엔랴쿠 4년(785) 증손자인 간무 천황 때에 정일위正一位 태정대신으로 추증되었다.

260_ 후지와라노 나가테(藤原永手, 714-771). 후지와라 씨 홋케北家 후지와라노 후사사키藤原房前의 차남이다. 덴표天平 9년(737) 부친의 사망 이후 홋케의 대표자로서 빠른 승진을 거듭하였다. 나카마로의 난 후 도쿄 정권하에서도 승진을 거듭하여 덴표진고天平神護 2년(766)에 좌대신이 되었다. 쇼토쿠 천황 사후에는 도쿄를 배제하고 모모카와百川와 더불어 고닌光仁 천황을 옹립했으며, 그 공으로 정일위에 올랐다. 나가오카長岡 대신으로 불린다.

261_ 판본에 따라 좌대신, 또는 빈칸으로 되어 있으나 우대신이 맞다.

262_ 오나카토미노 기요마로(大中臣清麿, 702-788). 나라시대의 우대신으로 고닌 천

좌대신 후지와라노 우오나藤原魚名[263] 후사사키의 다섯째 아들이며 근위대장이었다.

내대신 후지와라노 요시쓰구藤原良繼[264] 본명 스쿠나마로宿名麿. 식부경式部卿 우마카이宇合의 차남이다.

참의 후지와라노 모모카와藤原百川[265] 우마카이의 여덟째 아들이며 호키 10년(779)[266] 7월 7일에 사망하였다. 향년 48세.

호키寶龜 원년(770)은 경술庚戌년이며 10월 1일에 시작되어 11년간 지속되었다. 덴오天應 원년(781)은 신유辛酉년이며 1월 1일에 시작되어 2년간 지속되었다.

이 천황은 다카노 천황(쇼토쿠 천황) 붕어 후 대신과 조정 신료들이 논의하여 즉위시킨 천황이다. 덴오 원년(781) 4월에 동궁에게

황의 신임이 두터웠다. 호키寶龜 2년(771) 종이위從二位 우대신에 임명되었다.

263_ 후지와라노 우오나(藤原魚名, 721-783). 후사사키의 다섯째 아들로 748년에 종오위하에 올랐으며 이후 참의, 대납언을 거쳐 내대신이 되었다. 781년에 좌대신이 되었으나 이듬해 히카미 가와쓰구氷上川繼 사건에 연루되어 파면되었으며 그 후 병사하였다.

264_ 후지와라노 요시쓰구(藤原良繼, 716-777). 요시쓰기라고도 하며 우마카이의 차남이다. 덴표 12년(740)에 형 히로쓰구廣嗣의 난에 연루되어 이즈伊豆에 유배되었다가 덴표 14년(742)에 귀경하였다. 이후 지방관을 역임하였으며 나카마로의 난을 진압하는 데 공을 세워 중책을 맡게 되었고 고닌 천황을 왕위에 올리는 데에도 활약하였다. 고닌 천황 즉위 후 우치쓰오미內臣가 되어 실권을 잡았으며 내대신 종이위從二位에 오른 해에 사망하였다. 헤이제이 천황과 사가 천황의 외조부로서 사후에 태정대신으로 추증追贈되었다.

265_ 후지와라노 모모카와(藤原百川, 732-779). 후지와라 씨 시키케式家 후지와라노 우마카이藤原宇合의 여덟째 아들이다. 쇼토쿠 천황이 사망한 후에 후지와라노 나가테藤原永手 등과 함께 시라카베오白壁王, 후의 고닌 천황을 옹립했다. 각종 책략을 써서 간무 천황의 황후 이노우에 내친왕과 그 소생인 오사베他戶 동궁을 폐하고 그 자리에 야마베山部 친왕, 즉 간무 천황을 올렸다. 그 후 딸 다비코旅子를 간무 천황의 황후로 들여 손자 준나淳和 천황을 보았다. 779년에 정삼위가 되었으나 그 해 사망하였다. 손자인 준나 천황이 즉위함으로써 정일위 태정대신으로 추증되었다.

266_ 본문에는 호키 13년으로 되어 있으나 호키 10년이 맞다.

황통을 넘기고 12월에 붕어했다. 향년 73세였다.

제50대

간무桓武 천황[267]

재위 24년.

이름은 야마베山部이다. 덴오 원년(781) 4월 3일에 황통을 이어 받았다. 당시 45세. 고닌 천황의 아들이며 호키 4년(773) 37세에 동궁이 되었다. 모친은 다카노노 니이카사高野新笠[268]이며 오토쓰구 아손乙繼朝臣[269]의 딸이다.

처음에는 나가오카長岡 궁[270]에 천도하였다가 나중에 야마시로山城 지방[271]에 있는 헤이안平安 궁[272]으로 옮겼다. 지금의 수도이다.

267_ 간무 천황(桓武天皇, 737-806). 고닌 천황의 아들. 신분이 높지 않은 어머니에게서 태어났기 때문에 왕위계승자에서 제외되었으나 후지와라노 모모카와의 책략으로 동궁에 오를 수 있었다. 엔랴쿠延曆 3년(784)에 나가오카長岡로 천도했으나 천도의 책임자였던 후지와라노 다네쓰구藤原種繼가 암살되었으며 그로 인해 동궁 사와라早良 친왕이 유배되었다. 친족이 잇따라 죽고 사와라 친왕의 원령에 대한 소문이 돌자 794년에 헤이안으로 천도했다. 새로운 수도의 조영과 동북지방의 지배력 강화를 위해 노력했으나 이에 따른 경제적 부담이 커지자 만년에는 중지시켰다. 치세 중 사이초最澄와 구카이空海를 등용함으로써 헤이안 불교를 확립했다. 지방정치 진흥과 내정 면에서 업적이 많다.

268_ 다카노노 니이카사(高野新笠, ?-790). 고닌 천황의 황후로서 간무 천황의 모친이다. 부친은 도래인으로서 백제 무녕왕의 자손이다. 고닌 천황이 즉위하자 다카노 아손이라는 성을 받았으며 호키 9년(778)에 종삼위가 되었다. 2년 정도 병상에 있다 엔랴쿠 8년(790)에 사망하였다. 사후 황태후로 추증되었다.

269_ 다카노노 오토쓰구(高野乙繼, ?-?). 나라 시대의 관리로서 야마토노 오토쓰구和乙繼라 한다. 조상은 백제 도래인이다. 사후 호키 원년(770)에 니이카사와 더불어 다카노 아손 성을 받았다. 엔랴쿠 9년(791)에 간무 천황의 외조부로서 정일위로 추증되었다.

270_ 지금의 교토 부 무코向日 시, 나가오카쿄長岡京 시 부근을 말한다. 784년에 나라에서 천도하여 794년에 헤이안 천도까지 10년 간 수도였다.

271_ 지금의 교토 부 남부가 이에 해당된다.

272_ 지금의 교토 부 중앙부를 말한다. 간무 천황은 엔랴쿠 13년(794)에 헤이안으로 천도하여 수도 조영을 시종일관 주관하였다.

간무 천황에게는 황후와 후궁이 열여섯 명, 황자와 황녀 서른두 명이 있었다.

좌대신 **후지와라노 우오나** 엔랴쿠延曆 원년(782) 6월 14일에 모반 사건[273]에 연루되어 유배되었는데 유배지로 가는 도중에 병이 나서 나니와難波에 머물렀다. 이듬해 5월에 귀경하여 7월 25일에 사망하였다. 향년 63세. 이전 관직인 좌대신에 복직되었으며 유배와 관련된 칙서는 소각되었다고 한다.

우대신 **후지와라노 다마로**藤原田麿[274] 우마카이의 다섯째 아들. 근위대장이었다.

후지와라노 고레토모藤原是公[275] 무치마로의 손자이자 참의 오토마로乙麿의 아들이다. 엔랴쿠 2년(783) 7월 19일에 임명되었다. 엔랴쿠 8년(789) 9월 19일 사망.

후지와라노 쓰구나와藤原繼繩[276] 도요나리豊成의 아들이며 중위대장이었다. 엔랴쿠 9년(790) 2월 27일에 임명되었다. 엔랴쿠 15년(796) 7월 19일 사망. 향년 70세.

미와노오神王[277] 덴지 천황의 손자로 에노이榎井 친왕[278]의 아들이다. 엔랴쿠 17년(798) 8월에 임명되었다.

273_ 간무 천황 즉위 이듬해에 히카미 가와쓰구氷上川繼가 일으킨 모반 사건을 가리킨다. 히카미 가와쓰구는 어머니가 쇼무 천황의 딸인 것을 근거로 황위를 주장하였는데 덴무 천황과 쇼무 천황의 혈통을 잇지 않은 간무 천황에게는 큰 충격을 주었으며 나가오카 천도를 결심하는 계기가 되었다.

274_ 후지와라노 다마로(藤原田麿, 722-783). 우마카이의 아들로 형 히로쓰구의 난에 연루되어 오키隱岐에 유배되었다가 2년 뒤 소환되었다. 덴표진고 2년(766)에 참의, 이후 군위대장 등을 역임하였고 덴오天應 2년(782)에 우대신으로 승진하였다.

275_ 후지와라노 고레토모(藤原是公, 727-789). 무치마로의 넷째 아들 오토마로乙麻呂의 장남이다. 덴표호지 5년(761)에 종오위하를 시작으로 호우키 5년(774)에 참의, 엔랴쿠 2년(783)에 우대신을 역임했다.

276_ 후지와라노 쓰구나와(藤原繼繩, 727-796). 나라 시대에서 헤이안 초기의 귀족으로서 시나노信濃, 에치젠越前의 지방관을 역임하고 덴표호지天平寶字 2년(766)에 참의가 되었다. 간무桓武 천황의 신임을 받았으며 엔랴쿠延曆 2년(783)에 대납언, 엔랴쿠 9년(790)에 우대신이 되었다.

277_ 미와노오(神王, 737-806). 덴지天智 천황의 증손자로 엔랴쿠 17년(798)에 우대신이 되었다. 백관을 대표하여 헤이제이 천황의 즉위를 알렸다.

278_ 에노이 친왕(榎井親王, ?-?). 덴지 천황의 손자로 시키노 왕자의 아들이다. 형인 고닌 천황이 즉위함과 동시에 친왕이 되었다.

중납언 후지와라노 우치마로藤原內麿[279] 후사사키의 손자이며 대납언 마타테의 셋째 아들이다. 엔랴쿠 17년(798) 8월 16일에 임명되었다.

엔랴쿠는 임술壬戌년(782)이 원년이며 8월 19일에 연호가 바뀌어 24년간 지속되었다.

덴교傳敎 대사[280] 사이초最澄 무도지無動寺[281] 소오相應 화상和尙[282]의 상소에 의해 지카쿠慈覺 대사[283]와 같은 날 덴교 대사 시호를 제수받았다. 엔랴쿠 7년(788)에 근본중당根本中堂을 건립하고 엔랴쿠 23년(804)에 당나라에 건너가 이듬해 귀국했다. 고닌弘仁 13년(822) 6월 4일에 입적하였다. 향년 56세.

간무 천황 때에 야마시로 지방 나가오카에 도읍을 정하였다. 그 후 얼마 되지 않아 다시 헤이안으로 천도하였다. 이후 지금까지 도읍을 옮긴 적이 없다.

279_ 후지와라노 우치마로(藤原內麿, 756-812). 마타네의 아들로서 후지와라 씨 홋케北家의 적손이다. 그 지위는 우대신에 이르렀으며 많은 자손을 보아 홋케 번영의 기반을 닦았다. 사후에 태정대신으로 추증되었다.

280_ 사이초(最澄, 767-822). 시호는 덴교傳敎 대사. 일본 천태종을 개조開祖하였으며 19세부터 12년간 히에이잔比叡山에서 수행하였다. 간무 천황의 신임을 얻어 엔랴쿠 23년(804)에 구카이空海와 함께 당에 건너가 천태, 밀교, 선 등을 배웠다. 엔랴쿠 25년(806)에 돌아와 일본천태종을 열었다. 만년에는 도쿠이치德一와 교리논쟁을 벌이는 한편 대승 계단大乘戒壇 설립에 힘썼다.

281_ 히에이잔 시메이가타케四明ヶ岳 동남쪽에 있는 절을 말한다. 소오相應 화상이 열었다.

282_ 소오 화상(相應和尙, ?-?). 지카쿠慈覺 대사의 제자다.

283_ 지카쿠 대사(慈覺大師, 794-864). 엔닌圓仁을 말한다. 천태종 산문파山門派를 개조開祖하였다. 15세에 히에이잔比叡山에 올라 사이초最澄의 제자가 되었다. 835년 42세 때 천태산天台山을 향하여 당나라로 가는 단기 유학승으로 선발되었으나 역풍 때문에 두 번 실패한 후 마침내 견당사와 함께 당나라에 입당하였다. 당나라로부터 천태산 여행을 허가받지 못하고 귀국할 것을 명령 받았으나 잔류하여 840년에 천태산 순례를 행하고 천태교의를 배웠다. 842년, 당 무종武宗의 불교 탄압으로 환속을 강요당하자 경전 559권 등을 가지고 귀국하여 엔랴쿠지延曆寺의 세 번째 좌주座主가 되었다. 히에이잔에 소지인總持院과 조교삼마이도常行三昧堂를 건립했으며 10년간의 당나라 체류기인 『입당구법순례행기入唐求法巡禮行記』를 지었다. 854년에 천태좌주가 되었고 866년에 지카쿠 대사로 추증받았다.

덴교, 고보弘法[284] 두 대사가 당나라에 건너간 것은 이 치세 말기의 일이다. 간무 천황은 문文을 숭상하지 않고 무武를 중시하였다고 한다. 사카노우에노 다무라마로坂上田村麿[285]를 대장군에 임명하여 오랑캐를 물리쳤다. 지금의 다이라平 씨는 간무 천황의 자손이다.

284_ 고보 대사(弘法大師, 774-835). 구카이空海라 하며 고보 대사는 시호이다. 진언종을 개조開祖하였다. 처음에는 관료가 되려 했으나 산림수행을 시작하여 승려의 길로 접어들었다. 31세에 당나라에 유학한 후 2년 뒤에 귀국하여 고야산高野山에 곤고부지金剛峰寺를 건립하고 도지東寺를 진언 도량으로 만들었다. 사이초와 교류하였으며 고닌 7년(816)에 『현밀이교론顯密二教論』을 시작으로 왕성한 저작활동을 시작하였다. 저작에는 이외에도 『삼교지귀三教指歸』 『십주심론十住心論』 등이 있다. 서예에도 뛰어나서 삼필三筆 중 한 명으로 꼽힌다.

285_ 사카노우에노 다무라마로(坂上田村麿, 758-811). 무관으로서 종삼위의 지위까지 올랐다. 대납언 겸 우근위대장, 사후에 종이위로 추증되었다. 헤이안 시대의 뛰어난 무관으로서 후대에 수많은 전설을 낳았으며 당대의 문관으로는 스가와라노 미치자네菅原道眞, 무관으로는 다무라마로를 꼽을 정도로 존경받았다.

구칸쇼 | 제2권

제 51 대 |

헤이제이平城 천황[1]

재위 4년.[2]

이름은 아테安殿이며 엔랴쿠延曆 25년(806) 3월 18일에 즉위[3]하였다. 당시 33세. 간무桓武 천황의 첫째 아들로 엔랴쿠 4년(785) 11월에 동궁이 되었다. 당시 12세. 모친은 황후 오토무로乙牟漏[4]로서 내대신內大臣 후지와라노 요시쓰구藤原良繼의 딸이다.

황후는 세 명이며 황자와 황녀 일곱 명을 두었다.

우대신 미와노오神王 다이도大同 원년(806) 6월 24일 사망.

후지와라노 우치마로藤原內麿 좌근위대장左近衛大將.[5] 전 근위대장近衛大將으로 다이도 원년 5월 19일에 취임하였으며, 다이도 2년(807) 4월 22일에 좌근위 대장이 되었다.[6]

다이도는 4년간 지속되었다. 원년은 병술丙戌년으로 5월 18일에

1_ 헤이제이 천황(平城天皇, 774-824). 간무桓武 천황의 첫째 아들로 785년에 동궁으로 책봉된 후 806년에 즉위하였다. 재임 기간 동안 지방정치의 강화, 중앙 관리의 통폐합 등 쇄신에 힘썼다. 참의제參議制를 폐지하고 관찰사觀察使를 두었다. 재위 3년 만에 동생 사가嵯峨 천황에게 양위하였으나 대립했다. 헤이조쿄平城京로 옮김으로써 「두 조정二所朝廷」으로 불렸다. 후지와라노 구스코藤原藥子와 그 오빠인 나카나리仲成의 중조重祚 책략에 협력하였으나 실패한(구스코의 난) 후 불문에 입문했다.

2_ 헤이제이 천황의 재임 기간은 806년부터 809년까지이다.

3_ 50대 간무 천황은 70세의 나이로 3월 17일에 입적하였다(『후기後紀』 기록). 헤이제이 천황의 즉위 일시는 기록에 따라 다르다. 『후기』에 의하면 5월 18일에 즉위한 것으로 기록되어 있다.

4_ 후지와라노 오토무로(藤原乙牟漏, 760-790). 후지와라노 요시쓰구良繼의 딸로 엔랴쿠 4년(785)에 황후가 되었다. 헤이제이 천황과 사가嵯峨 천황의 생모로서 헤이제이 천황 즉위 후 황태후로 책봉되었다.

5_ 근위대장(고노에다이쇼)은 좌우에 한 명씩 임명되며, 종삼위 정도의 지위이나 대신이나 대납언이 겸직하는 것이 일반적이어서 위계 이상으로 중책으로 여겨졌다. 좌근위대장이 더욱 높다는 인식이 있으며, 내대신이 공석이 되면 근위대장을 겸직하고 있는 대납언이 승진하는 것이 상례였다.

6_ 다이도 2년(807) 4월에 근위부를 좌근위부로, 중위부를 우근위부로 바꾸었다.

시작되었다.

좌우대장은 이 치세 때부터 시작되었다. 전에는 근위부와 중위부였다. 근위부가 바뀌어 좌근위부가 되었고 중위부가 바뀌어 우근위부가 되었다. 사카노우에노 다무라마로坂上田村麿가 우근위대장이 되었다. 같은 날 취임하였다.

다이도 4년(809) 4월 1일에 양위하였다. 동궁 가미노神野는 천조踐祚[7]하였다. 이 날 다카오카高丘[8]가 동궁으로 책봉되었다. 헤이제이 천황에게는 병이 있었다. 그래서 이러한 일들을 행한 것이라고 한다. 상황上皇으로 14년간 재위하다가 51세로 붕어했다. 덴초天長 원년(824) 7월 7일이었다. 그 묘역은 여전히 나라奈良에 있다. 따라서 나라노미카도奈良ノ御門라고 한다. 나리히라 중장業平中將[9]은 그의 손자다.

7_ 천조(일본음으로는 센소)는 천황의 뒤를 잇는 것으로 '천踐'은 그 자리에 앉는다는 의미이며, '조祚'는 황위 또는 천위를 의미한다. 천조한 사실을 안팎으로 알리는 것이 즉위다. 이전(간무 천황 시대까지)에는 천조와 즉위가 거의 동시에 이루어졌으나 헤이제이 천황은 천조 후에 즉위를 함으로써 그 구분이 생긴 것으로 알려져 있다.

8_ 다카오카 친왕(高岡親王, 799-865). 헤이제이 천황의 셋째 아들로 자손들은 아리와라在原씨가 되었다. 헤이제이 천황은 동생인 사가 천황에게 양위를 하면서 아들 다카오카를 황태자로 책봉하였다. 그러나 810년에 헤이제이 천황과 사가 천황이 대립한 구스코의 난으로 폐위되었다.

9_ 아리와라노 나리히라(在原業平, 825-880). 헤이제이 천황의 첫째 아들인 아보 친왕阿保親王이 부친이며, 헤이제이 천황의 손자다. 황통을 이어받았으나 구스코의 난으로 황통이 사가 천황 쪽으로 이동됨으로써 신적으로 강등되어 아리와라 씨가 되었다. 가인歌人으로도 유명하여 롯카센六歌仙에 속하며 『이세모노가타리伊勢物語』의 주인공으로도 추정된다.

제52대 사가嵯峨 천황[10]

재위 14년.

이름은 가미노賀美龍 또는 가미노神野이며 다이도 4년(809) 4월 1일에 즉위하였다. 당시 24세. 다이도 원년에 동궁으로 책봉되었다. 당시 21세. 간무 천황의 둘째 황자이며 모친은 헤이제이 천황과 같다.

황후와 뇨고女御는 아홉 명이며 황자와 황녀 마흔일곱 명을 두었다.

우대신 후지와라노 우치마로藤原內麿 좌대장. 고닌弘仁 3년(812) 7월 6일에 사망하였다. 향년 77세.

후지와라노 소노히토(藤原園人, 추증 좌대신)[11] 후사사키房前의 적손嫡孫으로 참의대장경參議大藏卿 후마로楓麿[12]의 아들이다. 고닌 3년(812) 12월 5일에 취임하였으며 고닌 9년(818) 12월 19일에 사망하였다. 향년 63세.

후지와라노 후유쓰구藤原冬嗣[13] 좌대장左大將. 우치마로內麿의 셋째 아들이다. 고닌 12년(821) 6월 9일에 취임하였다.

10_ 사가 천황(嵯峨天皇, 786-842). 간무 천황의 둘째 아들로 806년에 동궁으로 책봉된 후, 809년에 즉위하였다. 사형제를 폐지하고 대토지 소유제한을 완화하는 정책을 펼쳤으나 자연재해 등으로 나라의 재정상태는 빈약했다. 구스코의 난을 수습하고 율령제를 수정한 고닌격식弘仁格式을 시행했다. 시문에 뛰어나서 구카이空海, 다치바나노 하야나리橘逸勢와 더불어 삼필三筆로 손꼽힌다.

11_ 후지와라노 소노히토(藤原園人, 756-819). 후지와라노 후마로의 아들로 여러 지방의 지방관을 거친 후, 오십 세가 넘는 나이에 참위의 직위에 올랐다. 이후 사가 천황의 신임을 받아 우대신이 되었다.

12_ 후지와라노 후마로(藤原楓麿, 723-776). 참의, 후지와라노 후사사키의 일곱째 아들로 정삼위 참위의 직위에 올랐다.

13_ 후지와라노 후유쓰구(藤原冬嗣, 775-826). 후지와라노 우치마로의 차남으로 사가 천황의 신임를 받아 부친보다 한 단계 높은 좌대신까지 올랐다. 고닌격식을 찬진撰進하였다. 통칭은 간인閑院 대신이다. 사후에 태정대신으로 추증되었다.

고닌은 14년간 지속되었다. 원년(810)은 경인庚寅년으로 9월 27일[14]에 시작되었다.

천태좌주天台座主[15] 나이구內供[16] 기신義眞[17] 슈젠修禪이라고도 칭했다. 고닌 13년(822) 4월 5일[18]에 태정관의 첩지가 있었다. 당시 44세. 총본산을 다스린 것은 11년인데 좌주가 총본산을 다스린 마지막 해는 신임에게 맡겼기에 계산에 넣지 않은 것이라 한다.[19] 덴초天長 10년(833) 7월 4일에 입적하였다. 향년 55세.

이 치세 때 나이엔內宴[20]이 시작되었다.

또한 한시문을 짓게 하였다.

황자는 열여섯 명, 황녀는 열네 명인데 모두 성을 받고 신하의 신분이 되었다. 황자와 황녀는 마흔일곱 명이라고도 한다.

선제先帝와 사이가 안 좋았다고 한다.[21] 그래서 선제는 군사를 일으켜 동쪽 지방으로 내려갔다고 한다.

결국 대납언大納言 다무라마로와 참의參議 와타마로綿丸[22] 등을 보

14_ 『후기』 기록으로는 19일에 연호가 바뀐 것으로 되어 있다.

15_ 천태좌주는 일본 천태종의 총본산인 히에이잔比叡山 엔랴쿠지延曆寺의 주지로서 천태종을 총괄하는 역할을 맡았다. 824년에 기신義眞이 초대 천태좌주가 되었으며, 본서의 저자인 지엔은 62, 65, 69대의 천태좌주를 역임했다.

16_ 궁중에서 천황을 보필하는 승려로서 일본 각지에서 뽑힌 열 명의 고승 주젠지十禪師를 일컫기도 한다.

17_ 기신(義眞, 781-833). 천태종의 승려로 일본 천태종의 개척자인 사이초最澄의 제자다. 사이초를 따라 당나라에 다녀왔으며, 824년에는 초대 천태좌주가 되었다.

18_ 『좌주기座主記』의 기록에는 덴초天長 원년(824) 4월 16일로 기록되어 있다.

19_ 『니추레키二中歷』의 기록에 의하면 총본산을 다스린 것은 12년이라고 되어 있으나 입적한 해를 계산에 넣지 않음을 설명하고 있다.

20_ 정월 20일 경자일庚子日에 궐의 인수전에서 거행되는 행사로서 천황이 참석하여 관인들로 하여금 시와 문장을 짓게 하고 연회를 베풀었다.

21_ 선제인 헤이제이 천황은 사가 천황에게 양위하면서 자신의 아들을 동궁으로 책봉하였다. 상황이 된 헤이제이 천황은 구스코 오누이의 선동으로 천황 복권와 헤이조平城 천도를 기도하였으나 결국 패하였다. 이것이 구스코의 난이다. 이로써 동궁 다카오카는 폐위되었고 그의 자손들은 신하의 신분인 아리와라 씨가 되었다.

내 그 길을 막는 동안 선제 쪽 대장군大將軍 나카나리仲成[23]를 쳐서 무찔렀다. 또한 나이시노카미尙侍[24] 구스코藥子[25] 역시 죽음으로 끝을 맺었다. 그가 나서서 이번 일이 일어난 것이라고들 한다. 선제인 상황은 출가하였다. 다카오카高丘 친왕을 폐위시키고 오토모大伴 황자를 동궁으로 책봉하였다.

다카오카 친왕은 출가하여 고보 대사弘法大師의 제자가 되었다. 당나라에 들어가 그곳에서 입적하였다. 바로 신뇨眞如 친왕이다. 혹자는 당나라를 떠나 천축天竺으로 건너간 후 서역지방의 사막에서 입적하였다고도 한다.

천태좌주는 이 치세 때부터 임명되었다.

사가 천황은 양위한 후 19년이 지나 57세의 나이로 조와承和 9년(842) 7월 15일에 붕어하였다.

22_ 훈야노 와타마로(文屋綿丸, 765-823). 헤이제이 천황 시절에 신임이 두터워 구스코의 난 당시에는 금어의 몸이 되었으나 다무라마로의 간청으로 풀려나 헤이제이 천황의 복권 계획을 저지하였다. 직위는 우근위부대장에 이르렀다.

23_ 후지와라노 나카나리(藤原仲成, 774-810). 후지와라노 다네쓰구種繼의 장남으로 헤이제이 천황 치세시 여동생 구스코가 천황의 총애를 얻어 권세를 떨쳤다. 헤이제이 천황 양위 후 사가 천황과의 대립이 극심해지는 상황에서 사가 천황의 군대에게 포박되었고 이후 사살되었다.

24_ 율령제 관직의 하나인 나이시노쓰카사內侍司에서 천황을 보필하고 궐의 의식을 담당하는 여관女官을 나이시라고 하였고 그들을 다스리는 사람을 나이시노카미라 하였다.

25_ 후지와라노 구스코(藤原藥子, ?-?). 후지와라노 다네쓰구藤原種繼의 딸로 간무 천황의 황태자 아테安殿 친왕의 궁녀가 된 장녀를 따라 동궁의 선지宣旨로 출사했다가 친왕의 총애를 받았다. 친왕에 대한 그녀의 영향력을 염려한 간무 천황으로부터 한때 배척당했다. 아테 친왕이 헤이제이 천황으로 즉위한 후에 나이시노카미 종삼위從三位까지 올라 오빠 나카나리仲成과 함께 전횡을 휘둘렀다. 사가 천황이 즉위하자 헤이제이 천황 중조重祚를 도모하다가 발각되어 자살했다.

제53대 준나淳和 천황[26]

재위 10년.

이름은 오토모大伴이며 고닌弘仁 14년(823) 4월 17일에 즉위하였다.[27] 당시 38세. 고닌 원년(810) 모월 모일에[28] 동궁이 되었다. 당시 25세. 간무 천황의 셋째 아들이며 모친은 추증 황태후 다비코旅子[29]로서 참의 후지와라노 모모카와藤原百川의 딸이다.

황후와 뇨고는 여섯 명이며 황자와 황녀 열세 명을 두었다.

좌대신 후지와라노 후유쓰구藤原冬嗣 좌대장左大將. 덴초天長 2년(825)에 좌대신이 되었다. 덴초 3년(826) 7월 14일에 사망하였다.[30] 향년 53세. 재관 6년.

후지와라노 오쓰구藤原緒嗣[31] 후지와라노 모모카와의 장남. 태정대신太政大臣으로 추증되었다.

우대신 기요하라노 나쓰노清原夏野[32] 좌대장. 도네리 친왕舍人親王의 증손, 미하라노 오키미御原王[33]의 손자로서 정오위하正五位下 오구라노 오키미小倉王의 아들이

26_ 준나 천황(淳和天皇, 786-840). 간무 천황의 아들로 구스코의 난으로 폐위된 다카오카 친왕 대신 동궁으로 책봉되었다. 823년에 즉위한 이후에는 지방정치를 바로잡고 토지대책을 세워 세수 증대에 힘썼다. 가게유시勘解由使를 부활시키는 등 정치를 쇄신하고 영令의 해석을 통일하는 「영의해令義解」를 만들었다. 유언에 따라 화장되었다.

27_ 『기략紀略』의 기록에 의하면 4월 27일에 즉위한 것으로 되어 있다.

28_ 상세한 월일이 나타나 있지 않지만 『기략』에 의하면 9월 13일에 동궁이 된 것으로 기록되어 있다.

29_ 후지와라노 다비코(藤原旅子, 759-788). 후지와라노 모모카와의 장녀로 786년에 준나 천황을 낳았으나 2년 후 사망하였다. 준나 천황 즉위 후 황태후로 추증되었다.

30_ 『후기後紀』 기록에는 7월 24일에 사망한 것으로 되어 있다.

31_ 후지와라노 오쓰구(藤原緒嗣, 774-843). 후지와라노 모모가와의 장남으로서 구스코의 아버지인 후지와라노 다네쓰구藤原種繼와는 사촌 간이다. 그로 인해 정치적인 기반을 잃게 되었다.

32_ 기요하라노 나쓰노(清原夏野, 782-837). 도네리 친왕舍人親王의 손자인 오구라노오小倉王의 다섯째 황자로 태어났다. 아버지인 오구라오의 상소로 기요하라清原라는 성을 하사받아 신적으로 강등, 후대 기요하라 씨의 시조가 된다.

다. 덴초 9년(832) 11월 2일에 취임하였다.

덴초는 10년간 지속되었다. 원년은 갑진甲辰년으로 정월 15일에 시작되었다.

헤이제이平城 천황은 덴초 원년(824) 7월 5일에 붕어하였다.[34] 향년 51세.

이 치세 때부터 다이리內裏에서 부쓰묘佛名[35]가 시작되었다. 준나 천황은 양위한 후 7년이 지나 57세 혹은 59세의 나이로 조와承和 7년(840) 5월 8일에 붕어하였다.

준나 천황 양위 후 상황이 두 명이 되었는데, 사가 천황은 전대前代 상황이라 했고 준나 천황은 후대後代 상황이라 하였다.

제54대 닌묘仁明 천황[36]

재위 17년.

이름은 마사라正良이며 후카쿠사노 미카도深草御門[37]라고도 한다. 덴초天長 10년(833) 2월 28일에 즉위하였다. 당시 24세. 고닌弘仁 14년(823) 4월 19일, 임인壬寅년에 동궁으로 책봉되었다. 당시 14세. 사가 천황의 둘째 아들로 모친은 황태후皇太后 다치바나노 가치코橘嘉智子[38]이며 우도네리內舍人[39] 다치바나노 기요토모橘清友[40]의 딸이다.

33_ 미하라노 오기미(三原王, ?-752). 도네리 친왕의 황자로 덴무 천황의 손자다.

34_ 『기략』에 의하면 7월 7일에 붕어하였다고 기록되어 있다.

35_ 삼세三世의 여러 부처의 이름을 부르며 참회하는 법회를 말한다. 보통 음력 12월 19일부터 삼일 동안 거행된다.

36_ 닌묘 천황(仁明天皇, 810-850). 사가 천황의 황자. 모친은 다치바나노 가치코橘嘉智子. 준나 천황이 양위한 후에 즉위했다. 준나 천황의 황자 쓰네사다恒貞 친왕을 동궁으로 책봉했으나 도모노 고와미네伴健岑, 다치바나노 하야나리橘逸勢 등이 동궁을 받들며 모반을 도모하자(조와承和의 변) 동궁을 폐위하고 아들 미치야스道康 친왕을 동궁으로 책봉했다.

37_ 후카쿠사 능에 묻혔기에 후카쿠사노미카도라고 한다.

황후와 뇨고女御, 고이更衣[41]는 합하여 아홉 명이었다. 황자와 황녀는 스물네 명으로 그 중 일곱 명은 성姓을 하사받았다.

좌대신 후지와라노 오쓰구藤原緖嗣 조와承和 10년(843)에 사임하였다.

미나모토노 도키와源常[42] 좌대장. 사가 천황의 셋째 아들이다. 조와 7년(840) 8월 7일에 우대신으로 임명되었고 조와 11년(844) 7월 2일에 좌대신이 되었다.

우대신 기요하라노 나쓰노淸原夏野 좌대장. 조와 4년(837) 7월 7일에 사망하였다. 향년 56세.

후지와라노 미모리藤原三守[43] 참의參議. 후지와라노 고세마로藤原巨勢麻呂[44]의 손자이고, 아와노가미阿波守[45]인 후지와라노 마타나리藤原眞作[46]의 아들이다. 조와 5

38_ 다치바나노 가치코(橘嘉智子, 786-850). 사가 천황의 황후로 절세미인으로 유명하다. 다치바나 가문에서는 유일한 황후였다고 한다.

39_ 헤이안平安시대 나가쓰가사쇼中務省에 속한 관직명의 하나로 천황 경호업무를 담당하였다.

40_ 다치바나노 기요토모(橘淸友, 758-789). 32세의 젊은 나이에 사망하였다. 닌묘 천황의 외조부라 하여 태정대신으로 추증되었다.

41_ 고이更衣는 천황의 후궁으로 황후皇后, 비妃, 부인夫人, 빈嬪, 뇨고女御 다음에 해당한다. 직위는 4위位, 5위位이다. 명칭은 본래 천황의 의복시중을 들은 것에서 기인한 것이라 한다.

42_ 미나모토노 도키와(源常, 812-854). 부친은 사가 천황으로서 고닌 5년(814)에 형제들과 함께 미나모토源라는 성을 하사받았다. 조와 7년(841)에는 후지와라노 오쓰구와 함께 『일본후기日本後紀』를 완성시켰으며 가인歌人으로서도 유명하다.

43_ 후지와라노 미모리(藤原三守, 785-840). 이름은 다다모리라고도 읽는다. 조부인 후지와라노 고세마로藤原巨勢麻呂는 참의參議, 부친인 후지와라노 마타나리藤原眞作는 종오위상從五位上인 아와노가미阿波守에 그쳤으나 그는 사가 천황의 측근으로 권중납언權中納言까지 올랐으며 준나 천황 즉위 후에도 중납언이 되었다. 종일위從一位로 추증되었다.

44_ 후지와라노 고세마로(藤原巨勢麻呂, ?-764). 형 후지와라노 나카마로藤原仲麻呂의 권세를 배경으로 출세 가도를 달리다 덴표호지天平寶字 8년(764)에 나카마로의 반란에 연좌되어 참수당했다.

45_ 아와노쿠니阿波國의 수령관을 말하며 아와노쿠니는 지금의 도쿠시마德島 현에 해당된다.

46_ 후지와라노 마타나리(藤原眞作, ?-?). 이와미노카미石見守, 미카와노카미三河守, 아와노카미阿波守 등의 지방 수령관을 역임하였다.

년(838) 정월 10일에 취임하였고 조와 7년(840) 7월 7일에 사망하였다. 향년 56세.

다치바나노 우지토모橘氏公[47] 태정대신太政大臣으로 추증된 다치바나노 기요토모橘淸友의 셋째 아들로 조와 11년(844) 7월 2일에 임명되었다. 조와 14년(847) 12월 19일에 사망하였다. 향년 65세.

후지와라노 요시후사藤原良房[48] 후지와라노 후유쓰구藤原冬嗣의 아들로 우대장이었다. 가조嘉祥 원년(848) 정월 15일에 취임하였다.

조와는 14년간 지속되었다. 원년은 갑인甲寅년으로 정월 3일에 시작되었다.

준나淳和 천황은 조와 7년(840) 5월 8일에 붕어하였다. 향년 59세. 사가嵯峨 천황은 조와 9년(842) 7월 15일에 붕어하였다. 향년 57세.

가조嘉祥는 3년간 지속되었다. 원년은 무술戊戌년으로 6월 13일에 시작되었다.

닌묘 천황은 가조 3년(850) 3월 21일에[49] 붕어하였다. 향년 41세.

47_ 다치바나노 우지토모(橘氏公, 783-848). 이름은 '우지기미'라고도 읽는다. 누나인 사가 천황의 황후 다치바나노 가치코의 권세에 힘입어 출세가도를 달렸다. 그 후 조카인 닌묘 천황이 즉위하자 천황의 외척으로 종이위從二位까지 올랐다. 종일위從一位로 추증되었다.

48_ 후지와라노 요시후사(藤原良房, 804-872). 신하로는 최초로 섭정이 된 인물로, 홋케北家 후지와라노 후유쓰구藤原冬嗣와 나이시노카미 후지와라노 미쓰코藤原美都子의 둘째 아들로 태어났다. 양친이 사가 천황의 신임을 얻어 구로도藏人로 발탁되었고 사가 천황의 황녀인 기요히메潔姬를 처로 맞이했다. 천황의 딸이 신하와 혼인하였다는 것은 전대미문의 일로 그만큼 천황의 총애를 받았다는 사실을 말해주는 것이다. 조와承和의 변 때 동궁 쓰네사다 친왕을 폐위시키고 여동생 노부코順子가 낳은 미치야스道康 친왕을 동궁으로 책봉, 자신의 딸인 아키라케이코明子와 혼인시킴으로써 확고한 입지를 굳힌다. 미치야스가 몬토쿠 천황으로 즉위하자 제1황자인 고레타카惟喬 친왕을 제압하여 아키라케이코가 낳은 고레히토惟仁 친왕을 동궁으로 삼는 한편, 자신은 태정대신이 되고 이듬해에는 9세인 세이와 천황이 즉위하면서 사실상의 섭정이 된다. 아키라케이코 외에는 자식이 없어 형 나가라長良의 아들인 모토쓰네基經를 양자로 삼고 모토쓰네의 여동생 다카이코高子를 세이와 천황의 뇨고로 입궐시킴으로써 몬토쿠 천황, 세이와 천황의 외척으로 권세를 떨쳤다.

49_ 『몬토쿠 실록文德實錄』에는 3월 21일로 『역대황기歷代皇紀』에는 3월 19일로

천태좌주　엔초圓澄[50] 조와 원년(834) 3월 16일에 태정관의 첩지가 있었다. 당시 61세. 총본산을 다스린 것은 3년이었다. 조와 3년(836) 10월 23일에 입적하였다. 향년 74세.[51]

사람들은 닌묘 천황을 후카쿠사노 미카도라고 했다. 묘역이 후카쿠사[52]에 있었기 때문이다. 후에 천태종의 승정僧正이 된 헨조遍照[53]는 닌묘 천황의 장례를 마치고 출가出家하였다고 한다. 그의 속명은 소장少將 요시미네노 무네사다良岑宗貞로 닌묘 천황을 가까이서 모신 사람이다.

사가 천황은 조와 9년(842) 7월 15일에 붕어하였고 이에 앞서 준나 천황은 조와 7년(840)에 붕어하였다. 닌묘 천황이 즉위하였을 때, 준나 천황의 아들인 쓰네사다恒貞 친왕[54]을 동궁으로 책봉하였으나 사가 천황과 준나 천황 붕어 후, 동궁 측근들이 일으킨 모반에 연루되었다는 소문으로 폐위되었다.[55]

기록되어 있다.

50_ 엔초(圓澄, 771-836). 덴초 10년(833)에 제2대 천태좌주로 취임하였다. 히에이잔比叡山에서 사이초最澄에게 사사師事하였다.

51_ 위 기록에 의하면 74세가 아닌 64세이어야 한다. 『속군천태좌주기續群天台座主記』에는 조와 3년(836) 10월 26일 입적으로 향년 66세로 기록되어 있다.

52_ 지금의 교토京都 후시미伏見 구 후카쿠사가와라 초深草瓦町에 있는 센부쿠지善福寺 부근으로 추정된다.

53_ 헨조(遍照, 816-890). 간무 천황의 손자이며 롯카센六歌仙의 한 사람으로서 가인歌人으로도 유명하다. 속명俗名은 요시미네노 무네사다로 관위는 정사위하正四位下 좌소장左小將이었다. 황족의 혈통을 이어받은 고귀한 신분임에도 불구하고 출가하여 천태종의 승정에까지 오른 인물로 출가 전 호색한으로서의 일화도 많이 남기고 있다.

54_ 쓰네사다 친왕(恒貞親王, 825-884). 준나 천황의 둘째 황자로 형인 쓰네요 친왕恒世親王의 사후, 동궁으로 책봉되었다. 하지만 사가 천황이 사망하자 다치바나노 하야나리橘逸勢, 도모노 고와미네伴健岑 등이 쓰네사다의 즉위를 획책한 사건에 관계했다는 이유로 폐위당한 후 출가하였다.

55_ 조와의 변(承和の變, 842). 고닌 14년(823)에 사가 천황이 양위하여 동생인 준나 천황이 즉위하였고 뒤를 이어 사가 상황의 황자인 닌묘 천황이 즉위하였다. 이때의 동궁은 준나 상황의 황자인 쓰네사다 친왕이었다. 사가 천황의

이 치세 때인 조와 2년(835) 3월 21일에 고보 대사弘法大師가 입적하였다. 향년 62세.

제 55 대

몬토쿠文德 천황[56]

재위 8년.

이름은 미치야스道康이며 가조嘉祥 3년(850) 3월 21일에 즉위하였다. 당시 24세. 조와 9년(842) 8월 4일에 동궁으로 책봉되었다. 당시 16세. 같은 해 2월 26일에 성인식[57]을 올렸다. 닌묘 천황의 첫째 아들이다. 모친은 황태후 후지와라노 노부코藤原順子로 좌대신 후지와라노 후유쓰구藤原冬嗣의 딸이며 고조五條[58]황후라고도 한다.

뇨고女御는 여섯 명이고 황자와 황녀는 스물아홉 명으로 그 중

두터운 신임을 받던 후지와라노 요시후사가 대두되고 요시후사의 여동생이 닌묘 천황의 황후가 되어 아들을 낳았으니 그가 미치야스道康 친왕이다. 그때 준나 상황이 붕어하였고 사가 상황도 중병에 걸리자 이에 동궁의 신변에 위험을 느낀 측근들이 동궁을 피신시키려는 계획을 세웠다. 그러던 중 사가 상황이 붕어하고 동궁 피신 계획이 발각되어 측근들은 중형을 받고 동궁은 직접 주모한 것은 아니나 그 죄를 물어 폐위시킨다. 닌묘 천황은 자신의 아들인 미치야스를 동궁으로 책봉하였고, 후지와라노 요시후사는 그 공을 인정받아 권력의 정점에 오르게 된다.

56_ 몬도쿠 천황(文德天皇, 827-858). 조와 9년(842)에 조와의 변으로 동궁인 쓰네사다 친왕이 폐위되자 외숙인 후지와라노 요시후사의 추대로 동궁으로 책봉되어 아버지인 닌묘 천황 붕어 후에 즉위하였다. 이 공으로 요시후사의 권력은 날로 강해져만 갔다. 요시후사는 자신의 딸이 낳은 몬도쿠 천황의 네 번째 황자인 고레히토惟仁를 동궁으로 책봉시킨다. 몬도쿠 천황은 그의 첫 번째 황자를 동궁으로 책봉하려 했으나 요시후사의 압력에 굴복하여 뜻을 이루지 못하였다. 그 후에도 천황과 요시후사의 암투는 계속되었다. 이런 상황에서 858년에 몬도쿠 천황이 급사를 하게 된다. 사인은 뇌졸중이라 하나 일설에는 요시후사의 암살이라는 가능성도 제기하고 있다.

57_ 겐부쿠元服. 나라奈良시대 이후 남자가 성인이 되었음을 알리는 의식으로 보통 11세에서 16세 사이에 치른다.

58_ 거처인 고조궁五條宮의 명칭을 사용한 것이다.

열네 명은 성姓을 하사받았다.

태정대신 후지와라노 요시후사藤原良房 좌대장. 덴안天安 원년(857) 2월 19일에 태정대신으로 취임하였고 이전과 같이 좌대장을 겸하였다.

좌대신 미나모토노 도키와源常 좌대장. 사이코齊衡 원년(854) 6월 10일에 사망하였다. 향년 44세.

미나모토노 마고토源信[59] 사가 천황에게 초대 겐지源氏 성을[60] 하사받았으며 덴안天安 원년(857) 2월 19일에 취임하였다.

우대신 후지와라노 요시미藤原良相[61] 후지와라노 후유쓰구의 다섯째 아들로 같은 날 우대장으로 취임하였다. 덴안 6년(857) 정월에 좌대장이 되었다.[62]

닌주仁壽는 3년간 지속되었다. 원년은 신미辛未년으로 4월 28일에 시작되었다. 사이코齊衡는 3년간 지속되었다. 원년은 갑술甲戌년으로 11월 29일에 시작되었다.

덴안天安은 2년간 지속되었다. 원년은 정축丁丑년으로 2월 20일에 시작되었다.

몬토쿠 천황은 덴안 2년(858) 8월 27일 혹은 24일에 붕어하였

59_ 미나모토노 마고토(源信, 810-869). 사가 천황의 아들로 고닌 5년(814)에 겐지 성을 하사받아 겐지의 시조가 되었고 초대 겐지 장자長者였다. 장자란 씨족의 대표자를 가리키는 것으로 일반적으로 그 씨족 중에 가장 관위가 높은 자가 역임하였다. 마코토는 오텐몬應天門 사건으로 혐의를 받지만 요시후사의 변호로 무죄로 판명되었다. 이후 정신적인 충격을 받아 칩거하기에 이르렀다.

60_ 미나모토노 마고토 이외에도 그의 동생들인 도키와常, 사다무定, 도오루融 등도 겐지라는 성을 하사받는데 이들을 사가겐지嵯峨源氏라고 하였다.

61_ 후지와라노 요시미(藤原良相, 813-867). 후지와라노 후유쓰구와 후지와라노 미쓰코의 아들로 당대의 권력가였던 후지와라노 요시후사의 동생이다. 조와의 변과 오텐몬의 변을 겪었다. 『오카가미大鏡』 이서裏書에 의하면 요시미는 오텐몬의 변 때 도모노 요시오伴善男와 논의하여 좌대신 미나모토노 마코토源信를 추락시키려 하였다고 하나 사건의 진상은 알려진 바 없다. 요시오가 유배된 후 재삼 출가를 원했다. 두 딸은 각각 몬토쿠 천황과 세이와 천황의 뇨고였으며 주변의 신망이 두터워 형인 요시후사가 경계했던 인물이라고 한다.

62_ 덴안天安은 3년간 지속되었으므로 6년이라는 기록은 오기誤記일 가능성이 크다.

다. 향년 32세.

천태좌주 나이구부內供奉[63] 엔닌圓仁 지카쿠 대사慈覺大師라고도 칭한다. 닌주 4년(854) 4월 3일에 태정관의 첩지가 있었다. 당시 61세. 총본산을 다스린 것은 10년이었다. 조와 3년(836)에 당나라에 들어가게 되어 견당사遣唐使인 참의우대변參議右大辯 후지와라노 쓰네쓰구藤原常嗣와 함께 교토를 출발하였다. 순풍을 기다리는 동안 다자이후大宰府[64]에 머물며 2년을 보냈다. 조와 5년(838) 6월 13일에 당나라로 건너갔다. 조와 14년(848)에 귀국하였다. 조간貞觀 6년(864) 1월 14일에 입적하였다.

이 치세 때 도다이지東大寺 대불상의 머리가 저절로 땅에 떨어졌다.[65]

제56대 세이와淸和 천황[66]

재위 18년.

이름은 고레히토惟仁이며 미즈노오노 미카도水尾御門[67]라고 부른다. 덴안天安 2년(858) 8월 27일에 즉위하였다.[68] 당시 9세. 가조嘉祥

63_ 궁중의 내도장內道場에 봉사하고 고사이에御齋會 때는 낭독승讀師으로 천황의 거처에서 숙직을 맡았던 승려직을 말한다.

64_ 7세기 후반 규슈의 지쿠젠筑前 지방에 설치되었던 행정기관을 말한다.

65_ 사이코齊衡 2년(855) 5월에 대불상의 머리가 무게로 인해 저절로 낙하하였다. 그 후로도 두 번의 화재가 있었다. 현재 대불의 동체는 가마쿠라鎌倉 시대 때, 그리고 양손은 모모야마桃山 시대, 머리는 에도江戶 시대 때 다시 주조되었다.

66_ 세이와 천황(淸和天皇, 850-880). 몬토쿠 천황의 넷째 황자. 모친은 후지와라노 아키라케이코藤原明子. 9세라는 최연소의 나이에 즉위하였기 때문에 외조부인 태정대신 후지와라노 요시후사藤原良房가 정치적인 실권을 장악하고 신하로서는 최초로 섭정이 되면서 후지와라 씨에 의한 섭정 정치가 시작되었다. 27세 때 요제이陽成 천황에게 양위하고 출가하였다. 자손으로 소위 세이와 겐지淸和源氏의 시조인 미나모토노 모토쓰네源基經가 있다.

67_ 세이와 천황 사후에 스스로 생전에 묘역으로 정한 사가 미즈노오 산嵯峨水尾山에 매장된 것에서 유래한다.

68_ 『역대황기歷代皇記』에 의하면 12월 27일에 즉위하였다고 한다.

3년(850) 모월 모일에[69] 동궁으로 책봉되었다. 당시 1세. 몬토쿠文德 천황의 넷째 아들로 조간貞觀 6년(864) 정월 1일에 성인식을 올렸다. 모친은 황태후 후지와라노 아키라케이코藤原明子[70]로 주진공忠仁公 후지와라노 요시후사의 딸이며 소메조노染殿 황후로 불린다.

황후는 열세 명이며 황자와 황녀는 열여덟 명으로 그 중 네 명은 성을 하사받았다.

섭정 태정대신 후지와라노 요시후사 주진공 혹은 시라카와도노白川殿라 불렸다. 일본에서는 이 치세 때 나이가 어린 왕에 대한 섭정이 시작되었다. 텐안 2년(858) 11월 7일이 세이와 천황의 즉위일이다. 당시 요시후사는 55세였다. 조간 8년(866) 8월 19일에 섭정의 명을 받았다 한다. 이를 잘 염두에 두어야 한다. 조간 14년(872) 9월 2일에 사망했다. 향년 69세.

이후 대대로 대신에 관한 기록이 제대로 이루어지지 못한 채 끝났다. 섭정 외에는 중요하지 않다는 것인가? 그저 약간 요점을 잡아 여기 덧붙이고자 한다.

우대신 후지와라노 요시미藤原良相 조간 9년(867) 10월 10일에 사망하였다. 향년 57세. 노고를 치하하여 조간 11년(869)에 정일위正一位를 추증하였다.

후지와라노 모토쓰네藤原基經[71] 후지와라노 요시후사의 양자로 본래는 중납

69_ 『역대황기』에 의하면 11월 25일에 황태자로 책봉되었다고 한다.

70_ 후지와라노 아키라케이코(藤原明子, 828-900). 아키코라고도 불리나 아키라케이코라고 칭하는 것이 일반적이다. 몬토쿠 천황의 뇨고로 세이와 천황의 모친이다. 후지와라노 요시후사藤原良房와 사가嵯峨 천황의 황녀 미나모토노 기요히메源潔姫의 딸이다. 몬토쿠文德, 세이와淸和, 요제이陽成, 고코光孝, 우다宇多, 다이고醍醐 천황의 6대에 걸쳐 중요한 위치를 차지한 여성이다.

71_ 후지와라노 모토쓰네(藤原基經, 836-891). 쇼센공昭宣公. 신하로서는 최초의 관백關白으로 호리카와堀河 태정대신이라 칭한다. 숙부 후지와라노 요시후사藤原良房의 양자가 되어 명실 공히 요시후사의 후계자가 되었다. 요시후사가 죽고 여동생인 다카이코高子가 낳은 요제이陽成 천황이 9세로 즉위하자 섭정이 되었고 880년에는 태정대신이 되었다. 15세에 성인식을 올린 요제이가 포악한 행동을 하는데 질려 섭정직을 사임하고 살인 사건을 구실로 요제이를 퇴위시켰다. 55세인 고코光孝 천황을 즉위시킨 후 사실상의 관백이 되었다.

언中納言 후지와라노 나가라藤原長良의 셋째 아들이다. 나가라는 요시후사의 형[72]으로 후유쓰구의 첫째 아들이다.

조간貞觀 8년(866) 9월 22일에 대납언大納言 도모노 요시오伴善男[73]를 이즈伊豆 지방으로 유배 보냈다. 윤3월 10일 저녁에 오텐몬應天門과 좌우 소문小門을 태운 죄목이다.

조간은 18년간 지속되었다. 원년은 기묘己卯년으로 4월 25일에 시작되었다.

천태좌주 나이구부內供奉 안에安惠[74] 조간 6년(864) 2월 16일에 천황의 명이 있었다. 당시 55세. 이 치세 때부터 태정관의 첩지로 임명하던 천태좌주를 천황의 명으로 임명하였다. 지카쿠慈覺 대사가 주상을 했기 때문이다. 총본산을 다스린 것은 4년이었다. 조간 10년(868) 4월 3일에 입적하였다. 향년 58세.

나이구부 엔친圓珍[75] 권소승도權少僧都로 법인法印으로 추증되었고 조간 10년(868) 6월 3일에 천황의 명이 있었다. 당시 54세. 총본산을 다스린 것은 24년이었다. 닌주仁壽 3년(853) 7월 9일에 당나라로 건너가 덴안 2년(858) 6월 17일에 귀국하였다. 간표寬平 3년(891) 10월 29일에 입적하였다. 향년 78세.

이 치세 때부터 섭정이 시작되었다.

조간貞觀 18년(876)에 양위하고 3년 후인 간교元慶 2년(878) 5월

72_ 본문에는 동생이라고 되어있으나 형이 옳다.

73_ 도모노 요시오(伴善男, 811-868). 닌묘 천황의 신임을 받아 대납언이 되었다. 855년 종삼위의 직위에 올라 『속일본후기續日本後紀』 편찬에 관여했다. 866년 오텐몬 방화 사건이 일어나자 미나모토노 마코토源信가 범인이라며 고발하지만 오히려 아들 나카쓰네와 함께 방화범으로 몰려 이즈伊豆로 유배되었다. 이를 소위 오텐몬의 변이라고 한다. 유배지인 이즈에서 사망하였다.

74_ 안에(安慧, 794-868). 헤이안 시대 전기의 천태종 승려로 히에이잔比叡山에 올라 사이초最澄와 엔닌圓仁에게서 밀교를 배웠다. 848년에 엔랴쿠지延曆寺 주젠지十禪師로 임명되고 나이구부 주젠지를 거쳐 864년 제4대 천태좌주로 취임하였다.

75_ 엔친(圓珍, 814-891). 지쇼대사智證大師로 불리며 천태종 사문파寺門派의 시조다. 닌주 3년(853)에 당나라에 건너가 천태종과 밀교를 배우고 천태좌주가 되어 태밀台密의 확립에 힘썼다.

8일에 출가하였다. 법명은 소신素眞이었고 같은 해 12월 4일에[76] 붕어하였다. 향년 31세. 처소는 세이와인淸和院이다.

이 치세 때 하치만 대보살八幡大菩薩을 오토코야마男山로 옮겼다. 다이안지大安寺의 승려 교쿄行教[77]가 간청하여 옮긴 것이다.

제57대 요제이陽成 천황[78]

재위 8년.

이름은 사다아키라貞明로 조간貞觀 18년(876) 11월 29일에 즉위하였다. 당시 9세. 조간 11년(869) 모월 모일에 동궁으로 책봉되었다. 세이와淸和 태자라 불렸다.

간교元慶 6년(882) 정월 2일에 성인식을 올렸다. 모친은 황태후 후지와라노 다카이코藤原高子[79]로 중납언 후지와라노 나가라藤原長良[80]

76_ 『역대황기』에 의하면 간교 4년(880) 12월 4일 엔카쿠지圓覺寺에서 붕어하였다고 한다.

77_ 교쿄(行教, ?-?). 헤이안 시대 전기 다이안지大安寺의 승려로서 이와시미즈하치만궁石淸水八幡宮의 창립자다. 삼론종三論宗과 법상종法相宗을 배웠다. 859년에 세이와 천황의 즉위와 동시에 후지와라노 요시후사의 명으로 우사하치만궁宇佐八幡宮에 머무르며 기원을 올린 끝에 헤이안쿄 근처로 옮기라는 계시를 받고 야마시로山城 지방 오토코야마男山, 현재의 교토 하치만시에 사전社殿을 만들었다. 이듬해에 하치만가미八幡神를 모시고 이와시미즈하치만궁石淸水八幡宮으로 이전하였다.

78_ 요제이 천황(陽成天皇, 868-949). 2세에 동궁으로 책봉되어 9세에 즉위하였다. 재위 8년에 병을 핑계로 양위하였으나 궁중에서 살인사건을 일으켜 후지와라노 모토쓰네藤原基經에 의해 퇴위당했다. 『삼대실록三代實錄』에는 개싸움이나 닭싸움을 즐기고 동물을 키우는 등 이상한 행동을 한 것으로 기록되어 있다. 양위 후 64년간 요제이인陽成院에서 지내다 후원後院 중 하나인 레이제이인冷泉院에서 사망했다.

79_ 후지와라노 다카이코(藤原高子, 842-910). 세이와 천황의 뇨고이며 요제이 천황의 모친이다. 『이세모노가타리伊勢物語』 『야마토모노가타리大和物語』 등에 아리와라노 나리히라在原業平의 연인으로 전해진다. 숙부 후지와라노 요시후사의 후견을 받았으며 요시후사의 외동딸인 아키라케이코明子가 낳은 아홉 살 연하

의 둘째 딸이다. 황자와 황녀는 아홉 명이며 모두 상황으로 물러난 뒤 낳은 자제이다.

섭정 태정대신 후지와라노 모토쓰네 요제이 천황의 즉위와 같은 날[81] 섭정에 올랐고 후에 관백關白이 되었다. 조간 18년(876)에 선대 천황의 명으로 섭정이 되었다. 모토쓰네는 간교 원년(877) 2월에 대장大將을 사임하였다. 간교 2년(878) 7월 17일에 우도네리內舍人 두 명과 좌우 근위近衛 각 여섯 명을 받아 섭정의 근위부 무관으로 삼았다. 간교 4년(880) 11월 8일에 관백이 되었고 같은 해 12월 14일에 태정대신으로 임명되었다. 전직 우대신으로 당시 46세. 간교 6년(882) 2월 1일에 칙명이 내려 주진공 후지와라노 요시후사의 예처럼 작위를 내렸다.

간교는 8년간 지속되었다. 원년은 정유丁酉년으로 4월 16일에 시작되었다. 간교 2년(878) 12월 4일에 세이와 천황이 붕어하였다. 향년 31세.

요제이 천황은 장수하여 81세까지 살았고 덴랴쿠天曆 3년(949)에 붕어하였다.[82]

인 세이와 천황의 뇨고가 되었다. 요제이 천황과 사다야스 친왕貞保親王, 아쓰시 내친왕敦子內親王을 출산하였고 요제이 천황의 즉위와 동시에 황태후가 되었다. 후에 도코지東光寺의 승려 젠유善祐와 밀통하였다는 이유로 폐위당했다. 와카和歌에 능하여 후궁 가단歌壇의 중심이 되었다.

80_ 후지와라노 나가라(藤原長良, 802-856). 후지와라노 후유쓰구와 후지와라노 미쓰코 사이의 아들이다. 부친 후유쓰구가 사가 천황에게 중용된 이유로 닌묘 천황의 신임을 얻었다. 닌묘가 동궁이었던 때부터 측근에서 모시다 구로도노토藏人頭로 임명되었다. 아들 모토쓰네는 동생 요시후사의 양자가 되어 후지와라 씨 홋케北家를 계승하고 딸 다카이코는 세이와 천황의 뇨고가 되어 요제이 천황을 낳았다.

81_ 후지와라노 모토쓰네는 조간 18년(876) 11월 29일에 세이와 천황이 양위하고 요제이 천황이 즉위하면서 동시에 섭정이 되었다.

82_ 『기략紀略』에 의하면 덴랴쿠 3년(949) 9월 29일에 82세로 붕어하였다고 한다.

제 58 대

고코光孝 천황[83]

재위 3년.

이름은 도키야스時康로 고마쓰노 미카도小松御門[84]라고 한다. 간교元慶 8년(884) 2월 4일에 즉위하였다. 당시 55세. 닌묘 천황의 셋째 아들로 조와承和 3년(836) 12월 2일에 성인식을 올렸다. 모친은 추증 황태후로 후지와라노 다쿠시藤原澤子[85]로서 기이紀伊 지방관인 후지와라노 후사쓰구藤原總繼[86]의 딸이다.

섭정 관백 쇼센공昭宣公 후지와라노 모토쓰네 천황은 간교 8년(884) 12월 25일에 궐에서 쇼센공의 오십 세를 경축하였다고 한다.

닌나仁和는 4년간 지속되었다. 원년은 을사乙巳년으로 2월 21일에 시작되었다.

닌나 3년(887), 정미丁未년 8월 26일 정묘丁卯 날 사시 이각巳時二刻[87]에 붕어하였다. 향년 58세.

83_ 고코 천황(光孝天皇, 830-887). 닌묘 천황과 후지와라노 후사쓰구의 딸 다쿠시澤子의 아들이다. 945년에 후지와라노 모토쓰네에 의해 55세라는 고령으로 즉위하였으나 재위 중에는 모토쓰네를 사실상의 관백으로 하여 그에게 최대한의 권한을 부여하였다. 재위 3년에 병이 들어 모토쓰네의 도움으로 신적으로 내려가 있던 일곱째 황자, 후의 우다 천황을 친왕으로 복귀시킨 후 동궁으로 책봉하였다.

84_ 『오카가미大鏡』 이서裏書에서 볼 수 있는 것처럼 야마시로山城 지방 고마쓰야마小松山 능에 묻힌 사실에서 유래하는 호칭으로 보인다.

85_ 후지와라노 다쿠시(藤原澤子, ?-839). 닌묘 천황의 뇨고로 후지와라노 후사쓰구藤原総繼의 딸이다. 무네야스宗康, 도키야스(時康, 고코천황), 히토야스人康의 세 친왕과 신시新子 내친왕을 낳았다. 닌묘 천황으로부터 특별한 총애를 받았으나 839년에 갑작스럽게 위독해져 사저로 내려가 절명하였다. 도키야스 친왕이 55세에 즉위하면서 추증 황태후가 되었다. 일설에 『겐지모노가타리源氏物語』의 기리쓰보桐壺 고이更衣의 모델로 일컬어지기도 한다.

86_ 후지와라노 후사쓰구(藤原總繼, 773-843). 후지와라 씨 홋케北家 출신으로 좌대신 후지와라노 우오나藤原魚名의 손자다. 사망 후 닌묘 천황의 뇨고였던 딸 다쿠시가 낳은 도키야스時康 친왕이 고코 천황으로 즉위하였기 때문에 885년에 외조부로서 추증 정일위 태정대신이 되었다.

선제 요제이 천황은 사악한 기운이 강하여 매사에 논란이 되었다. 이에 외척 쇼센공을 비롯한 이들이 의논하여 고코 천황을 즉위하게 하였다.

뇨고는 네 명이며 황자와 황녀는 마흔 한 명이었다. 이 중 겐지源氏 성을 하사받은 이는 서른다섯 명이라고 한다.

제59대 우다宇多 천황[88]

재위 10년.

이름은 사다미定省로 데이지노인亭子院 혹은 간표 법황寬平法皇이라고 한다. 닌나 3년(887) 8월 26일에 즉위하였다. 당시 21세. 같은 해 모월 모일에 동궁으로 책봉되었다. 고코 천황의 셋째 아들이며 모친은 황태후 한시 여왕班子女王[89]으로 식부경式部卿 나카노仲野 친왕

87_ 오전 9시 30분에서 10시 사이를 가리킨다.

88_ 우다 천황(宇多天皇, 867-931). 884년에 겐지源氏 성을 하사받고 신적臣籍에 내려갔으나 887년에 후지와라노 모토쓰네의 추천으로 이례적으로 친왕으로 복귀하여 동궁이 된 인물이다. 복귀 의식을 마치자마자 모토쓰네에게 칙서를 보내 원조에 대한 감사의 뜻을 표명하였다. 4개월 후 모토쓰네가 관백 취임을 요청하는 칙서에 사용한 '아코의 임무阿衡の任'에 대한 해석을 둘러싸고 모토쓰네와 불화를 겪었다(아코 사건). 891년에 모토쓰네가 죽자 관백을 두지 않고 스가와라노 미치자네菅原道眞를 후지와라노 도키히라藤原時平와 함께 기용하면서 의욕적으로 정치를 행하였으나 재위 10년 31세에 동궁 아쓰히토敦仁 친왕에게 양위하였다. 그 치세를 '간표의 치세寬平の治'라고 칭송한다.

89_ 한시 여왕(班子女王, 833-900). 고코 천황 즉위 이전에 우다 천황, 이시 내친왕爲子內親王 등 4남 4녀를 낳았다. 884년에 고코 천황이 즉위하면서 종삼위 뇨고가 되었다. 887년에 고코 천황이 붕어하고 우다 천황이 즉위하면서 황태부인皇太夫人, 손자 다이고 천황이 즉위하면서 황태후皇太后가 되었다. 897년에 성인식과 동시에 즉위한 다이고 천황과 자신의 딸 이시 내친왕을 맺어 주기 위해 후지와라노 도키히라藤原時平의 여동생인 온시穩子의 입궐을 저지시켰다. 899년에 이시 내친왕이 출산 후 사망하자 온시의 어머니의 원령 때문이라는 소문이 퍼졌다. 한시 황태후는 더욱 불쾌해하며 온시의 입궐을 저지시켰다. 결국 온시의 입궐은 황태후의 사후에 이루어졌다.

의 딸이다. 뇨고는 다섯 명이고 황자와 황녀는 스무 명으로 성을 하사받은 이가 한 명이다.

관백 태정대신 후지와라노 모토쓰네 닌나 3년(887) 11월 19일에 임명받았다. 이후 모든 관리는 크고 작은 만사를 통합하여 관백에게 먼저 고한 연후에 아래에 전달하게 되었다. 이는 온전히 옛 예와 같다. 간표寬平 3년(891) 정월 13일에 사망하였다. 향년 57세. 천황은 몹시 애도하며 명을 내려 정일위正一位로 추증하였다. 옛 예처럼 고故 관백이 생존해 있을 때와 같이 봉록과 가신을 내렸다. 재임 기간 20년.

닌나는 천황 즉위 후에도 1년간 더 지속되었다. 간표寬平는 9년간 지속되었다. 원년은 기유己酉년으로 4월 27일 혹은 24일에 시작되었다.

천태좌주 나이구 유이슈惟首[90] 그를 고쿠조虛空藏라고도 칭했다. 간표 2년(890) 5월 21일에 천황의 명이 있었다. 당시 66세.[91] 총본산을 다스린 것은 1년이다. 같은 해[92] 2월 29일에 입적하였다. 향년 67세.

나이구 유켄猷憲[93] 간표 5년(893) 3월 25일에 천황의 명이 있었다. 당시 73세. 총본산을 다스린 것은 6개월이다. 같은 해 같은 월일에[94] 입적하였다.

아사리阿闍梨 고사이康濟[95] 간표 6년(894) 9월 12일에 천황의 명이 있었다. 당시 67세. 총본산을 다스린 것은 3년이다. 쇼타이昌泰 2년(899) 2월 8일에 입적하였

90_ 유이슈(惟首, 826-893). 헤이안 전기 시대의 승려로 오미近江 출신. 히에이잔에서 천태종을 익혔으며 6대 천태좌주가 되었다. 흔히 고쿠조虛空藏 화상和尙이라고 일컬었다.

91_ 『좌주기座主記』에 의하면 간표 4년(892) 5월 21일에 천황의 칙명이 있던 것으로 기록되어 있다. 당시 68세.

92_ '동년同年'으로 표기되어 있으나, 간표 5년(893)에 입적한 것으로 알려져 있다.

93_ 유켄(猷憲, 827-894). 헤이안 전기 시대의 승려로 시모쓰케下野 출신이다. 호는 지넨당持念堂이며 7대 천태좌주가 되었다.

94_ '동년동월일同年同月日'로 표기되어 있으나, 간표 6년 894 8월 22일에 입적한 것으로 알려져 있다.

95_ 고사이(康濟, 828-899). 헤이안 전기 시대의 승려로 에치젠越前 출신이다. 주젠지十禪師 중 한 명으로 8대 천태좌주가 되었다.

다. 향년 72세.

우다 천황의 성인식은 정확히 알려져 있지 않다.[96] 간교元慶 때라고만 한다. 옛날 일이라서 그런 것 같다. 간표 9년(897)에 양위하였다. 당시 31세. 쇼타이 3년(900) 모월 모일에 출가하였다.[97] 당시 34세. 법명은 곤고카쿠金剛覺이며 조헤이承平 9년(939)에 붕어하였다.[98] 향년 65세. 상황과 법황으로 34년간 재위하였다.

이 치세 때 가모賀茂신사 임시축제臨時祭[99]가 시작되었다.

제60대 다이고醍醐 천황[100]

재위 33년.

이름은 아쓰히토敦仁이며 간표寬平 9년(897) 정사丁巳년 7월 5일 무인戊寅 날에 즉위하였다. 당시 13세. 간표 5년(893) 4월 2일에 동궁으로 책봉되었다. 당시 9세. 우다 천황의 첫째 아들로 간표 7년(895) 정월 19일에 성인식을 올렸다. 당시 11세. 혹은 즉위일과 동일하다고도 한다.[101] 그러나 이 설은 잘못되었을지도 모른다.

96_ 『오카가미』 기록에 의하면 간교 8년(884) 4월 13일에 성인식을 올리고 겐지 성을 하사받아 신적으로 내려갔다고 한다.

97_ '쇼타이昌泰 삼년월일三年月日'로 표기되어 있으나, 『기략紀略』에 의하면 쇼타이 2년(899) 10월 24일에 출가했다고 한다.

98_ '조헤이承平 9년九年'으로 표기되어 있으나, 『기략』 등에 의하면 조헤이 원년(931)이 맞는 것으로 판단된다.

99_ 가모신사에서 이루어지는 4월 연례 축제 외에 매해 11월 하순에 이루어지는 임시 축제를 말한다. 889년부터 이루어졌으나 1870년에 폐지되었다.

100_ 다이고 천황(醍醐天皇, 885-930). 우다 천황의 첫째 아들로 즉위 후 부친의 훈시에 따라 후지와라노 도키히라와 스가와라노 미치자네를 각각 좌우대신으로 임명하고 친정親政을 베풀었다. 오랜 기간에 걸친 재위기간은 후대에 '엔기의 치세延喜の治'라고 하여 이상적인 치세로 높이 평가된다. 『고킨와카슈古今和歌集』의 편찬을 명하는 등 문학에도 조예가 깊었다.

101_ 『약기略記』 등에 의하면 간표 7년(895) 정월 19일 천황 즉위일 당일에 성인식이 이루어졌다고 한다.

모친은 추증 황태후 후지와라노 인시藤原胤子[102]이며 내대신內大臣 후지와라노 다카후지藤原高藤[103]의 딸이다. 다카후지는 천황 즉위 시에 중납언이었으나 쇼타이 2년(899) 대납언으로 임명되었다.

좌대신 후지와라노 도키히라藤原時平[104] 내람內覽[105]이 허락되었다. 본원대신本院大臣이라 칭하였다. 쇼타이 2년(899) 2월 14일에 임명되었다. 엔기延喜 9년(909) 4월 4일에 사망하였다. 향년 39세 혹은 37세. 5일에는 태정대신 정일위로 추증되었다.

우대신 스가와라노 미치자네菅原道眞[106] 내람이 허락되었다. 쇼타이 4년(901)

102_ 후지와라노 인시(藤原胤子, ?-?). 우다 천황의 뇨고로서 다이고 천황의 생모다. 우다 천황이 신적에 있을 당시에 혼인하여 천황 즉위 후 고이更衣가 되었다. 이후 뇨고가 되었으나 다이고 천황의 즉위는 보지 못하고 사망하였다. 사후 아들 다이고 천황에 의해 황태후로 추증되었다.

103_ 후지와라노 다카후지(藤原高藤, 838-900). 오랫동안 오위의 지위에 머물러 있었으나 딸 인시의 아들이 동궁으로 책봉됨으로써 종삼위의 지위를 얻었다. 백 년 동안 공석이었던 내대신의 지위에 오르지만 곧 사망하였다. 사후 태정대신으로 추증되었다.

104_ 후지와라노 도키히라(藤原時平, 871-909). 관백 후지와라노 모토쓰네藤原基經의 장남으로 젊은 나이에 출세하였으나, 모토쓰네가 사망하자 우다宇多 천황이 친정親政하게 되어 관백에 오르지 못하였다. 다이고醍醐 천황 즉위 후에는 스가와라노 미치자네와 함께 각각 좌우대신의 자리를 차지하였으나, 미치자네에 대한 참언을 함으로써 그를 좌천시킨다. 39세의 나이로 세상을 떠났으며 이는 미치자네 원령에 의한 죽음이라는 소문이 만연하였다. 최초로 장원정리령을 내리고 반전수수법班田収授法을 시행하여 율령제 유지에 힘썼다.

105_ 천황에게 바치는 모든 문서를 먼저 보게 되는 권한을 말하며 주로 섭정이나 관백에게 허용되는 일이다. 다이고 천황이 좌우대신인 도키히라와 미치자네에게 내람의 명을 내린 것은 섭정, 관백 없이 친정을 했기 때문인 것으로 보인다.

106_ 스가와라노 미치자네(菅原道眞, 845-903). 스가와라노 고레요시菅原是善의 아들로서 정치가이자 학자로 유명하다. 어렸을 때부터 학문에 뛰어난 재능을 보였으며 우다 천황의 신임을 받아 후지와라 씨를 견제하기 위한 인물로 중용되었다. 그 지위가 우대신에 이르렀으나 좌대신 후지와라노 도키히라의 참언으로 다자이후大宰府로 좌천되었고 그곳에서 죽음을 맞이했다. 그 후에 천재지변이 많이 일어나자 미치자네 원령에 의한 저주라 여겨 태정대신으로 추증한 후 기타노텐만구北野天萬宮에 모셨다. 현재는 학문의 신으로 추앙받고 있다.

신유辛酉년 정월 25일에 좌천되었다. 엔기 3년(903) 계해癸亥년 2월 25일에 다자이후大宰府에서 사망하였다. 향년 60세.

내대신 후지와라노 다카후지藤原高藤 후지와라노 후유쓰구藤原冬嗣의 손자이자 우도네리內舍人 정육위상正六位上 후지와라노 요시카도藤原良門의 둘째 아들이다. 쇼타이 3년(900) 정월 28일에 임명되었다. 같은 해 3월 13일에 사망하였다. 향년 63세.

우대신 미나모토노 히카루源光[107] 닌묘仁明 천황의 셋째 황자로서 엔기 원년(901) 정월 26일에 임명되었다. 엔기 13년(913) 3월 13일에 사망하였다. 향년 68세.

후지와라노 다다히라藤原忠平[108] 좌대장으로 엔기 14년(914) 8월 25일에 우대신으로 임명되었다. 엔초延長 2년(924) 정월 7일에는 좌대신이 되었다.

후지와라노 사다카타藤原定方[109] 사후 태정대신으로 추증된 후지와라노 다카후지의 둘째 아들이다. 엔초 2년(924) 정월 22일에 임명되었다. 당시 52세.

쇼타이昌泰는 3년간 지속되었다. 원년은 무오戊午년으로 4월 16일에 시작되었다. 엔기延喜는 22년간 지속되었다. 원년은 신유辛酉년으로 7월 15일에 시작되었다. 엔초延長는 8년간 지속되었다. 원년은 계미癸未년으로 윤사월 11일에 시작되었다.

천황은 엔초 8년(930) 9월 29일에 붕어하였다. 향년 46세.

107_ 미나모토노 히카루(源光, 845-913). 닌묘 천황의 황자로서 겐지 성을 받고 신적으로 내려갔으며 중납언, 대납언 등을 역임하였다. 사가 천황 재위시에 후지와라노 도키히라와 결탁하여 스가와라노 미치자네를 실각시킨 후 그 뒤를 이어 우대신 자리에 올랐으나 불의의 사고로 사망한다. 사람들은 이를 미치자네의 저주라며 두려움에 떨었다고 한다.

108_ 후지와라노 다다히라(藤原忠平, 880-949). 후지와라노 모토쓰네의 넷째 아들로서 모친은 사네야스人康 친왕의 황녀이다. 형 도키히라時平가 일찍 세상을 떠나자 그 뒤를 이어 정치를 맡았으며 다이고 천황 시대의 이상적인 정치개혁을 담당하였다. 스자쿠朱雀 천황 때에는 섭정, 관백을 맡았으며 무라카미 천황 때에는 관백을 역임하는 등 오랫동안 중직의 자리에 있었다. 형 도키히라와는 달리 스가와라노 미치자네와 교분이 두터웠다고 한다.

109_ 후지와라노 사다카타(藤原定方, 873-932). 후지와라노 다카후지의 아들로서 몇 년간의 지방관을 거쳐 중앙관리로 등용되었다. 중납언, 대납언의 자리에 오른 후 우대신이 되었고 산조三條에 저택이 있는 이유로 산조 우대신이라 불렸다. 와카를 즐겨 지었으며 『오구라 백인일수小倉百人一首』에도 수록되었다.

천태좌주 아사리阿闍梨[110] 조이長意[111] 당시 법교法橋[112]였으며 쇼타이 2년(899) 10월 8일에 천황의 명이 있었다. 당시 72세. 총본산을 다스린 것은 7년이다. 엔기 6년(906) 7월 3일에 입적하였다. 향년 79세. 엔기 8년(908)에 승정으로 추증되었다.

나이구부 조묘增命[113] 법무승정法務僧正을 역임하였으며 호는 조칸靜觀이라 하였다. 엔기 6년(906) 10월 17일에 천황의 명이 있었다. 당시 64세. 총본산을 다스린 것은 6년이다. 엔초 5년(927) 11월 11일에 입적하였다. 향년 83세. 사퇴한 후 6년이 지난 때라고 한다.

나이구 료유良勇[114] 엔기 22년(922) 8월 5일에 천황의 명이 있었다. 당시 68세. 총본산을 다스린 것은 1년이다. 엔초 3년(925) 3월 6일에 입적하였다. 향년 69세.

나이구 겐칸玄鑒[115] 법교였으며 엔초 원년(923) 7월 22일에 천황의 명이 있었다. 당시 62세. 총본산을 다스린 것은 3년이었다. 엔초 4년(926) 2월 11일에 입적하다. 향년 65세.

나이구 손이尊意[116] 호쇼보法性房로 칭하기도 하는데 법인法印이었으며 승정으

110_ 원래 산스크리트어에서 온 말로 '규범'을 의미하며 제자들의 규범이 되는 높은 고승을 뜻하나, 천태종에서는 신분이 높은 승려나 천황과 관련된 의식을 수행하는 승려의 직위를 의미한다.

111_ 조이(長意, 836-906). 이즈미和泉 지방 출신으로 나이구 주젠지 중의 한 명이다. 9대 천태좌주로 입적 후 승려의 최고 직위인 승정대화상僧正大和尙으로 추증되었다.

112_ 승려의 제삼위 직위로서 법인法印, 법안法眼의 뒤를 잇는다.

113_ 조묘(增命, 843-927). 13세의 나이로 히에이잔에 올라 엔닌圓仁에게는 천태종을, 엔친圓珍에게는 밀교를 배웠다. 10대 천태좌주가 되었으며 최고의 직위인 승정에 오른다. 천황, 황족, 귀족의 치유기도에 영험이 있다고 알려져 있으며 수많은 문헌에 기록을 남겼다.

114_ 료유良勇는 승정 헨조遍照의 제자로 11대 천태좌주가 되었다. 1년 8개월 동안 총본산을 다스렸다.

115_ 겐칸玄鑒은 승정 헨조의 제자로 12대 천태좌주가 되었다. 입적 후 대승도大僧都로 추증되었다.

116_ 손이(尊意, 866-940). 13세의 나이로 히에이잔에 올랐으며 여러 지방을 돌아다니며 수행을 하였다. 13대 천태좌주가 되어 14년간 재임하였다. 밀교에

로 추중되었다. 엔초 4년(926) 5월 11일에 천황의 명이 있었다. 당시 66세. 총본산을 다스린 것은 14년이다. 덴교天慶 3년(940) 2월 23일에 입적하였다. 향년 83세.

엔기 원년(901) 정월에 스가와라노 미치자네 재상의 일[117]이 있었다. 그간의 일에 모두가 마음 졸였다. 엔초 8년(930) 6월 26일에 청량전清涼殿에 벼락이 떨어졌다.[118] 대납언 기요쓰라清貫와 우중변右中辯 마레요希世 두 사람이 목숨을 잃었다.

천황은 상녕전常寧殿으로 옮겼다.

엔초 8년(930) 9월 22일에 양위하였다. 같은 달 29일 축丑시에 출가하였다. 법명은 호킨코寶金剛. 그 후 얼마 안 있어 붕어하였다. 향년 46세.

황후와 뇨고, 고이는 스물한 명, 황자와 황녀 서른여섯 명을 두었다. 그 중 겐지源氏가 여섯 명이다.

이 치세 때 혜성이 가끔 출몰했지만 그때마다 훌륭하게도 덕으로 다스리니 별 탈 없이 지난 것이라 전해진다. 다이호大寶 연호가 시작된 이후로 다만 이 치세만을 우러러봐야 할 것이다. 스가와라노 미치자네의 일도 부처님이 말세를 구제하기 위해 모습을 바꾸어 나타나신 것으로 이해한다면 경사롭기 한량없다.

능하였으며 기우와 역병 퇴치 기도에 영험이 있다고 알려져 있다. 다이고 천황과 스자쿠 천황의 출가를 도왔다.

117_ 스가와라노 미치자네가 후지와라노 도키히라의 참언으로 다자이후로 좌천된 일을 말한다. 미치자네는 다자이후에서 죽음을 맞이하였으며 그 후 여러 가지 천재지변이 일어났는데 도키히라도 요절하게 된다. 이 모든 것을 미치자네 원령의 저주 때문으로 여겼다. 저주를 두려워한 조정은 미치자네를 우대신으로 복귀시키고 그 후 태정대신으로 추증하였다.

118_ 청량전은 천황이 주로 기거하는 거처로서 이곳에 낙뢰가 떨어진 것도 스가와라노 미치자네의 원령의 저주 때문이라고 생각했다. 이 일로 여러 명이 부상, 사망하였으며 거처를 옮긴 다이고 천황도 삼 개월 후에 붕어했다.

제 61 대

스자쿠朱雀 천황[119]

재위 16년.

이름은 유타아키라寬明이며 엔초 8년(930) 9월 22일에 즉위하였다. 당시 8세. 엔초 3년(925) 모월 모일에 동궁으로 책봉되었다.[120] 다이고 천황의 열한 번 째 아들로 조헤이承平 7년(937) 정월 4일에 성인식을 올렸다. 당시 15세. 모친은 황태후 후지와라노 온시藤原穩子[121]로서 쇼센 공昭宣公 후지와라노 모토쓰네의 넷째 딸이다.

섭정 태정대신 후지와라노 다다히라藤原忠平 천황 즉위일에 섭정의 명을 받았다. 조헤이 6년(936) 8월 19일에 태정대신이 되었다. 덴교天慶 4년(941) 7월 20일에 섭정을 사임하고 같은 해 11월 28일에 관백이 되었다.

우대신 후지와라노 사네요리藤原實賴[122] 후지와라노 다다히라의 장남으로 덴

119_ 스자쿠 천황(朱雀天皇, 923-952). 다이고 천황 즉위 이후 두 명의 동궁이 요절하고 나서 동궁으로 책봉되었다. 모친 후지와라노 온시는 저주를 두려워하여 몇 겹으로 된 휘장 안에서 동궁을 양육했다고 한다. 재임 중에 많은 천재지변과 재해가 잇달았다. 925년, 세 살에 동궁으로 책봉되었으며 여덟 살에 즉위한 후에는 장인 다다히라가 섭정 관백이 되었다. 모친 온시의 뜻에 따라 동생 나리아키라成明 친왕(후의 무라카미 천황)에게 양위한 것을 나중에 후회했다고 한다. 재위 중 다이라노 마사카도平將門의 난 등이 일어났다.

120_ '동삼년월일同三年月日'로 표기되어 있으나, 『역대황기』에 의하면 엔초 3년 10월 21일에 동궁에 책봉된 것으로 기록되어 있다.

121_ 후지와라노 온시(藤原穩子, 885-954). 관백 후지와라노 모토쓰네의 딸로 스자쿠 천황과 무라카미 천황의 생모다. 국모로서 실권을 장악하였으며 궁정 내의 인사나 정무에 강력한 발언권을 가지고 있었다.

122_ 후지와라노 사네요리(藤原實賴, 900-970). 후지와라노 다다히라와 우다 천황의 딸 미나모토노 준시源順子의 아들. 레이제이冷泉 천황의 즉위와 동시에 관백과 태정대신을 역임하고 969년 엔유 천황 때에 섭정을 역임함으로써 섭정과 관백을 상치常置하는 선례가 되었다. 외척으로 대두한 동생 모로스케의 위력에 위협을 받았다는 소문이 있었다. 도키히라의 딸과의 사이에서 아쓰토시敦敏, 요리타다賴忠, 나리토시齊敏를 낳았으며 나리토시의 아들 사네스케實資를 양자로 삼았다. 딸 게이시慶子과 줏시述子는 스자쿠 천황과 무라카미 천황의 뇨고가 되었다. 유직고실有職故實에도 능통했다고 한다.

교 7년(945) 4월 9일에 임명되었다.

조헤이는 7년간 지속되었다. 원년은 신묘辛卯년으로 4월 16일에 시작되었다.[123]

우다 상황은 조헤이 원년(931) 7월 19일에 붕어하였다. 향년 65세.

덴교는 9년간 지속되었다. 원년은 무술戊戌년으로 5월 23일에 시작되었다.[124]

천태좌주 권율사權律師 기카이義海[125] 소승도少僧都를 역임하였다. 덴교 3년(940) 3월 25일에 천황의 명이 있었다. 당시 68세. 총본산을 다스린 것은 5년이었다. 덴교 9년(946) 5월 10일에 입적하였다. 향년 74세.

권율사 엔쇼延昌[126] 뵤도보平等房라고도 칭하였는데 승정僧正을 역임하였으며 호는 지넨慈念이라 하였다. 덴교 9년(946) 12월 30일에 천황의 명이 있었다. 당시 67세. 총본산을 다스린 것은 18년이었다. 오와應和 3년(963) 정월 15일에 입적하였다.[127] 향년 85세.

이 치세 때부터 천황의 가모신사賀茂神社 참배가 시작되었고 이와시미즈石淸水 임시축제臨時祭[128]도 시작되었다.

다이라노 마사카도平將門와 후지와라노 스미토모藤原純友의 역모사건[129]이 있었다. 다이라노 사다모리平貞盛[130]와 다치바나노 도야스橘

123_ 『역대황기』에 의하면 4월 26일 개원으로 기록되어 있다.

124_ 『약기略記』에는 23일로, 『기략紀略』에는 22일 개원으로 기록되어 있다.

125_ 제14대 천태좌주.

126_ 엔쇼(延昌, 880-964). 제15대 천태좌주. 어려서 출가하여 히에이잔에서 엔닌圓仁의 제자인 겐쇼玄昭에게 사사師事하였다. 스자쿠 천황, 무라카미 천황이 귀의歸依하자 그들의 스승이 되었다.

127_ 『좌주기座主記』에는 오와應和 4년(964)으로 기록되어 있다.

128_ 이와시미즈하치만궁石淸水八幡宮. 교토 하치만 시八幡市의 오토코야마男山 정상에 있는 신사다. 우사신궁宇佐神宮과 함께 일본 삼대 하치만궁八幡宮의 하나다. 덴교 5년(942) 4월에는 마사카도의 난과 스미토모의 난을 평정한 후 감사의 제물을 바쳤고 이때부터 임시축제가 시작되었다.

129_ 마사카도의 조부인 다카모치오高望王는 간무 천황의 혈통을 잇는 황족이었는데 다이라平 성을 하사받고 가즈사上總 지방의 지방관으로 부임하였다. 그

遠保[131] 등이 진압하였다.

히에이잔比叡山의 근본중당根本中堂이 화재로 소실되었다.[132]

스자쿠 천황은 덴교 9년(946) 4월에 양위하였고[133] 덴랴쿠天曆 6년(952) 8월 15일에 붕어하였다. 향년 30세.

황후와 뇨고는 두 명, 왕녀는 한 명이었다.

리고 임기 후에도 수도로 돌아오지 않고 토착 세력화하여 다카모치오의 아들 시대에는 간토關東 지방 일대까지 세력을 넓혔다. 마사카도는 농민과 무사단의 추앙을 받으며 적극적으로 토지를 개간하여 세력을 넓혔지만 일족 내부의 영지 다툼에 휩싸였다. 덴쿄 2년(939)에 자신과 적대적인 사촌 다이라노 사다모리平貞盛의 신변 인도를 히타치常陸 관아가 거부하자 마사카도는 관가를 공격한다. 마사카도는 관동 8개국의 관청을 차례로 공격하여 지방관을 추방하고 자신을 신황新皇이라 칭했다. 같은 시기 서쪽 세토나이카이瀨戸內海에서도 지방관으로 부임한 뒤 토착세력화하여 해적이 된 후지와라노 스미토모藤原純友가 날뛰고 있었다. 동, 서의 반란에 조정은 동요하였지만 마사카도의 난은 다이라노 사다모리에 의해, 스미토모의 난은 다치바나노 도야스 등에 의해 진압되었다. 이 두 반란을 조헤이承平의 난과 덴교天慶의 난이라고 한다.

130_ 다이라노 사다모리(平貞盛, ?-?). 부친은 다카모치오高望王의 아들 구니카國香, 우마노스케우右馬允로 교토에 출사해 있었으나 조헤이承平 5년(935)에 부친 구니카가 사촌 마사카도將門에게 살해당하자 히타치常陸로 귀향했다. 완화책을 쓰다가 실패한 후 숙부 요시카네良兼와 함께 마사카도에 대항하여 싸웠으나 패했다. 조정에 호소했으나 조정에서 토벌 명령을 내리지 않자 태세를 정돈하여 다시 싸웠다. 일시적으로 어려움을 겪기도 했으나 호족 후지와라노 히데사토藤原秀鄕의 도움을 얻어 정이대장군이 이끄는 토벌군이 도착하기 전에 마사카도를 무찔렀다. 이 공으로 종오위하從五位下의 관위를 수여받았다.

131_ 다치바나노 도야스(橘遠保, ?-944). 아버지는 다치바나노 사다야스橘貞保라고 하는데 확실치 않다. 덴교 3년(940)에 마사카도의 난 진압의 공으로 아즈마구니엔東國掾에 임명된다. 덴교 4년(941)에 후지와라노 스미토모 난을 진압한 공으로 이요伊豫 지방 이와 군宇和郡을 하사받는다.

132_ 『역대황기』와 『기략』에는 조헤이 5년(935) 3월 6일로 기록되어 있다. 근본중당은 히에이잔 제일의 총본당으로 처음에는 약사당藥師堂, 문수당文殊堂, 경장經藏의 세 개 당이었다. 몇 번의 화재로 소실되었으나 현재의 건물은 간에이寬永 19년(1642)에 도쿠가와 이에야스德川家康에 의해 재건 된 것이다.

133_ 『역대황기』에는 덴교 9년(946) 4월 20일로 기록되어 있다.

제62대 **무라카미村上 천황**[134]

재위 21년.

이름은 나리아키라成明이며 덴랴쿠노 미카도天曆御門라고도 한다. 덴교天慶 9년(946) 4월 13일에 즉위하였다.[135] 당시 21세. 덴교 7년(944) 모월 모일에 동궁으로 책봉되었다.[136] 당시 19세. 다이고 천황의 열네 번째 아들로 덴교 3년(940) 10월 1일에 성인식을 올렸다. 당시 15세. 모친은 스자쿠 천황과 동일하다.

관백 태정대신 후지와라노 다다히라藤原忠平 덴교 9년(946) 5월 20일에 준삼궁准三宮[137] 관백이 되었다. 덴랴쿠 3년(949) 정월 21일에 도샤度者[138] 쉰 명을 보냈다. 또한 15곳의 큰 사찰에서 불경을 독경하게 하였다. 이는 대신의 병을 낫게 함이었다. 8월 8일에 와병으로 일어나지 못하니 14일에 도샤 30명을 보내라는 명을 내렸고 대사면도 시행하였다. 이 또한 병을 낫게 하기 위함이었다. 이날 술戌시에 사망하였다. 향년 70세. 18일에 미나모토노 기요카게源清蔭[139]와 중납언 후지와라노

134_ 무라카미 천황(村上天皇, 926-967). 다이고 천황의 열네 번째 황자로 모친은 관백 후지와라노 모토쓰네의 딸 온시. 열아홉 살에 형 스자쿠 천황의 황태제皇太弟가 되었다가 2년 후에 즉위했다. 전대부터 관백이었던 후지와라노 다다히라가 재위 4년째에 사망한 후에는 섭관을 두지 않고 친정親政을 추진했다. 이로 인해 선대인 다이고 천황의 치세와 무라카미 천황의 치세는 후대에 '엔기延喜 덴랴쿠天曆의 치세'로 추앙받았으나 사회적으로는 지방 정치의 혼란과 국가 재정의 파탄 등으로 흔들리고 있었다. 친정을 행했다고 하나 사실상 후지와라노 다다히라의 아들 사네요리實頼와 모로스케師輔 형제에 의해 지탱된 것이었다. 가인歌人이나 가단의 비호자로서도 후세까지 평가받았으며 예능에도 뛰어나 헤이안 문화를 꽃피운 천황으로 일컬어진다. 재위 중 붕어한 최초의 천황이다.

135_ 『기략』에 의하면 4월 20일로 기록되어 있다.

136_ 『역대황기』에 의하면 4월 22일로 기록되어 있다.

137_ 준삼궁准三宮, 준삼후准三后라고 한다. 태황태후太皇太后, 황태후皇太后, 황후皇后에 준한다는 의미로 구게公家에게는 최고의 지위이다.

138_ 조정에서 허가받은 승려로 이들은 조세와 병역 등이 면제되었다. 반면 관의 허가 없이 승려가 된 이들은 사도승私度僧이라 불렀다.

139_ 미나모토노 기요카게(源清蔭, ?-?). 아버지는 요제이 천황이고 모친은 기 씨紀

모토카타藤原元方,[140] 참의 미나모토노 모로아키라源庶明[141] 등을 보내 그 죽음을 애도하며 정일위正一位를 추증하였다. 시나노信濃 지방을 봉록으로 하사하여 시나노공信濃公이라고 했으며 데이신공貞信公이라고도 한다.

좌대신 후지와라노 사네요리藤原實賴 다다히라의 첫째 아들로 좌대장이었다. 덴랴쿠 원년(947) 4월 26일에 좌대신으로 임명되었다. 덴토쿠天德 원년(957) 3월 21일에 대장을 사임하였다. 4월 5일에 검을 차고 천황의 측근에서 호위하도록 허락받았다. 덴토쿠 3년(959) 3월 모일에 손수레[142]를 타고 궐 안까지 들어가도록 허락받았다.

우대신 후지와라노 모로스케藤原師輔[143] 다다히라의 둘째 아들로 우대장이었

氏다. 대납언이었다.

140_ 후지와라노 모토가타(藤原元方, 888-953). 참의 후지와라노 스가네藤原菅根의 둘째 아들로서 젊었을 때 동궁학사를 역임한 학자였다. 무라카미 천황에게 입궐시킨 딸 스케히메祐姬가 무라카미 천황의 첫째 황자 히로히라廣平 친왕을 낳으면서 939년에 52세로 참의에 오르고 951년에 대납언으로 승진했다. 그러나 후지와라노 모로스케의 딸 안시安子가 950년에 낳은 무라카미 천황의 둘째 황자 노리히라憲平 친왕(후의 레이제이 천황)이 곧바로 동궁으로 책봉되었다. 모토카타는 그 3년 후에 사망하였으며 사망 후 원령이 되었다고 전해진다. 『에이가모노가타리榮花物語』『오카가미大鏡』에 의하면 외척으로 지위를 굳힌 후지와라노 모로스케의 집안을 저주하였고 레이제이 천황의 광기는 모토카타의 원령 때문이라고 한다.

141_ 미나모토노 모로아키라(源庶明, 903-955). 우다宇多 천황의 황자인 도키요齊世 친왕의 셋째 아들로 무라카미 천황의 고이更衣인 미나모토노 가즈코源計子는 그의 딸이다.

142_ 이때의 수레는 데구루마輦車로 소가 끄는 우차가 아니라 사람이 끄는 수레를 말한다. 궐 안에서는 걸어다니는 것이 일반적이나 귀인에 한해 이 수레를 타고 가는 것을 허락했다.

143_ 후지와라노 모로스케(藤原師輔, 908-960). 후지와라노 다다히라藤原忠平와 미나모토노 요시아리源能有의 딸 쇼시昭子의 아들로 구조도노九條殿라고 불린다. 당대 제일의 세력가였던 형 후지와라노 사네요리藤原實賴보다 한 수 위의 실력자로 평가받았다. 유직고실有職故實과 학문이 뛰어난 인물로 알려져 있다. 무라카미 천황의 황후였던 딸 안시가 노리히라 친왕을 낳자 후지와라노 모토카타의 외손자이자 제1황자였던 히로히라廣平 친왕을 물리치고 노리히라를 동궁으로 책봉시켰다. 모로스케가 안시의 황자 출산을 엔랴쿠지延曆寺의 료겐良源에게 의뢰하였던 데서 섭관가와 엔랴쿠지의 밀접한 관계가 시작되었다. 아들

다. 덴랴쿠 원년(947) 4월 26일에 임명되었다. 덴랴쿠 9년(958) 6월 17일에 대장을 사임하였다. 7월 22일에 검을 차고 천황의 측근에서 호위하도록 허락받았다. 덴토쿠 4년(960) 5월 2일에 출가하였다. 당시 53세. 같은 달 4일에 사망하였다. 재관 14년.

덴랴쿠는 10년간 지속되었다. 원년은 정미丁未년으로 4월 14일에 시작되었다.[144]

요제이인은 덴랴쿠 3년(949) 9월 29일에 붕어하였다. 향년 81세. 스자쿠인은 덴랴쿠 6년(952) 8월 15일에 붕어하였다.

덴토쿠는 4년간 지속되었다. 원년은 정사丁巳년으로 10월 27일에 시작되었다. 오와應和는 3년간 지속되었다. 원년은 신유辛酉년으로 2월 16일에 시작되었다. 고호康保는 4년간 지속되었다. 원년은 갑자甲子년으로 7월 10일에 시작되었다.

무라카미 천황은 고호 4년(967) 5월 25일에 붕어하였다. 향년 42세.

천태좌주 권대승도權大僧都 진초鎭朝[145] 뉴도入道[146]라고도 한다. 속명은 다치바나노 다카카게橘高影라 하며 오와 4년(964) 3월 9일에 천황의 명이 있었다. 당시 79세. 총본산을 다스린 것은 7년이었다.[147] 같은 해 10월 5일에 입적하였다.

권소승도權少僧都 기쿄喜慶[148] 산마이좌주三昧座主라고도 칭한다. 고호 2년(965) 2월 15일에 천황의 명이 있었다. 당시 77세. 총본산을 다스린 것은 1년이었다. 고호 3년(966) 7월 17일에 입적하였다.

진젠尋禪을 료겐의 제자로 삼았으며 장원을 기진하기도 했다. 모로스케 자신은 섭정 관백에 오르지 못했으나 무라카미 천황 사후에 레이제이 천황, 엔유圓融 천황과 같은 손자들이 연이어 왕위에 즉위함으로써 강력한 외척 세력으로 자리잡았다.

144_ 『기략』에는 4월 22일에 연호가 바뀐 것으로 기록되어 있다. 『역대황기』와 『약기』에는 4월 24일로 기록되어 있다.

145_ 제16대 천태좌주.

146_ 사찰에 들어가 승려가 되는 것을 출가라고 한다. 이에 비해 집에서 삭발하고 승려가 되는 것을 뉴도入道라고 한다.

147_ 문장의 앞뒤를 계산해보면 7개월의 잘못된 표기로 보인다.

148_ 제17대 천태좌주.

권율사權律師 료겐良源[149] 미묘御廟라고도 한다. 법무대승정法務大僧正을 역임하였다. 시호는 지에慈惠이다. 고호 3년(966) 8월 27일에 천황의 명이 있었다. 당시 55세. 총본산을 다스린 것은 19년이었다. 에이칸永觀 3년(985) 정월 3일에 입적 하였다 향년 73세.

덴토쿠 4년(960) 9월 23일에 궐이 화재로 소실되었다. 천도 이후 화재는 처음이라 한다. 나이시도코로內侍所가 있는 온명전溫明殿[150]이 불탄 후에 그 잿더미 속에서 조금도 파손되지 않은 신경神鏡이 발견되었다. 다음날 아침에 시키노조시職曹司[151]로 옮겨 내장료內藏寮[152]에 봉헌하였다. 혹자는 잿더미 속이 아니라 넓은 잎사귀 푸조나무에 걸려 있었다고도 한다. 그 날의 기록은 분명하지 않은 것 같다.

무라카미 천황은 고호 4년(967) 5월 25일에 붕어하였다. 향년 42세. 황후와 뇨고는 모두 열 명이었고 황자와 황녀 열아홉 명이었다.

덴랴쿠 3년(949) 이후 이 치세 때만 관백이 없었다.[153] 오노노미야小野宮 후지와라노 사네요리, 구조노도노九條殿 후지와라노 모로스케를 좌우대신으로 두고 정치를 하였다.

149_ 료겐(良源, 912-985). 제18대 천태좌주로 조정에서 내린 정식 칭호는 지에慈惠 대사이나, 입적 날짜가 정월 3일이라 간산元三 대사란 이름으로 알려져 있다. 헤이안 중기의 승려. 966년에 천태좌주가 되어 당탑堂塔을 부흥시키고 산내 규율을 제정하였으며 교학의 진흥에 힘썼다. 입적 후 액막이 대사로 숭상받았다. 히에이잔 엔랴쿠지延曆寺 중흥의 시조로도 알려져 있다.

150_ 헤이안 시대 세 개의 신기神器 중 하나인 신경神鏡을 안치한 곳이다.

151_ 나카쓰카사쇼中務省에 속하며 황후, 황태후, 태황태후에 관한 사무를 관장하는 곳이다.

152_ 나카쓰카사쇼에 속하는 기관으로 천황가의 재산을 관리하는 곳이다.

153_ 덴랴쿠 3년(949)에 후지와라노 다다히라 사망 후 무라카미 천황 재위 시에는 섭관을 두지 않았다.

제 63 대 | 레이제이冷泉 천황[154]

재위 2년.

이름은 노리히라憲平이며 고호 4년(967) 5월 25일에 즉위하였다. 당시 18세. 덴랴쿠 4년 모월 모일에 동궁으로 책봉되었다.[155] 당시 1세. 무라카미 천황의 둘째 아들로 오와應和 3년(963) 2월 28일에 성인식을 올렸다. 당시 14세. 모친은 황후인 후지와라노 안시藤原安子[156]로 구조 우대신 후지와라노 모로스케의 딸이다.

관백 태정대신 후지와라노 사네요리 고호 4년(967) 6월 22일에 관백으로 임명되었다. 10월 5일에 우차를 타고 궐 안까지 들어가도록 허락받았다. 12월 13일에 태정대신으로 임명되었다.

우대신 후지와라노 모로타다藤原師尹[157] 데이신공貞信公의 다섯째 아들로 고이치조小一條 좌대신이다.

안나安和는 2년간 지속되었다. 원년은 무진戊辰년으로 8월 13일

154_ 레이제이 천황(冷泉天皇, 950-1011). 무라카미 천황의 둘째 황자로 모친은 후지와라노 모로스케의 딸인 안시安子다. 태어난 지 얼마 되지 않아 첫째 황자인 히로히라廣平 친왕을 누르고 동궁으로 책봉되었다. 당시 실력자였던 후지와라노 사네요리의 힘이 작용했다고 한다. 무라카미 천황 붕어 후 18세에 즉위하나 정신적인 문제가 있어 사네요리가 관백을 역임하였다. 무라카미 천황의 네 번째 황자인 다메히라爲平 친왕과 다섯째 황자인 모리히라守平 친왕이 동궁 책봉을 둘러싸고 안나安和의 변을 일으키자 모리히라 친왕, 즉 후의 엔유 천황에게 양위하였다. 재위 2년 만에 양위하고 태상천황의 존호를 받았다. 병약했으며 기이한 행동을 많이 했다고 한다.

155_ 『역대황기』에는 5월 24일로 기록되어 있다.

156_ 후지와라노 안시(藤原安子, 927-964). 무라카미 천황의 중궁으로서 후지와라노 모로스케의 딸. 천황이 동궁이었을 때 혼인하여 즉위하면서 뇨고, 중궁이 되었다. 레이제이 천황과 엔유 천황, 다메히라爲平 친왕 등을 낳았다.

157_ 후지와라노 모로타다(藤原師尹, 920-969). 후지와라노 다다히라藤原忠平와 미나모토노 요시아리源能有의 딸 쇼시昭子의 아들이다. '모로마사'라고도 한다. 고호康保 3년(966) 12월에 우대신이 되었다가 안나의 변(969) 때 좌천된 좌대신 미나모토노 다카아키라源高明의 후임자가 되었으나 7개월 후 사망했다. 이후 안나의 변의 주모자로 다카아키라를 실추시킨 탓에 사망했다는 소문이 났다.

에 시작되었다.[158] 안나 2년(969) 모월 모일에 양위하였다.[159] 당시 20세. 그 후 40여 년간 살아 있었다.

제64대 엔유圓融 천황[160]

재위 15년.

이름은 모리히라守平로 안나 2년(969) 8월 13일에 즉위하였다. 당시 11세. 고호康保 4년(967) 모월 모일에 동궁으로 책봉되었다.[161] 당시 8세. 무라카미 천황의 다섯째 아들이다. 덴로쿠天祿 3년(972) 정월 3일에 성인식을 올렸다. 당시 14세. 모친은 레이제이 천황과 동일하다.

관백 태정대신 후지와라노 사네요리藤原實賴 세이신공淸愼公이라 하며 안나 2년(969) 8월 12일에 관백이 되었다. 덴로쿠 원년(970) 5월 8일 혹은 4월 18일에 사망하였다. 향년 71세.

섭정 좌대신 후지와라노 고레타다藤原伊尹[162] 덴로쿠 원년(970) 정월에 우

158_ 『약기』 『역대황기』에서는 8월 13일, 『기략』에서는 8월 15일에 원년이 시작되었다고 한다.

159_ 『역대황기』에 의하면 안나 2년(969) 8월 13일에 양위하였다고 한다.

160_ 엔유 천황(圓融天皇, 959-991). 무라카미 천황의 제5황자로 모친은 후지와라노 모로스케의 딸인 황후 안시安子다. 안나의 변 후에 병약한 레이제이 천황을 대신하여 11세 때 즉위하였다. 16년간의 재위 기간 중에는 후지와라노 가네미치藤原兼通, 가네이에兼家 형제의 정쟁이 계속되었고 섭정과 관백은 후지와라노 사네요리藤原實賴, 고레타다伊尹, 가네미치兼通, 요리타다賴忠로 바뀌었다. 984년에 가잔花山 천황에게 양위하고 이듬해 병 때문에 출가하였다. 출가 후 가잔, 이치조一條 천황의 정치에 관여하며 관현에 몰두하고 사찰 참배 순례를 행하였다.

161_ 『기략』에 의하면 고호 4년(967) 9월 1일에 책봉되었다고 한다.

162_ 후지와라노 고레타다(藤原伊尹, 924-972). 후지와라노 모로스케藤原師輔와 후지와라노 쓰네타카藤原經邦의 딸 세이시盛子의 적자다. 안나의 변 때 주모자로 지목받았던 숙부 후지와라노 모로스케를 도왔고 이후 대납언에 올랐다. 레이제이 천황의 뒤를 이어 엔유 천황이 즉위하자 레이제이 천황의 황자인 손자,

대신으로 임명되었다. 이전과 같이 좌대장을 겸하였다. 같은 해 5월 21일에 섭정이 되었다. 7월에 대장을 사임하고 섭정의 근위부 무관을 받았다. 덴로쿠 2년(971) 11월 2일에 태정대신으로 임명되었다. 덴로쿠 3년(972) 11월 1일에 사망하였다. 향년 49세.

관백 태정대신 후지와라노 가네미치藤原兼通[163] 덴로쿠 3년(972) 2월 혹은 11월 27일에 내대신內大臣으로 임명되었다. 이전에는 중납언中納言이었다. 대납언大納言을 거치지 않았다. 12월 28일에 엔랴쿠지延曆寺의 검교檢校[164]가 되었다. 덴엔天延 2년(974) 3월 26일에 관백이 되었다. 조겐貞元 2년(977) 11월 4일에 사망하였다. 같은 달 8일에 삼궁三宮에 준하였다. 향년 53세. 주기공忠義公이라 하였다.

후지와라노 요리타다藤原賴忠[165] 조겐 2년(977) 10월 11일에 관백이 되었다. 덴겐天元 2년(979) 10월 2일에 태정대신으로 임명되었다.

우대신 후지와라노 가네이에藤原兼家[166] 덴겐 원년(978) 10월 2일에 임명되었다.

후의 가잔 천황이 동궁으로 책봉되었다. 970년에 우대신이 되었고 그 4개월 후에 백부인 후지와라노 사네요리藤原實賴가 타계하자 섭정이 되었다. 와카에 능하여 『백인일수百人一首』에 노래를 싣기도 했다. 이치조 섭정으로 불린다.

163_ 후지와라노 가네미치(藤原兼通, 925-977). 후지와라노 모로스케의 차남이다. 모친은 후지와라노 쓰네쿠니의 딸 세이시盛子로 972년에 형인 후지와라노 고레타다藤原伊尹가 죽자 동생인 후지와라노 가네이에藤原兼家와 후계를 다투다가 관백에 오른다. 죽기 전 후지와라노 가네이에를 좌천시키고 후지와라노 요리타다藤原賴忠에게 관백을 물려주었다. 호는 주기공忠義公.

164_ 절의 사무와 승려를 감독하는 직책을 말한다.

165_ 후지와라노 요리타다(藤原賴忠, 924-989). 렌기공廉義公이라 한다. 섭관 후지와라노 사네요리藤原實賴와 좌대신 후지와라노 도키히라藤原時平의 딸 사이에서 태어난 둘째 아들이다. 후지와라노 아쓰토시藤原敦敏의 동생으로 후지와라노 긴토藤原君任의 부친이다. 후지와라노 가네이에藤原兼家와 권력을 다투던 사촌 후지와라노 가네미치藤原兼通가 좌대신으로 임명되었고, 977년에 임종을 앞둔 가네미치의 천거로 엔유 천황의 관백이 되었다. 978년에 태정대신이 되었으나 엔유 천황의 황후였던 딸 준시遵子에게 황자가 태어나지 않자 외척이 되지 못했다. 986년에 이치조一條 천황이 즉위하면서 그 외조부 후지와라노 가네이에가 섭정이 되자 9년간의 관백직을 사임하였다.

166_ 후지와라노 가네이에(藤原兼家, 929-990). 히가시산조인東三條院, 호코인法興院으로 불린다. 우대신 후지와라노 모로스케藤原師輔와 후지와라노 쓰네쿠니藤原經邦

덴로쿠天祿는 3년간 지속되었다. 원년은 경오庚午년으로 3월 25일에 시작되었다.

엔유 천황은 덴로쿠 3년(972) 정월 3일에 성인식을 올렸다.

덴엔天延은 3년간 지속되었다. 원년은 계유癸酉년으로 12월 20일에 시작되었다. 조겐은 2년간 지속되었다. 원년은 병자丙子년으로 7월 13일에 시작되었다.

덴겐天元은 5년간 지속되었다. 원년은 무인戊寅년으로 4월 15일에 시작되었다.[167] 에이칸永觀은 2년간 지속되었다. 원년은 계미癸未년으로 4월 15일에 시작되었다.

이 치세 때부터 천황의 하치만八幡, 히라노平野[168] 참배 행차가 시작되었다.

에이칸 2년(984) 8월 27일에 양위하였다. 당시 26세. 간나寬和 원년(985) 3월 29일에 병환으로 출가하였다.[169] 당시 27세. 법명은 곤고호金剛法로 쇼랴쿠正曆 3년(992) 2월 13일에 붕어하였다.[170] 향년 34세.

황후와 뇨고는 다섯 명이었고 황자는 한 명이었다.

이 치세 때 궐에 화재가 종종 있었다. 기타노천신北野天神 때문

의 딸 세이시盛子의 셋째 아들이다. 가잔花山 천황의 출가를 종용하고 딸 센시詮子가 낳은 이치조一條 천황을 7세에 즉위시킴으로써 대망의 섭정에 오른다. 아들 후지와라노 미치나가藤原道長 때에 이르러 전성기를 맞이한다. 미치나가의 모친인 도키히메時姬를 비롯하여 아홉 명의 처가 있었다고 하며 그 중 한 명은 『가게로일기蜻蛉日記』의 저자인 미치쓰나의 어머니道綱母다. 둘째 형 가네미치와의 권력 다툼이나 가잔 천황의 출가와 퇴위를 종용한 이야기로 유명하다.

167_ 『약기』, 『기략』에 의하면 11월 29일에 시작되었다고 한다.

168_ 히라노 신사平野神社는 야마시로山城 지방 구즈노葛野 군, 현재의 교토 시에 있었다.

169_ 『기략』에 의하면 8월 29일에 출가한 것이 옳다고 한다.

170_ 『기략』에 의하면 쇼랴쿠 2년(991) 2월 18일에 향년 33세로 붕어하였다고 한다.

이라는 말이 전해진다.[171] 조겐 원년(976) 5월 11일 정축丁丑 날 일어난 화재에 나이시노도코로內侍所는 파손되지 않았다. 단 빛은 사라지고 그 색이 검었다고 한다. 덴겐天元 3년(980) 11월 22일에는 절반이 파손되었다고 한다. 덴겐 5년(982) 11월 17일 화재에는 완전히 불타 없어졌다. 불에 탄 쇠붙이를 모아오게 하니 이후에도 영험은 계속되었다고 한다.

제65대 가잔花山 천황[172]

재위 2년.

이름은 모로사다師貞이며 에이칸永觀 2년(984) 8월 27일에 즉위하였다. 당시 17세. 안나安和 2년(969) 모월 모일에 동궁으로 책봉되었다.[173] 레이제이 천황의 첫째 아들이다.

덴겐天元 5년(982) 2월 19일에 성인식을 올렸다.[174] 당시 15세. 모친은 추증 황태후 후지와라노 가이시藤原懷子[175]로 이치조一條 섭정

171_ 『기략』에 의하면 조겐 원년(976) 5월 11일, 덴겐 3년(980) 11월 22일, 덴겐 5년(982) 11월 17일에 세 번의 화재가 있었다. 『오카가미』에 「이것도 기타노께서 하셨다고 한다(それもこの北野のあそばしたるとこそは申すめりしか)」라고 기술되어 있어 세 번의 화재가 스가와라노 미치자네菅原道眞 원령과 밀접하게 연관되어 있음을 알 수 있다.

172_ 가잔 천황(花山天皇, 968-1008). 레이제이 천황의 제1황자. 모친은 후지와라노 가이시藤原懷子. 엔유 천황 양위 후 17세에 즉위. 우대신 후지와라노 가네이에藤原兼家, 후지와라노 미치카네藤原道兼 부자의 종용으로 재위 1년 만에 퇴위하고 출가했다. 와카에 능하여 『슈이와카슈拾遺和歌集』를 편집했다고 한다.

173_ 기록에 의하면 엔유 천황이 양위하던 안나 2년 8월 3일에 2세의 나이로 동궁으로 책봉되었다고 한다.

174_ 『기략』 등에 의하면 2월 19일에 성인식을 올렸다고 한다.

175_ 후지와라노 가이시(藤原懷子, 945-975). 레이제이 천황의 뇨고로 '지카코'라고도 한다. 후지와라노 고레치카藤原伊尹와 게이시惠子 황녀의 딸이다. 968년에 모로사다師貞 친왕을 낳았고 모로사다 친왕은 생후 1개월 만에 엔유 천황의 동궁으로 책봉되었다. 그러나 외조부 후지와라노 고레치카는 가잔 천황의 즉위를

의 딸이다.

관백 태정대신 후지와라노 요리타다藤原賴忠 이전처럼 관백으로 하라는 선제 천황의 뜻이 가잔 천황에게 내려왔다.

우대신 후지와라노 가네이에藤原兼家

중납언 후지와라노 요시치카藤原義懷[176] 이치조 섭정의 다섯째 아들로 에이칸 2년(984) 10월 10일에 종삼위로 임명되었다. 외숙이었기에 두 단계 올라 같은 달 14일에 정삼위가 되었다. 후지와라노 미치타카藤原道隆[177]를 앞섰다.[178] 간나寬和 원년(985) 9월 14일에 참의參議로 임명되었다. 같은 달 21일에 종이위從二位로 임명되었다. 같은 달 25일에 중납언이 되었다. 당시 29세. 간나 2년(986) 6월 26일에 법황을 따라 출가하였다. 태정대신은 명목상으로는 관백이었으나 모든 일을 후지와라노 요시치카에게 위임하였다고 한다.

천태좌주 권승정權僧正 진젠尋禪[179] 호는 지넨慈忍이라고 하였고 에이칸永觀 2

보지 못하고 사망하였고 후견인을 잃은 가잔 천황은 후지와라노 가네이에의 책략으로 2년 만에 퇴위를 종용당한다. 984년에 추증 황태후가 되었다.

176_ 후지와라노 요시치카(藤原義懷, 957-1008). 섭정 후지와라노 고레타다伊尹와 게이시 황녀의 아들. 가이시懷子의 동생으로 에이칸 2년(984)에 누이 가이시가 낳은 조카 가잔 천황이 즉위하면서 구로도노토藏人頭로 임명되었고 986년에 참의, 권중납언이 되었다. 천황의 외척으로 수완이 좋았던 후지와라노 고레나리藤原惟成와 함께 장원 정리를 시행하는 등 새로운 정치를 추진했다. 그러나 가잔 천황이 재위 3년째에 출가하면서 양위하자 뒤이어 자신도 출가하여 23년간 불문에 몸을 담았다.

177_ 후지와라노 미치타카(藤原道隆, 953-995). 후지와라노 모로스케의 손자이자 후지와라노 가네이에의 장남이다. 모친은 후지와라노 나카마사藤原中正의 딸 후지와라노 도키히메藤原時姬. 미치카네道兼와 미치나가道長는 그의 동생이다. 부친의 사후에 동생인 미치카네를 물리치고 섭정·관백이 되었다. 딸인 데이시定子는 이치조一條 천황의 황후다. 죽음을 앞두고 장남 후지와라노 고레치카藤原伊周를 관백으로 만들고자 하였으나 실패하였다. 중관백中關白이라고 불렸다.

178_ 후지와라노 요시치카는 가잔 천황의 외숙에 해당되었기에 후지와라노 가네이에의 아들로 요시치카의 사촌이었던 후지와라노 미치타카보다 관위에서 앞섰다.

179_ 진젠(尋禪, 943-990). 제19대 천태좌주이며 이름은 지넨慈忍으로 이무로飯室 화상和尙, 혹은 묘코인妙香院이라고 한다. 후지와라노 모로스케의 열째 아들로

년(984) 2월 27일에 천황의 명이 있었다. 당시 42세. 총본산을 다스린 것은 4년이다. 쇼랴쿠正曆 원년(990) 2월 27일에 입적하였다. 향년 46세.

간나는 2년간 지속되었다. 원년은 을유乙酉년으로 4월 27일에 시작되었다.

가잔 천황은 간나 2년(986) 6월 갑작스럽게 불심佛心을 일으켜 궁궐을 나와 가잔花山에 머물며 출가하였다. 법명은 뉴카쿠入覺라고 한다. 출가 후 22년간 생존하였다. 간코寬弘 5년(1008)에 붕어하였다.

제66대 이치조一條 천황[180]

재위 25년.

이름은 가네히토懷仁로 간나 2년(986) 6월 23일에 즉위하였다. 당시 7세. 에이칸 2년(984) 8월 27일에 동궁으로 책봉되었다. 엔유 천황의 첫째 아들이다. 에이소永祚 2년(990) 정월 5일에 성인식을 올렸다. 당시 11세. 모친은 히가시산조인東三條院 후지와라노 센시藤原詮子[181]로 오뉴도大入道 후지와라노 가네이에의 딸이다.

모친은 가시雅子 내친왕이다. 료겐良源의 후계자로 료겐 사후 히에이잔의 경영과 교학의 융성을 위해 노력, 후지와라 씨 일족을 위해 분투하였다.

180_ 이치조 천황(一條天皇, 980-1011). 엔유 천황의 첫째 황자로 모친은 후지와라노 가네이에의 딸 후지와라노 센시藤原詮子다. 984년에 가잔 천황의 동궁으로 책봉되고 986년에 7세의 나이로 즉위하였다. 외조부 후지와라노 가네이에가 섭정으로 집정하였고 가네이에가 죽자 그 아들인 후지와라노 미치타카道隆, 후지와라노 미치카네道兼가 섭관이 되었으며 뒤이어 후지와라노 미치나가藤原道長가 내람의 허가를 받고 실질적인 관백의 역할을 하였다. 후지와라노 미치나가는 딸인 쇼시彰子를 후궁으로 입궐시켜 천황과의 협조 관계를 유지하면서 절대적인 권력을 휘둘렀다. 재위 기간 중 다수의 인재를 배출하였고 궁정 문화는 영화의 절정을 보였으며 여류문학이 대단히 융성하였다.

181_ 후지와라노 센시(藤原詮子, 961-1001). 엔유 천황의 뇨고이며 이치조 천황의 어머니로 후지와라노 가네이에의 딸이다. 모친은 후지와라노 도키히메藤原時姬이며 후지와라노 미치나가의 누나다. 986년에 이치조 천황이 즉위하자 황태후가 되었다. 991년에 태상천황太上天皇에 준하는 원호院號를 수여받고 히가시

섭정 태정대신 후지와라노 가네이에藤原兼家 간나寬和 2년(986) 6월 23일에 섭정이 되었다. 7월 14일에 우대신직을 사임하였다.[182] 8월 22일에 연관연작年官年爵[183]을 삼후三后에 준한다는 칙명이 있었다. 그러나 고사하며 받지 않았다. 에이엔永延 2년(988) 3월 25일에 궁궐문과 파수꾼이 있는 곳을 통과할 때 수레를 타고 들어오라는 천황의 명이 있었다. 쇼랴쿠正曆 원년(990) 5월 5일에 병환으로 사의를 표명하여 섭정을 사직하고 관백이 되었다. 같은 달 8일에 출가하였다. 법명은 뇨지쓰如實라고 한다. 10일에는 니조쿄고쿠二條京極 집 터를 사찰로 삼아 오랫동안 사용하였다. 그 명칭은 호코인法興院이라 한다. 같은 해 7월 2일에 사망하였다. 향년 62세.

섭정 내대신 후지와라노 미치타카藤原道隆 쇼랴쿠正曆 원년(990) 5월 8일에 관백이 되었다. 같은 달 25일에 우차牛車를 허락받았다. 26일에 섭정이 되었다. 6월 1일에 대장직을 사임하고 호위무관을 하사받았다. 쇼라쿠 6년(995) 7월 24일[184]에 내대신을 사임하였다. 쇼라쿠 4년(993) 4월 27일에[185]에 섭정을 사임하고 관백이 되었다. 조토쿠長德 원년(995) 3월에 병으로 관백을 사임하였다. 같은 해 4월 6일에 출가하였고 10일에 사망하였다. 향년 43세.

관백 태정대신 후지와라노 미치카네藤原道兼[186] 조토쿠 원년(995) 4월 27일

산조인東三條院으로 존칭되었다.

182_ 우대신직을 사임함으로써 가네이네는 최초로 대신직을 겸직하지 않은 섭정이 되었다.

183_ 연관年官은 지방관이나 내관을 지명할 수 있는 권리를 말하며, 연작年爵은 작위를 부여할 수 있는 권리를 말한다. 연관연작을 받은 자는 관官이나 작爵을 신청하는 이들을 모으고 그들에게 일정한 대가를 받아 소득을 올렸다. 이는 매관매직 제도라 할 수 있으며 우다 천황 시대부터 황족의 어려운 생활을 타개하기 위한 한 방책으로 자리잡았다.

184_ '동육년同六年'으로 표기되어 있으나 『기략』에 의하면 쇼라쿠 2년(991) 7월 23일인 것으로 기록되어 있다.

185_ '동사년同四年'으로 표기되어 있으나 『기략』에 의하면 쇼라쿠 4년(993) 4월 22일인 것으로 기록되어 있다.

186_ 후지와라노 미치카네(藤原道兼, 961-995). 섭관 후지와라노 가네이에의 셋째 아들. 모친은 후지와라노 나카마사藤原中正의 딸 도키히메時姬. 부친 가네이에가 외손주 이치조 천황의 즉위를 추진하도록 도왔으며 986년에는 자신도 출가할 것처럼 가잔 천황을 속여 천황이 간교지元慶寺에서 출가하도록 종용했

에 관백이 되었다. 같은 해 5월 5일에 사망하였다. 향년 35세. 칠일관백이라 한다.

태정대신 후지와라노 요리타다藤原賴忠 에이소永祚 원년(989) 6월 16일에 사망하였다. 향년 66세. 정일위正一位로 추증되었다. 렌기공廉義公이라 한다.

후지와라노 다메미쓰藤原爲光[187] 구조九條 후지와라노 모로스케의 아홉째 아들이며 간나寬和 2년(986) 7월 20일에 우대신에 임명되었다. 쇼랴쿠正曆 2년(991) 9월 7일에 태정대신에 임명되었다. 쇼라쿠 3년(992) 6월 6일에 사망하였다. 향년 51세. 정일위로 추증되었다. 고토쿠공恒德公이라 한다.

좌대신 후지와라노 미치나가藤原道長[188] 조토쿠長德 원년(995) 5월 11일에 내람의 선지를 받았다. 이 때 대납언의 지위에 있었다. 같은 해 6월 19일에 우대신으로 임명되었다. 이는 내대신 후지와라노 고레치카藤原伊周를 넘어선 것이었다. 조토쿠 2년(996) 윤7월 20일에 좌대신으로 임명되었다. 같은 해 8월에 좌대장을 사임하였다. 동자 여섯 명을 호위무관[189]으로 삼았다. 10월 9일에는 천황의 칙명으로 좌우근위부생左右近衛府生 각 한 명과 근위 각 네 명을 호위무관으로 삼았다. 단 동자 호위무관은 그만두게 하였다. 조토쿠 4년(998) 3월 13일에[190] 사의를 표명하여 호위

다. 부친 가네이에의 섭정 취임 후 급속히 승진하여 우대신에 올랐고, 형 미치타카道隆가 사망한 후에는 관백의 지위에 오른다. 그러나 며칠 만에 사망함으로써 7일 관백이라 불렸다.

187_ 후지와라노 다메미쓰(藤原爲光, 942-992). 후지와라노 모로스케의 아홉째 아들로 가네이에와 섭관의 자리를 경쟁하는 사이였다. 딸을 가잔 천황에게 입궐시켰으나 딸의 갑작스러운 죽음과 가잔 천황의 출가로 야심을 이루지 못하였다. 그 후 가네이에와의 정략적인 연대로 쇼랴쿠正曆 2년(991)에 태정대신의 자리에까지 오르게 되었다. 딸 시시忯子의 죽음을 애도하며 호주지法住寺를 건립했다.

188_ 후지와라노 미치나가(藤原道長, 966-1027). 외척정치의 화려한 정점에 있었던 인물로서 후지와라노 가네이에의 아들이다. 모친은 후지와라노 나카마사의 딸 도키히메. 형 미치타카와 미치카네의 죽음으로 995년에 내람 등을 거쳐 고이치조 천황의 섭정이 되었다. 딸 쇼시彰子, 겐시姸子, 이시威子가 중궁에 오름으로써 삼대의 천황에 걸친 외조부로서 그 세력을 널리 떨쳤다. 그의 위상과 저택의 화려함은 쇼시의 뇨보女房로 있던 무라사키시키부紫式部의 『무라사키시키부일기紫式部日記』에도 잘 나타나 있다.

189_ 본문에는 즈이진隨身으로 되어 있다. 호위 무관으로 번역하였다.

190_ '삼월三月 십삼일十三日'로 표기되어 있으나 『기략』에 의하면 3월 4일인 것으로 기록되어 있다.

무관 근위 및 내람 등을 반려하기를 청하니 이를 받아들이라는 천황의 명이 있었다. 조호長保 원년(999) 12월 16일에 다시 호위무관을 이전과 같이 두었다.

내대신 후지와라노 고레치카藤原伊周[191] 쇼랴쿠正曆 5년(994) 8월 28일에 미치나가를 앞섰다.[192] 당시 21세. 조토쿠 원년(995) 3월 8일에 천황은 태정대신 및 전상관殿上官들에게 내리는 문서 등을 현 관백이 병 중인 사이[193] 잠시 내대신을 거치도록 하였다. 같은 해 4월 10일에 상중으로 잠시 관직에서 물러났다. 같은 날 좌우근위 각 네 명을 받아 호위무관으로 삼았다. 조토쿠 2년(996) 4월 24일에 좌천[194]되어 다자이太宰 지방의 곤노소치權帥가 되었다. 명에 따르면 내대신 후지와라노 고레치카와 권중납언 후지와라노 다카이에藤原降家[195]는 지난 정월 15일[196] 밤에 가잔花山 상황에게 활을 쏘아 위험에 처하게 했다고 한다. 히가시산조인東三條院의 몸이 상한 것도 주술을 걸어 저주[197]했기 때문이라고 한다. 모름지기 법률에 맡기어 죄를 물어야 한다. 이에 생각하는 바가 있어 내대신을 다자이의 곤노소치로, 다카이에를

191_ 후지와라노 고레치카(藤原伊周, 974-1010). 후지와라노 미치타카의 차남으로 21세 때 내대신의 직위에 올랐다. 이듬해 친부 미치타카의 병 중에 정권을 잡으려 하였으나 내람만 허락받았다. 미치타카 사망 후 숙부인 미치나가와의 정쟁에서 패하여 다자이후大宰府로 좌천되었다. 이에 관해 『에이가모노가타리榮花物語』는 다메미쓰의 셋째 딸과 인연을 맺고 있던 고레치카가 넷째 딸을 방문한 가잔 천황이 자신의 연인을 찾아온 것으로 착각하여 활을 쏘았기 때문이라고 기록하고 있다. 이후 복권되었으나 영화를 누리지는 못했다. 미치나가와의 갈등은 『오카가미大鏡』 등에도 묘사되어 있다.

192_ 그 해에 미치나가는 권대납언權大納言 종이위從二位이었지만 고레치카는 내대신 정삼위正三位로 더 높은 지위에 올랐다.

193_ 현 관백인 미치타카의 간청으로 아들인 고레치카에게 내람의 칙명이 내려졌으나 그 문서에는 '관백 병환중關白病間'이라는 단서가 붙어 있었다.

194_ 『에이가모노가타리』에 의하면 오해로 기인하여 가잔 상황에게 활을 쏴서 그 소매를 맞힌 벌로 좌천된 것이라고 한다.

195_ 후지와라노 다카이에(藤原降家, 979-1044). 후지와라노 미치타카의 넷째 아들로서 가잔 상황을 활로 쏜, 일명 '조토쿠長德의 변'으로 형 고레치카伊周와 함께 좌천되었다. 몇 년 후 중납언으로 복귀하였다.

196_ 『기략』에 의하면 정월 16일인 것으로 기록되어 있다.

197_ 『쇼유키小右記』에 따르면 당시 후지와라노 미치나가의 강력한 지지자였던 히가시산조인(후지와라노 센시), 즉 이치조 천황의 생모의 침전 밑바닥에서 주술적인 물건을 파냈다는 기록이 있다.

이즈모出雲의 곤노카미權守로 내려보냈다고 한다. 당시 23세. 내대신의 관위에는 3년간 머물렀다. 조토쿠長德 4년(998) 윤12월 16일에 복직되었다. 히가시산조인의 병으로 대사면이 이루어졌기 때문이다. 간코寬弘 7년(1010) 2월 25일에 천황의 명으로 대신들 뒤에 서서 조례에 참석할 수 있게 되었다.

후지와라노 긴스에藤原公季[198]

에이엔永延은 2년간 지속되었다. 원년은 정해丁亥년으로 4월 5일에 시작되었다. 에이소永祚는 1년간 지속되었다. 원년은 기축己丑년으로 8월 8일에 시작되었다. 쇼랴쿠正曆는 5년간 지속되었다. 원년은 경인庚寅년으로 11월 7일에 시작되었다.

엔유 천황은 쇼랴쿠 2년(991) 12월에[199] 붕어하였다. 향년 34세.

조토쿠長德는 4년간 지속되었다. 원년은 을미乙未년으로 2월 22일에 시작되었다. 조호長保는 5년간 지속되었다. 원년은 기해己亥년으로 정월 13일에 시작되었다. 간코寬弘는 8년간 지속되었다. 원년은 갑진甲辰년으로 7월 20일에 시작되었다.

이치조 천황은 간코 8년(1011) 6월 22일에 붕어하였다. 향년 33세.[200]

가잔 천황은 간코 5년(1008) 2월 8일에 붕어하였다. 향년 41세.

레이제이 천황은 간코 8년(1011) 10월 24일에 붕어하였다. 향년

198_ 후지와라노 긴스에(藤原公季, 956-1029). 간인閑院 태정대신으로 불린다. 우대신 후지와라노 모로스케와 다이고 천황의 황녀 야스코 내친왕 사이의 아들이다. 어려서 양친을 잃고 서른 살 연상이었던 누이, 무라카미 천황의 중궁 안시安子 밑에서 황자처럼 자랐다. 997년에 실각한 후지와라노 고레치카를 대신하여 내대신에 올라 우대신을 거쳐 1021년에 태정대신에 올랐다. 간인류閑院流의 시조로 아리아키라有明 친왕의 딸과의 사이에서 낳은 딸 기시義子는 이치조 천황의 뇨고가 되었다. 사후에 정일위로 추증되었다.

199_ 본서 '엔유 천황' 부분의 기록은 쇼랴쿠 3년 2월 13일에 붕어한 것으로 되어 있으므로 그 기록에 차이가 보인다. 『기략』에 의하면 쇼랴쿠 2년 2월 12일에 붕어한 것으로 기록되어 있다.

200_ 『기략』에 의하면 향년 32세로 기록되어 있다.

62세.

천태좌주 　권대승도權大僧都 요케이余慶[201] 미이데라三井寺의 간논인觀音院이라고도 한다. 호는 지벤智辯으로 권승정權僧正을 역임하였다. 에이소永祚 원년(989) 9월 29일에 천황의 명이 있었다.[202] 당시 71세. 같은 해 12월 26일에 사퇴하였다. 산승山僧들이 받아들이지 않았기 때문이다. 이후 지쇼 대사智證大師 엔친의 문인[203]들은 천태좌주가 되어도 오랫동안 절의 집무를 보지 못했다.

전 소승도前少僧都 요쇼陽生[204] 지쿠린인竹林院이라고도 한다. 권대승도權大僧都를 역임하였으며 에이소 원년(989) 12월 27일에 천황의 명이 있었다. 당시 82세. 총본산을 다스린 것은 1년으로 쇼랴쿠 원년(990) 9월 28일에 사퇴하였다. 쇼랴쿠 3년(992) 7월 20일에 입적하였다. 향년 83세.

권소승도權少僧都 센가暹賀[205] 혼카쿠인本覺院이라고도 한다. 권승정을 역임하였으며 쇼랴쿠正曆 원년(990) 12월 20일에 천황의 명이 있었다. 당시 77세. 총본산을 다스린 것은 8년이다. 조호長保 4년(1002) 8월 1일에 입적하였다. 향년 85세.

권대승도權大僧都 가쿠쿄覺慶[206] 도요東陽라고도 한다. 대승정大僧正으로 조호 4년(1002) 10월 29일에 천황의 명이 있었다. 당시 71세. 총본산을 다스린 것은 16년이다. 조와長和 3년(1014) 11월 22일에 입적하였다. 향년 87세.

201_ 요케이(余慶, 919-991). 홋쇼지法性寺의 좌주가 된 후 에이소 원년(989)에 20대 천태좌주로 임명되었으나 엔닌圓仁을 원류로 하는 산문파山門派의 반대로 3개월 만에 사임하고 산에서 물러나게 된다. 엔친圓珍을 원류로 하는 사문파寺門派는 요케이를 중심으로 세력을 키웠으며 이후 두 파의 대립이 격심해진다.

202_ 당시 요케이를 천태좌주로 임명한다는 천황의 칙명을 가지고 온 칙사를 산문파 무리가 돌려보내자 호위 무사를 붙여 다시 칙명을 내렸다. 요케이는 산에서 쫓겨나 집무를 볼 수 없게 되자 3개월 만에 사임하게 된다.

203_ 엔친을 원류로 하는 사문파寺門派를 의미한다.

204_ 요쇼(陽生, ?-990). 이즈伊豆 지방 출신으로 21대 천태좌주가 되었다. 병약한 체질로 법화삼매에 심취했다고 한다.

205_ 센가(暹賀, 914-998). 오미近江 출신으로 어렸을 때 형과 함께 히에이잔에 오른 후 22대 천태좌주가 되었다.

206_ 가쿠쿄(覺慶, 928-1014). 교토 출신으로 히에이잔에 올라 료겐良源에게 사사했다. 도다이지東大寺 법상종의 호조法藏와 논쟁을 벌인 것으로 유명하다. 23대 천태좌주가 되었으며 대승정으로 임명되었다.

이 치세 때 가스가春日[207]·오하라노大原野[208]·마쓰노오松尾[209]·기타노北野[210]의 네 곳 신사에 천황의 참배가 시작되었다.

내대신 고레치카가 유형을 받아 다자이의 곤노소치가 되었다.

간코寬弘 8년(1011) 모월 모일에[211] 양위하였다. 왕후와 뇨고가 다섯 명, 황자와 황녀는 다섯 명이었다.

제67대 산조三條 천황[212]

재위 5년.

이름은 이야사다居貞이며 간코寬弘 8년(1011) 6월 13일에 즉위하였다. 당시 35세.[213] 간나寬和 2년(986) 7월 6일에[214] 동궁으로 책봉되었다. 당시 11세. 이날 성인식도 치렀다. 레이제이 천황의 둘째 아들이다. 모친은 추증 황후 후지와라노 조시藤原超子[215]로 오뉴도大入

207_ 야마토大和에 있으며 후지와라藤原 씨의 씨신氏神을 모시는 신사로서 1946년에 가스가 대사春日大社로 개칭되었다.

208_ 야마시로山城에 있으며 나가오카長岡 천도 때 후지와라노 후유쓰구에 의해 가스가 신사에서 분사分社되었다고 한다.

209_ 야마시로에 있으며 간코 원년(1004)부터 천황의 참배가 시작되었다고 한다.

210_ 야마시로에 있으며 스가와라노 미치자네를 모시는 신사다.

211_ '월일月日'로 표기되어 있으나 각종 기록에 의하면 간코 8년 6월 13일에 양위했다고 한다.

212_ 산조 천황(三條天皇, 976-1017). 레이제이 천황의 둘째 황자로 외조부 가네이에의 후원으로 동궁으로 책봉되었다. 25년이라는 긴 세월 동안 동궁의 지위에 있었으나 즉위 후에는 당시 기세 등등했던 후지와라노 미치나가에게 거듭 양위를 종용받게 된다. 결국 자신의 첫째 황자 아쓰아키라敦明의 동궁 책봉을 조건으로 양위하고 그 이듬해 붕어한다.

213_ 간나 2년(986)에 성인식을 올리고 동궁으로 책봉되었을 때 나이가 11세이므로 즉위 때는 36세가 맞다.

214_ 『기략』에는 7월 16일자로 기록되어 있다.

215_ 후지와라노 조시(藤原超子, 954-982). 후지와라노 가네이에의 첫째 딸로 레이제이 천황의 뇨고였다. 산조 천황의 생모로 산조 천황 즉위 후 황후로 추증되었다.

道 후지와라노 가네이에의 첫째 딸이다.

좌대신 후지와라노 미치나가 간코 8년(1011) 8월 23일에 우차를 타고 궐 안까지 들어가도록 허락받았다. 이전처럼 내람內覽은 유지되었다.

조와長和는 5년간 지속되었다. 원년은 임자壬子년으로 12월 25일에 시작되었다.

천태좌주 대승정大僧正 게이엔慶圓[216] 고산마이後三昧라고도 한다. 조와 3년(1014) 12월 26일에 천황의 명이 있었다. 총본산을 다스린 것은 5년이다. 간닌寬仁 3년(1019) 9월 3일에 입적하였다. 향년 75세.

산조 천황은 조와 5년(1016)에[217] 양위하였다. 당시 40세. 간닌 원년(1017) 4월 29일에 출가하였다. 같은 해 5월 9일에 붕어하였다.

제68대 고이치조後一條 천황[218]

재위 20년.

이름은 아쓰나리敦成이며 조와 5년(1016) 정월 25일에[219] 즉위하였다. 당시 9세. 간코寬弘 8년(1011) 모월 모일[220]에 동궁으로 책봉되

216_ 게이엔(慶圓, 944-1019). 헤이안 중기 천태종 승려. 천태좌주 기게이義慶에게 사사했으며 천황과 귀족의 귀의에 힘입어 대승정, 천태좌주에 오른다. 고산마이後三昧 좌주라 불렸다. 처음에는 미치나가와 사이가 좋았으나 미치나가의 출가한 아들의 수계受戒를 위해 말을 타고 히에잔比叡山을 올라간 사건을 계기로 악화되었다. 훗날 미치나가의 외손자인 아쓰아키라 친왕, 고이치조 천황의 기도를 맡으며 관계가 조금 회복되었다고 한다.

217_ 각종 기록에 의하면 조와 5년(1016) 정월 29일로 기록되어 있다.

218_ 고이치조 천황(後一條天皇, 1008-1036). 이치조 천황의 둘째 황자로 모친은 후지와라노 미치나가의 첫째 딸인 중궁 쇼시彰子이다. 그의 탄생에 대해서는 『무라사키시키부일기』에 자세히 나와 있다. 9세에 즉위하였고 외조부인 미치나가는 섭정이 되어 영화를 누렸다. 황위를 이을 황자를 얻지 못하고 황녀만 두 명 남긴 채 29세의 젊은 나이에 붕어하였다.

219_ 『약기』 『기략』 『햐쿠렌쇼百鍊抄』에는 29일로 기록되어 있다.

220_ 『기략』 『햐쿠렌쇼』 기록에 의하면 간코 8년(1011) 6월 13일에 이치조 천황이 양위한 날 미치나가의 권력을 등에 업고 동궁이 되었다는 기록이 있다.

었다. 이치조인의 둘째 아들로 간닌 2년(1018) 정월 3일에 성인식을 올렸다. 당시 11세. 모친은 조토몬인上東門院 후지와라노 쇼시藤原彰子[221]로 후지와라노 미치나가의 첫째 딸이다.

섭정 좌대신 후지와라노 미치나가 조와 5년(1016) 정월 29일에 섭정이 되었다. 같은 해 6월 10일에 삼궁三宮에 준한다는 명이 있었다. 또한 처인 종일위 미나모토노 아손 린시源朝臣倫子[222]에게도 봉호封戸[223]와 연작年爵 내외관內外官 삼분三分을 하사한다는 명이 있었다. 11월 7일에 좌대신을 사임하였다. 간닌 원년(1017) 3월 26일에 자청하여 섭정직을 사임하였다. 같은 해 12월에 태정대신으로 임명되었다. 간닌 6년(1022)[224] 정월 3일에 손수레를 타고 궐 안까지 들어가도록 허락받았다. 2월 5일에 사의를 표하여 태정대신직을 사임하였다. 간닌 3년(1019) 3월 21일에 출가하였다. 당시 54세. 법명은 교칸行觀. 같은 해 5월 8일에 원래대로 삼궁에 준한다는 명이 있었다. 같은 해 모월 모일에 법명을 교카쿠行覺로 개명하였다. 간닌 4년(1020) 3월 22일에 새로이 조영된 무료주인無量壽院[225]의 낙성 공양을 드렸다. 지안治安 3년(1023) 10월 17일에 기이紀伊에 있는 곤고부지金剛峯寺를 비롯하여 칠대사七大寺[226] 순례를 시작하였다. 10월 13일에[227] 천태산[228] 엔랴쿠지延曆寺에서 보

221_ 후지와라노 쇼시(藤原彰子, 988-1974). 이치조 천황의 황후로 고스자쿠 천황의 생모이다. 조토몬인上東門院이라고도 한다. 뇨보로 무라사키시키부紫式部, 이즈미시키부和泉式部, 아카조에몬赤染衛門 등 당대의 유명한 가인歌人을 두어 화려한 문예 살롱을 형성하였다.

222_ 미나모토노 린시(源倫子, 964-1053). 후지와라노 미치나가의 정실부인으로 아버지는 좌대신인 미나모토노 마사노부源雅信이다. 아버지 마사노부는 린시를 입궐시키고 싶어했으나 어머니인 후지와라노 아쓰코藤原穆子의 강한 권유로 미치나가와 결혼시킨다. 당시 미치나가의 아버지인 후지와라노 가네이에의 유일한 견제 세력이 마사노부였는데, 두 집안이 혼인을 맺음으로써 이후 미치나가가 정치적·경제적 기반을 형성하는 데 큰 역할을 하였다.

223_ 일정 수의 집을 하사하여 그 집에서 나오는 조세를 봉록으로 하는 것을 말한다.

224_ 『기략』 기록에는 간닌 2년(1018)으로 되어 있다.

225_ 미치나가가 창건한 사찰로 후에 호조지法成寺가 된다. 1020년에 착공하여 2년 후에 완공되었다.

226_ 도다이지東大寺, 고후쿠지興福寺, 간교지元興寺, 다이안지大安寺, 야쿠시지藥師寺,

살계를 받았다. 만주萬壽 4년(1027) 12월 4일에 사망하였다. 향년 62세.

후지와라노 요리미치藤原賴通[229] 후에 관백이 된다. 간닌 원년(1017) 3월 4일에 내대신으로 임명되었다. 당시 26세. 같은 달 16일에 섭정이 되었다. 22일에 대장을 사임하였다. 호위무관을 하사받고 우차를 타고 궐 안까지 들어가는 것을 허락받았다. 간닌 3년(1019) 12월 22일에 섭정을 사임하고 관백이 되었다. 지안治安 원년(1021)에 좌대신으로 임명되었다.

태정대신 후지와라노 긴스에 조겐長元 2년(1029) 10월 17일에 사망하였다. 향년 73세. 정일위로 추증되었다. 진기공仁義公이라 칭했다.

좌대신 후지와라노 아키미쓰藤原顯光[230] 지안 원년(1021) 5월 25일에 사망하였다. 이에 앞서 출가하였다. 향년 78세.

사이다이지西大寺, 호류지法隆寺 등 남도南都 칠대사七大寺를 말한다.

227_ 『사쿄키左經記』에는 히에이잔 엔랴쿠지에서 간닌 4년(1020) 12월 14일에 보살계를 받았다고 기록되어 있다.

228_ 히에이잔의 다른 명칭이다.

229_ 후지와라노 요리미치(藤原賴通, 992-1074). 후지와라노 미치나가의 장자로 고이치조後一條, 고스자쿠後朱雀, 고레이제이後冷泉 천황 밑에서 52년간 섭정 관백을 역임했다. 모친은 미나모토노 린시源倫子. 고이치조 천황 때 어린나이에 부친 미치나가로부터 섭정을 이어받았다. 미치나가 사후에는 조정의 일인자로서 후지와라 집안의 전성시대를 구축하였다. 그러나 후궁으로 입궐시킨 딸 간시寬子에게서 황자를 얻지 못해 천황의 외조부가 되지는 못했다. 이후 다이라노 다다쓰네平忠常의 난을 비롯해 여러 전란이 이어져 정치적인 기반이 흔들렸다. 만년에는 소원한 사이였던 고산조 천황이 즉위함으로써 섭관가는 쇠퇴의 길을 걷게 되고 마침내 원정院政과 무사가 대두하게 되었다.

230_ 후지와라노 아키미쓰(藤原顯光, 944-1021). 관백 후지와라노 가네미치藤原兼通와 모토히라元平 친왕의 딸 사이에서 태어난 아들. 부친 가네미치가 관백이 되자 대신의 반열에 들어서게 되었고 25년간 그 자리를 지켰으나 정치에 둔감하여 실수를 거듭하였다. 그 때문에 사촌인 후지와라노 미치나가와 석학 후지와라노 사네스케藤原實資에게 우둔하다는 비판을 받았다. 이치조 천황에게 입궐시킨 딸 겐시元子가 황자를 생산하지 못하고 천황이 사망한 후에 밀통 사건을 일으키자 딸과 절연했다. 둘째 딸 엔시延子를 동궁 아쓰아키라敦明 친왕의 뇨고로 입궐시켰으나 미치나가의 딸 간시寬子가 연이어 아쓰아키라 친왕에게 입궐하자 번민하던 엔시는 병사했다. 간시가 사망했을 때 엔시와 아키미쓰의 원령이 간시를 저주한 것이라는 풍문이 돌았다고 한다.

우대신 후지와라노 사네스케藤原實資[231] 우대장 세이신공清愼公 후지와라노 사네요리의 셋째 아들이나 본래는 참의 후지와라노 다다토시藤原齋敏의 셋째 아들[232]이다. 지안 원년(1021) 7월 25일에 우대신으로 임명되었다.

내대신 후지와라노 노리미치藤原敎通[233] 좌대장으로서 같은 날에 내대신으로 임명되었다.

간닌寬仁은 4년간 지속되었다. 원년은 정사丁巳년으로 4월 23일에 시작되었다. 산조 천황은 간닌 원년(1017) 5월 9일에 붕어하였다. 향년 42세.

지안治安은 3년간 지속되었다. 원년은 신유辛酉년으로 2월 2일에 시작되었다. 만주萬壽는 4년간 지속되었다. 원년은 갑자甲子년으로 7월 13일에 시작되었다. 조겐長元은 9년간 지속되었다. 원년은 무진戊辰년으로 7월 25일에 시작되었다. 고이치조 천황은 조겐 9년(1036) 4월 17일에 붕어하였다. 향년 29세.

천태좌주 승정僧正 묘구明救[234] 조도지淨土寺의 좌주라고도 한다. 간닌 3년

231_ 후지와라노 사네스케(藤原實資, 957-1046). 후지와라 씨 홋케北家 오노노미야류小野宮流, 후지와라노 다다토시藤原齋敏의 넷째 아들. 후에 조부 사네요리實賴의 양자가 되었다. 유직고실有職故實에 정통한 당대 제일의 학자였다. 그가 남긴 일기집인 『쇼유키小右記』는 귀중한 자료집으로 평가받고 있으며, 후지와라노 미치나가가 권세를 떨친 시대에도 일관된 태도를 보여 권세에 아부하지 않는 사람이라는 평가를 받았다.

232_ 본문에는 셋째라고 되어 있지만 넷째 아들이 맞다.

233_ 후지와라노 노리미치(藤原敎通, 996-1075). 후지와라노 미치나가의 아들로 형인 요리미치와의 약속을 어기고 자신의 아들인 노부나가信長에게 관백을 내어주려 하였다. 이로 인해 형과의 사이에 갈등이 생기자 때마침 요리미치를 견제하려 하던 고산조 천황과 힘을 합쳐 형 요리미치를 궁지에 몰아넣는다.

234_ 묘구(明救, 946-1020). 제25대 천태좌주로 아버지는 다이고 천황의 황자인 아리아키라有明 친왕이다. 어려서 히에이잔에 들어가 천태좌주 엔쇼延昌 승정에게 사사하였다. 그 후 조도지淨土寺에 기거하여 조도지의 좌주라 불리었다. 산조 천황의 눈병 치유를 위한 기도회를 열어 권승정에 임명되었다. 병을 치유하는 능력을 가진 것으로 유명하였고 그로 인해 미치나가 집안과 깊은 관계를 맺었다.

(1019) 10월 20일에 천황의 명이 있었다. 당시 74세. 총본산을 다스린 것은 1년이다. 간닌 4년(1020) 7월 5일에 입적하였다. 향년 75세.

법인法印 인겐院源[235] 사이호인西方院이라고도 칭한다. 법무대승정法務大僧正을 역임하였다. 간닌 4년(1020) 7월 17일에 천황의 명이 있었다. 당시 67세. 총본산을 다스린 것은 8년이다. 만주 5년(1028) 5월 24일에 입적하였다. 향년 79세.

권승정 교묘慶命[236] 무도지無動寺의 좌주라고도 한다. 만주 5년(1028) 6월 19일에 천황의 명이 있었다. 당시 64세. 총본산을 다스린 것은 1년이다. 조랴쿠長曆 2년(1038) 9월 7일에 입적하였다. 향년 75세.

이치조 천황은 조겐 9년(1036) 4월 17일에 붕어하였다. 향년 29세. 고이치조 천황에게는 황후 한 명[237]과 황녀 두 명이 있었다. 고이치조인小一條院[238]은 동궁이었으나 이 치세 때 물러났다.

제69대 고스자쿠後朱雀 천황[239]

재위 9년.

이름은 아쓰요시敦良이며 조겐長元 9년(1036) 4월 17일 을사乙巳

235_ 인겐(院源, 951-1028). 제26대 천태좌주로 어려서 히에이잔에 들어가 료겐良源에게 사사하였다. 달변가로 유명하며 많은 황족과 귀족들에게 설법하였다. 미치나가가 조성한 호조지法成寺 금당 낙성 공양식에서 강독을 하기도 하였다.

236_ 교묘(慶命, ?-?). 후지와라노 다카도모藤原孝友의 아들로 제27대 천태좌주이다. 히에이잔에서 수계하여 무도지에 들어갔다. 쇼시彰子가 호조지 도호쿠인東北院을 세웠을 때 낙성 공양을 맡았다.

237_ 『렌추쇼廉中抄』에 의하면 황후는 한 명이고 후궁이 두 명이었다고 한다.

238_ 고이치조인(小一條院, 994-1051). 아쓰아키라敦明 친왕으로 산조 천황의 첫째 황자이다. 아버지 산조 천황의 동궁이 되었으나 후지와라노 미치나가의 압력에 의해 결국 동궁 자리에서 물러나게 된다.

239_ 고스자쿠 천황(後朱雀天皇, 1009-1045). 이치조 천황의 셋째 황자로 모친은 후지와라노 미치나가의 첫째 딸인 중궁 쇼시이다. 고이치조 천황 즉위에 맞춰 동궁으로 책봉되었던 아쓰아키라 친왕이 간닌寬仁 2년 (1017)에 동궁 자리에서 물러나자 그 뒤를 이어 동궁이 되었다. 치세 기간은 고후쿠지興福寺와 엔랴쿠지延曆寺의 승도가 종종 소란을 일으키고 방화가 빈발하는 등 불안한 시기였다. 고레이제이, 고산조 천황을 비롯하여 많은 자손을 낳았다.

날에 즉위하였다. 당시 28세. 간닌 원년(1017) 모월 모일[240]에 동궁으로 책봉되었다. 당시 9세. 이치조 천황의 셋째 아들로 간닌 3년(1019) 8월 28일에 성인식을 올렸다. 당시 11세. 모친은 조토몬인上東門院 후지와라노 쇼시藤原彰子다.

관백 좌대신 후지와라노 요리미치藤原頼通

우대신 후지와라노 사네스케藤原實資 우대장이었다.

내대신 후지와라노 노리미치藤原教通 좌대장이었다.

조랴쿠長曆는 3년간 지속되었다. 원년은 정축丁丑년으로 4월 21일에 시작되었다. 조큐長久는 4년간 지속되었다. 원년은 경진庚辰년으로 11월 10일에 시작되었다. 간토쿠寬德는 2년간 지속되었다. 원년은 갑신甲申년으로 11월 4일에 시작되었다. 고스자쿠 천황은 간토쿠 2년(1045) 정월 18일에 붕어하였다. 향년 37세.

천태좌주 권대승도權大僧都 교엔敎圓[241] 도오보東尾房라고도 한다. 조랴쿠 3년(1039) 3월 12일에 천황의 명이 있었다. 당시 61세. 총본산을 다스린 것은 9년이다. 에이쇼永承 2년(1047) 6월 10일에 입적하였다. 향년 70세.

고스자쿠 천황은 간토쿠寬德 2년(1045) 정월 16일에 양위하였다. 황후는 다섯 명이고 황자와 황녀는 일곱 명이었다.

240_ 『역대황기』에 간닌 원년(1017) 정사丁巳년 8월 9일이라고 기록되어 있다.

241_ 교엔(敎圓, 979-1047). 후지와라노 다카타다藤原孝忠의 아들로 제28대 천태좌주. 가잔花山 천황의 제자이다. 간닌 4년(1020)에 고후쿠지興福寺 유이마에維摩會에서 강독하였다. 지안 4년(1024)에 천황의 호조지法成寺 참배에 동행하여 법인法印으로 임명되었다.

제 70 대

고레이제이後冷泉 천황[242]

재위 23년.

이름은 지카히토親仁이며 간토쿠 2년(1045) 정월 16일에 즉위하였다. 당시 21세. 조랴쿠長暦 원년(1037) 8월 11일에 동궁으로 책봉되었다.[243] 당시 13세. 고스자쿠 천황의 첫째 아들이다. 조랴쿠 원년(1037) 7월 2일에 성인식을 올렸다. 당시 11세. 모친은 나이시노카미內侍督 후지와라노 기시藤原嬉子[244]로 미도御堂 관백 후지와라노 미치나가의 딸이다.

황후는 세 명이며[245] 후손은 없다.

관백 태정대신 후지와라노 요리미치藤原頼通 고헤이康平 5년(1062) 9월 2일에 좌대신을 사임하고[246] 고헤이 7년(1064) 12월 13일에 후지와라 가문의 장자長者를 신임 좌대신에게 물려 준 후[247] 관백이 되었다. 지랴쿠治暦 3년(1067) 7월 7일에 삼궁

242_ 고레이제이 천황(後冷泉天皇, 1025-1068). 고스자쿠 천황의 첫째 황자. 모친은 추증 황태후 후지와라노 기시로 태정대신 후지와라노 미치나가의 딸이다. 재위 중에는 후지와라 씨에 의한 섭관 정치가 성행하였고 관백 후지와라노 요리미치의 전횡이 두드러졌다. 1051년에 무쓰陸奥에서 일어난 '전구년의 역前九年の役'으로 변방에서 동요가 일기 시작하고 새로운 장원 조영의 기운이 높아지면서 고레이제이 천황 치세 말기에는 섭관 정치에 그늘이 드리워지기 시작했다.

243_ 『약기』 등에 의하면 조랴쿠 원년(1037) 8월 17일에 동궁으로 책봉되었다고 한다.

244_ 후지와라노 기시(藤原嬉子, 1007-1025). 고스자쿠 천황의 나이시尚侍, 고레이제이 천황의 모친이다. 후지와라노 미치나가와 미나모토노 린시源倫子 사이의 딸이다. 1021년에 동궁 아쓰요시敦良 친왕에게 입궐하여 1025년에는 아버지 후지와라노 미치나가의 기대에 부응하기 위해 병환 중 지카히토親仁 친왕을 출산하여 섭관가의 권력 확대에 기여했다. 출산 후 곧 사망하였는데 미치나가의 비탄은 대단했다고 한다. 1045년에 고레이제이 천황이 즉위하면서 황태후로 추증되었다.

245_ 『렌추쇼簾中抄』에 의하면 황후 세 명은 니조인二條院 쇼시章子 내친왕, 후지와라노 간시藤原歡子, 후지와라노 간시藤原寬子이다.

246_ 『약기』에 의하면 고헤이 5년(1062)에는 71세로 전년인 1061년에 태정대신으로 임명되었다. 1062년 9월 2일에 좌대신직이 아닌 태정대신직을 사임한다.

三宮에 준한다는 명이 있었다. 같은 해 12월 5일에 관백을 사임하고 엔큐延久 4년(1072) 정월 29일에 우지宇治에서 출가하였다. 법명은 자쿠카쿠寂覺로 당시 81세. 대신이 된 후 56년간 생존하였다. 엔큐 6년(1074) 2월 2일에 입적하였다. 향년 83세.

관백 좌대신 **후지와라노 노리미치**藤原教通 고헤이 3년(1060) 7월에 좌대신으로 임명되었다. 고헤이 7년(1064) 12월 13일에 후지와라 가문의 장자가 되었다. 지랴쿠 4년(1068) 4월 17일에 관백이 되었다.

좌대신 **후지와라노 사네스케**藤原實資 에이쇼永承 원년(1046) 정월 18일에 사망하였다. 향년 90세.

후지와라노 요리무네藤原賴宗[248] 우대장을 역임하였으며 고헤이 3년(1060) 7월 7일에 우대신으로 임명되었다. 지랴쿠 원년(1065) 정월 5일에 병으로 출가하였다. 당시 73세. 2월 3일에 사망하였다.

후지와라노 모로자네藤原師實[249] 좌대장을 역임하였으며 고헤이康平 3년

247_ 『구교부닌公卿補任』에 의하면 12월 13일에 후지와라노 노리미치藤原教通에게 장자를 물려주었다.

248_ 후지와라노 요리무네(藤原賴宗, 993-1065). 호리카와堀河 우대신이라고 한다. 후지와라노 미치나가와 좌대신 미나모토노 다카아키라源高明의 딸 메이시明子의 첫째 아들이다. 간코 8년(1011) 19세 때 종삼위가 되고 이후 승진을 거듭하여 55세에 내대신, 65세에 우대신이 되었다. 타계 직전에 출가하였고 기노 쓰라유키紀貫之, 다이라노 가네모리平兼盛에 비견될 만큼 가인歌人으로서 뛰어났으며 가집家集으로 『뉴도 우대신집入道右大臣集』이 있다. 딸 두 명이 뇨고로 입궐하였으나 황자를 낳지 못했다.

249_ 후지와라노 모로자네(藤原師實, 1042-1101). 후지와라노 요리미치의 셋째 아들로 모친은 후지와라노 다네시게藤原種成의 딸 기시祇子. 1075년에 숙부 후지와라노 노리미치藤原教通가 사망하자 시라카와白河 천황의 관백이 된다. 처 미나모토노 레이시源麗子의 질녀 겐시賢子를 양녀로 삼아 동궁 시절의 시라카와 천황에게 후궁으로 입궐시켰고, 겐시가 호리카와 천황을 낳게 된다. 1086년에 호리카와 천황이 즉위하면서 섭정에 오르고 1088년에는 태정대신, 1090년에는 관백이 된다. 1094년에 장남 후지와라노 모로미치藤原師通에게 관백을 물려주고 1101년 정월에 출가하여 2월 13일에 입적하였다. 교고쿠님京極殿, 노치노우지님後宇治殿이라고 하였다. 섭관 시절 시라카와 천황의 세력 확대에 저항하지 않음으로써 원정院政 성립에 일조하였다. 시가와 음악에 뛰어났고 일기 『교고쿠 관백기京極關白記』가 있다.

(1060) 7월 17일에 내대신으로 임명되었다. 당시 19세. 지랴쿠 원년(1065) 6월 3일에 우대신이 되었다.

내대신 미나모토노 모로후사源師房[250] 우대장을 역임하였으며 도모히라具平 친왕[251]의 셋째 아들이다. 지랴쿠 원년(1065) 6월 3일에 내대신으로 임명되었다. 당시 58세. 같은 달 6일에 좌대신을 겸하였다.

에이쇼永承는 7년간 지속되었다. 원년은 병술丙戌년으로 4월 14일에 시작되었다. 덴기天喜는 5년간 지속되었다. 원년은 계사癸巳년으로 정월 11일에 시작되었다. 고헤이康平는 7년간 지속되었다. 원년은 무술戊戌년으로 8월 29일에 시작되었다. 지랴쿠治曆는 4년간 지속되었다. 원년은 을사乙巳년으로 8월 2일에 시작되었다. 고레이제이 천황은 지랴쿠 4년(1068) 4월 19일에 붕어하였다. 향년 44세.

천태좌주 법무대승정法務大僧正 묘손明尊[252] 미이데라三井寺의 지가滋賀 대사라고도 한다. 에이쇼 3년(1048) 8월 11일에 천황의 명이 있었다. 당시 78세.

250_ 미나모토노 모로후사(源師房, 1008?-1077). 무라카미 천황의 손자. 도모히라具平 친왕의 장자. 13세(11세설도 있음)에 성인식을 올리고 겐지 성을 하사받은 후 후지와라노 요리미치의 양자가 되었다. 1024년에 후지와라노 미치나가의 딸 손시尊子와 결혼하였고, 그 사이에서 태어난 딸 레이시麗子가 미나모토노 모로자네源師實와 결혼하였다. 우대장, 내대신, 우대신 및 좌대장을 거쳐 1077년 2월 17일에 태정대신으로 임명한다는 명을 받았으나 같은 날 병으로 사망했다. 무라카미 겐지村上源氏의 시조로 쓰치미카도土御門 우대신이라 칭하였다. 일기로 『도유키土右記』가 있고, 와카에 조예가 깊었다.

251_ 도모히라 친왕(具平親王, 964-1009)은 무라카미 천황의 일곱째 황자로 노치노주쇼오後中書王로 불렸다. 이치조 천황 때 문단文壇의 중심적 존재였으며 서가書家로서도 저명하다. 저서로 『노치노주쇼오슈後中書王集』 등이 있다.

252_ 묘손(明尊, 971-1063). 제29대 천태좌주이며 '메이손'이라고도 한다. 온조지園城寺 지벤智辯의 제자로 들어가 천태밀교를 배웠다. 천태좌주로 임명하려 하자 히에이잔比叡山의 승도가 거부하여 히에이잔 산문파山門派와 온조지 사문파寺門派 사이에 격렬한 논쟁이 일었다. 온조지만의 독자적인 계단戒壇 건립을 요청하였으나 히에이잔 산문파의 반대로 이루어지지 않았다. 1048년에 천태좌주로 임명되었으나 3일 만에 사임하였다. 후지와라노 요리미치의 불문 입도를 받고 고후쿠지興福寺 재건 공양회에서 도사導師가 되었다. 뵤도인平等院의 검교檢校로 90세의 축하연을 누렸다.

권소승도權少僧都 겐신源心[253] 권대승도權大僧都를 역임하였으며 사이묘보西明房라고도 한다. 에이쇼 3년(1048) 8월 21에 천황의 명이 있었다. 당시 78세. 총본산을 다스린 것은 5년이다. 덴기天喜 원년(1053) 10월 11일에 입적하였다. 향년 83세.

권승정權僧正 겐센源泉[254] 덴기 원년(1053) 10월 26일에 천황의 명이 있었다. 당시 78세.

권대승도權大僧都 묘카이明快[255] 대승정大僧正을 역임하였으며 나시모토梨本대사라고도 한다. 덴기 원년(1053) 10월 25일에 천황의 명이 있었다. 당시 67세. 총본산을 다스린 것은 17년이다.

제71대 고산조後三條 천황[256]

재위 4년.

이름은 다카히토尊仁이며 지랴쿠治曆 4년(1068) 4월 19일에 즉위

253_ 겐신(源心, 971-1053). 제30대 천태좌주로 히에이잔에서 백부인 인겐院源과 가쿠케이覺慶에게서 사사했다. 법화경에 정통하였으며 에이쇼永承 3년(1048)에 천태좌주와 홋쇼지法成寺 권별당權別當을 겸했다. 에이쇼 5년(1050)에 대승도가 되었다. 호는 사이묘보西明房다.

254_ 겐센(源泉, 977-1055). 온조지園城寺 요케이余慶에게 사사했다. 덴기天喜 원년(1053)에 천태좌주가 되었으나 엔랴쿠지 산문파와 온조지 사문파의 다툼으로 3일 만에 사임했다.

255_ 묘카이(明快, 985-1070). 후지와라노 우오나藤原魚名의 자손 도시무네俊宗의 아들로 히에이잔에서 묘고明豪 등에게서 사사했으며 나시모토류梨本流의 시조가 되었다. 덴기天喜 원년(1053)에 천태좌주가 되었고 홋쇼지法成寺 별당과 에신인惠心院 검교檢校를 겸하였다. 대승정. 흔히 나시모토 승정梨本僧正으로 불린다.

256_ 고산조 천황(後三條天皇, 1034-1073). 고스자쿠 천황의 둘째 황자로 후지와라 씨가 아닌 황족을 어머니로 두었으나 부친의 유언으로 왕위에 올랐다. 장원정리령을 반포하고 후지와라 씨 일족 중에서도 반섭관적 입장에 있던 중류 귀족이나 수령受領층, 황족 출신자를 등용하는 정책을 취했다. 이러한 정책은 원정院政 시대에도 계승되어 중세적인 국가 체제의 출발점이 되었다. 재위 5년이 채 안 되어 첫째 황자 시라카와 천황에게 양위하고 둘째 황자 사네히토實仁 친왕을 동궁으로 책봉했다.

하였다. 당시 35세. 간토쿠寬德 2년(1045) 모월 모일에 동궁으로 책봉되었다.[257] 당시 12세. 고스자쿠 천황의 둘째 아들이다. 에이쇼永承 원년(1046) 12월 19일에 성인식을 올렸다. 당시 13세. 모친은 요메이몬인陽明門院 데이시禎子[258]로 산조인三條院의 셋째 딸이다.

관백 태정대신 후지와라노 노리미치藤原教通

좌대신 후지와라노 모로자네藤原師實

엔큐延久는 5년간 지속되었다. 원년은 기유己酉년으로 4월 13일에 시작되었다.

천태좌주 권대승도權大僧都 쇼한勝範[259] 엔큐 2년(1070) 5월 9일에 천황의 명이 있었다. 당시 75세. 승정을 역임하였으며 하스미보蓮實房라고도 한다. 총본산을 다스린 것은 7년이다. 쇼호承保 4년(1077) 정월 27일에 입적하였다. 향년 82세.

이 치세 때부터 야하타八幡 방생회放生會가 시작되었고[260] 히에日吉,[261] 이나리稻荷[262] 등으로 행차하는 참배도 시작되었다.

고산조 천황은 엔큐 4년(1072) 10월 6일에 양위하였다.[263] 엔큐

257_ 『이마카가미今鏡』에 의하면 간토쿠 2년(1045) 정월 16일, 고레이제이 천황의 즉위일에 동궁은 12세였다고 한다.

258_ 데이시 내친왕(禎子內親王, 1013-1094). 고스자쿠 천황의 황후로서 산조 천황의 셋째 황녀이다. 만주萬壽 4년(1027)에 동궁 아쓰요시敦良 친왕(고스자쿠 천황)과 혼인하여 조겐長元 10년(1037)에 황후가 되었다. 후의 고산조 천황인 다카히토尊仁 친왕, 료시良子, 겐시娟子 내친왕을 낳았다.

259_ 쇼한(勝範, 996-1077). 히에이잔에서 가쿠케이覺慶·가쿠초覺超에게서 사사하고 엔큐 2년(1070)에 천태좌주가 되었다. 쇼호承保 원년(1074)에는 승정僧正으로 임명되었다.

260_ 엔큐 2년(1070) 8월 15일에 이와시미즈하치만궁岩清水八幡宮에서 시작되었고 이후 매년 8월 15일에 행하는 법회다. '방생회'는 인간에게 잡혀 죽을 뻔한 물고기나 새를 사서 모아 기도하고 풀어주는 법회로 간쇼元正 천황 때 처음으로 행하였다.

261_ 시가滋賀 현 오쓰大津 시에 있는 신사로 전국 히에 신사의 총본사다. 이 곳을 중심으로 히에 신도日吉神道가 발생하였다.

262_ 교토 시 후시미伏見 구에 있는 신사로 전국 이나리 신사의 총본사다.

263_ 『햐쿠렌쇼』에 의하면 10월 8일 시라카와 천황에게 양위하고 같은 날 사네

5년(1073) 4월 21일에 출가하였고 법명은 곤고교金剛行이며 5월 7일에 붕어하였다. 향년 40세.

황후는 세 명이며 황자와 황녀는 일곱 명이다.

제72대 시라카와白河 천황[264]

재위 14년.

이름은 사다히토貞仁로 엔큐 4년(1072) 10월 6일에 즉위하였다. 당시 20세. 엔큐 원년(1069) 모월 모일에 동궁으로 책봉되었다.[265] 당시 17세. 고산조인後三條院의 첫째 아들로 지랴쿠治曆 원년(1065) 12월 9일에 성인식을 올렸다. 당시 13세. 모친은 추증 황태후 후지와라노 모시藤原茂子[266]로 권대납언權大納言 후지와라노 요시노부藤原能信[267]의 딸이다. 본래는 후지와라노 긴나리藤原公成[268] 중납언中納言의

히토實仁 친왕을 동궁으로 책봉하였다고 한다.

264_ 시라카와 천황(白河天皇, 1053-1129). 고산조 천황의 첫째 황자. 모친은 후지와라노 모시藤原茂子. 부친 고산조 천황이 양위한 후 즉위했다. 세력이 약해지고 있던 섭관가를 누르고, 무라카미 겐지村上源氏와 수령受領층 계급을 등용하였다. 재위 기간 중에 후삼년의 역役과 후지산 분화가 있었다. 양위 후에 호리카와堀河, 도바鳥羽, 스토쿠崇德 세 천황이 재위하는 43년 동안 원정을 행하며 정치적 실권을 잡았다. 북면北面의 무사를 두고 승병의 난 등에 대비했으며 불교를 숭상하여 홋쇼지法勝寺를 건립했다.

265_ 『햐쿠렌쇼』에 의하면 엔큐 원년(1069) 4월 20일에 동궁으로 책봉되었고 엔큐 4년(1072) 12월 8일에 즉위하였다.

266_ 후지와라노 모시(藤原茂子, ?-1062). 고산조 천황의 황후로 후지와라노 긴나리藤原公成의 딸. 후지와라노 요시노부藤原能信의 양녀로 에이쇼永承 원년(1046)에 동궁비가 되었다. 시라카와白河 천황과 소시聰子, 도시코俊子, 가시佳子, 도쿠시篤子, 네 명의 내친왕을 낳았다. 고헤이 5년(1062)에 고산조 천황이 즉위하기 전에 사망하여 추증 종이위, 황태후가 되었다.

267_ 후지와라노 요시노부(藤原能信, 995-1065). 후지와라노 미치나가와 좌대신 미나모토노 다카아키라源高明의 딸인 메이시明子의 다섯째 아들이다. 19세 때 산조 천황의 구로도노토藏人頭가 되고, 1017년에 권중납언權中納言, 1021년에 권대납언이 되었는데 이복 형제 후지와라노 요리미치藤原賴通와의 불화 때문인지

딸이다.

관백 후지와라노 노리미치藤原敎通 조호承保 2년(1075) 9월 25일에 사망하였다. 향년 80세.

관백 좌대신 후지와라노 모로자네藤原師實 조호 2년(1075) 9월 26일에 내람內覽을 허락받았다. 10월 13일에 후지와라 가문의 장자長者가 되었고 같은 달 15일에 관백이 되었다. 에이호永保 6년(1086) 정월 19일에 대신을 사임하였다.[269]

내대신 후지와라노 모로미치藤原師通[270] 좌대장을 역임하였으며 같은 날 내대신으로 임명되었다.[271] 당시 22세.

조호는 3년간 지속되었다. 원년은 갑인甲寅년으로 8월 23일에 시작되었다.

조토몬인上東門院 후지와라노 쇼시藤原彰子는 조호 원년(1074) 10월 3일에 붕어하였다. 향년 87세.

쇼랴쿠承曆는 4년간 지속되었다. 원년은 정사丁巳년으로 11월 17

50여 년 가까이 같은 자리에 머물러 있었다. 1045년 고레이제이後冷泉 천황이 즉위하자 다카히토尊仁 친왕을 동궁으로 책봉시키는 데 주력하여 다카히토가 동궁이 되자 동궁대부東宮大夫가 되었다. 고산조 천황에게 양녀 모시를 입궐시켰고 그 사이에서 태어난 첫째 황자 사다히토 친왕이 1072년에 즉위하여 시라카와 천황이 되자 그 직후 정일위, 태정대신으로 추증되었다.

268_ 후지와라노 긴나리(藤原公成, 999-1043). 조부인 태정대신 후지와라노 긴스에藤原公季의 양자가 되어 극진한 총애를 받았다. 1043년에 권중납언權中納言으로 승진하였으나 곧 사망했다. 딸 후지와라노 모시는 후지와라노 요시노부의 양녀로서 고산조 천황의 뇨고가 되어 시라카와 천황을 낳았다.

269_ 『조쿠몬즈이續文粹』에 의하면 에이호 3년(1083) 정월 19일에 좌대신을 사임하였다고 한다.

270_ 후지와라노 모로미치(藤原師通, 1061-1099). 후지와라노 모로자네藤原師實의 아들로 관백을 역임하였으며 흔히 고산조님後三條殿이라 불렀다. 강직한 성격의 소유자로 학문에도 뛰어났다. 시라카와 원정院政과 대립하였으며 엔랴쿠지의 승병을 무력으로 제압하는 등 강경한 태도를 보였으나 전염병으로 이른 나이에 급사하였다.

271_ 『구교부닌公卿補任』에 의하면 정월 26일에 임명되어 정월 27일에 좌대장을 겸하였다.

일에 시작되었다. 에이호永保는 3년간 지속되었다. 원년은 신유辛酉년으로 2월 10일에 시작되었다. 오토쿠應德는 3년간 지속되었다. 원년은 갑자甲子년으로 2월 7일에 시작되었다.

천태좌주 법무대승정法務大僧正 가쿠엔覺圓[272] 미이데라三井寺의 우지宇治라고도 한다. 조호承保 4년(1077) 2월 5일에 천황의 명이 있었다. 당시 57세.

권대승도權大僧都 가쿠진覺尋[273] 곤고주인金剛壽院이라고도 한다. 권승정을 역임하였으며 조호 4년(1077) 2월 7일에[274] 천황의 명이 있었다. 당시 66세. 총본산을 다스린 것은 4년이다. 에이호 원년(1081) 10월 1일에 입적하였다. 향년 71세.

권대승도 료신良眞[275] 대승정을 역임하였으며 에이호 원년(1081) 10월 25일에 천황의 명이 있었다. 가호嘉保 3년(1096) 5월 13일에 입적하였다. 향년 76세.

에이호 원년(1081) 6월 4일에 산문파 무리가 미이데라를 불태웠다.[276] 이로써 천태좌주는 산문에서 쫓겨나게 되었다. 천태좌주가 쫓겨나는 일이 이때 시작되었다. 나중에는 대체로 이 일이 선례가 된 것 같다. 상세한 내용은 다른 권에 있다.[277] 미이데라를 불태운 것은 그 해 4월 15일이라고도 한다.

시라카와 천황은 오토쿠應德 3년(1086) 11월 26일에 양위하고

272_ 가쿠엔(覺圓, 1031-1098). 관백 후지와라노 요리미치의 여섯째 아들로 출가하여 현교와 밀교를 배웠다. 그 지위는 차츰 높아져 1065년에는 대승정이 되었고 그 후 제34대 천태좌주로 임명되었으나 산문파의 반대로 삼일 만에 사퇴하였다. 수법의 영험이 높았으며 궐과 귀족의 신임이 두터웠다고 한다.

273_ 가쿠진(覺尋, 1012-1081). 32대 천태좌주로서 묘카이의 제자로 입문한 이후 1077년에는 35대 천태좌주로 임명되었다. 고산조 천황과 시라카와 천황의 신임이 두터웠다.

274_ 가쿠엔은 3일 만에 천태좌주에서 물러나고 가쿠진이 임명되었다.

275_ 료신(良眞, 1022-1096). 36대 천태좌주로 임명되었고 대승정의 자리에까지 올랐으나 산문 내부의 다툼으로 자리에서 내려온다.

276_ 히에이잔比叡山과 미이데라三井寺의 분규는 끊이지 않았으며 결국 산문파가 미이데라를 습격하여 불을 지르는 사건까지 일어나게 되었다.

277_ 다른 권에 기록되어 있다고 하지만 실제로는 이에 대한 상세한 기록은 존재하지 않는다.

가호 3년(1096) 8월 9일에 출가하였다. 당시 44세. 다이지大治 4년(1129) 7월 7일에 붕어하였다. 향년 77세. 세상을 다스린 것은 50년이 넘는다.[278]

황후와 뇨고는 두 명이며 황자와 황녀는 아홉 명이었다.

고산조인은 양위한 후 세상을 다스리려 하다[279] 얼마 안 있어 붕어하였다. 이때부터 시라카와 천황이 태상천황太上天皇[280]으로서 오랫동안 천하를 다스렸다.

홋쇼지法勝寺를 건립하였으며 대승회大乘會[281] 등 많은 불교행사를 거행하였다. 이 사찰은 국왕의 우지데라氏寺[282]로서 지금도 추앙받고 있다. 대승회 설법 승려는 지카쿠慈覺 대사, 지쇼智證 대사의 각파[283]에서 격년으로 맡게 되었다. 고사이에御齋會[284]와 유마회維摩會[285] 설법은 나라奈良의 승려가 맡았다.

고와康和 연간[286]에 시라카와 천황의 오십 세 축하연이 있었

278_ 시라카와 천황의 재위 기간은 14년이지만 양위 후에 태상천황太上天皇으로서 44년간 군림함으로써 58년이라는 세월 동안 위세를 떨쳤다.

279_ 고산조인은 재위 4년 만에 양위한 후 원정院政을 실시하려 하나 이듬 해에 붕어하고 만다.

280_ 태상천황이란 왕위를 후계자에게 양위한 천황에 대한 존호로서 줄여서 상황上皇이라 표현하기도 한다.

281_ 대승회에는 다섯 부로 된 대승경大乘經을 강설하는 법회로서 1079년에 시작되어 매년 10월에 홋쇼지에서 거행된다.

282_ 씨족이 한 가문의 번영, 선조의 적선, 사후의 행복 등을 기원하기 위해 세우는 절을 의미한다.

283_ 지카쿠慈覺가 엔닌圓仁으로 산문파, 지쇼智證는 엔친圓珍으로 사문파의 원류로 여겨지고 있다.

284_ 궁중에서 이루어지는 법회로서 정월 8일에서 14일까지 칠일간 대극전大極殿에서 국가안녕과 풍년을 기원하며 금강명최승왕경金光明最勝王經을 독경한다. 삼회三會 중 하나다.

285_ 유마경維摩經을 독경하는 법회로서 10월 10일부터 칠일 간 고후쿠지興福寺에서 이루어진다. 삼회 중 하나다.

286_ 정확하게는 고와 4년이다.

다.[287]

이 치세 때부터 상황上皇이 거처하는 곳에 상하上下 북면北面[288]을 설치하여 상북면上北面에는 쇼다이후諸大夫,[289] 하북면下北面에는 위부衛府와 소사所司에 속한 무사들을 많이 머무르게 하였다. 특히 하북면은 상황이 참배를 할 때는 활을 메고 동행하였다. 이후에도 모두 그 예를 따랐다.

제73대 호리카와堀河 천황[290]

재위 21년.

이름은 요시히토善仁이며 오토쿠應德 3년(1086) 11월 26일에 즉위하였다. 같은 날 이에 앞서 동궁으로 책봉되었다. 가조嘉承 2년(1107) 7월 19일에 붕어하였다. 향년 29세. 황후는 두 명이며 황자와 황녀는 세 명이었다. 시라카와 천황의 둘째 아들로 간지寬治 3년(1089) 정월 5일에 성인식을 올렸다. 당시 11세. 모친은 황후 겐시賢子로서 교고쿠오도노京極大殿 후지와라노 모로자네藤原師實의 딸이다. 본래는 로쿠조六條 우대신 미나모토노 아키후사源顯房[291]의 딸이다.

287_ 기록에 의하면 고와 4년(1102) 3월 18일에 축하연이 이루어졌다고 한다.

288_ 상황의 거처를 호위하는 무사 또는 그들이 집결해 있는 장소를 의미하기도 한다.

289_ 흔히 4위, 5위의 관위를 가진 자들로서 섭정, 관백, 대신가에 종속되어 대납언大納言 또는 중납언中納言의 지위에까지 오를 수 있다.

290_ 호리카와 천황(堀河天皇, 1079-1107). 부친 시라카와 천황의 양위로 여덟 살이라는 나이에 즉위하였으며 이후 상황이 된 시라카와가 모든 실권을 장악하였다. 이로써 원정院政이 시작되었으며 천황이 성인이 된 시점에 관백 후지와라노 모로미치藤原師通의 도움으로 실권을 회복한 시기도 있었으나 관백의 죽음으로 다시 부친에게 힘을 빼앗기게 된다. 현명한 천황으로 평가받았으나 부친의 관여로 정치에 대한 흥미를 잃고 이후 음악과 와카和歌에 심취하였다. 재위 중 29세라는 젊은 나이에 붕어하였다.

291_ 미나모토노 아키후사(源顯房, 1037-1094). 미나모토노 모로후사源師房의 아들로

섭정 태정대신 후지와라노 모로자네 후에 관백을 역임하였다. 간지寬治 2년(1088) 12월 14일에 태정대신으로 임명되었다. 가호嘉保 원년(1094) 3월 19일에 관백을 사임하였다. 고와康和 2년(1100) 정월 29일에 출가하였다. 같은 해 2월 3일에 사망[292]하였다.

관백 내대신 후지와라노 모로미치藤原師通 가호 원년(1094) 3월 19일에 관백이 되었다. 당시 33세. 같은 달 11일에 후지와라가문의 장자가 되었다. 같은 달 22일에 호위무관을 받았다. 가호 3년(1096) 정월 5일에 종일위로 서품되었다. 고와康和 원년(1099) 6월 28일에 사망하였다. 향년 38세.

우대신 후지와라노 다다자네藤原忠實[293] 고와 원년(1099) 8월 28일에 대납언으로서 내람을 허락받았다. 후지와라 가문의 장자가 되었다. 당시 22세. 고와 2년(1110) 7월 17일에 우대신으로 임명되었다. 조지長治 2년(1105) 12월 25일에 관백이 되었다. 당시 28세.

간지寬治는 7년간 지속되었다. 원년은 정묘丁卯년으로 4월 7일에 시작되었다. 가호嘉保는 2년간 지속되었다. 원년은 갑술甲戌년으로 12월 15일에 시작되었다. 에이초永長는 1년간 지속되었다. 원년은 병자丙子년으로 12월 17일에 시작되었다. 조토쿠承德는 2년간 지속되었다. 원년은 정축丁丑년으로 11월 21일에 시작되었다. 고와康和는 5

우대신의 지위에까지 올랐다. 후지와라노 모로자네에게 입양시킨 친딸 겐시의 소생인 호리카와 천황의 즉위로 무라카미겐지村上源氏의 주류가 되었다. 가인으로도 그 명성이 높으며 사후에 정일위로 추증되었다.

292_ 『이마카가미今鏡』에 의하면 2월 13일에 사망한 것으로 되어 있다. 우지宇治에서 사망하였으며 그런 연유로 우지의 뉴도入道로 불린다.

293_ 후지와라노 다다자네(藤原忠實, 1078-1162). 후지와라노 모로미치藤原師通와 후지와라노 센시藤原全子 사이에서 태어났다. 모로미치 사망 후 조부 모로자네의 양자가 되어 1099년에 내람을 허락받고 후지와라 가문의 장자로서 관백, 섭정, 태정대신을 역임했다. 1120년에 딸 가야노인高陽院의 입궐 문제로 시라카와 상황의 미움을 산 후 우지宇治로 내려가 은거했다. 상황이 사망하고 도바 천황이 원정 정치를 시작하면서 복귀하였으나 장남 다다미치와 대립함으로써 호겐保元의 난의 한 원인을 만들었다. 말년에 지소쿠인知足院에 기거하였기 때문에 지소쿠인도노라고도 칭하며 일기로 『덴랴쿠殿曆』를 남겼다.

년간 지속되었다. 원년은 기묘己卯년으로 8월 28일에 시작되었다. 조지長治는 2년간 지속되었다. 원년은 갑신甲申년으로 2월 10일에 시작되었다. 가조嘉承는 2년간 지속되었다. 원년은 병술丙戌년으로 4월 10일[294]에 시작되었다.

호리카와 천황은 가조 2년(1107) 7월 19일에 붕어하였다. 향년 29세.

천태좌주 승정 닌카쿠仁覺[295] 잇쇼보一乘房라고도 한다. 대승정을 역임하였으며 간지 7년(1093) 9월 11일에 천황의 명이 있었다. 당시 50세. 총본산을 다스린 것은 9년이다. 고와康和 4년(1102) 3월 28일에 입적하였다. 향년 60세.

법인法印 권대승도 게이초慶朝[296] 자쿠조보寂場房라고도 한다. 고와 4년(1102) 윤5월 23일에 천황의 명이 있었다. 당시 76세. 총본산을 다스린 것은 3년이다. 가조嘉承 2년(1107) 9월 24일에 입적하였다. 향년 81세.

승정 조요增譽[297] 미이데라三井寺의 잇쇼보一乘房라고도 하며 조지長治 2년(1105) 윤2월 14일에 천황의 명이 있었다. 당시 74세.

법인法印 닌겐仁源[298] 권승정을 역임하였으며 리치보理智房라고도 한다. 같은 해 같은 달 27일에[299] 천황의 명이 있었다. 당시 48세. 총본산을 다스린 것은 4년이다.

294_ 각종 기록에 의하면 4월 9일에 연호가 시작된 것으로 보인다.

295_ 닌카쿠(仁覺, 1045-1102). 미나모토노 모로후사의 셋째 아들로 제37대 천태좌주. 온조지園城寺, 뵤도인平等院, 히에이잔比叡山 무도지無動寺 등에서 검교檢校를 거친 후 천태좌주에 오른다. 『좌주기座主記』에 의하면 58세에 입적한 것으로 기록되어 있다.

296_ 게이초(慶朝, ?-?). 제38대 천태좌주다.

297_ 조요(增譽, 1032-1116). 여섯 살의 나이로 출가하여 여러 산을 돌며 수행하였다. 법력이 뛰어났으며 시라카와 천황과 호리카와 천황의 신임을 얻어 영달의 길을 걸었다. 직위는 대승정에 이르렀으며 열세 곳에 이르는 사찰의 벳토別當를 겸직했다.

298_ 닌겐(仁源, 1058-1109). 제40대 천태좌주로 후지와라노 모로자네의 아들이다. 호리카와 천황 붕어시 기도를 올린 것으로 유명하다.

299_ 조요는 천태좌주에 오른 지 이틀 만에 사임하고 그 다음날 닌겐이 천태좌주로 임명되었다. 27일은 17일이 잘못 기록된 것으로 보인다.

덴닌天仁 2년(1109) 3월 9일에 입적하였다. 향년 52세.

이 치세 때 손쇼지尊勝寺[300]가 건립되었다. 마찬가지로 관정당灌頂堂[301]이 건립되었으며 태금胎金[302] 양쪽을 모신 관정灌頂이 격년으로 거행되었다. 관정을 담당하는 아사리阿闍梨는 지카쿠 대사와 지쇼 대사의 각 파에서 선출되었다. 고보弘法 대사 쪽에서 거행하는 관정은 닌나지仁和寺 관음원觀音院에서 거행되었다. 그에 대한 합의가 있었고 그 결정에 따라 이루어졌다.

조지長治 2년(1105) 10월 30일에 산승의 무리가 히에日吉 신사의 신여御輿[303]를 메고 산을 내려오는 일이 시작되었다. 후지와라노 스에나카藤原季仲[304] 소치帥와 하치만八幡의 벳토別當[305] 후지와라노 미쓰키요藤原光清[306]가 동의하여 가마도竈門 신사의 신여에 활을 쏘아 센토專當[307]인 인토쿠圓德 법사를 살해한 사실을 읍소한 것이었다. 우선 교고쿠지京極寺로 내려와 대궐의 다이켄몬待賢門으로 신여를 맨 채 들

300_ 로쿠쇼지六勝寺의 하나이며 호리카와 천황의 고간지御願寺로 1102년에 낙성되었다. 그 후 몇 번에 걸쳐 불에 타서 그 때마다 복구되었지만 남북조南北朝 시대 때 전소되었다고 한다.

301_ 관정은 밀교密教의식으로 고대 인도에서 국왕이나 황태자 즉위식에 머리에 물을 붓던 의식이 불교에 도입된 것이다.

302_ 관정당에 걸려 있는 태장계만다라와 금강계만다라를 의미한다.

303_ 신을 모시는 가마를 의미하는데 그 형태는 사각, 육각, 팔각형의 모양새를 갖추며 막대로 짊어지게 되어 있다.

304_ 후지와라노 스에나카(藤原季仲, 1046-1119). 정이위 권중납언의 지위로 다자이太宰의 곤노소치權帥로 파견되었다. 1105년에 엔랴쿠지 승려들을 진압하다가 히요시 신사 사람을 죽이고 신여를 파괴한 일로 유배당하였다. 유배지에서 출가한 후 입적하였다.

305_ 영외관令外官의 하나로서 본관本官을 맡은 사람이 별도로 일을 전담시키는 것을 말한다. 단, 승려의 경우에는 벳토라 하면 절의 사무를 총괄하는 승려의 의미로 쓰인다.

306_ 후지와라노 미쓰키요藤原光清. 25대 벳토로서 후지와라노 요리키요藤原賴清의 아들이다.

307_ 절에서 잡무를 담당하는 하급 승려를 말한다.

이닥쳤다고 한다. 스에나카는 유배형을 받게 되었고 미쓰키요도 같은 날에 사임하게 되었다. 그러나 하치만궁에서 상소하여 같은 달 3일에 복직되었다. 간지寬治 6년(1092)에 처음으로 이와 같은 일에 대한 풍문이 있었지만 실은 그렇지 않다. 가호嘉保 2년(1095) 12월에 신여를 메고 중당中堂까지 쳐들어갔다고 하나 산에서 내려오지는 않았다. 간지寬治 연간에는 다메후사爲房 처벌을 요구하였으며 가호嘉保 연간에는 요시쓰나義綱의 처벌을 요구하였다.

제74대 도바鳥羽 천황[308]

재위 16년.

이름은 무네히토宗仁이며 가조嘉承 2년(1107) 7월 19일에 즉위하였다. 당시 5세. 고와康和 5년(1104) 8월[309]에 동궁으로 책봉되었다. 당시 1세. 호안保安 4년(1123) 정월 28일에 양위하였다. 당시 21세. 호겐保元 원년(1156) 7월 2일에 붕어하였다. 향년 54세. 호리카와 천황의 첫째 아들로 덴에이天永 4년(1113) 정월 1일에 성인식을 올렸다. 당시 11세. 황후는 세 명이고 황자와 황녀는 열 네 명이었다. 모친은 대납언 후지와라노 사네스에藤原實季[310]의 딸로 추증 황후 후

308_ 도바 천황(鳥羽天皇, 1103-1156). 생후 얼마 되지 않아 모친을 잃고 조부인 시라카와白河 상황 아래서 양육되었다. 생후 7개월에 동궁으로 책봉되었고 아버지 호리카와 천황 사후 5세에 즉위하였다. 실질적인 정무는 시라카와 상황이 돌보았으며 호안 4년(1123)에 첫째 아들인 스토쿠崇德 천황에게 양위하였다. 스토쿠, 고노에近衛, 고시라카와後白河 3대 천황이 재위하는 28년 동안 원정院政을 행했다. 아들 스토쿠 천황과의 불화와 황후 비후쿠몬인美福門院과 함께 고시라카와 천황을 즉위시킨 것이 호겐의 난의 직접적인 원인이 되었다.

309_ 각종 기록에 의하면 8월 17일로 기록되어 있다.

310_ 후지와라노 사네스에(藤原實季, 1035-1092). 부친은 후지와라노 긴나리藤原公成로 아버지에 비해 출세가 느렸으나 여동생 후지와라노 모시藤原茂子가 후지와라노 요시노부藤原能信의 양녀로 들어가 입궐하여 고산조 천황의 황후가 되어, 천황의 처남으로 신임을 얻었다. 고산조 천황 양위 후 시라카와 천황이 즉위

지와라노 시시藤原苡子[311]다.

섭정 태정대신 후지와라노 다다자네藤原忠實 덴에이天永 3년(1112) 12월 14일에 태정대신으로 임명되었다. 에이큐永久 원년(1113) 4월 14일에 태정대신을 사임하고, 가조嘉承 2년(1107) 7월 19일에 섭정이 되었다. 호안保安 원년(1120) 2월 23일에 관백을 사임[312]하였다.

관백 좌대신 후지와라노 다다미치藤原忠通[313] 호안 2년(1121) 3월 5일에 관백이 되었다. 당시 24세. 우차를 타고 궐 안까지 들어가도록 허락받았다. 호안 4년(1123) 12월 17일에 좌대신으로 임명되었다. 전 내대신이었다.

덴닌天仁은 2년간 지속되었다. 원년은 무자戊子년으로 8월 3일에 시작되었다. 덴에이天永는 3년간 지속되었다. 원년은 경인庚寅년으로 7월 16일에 시작되었다. 에이큐永久는 5년간 지속되었다. 원년은 계

하였는데 역시 천황의 외숙부로서 출세의 길을 달렸다. 사후에는 그의 딸인 후지와라노 시시藤原苡子가 호리카와 천황의 생모가 되어 그로 인해 정일위 태정대신으로 추증되었다.

311_ 후지와라노 시시(藤原苡子, 1076-1103). 73대 호리카와 천황의 뇨고女御로 74대 도바 천황의 생모다. 부친은 후지와라노 사네스에이다.

312_ 『이마카가미今鏡』에 의하면 호안 원년(1120) 2월 22일에 관백을 사임하였다고 한다.

313_ 후지와라노 다다미치(藤原忠通, 1097-1164). 섭정·관백·태정대신 후지와라노 다다자네의 장남으로 친모는 미나모토노 아키후사源顯房의 딸 시시師子다. 본서의 저자 지엔慈圓의 친부이기도 하다. 가조嘉承 2년(1107)에 시라카와 상황의 유시(猶子, 양자와 달리 법적인 관계가 아닌 후견인)가 된다. 호안保安 2년(1121)에 관백을 사임한 아버지를 대신하여 25세에 도바 천황의 관백으로 임명된다. 그 후에도 3대 천황 37년간 오랜 세월에 걸쳐 관백을 역임하였다. 후사를 이을 아들을 얻지 못해 동생인 요리나가賴長를 양자로 삼았으나 후에 아들이 연이어 태어나자 친자에게 섭관가를 상속시키기 위해 요리나가를 파양한다. 그런데 친부 다다자네가 요리나가를 더 총애하면서 다다자네와 요리미치, 다다미치의 관계가 악화되었고 이러한 일련의 사정이 호겐의 난의 동인으로 작용했다. 와카를 즐겨 하여 종래의 섭관가에서는 드물게 사적인 가단歌壇을 형성하였으며 우타아와세歌合를 빈번히 개최하였다. 만년에 홋쇼지法性寺의 별장에서 지냈다고 하여 홋쇼지 관백으로 불린다. 호겐 3년(1158)에 섭관직을 아들 모토자네基實에게 넘겨주고 출가하였다. 그 자손은 고노에近衛와 구조九條 가문으로 나누어졌고 다시 다섯 섭관가로 분파되었다.

사癸巳년으로 7월 12일에 시작되었다. 겐에이元永는 2년간 지속되었다. 원년은 무술戊戌년으로 4월 3일에 시작되었다. 호안保安은 4년간 지속되었다. 원년은 경자庚子년으로 4월 10일에 시작되었다.

천태좌주 법인法印 겐젠賢暹[314] 교오보教王房라고도 한다. 덴닌 2년(1110) 2월 20일에 천황의 명이 있었다. 당시 81세. 총본산을 다스린 것은 1년이다. 덴에이 3년(1112) 12월 23일에 입적하였다. 향년 85세.

권대승도權大僧都 닌고仁豪[315] 권승정權僧正을 역임하였고 난쇼보南勝房라고도 한다. 덴닌 3년(1111) 5월 12일에 천황의 명이 있었다. 당시 60세. 총본산을 다스린 것은 11년이다. 호안 2년(1121) 10월 4일에 입적하였다. 향년 72세. 호안 원년(1120) 6월에[316] 미이데라가 두 번째로 불에 탔다.

권승정權僧正 간케이寬慶[317] 다이조보大乘房라고도 한다. 호안 2년(1121) 10월 6일에 천황의 명이 있었다. 당시 78세. 총본산을 다스린 것은 2년이다.

이 치세 때 사이쇼지最勝寺[318]가 건립되었다. 처음으로 양부 관정兩部灌頂[319]을 손쇼지尊勝寺에서 행했다고 한다.

닌페이仁平 2년(1152)[320]에 도바 상황의 50세 축하연이 있었다.

구마노熊野 참배에 우대신 나카노인中院[321]과 좌대신 하나조노花

314_ 겐젠(賢暹, ?-?). 미나모토노 노부요리源信頼의 아들로 제41대 천태좌주이다.

315_ 닌고(仁豪, 1051-1121). 내대신 후지와라노 요시나가藤原能長의 다섯째 아들로 제42대 천태좌주이다. 에이큐 원년(1113)에 기요미즈데라清水寺를 둘러싸고 고후쿠지興福寺와의 싸움으로 좌주직을 사임하려 했으나 이루지 못하였다. 엔랴쿠지延曆寺 승들의 호소에 의해 권승정에 임명되나 이때 승정이 그를 포함해 네 명이나 되는 미증유의 사태가 발생한다.

316_ 『역대황기』에는 호안 2년(1121) 윤5월 3일로 기록되어 있다.

317_ 간케이(寬慶, ?-1123). 우대신 후지와라노 도시이에藤原俊家의 아들로 제43대 천태좌주이다.

318_ 지금의 교토시 히가시야마東山 구 오카자키岡崎 부근에 황실의 염원에 의해 건립된 여섯 개의 사찰 중의 하나로 도바 천황에 의해 1118년에 건립되었다. 오닌應仁의 난 후 폐쇄되었다.

319_ 양부는 금강계金剛界와 태장계胎藏界를 의미한다.

320_ 『이마카가미』는 닌페이 2년 3월 7일에 축하연이 있었다고 기록하고 있다.

321_ 미나모토노 마사사다(源雅定, 1094-1162). 어려서부터 가무에 능했고 학식도

園[322]가 동행하였다. 우대신에게는 곤주胡飮酒[323]를 추게 하였고 도바 상황은 피리를 불고 좌대신은 생황笙簧을 불었는데 그 모습이 이루 말할 수 없을 정도였다고 한다. 미나모토노 스케카타源資賢[324]는 북을 쳤다고 한다.

제75대 스토쿠崇德 천황[325]

재위 18년.

이름은 아키히토顯仁이며 호안 4년(1123) 정월 28일에 즉위하였다. 당시 5세. 동궁 책봉은 없었다. 에이지永治 원년(1141) 12월 7일에 양위하였다. 도바인의 첫째 아들로 다이지大治 4년(1129) 정월 1일에 성인식을 올렸다. 당시 11세. 모친은 다이켄몬인待賢門院 후지와라노 쇼시藤原璋子[326]다. 시라카와 상황의 양녀가 되었으나 본래는

뛰어났다고 한다. 가인歌人으로도 유명하다.

322_ 미나모토노 아리히토(源有仁, 1103-1147). 고산조 천황의 아들 스케히토輔仁 친왕과 미나모토노 모로타다源師忠의 딸 사이에서 태어났으며 하나조노花園 좌대신으로 불렸다. 친부 스케히토 친왕의 동궁 책봉을 저지한 데 대한 보상으로 시라카와 천황의 양자가 되었다. 1119년에 겐지源氏 성을 하사받았으며 권중납언, 내대신, 우대신직을 거쳐 1136년에 좌대신이 되었다. 『겐지모노가타리源氏物語』의 주인공 히카루 겐지光源氏에 비견될 만큼 용모와 재능, 기량이 뛰어난 풍류인이었다고 한다.

323_ 아악의 일종으로 술을 마시고 흥에 겨워 추었던 춤을 모방하여 만든 무곡舞曲이다. 닌묘 천황 때, 춤은 오오베노 마나와大戸眞縄, 음악은 오오베노 키요카미大戸清上가 만들었다고 전해진다.

324_ 미나모토노 스케카타(源資賢, 1113-1188). 미나모토노 아리카타源有賢의 아들로 시가, 관현에 능해 고시라가와인의 이마요今様 스승이었다. 가집으로 『스게카타슈資賢集』가 있다.

325_ 스토쿠 천황(崇德天皇, 1119-1164). 도바 천황의 첫째 황자. 모친은 다이켄몬인待賢門院 쇼시璋子. 도바 상황은 스토쿠 천황의 양위를 종용한 후 자신이 총애하던 비후쿠몬인美福門院의 아들 고노에近衛 천황을 즉위시켰고, 고노에 천황이 죽은 후에는 스토쿠 천황의 동생인 고시라카와 천황을 즉위시켰다. 이로 인해 스토쿠 천황은 불만을 품고 도바 상황이 사망한 후 후지와라노 요리나가藤原頼長와 함께 호겐의 난을 일으켰으나 결국 실패하고 사누키讚岐로 유배되었다.

대납언 후지와라노 긴자네藤原公實[327]의 딸이다.

전 관백 후지와라노 다다자네藤原忠實 호엔保延 6년(1140) 2월에 손수레를 타고 궐 안까지 들어오도록 허락받았다. 6월 5일에 삼궁三宮에 준하였다. 같은 해 10월 2일에 출가하였고 법명은 엔리圓理라 하였다. 당시 63세. 오호應保 2년(1162) 6월 18일에 입적하였다. 향년 85세.

섭정 태정대신 후지와라노 다다미치藤原忠通 후에 관백이 되었다. 다이지大治 3년(1128) 3월[328]에 태정대신으로 임명되었으나 4년(1129) 4월 10일에 사임하였다.

내대신 후지와라노 요리나가藤原賴長[329] 좌대장이었고 호엔 2년(1136) 12월에

326_ 후지와라노 쇼시(藤原璋子, 1101-1145). 다이켄몬인待賢門院이라 불린다. 도바 천황의 황후로 후지와라노 긴자네의 딸이며 스토쿠 천황과 고시라카와 천황의 모친이다. 시라카와 상황의 양녀로 총애를 받으며 자랐다. 시라카와 상황은 후지와라노 다다자네의 아들 다다미치와 쇼시를 혼인시키고자 했으나 다다자네가 반대하여 1117년에 도바 천황의 후궁으로 입궐시켰다. 이듬해 중궁이 되어 1119년에 스토쿠 천황을 낳았으나 스토쿠 천황은 본래 시라카와 상황의 아들이라는 소문이 무성했다. 1129년에 최대 비호자였던 시라카와 상황이 사망하자 다다자네의 딸 다이시泰子의 입궐과 후지와라노 도쿠시藤原得子, 즉 비후쿠몬인美福門院의 출현으로 도바 상황과의 관계가 악화되었다. 1141년에 도쿠시가 낳은 고노에 천황이 도바 상황의 획책으로 즉위하자 그 권세를 잃었다.

327_ 후지와라노 긴자네(藤原公實, 1101-1145). 대납언 후지와라노 사네스에藤原實季의 아들. 숙모가 시라카와 천황의 모친으로 시라카와 천황과는 사촌지간이었으며 여동생 또한 도바 천황의 모친으로 천황가와 인연이 깊었다. 승진을 거듭하여 권대납언 정이위에 이르렀으며, 도바 천황 즉위시에는 외척으로서 섭정이 되기를 희망했지만 뜻을 이루지 못했다. 어렸을 때부터 문학에 재능이 있었으며 가단에서 지도적인 역할을 하였다.

328_ 『주유키中右記』에는 다이지大治 3년(1128) 12월 17일로 기록되어 있다.

329_ 후지와라노 요리나가(藤原賴長, 1120-1156). 후지와라노 다다자네藤原忠實의 둘째 아들. 부친 다다자네의 총애를 받아 이복 형인 관백 다다미치를 누르고 후지와라 가문의 장자가 되어 내람을 허락받았다. 그러나 후에 도바 상황의 신임을 잃어 실각하게 된다. 이후 도바 상황에 의해 강제로 양위하게 된 스토쿠 상황과 연합하여 병력을 일으켜 정권 탈취를 도모하였다. 이로 인해 고시라카와 천황과 다다미치와는 대립하게 되었다. 호겐의 난으로 인해 호겐 원년(1156) 7월 14일에 사망했다. 인품이 엄격하여 악좌부惡左府라는 별명이 있었다.

내대신으로 임명되었다. 당시 17세.

덴지天治는 2년간 지속되었다. 원년은 갑진甲辰년으로 4월 3일에 시작되었다. 다이지大治는 5년간 지속되었다. 원년은 병오丙午년으로 정월 22일에 시작되었다.

시라카와 천황은 다이지 4년(1129) 7월 7일에 붕어하였다. 향년 77세.

덴쇼天承는 1년간 지속되었다. 원년은 신해辛亥년으로 정월 29일에 시작되었다. 조쇼長承는 3년간 지속되었다. 원년은 임자壬子년으로 8월 14일에 시작되었다. 호엔保延은 6년간 지속되었다. 원년은 을묘乙卯년으로 4월 27일에 시작되었다. 에이지는 1년간 지속되었다. 원년은 신유辛酉년으로 7월 28일에 시작되었다.

천태좌주 승정僧正 교손行尊[330] 미이데라三井寺의 뵤도인平等院이라고도 칭한다. 호안保安 4년(1123) 12월 18일에 천황의 명이 있었다. 당시 69세. 같은 달 23일에 임관 의례차 교토京都에 들렀다고 한다. 당일로 사퇴하였다.

법인法印 닌지쓰仁實[331] 니이二位라고도 하며 승정僧正을 역임하였다. 호안 4년(1123) 12월 30일에 천황의 명이 있었다. 당시 33세. 총본산을 다스린 것은 7년이다. 덴쇼 원년(1131) 6월 8일에 입적하였다. 향년 40세.

법인法印 권대승도權大僧都 주진忠尋[332] 법무대승정을 역임하였으며 다이지 5년(1130) 12월 29일에 천황의 명이 있었다. 당시 66세. 총본산을 다스린 것은 8년이다. 호엔 4년(1138) 10월 14일에 입적하였다. 향년 74세.

330_ 교손(行尊, 1055-1135). 부친은 참의 미나모토노 모토히라源基平다. 미이데라의 묘손明尊 밑에서 출가하였다. 호안 4년(1123)에 천태좌주가 되었으나 엔랴쿠지와 온조지園城寺의 대립으로 인해 6일 만에 사임하였다. 가인으로서도 유명하여 그의 작품이 『오구라 백인일수小倉百人一首』에도 수록되어 있다.

331_ 닌지쓰(仁實, 1091-1131). 후지와라노 긴자네의 둘째 아들이다. 히에이잔의 닌가쿠仁覺, 닌겐仁源에게서 사사했다. 호안 4년(1123)에 33세로 천태좌주가 되었는데 이는 40세 이하로 천태좌주가 된 첫 예라고 한다.

332_ 주진(忠尋, 1065-1138). 부친은 도사土佐 지방 수령관을 역임한 미나모토노 다다스에源忠季이다. 히에이잔의 가쿠진覺尋에게서 사사했다.

대승정大僧正 가쿠유覺猷[333] 도바승정鳥羽僧正이라고도 하며 법무法務를 역임하였다. 호엔 4년(1138) 10월 28일에 천황의 명이 있었다. 당시 86세.

법무 권승정法務權僧正 교겐行玄[334] 대승정을 역임하였다. 호엔 4년(1138) 10월 29일에 천황의 명이 있었다. 당시 42세. 총본산을 다스린 것은 18년이다. 구주久壽 2년(1155) 11월 5일에 입적하였다. 향년 59세.

호엔 6년(1140) 4월 14일에 미이데라가 세 번째로 불에 탔다. 에이지永治 원년(1141) 12월 7일, 스토쿠 천황의 양위 후, 모든 것이 도바鳥羽 상황 마음대로 된 것은 아닌 것 같다. 시라카와白河 상황 붕어 후의 일은 다른 권에 자세히 있다. 스토쿠 천황 재위시 조쇼지成勝寺를 건립하였다.

제76대 고노에近衛 천황[335]

재위 14년.

이름은 나리히토體仁이며 에이지永治 원년(1141) 12월 7일에 즉위하였다. 당시 3세. 호엔保延 5년(1139) 8월 17일에 동궁으로 책봉되었다. 당시 1세. 도바 천황의 여덟째 아들로 규안九安 6년(1150) 정월 4일에 성인식을 올렸다. 당시 12세. 홋쇼지法性寺 후지와라노 다다미치藤原忠通가 가관加冠[336]하고 우지宇治 좌부左府 후지와라노 요리

333_ 가쿠유(覺猷, 1053-1140). 부친은 미나모토노 다카쿠니源隆國다. 온조지園城寺에서 천태불교와 밀교를 공부했다. 회화에도 정통하여 『조수인물희화鳥獸人物戲畫』의 작자라는 설도 있다.

334_ 교겐(行玄, 1097-1155). 부친은 후지와라노 모로자네藤原師實다. 히에이잔에서 출가하였다. 호엔 원년(1135)에 중궁의 병을 치유하기 위한 기도회를 열어 그 포상으로 법무에 임명되었다. 호엔 4년(1138) 천태좌주가 되었으며 도바 상황의 귀의를 도와 대승정으로 승진하였다. 제자에 도바 상황의 황자인 가쿠카이覺快 법친왕이 있다.

335_ 고노에 천황(近衛天皇, 1139-1155). 도바 상황의 아홉 번째 황자로 이복형제인 스토쿠 천황이 양위하자 3세에 즉위하였다. 부친 도바 상황이 고노에 천황의 재위 중 원정院政을 행하였다. 1155년에 17세의 나이로 요절하였다.

나가藤原賴長가 이발理髪[337]하였다고 한다. 능관能冠[338]은 권우중변權右中辯 후지와라노 미쓰요리藤原光賴[339]가 맡았다고 한다. 모친은 비후쿠몬인美福門院 도쿠시得子[340]로서 추증 좌대신 중납언 후지와라노 나가자네藤原長實[341]의 딸이다. 규안 2년(1146) 7월 23일에 붕어하였다. 향년 17세.

섭정 후지와라노 다다미치藤原忠通 후에 관백이 되었다. 규안 6년(1110) 9월 26일에 후지와라 가문의 장자에서 내려왔다. 12월 9일에 관백이 되었다.

336_ 성인식을 올리고 처음으로 관을 쓰는 것, 혹은 그 의식을 말한다. 천황의 성인식 때는 태정대신 등 최상위의 자가 가관을 수행한다.

337_ 성인식을 올릴 때 가관 후 두발을 정돈하는 것, 혹은 그 역할을 맡은 사람을 말한다. 천황의 성인식 때는 가관 역할을 맡은 사람보다 한 단계 아래의 사람을 임명하여 거행한다.

338_ 천황의 성인식 때만 능관을 두었으며 두발을 묶어 그 끝을 자르는 등 가관, 이발의 보조역할을 하였다.

339_ 후지와라노 미쓰요리(藤原光賴, 1124-1173). 헤이안 후기 귀족. 시라카와 천황의 관료로서 권세를 누렸던 후지와라노 아키타카藤原顯隆의 자손이다. 참의를 거쳐 권대납언에 올랐으나 조칸長寬 2년(1164)에 출가하였고 법명은 고젠光然이다. 유능한 실무 관료였으며 당시의 귀족으로서는 드물게 힘이 세고 성격이 강직하였다는 기록과 설화가 전하여진다. 가인歌人이기도 하다.

340_ 비후쿠몬인(美福門院, 1117-1160). 이름은 도쿠시得子로 도바 천황의 황후다. 후지와라노 나가자네藤原長實의 차녀이며 모친은 미나모토노 도시후사源俊房의 딸 호시方子다. 도바 천황의 총애를 받아 자식인 나리히토 친왕, 후의 고노에 천황을 3세에 즉위시켰다. 고노에 천황이 요절하자 스토쿠 상황의 황자 시게히토重仁 친왕을 물리치고 고시라카와 상황을 즉위시킴으로써 호겐의 난을 야기하였다.

341_ 후지와라노 나가자네(藤原長實, 1075-1133). 후지와라노 아키스에藤原顯季와 후지와라노 쓰네히라藤原經平의 딸 사이에서 태어났다. 아버지 아키스에가 시라카와 상황의 근신近臣이었던 이유로 나가자네 역시 시라카와 상황의 총애를 받았다. 10대 전반기부터 시라카와 상황의 원사院司가 되어 아버지 아키스에처럼 상황의 근신으로서 활약했다. 도바 상황으로부터도 신임을 얻어 도바 상황의 벳토로 임명되었으며 관위의 승진이 매우 빨랐고 다이지 5년(1130)에 권중납언으로 임명되었을 때에는 세상의 주목을 받았다. 딸 도쿠시, 즉 비후쿠몬인은 도바 상황의 총애를 받아 고노에 천황을 낳았다. 아키스에를 중심으로 하는 가단歌壇에서도 맹활약하여 『긴요와카슈金葉和歌集』를 비롯한 칙찬집에 노래 20수를 실었다.

태정대신 **후지와라노 사네유키**藤原實行[342] 후지와라노 긴자네藤原公實의 둘째 아들로 규안 5년(1109) 8월 27일에 우대신으로 임명되었다. 당시 70세. 규안 6년(1110) 8월 21일에 태정대신으로 임명되었다.

좌대신 **후지와라노 요리나가**藤原賴長 규안 5년(1109) 7월 28일에 좌대신으로 임명되었다. 당시 30세. 규안 6년(1110) 9월 26일에 후지와라 가문 장자의 표식[343]을 받고 규안 7년(1111) 정월 10일에 내람의 명을 받았다.

미나모토노 아리히토源有仁 스케히토 친왕輔仁親王[344]의 아들로 우대장에서 후에 좌대장이 된다. 호안保安 3년(1122) 12월 17일에 내대신으로 임명되었다. 덴에이天永 원년(1110)[345] 12월 22일에 우대신으로 임명되었다. 호엔保延 6년(1140) 12월 9일에 좌대신이 되었다. 규안 3년(1147) 2월 3일에 출가하였다. 당시 45세. 같은 달 13일에 사망하였다.

고지康治는 2년간 지속되었다. 원년은 임술壬戌년으로 4월 28일에 시작되었다. 덴요天養는 1년간 지속되었다. 원년은 갑자甲子년으

342_ 후지와라노 사네유키(藤原實行, 1080-1162). 헤이안 시대 후기의 귀족으로서 권대납언權大納言 후지와라노 긴자네藤原公實의 아들이다. 모친은 미노美濃 수령 후지와라노 모토사다藤原基貞의 딸이다. 하치조八條 태정대신으로 불린다. 참의, 권중납언, 권대납언을 거쳐 규안久安 5년(1149)에 우대신, 규안 6년(1150)에 태정대신이 되었다.

343_ 후지와라노 후유쓰구藤原冬嗣 때부터 대신 혹은 섭관이 된 후지와라 가문의 장자는 붉은 책으로 칠한 기구와 탁자, 일명 주기대반朱器台盤이라는 보물을 이어 받았다.

344_ 스케히토 친왕(輔仁親王, 1073-1119). 고산조 천황의 셋째 황자. 모친은 미나모토노 모토히라源基平의 딸 기시基子. 조부모 요메이몬인陽明門院에 의해 양육되었다. 고산조 천황이 재위 4년 만에 첫째 황자 사다히토貞仁 친왕에게 양위함으로써 둘째 황자 사네히토實仁 친왕이 황태자로 책봉되었다. 고산조 천황은 스케히토 친왕에게 차기 황위를 계승하도록 유언하였으나 1085년 사네히토 친왕이 사망하자 이듬해 시라카와 천황은 자신의 아들인 요시히토善仁 친왕(후의 호리카와 천황)을 동궁으로 책봉한 후 양위하였다. 호리카와 천황의 후사가 없자 스케히토 친왕은 세력을 결집하여 시라카와 원정을 압박하였으나 1113년 친왕의 호지승 닌칸仁寬이 주모자가 된 도바 천황 암살 음모사건이 발각되면서 완전히 실각했다.

345_ 각종 기록에 의하면 덴쇼 원년의 오기인 것으로 추정된다.

로 2월 22일에 시작되었다. 규안은 6년간 지속되었다. 원년은 을축乙丑년으로 7월 22일에 시작되었다. 닌페이仁平는 3년간 지속되었다. 원년은 신미辛未년으로 정월 26일에 시작되었다. 규주久壽는 2년간 지속되었다. 원년은 갑술甲戌년으로 10월 28일에 시작되었다. 고노에 천황은 규주 2년(1155) 7월 26일에 붕어하였다.

이 치세 때 엔쇼지延勝寺를 세웠다. 이 후 대대로 이와 같은 대가람伽藍[346] 고간지御願寺[347]가 있다고 들어보지 못했다. 5대의 치세에 걸쳐 오승사五勝寺를 건립하였는데 다이켄몬인待賢門의 엔쇼지員勝寺를 더하여 로쿠쇼지六勝寺[348]라 한다.

이 치세 때 도바인이 정무를 행하여 좌대신 후지와라노 요리나가藤原頼長공이 내람의 명을 받는 등 일련의 사건이 일어나 큰 내란의 조짐이 있었던 것 같다. 이후의 일은 다른 권에서 상세히 적겠다.

제77대 고시라카와後白河 천황[349]

재위 3년.

이름은 마사히토雅仁이며 규주久壽 2년(1155) 7월 22일 기사己巳

346_ 승려들이 거주하며 불도를 수행하는 청정한 장소를 말한다.

347_ 천황 및 황후, 왕자 등의 발원發願으로 세워진 절을 말한다.

348_ 리쿠쇼지라고도 하며 헤이안시대 말기 교토의 시라카와白河에 세워진 홋쇼지法勝寺, 손쇼지尊勝寺, 사이쇼지最勝寺, 엔쇼지圓勝寺, 세이쇼지成勝寺, 엔쇼지延勝寺의 여섯 사찰을 말한다. 각각 시라카와 천황, 호리카와 천황, 도바 천황, 다이켄몬인, 스토쿠 천황, 고노에 천황의 고간지御願寺다.

349_ 고시라카와 천황(後白河天皇, 1127-1192). 도바 천황과 다이켄몬인 사이에 태어난 네 번째 황자로 즉위한(1155) 이듬해에 호겐의 난이 일어났다. 3년여 만에 양위하고 니조二條, 로쿠조六條, 다카쿠라高倉, 안토쿠安德, 고토바後鳥羽 천황이 재위하는 동안 다이라노 기요모리平清盛에 의해 중단되기도 했으나 30여 년에 걸쳐 원정 정치를 행했다. 호겐의 난과 헤이지平治의 난 후에 미나모토源 씨와 다이라平 씨의 대립을 교묘하게 이용하여 왕조 권력을 유지했다.

날에 즉위하였다. 당시 29세. 동궁으로 책봉되지 않았다. 호겐保元 3년(1158) 8월 11일에 양위하였다. 당시 32세. 도바 천황의 넷째 아들로서 호엔保延 5년(1139) 12월 27일에 성인식을 올렸다. 당시 13세. 모친은 스토쿠 천황과 같다.[350]

관백 후지와라노 다다미치藤原忠通 호겐 원년(1156) 7월 11일에 다시 후지와라 가문의 장자가 되었다.[351] 오호應保 2년 6월 8일에 출가하였다. 당시 66세. 조칸長寬 2년(1164) 2월 19일에 사망하였다. 향년 68세.

태정대신 후지와라노 사네유키藤原實行 호겐 원년(1156) 8월 9일에 태정대신을 사퇴하였다.

좌대신 후지와라노 요리나가藤原賴長 내람의 명을 받았으며 후지와라 가문의 장자다. 호겐 원년(1156) 7월 11일에 관군官軍과 싸워 같은 달 16일에 사망하였다. 향년 37세.

호겐保元은 3년간 지속되었다. 원년은 병자丙子년으로 4월 24일에 시작되었다. 도바 천황은 호겐 원년(1156) 7월 2일에 붕어하였다. 향년 54세.

천태좌주 권승정權僧正 사이운最雲[352] 무품無品[353] 친왕이다. 본래 법인法印[354]으로 규주 3년(1156) 3월 30일에 천황의 명이 있었다. 당시 52세. 총본산을 다스린 것은 6년이다. 오호 2년(1162) 2월 16일에 입적하였다.

350_ 스토쿠 천황과 고시라카와 천황의 모친은 다이켄몬인으로, 도바 천황의 황후이며 후지와라노 긴자네藤原公實의 딸이다.

351_ 『구교부닌公卿補任』에 의하면 후지와라노 다다미치는 도바 상황의 신임을 받아 호겐의 난으로 후지와라노 요리나가藤原賴長가 죽게 되자 후지와라 가문의 장자가 되었다.

352_ 사이운 법친왕(最雲法親王, 1104-1162). 호리카와 천황의 황자로 제49대 천태좌주다. 호겐 3년(1158) 천태종에서는 처음으로 법친왕이 되었다.

353_ 친왕親王 또는 내친왕內親王 중에 신분의 서열 및 등급이 없는 경우를 말한다.

354_ 법인대화상위法印大和尙位의 약어로 승려의 위계 중 최상위를 말하며 승강僧綱의 승정僧正에 해당된다.

고시라카와 천황은 가오嘉應 원년(1169) 6월에 출가하였다. 당시 42세. 법명法名은 교신行眞이며 겐큐建久 3년(1192) 3월 13일에 붕어하였다. 향년 66세.

이 치세 때 홋쇼지法住寺에 천수관음상 일천 체體를 안치하도록 발원하였고 고간지御願寺로서 렌게오인蓮花王院이라 불리는 당堂을 건립하였다. 이곳에서 어가수閼伽水[355]가 솟는 영험이 있었다고 한다. 이 치세는 오로지 난세의 연속이었는데 상세한 것은 다른 권에 적겠다.

고시라카와 천황의 일신一身은 아사리阿闍梨의 승위僧位에 올랐고 마침내 입단入壇하여 관정灌頂 의식을 거행하였다. 스승은 고켄公顯[356] 대승정이었으며 지쇼智證 대사의 법통法統을 이었다.

제78대 니조二條 천황[357]

재위 7년.

이름은 모리히토守仁이며 호겐 3년(1158) 8월 12일에 즉위하였다. 당시 16세. 호겐 원년(1156) 9월 23일에 동궁으로 책봉되었다. 당시 13세. 고시라카와 천황의 첫째 아들로 규주 2년(1155) 12월 9일에 성인식을 올렸다. 모친은 뇨고 후지와라노 이시藤原懿子[358]로 대

355_ 부처에게 올리는 깨끗한 물을 말한다.

356_ 고켄(公顯, 1110-1193). 겐큐建久 원년(1190) 천태좌주가 되었으나 엔랴쿠지延曆寺측의 항의로 사임하였다. 1193년 84세로 입적하였으며 호는 혼카쿠보本覺房라고 한다.

357_ 니조 천황(二條天皇, 1143-1165). 고시라카와 천황의 첫째 황자로 모친은 후지와라노 이시藤原懿子다. 승적에 있었으나 부친이 왕위를 이으면서 환속하여 동궁으로 책봉된 후 1158년에 즉위하였다. 즉위한 이듬해에 헤이지의 난이 일어나 다이라노 기요모리平淸盛의 세력이 강화되었다. 부친 고시라카와 상황의 원정하에서 정치의 주도권을 잡으려 하였으나 뜻을 이루지 못했다.

358_ 후지와라노 이시(藤原懿子, 1116-1143). 고시라카와 천황의 비妃로 후지와라노 쓰네자네藤原經實와 후지와라노 긴자네藤原公實의 딸 사이에서 태어났다. 좌대신

납언大納言 후지와라노 쓰네자네藤原經實[359]의 딸이다.

관백 좌대신 후지와라노 모토자네藤原基實[360] 고시라카와 천황이 양위하는 날에 관백의 명을 받았다. 당시 16세. 헤이지平治 원년(1159) 8월 11일에 좌대신으로 임명되었다. 조칸長寬 2년(1164) 윤10월 17일에 좌대신을 사임하였다.

헤이지는 1년간 지속되었다. 원년은 기묘己卯년으로 4월 20일에 시작되었다. 에이랴쿠永曆는 1년간 지속되었다. 원년은 경진庚辰년으로 정월 10일에 시작되었다. 오호應保는 2년간 지속되었다. 원년은 신사辛巳년으로 9월 4일에 시작되었다.

오호 2년(1162) 6월 18일에 지소쿠인知足院 후지와라노 다다자네藤原忠實가 사망하였다.

조칸은 2년간 지속되었다. 원년은 계미癸未년으로 3월 29일에 시작되었다.

조칸 2년(1164) 2월 19일에 홋쇼지 뉴도法勝寺入道 후지와라노 다다미치藤原忠通가 사망하였다. 향년 68세.

스토쿠 천황은 조칸 2년(1164) 8월 26일에 붕어하였다. 향년

미나모토노 아리히토源有仁의 양녀로 고시라카와 천황이 친왕이었을 때 친왕의 비가 되어 아들 니조 천황을 낳았다. 출산 후 곧 사망하여 추증 황태후가 되었다.

359_ 후지와라노 쓰네자네(藤原經實, 1068-1131). 섭정 후지와라노 모로자네의 셋째 아들로 니조 천황의 외조부다. 추증 태정대신으로 죽고 난 후에 딸 이시懿子가 니조 천황의 생모가 되면서 집안이 번창하여 적자인 쓰네무네經宗는 좌대신에 올랐고 그 자손은 섭관가의 뒤를 잇는 세이가케清華家 중 하나인 오이미카도케大炊御門家로 크게 발전하였다.

360_ 후지와라노 모토자네(藤原基實, 1143-1166). 섭정 관백 후지와라노 다다미치藤原忠通의 적자로 모친은 미나모토노 구니노부源國信의 딸 신시信子. 후지와라노 미치나가의 아들 요리미치와 비견될 만큼 빠르게 출세하여 16세라는 젊은 나이에 부친 다다미치의 뒤를 이어 관백과 후지와라 가문의 장자가 되었다. 1164년에 다이라노 기요모리平清盛가 섭관가와 제휴하기 위해 모토자네와 자신의 딸 세이시盛子를 혼인시킴으로써 모토자네를 사위로 삼았으나 모토자네는 1166년에 24세의 나이로 요절하였다. 고노에近衛 가문의 원조이며 로쿠조도노六條殿, 나카도노中殿로 불린다.

46세.

에이만永萬은 1년간 지속되었다. 원년은 을유乙酉년으로 6월 5일에 시작되었다.

니조 천황은 에이만 원년(1165) 7월 22일에 붕어하였다. 향년 22세. 같은 해 6월에 양위하였다.

천태좌주 권승정 가쿠추覺忠[361] 미이데라에서 수학했으며 하세長谷 대승정이라고도 한다. 법무대승정을 역임하였으며 오호應保 2년(1162) 2월 30일에 천황의 명이 있었다. 당시 45세.

권승정 주유重愉[362] 젠치보禪智房라고도 하며 오호 2년(1162) 윤2월 3일에 천황의 명이 있었다. 당시 68세. 총본산을 다스린 것은 1년이다. 조칸長寬 2년(1164) 정월 12일에 입적하였다.

권승정 가이슈快修[363] 고혼카쿠인後本覺院이라고도 하며 법무대승정을 역임하였다. 같은 해 5월 29일에 천황의 명이 있었다. 당시 65세. 총본산을 다스린 것은 2년이다. 오호 3년(1163) 9월 2일에 미이데라가 네 번째로 불에 탔다.

권승정 슌엔俊圓[364] 조칸 2년(1164) 윤10월 13일에 천황의 명이 있었다. 당시 56세. 총본산을 다스린 것은 2년이다. 닌안仁安 원년(1166) 8월 28일에 입적하였다.

361_ 가쿠추(覺忠, 1118-1177). 후지와라노 다다미치의 아들로서 제50대 천태좌주로 임명되었으나 삼일 만에 물러나게 된다. 고시라카와 천황의 출가를 도왔으며 후에 대승정의 자리에 오른다. 가인으로서도 이름이 알려져 있으며 『센자이와카집千載和歌集』에도 12수의 노래를 남겼다.

362_ 주유(重愉, ?-?). 제51대 천태좌주로 후지와라노 시게타카藤原重隆의 아들이다.

363_ 가이슈(快修, ?-?) 제52대와 54대 천태좌주이다.

364_ 슌엔(俊圓, 1107-1166). 제53대 천태좌주로 미나모토노 도시후사源俊房의 아들이다.

제79대 로쿠조六條 천황[365]

재위 3년.

이름은 노부히토順仁이며 에이만永萬 원년(1165) 6월 25일에 즉위하였다. 닌안仁安 3년(1167)에 양위하였다. 당시 4세. 안겐安元 2년(1176) 7월 19일에 붕어하였다. 향년 13세. 끝내 성인식을 올리지 못했다. 니조 천황의 아들이었다. 모친은 정확하지 않다. 달리 말하기를 중궁 이쿠시育子[366]라고도 한다. 우대신 후지와라 긴요시藤原公能[367]의 딸이라고도 한다. 중궁의 아들 자격으로 즉위하였다. 내밀하게는 오쿠라 다이후大藏大輔 이키 무네토伊岐宗遠의 딸이라고 한다.

섭정 후지와라노 모토자네藤原基實 에이만永萬 2년(1166) 7월 26일에 사망하였다. 향년 24세.

후지와라노 모토후사藤原基房[368] 에이만 2년(1166) 7월 27일에 섭정이 되었다. 같은 해 11월 4일에 좌대신을 사임하였다.

태정대신 후지와라노 고레미치藤原伊通[369] 조칸長寬 3년(1165) 2월 모일에

365_ 로쿠조 천황(六條天皇, 1164-1176). 니조 천황의 둘째 황자로 두 살의 나이에 천황에 올랐다. 재위 중에 고시라카와 상황이 원정을 하였으며 천황 지지파를 두려워한 상황은 자신의 아들을 천황의 자리에 올리고 로쿠조 천황을 태상 천황으로 만들었다.

366_ 후지와라노 이쿠시(藤原育子, 1146-1173). 니조 천황의 황후로서 도쿠다이지 사네요시의 딸德大寺實能로 후지와라노 다다미치의 양녀가 되었다. 자손이 없으나 로쿠조 천황을 양육하였다.

367_ 후지와라노 긴요시(藤原公能, 1115-1161). 1120년에 처음 서품을 받고 권중납언 등을 거쳐 우대신이 되나 이듬 해 47세의 나이로 세상을 떠나고 만다. 관현과 와카에 능한 것으로 알려져 있다.

368_ 후지와라노 모토후사(藤原基房, 1145-1230). 후지와라노 다다미치의 아들로 1166년에 형 모토자네의 뒤를 이어 섭정이 된다. 다이라노 기요모리에 의해 관백직을 사임하고 히젠肥前 지방으로 유배를 가게 된다. 출가한 후 미나모토노 요시나카源義仲의 힘을 빌어 아들 모로이에師家를 섭정으로 만들지만 요시나카의 세력이 약해지자 권력에서 멀어지게 된다.

369_ 후지와라노 고레미치(藤原伊通, 1093-1165). 니조 천황 시대에 태정대신이 되

병환으로 사퇴하여 같은 달 11일에 출가하였다. 당시 73세. 15일에 사망하였다.

다이라노 기요모리平清盛[370] 형부경刑部卿 다이라노 다다모리平忠盛[371]의 장남으로 에이만 2년(1166) 11월 11일에 내대신으로 임명되었다. 닌안 2년(1167) 2월 11일에 태정대신으로 임명되었다. 같은 해 모월 모일에 사임하였다.

좌대신 후지와라노 쓰네무네藤原經宗[372] 에이만 2년(1166) 11월 11일에 임명하였다.

었으며 조정의 모습을 그린 『대괴비초大槐秘抄』를 저술하여 헌상한 사실은 유명하다. 니조 천황은 고레미치를 중용하였으며 고시라카와 상황과 대립하였다. 일기 『구조쇼코쿠키九條相國記』를 남겼다.

370_ 다이라노 기요모리(平清盛, 1118-1181). 다이라노 다다모리平忠盛의 장남으로 시라카와 천황의 숨겨진 아들이라는 설도 있다. 지방 수령의 가문에서 축적한 재력과 정치력을 배경으로 정계에 진출하여 호겐의 난 때 고시라카와 천황의 신임을 얻고 헤이지의 난 때 겐지源氏 세력을 소탕함으로써 고시라카와 상황과 니조 천황의 신임을 얻어 무관으로는 최초로 태정대신 종일위까지 승진하였다. 군사전문가로서 정치 권력을 장악하였고 딸 도쿠시를 다카쿠라 천황에게 입궐시킴으로써 다이라平 정권의 기반을 다졌다. 시시가타니鹿ヶ谷 사건을 계기로 고시라카와 상황과 대립이 깊어져 1179년에 상황을 유폐시키고 손자인 안토쿠 천황을 내세워 정권을 완전히 장악했다. 사원 세력, 모치히토오以仁王와 겐지 세력이 다이라 가문 타도를 위해 거병하는 와중에 사망했다. 헤이쇼코쿠平相國, 로쿠하라도노六波羅殿로 불리기도 한다.

371_ 다이라노 다다모리(平忠盛, 1096-1153). 다이라노 마사노리平正盛의 장남으로 시라카와 천황과 도바 천황의 원정院政 시대에 군사력의 중심이 되어 활약하였다. 무사로서 명성이 높았으며 여러 지방의 수령으로서 세력을 확대하며 경제력을 구축했다. 도바 상황을 위해 도쿠조주인得長壽院을 조영하였으며 그 공을 인정받아 궐에서의 승전昇殿을 허락받았으며 형부경刑部卿까지 승진함으로써 다이라 가문의 기반을 닦았다.

372_ 후지와라노 쓰네무네(藤原經宗, 1119-1189). 헤이안 말기의 귀족이자 니조 천황의 외척. 1158년 8월에 니조 천황이 즉위하면서 정계는 고시라카와 상황을 위시한 원정院政파와 친정親政파로 분리된다. 친정파의 입장에 선 쓰네무네는 헤이지의 난 이후 체포되어 고시라카와 상황 앞에서 고문을 받고 직위에서 해제된 후 유배를 당하게 된다. 이후 니조 천황의 친정시대가 열리자 복귀되어 1164년에 우대신의 직위에 올랐다. 니조 천황 붕어 후 다시 친정파는 와해되고 고시라카와 상황이 다이라노 기요모리의 협력에 의해 원정을 재개하면서 기요모리는 내대신, 쓰네무네는 좌대신의 자리에 오르며 신임을 받게 된다. 정치에도 능했으나 와카에서도 재능을 보였다고 한다.

우대신 후지와라노 가네자네藤原兼實[373] 같은 날 임명하였으며 호위무관을 하사하였다.

내대신 후지와라노 다다마사藤原忠雅[374] 우대장을 역임하였으며 후지와라노 이에타다藤原家忠의 손자이자 중납언 후지와라노 다다무네藤原忠宗[375]의 아들이다. 닌안 2년(1167) 2월 21일에 임명되었다.

닌안仁安은 3년간 지속되었다. 원년은 병술丙戌년으로 8월 26일에 시작되었다.

천태좌주 승정 가이슈快修 물러났던 이를 다시 임명한 첫 번째 사례다. 닌안 원년(1166) 9월 2일에 천황의 명이 있었다. 총본산을 다스린 것은 1년이다. 조안承安 2년(1172) 6월 12일에 입적하였다. 사직한 후 6년이 지난 때였다.

법인法印 묘운明雲[376] 법무대승정을 역임하였으며 닌안 2년(1167) 2월 15일에

373_ 후지와라노 가네자네(藤原兼實, 1149-1207). 후지와라노 다다미치藤原忠通의 셋째 아들로 직위는 우대신에 그쳤다. 다이라 가문과의 접촉을 무척 경계했으며 결국 다이라 가문 멸망 후 요리토모의 지지를 얻어 섭정이 되었다. 이후 요리토모와 굳건한 관계를 유지하지만 고토바後鳥羽 천황에게 입궐시킨 딸에게 후손이 없자 외척정치의 꿈을 접는다. 미나모토노 미치치카源通親와의 다툼에서 밀려나 정계를 떠났으며 일기 『옥엽玉葉』을 남겼다.

374_ 후지와라노 다다마사(藤原忠雅, 1124-1193). 후지와라 가문의 홋케北家 후지와라노 다다무네藤原忠宗의 차남으로 어렸을 때 친부를 여의고 숙부 후지와라노 이에나리藤原家成에게 입양되어 성장하였다. 19세의 나이에 종삼위에 서품되었으며 여러 지방의 수령을 거쳤다. 다이라노 기요모리의 딸과 자신의 아들 가네마사兼雅의 혼인을 성사시킨 후 기요모리가 태정대신이 되면서 내대신으로 승진하였다. 기요모리가 태정대신직을 사임한 후 그 후임으로 태정대신에 올라 종일위로 서품되었다.

375_ 후지와라노 다다무네(藤原忠宗, 1087-1133) 좌대신 후지와라노 이에타다藤原家忠의 장남으로 종삼위 권중납언의 지위에 올랐다. 장래가 촉망되었으나 아버지보다 먼저 세상을 떠났다.

376_ 묘운(明雲, 1115-1184). 미나모토노 아키미치源顯通의 둘째 아들로 히에이잔에서 밀교를 배웠으며 1166년에는 승정으로 임명되었고 이듬해 천태좌주에 취임하였다. 지쇼治承 원년(1177)에 엔랴쿠지의 말사末寺인 시라야마白山와 가가국加賀國 수령 사이에서 일어난 분쟁에 대한 책임으로 천태좌주직을 사임하고 이즈伊豆로 유배당했다가 히에이잔으로 귀환했다. 지쇼治承 3년(1179)에 이른바 '지쇼 3년의 정변'으로 원정院政이 정지되자 다시 천태좌주직에 재임된

천황의 명이 있었다. 당시 52세. 총본산을 다스린 것은 10년이다. 안겐安元 3년(1177) 5월 모일에 유배되었다. 세타勢多에서 산문파 무리가 유배지로 가는 묘운을 억류한 후 데리고 산으로 올라가 버렸다.

제80대 다카쿠라高倉 천황[377]

재위 12년.

이름은 노리히토憲仁이며 닌안 3년(1168) 2월 19일에 즉위하였다. 당시 8세. 닌안 2년(1167) 11월 7일에 동궁으로 책봉되었다. 당시 7세. 고시라카와 천황의 다섯째 아들로 가오嘉應 3년(1171) 정월 3일에 성인식을 올렸다. 당시 11세. 지쇼治承 4년(1180) 2월 21일에 양위하였다. 모친은 겐슌몬인建春門院 시게코滋子.[378]

섭정 후지와라노 모토후사藤原基房 후에 관백이 되었는데 조안承安 2년(1172) 12월 27일에 임명되었다. 지쇼 3년(1179) 11월 16일에 관백과 후지와라 가문의 장자에서 파면되었다. 같은 달 18일에 다자이후大宰府의 곤노소치權帥로 좌천되었다. 같은 달 같은 날에 서해로 가는 도중에 가와지리川尻 부근에서 출가하였다. 당시 35세. 그 후 비젠備前 지방에 머물렀다. 지쇼 5년(1181) 모월 모일에 소환되어

다. 이후 헤이케平家 집안의 호지승으로 헤이케 집안과 깊은 관계를 맺는다. 주에이壽永 2년(1183)에 기소 요시나카木曾義仲가 고시라카와 상황을 습격한 호주지전투法住寺合戰 때 상황편에서 싸우다 전사한다. 다이라노 기요모리와 관계가 깊으며 그의 출가를 도왔다. 승려의 신분으로 스스로 전장에 나가 살생을 행하고 전사한 사실에 대해 후에 지엔으로부터 비판받는다.

377_ 다카쿠라 천황(高倉天皇, 1161-1181). 고시라카와 천황의 아들로서 모친은 시게코滋子이다. 재위시 다이라노 기요모리의 세력이 강하여 기요모리의 딸이 낳은 아들(후의 안토쿠安德 천황)에게 양위했다. 양위 후 첫 번째 참배 역시 기요모리의 강권에 의해 아키安藝 이쓰쿠시마嚴島 신사에서 거행했는데 이를 계기로 교토 부근 사원을 중심으로 반 다이라 세력이 연합하게 된다.

378_ 다이라노 시게코(平滋子, 1142-1176). 겐슌몬인建春門院. 다이라노 도키노부平時信의 딸로 고시라카와 상황의 후궁의 뇨보로서 출사하였으나 고시라카와 상황의 총애를 받아 다카쿠라 천황을 낳았다. 이후 종삼위로 서품되었으며 뇨고의 신분이 되었고 다카쿠라 천황이 즉위하면서 황태후가 되었다.

상경을 허락받았다.

관백 내대신 후지와라노 모토미치藤原基通[379] 지쇼 3년(1179) 11월 14일에 내대신으로 임명되었다. 전에는 이위二位 중장이었다. 같은 달 16일 관백 겸 후지와라 가문의 장자가 되었다. 당시 20세.

태정대신 후지와라노 다다마사藤原忠雅 닌안 3년(1168) 8월 10일에 임명되었다. 가오 2년 (1170) 11월 모일에 사임하였다.

후지와라노 모로나가藤原師長[380] 조안 5년(1175) 11월 10일에 내대신으로 임명되었다. 안겐安元 3년(1177) 3월 5일에 태정대신으로 임명되었다. 지쇼 3년 (1179) 11월 17일에 관직을 사임하였다. 사건에 연루되어 유배된 오하리尾張에서 출가하였다.

좌대신 후지와라노 쓰네무네藤原經宗

우대신 후지와라노 가네자네藤原兼實 호위무관을 하사받았다.

내대신 미나모토노 마사미치源雅通[381] 우대장을 역임하였으며 대납언 미나모토노 아키미치源顯通[382]의 장남으로 미나모토노 마사사다源雅定[383]의 양자가 되었다.

379_ 후지와라노 모토미치(藤原基通, 1160-1233). 고노에 모토미치近衛基通. 후지와라노 모토자네基實의 아들로 종일위 섭정 관백을 역임하였으며 고노에님近衛殿이라 칭했다. 어렸을 때 부친 모토자네의 죽음으로 정치의 세력에서 멀어졌으나 다이라노 기요모리의 딸을 정실로 삼음으로써 그 세력을 유지할 수 있었다. 이후 고시라카와 상황의 측근으로서 신임을 얻었으며 막부와의 제휴를 회피한 고토바 천황에 의해 관백으로 임명되었다.

380_ 후지와라노 모로나가(藤原師長, 1138–1192). 후지와라노 요리나가의 둘째 아들로 연좌죄로 도사土佐 지방으로 좌천되었으나 복귀하여 태정대신의 자리에까지 오른다. 그 후 다이라노 기요모리에게 추방당하여 오와리尾張에서 출가하였다. 묘온인妙音院 태정대신으로 불렸으며 음악적 재능이 뛰어나서 악보곡집을 편찬하기도 했다.

381_ 미나모토노 마사미치(源雅通, 1118-1175). 헤이안 후기 귀족. 미나모토노 아키미치源顯通의 아들이며 숙부 마사사다雅定의 양자가 되었다. 참의를 거쳐 정이위 내대신에 임명되었다.

382_ 미나모토노 아키미치(源顯通, 1081-1122). 태정대신 미나모토노 마사자네源雅實의 장남으로 지위는 정이위 권대납언에 이르렀다. 젊었을 때부터 글을 잘 쓰는 것으로 평판이 높았다.

383_ 미나모토노 마사사다(源雅定, 1094-1162). 미나모토노 마사자네의 차남으로 지

닌안 3년(1168) 8월 10일에 임명되었다. 조안 5년(1175) 2월 27일에 사망하였다. 향년 58세.

다이라노 시게모리平重盛[384] 좌대장을 역임하였으며 안겐 3년(1177) 3월 5일에 임명되었다. 6월 5일에 대장직을 사임하였다. 지쇼 3년(1179) 3월 11일에 내대신을 사임하였다. 같은 해 5월 25일에 출가하였다. 8월 1일에 사망하였다. 책에 있는 대로다.

가오嘉應는 2년간 지속되었다. 원년은 기축己丑년으로 4월 8일에 시작되었다. 조안承安은 4년간 지속되었다. 원년은 신묘辛卯년으로 4월 21일에 시작되었다. 지쇼治承는 4년간 지속되었다. 원년은 정유丁酉년으로 8월 4일에 시작되었다.

천태좌주 아사리 가쿠카이覺快 친왕[385] 안겐 3년(1177) 5월 11일에 천황의 명이 있었다. 당시 44세. 총본산을 다스린 것은 2년이다. 지쇼 3년(1179) 11월 17일에 사퇴하였다. 단, 시작된 날에 수정이 있을 것이라고도 하며 그와 관련된 사항은 모른다고도 한다. 요와養和 원년(1181) 11월 6일에 입적하였다. 사퇴 후 3년이 지난 때였다.

승정僧正 묘운明雲 지쇼 3년(1179) 11월 16일에 천황의 명이 있었다. 당시 65세. 총본산을 다스린 것은 4년이다. 주에이壽永 2년(1183) 11월 19일에 입적하였다. 향년 69세. 비명횡사함은 당연하다고 해야 할 것이다.

위는 정이위 우대신에 이르렀다. 조정의 의식에 정통하였다고 하며 어렸을 때부터 무악에 능했다.

384_ 다이라노 시게모리(平重盛, 1138-1179). 다이라노 기요모리의 아들로 호겐의 난과 헤이지의 난을 거치며 공적을 쌓아 이요伊予의 수령으로 임명된다. 그 후 순조롭게 출세하여 권대납언의 직위에 올랐고 해적과 산적 토벌의 명을 받는다. 내대신으로 임명된 후 얼마 안 있어 사망한다. 『헤이케모노가타리平家物語』에서는 시게모리를 기요모리와는 대조적으로 냉정하고 침착한, 이상적인 인물로 묘사하고 있다.

385_ 가쿠카이 친왕(覺快親王, 1134-1181). 천태종 승려로서 도바 천황의 아들이다. 13세에 히에이잔에 올라가 출가하였다. 현교와 밀교를 함께 공부했으며 무품 친왕으로서 천태좌주의 자리에 올랐다.

조안 원년(1171) 모월 모일에[386] 다카쿠라 천황의 모후인 겐슌몬인建春門院의 발원發願으로 건립된 사이쇼코인最勝光院 공양 대법회가 있었다. 도사導師[387]는 가쿠진覺珍[388]이었고 법문을 독송하는 주원사呪願師[389]는 묘운이었다.

안겐安元 3년(1177) 모월 모일에[390] 대극전大極殿이 소실되었다. 고산조 천황이 건립한 이후 호겐保元년간에 수리하였는데 이 해에 소실된 것이다. 히구치 경극전樋口京極殿에서 불이 나기 시작하여 대단한 기세로 불길이 번져 타버린 것이다. 궐 안은 타지 않았다. 다카쿠라 천황은 양위 후 아키安藝 이쓰구시마嚴島 신사에 참배하였고 다이라노 기요모리平清盛가 정권을 잡아 후쿠하라福原로 천도遷都를 청하였을 때 동행하였다 한다. 천황이 친히 자필로 발원문을 지어 법회를 열었다. 다카쿠라 천황은 한시문에 뛰어났으며 학문도 깊어 한시를 짓고 잡필雜筆도 즐겼으니 뇨보女房의 모시부미申文[391]라는 것도 많이 썼다.

386_ 『하쿠렌쇼』에는 조안 3년(1173) 10월 21일로 기록되어 있다.

387_ 법회를 책임지고 이끄는 스님을 일컫는다.

388_ 가쿠진(覺珍, ?-?). 부친은 후지와라노 사네다카藤原實隆로서 고후쿠지興福寺의 벳토別當이다.

389_ 법회시 시주의 염원을 담은 법문을 독송하는 역할을 맡은 스님을 말한다.

390_ 각종 기록에 의하면 안겐 3년 4월 28일로 되어 있다.

391_ 서품이나 임관 등을 신청할 때의 신청문을 말한다.

제81대 안토쿠安德 천황[392]

재위 3년.

이름은 도키히토言仁이며 지쇼治承 4년(1180) 2월 21일에 즉위하였다. 당시 3세. 지쇼 2년(1178) 12월 모일에[393] 동궁으로 책봉되었다. 다카쿠라 천황의 첫째 아들이다. 모친은 중궁 다이라노 도쿠시平德子[394]로 뉴도入道 태정대신 다이라노 기요모리平淸盛의 딸이다.

섭정 후지와라노 모토미치藤原基通

내대신 다이라노 무네모리平宗盛[395]

요와養和는 1년간 지속되었다. 원년은 신축辛丑년으로 7월 14일에 시작되었다. 주에이壽永는 2년간 지속되었다. 원년은 임인壬寅년으로 5월 17일에 시작되었다.[396]

이 치세 때 천도遷都가 있었다. 자세한 것은 다른 권에 있다.

외조부 다이라노 기요모리의 반역사건이 있은 후 주에이 2년(1183) 7월 25일에 미나모토源 가문의 무사가 동국東國과 호쿠리쿠北

392_ 안토쿠 천황(安德天皇, 1178-1185). 태어나자마자 동궁으로 책봉되어 2세에 즉위한다. 당시의 실권은 다이라노 기요모리가 잡고 있었다. 주에이壽永 4년(1185)에 다이라平 씨와 미나모토源 씨의 마지막 결전인 단노우라壇の浦 전투에서 미나모토 씨에게 패한 다이라 집안은 멸족하게 되고 이때 안토쿠 천황도 외조모와 함께 단노우라 급류에 몸을 던진다. 이로써 안토쿠 천황은 역대 천황 중 최연소의 나이인 8세로 붕어하게 된다.

393_『햐쿠렌쇼』『렌추쇼簾中抄』에는 12월 15일로 기록되어 있다.『역대황기』에는 25일로 기록되어 있다.

394_ 다이라노 도쿠시(平德子, 1155-1214). 다이라노 기요모리의 둘째 딸로 원호는 겐레이몬인建禮門院이라 한다. 단노우라 전투에서 다이라 씨 일족이 패한 후 아들 안토쿠 천황과 함께 강에 몸을 던졌으나 죽지 않고 살아 남아서 교토로 송환된 후 출가하였다.

395_ 다이라노 무네모리(平宗盛, 1160-1185). 다이라노 기요모리의 셋째 아들이다. 겐페이源平전쟁에서 패한 후 교토로 송환되어 참수당한다. 그의 아들들도 모두 참수당함으로써 무네모리의 혈통은 끊어지게 된다.

396_『햐쿠렌쇼』에는 5월 27일에 개원했다고 기록되어 있다.

陸 등지를 공격해왔다. 안토쿠 천황은 외숙인 내대신 다이라노 무네모리平宗盛와 함께 도읍을 등지고 서국西國으로 향하였고 종국에는 겐랴쿠元曆 2년(1185) 3월 24일에 나가토長門 지방 모지노세키モジノ關 단노우라壇の浦 바다에 몸을 던져 사망하였다. 향년 7세. 보검은 바다에 가라앉아 없어져 버렸다. 옥구슬은 상자가 파도에 떠밀려 돌아왔다. 또한 나이시도코로內侍所 신경神鏡[397]은 다이라노 도키타다平時忠[398]가 빼앗아 갔다. 이 불가사의한 일에 대해서는 다른 권에 자세한 기록이 있다.

제82대 고토바後鳥羽 천황[399]

재위 15년.

이름은 다카나리尊成이며 주에이 2년(1183) 8월 20일에 즉위하였다. 당시 4세. 겐큐建久 9년(1198) 정월 11일에 양위하였다. 다카쿠라 천황의 넷째 아들로 분지文治 6년(1190) 정월 3일에 성인식을 올렸다. 당시 11세. 가관加冠은 섭정 태정대신 후지와라노 가네자네藤原兼實가 하였고 이발理髮은 좌대신 후지와라노 사네사다藤原實定,[400] 능관

397_ 일본 천황의 상징의 하나인 신기神器 중 야타노카가미八咫鏡를 말한다.

398_ 다이라노 도키타다(平時忠, 1128-1189). 다이라노 도키노부平時信의 아들이다. 니조二條 천황이 황자를 생산하지 못하자 고시라카와 천황과 여동생 시게코滋子 사이에서 태어난 노리히토憲仁 친왕을 동궁으로 책봉하려다 발각되어 유배되었다. 그로부터 4년 후에 노리히토 친왕이 동궁으로 책봉되어 권력을 잡았으나 다이라 가문 멸망 후 미나모토 가문에 붙잡혀 죽음을 당했다.

399_ 고토바 천황(後鳥羽天皇, 1180-1239). 주에이 2년(1183) 안토쿠 천황이 다이라씨와 서국으로 도주하자 새 천황이 필요하여 고시라카와 상황은 당시 4세의 고토바 천황을 즉위시키기로 결심한다. 겐큐 3년(1192)까지는 고시라카와 상황에 의해 원정院政이 계속되었다. 그 후 고토바 천황이 쓰치미카도土御門 천황에게 양위한 후 준토쿠順德, 주쿄仲恭 3대 23년간에 걸쳐 상황으로서 원정을 실시하였다. 조큐 2년(1221)에 당시의 권력자인 호조 요시토키北條義時 토벌을 선언하여 조큐承久의 난을 일으켰으나 막부에 완패하여 오키隱岐 섬에 유배당한다. 가인歌人으로서도 유명하다.

能冠은 구라노가미內藏頭[401] 후지와라노 노리요시藤原範能[402]가 하였다.

섭정 후지와라노 모토미치藤原基通 주에이 2년(1183) 11월 21일에 섭정과 후지와라 가문의 장자를 그만두었다. 당시 24세.

섭정 내대신 후지와라노 모로이에藤原師家[403] 주에이 2년(1183) 11월 21일에 내대신에 임명되어 섭정이 되었다. 전 대납언. 당시 12세. 주에이 3년(1184) 정월 22일에 섭정과 후지와라 가문의 장자를 그만두었다.

내대신 후지와라노 사네사다藤原實定 부모 상중이라 직위에서 물러났다가 며칠 후에 복귀하라는 명을 받았다.

후지와라노 모토미치藤原基通 주에이 2년(1183) 정월 22일에 섭정이 되었다. 당시 25세. 분지 2년(1186) 3월 12일에 섭정과 후지와라 가문의 장자를 그만두었다.

섭정 태정태신 후지와라노 가네자네藤原兼實 분지 원년(1185) 12월 28일에 내람을 허락받았으며 당시 섭정 다이라노 모토미치 역시 내람을 겸하고 있었다. 분지 2년(1186) 2월 22일에 섭정이 되었다. 분지 5년(1189) 12월 14일에 태정대신으로 임명받았다. 겐큐 2년(1191) 12월 17일에 관백이 되었다. 겐큐 7년(1196) 11월 25일에 관백과 후지와라 가문의 장자를 그만두었다. 겐닌建仁 2년(1202) 정월 27일에 출가하였다. 당시 54세. 겐에이建永 2년(1207) 4월 5일에 사망하였다. 향년 59세.

400_ 후지와라노 사네사다(藤原實定, 1139-1191). 도쿠다이지 사네사다德大寺實定라 하며 우대신 후지와라노 긴요시藤原公能의 첫째 아들이다. 관위는 정이위 좌대신에 이르며 도쿠다이지 좌대신이라 불렸다. 어린 나이에 승진을 거듭하여 열일곱 살에 종삼위가 되어 중신의 서열에 올랐다. 1183년 내대신이 되지만 요시나카가 실권을 잡은 당시에는 상중이어서 휴직 중이었다. 그 사이 모로이에가 내대신 섭정의 자리에 올랐고 다음 해 요시나카 사망 후에는 복직하게 된다. 구조 가네자네의 보좌역으로 활약하였으며 1192년 병으로 인해 출가한 후 사망하였다. 와카和歌뿐 아니라 한시에도 능했으며 가구라神樂, 이마요今様 등의 예능에도 뛰어났다. 또한 비파의 명수로도 유명하다.

401_ 천황가의 재산이나 장식품 등을 관리한 관청의 우두머리를 말한다.

402_ 후지와라노 노리요시(藤原範能, ?-?). 참의 후지와라노 오사노리藤原修範의 아들이다. 겐큐 7년(1196) 출가한 후 소식불명.

403_ 후지와라노 모로이에(藤原師家, 1027-1058). 후지와라노 모토후사의 셋째 아들로 부친이 미나모토노 요시나카源義仲와 함께 꾸민 획책으로 12세의 나이에 섭정의 지위에 오른다. 이듬해 요시나카의 사망으로 사임하게 된다.

후지와라노 모토미치藤原基通 겐큐 7년(1196) 11월 25일에 관백과 후지와라 가문의 장자가 되었다. 당시 27세.

태정태신 **후지와라노 가네후사**藤原兼房[404] 분지 6년(1190) 10월 17일에 내대신으로 임명받았다. 겐큐 2년(1191) 3월 23일에 태정대신으로 임명되었다. 겐큐 7년(1196) 모월 모일[405]에 태정대신을 사임하였다.

좌대신 **후지와라노 쓰네무네**藤原經宗 주에이 3년(1184) 11월 17일에 손수레를 타고 궐 안으로 들어오도록 허락받았다. 같은 달 18일에는 우차를 타는 것도 허락받았다. 곧바로 우차를 타는 것을 허락하는 일은 선례가 분명하지 않아 우선 손수레를 허락했던 것이다. 이는 쓰네무네가 연로하여 다이조에大嘗會[406] 때 보행을 감당할 수 없었기 때문이다.

후지와라노 사네사다藤原實定 분지 2년(1186)에 우대신으로 임명되었다. 분지 5년(1189) 7월 10일에 좌대신으로 임명되었다. 분지 6년(1190) 모월 모일에 좌대신을 사임하였다.

후지와라노 사네후사藤原實房[407] 산조 기미노리三條公教의 아들이며 분지 5년(1189) 7월 10일에 우대신으로 임명되었다. 분지 6년(1190) 7월 17일에 좌대신으로 임명되었다. 겐큐 7년(1196) 3월 23일에 사임하였다. 당시 50세. 4월 16일에 출

404_ 후지와라노 가네후사(藤原兼房, 1153-1217). 섭정 관백 태정대신 후지와라노 다다미치藤原忠通의 넷째 아들이다. 형인 가네자네兼實는 그의 일기 『옥엽玉葉』에서 동생의 정치적 무능력을 한탄하였으나 후지와라노 사다이에藤原定家는 그의 일기 『명월기明月記』에서 가네후사에게 권력욕이 없음을 호의적으로 평가하고 있다. 권력과 거리를 둔 태도로 인해 겐지와 헤이케 전쟁 때에도 정치적 혼란을 피할 수 있었다. 다이라 씨 멸망 후 권대납언으로 승진하고 형 가네자네의 후원으로 태정대신까지 역임하였다.

405_ 각종 기록에 의하면 11월 28일로 기록되어 있다.

406_ 천황 즉위 후 처음으로 거행하는 니이나메사이新嘗祭. 그 해에 첫 수확한 곡식을 아마테라스오카미天照大神를 비롯한 수호하는 신들에게 바치고 직접 그 음식을 먹던 제의를 말한다.

407_ 후지와라노 사네후사(藤原實房, 1147-1225). 내대신 산조 기미노리三條公教의 아들이다. 우대신을 거쳐 좌대신에 오르지만 겐큐 7년(1196)에 병으로 관직에서 물러난 후 출가하였다. 일기집 『구마이키愚昧記』는 당시 사정을 알 수 있는 귀중한 자료이다.

가하였다.

후지와라노 가네마사藤原兼雅[408] 후지와라노 다다마사藤原忠雅의 첫째 아들이며 분지 5년(1189) 7월 10일에 내대신으로 임명되었다. 분지 6년(1190) 7월 27일에 우대신으로 임명되었다. 겐큐 9년(1198) 11월 14일에 좌대신이 되었다.

우대신 후지와라노 요리자네藤原頼實[409] 우대장 후지와라노 쓰네무네藤原經宗의 아들이며 겐큐 9년(1198) 11월 14일에 임명되었다. 고교고쿠도노後京極殿 후지와라노 요시쓰네藤原良經[410]를 추월하였다.

내대신 후지와라노 요시미치藤原良通[411] 좌대장으로 우대장을 겸하였다. 분지 2년(1186) 10월 29일에 임명되었다. 당시 20세. 분지 4년(1188) 2월 20일에 급사하였다.

후지와라노 다다치카藤原忠親[412] 후지와라노 다다마사藤原忠雅의 동생이며

408_ 후지와라노 가네마사(藤原兼雅, 1148-1200). 태정대신 후지와라노 다다마사藤原忠雅의 아들이다. 아버지에 이어 중앙관직에 진출하고 다이라노 기요모리의 딸을 부인으로 맞는 등 다이라 씨 정권하에서 순조로운 출세를 하였다. 그로 인해 나중에 미나모토 씨에게 잠시 관직을 박탈당하였지만 고시라카와 상황의 신임을 배경으로 복귀한다. 와카에도 능한 것으로 유명하다.

409_ 후지와라노 요리자네(藤原頼實, 1155-1225). 좌대신 후지와라노 쓰네무네藤原經宗의 첫째 아들이다. 어려서부터 고시라카와 상황의 총애를 받아 출세길을 달리다 아버지도 역임하지 못했던 태정대신에까지 오른다. 그의 지나친 권력욕에 대해 가네자네兼實와 사다이에定家는 일기를 통해 비판하고 있다.

410_ 후지와라노 요시쓰네(藤原良經, 1169-1206). 섭정 관백 구조 가네자네九條兼實의 둘째 아들이다. 형인 요시미치良通가 급사하여 장남이 되었고 출세의 길을 달리다 겐큐建久 7년 정변으로 아버지와 함께 조정에서 밀려난다. 그 후 좌대신으로 복귀하여 내람을 허락받고 태정대신에 오르나 겐큐 3년(1206) 침소에서 살해당하는 불행을 겪는다. 와카와 한시, 서도에 능했다. 특히 서도에 천재적인 재능을 지닌 것으로도 유명하다. 가집으로는 『아키시노겟세이슈秋篠月清集』가 있다. 본서의 저자 지엔慈圓의 조카이기도 하다.

411_ 후지와라노 요시미치(藤原良通, 1167-1188). 섭정 관백 구조 가네자네九條兼實의 첫째 아들이다. 어려서부터 주위의 기대를 받고 자랐으나 22세 때 병으로 인해 급사한다. 이로서 구조 가문의 적통은 동생인 요시쓰네가 이어받는다. 와카와 한시에 능한 것으로 유명하다.

412_ 후지와라노 다다치카(藤原忠親, 1131-1195). 권중납언 후지와라노 다다무네藤原忠宗의 셋째 아들이다. 다이라 씨 정권하에서는 출세길을 달리다 다이라 씨

겐큐 2년(1191) 3월 23일에 임명되었다. 겐큐 5년(1194) 12월 15일에 출가하였다. 겐큐 6년(1196) 3월 12일에 사망하였다.

후지와라노 요시쓰네藤原良經 좌대장으로 겐큐 6년(1195) 11월 10일에 임명되었다. 당시 27세. 겐큐 9년(1198) 정월 29일에 대장을 사임하였다.

전 우대장右大將 미나모토노 요리토모源賴朝[413] 좌마두左馬頭 미나모토노 요시토모源義朝[414]의 아들이다. 분지 원년(1185) 4월 27일에 전 내대신 다이라노 무네모리平宗盛를 잡아올린 상으로 종이위從二位로 서품되었다. 본래는 병위좌 정사위하兵衛佐正四位下였다. 분지 6년(1190) 11월 10일에 권대납언權大納言이 되었다. 이전까지는 산위散位[415]였다. 같은 달 25일에 우대장을 겸하였다. 12월 3일에 두 직책을 사임하였다.

겐랴쿠元曆는 1년간 지속되었다. 원년은 갑신甲辰년이다. 4월 16일에 시작되었다.

안토쿠 천황은 겐랴쿠 2년(1185) 3월 24일에 붕어하였다.

분지는 5년간 지속되었다. 원년은 을사乙巳년으로 8월 14일에 시작되었다. 겐큐는 9년간 지속되었다. 원년은 경술庚戌년으로 4월 11일에 시작되었다.

멸망 후 그의 승진도 멈추게 된다. 유직고실有職故實에 능한 것으로 유명하다.

413_ 미나모토노 요리토모(源賴朝, 1147-1199). 가마쿠라 막부 초대 장군將軍으로 미나모토노 요시토모源義朝의 셋째 아들이다. 헤이지의 난 이후 이즈伊豆 히루가고시마蛭ヶ小島로 유배되었다. 지쇼治承 4년(1180)에 다이라 가문을 타도하기 위해 병력을 일으켰다가 대패했으나 아와安房에 숨어서 세력을 확대했다. 가마쿠라鎌倉를 본거지로 하여 관동지방을 제패한 후 미나모토노 요시나카源義仲, 다이라 가문, 오슈奧州 후지와라 가문을 멸망시키고 겐큐建久 3년(1192)에 정이대장군征夷大將軍이 되어 일본에서 최초로 무가정권武家政權을 수립했다.

414_ 미나모토노 요시토모(源義朝, 1123-1160). 미나모토노 다메요시源爲義의 장남으로 호겐保元의 난 때 고시라카와 천황편에 가담하여 승리한 후 신제이信西 후지와라노 미치노리藤原通憲의 명으로 스토쿠 상황 편인 부친과 동생을 처형했다. 헤이지平治의 난 때 후지와라노 노부요리藤原信賴와 함께 신제이, 다이라노 기요모리平清盛를 제거하려 했으나 패퇴했다. 이후 관동지방으로 향하던 중 오와리尾張에서 오사다 다다무네長田忠致에게 살해되었다.

415_ 율령제에서 위계位階만 있고 관직이 없는 사람을 말한다.

고시라카와 천황은 겐큐 3년(1192) 3월 13일에 붕어하였다. 향년 66세.

천태좌주 권승정 슌교俊堯[416] 고치인五智院이라고도 한다. 주에이 2년(1183) 11월 23일에 천황의 명이 있었다. 총본산을 다스린 것은 2개월이다. 주에이 3년(1184) 정월 20일에 히에이잔 산문山門에서 쫓겨났다.

전 권승정權僧正 젠겐全玄[417] 게이린인桂林院이라고도 한다. 법무대승정法務大僧正을 역임하였다. 주에이 3년 2월 3일에 천황의 명이 있었다. 당시 72세. 총본산을 다스린 것은 6년이다.

전 대승정大僧正 고켄公顯[418] 미이데라三井寺의 승려이며 법무를 역임하였다. 분지 6년(1187) 3월 4일에 천황의 칙명이 있었다.

법인法印 겐신顯眞[419] 오하라大原에 있었으며 권승정을 역임하였다. 같은 해 같은 달 3월 7일에 천황의 명이 있었다. 당시 60세. 총본산을 다스린 것은 2년이다. 겐큐 3년(1192) 11월 모일에 입적하였다. 향년 62세.

권승정 지엔慈圓[420] 법무대승정을 역임하였다. 겐큐 3년(1192) 11월 29일에 천

416_ 슌교(俊堯, 1118-1186). 제58대 천태좌주로 미나모토노 요시나카源義仲의 추종자다. 묘운明雲이 죽은 후 요시나카의 옹립으로 천태좌주가 되었으나 히에이잔 승도들로부터 신망을 얻지 못하여 겐랴쿠元曆 원년(1184) 1월에 요시나카가 죽자 천태좌주 취임 1개월 만에 히에이잔에서 쫓겨났다.

417_ 젠겐(全玄, 1113-1193). 제59대 천태좌주로 소납언少納言 후지와라노 사네아키藤原實明의 아들이다. 겐페이源平 쟁란의 시기에 6년 동안 천태좌주로 있었다. 분지文治 2년(1186)에는 고시라카와 천황으로부터 미나모토노 요시쓰네源義經를 탐색하라는 명을 받았다.

418_ 고켄(公顯, 1110-1193). 제60대 천태좌주로 온조지園城寺에서 수학하였다. 조정과 다이라 씨, 미나모토노 요리토모의 신임을 얻었다. 겐큐建久 원년(1190)에 천태좌주로 임명되었으나 엔랴쿠지 측의 항의로 사임하였다.

419_ 겐신(顯眞, 1131-1192). 제61대 천태좌주로 후지와라노 아키요시藤原顯能의 아들이다. 히에이잔 사이운 법친왕最雲法親王에게 사사했고 묘운 등에게 현교顯敎와 밀교密敎를 배웠다. 조안承安 3년(1173)에 오하라大原로 퇴거하여 분지 2년(1186)에 호넨法然에게 정토淨土의 가르침을 물은 후 그 문하에 귀의하였다.

420_ 지엔(慈圓, 1155-1225). 제62대 천태좌주로 본서의 저자다. 후지와라노 다다미치藤原忠通의 아들이며 구조 가네자네九條兼實의 동생이다. 가쿠카이 법친왕覺

황의 명이 있었다. 당시 38세. 총본산을 다스린 것은 4년이다. 겐큐 7년(1196) 11월 모일에 사퇴하였다.

아사리阿闍梨 쇼닌承仁 친왕[421] 겐큐 7년(1196) 11월 30일에 천황의 명이 있었다. 당시 28세. 총본산을 다스린 것은 1년이다. 단 실제로는 5개월이다. 겐큐 8년(1197) 4월 27일에 입적하였다.

법인 벤가辯雅[422] 겐큐 8년(1197) 5월 21일에 천황의 명이 있었다. 당시 63세. 총본산을 다스린 것은 4년이다. 겐닌建仁 원년(1201) 2월 17일에 입적하였다. 향년 66세.

고토바 천황은 안토쿠 천황이 서쪽 바다로 퇴각한 뒤 고시라카와 상황의 명으로 즉위하였던 것이다.[423] 도바 천황 즉위 때에도 호리카와 천황의 명은 없었던 것 같다. 시라카와 법황의 명이었다고 한다. 후대에도 이러한 일들이 있었다. 고토바 천황 양위 후 조겐承元 원년(1207) 모월 모일에 절을 공양하였는데[424] 그 이름을 사이쇼시텐노인最勝四天王院이라고 하였다. 이 치세 때 북면北面 외에 서면西面[425]을 설치하여 무사의 자식들을 많이 불러들였다. 말과 궁술弓術 놀이를 즐기니 중고中古시대 이후에 없어졌던 많은 유희가 다시

快法親王의 제자가 되어 묘운, 젠겐全玄에게 사사했다. 천태좌주로 네 번 취임하고 무도지無動寺 검교檢校, 시텐노지四天王寺 벳토別當를 역임하였다. 『신코킨와카슈新古今和歌集』에 92수의 와카和歌를 실었고 가집家集으로는 『슈교쿠슈拾玉集』가 있다.

421_ 쇼닌 법친왕(承仁法親王, 1169-1197). 제63대 천태좌주로 고시라카와 천황의 황자이며 묘운, 겐신에게서 천태교학을 배웠다. 겐큐 원년(1190) 친왕이 되었고 7년(1196)에 천태좌주가 되었으며 8년(1197)에 입적하였다.

422_ 벤가(辯雅 ?-?). 제64대 천태좌주로 미나모토노 아키마사源顯雅의 첫째 아들이다.

423_ 고토바 천황은 다이라 씨가 안토쿠 천황을 데리고 서쪽으로 퇴각한 뒤 고시라카와 상황의 뜻에 따라 보위에 오르게 되었다.

424_ 『햐쿠렌쇼』에 의하면 조겐 원년(1207) 11월 27일이라고 한다.

425_ 고토바인後鳥羽院 원정 시대에 설치되었으며 상황 처소 서쪽에 배치한 무사를 말한다.

시작되었다.

제83대 쓰치미카도土御門 천황[426]

재위 12년.

이름은 다메히토爲仁이며 겐큐 9년(1198) 정월 11일에 즉위하였다. 당시 4세. 동궁으로 책봉되지 않았다. 조겐承元 4년(1210) 12월 모일에 양위하였다. 고토바 천황의 태자다. 겐큐元久 2년(1205) 정월 3일에 성인식을 올렸다. 모친은 쇼메이몬인承明門院[427]이며 내대신 미나모토노 미치치카源通親[428]의 딸이다. 본래는 노엔能圓[429] 법인法印의 딸이다.

섭정 후지와라노 모토미치藤原基通 전대前代와 같다. 겐닌建仁 2년(1202) 12월 27일에 섭정과 후지와라 가문의 장자를 그만두었다. 당시 43세. 조겐 2년(1208) 10월 5일에 출가하였다. 당시 49세. 조에이 원년(1232) 5월 29일에 사망하였다. 향년 74세.

섭정 태정대신 후지와라노 요시쓰네藤原良經 겐닌 2년(1202) 12월 27일에 섭

426_ 쓰치미카도 천황(土御門天皇, 1195-1231). 고토바 천황의 첫째 황자로 부친 양위 후 왕위를 이어받아 4세에 즉위하였다. 부친이 원정을 행하여 그 명으로 16세에 양위하였다. 고토바 상황이 조큐承久의 난 때 막부를 타도하려다 패하자 유배를 자청하여 유배지 아와阿波에서 사망하였다.

427_ 쇼메이몬인(承明門院, 1171-1257). 쓰치미카도 천황의 모친으로 노엔能圓의 딸이다. 미나모토노 미치치카源通親의 양녀가 되어 고토바 천황과 혼인한 후 쓰치미카도 천황을 낳았다. 쇼지正治 원년(1199) 삼궁三宮에 준하였으며 겐닌建仁 2년(1202)에 원호院號를 수여받았다.

428_ 미나모토노 미치치카(源通親, 1149-1202). 미나모토노 마사미치源雅通의 장남으로 고시라카와 및 고토바 원정 때 활약하였다. 1196년 친막부파인 구조 가네자네九條兼實를 실각시키고 양녀 자이시在子가 낳은 쓰치미카도 천황의 외조부로서 권세를 누렸다.

429_ 노엔(能圓, 1140-1199). 지쇼治承 3년(1180)에 홋쇼지法勝寺의 집행執行이 되나 다이라 씨가 멸망하자 비추備中로 유배되었다. 딸 자이시在子는 고토바 천황의 비가 되어 쓰치미카도 천황을 낳았다.

정이 되었다. 당시 43세. 이에 앞선 해 11월 27일에 내람과 후지와라 가문의 장자의 명을 받았다고 한다. 겐큐 3년(1206) 3월 7일에 사망하였다. 향년 38세.

쇼지正治는 2년간 지속되었다. 원년은 기미己未년으로 4월 27일에 시작되었다. 겐닌建仁은 3년간 지속되었다. 원년은 신유辛酉년으로 2월 13일에 시작되었다. 겐큐建久는 2년간 지속되었다. 원년은 갑자甲子년으로 2월 20일에 시작되었다. 겐에이建永는 1년간 지속되었다. 원년은 병인丙寅년으로 4월 27일에 시작되었다. 조겐承元은 4년간 지속되었다. 원년은 정묘丁卯년으로 10월 25일에 시작되었다.

천태좌주 전 권승정權僧正 지엔慈圓 겐닌 원년(1201) 2월 19일에 천황의 명이 있었다. 당시 47세. 총본산을 다스린 것은 1년이다. 겐닌 2년(1202) 7월 7일에 사퇴하였다.

법인法印 지쓰젠實全[430] 권승정을 역임하였으며 겐닌 2년(1202) 7월 13일에 천황의 명이 있었다. 당시 63세. 총본산을 다스린 것은 1년이다. 겐닌 3년(1203) 8월 모일에 히에이잔 산문山門의 학도學徒와 당중堂衆 사이에 싸움이 일어나 바뀐 것이다.

승정僧正 신쇼眞性[431] 대승정大僧正을 역임하였으며 겐닌 3년(1203) 8월 28일에 천황의 명이 있었다. 당시 37세. 총본산을 다스린 것은 2년이다. 겐큐 2년(1205) 12월 모일에 사퇴하였다. 엔랴쿠지延曆寺 대강당 등이 소실되었기 때문인 것 같다.

법인法印 쇼엔承圓[432] 법무승정을 역임하였으며 겐큐 2년(1205) 12월 13일에 천황의 명이 있었다. 당시 26세. 총본산을 다스린 것은 7년이다. 겐랴쿠 원년(1211) 12월 모일에 사퇴하였다. 소지인惣持院이 불에 타고 히에샤日吉社 주변은 하치오지궁八王子宮을 비롯하여 모두 소실되었다고 한다. 이 때문에 사퇴한 것 같다.

430_ 지쓰젠(實全, 1140/41-1221). 제66대 천태좌주로 도쿠다이지德大寺 후지와라노 긴요시藤原公能의 아들이다.

431_ 신쇼(眞性, 1167-1230). 고시라카와 천황의 손자이며 모치히토以仁 친왕의 아들이다. 출가하여 지엔에게 사사했다. 고토바, 쓰치미카도, 준토쿠順德 천황의 호지승을 역임하였고 겐닌 3년(1203) 천태좌주가 되었다.

432_ 쇼엔(承圓, 1180-1236). 후지와라노 모토후사藤原基房의 아들로 제68대 천태좌주다. 겐큐元久 2년(1205)에 엔랴쿠지의 좌주가 되었고 겐포建保 2년(1214)에 재임되었다. 좌주 재임 중 종종 히에샤에 머물며 기도하였다.

쓰치미카도 천황 치세 때 한동안 보이지 않던 혜성이 나타나 수일 밤 사라지지 않다가 없어지더니 곧 이어 다시 나타났다. 천황은 백방으로 기도를 올린 후 양위하였다. 모친 쪽은 모두 죽었다. 공공연한 법사의 자손이 즉위한 예는 없다는 소문이 돌았다.[433] 그러나 재위는 10년이 넘었다.

제84대 준토쿠順德 천황[434]

재위 11년.

이름은 모리나리守成이며 조겐 4년(1210) 11월 25일에 즉위하였다. 당시 14세. 쇼지正治 2년(1200) 4월 15일에 동궁으로 책봉되었다. 당시 4세. 고토바 천황의 둘째 아들이다. 조겐 2년(1208) 12월 25일에 성인식을 올렸다. 당시 12세. 모친은 슈메이몬인脩明門院[435]으로 추증 좌대신 후지와라노 노리스에藤原範季[436]의 딸이다. 생존 중에는 종이위從二位였다.

433_ 쓰치미카도 천황은 승려 노엔能圓의 외손이었기 때문에 그 즉위에 대하여 비판적인 시각이 있었다.

434_ 준토쿠 천황(順德天皇, 1197-1242). 고토바 천황의 셋째(혹은 둘째) 황자로 형인 쓰치미카도 천황이 양위한 후 14세에 즉위하였다. 부친의 원정하에서 황자 주쿄仲恭 천황에게 양위하고 부친과 함께 막부 타도를 시도했지만 패하여 사도佐渡로 유배되었다. 닌지仁治 3년(1242)에 사도에서 사망하였다.

435_ 슈메이몬인(修明門院, 1182-1264). 준토쿠 천황의 모친으로 후지와라노 노리스에藤原範季의 딸이다. 고토바 천황과 혼인하여 준토쿠 천황, 마사나리雅成 친왕, 손카이뉴도尊快入道 친왕을 낳았다. 겐에이建永 2년(1207)에 삼궁三宮에 준하였으며 원호院號를 하사받았다. 조큐承久의 난 때 패한 고토바 천황을 따라 출가하여 홋쇼카쿠法性覺로 불렸다.

436_ 후지와라노 노리스에(藤原範季, 1130-1205). 후지와라노 요시카네藤原能兼의 셋째 아들로 형 노리카네範兼의 양자다. 고시라카와 상황의 근신近臣으로 구조 가네자네九條兼實의 가사家司를 역임하기도 하였다. 딸 주시重子가 고토바 천황과 혼인하여 준토쿠 천황을 낳으면서 외조부로서 종이위從二位가 되었다. 추증 정일위正一位, 좌대신이다.

관백 후지와라노 이에자네藤原家實[437] 조큐承久 3년(1221) 4월 20일에 섭정과 후지와라 가문의 장자를 그만두었다. 당시 43세.

겐랴쿠建曆는 2년간 지속되었다. 원년은 신미辛未년으로 3월 9일에 시작되었다. 겐보建保는 6년간 지속되었다. 원년은 계유癸酉년으로 12월 6일에 시작되었다. 조큐承久는 3년간 지속되었다. 원년은 기묘己卯년으로 4월 12일에 시작되었다.

천태좌주 전 대승정 지엔慈圓 겐랴쿠建曆 2년(1212) 정월 16일에 천황의 명이 있었다. 당시 58세. 총본산을 다스린 것은 1년이다. 겐랴쿠 3년(1213) 정월 11일에 고엔公圓[438] 법인法印에게 직위를 물려주고 다시 사퇴하고 말았다. 이 날보다 앞서 고엔을 권승정으로 임명하였다. 그 후에 천태좌주로 임명한다는 천황의 명이 있었다고 한다.

권승정 고엔 같은 해 같은 달 모일에 천황의 명이 있었다. 당시 46세. 총본산을 다스린 것은 10개월이다. 같은 해 11월 남경南京의 승려들[439]과 산문파 승려들이 기요미즈데라淸水寺에 관해 서로 언쟁을 한 일[440]이 있었다. 이로써 사퇴했다고 한다.

전 대승정 지엔 다시 네 번째로 임명. 겐랴큐 3년(1213) 11월 19일에 천황의 명이 있었다. 당시 59세. 총본산을 다스린 것은 1년이다. 겐보 2년(1214) 6월 10일

437_ 후지와라노 이에자네(藤原家實, 1179-1243). 고노에 이에자네라고도 하며, 섭정관백 후지와라노 모토미치의 아들로 삼후에 준하였으며 섭정 관백 태정대신의 직위에 오른다. 후지와라노 요시쓰네의 사망으로 후지와라 가문의 장자로서 섭정에 취임하였고 이윽고 관백이 되었다. 조큐의 난 때 고토바 상황의 거병에 반대하였으며 관백직을 해임당했다. 난이 진압된 후 주쿄 천황의 폐위에 의해 후지와라노 미치이에(구조 미치이에)가 실각하자 다시 섭정으로 재임된다. 그 후 미치이에에 의해 관백직에서 다시 사임됨으로써 이후 고노에近衛 가문과 구조九條 가문이 번갈아가며 섭정직을 맡게 된다.

438_ 고엔(公圓, 1168-1235). 산조 사네후사三條實房의 아들로 엔랴쿠지에 들어가 지엔의 뒤를 이어 천태좌주가 된다. 10개월 만에 물러났으며 후에 홋쇼지法性寺 좌주가 된다. 68세의 나이로 입적하였다.

439_ 남경이라 함은 나라奈良를 말하며 여기서는 주로 고후쿠지興福寺를 말한다.

440_ 고후쿠지와 엔랴쿠지延曆寺가 기요미즈데라를 천태종 말사末寺로 만들기 위해 충돌한 사건을 말한다.

에 다시 사퇴하였다. 같은 해 4월 13일에[441] 미이데라가 불에 탔는데 이번이 다섯 번째다.

전 권승정 쇼엔承圓 같은 해 같은 달 12일에 천황의 명이 있었다.

이상과 같이 대대의 섭정 대신과 그 밖의 대신은 중요한 부분만 취해서 그 내용을 기록하였다. 모든 사항을 다 쓰지는 못하였으니 알아두어야 할 것이다. 이들 천태좌주 중에 전 대승정 지엔이 네 번이나 자리에 오르고 사임한 일은 납득이 되지 않으며 보기 흉한 처사다. 그토록 그만두려는 사람을 위에서는 왜 거듭 자리에 앉히는지, 그리고 지엔 자신도 그렇게 그만두면서 어째서 또 자꾸 그 자리에 오르는 것일까? 이는 아무리 봐도 어떤 이유가 있을 것이다. 이 일을 통해 산문山門의 불법佛法이 왕법王法을 대하는 그 진정성을 엿볼 수 있다. 헤이안平安으로 수도를 옮기고 처음으로 산문 엔랴큐지延曆寺가 건립되었는데 거듭 생각해보아도 분명히 어떤 이유가 있다고 여겨진다. 산문에 관한 일은 이 뒤에 한 권을 더 써서 밝힐 것이다.[442] 분명치 않았던 일들을 그곳에서 세세하게 밝힐 것이다.

조큐承久 원년(1221) 7월 13일에 궁궐이 불에 타 소실되었는데 이로써 궐이 불길에 휩싸인 것은 합하여 열다섯 번이 된다. 이번 불은 대대로 궁궐내 경비를 맡던 우마권두右馬權頭 미나모토노 요리모치源賴茂[443]가 모반의 풍문이 있어 소환하는 과정에서 싸우다 불이 난 것이다. 요리모치가 불을 냈다고도 한다. 요리모치는 이윽고 죽임을 당하였다. 이 궁궐은 특별한 지시가 있어 조영된 궁궐이라 한

441_ 각 기록에 의하면 화재가 일어난 날은 13일이 아닌 16일이라고 한다.

442_ 산문에 대해 기록한 별도의 권은 산실되었으며 그 일부만이 다른 기록에 의해 전해져 온다.

443_ 미나모토노 요리모치(源賴茂, ?-1219). 미나모토노 요리카네源賴兼의 아들로 미나모토노 사네토모와 친분이 두터웠다. 궐의 경비를 맡았다가 고토바 상황의 명령을 받은 무사들에 의해 공격당하자 인수전에 들어가서 방화한 후 자살했다.

다. 시라카와 천황, 도바 천황 양 대의 치세 때는 이런 경우에 대체로 방치했다고 한다. 이번 조영 건에 대해서는 잘 모르겠다.

겐보建保 6년(1218) 모월 모일에 히에이잔의 무리가 히에샤日吉社의 신여를 메고 내려왔는데 대대로 이런 일이 극히 많았기에 다 기록할 수 없어 최대한 간략하게 기록하고자 이를 약술하였다.

조큐 2년(1222) 10월로 이 기록을 끝낸다. 나중에 이 글을 보는 사람이 글의 취지를 살려 이어 써야 할 것이다. 되도록 약술하는 것이 무엇보다 중요할 것 같다. 별권은 밖으로는 내보여줄 수 없다.

선제先帝 긴조今上 천황[444]

재위 3개월.

이름은 가네나리懷成로서 조큐 3년(1223) 신사辛巳년 4월 20일 갑술甲戌날에 즉위하였다. 당시 4세. 겐보 6년(1218) 11월 28월에 동궁으로 책봉되었다. 당시 1세. 10월 10일 인시寅時에 탄생하였다. 모친은 중궁 릿시立子[445]이며 쓰치미카도 천황의 장남[446]이다.

섭정 좌대신 후지와라노 미치이에九條道家[447] 천황이 즉위하던 날 섭정이

444_ 주쿄 천황(仲恭天皇, 1218-1234). 준토쿠 천황의 넷째 아들로 모친은 릿시立子다. 부친의 양위에 의해 4세의 나이로 즉위하였으나 조큐의 난으로 정식으로 즉위식도 올리지 못하고 재위 70여 일 만에 막부에 의해 폐위되었다. 17세의 나이로 붕어하였으며 메이지 3년(1928)에 역대 천황의 대열에 들어갈 수 있었다. 묘소는 교토에 소재한 구조능九條陵이다.

445_ 후지와라노 릿시(藤原立子, 1192-1248). 준토쿠 천황의 중궁으로서 구조 요시쓰네의 딸이다. 주쿄 천황과 메이기몬인明義門院을 낳았다. 조큐의 난 이후에 준토쿠 천황은 유배를 당하지만 그녀는 원호를 받는다.

446_ 잘못 표기된 것으로 보이며, 준토쿠 천황의 장남이 옳다.

447_ 후지와라노 미치이에(藤原道家, 1193-1252). 요시쓰네의 아들로 종삼위 좌대신의 직위에 올랐으며 섭정이 되지만 조큐의 난으로 사임하고 만다. 아들인 요리쓰네는 제4대 장군의 직위에 오르고 부친의 옹호에 의해 다시 복권되었다. 출가 후에도 실권을 장악하였으나 요리쓰네에 이어 손자 요리쓰구賴嗣가 5대

되었다. 당시 29세. 고쿄고쿠도노後京極殿 후지와라노 요시쓰네藤原良經의 장남이다. 외조부나 외숙이 대신大臣일 경우 섭정이 되지 않는 예가 없었으니 이 도리는 필연이다. 천황의 칙명에도 그렇게 쓰여 있었다고 한다. 같은 달 26일 후지와라 가문의 장자가 되었고 선례에 따라 호위 무관, 입궐시 검 소지,[448] 상석, 우차 등을 허락하는 명이 내렸다. 이 날 호위 무관을 받은 서품 축하연이 있었다.

같은 날 준토쿠 상황은 첫 참배로 이치노인一院 도바 상황의 묘역인 가요인賀陽院으로 행차하였다. 도바 상황은 지난 23일 태상천황의 존호尊號를 받았다고 한다. 예전에 새로운 상황이라 불리던 분은 쓰치미카도인土御門院이 되었다고 한다. 태상천황이 세 명인 예는 처음이라고 한다. 법황法皇을 포함하여 그 수에 이른 선례는 많았다고 한다.

긴조今上 천황[449]

재위 11년.

이름은 모치히토茂仁로서 조큐 3년(1223) 신미辛巳년 7월 9일 신묘辛卯날에 즉위하였다. 당시 10세. 같은 해 12월 1일 경진庚辰[450]날에 관청官廳에서 즉위하였다. 황손이 즉위하는 것은 고닌光仁 천황 이후에 그 예가 없었다고 한다. 다카쿠라 천황의 손자이다. 모리사다 뉴도 친왕守貞入道親王[451]의 아들로 친왕은 그 후에 태상천황의 존

장군이 되자 호조 도키요리北條時賴에 의해 실각당했다.

448_ 중납언 이상의 직위일 경우에 입궐할 때 검을 소지할 수 있었다.

449_ 고호리카와 천황(後堀川天皇, 1212-1234). 다카쿠라 천황의 손자이자 고다카쿠라인後高倉院 모리사다 친왕守貞親王의 아들로 모친은 노부코陳子다. 조큐의 난 후에 막부의 뜻에 따라 주쿄 천황이 폐위된 후 10세의 나이에 즉위하였다. 부친이 원정을 실시하였고 부친의 사후에는 친정을 행하였다. 23세의 나이로 붕어하였으며 묘소는 관음사능觀音寺陵이라 한다.

450_ 각 기록에 의하면 경진이 아닌 경술庚戌이 옳다.

451_ 모리사다 친왕(守貞親王, 1179-1223). 다카쿠라 천황의 아들로 안토쿠 천황과

호를 받았다. 모친은 기타시라카와인北白河院[452]으로 중납언 후지와라노 모토이에藤原基家[453]의 딸이다. 같은 해 정월 3일에 성인식을 올렸다.

섭정 후지와라노 이에자네藤原家實 즉위 전날 7월 8일에 선제先帝의 명으로 다시 그 직위에 임명되었다고 한다. 그 후에 새로이 임명되지는 않았다고 한다.

양위하는 날 세치에節會[454]도 없었고 센묘宣命[455]도 없었으며 경호도 없고 관문의 검문도 없었다고 한다. 세상에서는 이를 기이하다 했을 것이다. 또한 8, 9월이 되어 선제의 명에 따라 섭정 임명을 시행하고자 했으니 그 지시를 받은 태정관의 서기관은 몹시 놀랐다고 한다. 가잔花山 천황이 양위한 날 밤의 일이야말로 불가사의하지만 다음 날 섭정의 명이 다이뉴도大入道 후지와라노 가네이에藤原兼家에게 내려졌다. 세치에는 없었지만 관문의 경비는 행했다. 이번 일은 너무한 처사라고 세상에서는 말했다.

는 이복형제다. 다이라 가문에 의해 양육되었으며 다이라 가문 멸망 후에는 출가하였으나 조큐의 난 이후 아들이 고호리카와 천황으로 즉위하자 태상 법황으로서 원정을 행하였다.

452_ 기타시라카와인(北白河院, 1173-1238). 고다카쿠라 상황의 비妃로서 고호리카와 천황의 모친이다. 권중납언 후지와라노 모토이에의 딸이며 이름은 진시陳子. 고다카쿠라 상황이 붕어하자 국모로서 조정에서 중요한 위치를 차지하였다.

453_ 후지와라노 모토이에(藤原基家, 1132-1214). 후지와라노 미치모토藤原通基의 셋째아들. 고호리카와 천황의 외조부. 다이라노 요리모리平賴盛의 딸을 부인으로 삼았으며 사다모리貞守 친왕의 유모로서 양육을 담당했다. 자신의 딸을 사다모리 친왕에게 시집보내 얻은 외손자가 조큐의 난 이후 왕위에 오르자 천황의 외조부가 되었다.

454_ 세치에는 조정에서 개최되는 연회로서 헤이안 시대에는 1월 1일의 정월 세치에, 7일의 백마절, 16일의 도카踏歌 세치에, 5월 5일의 단오 세치에, 11월의 도요노아카리豊明 세치에가 고세치에五節會로 꼽혔다. 그 밖에 다른 세치에가 추가되었으며 대신이 임명되었을 때 임시로 세치에가 이루어지기도 했다.

455_ 천황의 명령을 피력하는 것 또는 그 문서를 일컫는다. 즉위, 황태자 또는 황후 책봉 등의 의식에 쓰인다.

좌대신 후지와라노 이에미치藤原家通[456] 섭정 후지와라노 이에자네藤原家實의 장남으로 좌대장을 역임했다.

우대신 후지와라노 긴쓰구藤原公繼[457] 대신에서 물러났다가 다시 복귀한 첫 사례라고 한다. 사네사다공實定公의 예는 이와 비슷하지 않다고 한다. 대장을 겸하였고 조큐 3년(1221) 윤10월 10일에 임명되었다.

내대신 후지와라노 긴쓰네藤原公經[458] 우대장으로 조큐 3년(1221) 윤10월 10일에 임명되었다. 대신으로 임명된 날 밤 전례에 따라 대규모 향연饗宴이 있었다고 한다.

조오貞應는 2년간 지속되었다. 원년은 임오壬午년으로 4월 13일에 시작되었다.

천태좌주 권승정權僧正 엔키圓基[459] 조큐 3년(1221) 8월 27일 천황의 명이 있었다.

조큐 3년(1221) 4월에 당시 18세의 손카이 뉴도 친왕尊快入道親王[460]이 천태좌주로 임명될 것이라고 하였다. 그러나 다이조에大嘗會 이전에 천황의 명이 내려진 사례는 없었다. 기소 요시나카木曾義仲[461]

456_ 후지와라노 이에미치(藤原家通, 1204-1224). 후지와라노 이에자네의 아들로서 고노에 좌대신이라 불렸다. 권중납언의 직위를 거쳐 내대신이 되었고 이듬해에는 우대신, 좌대신으로 차례로 승진하였다. 21세 약관의 나이에 좌대신 재직 중에 병환으로 사망하였다.

457_ 후지와라노 긴쓰구(藤原公繼, 1175-1227). 도쿠다이지德大寺 긴쓰구라하며 좌대신 후지와라노 사네사다藤原實定의 셋째 아들이다. 처음엔 긴쓰구公嗣라 하였으나 분지 3년(1187)에 긴쓰구公繼로 개명하였다. 후대 칙찬집에 17수의 와카和歌가 실리는 등 가인으로서도 유명하다.

458_ 후지와라노 긴쓰네(藤原公經, 1171-1244). 사이온지西園寺 긴쓰네라하며 내대신 후지와라노 사네무네藤原實宗의 아들이다. 가마쿠라 막부와는 깊은 관계로 이 때문에 미나모토노 요리토모源賴朝가 사망하자 잠시 관직에서 물러났다. 그 후 복귀하였고 고토바 상황의 막부 토벌작전을 막부측에 알려 막부가 승리하는 데 결정적인 역할을 하였다. 예능에도 다재다능하였다.

459_ 엔키(圓基, 1186-1238). 73대 천태좌주. 섭정 관백 고노에 모토미치近衛基通의 아들이다.

460_ 손카이(尊快, 1204-1246). 고토바 천황의 일곱째 황자이다.

때에는 슌교俊堯 좌주의 임명이 있었으나 좋지 않은 예라 하여 정식으로 천황의 명이 있기를 기다리는 동안 5월 15일에 전란이 일어났다. 6월에는 무사가 난입하여 좌주와 제자들이 도망가 버리니 18세의 천태좌주는 불법과 왕법이 스러진 표식이라고 사람들은 말했다. 그러던 중 섭정 후지와라노 이에자네藤原家實의 동생 엔키圓基 승정僧正이 천태좌주로 임명되었다. 그런 연유로 손카이尊快 친왕은 역대좌주에 써넣을 수가 없을 것 같다. 올해 천하에 내란이 있었다. 천황이 바뀌고 섭정이 교체되니 사람들은 매우 혼란스러워 했다고 한다.

고토바後鳥羽 상황은 오키隱岐로 유배되었다. 7월 8일에 도바 전鳥羽殿에서 출가하고 13일에 유배지로 향하였다고 한다. 의례도 갖추지 않고 길을 떠났다고 한다. 갑작스럽게 출가하게 된 후지와라노 기요노리藤原淸範[462]와 뇨보 두 명, 이렇게 세 명이 동행했다고 한다. 그러나 곧바로 요시시게 법사義茂法師가 대신 동행하고 기요노리는 귀경하였다고 한다. 쓰치미카도土御門 상황과 준토쿠順德 상황, 로쿠조노미야六條宮,[463] 레이제이노미야冷泉宮[464]는 모두 귀양을 가게 되었다고 한다. 준토쿠 상황은 같은 달 21일 사도佐渡로, 레이제이노미야는 25일에 비젠備前 지방 고지마小島로, 로쿠조노미야는 24일에 다지마但馬로, 쓰치미카도 상황은 조금 늦은 같은 해 윤10월에 도사

461_ 미나모토노 요시나카(源義仲, 1154-1184). 기소 요시나카라는 이름으로 알려져 있다. 미나모토노 요시카타源義賢의 둘째 아들로 미나모토노 요리토모와 사촌지간이다. 호주지 전투法住寺合戰 때 고시라카와 법황과 고토바 천황을 유폐시키고 대장군이 되었으나 그로부터 10일 후 미나모토노 요리토모가 보낸 미나모토노 요시쓰네源義經에 의해 죽음을 당한다.

462_ 후지와라노 기요노리(藤原淸範, 1154-1213). 가마쿠라 초기의 가인歌人으로 후지와라노 사다이에藤原定家의 일기집인 『명월기明月記』에 뛰어난 달필가로 기록되어 있다.

463_ 고토바 천황의 황자 마사나리雅成 친왕을 말한다.

464_ 고토바 천황의 황자 요리히토賴仁 친왕을 말한다.

土佐로 유배를 떠나게 되었다. 그 후 조큐 4년(1222) 4월에 연호가 바뀌었다. 5월에는 쓰치미카도인이 아와阿波로 거처를 옮겼다고 들었다. 세 상황과 두 친왕이 모두 먼 곳으로 귀양 갔으나 제대로 된 의식도 없었다고 사람들은 말했다.

조큐 3년(1221) 8월 16일에 대왕大王의 존호가 내려졌다.[465] 일본국에 아직까지 이러한 예는 없었던 것 같다. 한漢나라 고조高祖가 부친을 태공太公으로 삼은 예가 이와 비슷하다고 세상 사람들은 말했다. 천황의 모친인 국모에 대해서는 조오貞應 원년(1222) 4월 13일에 종삼위, 삼궁에 준한다고 했다. 그 이름은 진시陳子라고 한다. 그 전 해 봄에 출가한 신분으로 이러한 예는 없었던 것 같다. 다만 우대장 미나모토노 요리토모源賴朝의 미망인인 가마쿠라노니이鎌倉二位 마사코政子가 삼위로 서품받은 예가 그에 해당할 것이다. 어느 예를 선례로 한 것일까? 말세末世에는 이와 같은 일이 아무렇지도 않겠으나 말세란 참으로 슬픈 일이다. 조오貞應의 연호가 바뀐 것은 바로 이달 13일이다. 같은 해 7월 11일에 황후에 준하는 진시陳子의 호號가 정해지니 기타시라카와인北白河院이라고 한다. 조오 2년(1223) 5월 14일에 태상법황 고다카쿠라인後高倉院이 붕어하였다. 꿈처럼 허망하다. 천하는 상중喪中이었다. 조오 3년(1224) 6월 13일에 관동지방 장군의 후견 역할을 해온 호조 요시토키北條義時[466]가 사망하였다. 같은 달 17일 밤, 요시토키의 아들 무사시武藏 수령 호조 야스토키北條泰時[467]는 관동으로 내려갔다. 19일에는 요시토키의 동생 사가미相模

465_ 모리사다 친왕(守貞親王, 1179-1223)은 겐랴쿠建曆 2년(1212)에 출가한다. 그 후 조큐 3년(1221) 아들인 고호리카와 천황이 즉위하자 친왕에게 태상 천황이라는 칭호가 주어지고 원정을 하게 되니 그가 바로 고다카쿠라인後高倉院이다.

466_ 호조 요시토키(北條義時, 1163-1224). 이즈伊豆 지방의 호족으로 호조 도키마사北條時政의 둘째 아들이다. 막부의 2대 싯겐執權이었다.

467_ 호조 야스토키(北條泰時, 1183-1242). 2대 싯겐이었던 호조 요시토키의 첫째

수령 호조 도키후사北條時房[468]도 관동을 향해 내려갔다.

이처럼 천황 연대기 외에 진무 천황 때부터 재작년에 이르기까지 세상이 변해가는 도리를 한 차례 써보았다. 이 점을 명심해서 읽어야 할 것이다. 오직 가나假名로만 쓴 이유는 역시 도리를 생각하였기 때문이다. 이를 기록하려고 한 것은 우선 사물의 이치를 모르는 사람들 때문이다. 작금의 말세형상을 보건대 글을 쓰는 사람은 신분의 귀천, 승속僧俗을 불문하고 학문을 하는 이가 드물고 겨우 한문은 읽을 수 있으나 또한 그 의미를 깨달아 아는 이가 없다. 세속의 남자들은 기전紀傳,[469] 명경明經[470]처럼 배워야 할 것이 많지만 이해하지 못하는 것 같다. 또한 승려에게는 경론장소經論章疏[471]가 있지만 배우는 이가 적다. 『일본서기』를 비롯한 율령律令은 우리나라의 일이지만 지금은 조금이나마 이해할 수 있는 사람이 드물다. 가나로만 쓰면 일본말 본래의 모습이기에 한자와는 관련이 없다. 가나로 써도 역시 읽기 어려운 말이 있는데도 쓸데없는 일이라며 사람들은 이를 비웃는다. 쿵, 탁, 척, 꽝 등이 그런 말이다. 이런 말이야 말로 일본말의 본체이다. 사람들은 모두 이 말의 의미를 안다. 미천한 인부나 파수꾼마저도 이와 같은 말을 쉽게 화제로 삼아 많은 것을 이해한다. 이를 이상하다고 하여 쓰지 않으면 오직 한자만을 사용하게 될 것이다. 이 도리를 거듭 생각하여 덧붙여 쓴 것이다. 무엇보다 이 나라에 태어난 이상 적어도 일본의 풍습이 만들

아들이다. 3대 싯켄.

468_ 호조 도키후사(北條時房, 1175-1240). 호조 도키마사의 셋째 아들이다.

469_ 기전도紀傳道을 말하는 것으로 주로 중국사를 가르치던 학과, 또는 『사기史記』『한서漢書』 등의 중국 사서를 중심으로 배우던 학문을 일컫는 말이다.

470_ 『주역周易』『논어論語』 등의 유교경전을 배우는 학문, 또는 유학을 연구하는 학과를 일컫는 말이다.

471_ 석가의 가르침을 모아놓은 경經, 석가 이후 성현들의 사상을 서술한 논論, 경론의 해석서나 주석서인 장소章疏를 말한다.

어져 온 모습이나 세상이 변해 온 추이 정도를 분별하여 알지 못한다면 가치가 없다고 생각한다. 누락된 일이나 쓰고 싶은 내용이 많으며 이 글을 쓰는 내 마음속에 남아 있는 일이 많지만 실제로 써서 나타낸 일은 적다.

하물며 조금이라도 학식 있는 사람의 눈에는 부족해 보이겠지만 그렇게 쓰면 전체적인 문면이 너무도 방대해져 읽는 사람이 없을 것이다. 질릴 것 같아 모두 그만두었다. 또한 무익한 내용을 적었다고 하는 자가 있을 법하나 다 생각하는 바가 있다. 양식 있는 사람의 눈길이 머물 때에는 마음을 붙드는 단서가 되고 도리를 구분하는 길이 될 내용만을 적었다. 학식 있는 사람은 이에 흥미를 가지고 스스로 더욱 학문을 해야 한다. 더구나 사람들이 말하고 전하는 것은 모두 분명하지 않으며 변변치 못한 언변으로 진실의 취지를 빠뜨리는 일이 많으므로 그런 우려가 있을 법한 일은 적지 않았다. 이어지는 권들은 각 시대에 견주어서 읽어야 할 것이다.

본권의 끝 부분에서 4, 5대에 걸친 천황의 일을 더 써야겠다는 생각에 여백을 마련하여 이렇게 적으니 더 이상의 내용은 없을 거라고 여겨서 놓치고 지나가는 사람도 적지 않을 것이다. 책 끝 부분에 이렇게 가필하는 일이 있을 거라며 거듭 책을 펼쳐서 읽어볼 만큼 양식 있는 사람은 있을 법하지 않은 세상이다. 지금은 사람들의 마음이 좋아졌으니 이렇게 적는 것도 도리에 맞는 일이라고 생각해야 할 것이다.

구칸쇼 | 제3권

날이 바뀌고 해가 바뀌어도 세상의 도리道理만을 하염없이 생각하며 새벽녘 잠깬 늙은이의 소일거리로 삼는 사이 마침내 인생도 황혼에 접어들어 가고 있다. 오랫동안 세상사를 지켜봐 왔기에 예로부터 변해온 세상의 도리 또한 마음에 절절히 와 닿는다.

신들이 다스리던 시절[1]은 알 수 없으나 인간인 천황이 다스리기 시작한 진무神武 천황 이후를 백왕百王이라 하는데[2] 현재 84대 천황[3]이니 이제 그 수가 얼마 남지 않았다. 그런데 84대 동안의 역사 중에서 호겐保元의 난[4] 이후에 일어난 일과 『요쓰기世繼 이야기』[5] 이후의 일에 대해 기록한 사람은 거의 없다. 간간이 있다는 이야기는 들었지만 지금까지 볼 수 있는 기회를 얻지 못했다. 모두가 좋은 일만을 적고자 하는데 호겐 이후의 세상은 난세이니 만큼 상서롭지 못한 일만 있었기에 이를 꺼려하여 기록하지 않았기 때문이라고 어렴풋이나마 이해했다.

세상이 계속해서 변하고 스러지게 된 일련의 도리를 알리고 싶다고 늘 생각해왔다. 세상의 이치가 참으로 도리에 맞다고 본다.

1_ 가미요神代를 지칭한다. 신화 속 인물들이 다스리던 시기로 천황이 다스리는 진다이人代와 짝을 이루는 용어다.

2_ 백왕사상百王思想. 천황가의 통치가 백대百代에서 끝이 난다는 종말론으로 불교의 말법사상末法思想과 더불어 세상을 풍미했다.

3_ 84대는 준토쿠順德 천황이다.

4_ 본서의 배경이 되는 사건인 호겐의 난(保元の亂, 1156)을 말한다. 스토쿠崇德 상황의 황위 계승에 관한 불만과 섭관 후지와라藤原 가문 내부의 분열이 도바鳥羽 법황의 죽음을 계기로 무력충돌로 비화된 사건이다. 스토쿠 상황 쪽에는 후지와라노 요리나가藤原賴長와 미나모토노 다메요시源爲義, 다이라노 다다마사平忠正가 가담하고, 고시라카와後白河 천황 쪽에는 후지와라노 다다미치藤原忠通, 미나모토노 요시토모源義朝, 다이라노 기요모리平淸盛가 가담하여 양측이 격돌하였다. 고시라카와 천황 측이 승리하여 스토쿠 천황은 사누키讚岐로 유배되고 요리나가는 전사하였으며 다메요시와 다다마사 등은 참수되었다. 무사 세력의 부상과 귀족 세력의 무력함이 드러나게 됨으로써 무가武家 정권이 성립되는 계기가 되는 사건이다.

5_ 『오카가미大鏡』를 지칭한다.

그러나 세상 사람들은 그리 생각하지 않고 도리를 저버리려는 마음만 가지니 세상은 점점 어지러워지고 평화롭지 못하게 되는 것이다. 이 어지러운 세상을 걱정하는 마음을 위로하고자 이 글을 쓴다. 1권과 2권에 황제연대기가 있으니 함께 보면서 그 뜻을 깊이 이해하기 바란다.

진무神武 천황에서 세이무成務 천황까지 13대 동안은 각 천황의 아들이 보위를 이었다. 그런데 제14대 주아이仲哀 천황은 게이코景行 천황의 손자로서 즉위했다. 왜냐하면 세이무 천황은 자식이 없어 세이무 48년[6]에 주아이를 동궁으로 세웠기 때문이다. 게이코 천황에게는 쌍둥이 아들이 있었는데 그 중 동생이 야마토타케루노미코토日本武尊다. 야마토타케루노미코토는 서른 살에 하얀 새가 되어 하늘로 날아올라 사라졌다고 하며 주아이는 그 아들이다.

주아이 천황의 비妃는 진구神功 황후다. 이 황후는 가이카開化 천황의 5대손인 오키나가노 스쿠네息長宿禰의 딸이다. 황후는 주아이 천황 붕어 후 그 가르침[7]에 따라 남장을 하고서 신라, 고려, 백제 삼국을 정벌했다. 당시 진구 황후는 오진應神 천황을 잉태하고 있었는데 뱃속의 아이에게 당분간 태어나지 말라고 말했다. 전쟁이 끝난 후 쓰쿠시筑紫에 돌아와 산실産室의 홰나무를 붙잡고 오진 천황을 낳았다. 진구 황후는 주아이 천황이 붕어하자 오진을 동궁으로 세워 69년 동안 수렴 청정하면서 세상을 다스린 후, 오진 천황 즉위 41년 째 되는 해에 110세의 나이로 운명했다. 주아이 천황은 신탁에 따라 신라와 다른 나라를 정벌하고자 쓰쿠시로 출정했다가 돌연히 붕어했다.

6_ 세이무 천황의 생몰년이 미상이므로 언제 쯤인지 알 수 없다.

7_ 본문에는 주아이 천황의 가르침으로 되어 있으나 정확하게는 "주아이 천황이 받은 신탁에 따라"로 번역하는 것이 옳다. 『렌추쇼』와 비교할 때 본문에 누락된 문장이 있을 가능성이 농후하다.

우선 이때까지의 정황을 살펴보면 가장 도리에 충실했던 것은 13대 세이무 천황 때까지로 천황의 지위는 아버지에게서 아들로 이어졌다. 오로지 천황 한 사람이 세상을 통치하였으니 보좌하는 신하가 없어도 모자람이 없었다. 주아이 천황 때에 이르러 국왕에게 아들이 없을 경우 손자를 즉위시키는 도리가 생겨났다. 그렇게 즉위하게 된 주아이 천황은 신의 말씀을 받았지만 그 뜻을 이루지 못한 채 돌연 붕어했다. 이 갑작스런 죽음은 그 무렵 주아이 천황이 신의 가르침을 종종 믿지 않게 되었기 때문이라고 생각한다. 황후는 황자를 잉태한 채 여자의 몸으로 대장군 역할을 하며 전투를 치뤄냈다. 황자 출생 이후 60년 동안 국왕의 역할을 수행했다.

이 사실은 무엇이든 특별히 정해진 규칙이 없다는 바를 어렴풋이 알려준다. 즉 남녀의 성별보다 천성의 기량을 먼저 생각해야 하는 도리, 또는 어머니 황후가 생존해 있는 동안에는 무엇이든 어머니의 뜻에 맞추어 효도해야 하는 도리도 있음을 보여준다. 말세를 살아가는 후대 사람들에게 이러한 도리를 알려주기 위해 주아이 천황이 갑작스럽게 붕어하고 재능있는 황후와 효심있는 아들이 나타나도록 모든 내적, 외적 인연들이 작용한 것이다. 그러나 이처럼 도리의 다양한 관계를 깨닫는 사람은 없다. 또한 세이무 천황 전대인 게이코 천황 때에 처음으로 대신을 두어 다케노우치노 스쿠네武內宿禰를 대신의 자리에 임명했다. 이 또한 신하가 나타날 도리가 있었음을 의미한다. 다케노우치 대신은 제8대 고겐孝元 천황의 손자의 손자다.

오진 천황 이후 세이네이清寧 천황까지 8대 천황의 재위 동안에는 천황의 아들이 왕위를 계승하였다. 닌토쿠仁德 천황의 아들은 무려 세 명이 보위에 올랐다.[8] 그러나 세이네이 천황 다음에 즉위

8_ 리추履中, 한제이反正, 인교允恭 천황을 가리킨다.

한 겐조顯宗 천황은 리추履中 천황의 손자였다.

우선 닌토쿠 천황이 보위에 오른 경위부터 살펴보자. 오진 천황 붕어 후, 오진 천황이 생전에 동궁으로 책봉했던 우지宇治 태자[9]가 마땅히 즉위해야 했다. 그러나 우지 태자는 닌토쿠 천황이 자신의 형이었기 때문인지 형인 닌토쿠에게 즉위하라고 말했다. 그러자 닌토쿠 천황 쪽에서도 우지 태자가 먼저 즉위해야 한다며 어찌 이런 일이 있을 수 있겠느냐고 했다. 서로 보위에 오르겠다고 다투는 경우는 있어도 이처럼 자신이 보위에 오를 수 없다며 논쟁하는 일은 드물다. 이렇게 3년의 세월이 흐르자 우지 태자는 국왕 없이 논쟁만 하며 세월을 보내는 것은 백성들에게 좋지 않으니 스스로 목숨을 끊겠다고 말한 후 세상을 하직했다. 닌토쿠 천황은 이 소식을 듣고 어찌할 바를 모르며 황망해했다. 3일째 되는 날, 우지 태자는 다시 소생하여 닌토쿠 천황과 이야기를 나누고서 마침내 운명했다. 그 후 닌토쿠 천황이 즉위하여 87년간 나라를 다스렸다.

이 일화는 우리의 상상을 초월하며 그 뜻을 말로 표현하는 것은 불가능할 정도다. 자신을 버리고 타인을 생각하는 것은 인간의 참된 도리라 일컬어진다. 역사는 우지 태자의 마음의 깊이를 드러내기 위해 그를 태자로 삼은 것이 아닐까 생각된다. 오진 천황은 분명 자신의 뒷일을 도리에 비추어 생각하였을 것이다. 이것이야말로 일본의 정법正法[10] 시대다.

그 뒤 닌토쿠 천황의 아들 세 명이 즉위했다. 다케노우치武內 대신은 닌토쿠 천황 때까지도 살아 있었다. 284세에 세상을 떠났는

9_ 우지노와키이라쓰코菟道稚郎子를 말한다.

10_ 불교 시대 구분의 하나. 석가모니 열반 후 오백 년, 또는 천 년을 지칭하며 이 시기에는 석가모니의 바른 가르침이 행해진다. 이후 상법, 말법으로 이어지는데. 여기서는 불교 용어를 빌어 천황가의 황통이 바르게 이어졌던 시기를 상징하고 있다.

데 어디에서 운명했는지는 전해지지 않는다. 닌토쿠 천황의 아들 리추履中, 한제이反正, 인교允恭 천황의 경우 형이 아우에게 왕위를 물려주었다. 그러나 안코安康 천황은 인교 천황의 차남이었는데도 장남인 동궁을 죽이고 보위에 올랐다. 훌륭한 닌토쿠 천황의 손자가 닌토쿠 천황을 전혀 닮지 않았으니 슬프고도 어이없는 일이다. 결국 3년 뒤 안코 천황은 의붓아들 마요와오眉輪王[11]에게 살해당했다. 당시 일곱 살이었던 마요와오는 곧 바로 쓰부라圓 대신의 집으로 도망쳤으나 그곳에서 마요와오와 쓰부라 두 사람 모두 죽임을 당했다. 불과 2, 3년에 걸친 혼란이었으나 이 또한 역사의 서두에서 말세에 나타날 일을 미리 보여주기 위하여 나타낸 것일까?

마요와오의 부친 오쿠사카大草香 황자는 안코 천황의 동생[12]이다. 안코 천황은 동생을 죽이고 그 부인을 취하여 황후로 삼았다. 어느 날 안코 천황과 황후는 누각 위에서 즐겁게 담소를 나누고 있었다. 안코 천황은 의붓아들 마요와오가 어른이 되면 자신을 미워할 것이라며 염려했다. 마침 누각 밑에 있던 마요와오는 이 말을 듣고 곧 바로 뛰어 올라가 술에 취한 채 어머니의 무릎에 누워 있던 안코 천황의 목을 옆에 놓여 있던 칼로 내리쳤다. 그리고 쓰부라 대신의 집으로 도망쳤다고 한다. 이 사건은 거듭 그 의미를 곱씹어 생각해 볼 필요가 있다.

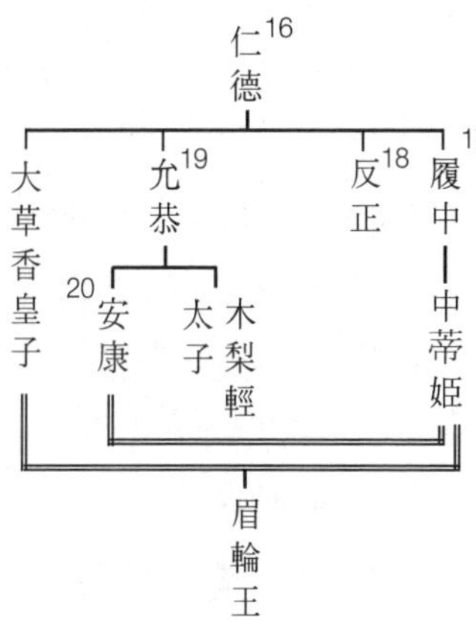

이어서 안코 천황의 동생인 유랴쿠雄略 천황이 즉위하여 세상을

11_ 마요와오는 황후가 데리고 온 아들이기에 의붓아들이라 표현했다. 안코 천황은 숙부인 오쿠사카大草香 황자를 죽이고 그 부인을 황후로 삼았다.

12_ 동생으로 표기되어 있으나 숙부가 옳다.

다스렸다. 유랴쿠 천황의 아들 세이네이淸寧 천황이 그 뒤를 이었다. 이 천황에게는 아들이 없어서 리추 천황의 손자 두 명을 양자로 맞이한 후 형인 닌켄仁賢 천황을 동궁으로, 동생인 겐조顯宗 천황을 황자로 삼았다. 두 사람은 안코 천황 때 난리를 피해 하리마播磨[13]와 단바丹波[14]로 도망가 있었는데 결국 찾아내서 동궁과 황자로 삼았던 것이다. 세이네이 천황이 붕어하자 형인 동궁이 즉위해야 했으나 동궁은 동생인 겐조 천황에게 양보하며 강력히 고사했다. 서로 뜻을 굽히지 않았으니 왕위는 정해지지 않았고 그 누이가 2월에 즉위하였다. 그러나 누이는 그 해 12월[15]에 붕어했기 때문에 그런 것인지 일반적으로 연대기에는 이 인물의 이름이 보이지 않으며 사람들도 잘 모른다. 그가 바로 이토요飯豊 천황이다. 또한 이 해는 갑자甲子년이라고 한다.

그리하여 이듬해인 을축乙丑년 정월 1일에 겐조 천황이 즉위했다. 동궁인 형을 두고 황자인 동생이 즉위한 것은 군신들이 지나치게 양보만 하는 것은 좋지 않다며 동생 겐조 천황에게 간곡히 권유하였기에 겐조 천황이 형과 신하들의 의견에 따른 것이다. 그러나 불과 3년 만에 붕어했고 동궁이었던 닌켄 천황이 그 뒤를 이어 11년간 치세했다.

이 일을 생각해 보건대, 형제에게 천황이 될 운이 각각 있었는데 동생은 수명이 짧고 형은 수명이 길었으니 그 운명에 따라 동생이 먼저 즉위했던 것이다. 사람의 수명과 전생의 업은 반드시 일치하는 것은 아니다. 말세가 되면 왕위보다 낮은 관직과 위계에서도 이와 같은 도리가 나타난다.

한편 닌켄 천황의 태자였던 부레쓰武烈 천황은 이루 말로 형용

13_ 현재의 효고兵庫 현 남서부에 해당한다.

14_ 현재의 교토 중부와 효고兵庫 현 동부에 해당한다.

15_ 『약기略記』에 의하면 11월이 맞다.

할 수 없을 정도로 악독한 군주였다. 열 살에 즉위하여 열여덟 살 때까지 재위했는데 재위 기간 동안 신하들은 한탄하는 것 외에 달리 방법이 없을 정도였다. 게다가 후사를 남기지 못한 채 운명했으니 왕위를 이을 사람이 없어 세상의 근심거리가 되었다. 신하들이 모여 논의한 후 에치젠越前 지방에 있던 오진 천황의 5대 손을 찾아서 즉위시켰다. 이 천황이 게이타이繼體 천황이었으니 전대前代 천황들보다 오래도록 25년간이나 치세했다. 오랫동안 지방에 있었기 때문에 백성들의 삶을 잘 헤아렸으니 치세 기간 동안 세상이 특히 평화로웠다.

게이타이 천황의 황자 세 명은 모두 즉위했다. 안칸安閑, 센카宣化, 긴메이欽明 천황이 그 아들이다. 그 중 두 형은 재위기간이 짧았다.[16] 긴메이 천황 때 처음으로 불교가 일본에 들어와서 이 천황 치세 말기 무렵에 쇼토쿠 태자가 손자로 태어난 이후 일본은 지금껏 불법佛法의 보호 아래에 있다.

닌토쿠 천황이 87년간 치세한 후 리추 천황에서 센카 천황에 이르기까지 12대 천황의 치세는 그 기간이 너무 짧았다. 오직 42년간 치세한 인교 천황만이 오랜 기간 나라를 다스렸다. 이 12대 천황의 치세 기간 동안에는 안코 천황이나 부레쓰 천황의 치세 때처럼 상서롭지 못한 시절도 있었다. 겐조와 닌켄, 두 천황은 닌토쿠 천황과 우지 태자의 관계를 연상하게 할 만큼 훌륭했으나 그 재위 기간이 짧았다.

생각해 보건대 이 시대는 하나의 기간, 하나의 단계를 이루고 있으며 세상이 쇠해 가는 분기점이라 여겨진다. 인간이 천황에 즉위하여 다스리기 시작한 이래 세이무成務 천황 때까지는 계속해서 황자들이 부친의 뒤를 이었으니 이는 정법正法의 시대라고 할 수

16_ 안칸 천황은 2년, 센카 천황은 4년간 치세했다.

있다. 주아이 천황의 경우는 처음으로 천황의 손자가 즉위했다. 또 진구 황후는 가이카 천황의 5대 손으로 첫 여제女帝였다. 오진 천황이 즉위하던 때에 일본은 이미 신들이 다스리던 때의 풍조를 잃어버렸으며 사람들의 마음은 그저 악해지고 세상의 기운은 스러지기만 할 것이라고 생각하여 불교가 들어올 때까지 일본을 지키려고 노력했다. 그러나 그 후 대대로 천황들의 수명은 짧아지고 인교 천황과 유랴쿠 천황 때에는 대가 끊겨 황통을 찾아내서 즉위시켜야 하는 형국이 되었다. 그 뒤 불교가 들어오고 천황 혼자서는 세상을 다스리기가 어려워 여제女帝 스이코 천황은 쇼토쿠 태자를 동궁으로 삼고 세상을 다스렸다. 스슌崇峻 천황이 암살되는 일도 있었으나 36년간 치세했다. 쇼토쿠 태자는 열여섯의 나이로 소가노 우마코蘇我馬子 대신과 합심하여 불교를 받아들이려 하지 않는 모노노베노 모리야物部守屋 대신을 싸워서 물리치고 불법을 일으켰다. 그때 이후 지금까지 불법은 융성해 있다.

그런데 스슌 천황을 살해한 소가노 우마코 대신은 아무런 벌을 받지 않았을 뿐 아니라 마치 선행이라도 한 것처럼 처리되었는데 이 일이 어찌 된 일인지 옛날 사람들도 이상히 여겨 이러쿵저러쿵 이야기했던 것 같다. 요즘 사람들도 이 사건에 대해서는 이해해야 한다. 당시까지만 해도 일본에서는 국왕이 살해당한 경우가 거의 없었다. 또 그런 일이 일어나서는 안 된다고 엄격하게 정해져 있었다. 그럼에도 불구하고 유독 스슌 천황과 안코 천황은 살해당했다. 안코 천황은 일곱 살짜리 의붓아들 마요와오에게 죽임을 당했는데 마요와오 역시 바로 그때 죽임을 당했으니 어쩔 도리가 있겠는가? 안코 천황에게 마요와오는 의붓자식이었으나 마요와오에게 안코 천황은 친부의 원수였으니 그 도리가 분명했다. 안코 천황은 동궁으로 즉위할 예정이었던 형을 죽이고 즉위했을 뿐 아니라 즉위한 지 채 일 년도 안 지나서 마요와오의 부친을 죽이고 그 어머니를 취했다. 안코 천황의 경우에는 내부적으로 분명한 다툼이 있었고 이런 흉측한 일도 저질렀으니 그가 살해당한 이유를 이해하지 못할 것도 아니다.

그러나 스슌 천황이 살해된 상황은 조금 다르다. 당시 대신이었던 우마코는 스슌 천황이 자신을 죽이려 한다는 사실을 알아차리고 먼저 스슌 천황을 죽인 것이다. 그런데 벌하지도 않고 그냥 놔두어도 된다는 것인가? 쇼토쿠 태자 때의 일이었는데 태자는 무슨 까닭인지 아무런 조치도 취하지 않았으며 게다가 그런 우마코와 한 마음이 된 것은 생각해보면 참으로 이해할 수 없는 일이다. 그러나 이런 일이 있었다고 하여 이후에 천황 살해의 선례로 생각하는 풍조가 생겨난 것은 전혀 아니다.

이 일을 깊이 생각해보건대 그 의미는 결국 다음 두 가지에 있다고 생각한다. 첫째는 불법을 통해 왕법을 지키기 위함이다. 즉 불법이 일본에 건너온 이상 불법 없이는 왕법이 있을 수 없다는 이치를 보여주기 위해서다. 그리고 두 번째는 사물의 도리에는 일정한 경중輕重이 있으며 무거운 것을 얻기 위해 가벼운 것을 버린다는 이치를 드러내기 위함이다. 두 가지 이치를 분명히 보여주고 있는 것이 바로 이 사건이다. 이런 이치를 드러낸 사람이 관음보살의 화신인 쇼토쿠 태자이니 그 의미는 보다 분명하게 이해된다.

그 까닭은 다음과 같다. 중생을 구제하기 위해 인간의 몸을 빌려 태어난 존귀한 분이라며 보살의 환생이라 칭송하는 것은 쇼토쿠 태자가 죽은 다음이다. 그토록 뛰어났던 쇼토쿠 태자도 역시 생전에는 보통의 인간으로 여겨졌다. 어릴 적에는 어린애 같은 행동도 했으나 겨우 열여섯의 나이에 바야흐로 불법을 멸하고자 했던 모리야를 없앤 것이다. 연장자로 당시 막강한 권세를 가졌던 우마코 대신이 한 마음으로 일을 도왔기에 태자에게 결정적인 힘이 되었던 것이다. 우마코 대신은 불법에 귀의한 대신으로서 모범됨이 분명하다. 덕은 조금도 없으면서 단지 긴메이 천황의 아들이라는 이유만으로 제왕의 자리에 오른 스슌 천황은 그런 우마코 대신을 죽이려 하였으니 자신이 죽임을 당하기 전에 불법을 믿는 신앙의 힘으로 우마코 대신이 천황을 죽인 것이다.

이는 불법이 전래된 이상 불법을 떠나 왕법만이 존재할 수는 없다는 도리를 나타낸다. 그렇다고 하여 모리야가 이 나라의 불법을 파멸시켰으니 죽어 마땅하다고 여겨서는 안 된다. 불법과 왕법을 적대적인 관계로 상정하여 모리야를 죽인 불법이 이겼다고 말하는 것은 불법에 오히려 폐가 되는 일이다. 모리야를 죽인 것은 불법이 아니다. 왕법이 나쁜 신하를 없앤 것이다. 왕법을 위해 보물을 없앤 것이다. 일의 앞뒤를 정연히 설명할 수 있을 때 비로소 참된 도리라 말할 수 있다.

다음으로 세상 도리의 경중에 대해 언급하고자 한다. 스슌 천황의 뒤를 이어 즉위한 스이코推古 천황은 비다쓰敏達 천황의 황후였는데 이들은 모두 긴메이 천황의 자식으로 오누이 사이였다. 어떻게 동생을 부인으로 맞이할 수 있는지 의아하겠지만 당시만 해도 오누이의 혼인을 금하지 않았다. 이를 금하는 풍습은 후에, 특히 불법이 들어온 이후에 생겨난 것이다. 진구 황후神功皇后의 선례가 있었으니 스슌 천황 붕어 후 스이코 천황이 곧바로 즉위한 것은 당연한 일이다.

여기서 잠시 요메이用明 천황 때로 이야기를 거슬러 올라가자. 비다쓰 천황이 붕어하자 쇼토쿠 태자의 부친 요메이 천황이 적임자로 추대되어 왕위에 올랐다. 그러나 재위기간은 2년으로 매우 짧았다. 쇼토쿠 태자는 이를 미리 알고 있었던 듯 하나 스슌 천황을 견제할 만한 방법은 미처 알지 못했다. 요메이 천황에 이어 스슌 천황이 즉위할 때 쇼토쿠 태자는 스슌 천황이 오래 재위할 관상이 못 되며 일신에 칼부림이 있겠고 눈에 이러저러한 상이 있다고 말했다. 그러나 스슌 천황은 이 말을 믿지 않았다. 그리고는 멧돼지 새끼를 죽이면서 자신을 싫어하는 자는 언젠가 이 멧돼지처럼 죽일 것이라고 말했다. 이 천황이 붕어하게 되면 스이코 천황이 즉위하여 쇼토쿠 태자가 집정을 맡아야 했다. 즉 당시는 불법이 왕법을 지켜야 한다는 준엄한 도리가 작용하지 않을 수 없는 상황이었다.

그러니 세상 사람들은 우마코 대신이 스슌 천황을 죽인 것은 잘 한 일이라고 생각했을 것이다. 확실히는 모르겠지만 스이코 천황의 의중 또한 영향을 주었을 것이라는 추측 또한 그럴 만하다. 불법과 왕법의 두 도리가 이와 같이 완벽히 일치했기 때문에 쇼토쿠 태자는 마땅히 그래야 한다고 생각하며 신하가 하는 일을 조용히 지켜보았을 것이다. 이와 같은 도리에 의한 것이기에 당연한 일이라고 명확하게 이해된다. 이처럼 이후에도 불법과 왕법의 관계는 좋지 않았던 적이 한 번도 없었다. 그러나 이런 사건이 있었다고 하여 천황을 시해하고자 마음먹은 사람은 없었으며 또한 말로써 회자하기에 조심스러운 사건이니 만큼 사람들도 함부로 떠들어대지 않았다. 만약 이 사건의 시비를 논한다면 앞서 언급했던 도리가 분명하다는 것을 이해할 수 있을 것이다. 우마코를 처벌하는 것은 이 불상사를 그저 보통의 불행한 사건으로 처리하는 것을 의미하니 이는 원하는 바가 아니었을 것이다.

그 의미를 깊이 헤아려야 할 것이다. 쇼토쿠 태자와 같은 인물이 부친 요메이 천황이 붕어했는데도 어찌 장례를 주관하지 않고 모리야의 목을 치고 사람을 죽이며 수없이 전투를 한 후에 장례를 치렀겠는가? 불도가 방해를 받고 있으니 이를 우선 처리하고 그 다음에 장례를 치르고자 함이었으며 그 도리야말로 참으로 훌륭하다. 쇼토쿠 태자는 보살이 환생하여 태어난 분인데 어찌 좋지 않은 선례를 남기겠는가? 만약 말세에 이와 같은 일이 일어났다면 안 좋은 선례로 남았을 것이다. 그러나 쇼토쿠 태자 생존시에 이런 일은 없었다. 태자 생전에 일이 이렇게 되었으니 그것이 상서롭지 못한 예가 되었을 리가 없다.

또 이 사건은 앞서 언급했던 논리로 이해해야 한다. 무릇 이 정도 일로 처벌을 한다면 이 일을 세상 보통의 인과因果와 도리로 이해하게 되니 진정한 도리에 맞추어 이해할 수 없게 된다. 스슌 천황과 같은 국왕은 살해되는 것이 오히려 마땅한 도리였기에 지금까지 사람들이 문제삼지 않았던 것이다. 이렇게까지 참된 도리가 다급해졌다는 것은 시기적으로 중요한 때이니 만큼 지금도 그렇지만 모든 일을 조심하고 근신해야 한다. 말세에 즉위한 천황은 몸이 지극히 병약하기 마련인데 이는 천황에게 죄가 미치지 않도록 아마테라스오카미天照太神가 지극히 계획한 것이다.

그 후 신하의 가문이 생겨나서 신하가 세상을 다스리는 시대가 열렸는데 아마테라스오카미는 이미 이 전에 가스가 대명신春日大明神[17] 아마노코야네노미코토天兒屋根命에게 같은 궁궐에 있으면서 천황을 잘 경호하도록 허락했다. 그리하여 신하가 천황을 보필하는 시기가 오자 후지와라노 가마타리藤原鎌足가 쇼토쿠 태자의 뒤를 이어 가스가 대명신 집안에서 태어난 것이다. 가마타리는 여제女帝 고교쿠皇極 천황 때 동궁이었던 덴지天智 천황과 모의하여 세치에節會 장소에서 당시 멋대로 정치를 하고 있던 이루카入鹿의 목을 몸소 칼로 벴다.

이 사건을 통해 다음과 같은 사실을 이해할 수 있다. 즉 오직 천황의 위세만으로는 이 나라를 다스릴 수 없으며 천황의 힘으로만 나라를 다스리게 되면 혼란이 있을 뿐이니 천황의 힘에 신하들의 의견과 불법의 힘이 합쳐져야 한다는 것이다. 이는 신의 이러한 뜻

17_ 나라奈良에 있는 가스가 신사春日神社의 신으로서 후지와라 가문의 씨족 신이다. 가스가 신사는 아마노코야네노미코토天兒屋根命를 비롯한 네 명의 신을 모신다.

을 분명히 알 수 있는 첫 번째 사건이다. 그렇기 때문에 오늘날에 이르기까지 불법의 힘과 신하의 협력을 통해 통치하고 있는 것이다.

고교쿠 천황은 비다쓰 천황의 증손으로 조메이舒明 천황의 황후가 되어 덴지 천황을 낳았다. 덴지 천황이 동궁으로 책봉된 뒤 조메이 천황이 붕어하자 고교쿠 천황이 뒤를 이어 즉위했다. 이는 진구 황후의 선례를 따른 것이라고 확신한다. 고교쿠 천황의 뒤를 이어 덴지 천황이 즉위하는 것이 마땅했으나 덴지 천황의 숙부이자 고교쿠 천황의 동생인 고토쿠孝德 천황이 먼저 왕위에 오를 운과 덕이 있었는지 즉위했다. 고교쿠 천황은 재위 10년 후에 사이메이齊明 천황으로 다시 즉위하여 7년간 치세했다. 중조重祚[18]의 선례가 이때에 비롯되었다.

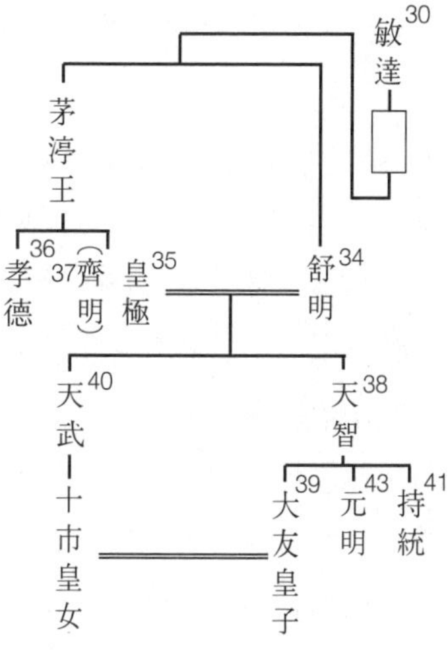

효심이 깊었던 덴지 천황은 모친이 세상을 떠나자 7년이나 지난 뒤에 즉위했다. 대직관 가마타리는 정치를 잘 보좌하여 처음으로 후지와라藤原 성을 제수받고 역시 처음으로 내대신內大臣을 역임했다. 덴지 천황은 10년간 치세했다. 덴지 천황 재위 8년째 되는 해에 가마타리가 세상을 떠났는데 천황은 이 때 친히 방문하여 눈물을 흘리며 이별을 슬퍼했다. 그 마음이 참으로 고맙고도 황송하다.

덴지 천황의 뒤를 이어 그 동복同腹 동생으로 동궁이었던 덴무天武 천황이 왕위를 이을 예정이었다.[19] 그런데 덴무 천황은 당시

18_ 중조重祚는 두 번 왕위에 오르는 것을 의미하는데 고쿄쿠(사이메이) 천황과 고켄(쇼토쿠) 천황이 천황의 자리에 두 번 올랐다.

태정대신이었던 덴지 천황의 아들 오토모大友 황자가 옳지 않은 마음을 품고 있다는 사실을 알았는지 왕위를 포기하고 출가하여 요시노吉野 산에 칩거했다. 덴지 천황은 이를 알고 크게 슬퍼하며 붕어했다. 덴지 천황 붕어 후 오토모 황자는 군대를 일으켜 요시노 산을 공격하려고 했다. 이 때 오토모 황자의 부인이었던 덴무 천황의 딸은 부친이 곧 죽을 것을 슬퍼했는지 요시노 산에 공격이 있을 것임을 몰래 알려주었다고 전해져 내려온다.

이 소식을 들은 덴무 천황은 생각에 잠겼다.

'이게 어찌된 일인가? 어쩔 수 없다는 생각에 자진해서 출가하여 칩거하였거늘 나를 공격해 오다니…'.

이윽고 요시노 산을 내려와 출가의 몸에서 환속하여 아마테라스오카미를 참배한 후 미노美濃, 오와리尾張의 군사들을 불러일으켰다. 덴무 천황은 오토모 황자가 진을 치고 있는 오미近江 지방을 공격하여 승리한 후 오토모 황자의 목을 베고, 황자와 같은 편이었던 당시 좌우대신 역시 목을 베거나 또는 귀향 보냈다. 그리고 그 즉시 왕위에 올라 15년간 세상을 다스렸다. 그 사이 가마타리의 자손들은 보좌의 임무를 다하였다. 단카이공淡海公 후지와라노 후히토藤原不比等만은 아직 너무 어려서 보좌를 하지 못했을 것이다.[20] 이처럼 이 책에서는 역사의 정도正道가 무엇인지 그 흐름을 따라 차근차근 밝히고자 하니 역사에 대해 널리 알고자 하는 사람은 잘 생각하면서 이 책을 읽기 바란다.

덴무 천황은 그 인품이 참으로 뛰어나다. 자신이 왕위를 계승하면 무익하다고 여긴 것이 우지宇治 태자와 비슷하다. 그러나 겸손

19_ 덴지 천황이 즉위하자 덴무 천황은 황태제皇太弟로서 정치를 보필하였다. 그러나 덴지 천황의 아들이 성장하여 태정대신이 되자 후계자 문제가 불거지게 되었다.

20_ 후지와라노 후히토는 덴무 원년(673)에 열다섯 살이었다.

한 태도를 받아들이지 않는 사람을 만났을 때에는 그런 자가 다스리면 나라가 망한다며 마음을 강하게 먹고 전쟁을 승리로 이끈 당 태종[21]과 다르지 않다. 이런 기량이 있었기에 그랬는지 덴지 천황조차 아들 오토모 황자를 제쳐두고 덴무를 다음 천황으로 생각했다. 덴지 천황의 유언은 온전히 이치에 맞았으니 그 뒤 덴지 천황의 딸 지토持統와 겐메이元明, 두 여제女帝가 즉위했다.

덴무 천황 다음에는 지토 천황이 뒤를 이었다. 여제 지토 천황은 덴지 천황의 차녀로 덴무 천황의 비妃가 되어 구사카베草壁 황자를 낳았다. 구사카베 황자를 동궁으로 세우고 선례에 따라 모친 지토 천황이 즉위했다. 그러나 얼마 안 있어 구사카베 황자가 운명했으니 지토 천황은 이를 슬퍼하며 구사카베 황자의 아들을 동궁으로 삼았다. 그가 바로 몬무文武 천황이다.

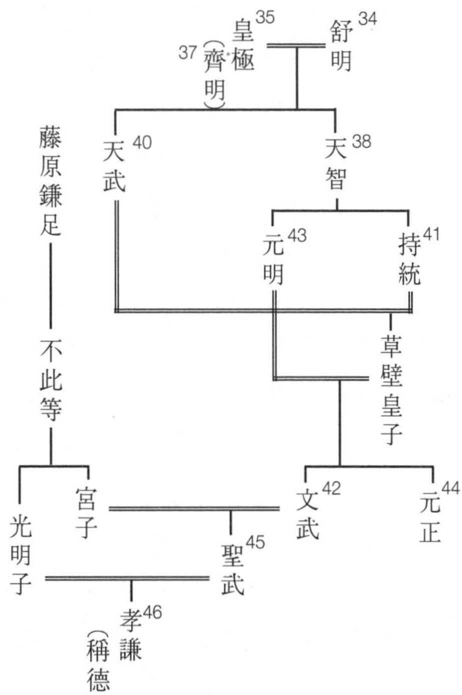

몬무 천황 때 연호가 다이호大寶[22]로 정해졌으며 이후 지금까지

21_ 당 태종(599-649). 이름은 이세민李世民이다. 청나라 강희제와 더불어 중국 역사상 가장 정치를 잘 한 황제로 일컬어진다. 아버지 당 고조를 도와 수나라 말기의 혼란을 수습하고 황태자인 형을 죽인 후 황제가 되어 당나라의 기초를 확립하였다. 율령체제를 정비하고 중앙집권을 강화하였다.

22_ 다이호大寶는 일본의 연호로 701년에서 704년까지를 가리킨다. 이 시대에 재위한 천황은 몬무文武였다.

끊이지 않고 연호를 정하여 쓰고 있다. 몬무 천황은 양위 후 태상천황太上天皇이라는 존호를 받았는데 태상천황의 칭호는 지토 천황 때에 비롯되었다.

몬무 천황의 아들 쇼무聖武 천황이 태어난 후에도 두 여제가 몬무 천황의 뒤를 이었다.[23] 바로 겐메이元明 천황과 겐쇼元正 천황이다. 겐메이 천황은 덴지 천황의 딸로 몬무 천황의 모친이다. 겐쇼 천황은 몬무 천황의 누이이며 그 모친은 겐메이 천황이다. 그간 쇼무 천황은 동궁의 자리에 있었으며 모친은 가마타리의 손자인 후히토不比等 대신의 딸[24]이었다. 이때부터 가마타리의 자손들은 모든 천황의 어머니가 되었다. 물론 후궁 중에는 자연스럽게 다른 성을 가진 사람도 섞이게 되지만 오늘날에 이르기까지 오직 후지와라 성을 가진 사람만 국모가 되었다.

쇼무 천황은 동궁으로서 세상을 다스렸다. 겐메이 천황 때에는 아직 비록 어렸으나 나중에는 국사를 돌보았다. 그리고 겐쇼 천황 때에는 오로지 동궁의 뜻대로 정치를 했으니 이 때 모든 신하들에게 홀대를 들게 하고 여인들의 복장을 정했으며 승려 제도를 정비했다.

요로養老 8년(724) 갑자년 2월 4일 갑오일, 쇼무 천황은 25세의 나이로 대극전大極殿에서 즉위했다. 25년간 치세했으며 그 치세 때 불교가 번성했다. 기비吉備 대신과 겐보玄昉 승정僧正[25] 등이 당나라

23_ 몬무 천황이 사망했을 때 쇼무 천황은 아직 너무 어려서 즉위할 수 없었다. 어린 손자에게 보위를 넘겨주기 위해 겐메이 천황이 즉위하였다. 겐쇼 천황 역시 다른 강력한 왕위 후보자를 막고 쇼무 천황의 성장을 기다리기 위해 즉위한 것으로 추정된다.

24_ 쇼무 천황의 어머니는 후지와라노 미야코이며, 후지와라 씨가 외척으로 세력을 갖는 데에 중요한 역할을 하였다.

25_ 겐보 승정(玄昉僧正, ?-746). 나라시대의 승려로서 요로 원년(717), 당에 건너가서 법상法相을 배운 후 경론 5천여 권을 가지고 귀국하여 고후쿠지興福寺에서 법상종을 전수하였다. 승정이 되어 궁중에서 기비노 마키비와 더불어 권

로 건너가서 5천 권의 일체경一切經[26]을 가지고 일본으로 돌아왔다. 도다이지東大寺[27]가 건립되었으며 교키行基 보살[28]은 전국에 고쿠분지國分寺[29]를 지었다.[30] 이와 같은 사실로 이 시기에 불법이 널리 번성하였다는 것을 알 수 있다. 이 천황에게는 황자가 없었기 때문에[31] 황녀에게 왕위를 양위했다. 덴표쇼호天平勝寶 원년(749)에 고켄孝謙 천황에게 양위한 후에 쇼무 천황은 8년 동안 생존했다. 고켄 천황 치세 때 도다이지에 참배하기 위해 하치만八幡 대보살이 우사宇佐에서 나라奈良로 올 것이라는 신탁이 있었다. 이 때 태상천황과 천황, 황후는 모두 도다이지에 나타났다고 한다. 궐에 천하태평이라는 글자가 저절로 나타났다.

쇼무 천황은 양위 후 8년간 태상천황으로 있었다. 고켄 천황은 쇼무 천황 붕어 후 그 유언에 따라 덴무 천황의 손자인 니타베新田部 친왕[32]의 아들인 후나도오道祖王[33]를 동궁으로 책봉했다. 그런데

력을 잡았으나 745년 쓰쿠시筑紫 간세온지觀世音寺로 좌천되었다.

26_ 경장經藏, 율장律藏, 논장論藏의 삼장三藏 및 그 주석서를 포함한 불교 경전의 총칭이다. 대장경.

27_ 나라奈良 시에 있는 화엄종의 대본산이다. 남도칠대사南都七大寺 중 하나다. 쇼무聖武 천황의 발원으로 창건되었다.

28_ 교키(行基, 668-749). 나라 시대의 승려로서 15세에 출가하였다. 전국을 돌아다니며 포교 활동을 펼쳐 그를 따르는 자가 천 명에 이르렀으며 보살로 불렸다고 한다. 절을 짓고 제방, 다리 등을 만드는 등 사회사업을 하였다. 처음에는 조정의 탄압을 받았으나 나중에는 도다이지東大寺 대불大佛 건립에 중용되는 등 대승정의 지위까지 받게 된다.

29_ 덴표 13년(741) 쇼무 천황의 뜻에 따라 오곡풍요와 국가수호를 위해 고쿠분니샤國分尼寺와 더불어 지방마다 세운 관사官寺. 조정의 특별한 보호를 받았으며 승려를 감독하는 역할도 하였다. 나라의 도다이지를 소코쿠분지總國分寺로 정했다.

30_ 고쿠분지 건립은 교키에 의한 것이 아니다. 저자 지엔의 착각으로 보인다.

31_ 고묘光明 황후와의 사이에서 태어난 황자는 동궁으로 책봉된 이듬해에 죽었다.

32_ 니타베 친왕(新田部親王, ?-735). 덴무 천황의 아들로 쇼무 천황을 보필하였다. 후히토가 사망한 후 군사를 장악하였으며 진키 6년(729) 나가야오 사건 때에

어찌된 일인지 후나도오는 쇼무 천황의 명복을 비는 추선공양追善供養 등에는 전혀 신경을 쓰지 않고 매사에 고켄 천황의 뜻에 거슬렀다. 고켄 천황은 다른 사람을 동궁으로 세워야겠다고 생각하여 신하들에게 의논했다. 마침내 천황은 오이노오大炊王[34]를 동궁으로 책봉한 후 왕위를 물려주었다. 그러나 오이노오는 나쁜 마음을 먹고 에미惠美 대신 후지와라노 나카마로藤原仲麻呂와 합심하여 고켄 천황을 배반했다. 고켄 천황은 오이노오로부터 왕위를 빼앗은 후 오이노오를 아와지淡路 지방으로 유배 보냈다. 그리고 자신이 다시 즉위했다. 아와지 폐제란 바로 이 천황을 이른다.

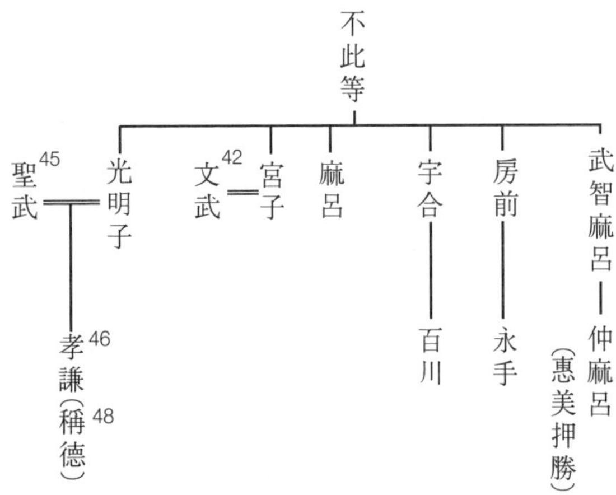

두 번째로 왕위에 올라 중조重祚한 고켄 천황을 쇼토쿠稱德 천황이라 칭했다. 이 여제女帝는 도쿄道鏡 법사를 사랑하여 도쿄 법사에게 법왕法王이라는 칭호를 하사하고 승려들에게 세속의 관직을 내

나가야오를 심문하기도 했다.

33_ 후나도오(道祖王, ?-757). 나라시대 귀족으로서 니타베 친왕의 아들이다. 쇼무 천황의 유언으로 덴표쇼호 8년(756) 고켄 천황의 황태자가 되었으나 이듬해 3월 쇼무 천황 상중의 품행 등의 이유로 폐위되었다. 같은 해 6월 다치바나노 나라마로橘奈良麻呂 사건에 연좌되어 고문을 받고 죽었다.

34_ 아와지 폐제淡路廢帝, 즉 준닌淳仁 천황을 말한다.

리는 등 옳지 않은 일을 많이 했다. 에미惠美 대신 후지와라노 나카마로가 나쁜 마음을 먹게 된 것 역시 천황의 총애를 도쿄에게 빼앗겼기 때문이었던 것 같다. 이 천황은 보통 사람이 아니었다. 사이다이지西大寺[35] 불공견색상不空羂索像 주조와 관련된 이야기도 있다. 이들은 모두 오랫동안 인구에 회자되었던 것이다. 후대에 이런 예를 찾아보기는 힘들다. 이때의 일들은 참으로 부처님이 화신化身하여 행한 것으로 이해해야 한다. 쇼토쿠 천황은 5년간 재위한 후 53세에 붕어했다.

쇼토쿠 천황 붕어 후 왕위에 오를 인물이 없자 군신들은 여러모로 회의를 했다. 당시 신하들 중에는 후사사키房前, 우마카이宇合의 자식으로 나가테永手, 모모카와百川와 같은 뛰어난 인재가 있었다. 이들은 덴지 천황의 손자로 시키施其 황자의 아들인 왕대납언王大納言이 즉위하도록 추대했다. 이 천황이 고닌光仁 천황이다. 선제先帝 다카노高野 천황[36]이 대납언 시라카베오白壁王를 동궁으로 책봉하라고 유언하였다고 하는데 이는 모모카와가 계획한 일이다. 고닌 천황은 곧바로 왕위에 올라 12년간 치세하였다. 그리고 아들인 간무桓武 천황을 동궁으로 책봉했다. 왕위를 물려받은 간무 천황은 비로소 헤이안平安으로 수도를 옮겼다.

간무 천황 때 수도를 헤이안으로 정한 후로 여제女帝는 없었으며 손자가 왕위를 잇는 일 또한 없었다. 아버지에게서 아들로, 형에게서 동생으로 계속해서 왕위가 이어졌으며 국모國母 또한 모두 가마타리 자손 중 대신의 딸 가운데에서 나왔다. 나라는 참으로 안정되었으며 백성들 또한 풍요롭게 잘 살았다. 그리고 오늘날까지 그 모습은 변함없이 그대로다.

35_ 나라奈良 시에 있는 진언율종眞言律宗의 총본산. 남도칠대사南都七大寺 중 하나. 765년, 쇼토쿠 천황의 칙원勅願에 의해 창건되었다.

36_ 고켄 천황(孝謙天皇, 718-770)을 말한다.

그렇다면 어떻게 이와 같은 태평성대가 이루어졌을까? 그것은 간무 천황 치세 중인 엔랴쿠延曆 연간에 덴교傳敎와 고보弘法 두 승려가 당나라에 건너가서 심원광대深遠廣大한 불법을 들여온 효험 덕분이다. 먼저 덴교 대사 사이초最澄는 성불成佛의 유일무이한 길이며, 교주敎主 석가여래가 이 세상에 태어나서 출가하여 설법한 가르침 중에서 가장 중요한 정수라고 일컬어지는 천태종[37]이라는 가르침을 들여왔다. 또한 고보 대사는 절대적인 진리와 세속적인 진리의 일체를 품으며 과거와 현재, 미래의 모든 부처님의 깨달음을 나타낸 진언종眞言宗[38]을 들여왔다. 두 사람 모두 관정灌頂 도량을 만들었고 천태종 보살계를 널리 알렸으며 후칠일법後七日法[39]을 시작하고 그것을 행할 진언원眞言院을 궐 안에 만들었다. 이어서 지카쿠慈覺 대사, 지쇼智證 대사 또한 당나라에 다녀와서 치성광법熾盛光法,[40] 존성왕법尊星王法[41] 등을 행하여 천황과 나라의 평화를 지켰다.

그 뒤에도 크고 작은 여러 난이 있었지만 왕법과 불법은 서로 지켜주고 천황과 신하들은 물고기와 물처럼 변함없이 친밀한 관계를 유지하여 그렇게 훌륭한 나라를 이어왔다. 하지만 그것도 점차

37_ 수나라 승려 지기(智顗, 538-597)를 개조開祖로 하는 대승불교 교파의 하나. 법화경을 근본 경전으로 하며 선정禪定과 지혜智慧의 조화를 교리로 한다. 사이초가 당나라에서 배우고 와서 히에이잔 엔랴쿠지延曆寺를 중심으로 본격적으로 포교하였으며 나중에는 산문山門파와 사문寺門파로 갈리게 된다.

38_ 불교종파의 하나. 인도에서 일어나 당나라에 전해져 금강지金剛智의 제자 불공不空에 이르러 대성하였다. 석가모니를 초월한 영원한 우주불인 대일여래야말로 진실한 부처라 하며 대일경大日經, 금강정경金剛頂經 등을 교설로 한다. 입당하여 혜과惠果에게 배운 구카이가 동사東寺, 금강봉사金剛峯寺 등을 중심으로 널리 포교하였다.

39_ 매년 정월 8일부터 7일 동안 궁중의 진언원眞言院에서 천황의 옥체평안과 국가 융성, 오곡풍요 등을 기원하는 밀교 기원 의식.

40_ 치성광불여래불熾盛光佛如來佛에게 천재지변 등의 재해를 없애달라고 기원하는 밀교 의식.

41_ 북두칠성을 존성왕尊星王, 묘견보살妙見菩薩이라 하여 그 존성왕을 중심으로 무사태평을 기원하는 밀교 의식. 엔친이 당나라에서 들여온 것이라고 한다.

쇠하여 지금은 왕법과 불법이 거의 없다시피 한 상태가 되어버렸다. 이 경위에 대해 더욱 자세히 설명하고자 한다.

무릇 일본에 대해 이해하는 것은 불법의 심오한 진리의 중요성을 깨닫고 보리의 마음을 일으켜 불도에 들어가는 것과 그 양상에 있어 조금도 다르지 않다. 불도와 똑같은 관점에서 속세의 일을 이해할 수 있음에도 불구하고 이와 같은 경지에서 사건을 이해하는 사람은 거의 없다. 이처럼 바로 이해하고자 하는 마음이 없으니 바른 도리가 없어지고 세상도 퇴락하여 가는 것이다. 이 또한 자연스러운 흐름이기에 인간의 힘으로는 어찌할 수 없으니 불법은 각자의 기량에 맞추어 번뇌를 끊고 바른 길로 들어설 수 있는 길을 설법하는 것이다.

세상에서는 육십갑자六十甲字가 한 바퀴 돌아 같은 간지干支를 만나는 60년을 일부一蔀라 하여 하나의 구획으로 생각한다. 이 기간을 주기로 점차로 쇠하기도 하고 흥하기도 하는데 상승할 때에는 다시 쇠퇴할 것을 생각하여 조금이라도 더 흥하게 하려고 노력했기에 지금까지 세상도 유지되었으며 인간도 지내온 것이다.

예를 들어 천황은 백 대까지만 존속한다는 것에 관하여 전혀 지식이 없는 사람에게 이를 이해시키고자 한다면 다음과 같이 설명할 수 있다. 백 첩帖[42]의 종이를 준비해 두고 조금씩 사용하다보니 어느새 한두 첩밖에 남지 않았다고 하자. 이번에 종이를 더할 때에는 90첩을 보충하여 사용하고 이것을 거의 다 사용하여 보충할 때에는 80첩을 더하는 식이다. 지나치게 쇠퇴한 후 다시 흥하게 하는 것은 종이가 한 첩밖에 남지 않았는데 그 한 첩이 10장밖에 남지 않아 94, 5첩을 보충한 것에 비유할 수 있다. 몹시 쇠한 후에 특히 잘 부흥하는 비유는 위와 같다. 또는 종이를 보충하여 7, 80첩 정

42_ 종이나 김 등을 세는 단위. 미노美濃 종이는 48장, 한시半紙는 20장, 휴지는 100장, 김은 10장을 이른다.

도 마련하여 사용하는데 아직 다 쓴 것은 아니지만 6, 70첩을 써서 이제 1, 20첩 남아 있는데도 4, 50첩을 마련했다고 하자. 이는 아주 쇠해 버리기 전에 대단히 좋지는 않아도 꽤 좋은 모습으로 바꾼 것에 비유할 수 있다.

결국 중국, 인도, 그리고 일본을 비롯한 인간세계[43]의 흥망성쇠의 이치는 쇠하면 흥하고 흥하면 다시 쇠하며 이렇게 반복하면서 시간은 흐르고 마지막에는 인간의 수명이 열 살로 줄어든다.[44] 그런 후 영겁의 세월이 흐르면 또다시 기운이 점점 흥하여 인간의 수명이 팔만 살까지 늘어난다. 이와 같은 거대한 시간의 흐름 속에서 백왕이 다스리는 기간의 성쇠를 살펴보면 이 역시 같은 도리에 근거하고 있음을 알 수 있다. 이와 같은 이치를 주야晝夜로, 그리고 매달 나타내기 위해서 달빛은 차면 이지러지고 이지러지면 다시 차오르는 것이다. 이 이치를 마음속에 잘 받아들이면 모든 일의 근거가 여기에 있음을 알게 된다. 성자필쇠盛者必衰,[45] 회자정리會者定離[46]의 이치가 바로 이것이다. 모든 것을 불도의 법문法門에 넣어 이해할 수 있을 때까지 깨달아야 하며 이 마음을 얻고 난 연후에야 비로소 훗날의 역사까지도 볼 수 있을 것이다.

진무 천황에서 세이무 천황까지의 13대 동안은 정법正法에 의해 왕위 계승이 이루어진 시대다. 그리고 주아이 천황에서 고닌 천황까지의 36대 동안은 다양하게 변하면서 여러 이치를 나타내는

43_ 본문에는 남주南州로 표현되어 있다. 남주는 수미산 사주四州의 하나로 열여섯 개의 대국大國과 오백 개의 중국中國, 십만 개의 소국小國이 있다고 한다. 후에는 인간 세계 전체를 의미한다.

44_ 처음에는 인간의 수명이 8만 4천살이었다고 한다. 백 년이 지날 때마다 1년씩 수명이 줄어들어 10살이 되면 다시 백년마다 1년씩 수명이 늘어나 8만 4천살까지 이른다. 인간의 수명이 줄어들었다 늘어나는 한 주기를 1겁劫이라 한다.

45_ 무상한 이 세상에서 영화를 다한다 해도 반드시 멸하는 때가 온다는 뜻.

46_ 만나는 사람은 반드시 헤어질 운명이 있다는 뜻. 인생의 무상함을 말함.

시기였다. 이 시기에 여제女帝가 나왔고 중조라 하여 일단 퇴위한 천황이 다시 즉위하는 일도 있었다. 여제 고교쿠 천황과 고켄 천황이 중조했다. 여인이 나라를 잘 통치할 것이라는 이야기는 고교쿠 천황의 치세를 가리킨다.

왜 이와 같은 이야기가 전해졌는지 그 까닭을 불법에 비추어 생각해 보면 다음과 같다. 인간계의 생이라는 것은 어머니의 뱃속에 있다가 태어나면서 시작되는 것으로 어머니의 산고産苦라는 것은 이루 말로 다 형용할 수가 없다. 고통 속에서 인간은 태어나는 것이다. 태어난 인간은 선악의 인과응보에 따라 악인과 선인으로 구별되고 이승二乘[47]과 보살이 생겨나며 조달調達,[48] 구가리瞿伽離[49]와 같은 이단을 섬기는 자도 생겨나게 된다. 인간이 태어나는 것은 모두 여자인 어머니의 은혜이며 이로 인해 어머니를 보살피고 존경해야 하는 도리가 생겨나는 것이다.

천황의 부인, 천황의 어머니를 겸하였기에 진구 황후나 고교쿠 천황도 즉위할 수 있었던 것이다. 이와 같은 여제女帝도 좋은 신하가 일을 추진해야 할 때에는 천황의 자리에 형식적으로 올라 있었다. 진구 황후 때의 다케치, 스이코 천황 때의 쇼토쿠 태자, 고교쿠 천황 때의 가마타리가 같은 경우였다.

간무 천황 이후에는 가마타리의 자손들이 신하로서 천황을 잘 보좌하였으며 대대로 그 집안 여인이 황후가 되어 천황가의 후손을

47_ 깨달음의 경지의 하나인 성문聲聞과 연각緣覺을 이른다. 성문은 부처님의 가르침을 듣고서 수행하는 사람의 의미로 아라한이라고도 한다. 연각은 부처님의 가르침에 의지하지 않고 스스로 열두 가지 인연의 이치를 깨달은 자를 이른다.

48_ 조달調達은 데바닷타提婆達多를 가리킨다. 아난阿難의 형이며 석가모니의 사촌동생이다. 석가의 제자가 되었다가 배반하여 스승에게 해를 가하려고 했으나 실패했다. 사후 무간無間 지옥에 떨어졌다고 한다.

49_ 데바닷타의 제자.

이었다. 말세에 여제가 즉위하면 상서롭지 않았기 때문에 황후의 아버지를 내람內覽에 임명하여 정치를 돌보도록 하였다. 여인이 나라를 통치하면 어머니에게 효를 다해야 하는 도리를 겸할 수 있는 좋은 방법이며 그렇게 함으로써 말세에 일본을 잘 지킨 것이라고 분명히 이해해야 한다.

그런데 정법에 기초한 왕위 계승은 말세가 되면서 점차로 사라지고 천황 본인의 힘만으로는 도저히 정무를 살필 수 없어졌을 때 보위에서 물러난 태상천황이 다음 천황을 자식으로 생각하며 형식에 얽매임 없이 세상을 다스리는 정치 형태가 나타났다.[50] 고산조後三條 천황이 이를 시작하였다. 이것은 모두 왕법이 스러져 갈 때 그것을 다시 부흥케 하고자 하는 연결점마다 나타나는 것으로 지금까지와는 다른 진귀한 형태인데 이런 형식을 통해 잠시 동안 세상을 다스려야 하는 도리가 있어 나타난 것이다.

그런데 간무桓武 천황의 황자 세 명 중 헤이제이平城와 사가嵯峨 천황은 처음부터 사이가 나빴다.[51] 도읍을 옮기고 아직 안정을 되찾지 못한 시절에 서로 마음이 편치 않았던 것이다. 이 또한 헤이제이 천황의 나이시노카미內侍督인 후지와라노 구스코藤原藥子 때문이라고 한다. 나쁜 일 역시 여인이 만들어내는 것이다. 사가 천황이 동궁이고 헤이제이 천황이 군주였을 때 동궁을 폐위하려는 사태가 있었다고 노치노주쇼오後中書王의 이야기는 전한다.

부대신傅大臣[52] 후지와라노 후유쓰구藤原冬嗣가 동궁에게 말했다.

50_ 원정院政. 상황이나 법황法皇이 행하는 정치 형태. 시라카와白河 상황이 정치를 행한 1086년부터 다이라 가문平家이 멸망하기까지의 약 100년간을 원정 시대라고 부르며 원선院宣이 소칙詔勅이나 선지宣旨보다 중시되었다.

51_ 사가 천황은 형인 헤이제이 천황의 양위 후에 즉위하였으나 후지와라노 구스코藤原藥子가 관여하여 헤이조 궁平城宮으로 옮긴 헤이제이 천황과 대립하게 된다(구스코의 난).

52_ '부傅'는 동궁을 보좌하는 역할을 말하며 『존비문맥尊卑文脈』에 의하면 후지

"사태가 시급하옵니다. 종묘에 알리셔야 하옵니다. 간무 천황의 성묘聖廟에 고하셔야 하옵니다."

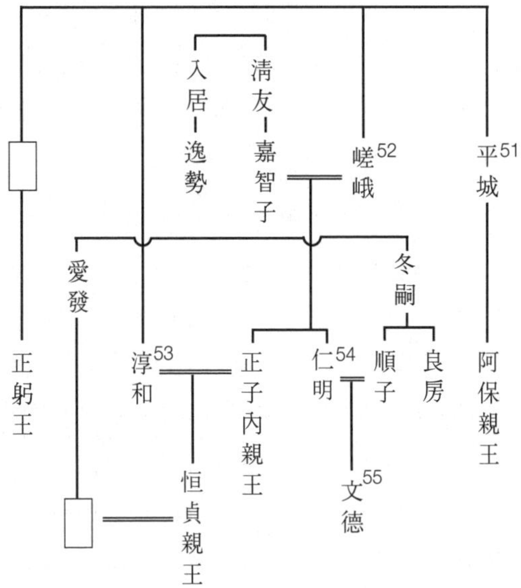

동궁이 절하며 고하자 천하가 어지러워졌으니 헤이제이 천황은 잘못된 일을 곱씹어 생각하였다고 한다.[53]

이는 첫째로 모두 말법 시대의 모습을 드러내는 것이다.

준나淳和 천황과 사가嵯峨 천황은 묘하게 사이가 좋아서 서로 왕래하면서 신선원神泉園에서 노닐었다. 한편 닌묘仁明 천황은 사가嵯峨 천황의 자손으로 즉위하여 다시 준나淳和 천황의 자손을 동궁으로 책봉하였는데 준나 천황은 조와承和 7년(840) 7월 5일에 붕어하였다. 또한 사가 천황은 조와 9년(842) 7월 15일에 붕어하였다.

사가와 준나 두 태상천황의 붕어를 기다리기라도 한 것처럼 동궁 쓰네사다恒貞 친왕 편을 들던 무리의 일이 발각되었다.[54] 붕어

와라노 후유쓰구藤原冬嗣는 다이도大同 2년(807) 정월 23일에 동궁료(春宮亮, 동궁의 보좌 차관)가 되었으나 당시 대신은 아니었다.

53_ 『미즈카가미水鏡』에서 전하는 기록으로 동궁(사가 천황)이 울며 후지와라노 후유쓰구가 권하는 대로 부친 간무 천황에게 고해 올리자 천하가 3일 동안 밤처럼 어두워졌다고 한다. 헤이제이 천황이 크게 놀라서 간무 천황의 능 앞에서 참회하자 어둠이 걷혔다고 한다.

54_ 842년 7월에 일어난 조와承和의 변을 말한다. 쓰네사다恒貞를 동궁에서 폐위하고 다치바나노 하야나리橘逸勢, 도모노 고와미네伴健岑 등을 귀양보낸 사변으로 후지와라노 요시후사藤原良房가 계획한 정치적 음모로 알려져 있다.

후 만 이틀째인 17일에 아호阿保 친왕[55]은 닌묘 천황의 모친에게 이 사실을 알렸다. 동궁의 대도帶刀 도모노 고와미네伴健峯라는 자가 아호 친왕을 찾아와서 다지마 권수但馬權守 다치바나노 하야나리橘逸勢, 대납언 후지와라노 요시치카藤原愛發, 중납언 후지와라노 요시노藤原吉野 같은 사람들이 동궁도 자신들과 같은 마음이라고 생각했는지 서둘러 동궁을 황위에 오르게 하려고 모반을 일으켰다고 말한 것이었다. 닌묘 천황의 모친 태황대후太皇大后[56]는 후지와라노 요시후사藤原良房를 급히 불러 의논한 후 이들을 모두 유배 보냈다. 다치바나노 하야나리는 이즈伊豆 섬으로 보냈으며 요시치카를 해임하고 요시후사를 대납언으로 임명하였다.

열여섯 살이었던 동궁에게 그런 마음이 스스로 일어나지는 않았을 것이다. 이 동궁을 쓰네사다 친왕이라고 한다. 동궁은 태자가 있는 레이제이인冷泉院에 있었는데 이 일을 알리자 "나는 모른다"고 하였다고 한다. 이들이 동궁을 위해 음모한 것은 분명하였으니 참의參議 마사미오正躬王를 보내 동궁을 폐위하였다.

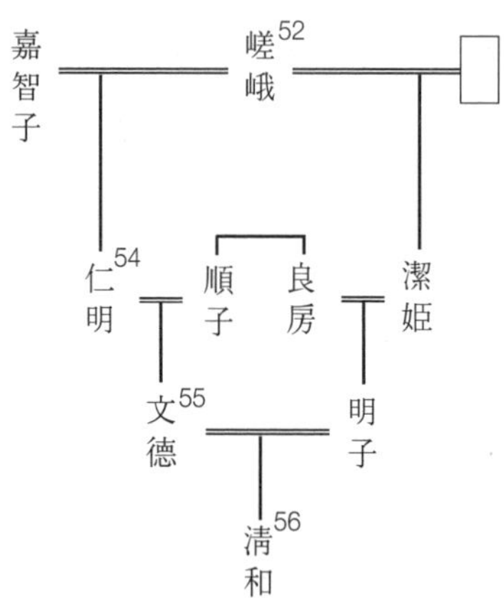

한편 같은 해 같은 달 4일에 미치야스道康 친왕을 동궁으로 책봉하였다. 미치야스 친왕이라 함은 몬토쿠文德 천황을 말한다. 아아! 닌토쿠仁德 천황을 히라노 대명신平野大明神이라 일컬으니[57] 닌토쿠 천황 치

55_ 아호 친왕(阿保親王, 792-842). 헤이제이平城 천황의 첫째 황자로 구스코의 난 때 다자이노 곤노소치太宰權帥로 좌천되었으나 후에 복귀하였다.

56_ 사가 천황의 황후 다치바나노 가치코橘嘉智子를 말한다.

57_ 닌토쿠仁德 천황은 이복동생과 왕위를 양보하다 동생이 형보다 먼저 왕위에

세 때만큼은 아니라 해도 닌켄仁賢과 겐조顯宗 때처럼[58] 배려했다면 좋았을 것을…. 그러나 사가 천황과 준나 천황에게는 그런 배려가 있었다고 전하여진다.[59]

몬토쿠文德 천황의 자제로 세이와淸和 천황이 태어났다. 이 때 히에이잔比叡山의 에료惠亮 화상[60]은 기원을 올리며 뇌수腦髓를 호마護摩[61] 불에 넣었다고 한다. 세이와 천황은 한 살 때 동궁으로 책봉되었다. 아홉 살에 즉위하였으니 어린 군주의 섭정은 아직 일본에서는 그 예가 없어 한나라 성왕成王 치세 때 주공단周公旦[62]의 예를 차용하여 모후의 부친인 후지와라노 요시후사藤原良房를 처음으로 섭정[63]으로 삼았다. 그 후에 섭정 관백[64]이라는 것이 생기게 되었다.

오르는 것은 옳지 않다며 자살하자 즉위를 결심하였다고 한다. 즉위 후 백성의 집에서 밥 짓는 연기가 올라오지 않는 것을 보고 과세와 부역을 면하였다는 성군聖君으로서의 전승이 전해 내려온다.

58_ 『일본서기日本書紀』에 의하면 닌켄 천황과 겐조 천황은 부친 유랴쿠雄略 천황이 암살되자 하리마播磨로 피해 있었으나 세이네이淸寧 천황의 동궁으로 책봉되어 동생인 겐조 천황이 먼저 즉위하였다. 형 닌켄 천황은 동생에게 양보하였다가 동생이 죽은 후 즉위하였다고 한다.

59_ 『미즈카가미水鏡』에 의하면 사가 천황은 동생인 준나 천황에게 양위한 후 준나의 아들 쓰네요恒世를 동궁으로 책봉하려 하였으나 쓰네요는 이를 고사하였고 결국 사가의 아들인 마사요시正良 친왕(후의 닌묘 천황)이 동궁으로 책봉되었다고 한다.

60_ 에료(惠亮, 802/812-860). 헤이안 시대 전기의 천태종 계 승려. 엔초圓澄와 엔닌圓仁에게 사사했다. 몬토쿠 천황의 황자 고레타카惟喬와 고레히토惟仁 친왕(후의 세이와 천황)이 동궁의 자리를 놓고 다툴 때 고레히토를 위해 기원했다고 전한다.

61_ 산스크리트어 Homa에서 온 말로 불속에 제물을 던져 신에게 바치는 의식을 말한다. 일본에서는 밀교의 수행법 중 하나로서 '지혜'의 불꽃으로 '번뇌'를 태우는 의식이 된다.

62_ 주周왕조를 세운 문왕文王의 아들이자 무왕武王의 동생으로 이름은 단旦이다. 무왕이 죽고 그 아들인 어린 성왕이 왕위에 오르자 섭정이 되어 주 왕조의 기반을 확립한다.

63_ 천황이 만 18세 미만의 미성년자이거나 정신적이나 신체적으로 국사를 행할 수 없는 상황일 때, 혹은 여제女帝일 경우 천황 대신 정치를 행하는 일,

처음에는 단순히 내람을 허락받은 신하였으나 정식으로 섭정의 명이 내려진 것은 7년이 지난 후인 조칸貞觀 8년(866) 8월 19일이었다고 일기에 적혀 있다. 이 치세 때 대납언 도모노 요시오伴善男가 오텐몬應天門을 불태우고 미나모토노 마코토源信 대신에게 그 죄를 뒤집어씌웠으니 미나모토노 마코토는 유배를 떠나게 될 찰나였다. 당시 요시후사는 은퇴한 후로 동생인 우대신 요시미良相에게 천하의 정무를 물려준 때였다. 세이와 천황은 대납언 도모노 요시오가 진언하는 바를 옳다고 여기며 이런저런 말을 하였으니 요시미도 의심하지 않고 받아들여서 불길하게도 실책을 한 것이다. 당시 구로도노토藏人頭[65]였던 후지와라노 모토쓰네藤原基經가 이 일을 듣고 놀라서 시라카와白河 저택[66]으로 달려가서 고하여 요시오가 한 짓이라는 사실이 밝혀졌다. 이는 모든 사람이 알고 있는 일이기에 자세히 적지 않겠다.

한편 세이와 천황은 재위 18년째인 스물여섯 살 때 당시 아홉 살이었던 동궁 요제이陽成에게 양위한 후 스물아홉 살에 출가하여 서른하나에 붕어하였다. 요제이 천황은 아홉 살에 즉위하여 열여섯 살이 될 때까지 8년간 옛 부레쓰武烈 천황이 그랬던 것처럼 이상하고도 기겁할 만한 일을 많이 행했으니 숙부 모토쓰네는 섭정으로서

혹은 그 직책을 말한다. 원래 황족이 임명되었으나 헤이안 전기 세이와 천황의 나이가 매우 어렸기 때문에 후지와라노 요시후사가 신하로서 최초로 섭정으로 임명되었다.

64_ 성인 이후의 천황을 보좌하여 정무를 관장하던 중직. 헤이안 시대 중기 후지와라노 모토쓰네藤原基經에서 시작되어 1868년 왕정 복고에 의해 폐지되었다. 옛날에는 천황의 나이가 어리거나 여제女帝였을 때 천황을 대신하여 정치를 행하는 직책이었다. 원래 황족을 임명했으나 세이와 천황 때 나이가 어린 천황을 대신하여 후지와라노 요시후사藤原良房가 신하로서 최초의 섭정이 되었다.

65_ 벳토別當의 하급직에 속하는 구로도도코로藏人所의 관직. 한 명은 벤칸辨官, 한 명은 근위부近衛府 관리 중에서 채용했다.

66_ 후지와라노 요시후사는 은퇴 후 시라카와 저택에 머물렀다.

모든 귀족을 모아 논의하였다.

"이는 원령에 의해 포악해지신 것이니 어찌 한 나라의 군주로서 나라를 다스리실 것인가?"

요제이 천황을 폐위시키자는 의견이 많이 나오자 식부경式部卿이었던 닌묘仁明 천황의 황자 도키야스時康 친왕을 즉위하게 하였다. 이 천황을 고코光孝 천황이라 한다. 쉰다섯의 나이로 즉위하여 3년 후인 쉰여덟에 붕어하였다.

고코 천황의 황자로 간표 법황寬平法皇으로 알려진 우다宇多 천황이 스물한 살에 마침내 즉위하였다. 고마쓰小松 천황이라 불렸던 고코 천황은 지병이 깊어져 붕어할 때 황자가 여럿 있었는데도 누구에게 양위할지 분명히 알리지 않았다. 자신이 군주로서 자리에 오른 것도 모토쓰네 대신이 한 일이니 그의 계획이 또 있을 것이라 여겼기 때문인 것 같다. 천황의 병상에 모토쓰네가 찾아와 물었다.

"어느 분께 양위하실 것이옵니까?"

"그 일은 그대가 마음먹은 대로 하시게나."

모토쓰네는 당시 왕시종王侍從으로서 셋째 황자였던 우다 천황을 즉위시키면 될 것이라며 우다 천황이 훌륭한 인물이라고 말했다. 고코 천황은 한없이 기뻐하며 우다 천황을 불러들여서 그 뜻을 전하게 하였다. 우다 천황의 『간표법황일기』[67]에는 고코 천황이 왼손으로는 모토쓰네의 손을, 오른손으로는 우다 천황의 손을 잡고 울며 "공의 은혜가 깊으니 그 사실을 잘 명심하시오"라고 말했다고 적혀 있다. 일기를 보지 못한 사람마저도 흘러나온 소문을 듣고 아는 일이기에 여기 그 일부분을 적어놓았으니 정말로 그 일기를 보았던 사람이 이 글을 읽게 되면 자신의 일처럼 감명 깊게 여길 것이다.

67_ 간표 법황인 우다 천황의 일기는 현재 전해지지 않는다.

한편 우다 천황은 즉위한 후 모토쓰네를 만날 때마다 항상 이렇게 말했다.

"짐에게는 도무지 성주聖主가 될 기량이 없소. 한시 바삐 물러나겠소."

"어찌 그런 일이 있을 수 있사옵니까?"

"그렇다면 천하를 다스리는 모든 일은 공께서 해주시오."

모든 정무를 모토쓰네에게 맡기고 치세 10년 중 6년째 되는 해 무렵 모토쓰네가 사망하자 모토쓰네의 장남 후지와라노 도키히라藤原時平와 스가와라노 미치자네菅原道眞 승상을 내람 신하로 임명하였다. 유계遺誡를 쓴 후 서른한 살 때 물러나 엔기延喜 천황이라 일컫는 다이고醍醐 천황에게 양위하였다. 열세 살이었던 다이고 천황은 미처 성인식도 올리지 않은 상황이었다. 성인식을 올린 그 날로 즉위하게 하려고 갑작스럽게 성인식을 거행했으니 섭정도 없었다. 다이고 천황이 간표 천황의 유계대로 후지와라노 도키히라와 천신天神 스가와라노 미치자네에게 정치를 의논할 즈음, 열일곱 살이었던 엔기延喜 원년(901)에 기타노北野 사건[68]이 일어났다. 천황은 자신이 잘못하여 불길하게도 큰 일이 일어난 것이라 생각하였는지 기타노 사건에 관한 모든 기록, 각 가문이나 관외기官外記[69]의 일기를 모두 소각했기에 이 일에 관해 정확히 아는 사람은 없다.

그러나 문헌 속에 조금씩 섞여서 남아 있는 것도 있다. 또한 이 정도의 사건이라면 사람들의 입으로 전해지기도 하니 모두들 사건의 진상을 알고 있다. 신불神佛이 사람의 몸으로 태어나 이런 일이 일어난 것일까? 하지만 평범한 사람을 신불의 화신化身이라고 하

68_ 스가와라노 미치자네가 참언으로 인해 다자이후大宰府로 좌천된 일을 말한다.

69_ 태정관에 소속되는 문서수발을 하거나 기록을 담당하는 직책을 말하며 주로 공문서를 다루는 일을 하였다.

지는 않는다. 천신 스가와라노 미치자네는 틀림없이 관음觀音의 모습으로 나타났으니 말세의 왕법을 지키려 함에 이런 일이 있었음을 확실히 알 수 있다. 도키히라時平의 미치자네에 대한 참언이 있었음은 틀림없다. 조조 법사淨藏法師[70] 전기에도 보인다. 도키히라의 행동에도 불구하고 천신은 8년간 벌을 내리지 않은 것일까?[71] 도키히라에게 천신의 원령이 씌였으나 조조 법사의 기도로 확실하게 물리쳤으니 불법의 위력을 당할 수는 없었다. 이에 천신이 조조 법사의 부친인 미요시 기요유키三善淸行[72] 재상에게 아들인 법사를 불러 기도를 멈추게 하라고 공손히 신탁하였다. 조조 법사조차 두려워하며 물러나자 마침내 도키히라가 사망하였다는 기록도 보인다. 천신의 마음이 이와 같다면 모든 내람 신하, 섭정 가문은 천신의 원수로 멸함이 마땅할 것이다. 그러나 도키히라의 동생 후지와라노 다다히라藤原忠平가 집안을 이어받고 내람 섭정의 가문은 얄궂게도 번창하고 대가 끊이지 않았음에 지금껏 영화롭게 지내온 사실을 깊이 생각해본다.

일본국은 소국小國이니 내람의 자리에 두 명의 신하를 나란히 세운다는 것은 분명 좋지 않은 일이다. 특히 아마테라스오카미와 가시마鹿島[73] 대명신과의 약속은 끝까지 어긋남이 없어야 하는 것이니 천신은 후지와라노 가마타리의 후대를 지키기 위해 도키히라의

70_ 조조 법사(淨藏法師, 891-964). 천태종 승려. 부친은 미요시 기요유키三善淸行. 다이라노 마사카도平將門가 관동지방에서 난을 일으켰을 때 불력佛力으로 난을 진압하려 한 것으로 유명하다. 천문과 의학에도 뛰어났다.

71_ 엔기延喜 9년(909)에 도키히라가 사망한 것을 말하는 것이나 엔기 3년(903)에 미치자네가 사망하였으므로 정확히는 7년간이다.

72_ 미요시 기요유키(三善淸行, 847-919). 우대신 스가와라노 미치자네菅原道眞에 대한 사직 권고문과 신유辛酉 개원改元을 상신한 「혁명 간문革命勘文」 등으로 알려져 있다. 『엔기 격식延喜格式』 편집에도 참여했다.

73_ 다케미가즈치武甕槌 신을 모시며 다케미가즈치 신은 후지와라 가문의 씨족신으로 추앙되었다.

참언에 일부러 속아가며 몸 바쳐 섭정 가문을 지켜낸 것이다. 분명한 사실은 도키히라야말로 악한 사람이었으나 다다히라는 스가와라노 미치자네 승상이 다자이후大宰府로 좌천된 후에도 은밀히 소식을 보내 연락을 취하였다.

그러니 어찌 미치자네가 다다히라를 미워하겠는가? 바로 이것이야말로 진실이다. 현자賢者의 자식은 현자가 되지 못한다고 하지 않던가? 흔히 내람의 신하나 섭정 가문을 원수로 삼는 것은 세상의 우둔한 자들이 하는 짓이다. 천신이 진실을 생각하여 관철시키려 하였으나 이를 진심으로 헤아리는 이가 없다. 거듭 진실된 도리 속에서 헤아려야 한다. 대궐에서 가까운 기타노北野에서 하룻밤 사이에 소나무가 자라 뒤덮였으니 기타노 신神 스가와라노 미치자네는 천황이 참배하는 신이 되어 사람들의 억울함을 바로잡아 주게 되었다. 특히 섭정 신하가 공경하고 깊이 의지해야 할 신이 되었다는 점을 분명 명심해야 한다. 이처럼 부처님이 잠시 신의 형상으로 나타나서 사람들을 인도하지 않았다면 중생은 오로지 영겁의 세월동안 인과응보의 우열優劣이나 수명壽命의 장단長短도 몰랐을 것이다. 이렇게 신을 경외하고 깊이 불연佛緣에 귀의하여 출이성불出離成佛의 경지에 이르러야 함이니 이런 경지에 드는 날에는 하나하나 그 모든 구절이 어긋남이 없을 것이다.

우다 천황은 31세에 출가하여 고보 대사弘法大師 문하에서 진언종眞言宗에 정통하였다. 조헤이承平 9년(939)에 향년 65세로 입적하였다고 한다.[74] 양위 후에 스가와라노 미치자네의 일이 일어나자 궐에 몸소 찾아가서 어찌된 연유인지를 물었으나 정치에서 물러난 후이니 알릴 수 없도록 정해져 있다며 아무도 들어주지 않았다. 결국 청도 들어주지 않았고 그 청을 전해줄 사람도 없었던 것 같다. 미

74_ 우다宇多 천황은 조헤이 원년(931)에 사망했다. 따라서 조헤이 원년을 잘못 표기한 것으로 보인다.

치자네가 귀양을 떠나게 된 일도 사실은 다이고 천황의 뜻에 의해 이루어진 것이다. 예로부터 양위한 천황이 정치를 한 예는 없었다. 말세가 되어 이렇게 되리라고는 미처 생각지 못했을 것이다.

군주는 신하를 의심하고 신하는 군주에게 아첨을 시작하였으니 그 와중에 세상은 태상천황이 다스리게 되었다. 이것은 상서로운 변화다. 스가와라노 미치자네에 대한 일은 니치조日藏[75]의 유메노키夢記[76]에도 기록되어 있다. 사람들은 받아들이지 못하는 것 같지만 잘못된 기록은 아닐 것이다. 다이고 천황은 33년간 치세했으며 그 후로 30년간 치세하는 천황은 없었다.

후지와라노 다다히라에게는 사네요리實賴와 모로스케師輔라는 두 아들이 있었다. 이들에 대해서는 요쓰기의 글[77]에 자세히 쓰여 있기에 새삼스레 여기서 언급하지 않아도 되겠지만 중요한 점은 서술하는 것이 좋겠다. 동생인 모로스케는 형 사네요리보다 틀림없이 먼저 죽을 것이라고 깨닫고 맹세했다.

"이 몸은 불운하게도 단명할 운명이나 내 자손에게 섭정을 이어주고 천황의 외척으로 삼겠다."

그 후 관음觀音의 화신化身인 히에이잔叡山의 지에 대사慈惠大師와 사단師檀[78]을 굳게 맺고 요카와橫川 봉우리에 료곤 산마이인楞嚴三昧院

75_ 니치조(日藏, 905?-985?). 미요시 기요유키三善淸行의 아들 혹은 동생으로 알려져 있다. 긴푸센金峰山에서 수행하고 도지東寺에서 밀교를 배웠다. 941년에 급사하였으나 긴푸센의 정토淨土와 지옥을 돌다가 태정위덕천신太政威德天神이 된 스가와라노 미치자네와 지옥에서 괴로워하는 다이고 천황을 만난 후 소생했다고 한다.

76_ 니치조가 저승에 갔을 때 미치자네를 좌천시킨 업보로 지옥에서 고통을 당하고 있는 다이고 천황과 그 신하를 만나고 왔다는 소생담이다. 『후소랴쿠키扶桑略記』에 실려 있다.

77_ 헤이안 시대의 역사 모노가타리歷史物語인 『오카가미大鏡』를 가리킨다.

78_ 사승師僧과 단가檀家의 관계. 단가는 재물을 시주하는 신자로 재물을 시주하는 대신 사승에게 개인적인 기도나 염원을 부탁한다.

이라는 사찰을 건립하였다. 모로스케는 생전에 법화당法花堂만을 조영한 후 먼저 법당에 올라가서 중생이 보는 가운데 거듭 불을 피우며 말하였다.

"제 소원을 들어 주실 것이라면 세 번 중에 한 번은 불이 붙도록 해 주십시오."

불은 한 번에 붙어 법화당의 등화가 되어 현재까지 꺼지지 않는다고 전해진다. 그리하여 후지와라노 모로스케의 딸이 낳은 레이제이冷泉와 엔유圓融 두 천황에서 시작하여 고레이제이後冷泉 천황에 이르기까지 왕위를 계승한 후 선왕의 법도로 나라를 다스린 군주와 내람, 섭정의 신하 가문은 매우 번성하였다.

그 후 외척은 간인閑院 후지와라노 긴스에藤原公季 대신 쪽으로 옮겨갔으며 시라카와白河와 도바鳥羽, 고시라카와後白河 천황은 태상천황太上天皇의 자리에서 세상을 다스린 군주가 되었다. 고시라카와 천황 다음에는 당대 고토바後鳥羽 상황이 뒤를 잇는데 이 상황 역시 후지와라노 미치타카藤原道隆의 혈통이다. 일본국에서 관음이 중생을 구하기 위해 잠시 사람의 모습으로 나타난 것은 쇼토쿠聖德 태자에서 시작하여 후지와라노 가마타리藤原鎌足, 스가와라노 미치자네菅原道眞, 지에慈惠 대승정이라는 사실을 깊이 깨닫는 사람은 없다. 아아! 군주와 신하가 모두 이를 깊이 믿고 추호도 비뚤어지지 않게 바른 생각을 지니고만 있었다면 영겁의 시운은 그 힘이 미치지 않는다 하나 그 사이 갑작스러운 불운과 재난은 없었을 것을…. 그러니 잘 다스려지는 나라에서는 모두 악이 덕을 이기지 못하는 법이다.

후지와라노 모로스케의 명망은 견줄 사람이 없었던 것 같다. 그는 다이고醍醐 천황의 내친왕[79]이 무라카미村上 천황의 처소에 기

79_ 야스코 내친왕(康子內親王, 920-957). 다이고 천황과 후지와라노 온시藤原穩子 사이의 딸로 후에 후지와라노 모로스케의 처가 되었다. 삼궁三宮에 준하였다. 스자쿠 천황, 무라카미 천황과 동복同腹 남매 사이다. 후지와라노 온시가 만

거할 때 처음에는 몰래 출입하였으나 이윽고 그 행동이 알려졌다. 다이고 천황의 내친왕은 홍휘전弘徽殿에 기거하였으며 간인閑院 태정 대신 후지와라노 긴스에라고 하는 이가 그 자손이다. 긴스에 쪽 자손을 사람들이 화족華族이라고 함은 이 때문인 것이다.

한편 모로스케 가문으로 섭정이 돌아오니 후지와라노 사네요리藤原實賴가 죽고 나자 모로스케의 적자인 후지와라노 고레타다藤原伊尹가 이치조 천황의 섭정이 되었다. 고레타다는 엔유 천황의 외숙으로 우대신이었으며 부친 모로스케는 섭정이 되지 못한 채 세상을 떠났으나 누구 하나 그와 어깨를 나란히 하고 견줄 이가 없었다.

본래 후지와라 가문의 장자라 함은 위에서 정해 주는 일이 없다. 집안의 일인자에게 주기대반朱器臺盤[80]과 징표를 건네주면 그 인물이 내람의 신하가 된다. 관백 섭정이라 함은 대가 끊이지 않고 이어지는 것은 아니다. 섭정은 어린 군주의 경우에만 존재하는 것이다. 후지와라노 요시후사藤原良房 이후에는 다만 후지와라 가문의 장자로 내람이 된 사람을 일인자라고 하는 것이다. 내람도 반드시 존재하는 것은 아니다.

관백의 칙명은 후지와라노 모토쓰네藤原基經의 섭정 후에 시작되었다. 한나라 선제宣帝 때 곽광霍光[81]에게 먼저 알린 후에 주상하라는 예를 받아들인 것이다. 후지와라노 사네요리藤原實賴는 섭정을 거

년에 얻은 딸로 곁에 두고 귀하게 키웠다고 전한다. 성인식은 백부인 섭정 후지와라노 다다히라가 행했다. 어머니 후지와라노 온시가 사망할 때까지 독신으로 지냈으나 후에 자매인 긴시勤子 내친왕이나 가시雅子 내친왕처럼 모로스케의 처가 되었다. 아들 긴스에公季를 출산하다가 사망했다.

80_ 후지와라 가문의 보물로 후지와라노 후유쓰구藤原冬嗣 때부터 장자가 전해 받았던 붉은 색 기구와 탁자를 말한다.

81_ 곽광(霍光, ?-기원전 68). 중국 전한前漢 시대의 정치가로 곽거병霍去病의 이복형제다. 오랫동안 무제武帝를 모시다가 무제가 죽은 후 소제昭帝를 보좌하였다. 소제가 죽은 후에는 선제宣帝를 옹립하였고 딸을 그 황후로 하여 권세를 누렸으나 그가 죽은 후 황제의 친정이 시작되면서 일족이 멸족하였다.

치지 않고 관백의 칙명을 받기 시작한 것을 황송해하였다. 다이고 천황 시절에 후지와라노 도키히라가 죽자 덴랴쿠天曆 무라카미 천황 때에는 내람조차 없었으며 섭정 관백은 두지도 않고 그저 후지와라 가문의 장자가 좌대신으로 있었을 뿐이다. 다이고 천황 때 후지와라노 다다히라藤原忠平가 그러했다. 다만 다다히라는 스자쿠 천황이 여덟 살에 즉위하자 섭정이 되었다. 무라카미 천황 치세 초기에는 선대와 마찬가지로 후지와라노 다다히라가 관백이었으나 그가 죽은 후에는 좌대신 후지와라노 사네요리가 일인자로 정치를 행하다가 레이제이 천황 치세 때 바로 관백의 칙명을 받았다. 당대 천황의 기량에 따라 관백을 두기도 그렇지 않기도 하였던 것이다.

말세에는 군주도 옛날처럼 한결같지가 않아서 진정한 성주聖主는 드물었으니 당연히 섭정 관백의 직위가 끊기는 일은 없었다. 그러나 이치조一條 천황과 산조三條 천황 때의 후지와라노 미치나가藤原道長, 호리카와堀河 천황 때의 후지와라노 다다자네藤原忠實, 이 두 번은 내람만 있었고 내람을 허락받은 인물이 관백이 되지는 못했다. 특수한 경우다.

후지와라노 다다히라는 참으로 평범한 사람이 아니다. 마사카도將門의 난[82]이 일어났을 때 궐에 인왕회仁王會[83]가 있었다. 법회를 행하는데 그 목소리만 들리고 몸은 다른 사람에게 보이지 않았다.

82_ 10세기 전반에 다이라노 마사카도平將門와 후지와라노 스미토모藤原純友가 동국東國과 서국西國에서 연달아 일으킨 반란. 시모후사下總에서 세력을 키운 마사카도는 영지를 두고 일족과 분쟁을 일으켜 935년에 백부인 구니카國香를 죽였다. 이어서 후지와라노 하루아키藤原玄明를 도와 히타치를 덮침으로써 공공연한 반역을 일으켰고 마침내 관동 8국을 수중에 넣음으로써 신황新皇으로 불렸다.

83_ 국가를 보호하고 천하를 태평하게 한다는 신앙에서 시작된 법회로 중국에서는 예전부터 있었으나 일본에서는 660년부터 시작되었고 전국 100여 곳에서 거행되기도 하였다. 국가 대사 때 임시 인왕회를 행하거나 춘추春秋 인왕회를 거행하기도 하였다.

몸을 숨기는 법을 터득한 사람은 바로 이러함을 깨달았다고 틀림없이 전해 내려온다. 또 후지와라노 사네요리가 죽었을 때에는 조문을 하러 문전에 사람이 많이 모여들었다. 예전에는 덕망 있는 사람이 죽었을 때 거애擧哀[84]라 하여 모인 사람이 소리를 내어 슬퍼했으나 이제는 그런 사람이 없건만 이 때 문 밖에 모인 상하귀천上下貴賤의 사람들이 소리를 내어 저절로 거애하며 슬퍼하였으니 천하에 한탄할 일은 바로 이것이라고 사람들은 말하였다. 가슴에 새겨 알아야 할 것이다.

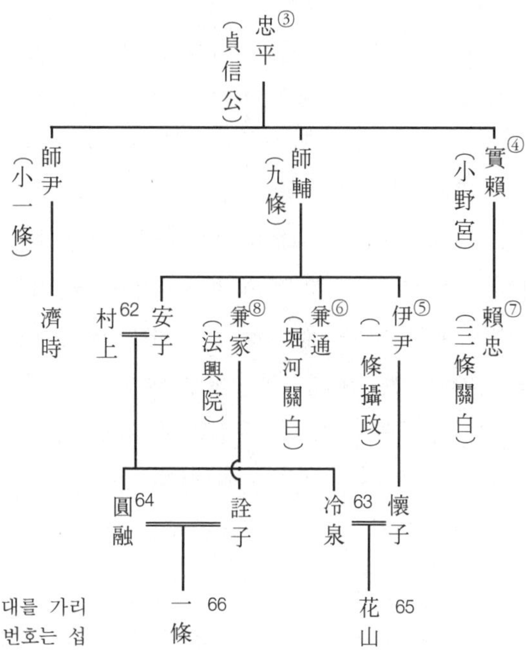

※ 숫자는 천황의 대를 가리키며, 동그라미 친 번호는 섭정 관백의 순서를 말한다.

84_ 사자를 위로하기 위해 소리를 내어 통곡하는 것으로 중국에서 일본으로 전해진 것으로 추측된다. 구체적으로 법식을 분명하게 정하여 행한 것은 아니며 우다宇多 천황 치세 이후에는 사라진 풍습이다.

후지와라노 모로스케의 아들 후지와라노 가네미치藤原兼通와 후지와라노 가네이에藤原兼家, 이 두 사람은 서서히 사이가 틀어졌다. 후지와라노 가네미치가 형이었으나 동생인 가네이에에게 추월당한 후 그 뒤를 좇은 것은 필시 연유가 있을 것이다. 사람들이 어렴풋이 추측하는 바에 의하면 이러하다. 레이제이와 엔유, 두 천황은 가네미치와 가네이에 두 형제의 조카[85]였으므로 형 가네미치가 외숙으로서 먼저 동궁의 방관坊官[86]이 되어 동궁 시절 레이제이 천황을 보필하게 되었다고 한다. 그런데 무슨 일이 있었는지 천황의 심기를 불편케 하여 그 직책을 그만두게 되었다. 그 자리를 동생 가네이에가 대신 이어받아 이윽고 레이제이가 천황으로 즉위할 때 구로도노토藏人頭[87]가 되면서 가네미치를 앞지르게 되었다. 가네이에에게는 대체로 만사를 밀어붙이는 승부사 기질이 있어서 중납언이 되어서까지 구로도노토 직을 겸하고 있었다. 대납언 가네이에가 대장大將을 맡고 있던 시절에 가네미치는 중납언이었다.

가네미치는 엔유 천황 치세 때 이치조一條 천황 때의 섭정 고레타다伊尹가 위중하다는 말을 듣고 가나假名로 된 편지를 들고 가서 오니노마鬼間[88]에 들른 엔유 천황에게 편지를 올렸다. 편지를 펼쳐 보자 "섭정은 순서대로 해야 한다"라고 적혀 있었다. 천황의 모친인 중궁 안시安子의 필적이었다. 가네미치는 미리 황후에게 이런 편지를 쓰게 하여 가지고 있다가 레이제이 천황이 모친을 여의고 그

85_ 레이제이 천황과 엔유 천황의 모친은 안시安子로서 가네미치와 가네이에의 여동생이다.

86_ 동궁방東宮坊의 총칭으로 동궁을 모시며 그 내정을 관장하는 관리를 말한다.

87_ 벳토別當의 하급에 해당하는 구로도도코로藏人所의 관직. 정원은 두 명으로 한 명은 벤칸辨官에서, 다른 한 명은 근위부近衛府 관리에서 채용했으며 도노벤頭辨 혹은 도노추조頭中將라고 칭했다.

88_ 청량전 서쪽에 있는 방으로 벽에 귀신을 참살하는 그림이 그려져 있어서 귀신의 방, 즉 오니노마鬼間라고 한다.

리워하던 때에 보여주었으니 세상 사람들은 가네미치가 무척 영리한 인물이라고 입을 모았다.

고레타다의 병이 더욱 위중해지자 편지를 본 레이제이 천황은 더 생각하지 않고 중납언 가네미치에게 내람을 명하였으니 가네미치는 중납언에서 대납언을 거치지 않고 동생인 대납언 겸 대장 가네이에를 뛰어넘어 내대신이 되었다. 덴엔天延 2년(974)에는 가네미치에게 관백의 명이 내려졌다. 가네이에가 이를 편치 않게 생각하던 중에 조겐貞元 2년(977)에 관백 가네미치가 이미 위독하다는 소식이 들려왔다. 가네이에가 입궐하자 그 모습을 본 누군가가 병문안하러 가는 것이냐며 물었고, 가네미치는 혹시나 하는 마음에 방을 정리하고 머물러 있었다. 그러나 가네이에가 입궐했다는 소식을 들은 가네미치는 급작스럽게 병상에서 일어나 자신도 입궐하였다. 동행했던 이들마저 어찌된 일이냐며 의아하게 생각했지만 네 사람의 부축을 받으며 입궐하겠다는 일념으로 궐에 들자 관백이 입궐했다며 모두 수군거렸다. 소식을 들은 동생 가네이에는 생각에 잠겼다.

'벌써 죽었다고 소문난 사람이 입궐을 했다니 누군가 잘못 본 거겠지.'

그러나 가네미치가 정말로 입궐을 하자 가네이에는 서둘러 퇴청하였다. 입궐한 가네미치는 어전에 나와 말했다.

"소신이 마지막으로 임명을 청코자 하는 마음에 입궐하였사옵니다. 모든 이들은 모이시오. 가까이 있는 대신들도 이리 오시오. 임명식이 있을 것이오."

사람들이 의아하게 여기며 모여들자 가네미치는 잠시 이야기를 한 후에 말을 이었다.

"우대장 가네이에는 괘씸한 자입니다. 직위를 박탈해야 합니다. 대장을 원하는 사람이 있으신가? 꺼리지 말고 말하시오."

소리 높여 말하였으나 어느 누가 나설 수 있었겠는가? 모두 황송해하는데 모로스케의 동생 모로타다師尹의 아들 나리토키濟時[89]가 나섰다. 중납언이었던 나리토키는 이때가 아니면 자신이 언제 대장에 오르겠느냐며 자원하겠다는 마음을 품고 있었다. 가네미치는 거듭 말했다.

"이토록 대장을 희망하는 사람이 없다는 말씀인가? 말씀만 하시게."

"나리토키 청합니다!"

나리토키가 소리 높여 자신의 이름을 대자 가네미치는 훌륭하다며 거듭 재촉하여 나리토키를 우대장으로 적어 놓도록 하였다. 그 집필을 누가 맡았는지 그것까지는 일기 기록에 없는 것 같다. 단, 정식 임명은 지키로直爐[90]에서 이루어졌던 것 같다. 가네미치는 말을 이었다.

"관백으로는 요리타다頼忠가 그 인품으로 보나 무엇으로 보나 걸맞은 대신입니다. 이의 없으시겠지요? 그럼 직위를 물려주겠습니다."

이윽고 가네미치가 요리타다에게 관백을 물려주려 하자 천황은 대체 어찌된 영문이냐며 무척 두렵게 생각하였지만 한편으로는 가네미치의 말이 그리 잘못된 점도 없다고 판단했는지 그 청대로 모두 이루어지게 하였다. 세상을 떠난 황후의 편지 내용처럼 관백을 순서대로 정하라는 유지에는 어긋나는 일[91]이지만 후에는 어차피 같아질 일[92]이라 생각했음이리라. 이 레이제이 천황과 엔유 천황의

89_ 후지와라노 나리토키(藤原濟時, 941-995). 모로타다師尹의 아들. 모친은 후지와라노 사다카타藤原定方의 딸. 정이위正二位, 대납언大納言에 올랐으며 좌근위左近衛 대장을 겸했다.

90_ 궁중에서 대신이나 대납언이 출사하였을 때 거처하거나 휴식을 하는, 숙직소로 쓰이던 집결 장소를 말한다.

91_ 요리타다는 가네미치의 사촌형으로서 그 뒤를 이어 관백이 되는 것이니 죽은 황후의 유지에는 어긋나는 일이다.

모친은 중궁 안시安子로 그녀는 후지와라노 모로스케의 딸이었다. 섭정 후지와라노 고레타다藤原伊尹가 위병 중일 때 형 가네미치와 동생 가네이에 두 사람이 어전에서 차기 섭정에 대해 말을 꺼내 논쟁하고 다투었다. 나리토키 대장의 일기에는 두 사람이 막말을 하며 싸웠다고 적혀 있다고 한다. 이 마지막 임명에 관해서는 정확하지 않지만 일어난 그 일의 모양새는 의심할 여지가 없다. 이러한 원한은 세상을 위해서나 사람들을 위해서나 나라가 쇠망하고 도리가 통하지 않는 일이라고 한다.

그렇다 해도 관백 요리타다는 사네요리實賴의 아들로서 세상에서 인정을 받은 훌륭한 인물이었으니 그렇게 될 운이야 있었겠지만, 결국 이루어졌어야 할 인연들이 서로 화합하는 그 길에 역시 도리라는 것이 있었음이리라. 한편 요리타다는 조겐 2년(977) 11월 11일에 관백의 명을 받고 이치조 천황이 즉위할 때까지 10년 정도 그 직위에 머물렀는데 이치조 천황이 즉위하자 가네이에가 그렇게 될 도리로 섭정이 되니 더 이상 어찌할 바가 없었다.

본래 섭정가의 자손인 형이 동생에게 양위하여 왕위를 잇게 될 때에는 엔유 천황이 가잔 천황에게 양위하였을 때처럼 동생은 형의 황자를 동궁으로 책봉하는 일이 후세에도 많았던 것 같다. 레이제이 천황이 퇴위하고 엔유 천황이 즉위하자 엔유 천황은 즉시 레이제이 천황의 아들인 가잔 천황을 동궁으로 책봉하였다. 엔유 천황이 가잔 천황에게 양위하자 가잔 천황은 엔유 천황의 태자였던 후의 이치조 천황을 동궁으로 책봉하였던 것이다. 가네이에는 형 가네미치에게 밀려 치부경治部卿으로 좌천되었다. 그런데 가잔 천황의 모친은 레이제이 천황의 황후이자 이치조 천황의 섭정 고레타다伊尹의 딸이다. 가네이에는 가잔 천황이 즉위하면 곧 섭정이 될 것

92_ 요리타다의 뒤를 이어 가네이에가 관백이 되면 다시 형, 동생의 순서가 됨을 의미하는 것이다.

이라고 생각했으나 관백은 전과 같이 요리타다賴忠로 한다는 칙명이 있었다. 당시 우대신이었던 가네이에는 가잔 천황의 즉위 전날 검문과 검색을 강화하려다가[93] 관백은 이전과 같다는 소식을 듣고서 그대로 입궐도 하지 않았을 뿐더러 세치에節會의 나이벤內辨[94]도 수행하지 않았다. 다음 직위의 사람이 수행해야 했으나 좌대신과 그 동생 마사노부雅信, 시게노부重信는 상喪중이라 입궐하지 못했다. 다메미쓰爲光와 도모미쓰朝光 두 대납언은 이의를 제기하고 퇴궐하였으니 나리도키만이 그나마 네 번째 대납언으로 일을 수행하였다. 이 나리도키는 가네이에에 대해 거리낌이 없던 사람이었다. 그것도 이치에 합당한 것이었으니 나리도키를 미워할 수는 없었다.

요시후사良房가 일본국에서 처음으로 어린 나이에 황제가 된 세이와 천황 치세 때 외조부로서 첫 섭정이 된 이래 천황의 외조부나 외숙이 대신大臣인 경우 그가 반드시 섭정이 되어야 한다는 도리는 분명하고도 엄중하게 정해져 있던 도리였던 만큼 한 번도 어겨진 적은 없었다. 요시치카義懷야말로 천황의 외숙으로서 섭정이 되어야 마땅했으나 가잔 천황 즉위시에는 구로도노토藏人頭에 불과하였으며 비로소 사위 시종四位侍從으로 임명되었고 곧바로 중납언이 되었다. 관백은 이전처럼 요리타다賴忠였지만 요시치카가 실권을 잡고 정치를 행하던 겨우 일 년 사이에 불가사의한 일[95]이 일어났으니 뭐라 할 말이 없다.

가네이에는 엔유 천황에서 가잔 천황으로 이어지는 사이에 평소의 한을 풀려고 하였으나 자신은 천황의 외조부도 외숙도 아니었

93_ 고겐固關이라 하며 이는 천황의 즉위나 붕어시에 오사카逢坂, 후와不破, 스즈카鈴鹿 세 곳의 경비를 강화하는 것이다.

94_ 세치에節會 때 모든 준비를 맡은 대신을 말한다.

95_ 간나 2년(986) 6월 22일 밤에 가잔 천황이 궁궐을 빠져나와 출가한 사건을 가리킨다.

다. 후지와라노 사네스케藤原實資의 아들 요리타다나 모로스케의 아들 가네이에도 그 점에서 마찬가지였다. 원래 숙로宿老[96]가 되는 것이 마땅하였으니 당시 관백이 될 방법이 없어 단념하고 있었다. 가잔 천황이 열아홉 살 되던 해 총애하던 황후였던 다메미쓰爲光의 딸[97]이 먼저 세상을 뜨자 천황은 한없는 불심을 일으켜 속세를 떠나려는 상념에 젖어 있었다.

"세상만사가 싫다. 출가하여 불도에 들어가고 싶구나."

가잔 천황의 측근이었던 미치카네道兼는 평소 부친 가네이에에게 운이 늦게 돌아온다고 생각하던 차에 천황의 말을 듣고 이를 절호의 기회로 생각했다. 미치카네는 가네이에의 둘째 아들로 당시 오위 구로도五位藏人 좌소변左少辨이었는데 후에 칠일 관백七日關白으로 불렸다. 예나 지금이나 눈치가 빠르고 계략이 뛰어난 사람은 자신조차도 이해할 수 없는 불가사의한 일을 저지른다. 천황은 골똘히 생각하다가 돌연히 불심을 일으킨 것이고 미치카네 역시 젊었다. 가잔 천황 이래로 지금까지 사람의 마음은 그저 한결같은 것 같다. 그런 때가 있는 것이다. 하지만 요즘에는 좀처럼 드문 일이다.

우다 천황의 시대는 상고 정법上古正法의 끝이라 생각된다. 엔기延喜 덴랴쿠天曆 또한 그 끝이자 중고中古시대의 시작으로 상서롭고도 친숙한 시대였다. 레이제이, 엔유 천황부터 시라카와, 도바 상황 때까지의 성정性情은 한결같아 보인다. 고시라카와 천황의 치세 말기부터는 성정이 한없이 추락하여 근래 십 년, 이십 년 동안은 아예 정상적인 것이 없어졌다. 그렇게 보면 가잔 천황이 돌연히 불심을

96_ 원로대신으로 주로 연공年功이 많은 사람이 임명되었다.

97_ 후지와라노 시시(藤原忯子, 969-985). 가잔 천황의 뇨고. 후지와라노 다메미쓰의 딸. 홍휘전弘徽殿 뇨고로 불린다. 회임 중에 열일곱 살의 나이로 사망하였다. 가잔 천황은 그 죽음을 슬퍼한 나머지 후지와라노 가네이에의 모략에 의해 퇴위, 출가했다.

일으킨 것도 그 마음을 헤아릴 수 있을 것 같고, 미치카네가 같은 마음으로 출가를 권유한 것도 명백하다. 미치카네가 말했다고는 분명히 듣지 못하였으나 가잔 천황에게 출가를 권유한 것은 이치가 명명백백한 것이다. 인도나 중국에서 있었던 일을 화술에 능한 일본의 설경사說經師가 말하였으니 본래 그 나라의 말로 전한 것은 아니라 해도 도리의 중요한 부분만 틀리지 않는다면 모든 것이 과연 참으로 이치에 맞는 정설이라고 할 법하다. 미치카네도 아마 그런 식으로 말하였을 것이다. 그 무렵은 에신惠心 승도[98]가 불심佛心을 설파할 때였다. 겐큐嚴久라는 승려가 있었으니 가잔 천황이 그를 불러 불심의 발심發心에 대해 묻자 겐큐는 이렇게 답했다.

"경전에서는 죽음에 임할 때 처자妻子와 보물, 왕위도 따르지 않는다고 합니다. 법화경法花經 서품序品에도 모두 왕위를 버린 후 출가를 따름에 항상 대승大乘의 뜻을 일으켜 범행梵行하라고 설파하지 않습니까? 제바품提婆品[99]에는 때마침 아사선阿私仙이 찾아와 대왕께 이렇게 말했다고 합니다. "내게 미묘한 법이 있는데 이는 세상에 드문 것이니 선인仙人이 구하는 바에 맞추어 이를 베푼다." 그렇습니다. 석가께서도 소시에 출가하여 아누보리阿耨菩提[100]를 얻었다고 당신에 대해 말씀하셨습니다. 이러한 마음이 발할 때 들기 어려운 불도의 길에 드셔야 합니다. 다시 생각해 보신다 해도 발심發心하신 일념이 사라지지는 않을 것입니다. 묘법연화경妙法蓮華經[101]을 뛰어넘

98_ 에신(惠心, 942-1017). 천태종 승려, 이름은 겐신源信. 히에이잔에서 료겐良源에게 사사하고 현밀顯密 이교二教를 배웠다. 『왕생요집往生要集』을 저술하였으며 이후의 정토종 신앙 전개에 큰 영향을 끼쳤다. 송나라에서도 높이 평가받았다.

99_ 제바달다품提婆達多品. 법화경의 제12품. 제바달다와 용녀龍女의 성불成佛을 통해 악인의 성불을 설파한다.

100_ 아누다라 삼약삼보리. 완전한 깨달음, 진리의 경지를 말한다.

101_ 대승불교에서 가장 중요한 경전 중 하나. 28품으로 구성되어 있으며 비유를 섞은 문학적인 표현으로 법화일승法華一乘의 입장이나 영원한 생명으로서의

는 교문敎門은 없습니다. 불경不輕[102] 보살의 인연만으로도 결국에는 득도하였습니다. 보살계菩薩戒야말로 지켜야 합니다. 보살계는 파계하더라도 다시 지켜지게 됩니다. 그렇기에 수법授法은 있어도 사법捨法은 없다고 하는 것입니다. 진심이라고 생각하신다면 그저 어서어서 뜻을 이루십시오."

가네이에가 이처럼 아침저녁으로 설파하자 미치카네도 덧붙였다.

"전하께서 꼭 출가하시겠다면 소신 미치카네도 곧 바로 출가하여 불도 수업에 동행하겠습니다. 충신이 충성을 다하듯이 인연이 깊기에 오늘 이렇게 전하를 보필하고 있는 것입니다."

미치카네의 말에 가잔 천황은 더욱 불심을 일으켰다. 때가 도달함에 간나寬和 2년(986) 6월 22일 경신庚申날 밤, 가잔 천황은 구로도 좌소변藏人左少辨 후지와라노 미치카네와 겐큐嚴久 법사를 수레 뒤에 태우고 대궐을 나왔던 것이다. 봉전진縫殿陣[103]을 통해 나왔다고 한다. 모노가타리物語[104]에 의하면 천황은 이미 아무개 전殿 근처에서 미치카네에게 말했다고 한다.

"너무 서둘렀구나. 역시 좀 더 고민했어야 옳았던 것일까?"

"구슬과 보검[105]을 이미 동궁 전으로 전하지 않으셨습니까? 이제는 어찌 할 수 없습니다."

"그렇구나, 그래."

가잔 천황은 대궐을 나왔다. 한편 가네이에는 아들 후지와라노

부처에 관해 설법한다. 천태종과 일련종日蓮宗의 경전.

102_ 「법화경」에 나오는 보살로 사람은 누구나 성불한다고 하여 만나는 사람 모두를 업신여기지 않고 예배하였다고 한다.

103_ 궐 북쪽에 있는 문으로 봉전료縫殿寮 가까이 있다.

104_ 『오카가미大鏡』로 추정된다.

105_ 일본 황실의 '삼종의 신기三種の神器'인 거울, 구슬, 검 중 구슬과 검을 가리킨다.

미치타카藤原道隆와 미치쓰나道綱[106]를 대기하게 하였다가 천황이 이미 대궐을 나왔다고 여겨질 무렵 말하였다.

"이제는 구슬과 보검을 전해야 할 것 같구나."

미치타카와 미치쓰나가 구슬과 검을 가지고 동궁 이치조 천황이 있는 응화사凝花舍로 가자 가네이에가 나와서 궐의 모든 문을 닫았다. 병부좌兵部佐였던 후지와라노 미치나가는 후지와라노 요리타다藤原賴忠에게 사람을 보내 이런 큰 일이 일어났음을 알렸다.

한편 차기 왕을 옹립하는 일로 말하자면 뭐라 표현할 바가 없다. 이치조 천황은 겨우 일곱 살에 불과하였기에 이번에는 가네이에가 외조부로서 섭정이 되었으니 요리타다는 생각지도 못한 일로 실각하게 되었고 세상은 안정되었다. 간교지元慶寺에서 머리를 자르고 출가한 가잔 천황은 미치카네도 곧 출가할 것이라고 여기고 있었다. 그러나 미치카네는 울며불며 말했다.

"부모를 한 번만 만났으면 하옵니다. 제 모습을 한 번만 더 보였으면 하옵니다. 그렇게 하지 않으면 불효한 자식이 될 것이기에 부처님도 괘씸하다고 생각지 않으시겠습니까? 전하께서 출가하셨다고 알면 부모도 소신의 출가를 막으려 하지 않을 것이옵니다."

"어찌 짐을 속이려 하느냐?"

"감히 그럴 리가 있겠사옵니까?"

미치카네는 말을 채찍질하여 돌아갔다. 그가 무엇 때문에 되돌아왔겠는가? 후지와라노 요시치카藤原義懷와 후지와라노 고레시게藤原惟成[107]는 이 소식을 듣고 그대로 가잔 천황을 찾아가서 함께 출가

106_ 후지와라노 미치쓰나(藤原道綱, 955-1020). 가네이에의 차남. 모친은 후지와라노 도모야스藤原倫寧의 딸. 동궁부東宮傅를 겸했다. 글을 제대로 읽지 못한다는 악평이 있어 대신에 오르기를 원했으나 이루지 못했다.

107_ 후지와라노 고레시게(藤原惟成, 953-989). 가잔 천황의 유모의 아들로 후지와라노 요시치카藤原義懷와 함께 근신으로서 활약하여 오위五位 섭정으로 불렸다. 출가한 가잔 천황의 뒤를 좇아 출가하였으며 시와 와카를 즐겼다.

한 후 한 치의 오점도 없이 불도에 입문하여 정통하였다. 요시치카는 이무로飯室의 안라쿠지安樂寺에서 승려가 되었다. 고레시게는 가모賀茂 축제 때 사슴뿔 지팡이를 든 성인聖人으로 통하였다고 전해진다.[108] 가잔 천황은 후에 그릇된 쪽으로 생각이 변하였으나 처음이나 나중이나 훌륭히 행한 때가 많았으니 결국에는 불도의 경지에 들어갔을 것이다.

이치조 천황이 즉위한 후 후지와라노 가네이에는 확고하게 세상을 손에 넣었다. 후대의 후지와라노 요리미치藤原頼通까지 본다면 더더욱 말할 바 없이 당대 제일의 가문으로 번성하였으며 세상은 평화로웠다. 속세를 벗어난 마음으로 나쁜 일 없이 정도正道를 지키도록 다스려졌으며 후지와라 일문一門의 사람들 역시 일부러 그렇게 고르기라도 것처럼 모두 훌륭한 인물뿐이었다. 사대납언四大納言[109]으로 불리는 네 인물 중 세 명은 후지와라 가문에서 나왔다. 이렇게 세상은 다스려졌다고 한다.

한편 후지와라노 가네이에는 에이소永祚 2년(990) 5월 4일에 출가하면서 첫째 아들인 내대신 후지와라노 미치타카藤原道隆에게 관백을 물려주고 같은 해 7월 2일에 입적하였다. 미치타카는 중관백中關白으로 불린다. 미치타카의 아들 후지와라노 고레치카藤原伊周[110]는 소치 내대신帥內大臣이라 하였는데 좌천된 후에는 의동삼사儀同三司[111]라고 하였다. 고레치카에게 내람의 칙명이 내려왔으며 미치타카의

108_ 염불승은 사슴뿔을 윗부분에 붙인 지팡이를 들고 순례하였다고 한다.

109_ 후지와라노 긴토藤原公任・후지와라노 나리노부藤原齊信・후지와라노 유키나리藤原行成・미나모토노 도시카타源俊賢, 이들 네 명의 대납언을 이치조 천황 치세 때 사현四賢으로 불렀다.

110_ 후지와라노 고레치카(藤原伊周, 974-1010). 미치타카道隆의 차남. 부친 미치타카의 사망 후 정권을 둘러싸고 숙부 미치나가와 대립했다. 가잔 상황에게 활을 쏘았다는 이유로 다자이노곤노소치大宰權帥로 좌천되기도 했다.

111_ 대신에 준하며 삼사三司는 태정대신과 좌대신, 우대신을 말한다.

동생 후지와라노 미치카네藤原道兼는 우대신, 아들 고레치카는 내대신이었다. 이치조 천황의 모친 후지와라노 센시藤原詮子는 여원女院[112]으로 히가시산조인東三條院으로 불린다. 여원은 바로 이치조 천황의 모친에서 시작되었다. 히가시산조인은 후지와라노 가네이에藤原兼家의 딸로 엔유 천황의 황후다.

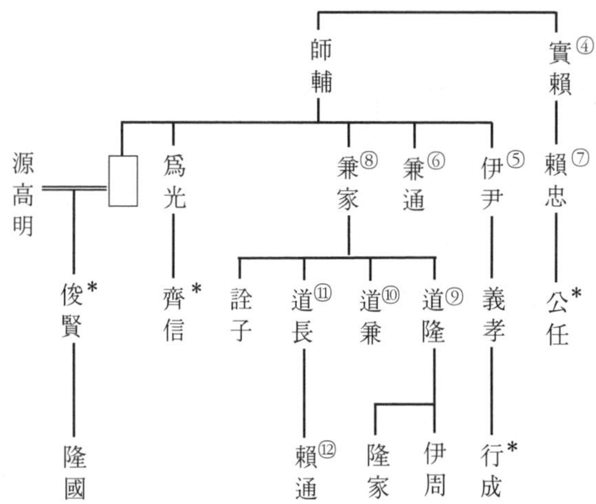

※ 번호는 섭관의 순서를 가리키며, *표시는 사대납언을 말한다.

세상은 히가시산조인이 마음먹은 대로 다스려졌다고 전해진다. 미치카네 역시 히가시산조인의 오빠였기에 가잔 천황의 일 또한 스스로 계획적으로 한 일은 아니었으나 시운이 따랐으니 그 부친에게 득이 되었다. 내대신 고레치카는 현실적인 지혜는 뒤떨어졌으나 문장의 재능은 뛰어나서 한시를 무척 잘 지었다. 그러나 우대신 미치카네가 윗사람이었으니 우대신을 뛰어넘을 수는 없었다. 미치카네

112_ 천황의 어머니와 삼후三后 및 내친왕 등에게 조정에서 수여하는 존칭으로 상황에 준하여 대우하였다. 이치조 천황의 모친 황태후 후지와라노 센시藤原詮子를 히가시산조인東三條院이라고 칭한 것이 그 시작이다.

는 조토쿠長德 원년(995) 4월 27일에 관백의 자리에 올라 5월 8일에 사망하였으니 세상에서는 그를 칠일 관백이라고 불렀다.

차기 관백으로는 내대신으로 본래 내람의 명을 받은 고레치카가 유력했지만, 미치카네와 미치타카의 동생인 대납언 미치나가라는 존재가 있었다. 세상에서도 고레치카의 숙부였던 대납언 미치나가에 대해서는 그 기량이 뛰어나다며 모두 인정하는 바였다. 그 자신도 확실하게 천명하였다.

"고레치카를 섭정으로 삼는다면 세상은 흐트러지고 멸망할 것이지만 이 몸이 섭정이 된다면 세상은 평온해질 것이다."

미치나가의 누이 황태후 히가시산조인은 당대 천황의 모후로서 미치나가를 단단히 믿고 있었지만 천황은 그런 생각을 받아들이려 하지 않았다. 히가시산조인이 거듭 청하자 천황은 그것이 귀찮았는지 조찬을 하던 곳에서 나와서 낮에 기거하는 침소로 가서 구로도노토藏人頭 미나모토노 도시카타源俊賢[113]를 앞에 두고 이야기를 하고 있었다. 그때 저녁에 기거하는 침소 쪽 덧문이 열리며 모친 히가시산조인이 예사롭지 않은 눈매로 나타나 말했다.

"거듭 세상을 위해, 그리고 전하를 위해 좋을 일을 말씀드렸는데도 들으려 하시지 않는 것 같습니다. 그렇게 하신다면 앞으로는 오랫동안 이런 말씀을 올리지 않을 것입니다. 참으로 가슴이 아프고 서운하기 그지없습니다."

천황은 정색을 하고 자세를 고쳐 앉으며 대답했다.

"이토록 말씀하시는 일을 어찌 거절할 수 있겠습니까? 서둘러

113_ 미나모토노 도시카타(源俊賢, 959-1027). 좌대신 미나모토노 다카아키라源高明와 후지와라노 모로스케의 딸 사이에서 셋째 아들로 태어나 정이위 권대납언까지 올랐다. 후지와라노 미치나가의 권세를 뒷받침한 관리로서 후지와라노 긴토藤原公任 등과 함께 이치조 천황 시대의 네 명의 대납언으로 불렸다. 섭관정치의 한 축을 담당한 유능한 관리로 알려져 있다.

명을 내리겠습니다."

앞에서 천황을 보필하던 도시카타는 황태후가 오는 것을 알고 마침 자리를 피한 참이었다. 황태후는 말했다.

"그렇다면 어차피 구로도노토 도시카타가 전하를 모시고 있었던 것 같으니 불러들이십시오. 말씀하신 바를 전해야 합니다."

천황이 명했다.

"이보게 도시카타, 이쪽으로 오게."

도시카타가 대령하자 황태후가 말했다.

"태정관 문서는 대납언 미치나가를 거쳐 주상하라는 내람의 명을 어서 내리게 하세요."

"예, 분부 받들겠사옵니다."

도시카타는 소리 높여 대답하고 물러나 그대로 명을 전했다. 황태후는 조찬 방으로 돌아가서 결과를 기다리고 있던 대납언 좌대장 미치나가에게 입가에는 미소를 담고 옷소매로는 눈물을 찍어내며 말했다.

"이미 명이 내려졌습니다."

미치나가는 황송해하며 물러났다. 그는 잠시동안 대납언으로서 내람을 허락받았으나, 이윽고 얼마 안 있어 그 해에 우대신이 되었다. 내람을 허락받은 신하였으므로 내대신 고레치카를 뛰어넘었던 것이다.

조토쿠 2년(996) 4월에 내대신 고레치카와 그 동생 후지와라노 다카이에藤原隆家가 좌천되었으니, 내대신 고레치카는 다자이후大宰府 곤노소치權帥, 중납언 다카이에는 이즈모出雲 지방 곤노카미權守로 각각 좌천되었다. 이 일은 가잔 천황을 활로 쏘았기 때문이었다. 사건의 발단은 태정대신 후지와라노 다메미쓰藤原爲光에게 있었는데 그에게는 세 명의 딸이 있었다. 첫째 딸은 가잔 천황에게 불심을 불러일으킨 여인으로, 그녀가 죽자 불심이 식은 가잔 천황은 둘째 딸의 거처에 출입하였다. 고레치카는 셋째 딸을 마음에 두고 그녀의 거처에 출입하였는데 가잔 천황이 결국에는 셋째 딸의 거처까지 드나든다는 소문을 듣고 마음이 편치 않아서 열여섯 살짜리 동생 다카이에에게 의논하였다.

“어찌 해야 하느냐? 내 마음이 편치 않다.”

거친 성격에 혈기왕성했던 다카이에는 틈을 엿보다 몰래 활로 가잔 천황을 쏘았는데 가잔 천황의 옷소매가 축대에 꽂히고 말았다. 가잔 천황은 위험한 지경에서 도망을 친 후 이 일을 단단히 숨기고 있었는데 결국 알려지게 되었고, 그러한 일을 어찌 감추고 지나갈 수 있느냐며 조사를 행하여 이런 결과가 되었다고 전해진다. 그러나 후지와라노 사네요리藤原實賴의 일기[114]에는 사건 당일날 밤 즉시 이 일이 알려져서 정월 13일 임명식에서 고레치카의 내대신 자리를 박탈했다고 기록되어 있다. 당시 사람들은 지극히 당연한 일이라고 말했다. 일기에 상세히 기록되어 있으니 그것을 읽어봐야 할 것이다. 사람들은 이 좌천 건을 미치나가 쪽에서 계략으로 꾸민 것이라고 생각하였으니 이치조 천황은 이를 거듭 마음 아파했다. 나중에는 좌천된 이들도 각각 복귀되어 내대신은 의동삼사儀同三司라는 직위를 받았고 다카이에는 소치帥가 되어 낙향하기를 원했으며 이후 지방의 부호가 되었다. 소치로서 쓰쿠시筑紫로 내려간 다카이에는 말로 표현할 수 없을 만큼 부를 축적하여 상경하였다. 어느날 다카이에는 미치나가 저택을 방문하여 미치나가를 만났는데 별로 할 말이 없어서 자신의 이름을 적은 표찰을 품속에서 꺼내어 보여 준 후에 돌아갔다. 무척 영리한 사람이라고 전해진다.

그러던 중에 이치조 천황이 붕어하였다. 미치나가는 유품을 정

114_ 오노노미야 후지와라노 사네요리는 970년에 사망하였고 당시는 995년이었으므로 시기상 이 때의 일화를 담을 수 있는 상황이 아니었다. 실제로도 이 때의 기록은 담겨 있지 않다.

리하다가 손궤를 하나 발견하였다. 열어보니 종이에 칙서 같은 것이 친필로 쓰여 있었다. 그 첫머리에 "삼광三光[115]이 환하게 비추려 하나 두터운 구름에 덮여 몹시 어둡구나"라고 적혀 있는 것을 보고 더 읽지 않고 말아서 태워버렸다고 한다. 이 이야기는 후지와라노 요리미치藤原頼通가 대납언 미나모토노 다카쿠니源隆國에게 말한 것으로 다카쿠니가 기록하였다. 예를 들면 당唐 태종이 나라를 일으켜 자신이 요堯, 순舜 임금과 같다고 생각한 것처럼 미치나가 역시 대체로 모토쓰네基經나 가마타리鎌足에 비교해도 뒤지지 않을 정도로 정도正道의 도리에서 벗어나지 않는 품성을 가진 것 같다. 자신의 위광위세威光威勢는 곧 천황의 위광위세와 같았다. 절대적인 천황의 신뢰와 권위를 받았으나 사심이 없었다. 만주萬壽 4년(1027) 12월 4일 입적 당시의 임종 모습이 그 명백한 증거다. 미치나가는 염원대로 출가를 한 후 오랜 세월에 걸쳐 호조지法成寺의 아미타당阿彌陀堂을 건립하였고 호조지의 무량수원無量壽院 중당中堂 앞을 임종의 장소로 정하여 병풍을 세우고 팔걸이에 기대어 법의法衣의 옷매무새를 가다듬고 앉은 자세 그대로 입적하였다. 예나 지금이나 과연 이런 임종이 있었던가? 12월 4일의 일이었는데 마침 12월은 진콘지키神今食[116]를 엄격히 지키는 시기였다. 윤달이나 초하루에는 특히 식사 금기가 엄격했으니 이는 섭정 관백을 비롯한 모든 신하에게 해당되었다. 그 시기에 호조지에서 법화팔강法華八講이 열려 남북이경南北二京[117]의 승려들이 논의를 하였다. 대가람大伽藍 불전에서 행한 법회에는 후지와라 가문의 장자인 섭정 관백이 반드시 대신들을 이끌고

115_ 삼광은 해, 달, 별빛으로 천자天子의 덕을 말하며 구름은 신하를 말하는 것이다.

116_ 6월과 12월의 11일에 있는 쓰키나미제月次祭로 밤에 아마테라스오카미天照大神에게 제사를 지내는 것. 이때 천황이 직접 불을 지펴 밥을 짓고 제를 지낸 후 그 밥을 먹는다.

117_ 나라奈良와 교토京都에 있는 고후쿠지興復寺와 엔랴쿠지延曆寺를 말한다.

참배하여 논의, 예강例講, 청문聽聞을 하는 등 조금도 거리낌이 없었다. 이세 대신궁伊勢大神宮에서도 이를 허락하였다. 미치나가야말로 인간계에서 덕德의 모범이 되는 사람인 것 같다. 이처럼 덕망 있는 자가 어찌 사심으로 더럽혀져 조금이라도 조정에 불충을 저지를 수 있었겠는가? 돌이켜볼수록 고귀한 분이다. 그런데 이치조 천황은 미치나가의 참 모습을 보지 못하고 그와 같은 칙서를 쓰고 일찍 붕어하였다. 미치나가는 그 후 오랫동안 영화를 누렸으며 자손도 번창하고 임종시의 극락왕생에 대한 신념도 비견할 바가 없었으니 마음속으로 이를 깊이 통찰하였다.

"어찌 생각하십니까? 소신은 나쁜 마음을 품은 적조차 없습니다. 소신이 살아남아 이렇게 전하의 명복을 빌게 되는군요. 귀하고 천함이 심성의 좋고 나쁨과 같은 것은 아니옵니다. 이것은 또 어찌 생각하십니까? 소신이 말한 것은 모두 생각대로 이루어졌습니다."

이렇게 말하며 칙서를 말아서 태운 것이다. 이세 대신궁이나 하치만 대보살八幡大菩薩도 넓은 아량으로 미치나가를 지켜주려 했음을 확실히 깨달았다. 그렇기에 이후 만주萬壽 연간까지 오랫동안 영화를 누리다가 사람들에게 그런 임종의 모습을 보여 주었다.

책에 전한다.

조지貞治 6년(1367) 6월 25일로 정본正本 일교를 끝맺는다.

고레모리之盛

愚管抄
Gukansho

구칸쇼 | 제4권

이치조一條 천황은 일곱 살에 즉위하여 25년간 재위한 후, 간코寬弘 8년(1011) 6월 22일에 서른두 살로 붕어하였다. 6월 13일에 양위하였고 19일에 출가하였다. 좌주 게이엔慶圓이 계사戒師를 담당했다.

산조三條 천황은 서른여섯 살에 즉위하였다. 모친은 후지와라노 가네이에藤原兼家의 딸[1]로 후지와라노 미치나가藤原道長의 조카이다. 이치조 천황이 즉위한 후, 산조 천황을 동궁으로 책봉한 것은 어떤 연유일까? 이치조 천황은 일곱 살의 나이로 성인식도 치르지 못한 채 간나寬和 2년(986) 6월 22일에 즉위하였다. 그해 7월 16일에 열한 살의 산조는 성인식을 치르고 동궁으로 책봉되었다. 25년간 동궁의 자리에 있던 산조는 이치조 천황이 서른두 살에 붕어하자 서른여섯의 나이로 고대하던 왕위에 올랐다. 그러나 재위 5년 만에 눈병으로 양위하였고 이듬해에 출가하였다.

그간의 사정에 대해서는 납득하기 힘든 점이 있다. 그러나 세상 사람들은 언제나 그랬듯이 후지와라노 가네이에가 일말의 사심도 없이 공정하게 일처리를 하였다고 생각하는 것 같다. 후지와라노 모로스케藤原師輔의 간절한 염원이 이루어져 레이제이冷泉 천황이 태어났지만 무라카미村上 천황에게는 첫째 황자인 히로히라廣平 친왕[2]이 있었다. 히로히라 친왕의 외조부인 대납언 후지와라노 모토카타藤原元方는 중궁의 위세에 짓눌렸으며 레이제이冷泉와 엔유圓融 천황까지 태어났으니 히로히라 친왕의 처지는 참담했다. 대납언 모토카타가 이 일에 원한을 품고 죽은 후 악령이 되기라도 한 것인지

1_ 후지와라노 가네이에의 딸 조시超子를 말하며, 조시는 후지와라노 미치나가의 여동생이다.

2_ 히로히라 친왕(廣平親王, 950-971). 무라카미 천황의 첫째 황자. 모친은 후지와라노 모토카타藤原元方의 딸 스케히메祐姬. 후지와라노 모로스케藤原師輔를 외척으로 둔 둘째 황자 노리히라(憲平, 후의 레이제이 천황) 친왕이 태어났기 때문에 동궁이 되지 못했다고 한다.

레이제이 천황은 원령에 시달리다가 1년여 만에 양위하였다.

엔유 천황의 치세는 영화로웠으나 가잔花山 천황의 경우는 한심하다는 말로도 부족하다. 가잔 친왕의 동생인 산조 천황을 무력하게 하기 위해 이런 일이 일어난 것인가? 레이제이 천황과 가잔 천황의 수명은 공교롭게도 한없이 길기만 했다.

산조 천황이 재위할 당시 예순두 살의 레이제이 천황이 위독하다는 소식을 듣고 친히 행차하려고 나섰다. 그러자 후지와라노 미치나가가 만류하며 말했다.

"소신이 먼저 가서 살펴보고 오겠습니다."

미치나가가 도착하여 살펴보니 레이제이 천황은 사람을 못 알아볼 정도로 위중했다.

"전하, 이제는 어찌할 방도가 없습니다. 원령怨靈의 행방이 무섭습니다."

결국 형 가잔 천황의 뒤를 따르기라도 하듯 산조 천황도 5년 만에 양위하였으니 하늘의 도리는 한 치도 어긋남이 없었다.

뒤를 이어 고이치조後一條 천황이 아홉 살의 나이로 즉위하였으니 조와長和 연간에 미치나가의 적자인 후지와라노 요리미치藤原賴通가 섭정에 올랐다. 고이치조 천황의 모친은 조토몬인上東門院 쇼시彰子로 미치나가의 딸이었다. 미치나가는 출가한 몸으로 만주萬壽 4년(1027)까지 천황을 보필하였다. 그 영화로움은 이루 말로 표현할 수가 없다. 미치나가가 호조지法成寺를 건립하고 올린 법회는 모든 것이 너무도 훌륭하여 일일이 열거함이 운치 없을 정도였다. 모로스케의 아들 간인閑院 태정대신 후지와라노 긴스에藤原公季는 건재하였으니 백발이 성성한 채로 법회에 초대받고 참석하였다. 미치나가는 출가한 몸으로 법복을 단정하게 입고 상좌에 앉았으며 긴스에는 태정대신으로서 섭정 요리미치보다 윗자리에 앉았으니 그 모습은 한없이 위풍당당했다. 긴스에가 가네이에를 등진 채 요리이에를 마주하고 위엄 있게 앉는 모습은 주눅이 든 기색도 없이 참으로 훌륭했다고 세상 사람들은 말했다.

이치조 천황 치세 때 평판이 높고 우열을 가르기 힘든 네 명의 대납언이 있었다. 후지와라노 다다노부藤原齋信, 후지와라노 긴토藤原公任, 미나모토노 도시카타源俊賢, 후지와라노 유키나리藤原行成가 그들로서 작위는 모두 대납언이었으며 대신의 자리까지는 오르지 못했다. 도시카타의 부친 좌대신 미나모토노 다카아키라源高明[3]는 다이고醍醐 천황의 황자였으나 신하의 신분으로 내려와 미나모토源 가문의 시조가 되었다. 도시카타는 바로 그 상서로운 이의 아들이었던 것이다.

도시카타의 부친 다카아키라가 유배된 사실도 중요한 일이므로 내친 김에 서술해야 할 것이다. 무라카미村上 천황과 중궁 안시安子 사이에는 세 명의 황자가 있었으니 첫째는 레이제이冷泉 천황, 둘째는 다메히라爲平 친왕, 셋째가 엔유圓融 천황이었다. 다카아키라는 다이고 천황의 아들로 후지와라노 모로스케의 딸과 혼인했다. 이런 저런 연유로 다카아키라는 자신의 딸을 다메히라 친왕에게 시집보내 친왕을 사위로 삼았다. 그러나 레이제이 천황은 즉위하자마자 다메히라 친왕을 제치고 동생인 엔유 천황을 동궁으로 책봉하였다. 고호康保 4년(967) 9월 1일의 일이라

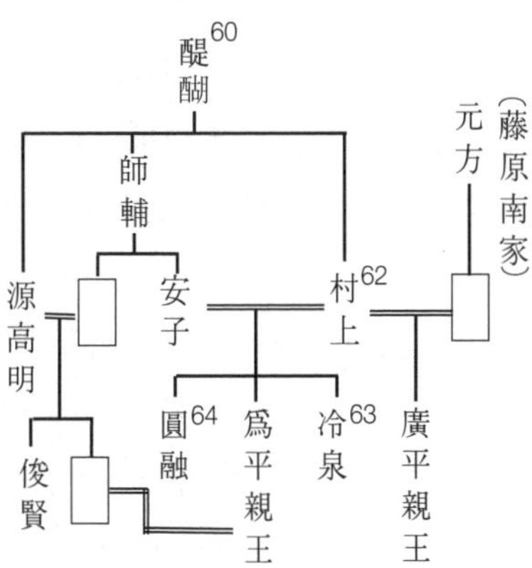

3_ 미나모토노 다카아키라(源高明, 914-983). 다이고醍醐 천황의 황자. 다이고 겐지醍醐源氏의 시조. 신적臣籍에 내려와 좌대신에 올랐으나 안나安和 2년(969)에 후지와라 씨의 모략에 의해 실각되었다(안나의 변). 비극의 주인공으로서 히카루 겐지光源氏의 모델이라는 설이 있다.

고 하는 것 같다.

안나安和 2년(969) 3월 무렵 좌대신 미나모토노 다카아키라는 사위 다메히라를 위해 모반謀反할 마음을 품었다.[4] 레이제이 천황은 즉위 후 얼마 안 있어 원령에 시달리다가 빈번히 약을 복용하였으니 시절이 하 수상했던 것일까? 다카아키라는 사마노스케左馬助 미나모토노 미쓰나카源滿仲, 무사시노스케武藏介 후지 요시토키藤善時와 같은 당대 무사들의 밀고로 3월 26일에 다자이노곤노소치太宰權帥로 좌천되었고 이윽고 출가하였다. 승려 렌모連茂, 다치바나노 도시노부橘敏延, 좌근위대위左近衛大尉 미나모토노 쓰라나루源連, 전 사가미노스케相模介 후지 지하루藤千晴 등이 모두 멀리 유배되었다고 기록되어 있다. 미나모토노 미쓰나카에게도 모반의 권유가 있었던 것인지 무사끼리의 연고로 그가 미루어 짐작하여 밀고한 것인지 모를 일이다.

그런데 덴로쿠天祿 3년(972) 5월, 미나모토노 다카아키라는 다시 귀경하였으니 이는 세상 사람들이 수군거렸기 때문이다. 특히 좌대신 후지와라노 모로타다藤原師尹와 후지와라노 모로스케藤原師輔의 세 아들,[5] 후지와라노 사네스케藤原實資의 아들[6]이 다카아키라를 그렇게 만들었다고 수군댄 것이리라. 어찌 죄 없는 사람에게 그렇게 할 수가 있는 것인가? 그러니 다카아키라가 곧 출가한 것이다. 마음 속 깊이 짐작하는 바가 있다고 하더라도 무리해서 고집할 일이 아닌데다 사람들마저 수군거렸으니 다시 다카아키라를 불러들인 것 같다.

다카아키라의 아들 미나모토노 도시카타源俊賢는 후지와라노 미

4_ 안나의 변을 말한다. 안나 2년(969), 우대신 후지와라노 모로타다藤原師尹 등 후지와라 일족이 미나모토노 미쓰나카源滿仲의 밀고를 이용, 좌대신 미나모토노 다카아키라源高明에게 황태자 폐위의 음모가 있다고 하여 추방하고 후지와라 정권을 확립한 사건이다.

5_ 고레타다伊尹, 가네이에兼家, 가네미치兼道.

6_ 요리타다賴忠, 다다도시齊敏.

치나가와 특별히 친숙하였으며 일말의 그릇된 마음도 품지 않았다. 훌륭한 인물이었으니 잘못된 생각이 들더라도 곧바로 마음을 다시 고쳐먹고 쓸모없고 그릇된 생각을 마음 속 깊이 담아 두지 않았던 것이다. 그렇기에 사람들도 도시카타가 온화한 정도正道를 걸었다고 너나 할 것 없이 말한 것이다. 잘못된 것을 개선하는 선善보다 더 큰 선이 없다고 하는 명문名文은 이를 두고 하는 말일 것이다.

대체로 미치나가의 시대는 많은 사람들의 마음가짐이 진실하고 사심이 없으며 그저 시대가 잘 되기를 바라는 마음 외에 다른 뜻이 없었으니 만사가 잘 풀려 모두 순응하였음이 분명하다. 지금 시대에는 모범이 될 만한 큰 인물도 없고 인재를 알아보는 중신 또한 드물다. 이렇게 기량 있는 사람들이 넘치던 시대를 어째서 돌아보지 않았는지 그것이 안타까울 뿐이지만 더 말할 가치가 없는 말 세이니 어쩔 도리가 없다.

후지와라노 다다노부는 태정대신 후지와라노 다메미쓰藤原爲光의 아들이며, 후지와라노 긴토는 관백 후지와라노 요리타다藤原賴忠의 아들이다. 후지와라노 유키나리는 이치조 섭정 후지와라노 고레타다藤原伊尹의 손자이며 후지와라노 노리타카藤原義孝[7]의 아들이다. 와카和歌와 한시에 능통하였으며 그 밖의 갖가지 예능에도 재주가 범상치 않았다. 그러나 좌대신 후지와라노 요리미치藤原賴通, 우대신 후지와라노 사네스케藤原實資, 내대신 후지와라노 노리미치藤原教通가 하나같이 오래도록 장수하였으니 네 명의 대납언이 대신에 오르지 못한 것은 어쩔 수 없는 일이었을 것이다.

네 명의 대납언이 한창 활약했을 무렵 데루テル 중장中將과 히

7_ 후지와라노 노리타카(藤原義孝, 954-974). 고레타다의 아들이며 서예로 유명한 유키나리行成의 아버지. 불교에 대한 신앙심이 깊었으며 미남이었다고 한다. 천연두를 앓고 얼굴에 상처가 남아 자살했다고 일컬어진다. 원령이 되었다는 설도 있다.

카루ヒカル 소장少將이라고 하여 훌륭한 당상관이 있었는데 데루 중장의 부친은 효부쿄노미야兵部卿宮, 모친은 다카쓰카사鷹司의 누이였다. 데루는 미치나가의 양자가 된 후 나리노부成信라고 칭했다. 히카루 소장은 후지와라노 아키미쓰藤原顯光 좌대신의 아들로 시게이에重家라고 하였다. 이 두 사람은 우연히 어전 회의에서 네 명의 대납언이 서로 학재와 기지를 발휘하여 사안을 결정하는 것을 보았다.

"우리도 당상관이 되어 저들처럼 하고 싶지만 그에 못 미친다면 속세에 있어도 무익할 것이다. 자, 불도佛道라는 길이 있으니 입문하자."

이들은 수계受戒를 받고 조호長保 3년(1001) 2월 3일에 출가하였다. 히카루는 오하라大原의 자쿠겐寂源이라 하여 이케노우에池上 아사리의 제자로 불리게 되었다. 데루는 미이데라三井寺에서 미치나가가 입적하였을 때에도 선지식善知識으로 이끌었다고 한다. 어찌됐든 좋은 일만 있었던 시절이었던 것이다.

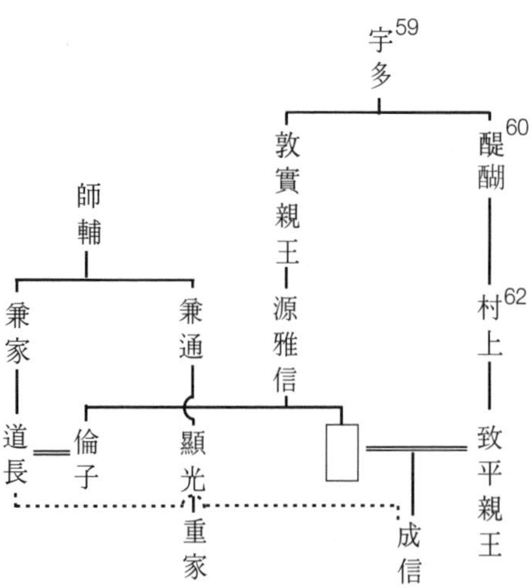

이치조 천황은 후지와라노 고레치카藤原伊周의 여동생 데이시定子를 첫 황후로 맞이하여 총애하였다. 조호 원년(999), 천황이 스무 살 남짓 되었을 즈음 데이시는 황자를 생산하였으니 그가 바로 아쓰야스敦康 친왕[8]이다. 이치

8_ 아쓰야스 친왕(敦康親王, 999-1019). 이치조 천황의 첫째 황자로 모친은 관백 후지와라노 미치타카의 딸 황후 데이시定子다. 태어났을 때 후견인이었던 조부 미치타카는 이미 사망한 후였고 이듬해 모친과도 사별함으로써 왕위 즉위의 길은 단절되었다. 이치조 천황과 산조 천황이 양위할 때에도 동궁에조차

조 천황이 서른둘의 나이에 병이 위중하여 세상을 뜨려 할 무렵 당대의 동궁은 이치조 천황보다 나이가 더 많아서 서른여섯 살이었다. 그가 바로 후의 산조 천황이다. 이처럼 연령이 뒤바뀐 동궁이 당대 천황의 붕어를 기다리고 있었으니 다음 천황에 대해 이렇다 저렇다 말할 상황이 아니었다. 이치조 천황은 황자 이치노미야一宮 아쓰야스敦康 친왕을 다음 동궁으로 삼고자 했다. 그러나 한편으로는 미치나가의 딸 쇼시彰子를 귀하게 대우하였고 쇼시 또한 황자를 이미 두 명이나 낳았으니 그들이 바로 후의 고이치조後一條, 고스자쿠後朱雀 천황이다.

중납언 후지와라노 유키나리는 칙명에 의해 아쓰야스 친왕의 벳토別當[9]였는데 이치조 천황은 유키나리를 병상으로 불러 고뇌에 찬 모습으로 물었다.

"누구를 동궁으로 삼겠다고 유언해야 하겠는가?"

"그토록 번민치 않으셔도 될 일입니다. 니노미야二宮로 정하셔야 합니다. 그렇게 하지 않으신다면 훗날 좋지 않을 것이며, 조정을 위해서도 천황폐하를 위해서도 분명 나쁜 영향을 줄 것입니다."

이렇듯 유키나리는 사안을 고려하여 말했다.

니노미야라 함은 고이치조 천황을 말한다. 나중에 이 일이 세상에 알려지자 사람들은 유키나리가 진중하고도 훌륭한 사람이라고 입을 모았다. 아쓰야스 친왕을 동궁으로 삼으려는 천황의 뜻은 무척이나 깊었다. 그러나 이치조 천황은 미치나가의 일이 있었을 때도 그냥 넘어갔고 고레치카가 유배를 당해도 이는 어쩔 수 없다고

오르지 못했다. 유년기에 후지와라노 미치나가의 딸 중궁 쇼시彰子의 보살핌을 받았다. 섭정 후지와라노 요리미치와 친밀한 관계였다고 한다.

9_ 본래는 본직이 있는 사람이 다른 직을 겸한다는 의미로 헤이안 시대 이후에는 친왕 가문과 섭관 가문의 사무를 보던 정소政所라는 관청의 장관을 말한다.

생각했다. 그럼에도 흉측한 일만 일어났으니 그 마음은 풀리지 않았을 것이고 신께 아뢰는 칙서[10]까지 쓴 것이리라. 미치나가처럼 진정 현명한 신하가 없었다면 이 세상은 위험천만한 형국이 되었을 것이다.

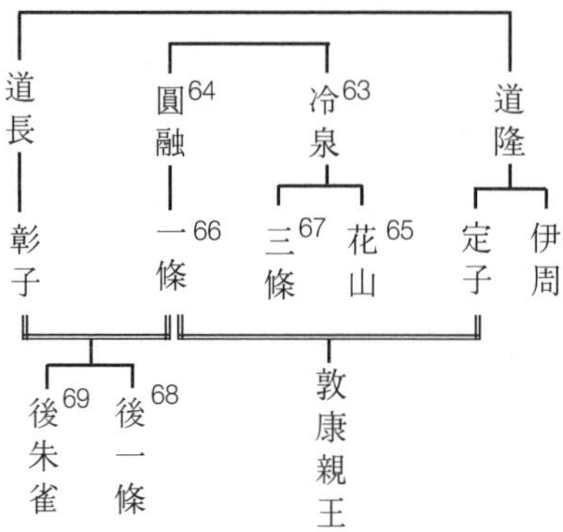

이치조 천황의 치세 때는 대체로 한 세상이 변화하는 시기로 일부一蔀의 여러 우여곡절이 무척 많았던 것 같다. 간나寛和 2년(986)에 이치조 천황이 일곱 살의 나이로 즉위한 후, 그 다음 연호인 에이엔永延 3년(989) 6월 하순에 동서쪽 하늘에 혜성이 나타나서 8월에 연호를 바꾸었다. 그럼에도 에이소永祚 원년(989)에 불어닥친 에이소의 바람[11]은 어느 것과도 견줄 수 없는 천재지변이었다. 결국 1년이 지난 후 다음 해에 연호를 다시 쇼랴쿠正曆로 바꾸었는데, 히에이잔에서 지쇼 대사智證大師와 지카쿠 대사慈覺大師의 문하 사이에 큰 일이 일어나서[12] 지쇼 대사 문하는 모두 센코인千光院을 떠나게 되었다. 쇼랴쿠

10_ 3권 말미에 나온 "삼광(三光)이 환하게 비추려 하나 두터운 구름에 덮여 몹시 어둡구나"라고 기필했던 칙서를 말한다. 이치조 천황 사망 후 미치나가는 이 칙서를 발견하고 불에 태운다.

11_ 에이소 원년(989) 8월의 태풍을 말하며 이 태풍은 후세에도 '에이소의 바람'이라 전해진다.

12_ 히에이잔比叡山 엔랴쿠지延曆寺를 본거지로 두고 엔닌圓仁을 시조로 하는 산문파, 엔친圓珍을 시조로 하며 온조지園城寺를 본거지로 삼는 사문파寺門派 사이의 천태종 내 대립을 말한다. 천태종은 사이초最澄의 법통을 잇는 인물이 좌주를 역임했으나 10세기에 이르자 엔닌과 엔친 사이에 좌주의 지위를 놓고 알력이 생겨서 993년에 엔친의 승도 천여 명이 히에이잔에서 내려와 온조지에 들어갔으며 이후 엔친 승도와 엔닌 승도 사이에 수백 년에 걸쳐 싸움이 계속되었다.

5년(994), 조토쿠長德 원년(995)에 연이어 큰 역병이 창궐하여 도읍과 시골을 막론하고 수많은 사람이 죽어나갔다. 그 중에서도 조토쿠 원년(995)에 조정 중신 여덟 명이 사망한 것은 예나 지금이나 유례가 없는 일이었기에 무엇보다 분명히 명기明記하는 바다.

대납언 후지와라노 아사미쓰藤原朝光. 전 좌대장. 3월 28일 향년 45세로 사망하였음이 그 시작이었다.

관백 후지와라노 미치타카藤原道隆. 4월 10일, 향년 43세.

대납언 좌대장 후지와라노 나리토키藤原濟時. 4월 23일, 향년 55세.

관백 우대신 후지와라노 미치카네藤原道兼. 우대장, 5월 8일, 향년 34세. 당시까지 대장직에서 물러나지 않았다고 한다.

좌대신 미나모토노 시게노부源重信. 같은 날, 향년 74세.

중납언 미나모토노 야스미쓰源保光. 같은 날, 향년 73세. 요시아키라代明친왕의 아들이다.

대납언 미치요리道賴.[13] 6월 11일, 향년 20세. 미치타카 관백의 둘째 아들이다. 야마이山井 대납언이라고 한다.

중납언 미나모토노 고레타카源伊涉. 11월 모일, 향년 59세.

한 해 동안 이토록 여러 명이 유명을 달리했다. 한편 다음 연호는 조호長保로 바뀌었다. 또한 간코寬弘와 조호 연간에 후지와라노 쇼시가 입궐한 후 간코 연간에는 사이쇼코最勝講[14]같은 법회가 시작되는 등 미치나가는 누구의 참견도 받지 않고 세상을 다스렸다. 그렇기에 세상은 탄탄하게 안정되었다고 생각한다. 유명을 달리한 여

13_ 후지와라노 미치요리(藤原道賴, 971-995). 후지와라노 미치타가藤原道隆의 장남. 서자이며 조부 가네이에兼家의 양자가 되어 관직에 오르나 가네이에 사후 정치적으로 불우하였다. 빼어난 용모의 소유자였으나 천연두에 걸려 25세의 나이에 요절하였다.

14_ 매년 5월에 닷새간 청량전에서 고승들이 금광명최승옥경金光明最勝玉經을 강설하는 법회를 말한다.

덟 명은 모두 당대에 도움이 안 되는 사람들이었다. 미나모토노 시게노부는 일흔을 훨씬 넘긴 인물이기에 거론하지 않겠다. 후지와라노 미치타카는 좌우대장인 아사미쓰, 나리토키 두 사람과 함께 밤낮으로 술판을 벌이며 다른 일을 하지 않고 지냈다. 극락정토의 영화로움을 설파하는 승려의 말을 듣고 미치타카가 이런 말을 했다고 전해진다.

"극락이 아무리 좋다 한들 그곳에 아사미쓰와 나리토키는 없겠지. 그들과의 술자리가 없다면 얼마나 적적할까…."

대체로 혜성이라는 존재는 세상이 좋아지려 할 때 그에 부응하여 반드시 재앙도 일어난다는 사실을 보여주는 현상이라고 생각한다. 지혜가 깊은 사람은 천재지변이나 그 밖의 일도 잘 견주어 고려해 봐야 할 것이다. 여러 경우를 보더라도 이런 이야기는 누군가가 영리하게 지어낸 것이 아니라는 사실을 알 수 있다. 네 명의 대납언이 권력을 다투었던 일도 좋은 이야깃거리이지만 그런 것들만 다 써내려갈 수는 없다. 더구나 쓸모도 없는 일이다. 그저 만사의 곡절마다 성실하게 임하여 진실을 들은 연후에 깨달음을 펼쳐갈 수 있는 인연이 될 만한 일들을 적어 내려가는 것이다.

고이치조 천황은 20년간 재위하였고, 고스자쿠 천황은 9년간 재위하였다. 두 천황은 쇼시에게서 태어났기에 더 이상 말이 필요 없다.

한편 이치조 천황은 황후로 후지와라노 아키미쓰藤原顯光 대신의 딸[15]을 맞아들였는데 그녀는 황자를 생산하지 못했다.

15_ 후지와라노 겐시(藤原元子, ?-?). 헤이안 시대 중기 이치조 천황의 뇨고. 후지와라노 아키미쓰藤原顯光와 세이시盛子 내친왕의 딸. 그녀가 회임하자 부친 아키미쓰는 이치조 천황의 첫째 황자 탄생을 기대하였으나 겐시는 유산했다. 이치조 천황이 사망한 후에 미나모토노 요리사다源賴定와 밀통했다. 아키미쓰는 크게 분노하였으나 겐시는 요리사다에게 도망쳐 딸을 낳았다.

또한 산조 천황은 황자 아쓰아키라敦明 친왕을 동궁으로 책봉하였는데 아쓰아키라 친왕은 고이치조인小一條院으로도 불린다. 동궁 아쓰아키라 친왕의 뇨고로 아키미쓰 대신의 딸[16]을 맞아들였지만, 이미 이치조 천황에게 후의 고이치조 천황과 고스자쿠 천황이 태어난 후였던 것이다. 아쓰아키라 친왕은 스스로를 성가신 존재라고 생각했는지 동궁의 자리에서 물러나 원호院號[17]를 청하여 고이치조인으로 불렸다. 사려 깊은 그 마음에 탄복한 미치나가는 안타까워하며 귀히 대우하다가 고이치조인을 자신의 사위로 맞아들였다. 그 후 고이치조인은 정실부인이었던 아키미쓰 대신의 딸의 거처에는 발길을 끊게 되었다. 아키미쓰 대신은 우울하게 슬픔에 잠겨 있는 자신의 딸을 위로하기 위해 말했다.

"세상에 흔히 있는 일이니 한탄하지 말거라."

딸은 아무런 대답도 하지 못하고 화로 앞에 앉아 있었다. 그때 재에 덮여 있던 화롯불에서 쉬이익 소리가 났다. 딸이 흘린 눈물이 화롯불에 떨어진 것이다. 이를 본 아키미쓰 대신이 한스러워하며 깊은 슬픔에 잠겨서 마침내 원령이 되었다고 세상 사람들은 이야기하는 모양이다. 과연 그럴 듯한 이야기다. 아키미쓰의 원령이 미치나가 주변에 이런저런 일을 일으켰지만 큰 사건은 없었다. 이러한 일련의 일은 미치나가의 허물 때문이라고 볼 수도 있지만 미치나가 자신은 이 정도 사건에 대해 스스로 전혀 잘못이 없다고 생각했다. 세상 이치가 좋을 대로 흘러가다 보니 그리 된 것이라며 당당하게 처신했다. 아키미쓰의 악령은 이를 깊이 헤아리지 못하고

16_ 후지와라노 엔시(藤原延子, ?-1019). 아쓰아키라敦明 친왕의 비妃. 후지와라노 아키미쓰藤原顯光의 둘째 딸로 모친은 세이시盛子 내친왕이다. 아쓰아키라 친왕이 동궁으로 책봉되기 전에 비妃가 되어 아쓰사다敦貞 친왕과 아쓰마사敦昌 친왕, 에이시榮子 내친왕을 낳았다.

17_ 태상천황太上天皇에 준한다.

나타난 것이리라.

고스자쿠後朱雀 천황은 고이치조인의 뒤를 이어 동궁에 책봉되었다. 미치나가의 딸 기시嬉子가 고스자쿠 천황의 황자 고레이제이後冷泉 천황을 낳았으니 고스자쿠 천황은 순탄하게 보위에 올랐다. 아키미쓰는 무서운 원령이 되어 악령 대신이라 불렸다.

고레이제이 천황은 23년간 재위하였다. 후지와라노 요리미치藤原頼通는 세 명의 천황, 즉 고이치조, 고스자쿠, 고레이제이 천황의 외척으로 50년간 집정하다가 고레이제이 천황 치세 말기에 자신의 동생 노리미치教通에게 섭정의 지위를 넘겼다. 부친 미치나가도 아들 노리미치를 뛰어난 인물이라 여겨 요리미치에게 뒤지지 않을 만큼 어여삐 여겼다. 노리미치는 70세에 좌대신이 되었다.

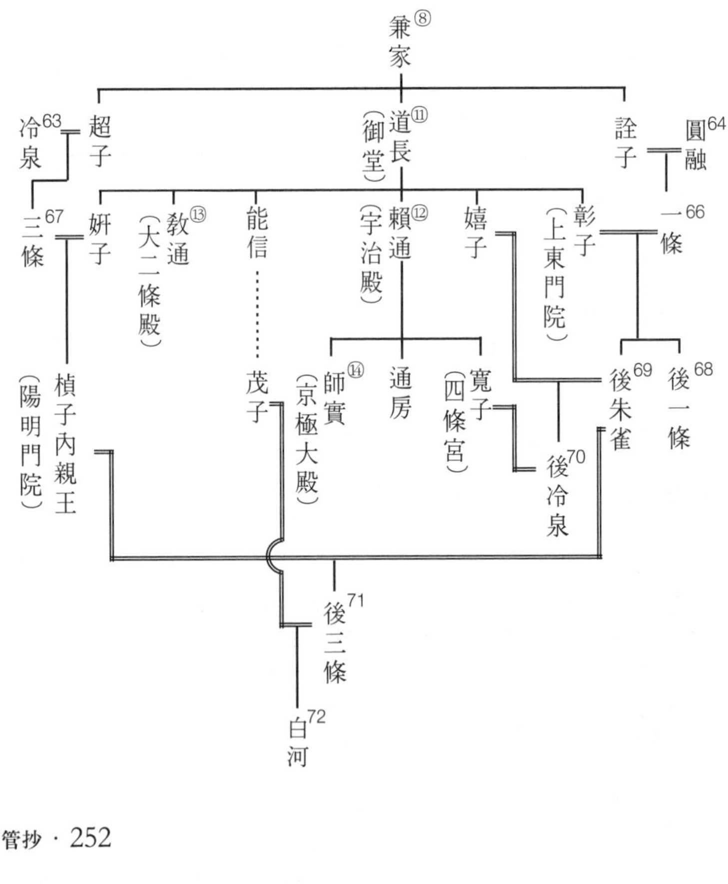

요리미치에게는 미치후사通房[18]라는 아들이 있었다. 미치후사 대장은 수려한 외모의 촉망받는 인재였는데 스무 살로 요절했다. 그 후 요리미치는 모로자네師實에게 기대를 걸었으나 어린 아들 모로자네가 삼촌을 추월하여 승진하는 것을 가슴 아프게 생각했다. 그리하여 동생 노리미치의 기량이 뛰어남을 알고 있었기에 노리미치에게 섭정의 지위를 넘겼다. 세상 사람들은 이 일을 요리미치의 공덕, 선정善政의 표본이라 여겼다.

한편 고산조後三條 천황은 고레이제이 천황의 동생으로 요메이몬인陽明門院 데이시禎子의 아들이다. 요메이몬인은 산조三條 천황의 황녀로 모친은 미치나가의 둘째 딸 겐시姸子인데, 후지와라 씨 입장에서 보자면 주류는 아니다. 고레이제이 천황은 요리미치의 딸 간시寬子[19]를 황후로 맞이하였으나 간시는 끝내 황자를 생산하지 못했다. 그 뒤에도 섭정, 관백의 딸이 고레이제이 천황의 황후가 되었지만 황후 중 누구도 끝내 황자를 생산하지 못하여 오랫동안 아무도 외척이 될 수 없었다.

고레이제이 천황은 위중한 고스자쿠 천황의 뒤를 이어 즉위하였는데 그 때 요리미치가 조정에 출사하여 모든 일을 정했다. 그런데 동궁 책봉에 관해 천황에게서 아무런 언급이 없었다. 미치나가의 아들 대납언 요시노부能信는 간인閑院 중납언 긴나리公成의 딸을 양녀로 삼고 있었다. 그 양녀를 고산조 천황의 황후로 입궐시켰기에 요리미치가 퇴청한 후 요시노부는 고스자쿠 천황을 찾아가서 물

18_ 후지와라노 미치후사(藤原通房, 1025-1044). 후지와라노 요리미치藤原賴通의 장자. 서자이지만 본부인에게 아들이 없어 섭관가를 이을 인재로 촉망받았으나 20세에 병으로 요절하였다.

19_ 후지와라노 간시(藤原寬子, 1036-1127). 고레이제이 천황의 황후로서 관백 후지와라노 요리미치의 딸이다. 15세에 입궐하였으며 중궁, 황태후, 태황태후가 되었다. 자손을 낳지 못한 것이 요리미치의 권세가 붕괴된 한 원인이 되었다고 평가받는다.

었다.

"니노미야二宮[20]께서 출가한 후 모시게 될 스승에 관한 일입니다만…. 이참에 미리 해 두실 말씀은 없으신지요?"

"아니 그게 무슨 말인가? 니노미야는 동궁이 될 사람이 아니던가?"

고스자쿠 천황이 되묻자 요시노부가 다시 말했다.

"그러시다면 오늘 동궁 책봉에 관한 하명을 하지 않고 언제 하시겠습니까?"

"내가 병이 깊어 까마득히 잊고 있었구나."

고스자쿠 천황은 퇴청한 요리미치를 다시 불러 양위 문서에 동궁에 관한 사항도 기록하게 하였다.

이 요시노부를 간인閑院 동궁대부東宮大夫라 한다. 그러나 이 호칭에 대해 사람들은 기이하게 생각했다.[21] 시라카와白河 천황은 "고故 동궁대부 요시노부님이 아니었다면 짐에게 어찌 이와 같은 운이 있었겠느냐?"며 언제나 요시노부에게 님을 붙여 존칭했다. 황공한 일이다.

한편 세상은 말세로 접어들어 큰 전환을 맞게 되니 이는 고산조 천황 치세 말기의 일이다. 이전 시대에는 오로지 신하의 뜻대로 섭정이 세상을 다스렸으며 천황은 이를 초월한 경지에 존재했다. 그러나 말세를 살아가는 사람들의 마음은 편할 수가 없었다. 고산조 천황은 이제까지 천황이 양위를 하면 상황上皇이 되어 정치에

20_ 후의 고산조 천황이다.

21_ 요시노부는 간인閑院 집안 출신이 아니었으나 간인 태정대신으로 불리는 후지와라노 긴스에藤原公秀의 적손 긴나리公成의 딸 모시茂子를 양녀로 맞았다. 양녀 모시가 낳은 황자가 즉위(시라카와 천황)하였고 이후에도 간인 후지와라노 긴스에 가문 출신의 딸이 낳은 황자가 다수 천황으로 즉위함으로써(도바, 스토쿠, 고시라카와) 간인 집안은 섭관류에 버금가는 지위를 확보하게 되었다.

관여하지 않던 관행이 나쁘다고 여겼으니 여러 도리들로 미루어 그렇게 생각했을 것이다. 상세한 속사정은 모르겠으나 고산조 천황의 생각과 도리 사이에는 한 치의 어긋남도 없었을 것이다. 그 옛날 천황은 세상을 어질게 다스리고 섭정 신하는 한 치의 사심도 없었으나 말세가 되다 보니 천황의 나이가 어려지고 어린 천황이 많아져서 마흔을 넘긴 천황은 그 예를 찾아보기 어려워졌다. 내세울 만한 치세의 도리조차 없었다. 고산조 천황은 요리미치를 사심이 많은 사람으로 보았던 것 같다. 앞으로의 천황은 모두 자신의 아들이 이을 것이니 스스로는 상황의 지위에서 세상을 다스리겠다는 마음을 먹고 즉위한 지 얼마 안 되어 양위하였다. 엔큐延久 4년(1072) 12월 8일의 일이었다. 이듬해 2월 20일, 고산조 상황은 관백 노리미치의 수행하에 요메이몬인과 동행하여 스미요시住吉 신사에 참배했으며 덴노지天王寺, 하치만八幡 등도 순례하였다. 다음은 고산조 천황이 스미요시의 와카회和歌會에서 부른 노래다.

> 하늘의 신은 그 얼마만큼이나 기뻐하실까
> 세상 욕심 버리고 빈 배 저어왔으니

와카회에 참석했던 쓰네노부經信는 이때 다음과 같은 노래를 읊었다.[22]

> 바다 저 멀리 바람이 부는구나 스미요시의
> 솔가지를 씻듯이 흰 파도 밀려오네

그런데 고산조 상황은 그해 4월 21일 무렵 중병에 걸려 5월 7

22_ 미나모토노 쓰네노부(源經信, 1016-1097). 와카에 능하여 『대납언쓰네노부집大納言經信集』 등을 남긴 가인歌人이다.

일에 향년 40세로 붕어하였다. 태상 천황으로서 정치에 참여하려 한 것도 사심이 있었던 것일까? 고산조 천황은 양위한 후에 상황으로서 정치에 참여하지 못했다. 사물의 도리로 보면 말세에는 마땅히 이리 되어야 하였기에 뒤이어 시라카와白河 천황이 태상천황이 되어 77세까지 세상을 다스렸다.

고산조 천황은 즉위 후 조정 중신을 칙사로 세우고,[23] 친필로 칙서를 작성하여 시독侍讀[24]이었던 중납언 마사후사 고匡房江[25]에게 보였다. 마사후사는 칙서를 읽어가다가 천황 자신은 잘못된 일을 한 적이 없다는 대목에서 읽던 것을 멈추었다. 천황이 물었다.

"어찌 그러느냐? 짐이 바르지 못한 일을 한 적이라도 있다는 것이냐?"

마사후사는 황송하여 말하지 못했다. 천황이 책망하며 재촉하자 마사후사는 답했다.

"사네마사實政[26]를 다카카타隆方보다 높은 자리에 등용하신 적이 있었습니다만 그것은 어찌 생각하시는지요? 벌써 잊으신 것이옵니까?"

23_ 『속고사담續古事談』에 의하면 이세 대신궁伊勢大神宮에 칙사를 보낸 것을 말한다.

24_ 천황에게 유학이나 사서를 강의하던 직책이다.

25_ 오에노 마사후사(大江匡房, 1041-1111). 헤이안 중후기의 한학자. 오에노 시게히라大江成衡의 아들. 동궁학사東宮學士로서 고산조, 시라카와, 호리카와 천황의 스승을 역임했다. 유직고실有職故實에 밝으며 당대 제일의 학자로 손꼽힌다. 수많은 저작을 남겼다.

26_ 후지와라노 사네마사(藤原實政, 1019-1093). 고산조 천황과 시라카와 천황의 시독侍讀을 역임했다. 고산조 천황이 즉위하면서 정사위하正四位下로 승진했으며 1069년에는 고산조 천황의 학사였던 오에노 마사후사大江匡房와 함께 동궁 사다히토貞仁 친왕의 학사學士로 임명되었다. 우사하치만궁宇佐八幡宮 싸움으로 이즈伊豆에 유배되어 그곳에서 사망했다.
고산조 천황은 즉위 후 자신의 즉위가 늦다며 비아냥거린 후지와라노 다카카타藤原隆方를 제치고 사네마사를 좌중변左中辨으로 임명했으나(『이마카가미今鏡』) 곧바로 시라카와 천황에게 양위한 후 원정 정치를 행하다가 곧 사망했다.

낯이 붉어진 천황은 칙서를 가지고 안으로 들어갔다.

아직 동궁이었던 천황이 당시 동궁학사東宮學士[27]였던 후지와라노 사네마사가 가모加茂 축제에 일원으로 참가했을 때의 일이다. 관람석에 있던 후지와라노 다카카타는 행진하는 사네마사를 보고 큰 소리로 비웃었다.

"늙은 동궁께서 즉위하시기를 기다리다가 어느새 백발이 성성해졌구나. 에이 흉측해라."

사네마사는 축제가 끝나자마자 동궁에게 이 일을 알렸다.

"분명히 다카카타가 농지거리를 하는 것을 들었사옵니다."

동궁은 이를 경청했다. 고산조 천황으로서 즉위하여 정무를 돌볼 때 다카카타는 우중변右中辨이었고 윗자리인 좌중변左中辯이 공석이었는데 고산조 천황은 사네마사를 그 자리에 앉혔다. 세상 사람들은 이를 두고 사네마사가 다카카타보다 높은 자리에 앉기 위해 동궁에게 다카카타의 일을 말한 것이라고 수군댔다. 또 미나모토노 다카쿠니源隆國의 둘째 아들 다카쓰나隆綱를 부모 같은 사람들을 제치고 어린 나이에 재상의 자리에 앉힌 것은 요리미치의 정치적인 과오라고도 했다.

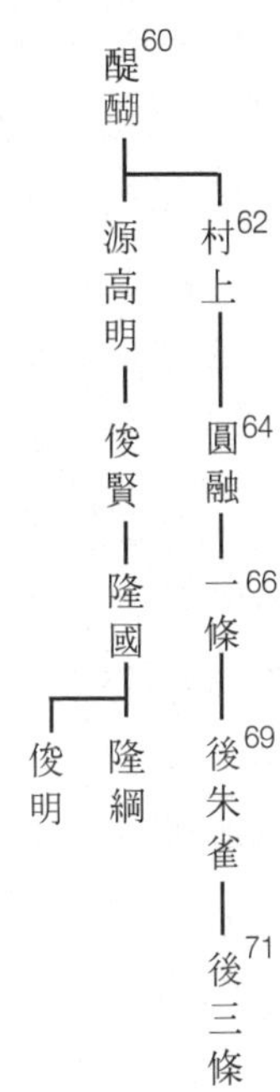

한 번은 이세 대신궁伊勢大神宮 경내境內에서 화살로 여우를 쏜 사건에 대한 판결을 해달라는 진정이 있었다. 중신들이 모여 회의를 했고 다카쓰나는 말석에 앉아서 판결문을 썼다. 활을 쏘았으나 사살 여부는 분명치 않았으니 그 죄를 어찌해야 할지 모두 논의하고 있었다. 다카쓰나는 『예기禮記』를 인용하여 "화살을 쏘았다고 들었으나 아직 무덤

27_ 동궁의 스승을 말한다.

을 베개로 삼았는지는 알 수 없다"는 판결문을 썼다. 고산조 천황은 이를 한없이 칭찬했다.

"다카쓰나의 승진이 과분하다고 여긴 것은 과오였다. 이 정도로 기량이 뛰어날 줄은 몰랐구나. 당연한 도리였도다."

대저 이치에 밝은 군주는 과오로 여기는 일에 대해서도 이처럼 말하는 법이다. 학문을 수양한 다카쓰나가 『예기』에 전하는 "여우가 죽을 때는 무덤을 베개로 삼는다"는 격언과 "장군이 화살을 삼킬 위세"라는 격언을 쉽게 떠올려 쓴 것에 대하여 세상은 진기하게 여긴 것 같다.

고산조 천황은 대체로 후지와라노 요리미치藤原賴通를 마음 속 깊이 아꼈던 것 같다. 그 사정은 이러하다. 고스자쿠 천황의 황후 요메이몬인은 산조 천황의 황녀였으며 모친은 미치나가의 둘째 딸이었다.[28] 후에 이치조 천황의 황자 아쓰야스 친왕의 딸 역시 고스자쿠 천황의 황후로 입궐하게 된다. 황후의 모친은 도모히라具平 친왕의 딸이었다.

요리미치는 도모히라 친왕의 딸을 정실부인으로 삼고 사위가 되었으나 정실부인과의 사이에서 결국은 자식을 얻지 못했다. 신노묘부進命婦라는 뇨보를 마음에 두고 그 사이에서 아들을 여럿 두었다. 정실부인은 이 뇨보를 몹시 질투하여 그 아들 셋을 다른 이의 자식으로 삼게 하였다. 큰 아들 사다쓰나定綱는 쓰네이에經家의 양자가 되었다. 그를 오하리마노카미大播磨守라 부른다. 둘째 아들 다다쓰나忠綱는 대납언 노부이에信家의 양자가 되어 주구노스케中宮亮라 불렸다. 셋째 아들 도시쓰나俊綱는 사누키讃岐 수령 다치바나노 도시토橘俊遠의 양자가 되었다. 저 유명한 후시미노슈리다이후伏見修理大夫 도시쓰나가 바로 이 인물이다. 이에타다家忠는 사다쓰나의 사위가

28_ 미치나가의 딸 겐시姸子를 말한다.

되어 가잔인花山院[29]을 물려받는다. 본래 가잔인은 후지와라노 모로자네藤原師實의 저택이었으나 사다쓰나가 궁궐을 지어 올리고 하사받은 것이다. 가잔인이라 하지만 당시에는 오래된 건물 하나가 남아 있었을 뿐이었다. 또한 이 저택은 오하라大原의 승도僧都 조엔長宴이 엽의진葉衣鎭[30]을 행한 곳이기도 하다.

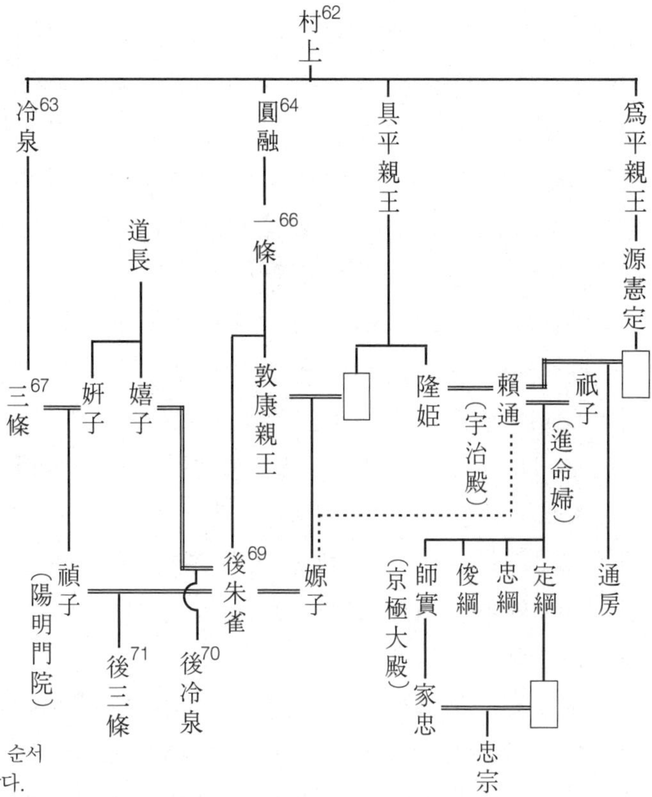

※ 편의상 형제는 순서대로 되어 있지 않다.

29_ 교토 조쿄쿠上京區에 있던 세이와 천황의 황자 사다야스 친황의 저택으로 후지와라노 다다히라가 물려받고 후에 가잔 천황이 출가하여 사망할 때까지 거주한 곳을 말한다.

30_ 엽의 관음을 본존으로 하여 고관대작의 집을 수호하기 위해 행했던 밀교 수법修法 안진법安鎭法, 진택법鎭宅法이라고도 한다.

한편 요리미치의 장남 미치후사通房가 사망한 후 요리미치의 정실부인은 남편에게 모로자네師實에 관해 말했다. 신노묘부進命婦가 낳은 모로자네는 그 때 아직 어린 아이였다.

“모로자네라는 아이가 있다고 들었습니다. 그 아이를 이 집으로 불러들이는 게 좋겠습니다.”

요리미치賴通는 정실부인의 허락을 받았다고 기뻐하며 모로자네로 하여금 공공연하게 가문을 잇게 했다. 미치후사의 생모는 다메히라爲平 친왕의 아들, 삼위三位 우병위독右兵衛督 노리사다憲定의 딸이었다. 요리미치의 정실부인은 친자식이 없었으므로 미치후사를 받아들여 그 범상치 않은 모습을 어여삐 여겼으나 미치후사가 운명을 달리하자 운도 좋고 기량도 빼어난 모로자네를 다시 맞아들였던 것이다. 모로자네는 시라카와 천황이 상황으로서 처음으로 원정院政을 펼칠 때 때마침 빛을 보았으니 영화로운 일이었다.

한편 미치나가의 넷째 딸 기시嬉子는 부친 생전에 열아홉의 나이로 고레이제이 천황을 낳은 후 사망했다. 그 후 고스자쿠 천황은 중궁 요메이몬인을 황태후로 올리고 아쓰야스 친왕의 황녀 겐시를 중궁으로 맞이한 후 요메이몬인은 궐에 들지 않게 하였다. 중궁 겐시도 고스자쿠 천황의 총애를 받아 황녀 두 명을 낳았으나 겨우 일 년여 만에 사망하였으니 요메이몬인 데이시禎子는 그 후 다시 궐에 들었다.

아쓰야스 친왕의 모친은 관백 후지와라노 미치타카藤原道隆의 딸이었으니 아쓰야스는 그저 친왕에 불과하였고 즉위는 생각지도 못했던 것이었다. 아쓰야스 친왕은 도모히라具平 친왕의 황녀를 부인으로 맞아들였는데 그녀가 곧 요리미치 정실부인의 여동생이었다. 요리미치의 정실부인은 다카쿠라高倉 부인이라고도 불렸는데 오래도록 장수했다. 아쓰야스 친왕의 부인이 낳은 겐시는 요리미치의 양녀가 되어 후지와라 가문의 딸로서 입궐하여 중궁이 되었다. 이 때문인지 고스자쿠 천황이 고레이제이 천황에게 양위할 때 요메이몬인을 모친으로 둔 고산조 천황에게는 동궁에 대한 아무런 언급이 없었다. 그 때 요시노부能信가 갑자기 나타나 고산조 천황이 출가할 때의 스승에 관해 운운한 것이다. 이는 미치나가가 여러 자식 중에서 요시노부를 요메이몬인의 후견인으로 삼았기 때문이었다. 요메이몬인의 생모는 미치나가의 딸이었으니 요시노부는 조카 요메이몬인이 황후였을 때 다이후大夫의 직위로 황자 다카히토尊仁 친왕을 돌보게 된 것이었다. 다카히토 친왕이 동궁으로 책봉되어 성인식을 올릴 때 세간에서는 돕는 사람이 없었으나 요시노부는 자신의 양녀를 뇨고女御로 입궐시켰다. 고산조 천황이 즉위함으로써 천황의 외척이 후지와라노 모로스케의 가문을 벗어나 간인閑院 가문으로 넘어가게 되었다. 자신의 양녀가 고산조 천황의 뇨고였기 때문에 요시노부는 그렇게 말할 수 있었다.

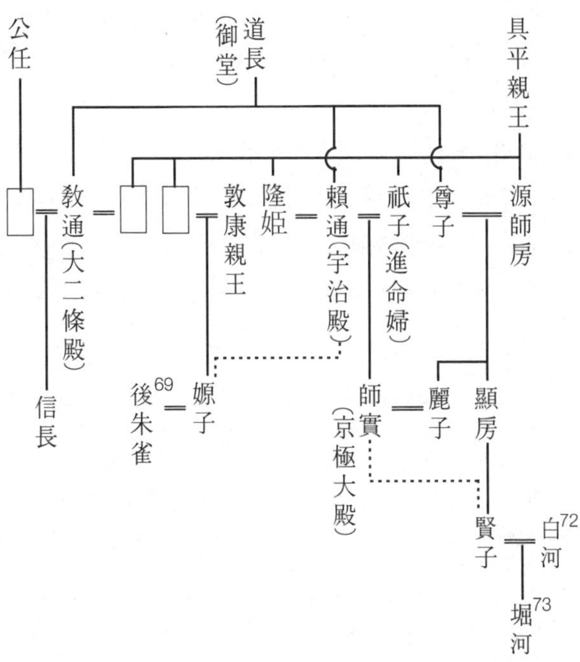

이러한 일련의 일들로 부친 미치나가가 많은 상을 내릴 때 요시노부에게도 내렸고 요리미치의 승진이 다소 어려워졌을 때에는 요리미치가 아버지를 찾아가서 동생 요시노부가 듣고 있는데도 그 자리에서 말을 꺼냈다.

"자식이랍시고 저 끄트머리에게까지 상을 내리셔서 이런 번거로운 일이 일어나는 것입니다."

미치나가는 아무 말도 하지 않았다고 전하며 요시노부는 이런 일들로 마음 깊이 단단히 맺힌 바가 있었다. 그렇다 해도 또다시 어리석거나 나쁜 일이 일어나지는 않았다.

고산조 천황도 사람들의 기량을 잘 살펴 나중에는 모로자네의 딸을 시라카와 천황의 황후로 맞아들였으니 그 사이가 원만하였다. 시라카와 천황은 모로자네의 딸 겐시賢子 중궁을 동궁이었을 당시부터 마음에 두고 곁에서 이러쿵저러쿵 간섭도 할 수 없을 정도로 남달리 어여삐 여겼다. 세간에서는 노리미치教通의 아들 태정대신 노부나가信長[31]의 세상이 되지 않을까 생각하였으나 그런 일은 일어나지 않았다.

고산조 천황 재위시 엔큐延久의 선지두宣旨斗[32]라는 것을 정하고 그때까지 기준으로 삼아 써오던 두斗에 관해서도 정리하였다. 고산조 천황이 친히 청량전清涼殿 뜰에서 두를 대령하게 한 후 모래를 시험하자 이를 대단한 일이라며 추앙하는 사람도 있었다. 천황이

31_ 후지와라노 노부나가(藤原信長, 1022-1094). 구조 태정대신으로 불린다. 관백 노리미치教通와 후지와라노 긴토藤原公任의 딸 사이에서 태어났다. 22세에 참의에 올랐고 대납언, 내대신을 역임한 후 태정대신에 올랐다. 부친 노리미치로부터 관백직을 물려받으려 하였으나 노리미치는 형 요리미치로부터 그 아들 모로자네師實에게 관백직을 물려줄 것을 조건으로 양도받았기 때문에 약속을 지켜 조카 모로자네에게 관백을 물려주었다.

32_ 1072년 고산조 천황의 선지宣旨로 정해진 계량법을 말한다. 가마쿠라 시대까지 공적으로 통용되었다. 1두가 현재의 약 1.2리터에 해당된다.

이런 쓸데없는 일을 하다니 참으로 눈앞이 캄캄해지는 것 같다고 말하는 사람도 있었다. 이는 천황의 정무는 그윽하게 앉아만 있는 것이라고 여겨왔던 사람들의 말일 것이다.

고산조 천황이 엔큐延久의 기록소記錄所[33]를 처음으로 설치한 까닭은 전국 칠도七道[34]의 장원에서 선지宣旨나 관부官符 없이 국가의 공전公田을 빼앗아 늘 나라에 큰 해악이 된다고 들었기 때문이었다. 요리미치가 관백이었을 때 전국에 섭관가의 장원만 넘쳐나서 수령受領이 일을 하기 어렵다는 연유로 설치한 것이었다. 고산조 천황은 선지를 내려 모든 장원의 문서를 거둬들이라 했는데 요리미치가 올린 답장은 이러했다.

"모두들 그렇게 알고 있는 것 같습니다. 오십여 년 동안 전하를 보좌했기에 영지領地를 가지고 있는 자들이 저와 인연을 맺기를 바라며 바친 것인데 별 뜻 없이 받아두기만 했습니다. 그러니 어찌 문서 같은 것이 있겠습니까? 다만 그것이 소인의 영領이라는 이유만으로 떳떳치 못하고 명확하지 않다 생각하신다면 조금도 꺼림칙하게 여기실 필요가 없사옵니다. 이런 일은 관백으로서 알아서 조처해야 할 것이니 하나도 남김 없이 다 없애는 것이 마땅하옵니다."

그 막힘 없는 진언에 계획이 틀어져 부질없어지자 고산조 천황은 오랫동안 숙고한 끝에 전 태정대신 요리미치의 장원은 제외하

33_ 기록장원권계소記錄莊園券契所를 말한다. 1069년 고산조 천황이 장원 정리를 추진하기 위해 설치한 기관으로 그 후 몇 번에 걸쳐 설치되었다. 이전에도 장원 증가를 억제하기 위해 장원정리령을 낸 적이 있으나 중앙에 관계청사를 두고 추진한 것은 이때가 처음이다. 일말의 성과를 거두기도 했으나 고산조 천황의 재위 기간이 짧았던 까닭에 장원 증가를 저지할 정도로 영향력을 끼치지는 못했다.

34_ 동해東海, 동산東山, 북륙北陸, 산음山陰, 산양山陽, 남해南海, 서해西海의 칠도를 말한다.

고 문서를 기록소에 제출하라는 내용의 별도의 선지를 내렸으니 결국 어떠한 조치도 하지 못한 셈이다. 세상 사람들은 이런 처사를 예사롭지 않은 일이라고 말했다.

한편 당시 후지와라 가문의 장자는 후지와라노 노리미치藤原教通였는데 엔큐延久 연간에 우지데라氏寺[35] 소유 문제로 그 지방 수령과 분쟁한 적이 있었다. 그 일이 커져서 어전에서 판결을 하게 되었는데 수령의 편을 들어주는 것으로 윤허가 내려지려 하자 노리미치가 즉시 자리를 박차고 떠나며 말했다.

"장자로서의 체면을 망쳤고 신의 뜻마저 헤아릴 수가 없구나. 그저 전하의 판결을 받들어야 하겠지. 엎드려 신께서 고해 주시기만을 기다릴 뿐…."

후지와라 가문의 중신들은 혀를 내두르며 입을 꾹 다물고 있었다. 그 후 우지데라 고후쿠지興福寺는 원래 판결대로 조치가 내려졌으니 그곳 승려들은 오랜 기간에 걸친 법화경 강찬講讚 법회를 개최하여 국가의 안녕을 기원했다고 한다. 이는 지카쓰네親經[36]라는 유학에 능통하고 학재에 뛰어난 중납언이 한 말이다. 게다쓰보解脫房[37]라는 고승도 강설을 했다고 한다. 이 법회는 요리미치로부터 우지데라를 건네받고서 특별히 그 사실을 알리려고 했던 것 같다.

35_ 고후쿠지興福寺를 말하며 법상종 육본산 중의 하나다. 7세기 중반 후지와라노 가마타리藤原鎌足가 사망한 후에 그의 처가 야마시로山城에 건립한 야마시나데라山階寺가 그 시작이라고 전해 내려오며, 8세기 초반에 후지와라노 후히토藤原不比等가 지금의 자리로 이전한 후 이름도 바꾸었다. 헤이안 시대에는 큰 장원을 소유하였으며 수많은 승병의 옹호를 받으며 그 권세를 자랑하였다.

36_ 후지와라노 지카쓰네(藤原親經, 1151-1210). 후지와라노 도시쓰네藤原俊經의 아들. 고토바, 쓰치미카도 천황의 시독侍讀, 문장박사를 역임하였다. 유학자로서 훌륭하다고 칭송되었으며 시문에도 뛰어났다.

37_ 조케이(貞慶, 1155-1213). 법상종 승려로 후지와라노 미치노리藤原通憲의 손자다. 호넨法然의 전수염불專修念佛을 비판하며 나라 불교奈良佛教의 부흥을 위해 진력했다.

또한 어떤 일기에 의하면 엔큐 2년(1070) 정월에 임명의례가 끝나갈 무렵 관백 노리미치가 화를 내며 자리에서 일어나 궐을 나갔는데 그 사이 몇 시각 동안 일이 멈춰버려서 거듭 청하자 노리미치는 다시 돌아왔다고 한다. 특별한 연유는 없었지만 후지와라노 스에쓰나藤原季綱[38]가 유게이노스케靫負佐가 되었기 때문일까? 세간의 소문이 이러함을 들으며 어느덧 여든 살이 된 요리미치는 우지전宇治殿에 기거하였다. 아들인 좌대신 후지와라노 모로자네藤原師實를 불러 훈계하였다.

"매일 입궐하거라. 특별한 일이 없더라도 매일 거르지 말고 궐에 나가서 정사를 돌봐야 하느니라."

그 가르침대로 모로자네는 항상 입궐하여 조정에 머물러 있었는데 고산조 천황은 늘상 구로도藏人를 불러 궐에 누가 나와 있는지를 하루에 두세 번 물어보았다. 그 때마다 대답은 좌대신이라는 것이었다. 몇 날 몇 밤이 흐른 어느 날 저녁에 다시 물었다.

"좌대신이 계십니다."

"이리 들라 이르라."

천황의 하명에 구로도가 모로자네를 찾아가서 말했다.

"어전에 들라 하십니다."

'이상한 일이군. 무슨 말씀을 하시려고 그러실까?'

모로자네는 긴장하며 옷매무새를 고치고 어전에 들었다.

"이리 가까이 오시게나."

이윽고 세상 돌아가는 이야기를 나누다 어느덧 밤도 깊어져 마무리되어 갈 때 고산조 천황이 물었다.

"슬하에 딸이 있더냐?"

"특별히 아끼는 어린 여식이 있사옵니다."

38_ 후지와라노 스에쓰나(藤原季綱, ?-?). 헤이안 중후기의 귀족. 후지와라노 사네노리藤原實範의 아들로서 한시에도 능통하여 이름을 떨쳤다.

모로자네는 친딸이 없었기 때문에 미나모토노 모로후사源師房 대신의 아들 미나모토노 아키후사源顯房의 딸을 젖먹이 때부터 양녀로 삼아 데리고 있던 것이었다. 요리미치는 자신은 노치노주쇼오後中書王[39]로 불렸던 도모히라具平 친왕의 사위이면서, 친왕의 아들 모로후사를 양자로 삼고 있었다. 그런 인연으로 요리미치는 아들이 된 모로후사와 모로후사의 아들 승정 천태좌주 닌카쿠仁覺도 일신아사리一身阿闍梨[40]가 되도록 돌본 것이다. 더구나 모로자네가 모로후사의 셋째 딸을 정실부인으로 삼았으니 아키후사의 딸은 모로자네의 처조카였기에 양녀로 삼아 키운 것이었다. 이와 같은 인연으로 미나모토源 가문의 사람들과도 하나가 되어 친하게 지냈으니 그 딸을 한결같이 친자식처럼 돌보았던 것이다. 이야기를 들은 고산조 천황은 말을 이었다.

"그런 딸이 있다면 어서 동궁전으로 들여야 하지 않겠나?"

"송구스럽지만 분부 받잡겠사옵니다."

이윽고 모로자네는 어전에서 물러나며 생각에 잠겼다.

'세월이 하 수상하던 차에 세상이 이제 우리 손으로 들어오는구나. 아버님께 서둘러 이 소식을 들려 드려야겠군.'

밤 깊은 시각에 궐에서 나오자마자 우지宇治로 향하며 명을 내렸다.

"심부름꾼을 급히 보내 우지로 가는 역참마다 갈아탈 소를 대령해 놓도록 하여라!"

모로자네는 부친 요리미치가 몸도 마음도 강건하게 그간 잘 견뎌주었다며 감회에 젖어 있었다. 한편 요리미치는 우지의 고마쓰

39_ 나카쓰카사쿄中務卿가 된 친왕을 말한다. 특히 문인으로 유명한 가네아키라兼明 친왕과 도모히라 친왕을 각각 사키노주쇼오, 노치노주쇼오라 칭했다.

40_ 황족이나 섭관가의 자제가 불문에 들어가 젊은 나이에도 아사리의 호칭을 허락받는 것을 말한다.

전小松殿에 기거하고 있었는데 밤중에 불현듯 잠에서 깨어나 어쩐지 마음이 뒤숭숭하다며 집에 불을 밝혀 놓게 했다.

"교토에 무슨 일이라도 생긴 것이 아닐까?"

요리미치는 걱정스럽게 말했다. 당시까지만 해도 우지 인근은 사람들이 많이 모여 살지 않았기 때문에 고하타木幡, 오카노야岡屋까지도 내다보였다. 하인이 와서 요리미치에게 고했다.

"교토 방면에 불빛이 많이 보입니다."

이상하게 생각한 요리미치는 하인에게 일렀다.

"잘 살펴보거라."

"불빛이 점점 더 많아지면서 이쪽으로 오고 있습니다."

"모로자네가 오고 있는 것일 게야. 한밤중에 이상한 일이로구나. 벽제 소리가 들리는지 잘 살펴라."

마침내 수행하는 이들의 벽제 소리가 멀리서 들려오고 하인이 이를 고했다.

'역시 그랬군.'

요리미치는 하인들에게 명했다.

"등불을 환하게 올려라."

호위 무관들은 모두 말을 타고 있었는데 이와 같은 행차에는 으레 벽제를 외치게 되어 있다. 그 벽제 소리는 귀신도 무서워 떤다고 한다.

한편 도착한 모로자네의 모습을 본 요리미치는 아들이 반듯하게 의관을 갖추고 있으니 고산조 천황을 알현하고 이리로 온 것이라 짐작했다.

'필시 무슨 일이 있는 게야.'

요리미치는 다급히 물었다.

"도대체 무슨 일이냐?"

"평소 아버님이 말씀하신 대로 하루도 거르지 않고 궐에 나가 정무를 돌보았는데, 오늘 저녁에 구로도로부터 어전에 들라는 어명을 전해 들었습니다. 하여 알현하였더니 전하께서는 이런저런 말씀을 하시다가 저에게 딸이 있으면 빨리 동궁전에 들게 하라는 칙명을 내리셨습니다. 눈앞에서 어명을 받자와 서둘러 이리로 온 것입니다."

이 말을 듣자마자 요리미치는 눈물을 뚝뚝 흘리며 말했다.

"세상이 하 수상하였는데, 아아, 역시 훌륭한 군주시구나! 서둘러 채비를 하여 입궐시키도록 하여라."

모로자네는 빈틈없이 채비하여 딸을 입궐시켰다. 당시 동궁이라 함은 시라카와 천황을 말한다. 모로자네의 딸 겐시賢子는 동궁의 뇨고로 입궐하여 시라카와 천황이 즉위하자 중궁이 되었으니 지금도 겐시 중궁이라 불린다. 호리카와 천황의 생모로서 섭관가의 딸이 황후가 된 예로 지금까지 일컬어지고 있다. 그러나 본래는 미나모토노 아키후사의 딸이었으니 호리카와 천황 치세에는 미나모토 가문의 사람들이 천황의 측근으로 활약했다.

고산조 천황처럼 성군의 기량을 가진 군주는 만사의 끝을 헤아려 명확하게 결말을 예상하면서 세상을 다스렸으니 어찌 아무런 이유도 없이 섭관 가문과 섭정, 관백을 미워하며 내칠 생각을 하겠는가? 그저 기량의 대소大小와 도리의 경중輕重을 고려하여 일을 처리하였으나 말세에는 어리석은 자들만이 천황 측근에서 계속 득세하여 군신의 사이가 벌어질 수밖에 없으니 세상은 스러지고 쇠퇴하게 되는 것이다.

측근 신하와 세상의 영화를 누리는 속세와 불가佛家의 모든 남녀들은 이 사실을 잘 숙지하여야 할 것이다. 범인凡人들이 내밀히 집안을 다스리는 것도 이와 같으니 각자의 기량에 맞는 쓰임새가 있다. 이 원리에 맞게 일을 처리했으니 오늘날까지 크게 잘못된 일이 없었다. 하지만 그 중에서도 미세한 부분은 사람의 마음에 따라

달라진다. 말세에는 사람의 마음이 도리에 밝지 않으며 도리를 좇지도 아니하니 윗사람은 아랫사람을 아끼지 않고 아랫사람은 윗사람을 존경하지 않는다. 쇼토쿠 태자가 애써 써놓았던 17개조 헌법[41]조차 무색해질 정도다. 17개조 헌법을 토대로 만들어진 옛 율령격식 또한 지켜지지 않고 세상은 자꾸 스러져 가기만 하니 이를 어찌 하면 좋을지 참으로 슬픈 일이다. 그러나 역시 백대 천황까지 의지할 곳은 종묘사직을 돌보는 신들의 은혜와 불법승 삼보三寶, 천상계 신들의 보살핌뿐이다. 신불의 보살핌도 또한 절반은 사람들의 마음과 호응하여 기연機緣[42]과 화합함으로써 일은 성사되는 것이다. 하지만 이 또한 이해하기 어렵고 불가사의하다. 한편 시라카와 천황은 즉위한 후 어떻게 해서든 겐시賢子 중궁과의 사이에서 황자를 낳아야겠다고 굳게 마음먹었다. 당시 미이데라三井寺 승려 중에 라이고賴豪[43] 아사리阿闍梨라는 영험한 스님이 있었는데 시라카와 천황이 그에게 청했다.

"황자를 생산할 수 있도록 기원 기도를 올려주시게. 만약 효험을 본다면 그 상으로 그대가 원하는 것은 무엇이든 들어주겠네."

라이고는 치성으로 기도를 올렸고 시라카와 천황은 소원대로

41_ 17개조 헌법은 쇼토쿠 태자가 만들었다고 알려져 있으나 진위에 대해서는 여러 가지 설이 있다. 지엔은 17개의 조항 중 윗사람과 아랫사람의 예를 강조한 네 번째와 여섯 번째 조항을 토대로 서술하고 있다.

42_ 기회와 인연.

43_ 라이고(賴豪, 1003-1084). 헤이안 중기 천태종 온조지園城寺의 승려. 밀교密教 행법에 뛰어났으며 사문파寺門派의 오랜 염원인 계단원戒壇院 설립에도 집념을 불태웠다. 1074년에 시라카와 천황의 황자 탄생을 기원하는 기도를 올려 아쓰후미敦文 친왕이 태어나게 되자 그 포상으로 계단원 설립을 청했으나 엔랴쿠지 산문파 측의 맹반대로 뜻을 실현하지 못했다. 1084년, 82세 때 불전에서 결가부좌를 틀고 입적했다. 계단원 설립의 뜻을 이루지 못한 것을 원망하다가 철뿔이 달린 8만 4천 마리의 들쥐가 되었다고 한다. 히에이잔에 올라가서 불상이나 경전을 갉아 먹었기 때문에 엔랴쿠지 승도들이 두려움 때문에 히에이잔에 쥐 사당을 만들었다고 전해 내려온다.

황자를 낳았다. 라이고는 몹시 기뻐하며 시라카와 천황에게 말했다.

"상으로 미이데라에 계단戒壇을 세워 저의 오랜 숙원을 이루게 해주십시오."

"그게 무슨 말인가? 그와 같은 상을 달라고 할 줄 내 어찌 알았겠는가? 단번에 승정僧正이 되게 해 달라는 정도이겠거니 했거늘 … 만약 그 청을 들어 준다면 산문山門 승려들이 들고 일어날 것이고 이는 산문과 사문寺門의 무력 다툼으로 이어질 것이네. 결국 불법佛法이 멸할 징조가 될 터인데 내 어찌 이를 허락할 수 있겠는가?"

"미이데라 계단戒壇을 염두에 두었기에 열심히 기도했는데 소승의 소원을 들어주실 수 없다면 이제는 한을 품고 죽을 수밖에 없습니다. 소승이 죽을 때에는 기도해서 낳아 드린 황자 또한 황천으로 데리고 갈 수밖에 없습니다."

라이고는 미이데라에 돌아와 지불당持佛堂[44]에 칩거하였다. 시라카와 천황은 라이고의 칩거 사실을 전해 듣고 오에노 마사후사大江匡房를 불러 명하였다.

"자네는 라이고의 시주施主로서 오랫동안 라이고와 깊은 인연을 맺어왔다지? 자네가 라이고를 달래주었으면 하네."

시라카와 천황의 명을 받은 마사후사는 서둘러 미이데라 승방으로 향하였다.

"마사후사가 어명을 받잡고 이렇게 찾아왔습니다."

마사후사는 하인에게 이렇게 고하게 한 후 툇마루에 걸터앉은 채 지불당의 장지문을 쳐다보았다. 고마護摩[45] 연기에 그을려 있는

44_ 자신이 믿는 부처님을 안치한 불당을 말한다.

45_ 밀교에서 부동명왕不動明王이나 애염명왕愛染明王 앞에 단을 쌓고 화로를 설치한 후 나무를 태우며 번뇌를 소각함으로써 재난을 막고 강복을 기원하는 수

장지문은 왠지 소름이 끼쳤다. 잠시 후 장지문을 거칠게 열고 나오는 라이고의 모습을 보니 눈은 움푹 패고 백발을 길게 기르고 있어 얼굴 윤곽조차 알아볼 수 없었다.

"무슨 어명이 있을 수 있단 말입니까? 드릴 말씀은 이미 다 드렸습니다. 어쩌다 일이 이렇게 안타까운 지경에 이르게 되었을꼬…."

라이고는 이처럼 말하고 다시 방으로 들어가 버렸다. 더 이상 어쩔 도리가 없어진 마사후사는 궐에 돌아와 시라카와 천황에게 그 말을 전하였다. 마침내 라이고는 죽었고 그 후 얼마 안 있어 시라카와 천황의 세 살배기 황자 또한 세상을 떠났다. 더 이상 방법이 없다는 생각에 시라카와 천황은 서경좌주西京座主 료신良眞을 불러 어명을 내렸다.

"이런 일이 벌어졌구려. 어찌하면 좋겠는가? 자네가 꼭 황자를 다시 낳을 수 있게 기도를 올려 주었으면 하네."

"그리 하겠습니다. 우리 산문山門의 삼보三寶와 산노곤겐山王權現[46]의 힘이 어찌 전하의 소원 성취를 돕지 못하겠습니까?"

이윽고 료신은 약속대로 황자를 탄생시켜 보위에 올렸으니 그가 바로 호리카와 천황이다. 호리카와 천황 역시 바로 후사를 보아 도바 천황을 낳았으니 황통은 끊이지 않고 이어진 것이다. 이 일은 조금의 과장도 없는 실화다. 과연 산문의 스님들은 그 생각하는 바가 깊다.

이윽고 후지와라노 사네스에藤原實李의 딸이 낳은 도바 천황이 즉위했다. 천황의 외숙이었던 긴자네公實는 섭정에 오르고자 하여 시라카와 상황에게 말했다.

"전하, 소신은 우승상 모로스케師輔 집안의 자손으로 대납언을

행법을 말한다.

46_ 히요시 대사日吉大社와 히에 신사日枝神社의 제신.

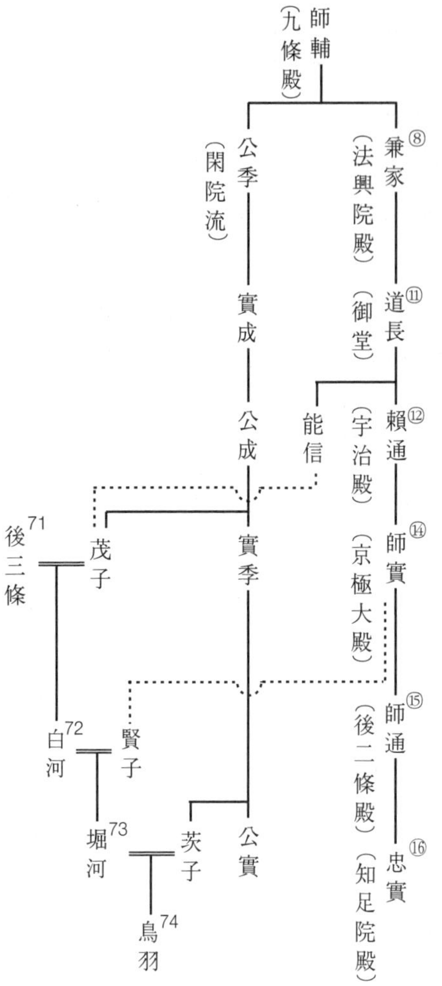

역임하고 있습니다. 천황께서 즉위하실 때 외조부나 외숙이 아닌 자가 섭정이 된 예는 지금껏 없었습니다. 그렇지 않은 경우는 대신이나 대납언 중에 해당자가 없었을 때뿐이옵니다."

시라카와 상황은 후지와라노 긴나리藤原公成의 딸을 모친으로 두었으니 긴자네와는 사촌지간이었다. 혈육 간의 정이 깊었는지 긴자네의 말을 듣고 심란해하며 묘안이 없는지 생각하였다. 사람들이 드나드는 어전 통로 문을 삼중으로 걸어 잠그게 하고 깊은 상념에 빠졌다. 다음날이 섭정을 임명하는 날이었으나 어전 회의도 열지 않았다. 대납언 미나모토노 도시아키源俊明[47]는 도바 천황의 후견인이자 시라카와 상황이 신뢰하는 벳토別當였다. 그는 어찌된

47_ 미나모토노 도시아키(源俊明, 1044-1114). 다이고 겐지醍醐源氏. 시라카와 천황의 근신으로 시라카와 천황이 양위한 후에도 상황의 근신으로 활약했다. 섭관가에서도 여러 문제에 관해 도시아키에게 자문을 구하는 등 신뢰했다고 한다. 1107년에 도바 천황이 즉위할 때 후지와라노 긴자네藤原公實가 시라카와 상황에게 외척이니 섭정이 되게 해 달라고 청했으나 도시아키가 이를 저지했다고 한다.

일인지 놀라서 의관을 정제하고 상황을 찾아갔다. 그러나 어전으로 가는 통로는 모두 막혀 있었기에 어찌 된 일인지 궁금하여 격하게 문을 열려고 했다. 문단속을 한 하인이 나와서 사정을 알렸다. 도시아키는 말했다.

"중요한 사안을 여쭙기 위해 이 도시아키가 왔는데 여전히 문을 잠그라고 명하실 리가 없다. 당장 열어라."

하인이 모든 문을 열자 도시아키는 어전 가까이 다가가서 헛기침을 했다.

"누구냐?"

"도시아키이옵니다."

"무슨 일인가?"

"전하의 즉위는 어찌하오리까? 시각이 꽤 지났기에 분부 받잡고자 알현하였사옵니다. 어찌 하시겠습니까?"

상황이 말했다.

"바로 그 일이 문제일세. 섭정은 어찌해야 한단 말인가? 이것저것 볼 것 없이 원래대로 해야 하는 것이겠지…."

도시아키는 그렇다고 분명하게 큰 소리로 답한 후 옷자락 스치는 소리를 내며 곧바로 일어섰다. 더 이상 머뭇거릴 수가 없었다. 도시아키는 그대로 다다자네를 찾아가서 전하고 빠르게 일을 진행시켰다.

"지금까지 해왔던 것처럼 그대로 조속히 시행하라는 어명이 있었습니다."

원래대로 하라는 어명이 있기는 했지만 도시아키는 시라카와 상황이 긴자네가 한 말을 꺼낼 것이라고 예상했다. 그러나 상황이 너무도 고민하는 모습을 보이자 어찌 그런 일이 있을 수 있겠느냐고 여긴 것 같다.

긴스에는 모로스케의 아들이었으나 섭정 관백의 직위는 감히 꿈도 꾸지 못할 인물이었다. 긴스에의 아들 사네나리實成[48]와 손자 긴나리公成, 증손 사네스에實季의 5대에 걸쳐 적절한 인물은 사라지고 그저 범인凡人으로 대를 거듭하였으니 어찌 그런 가문의 사람이 섭정이란 직위를 감당할 수 있겠는가? 그런 일은 예나 지금이나 있을 수 없는 일이라고 친소親疎와 노소老少, 신분의 귀천貴賤과 상하上下를 불문하고 모두 동의하는 일을 시라카와 상황이 고민하는 것은 한심한 일이라고 도시아키는 생각했을 것이다.

그렇다고는 해도 긴자네의 인품과 학문이 월등해서 기타노 천신北野天神 스가와라노 미치자네菅原道眞의 뒤를 잇고 다다자네보다 인품과 재능이 뛰어나서 식자識者들로부터 오노노 사네스케小野實資[49]처럼 여겨질 정도였다면 있을 수 있는 일이었는지도 모른다. 긴자네는 그저 천황의 외숙에 불과할 뿐이다. 그럴싸한 섭관가의 자손일지라도 그 자리에 오르지 못한 사람이 많은데 어찌 그렇게까지 섭정이 되려고 생각했을까? 시라카와 상황 또한 과연 그렇게까지 고민할 만한 일이었던가? 이 이야기는 비밀이니 사람들이 알고 함부로 소문낼 일은 아닌 것 같다. 긴자네가 한 번 가문을 일으켜보고자 한 것도 알고보면 대신, 대납언 같은 높은 신분이면서 외조부나 외숙이 섭관의 자손인 자가 섭정으로 쓰이지 못한 경우는 한 번도 없었으니 그렇게 생각했던 것 같다. 공공연하게 떠들 만한 이야기는 아니지만 그렇게 전한다.

시라카와 상황이 호리카와 천황에게 양위하자 모로자네는 모로미치師通에게 섭정을 물려주었다. 밀어붙이는 성향이 강했던 모로미치는 호리카와 천황이 성인식을 올리자 시라카와 상황이나 부친 모로자네에게조차 치세에 관하여 아무런 의논도 하지 않고 일을 처리

48_ 후지와라노 사네나리(藤原實成, 975-1045). 후지와라노 긴스에藤原公季의 장남. 정이위 중납언에 이르렀다. 관상을 잘 보았다고 한다.

49_ 후지와라노 사네스케(藤原實資, 957-1046)를 말한다.

했다고 전해지는 것 같다.

시라카와 상황에게는 유호몬인郁芳門院이라는 딸이 있었는데 상황은 이 유호몬인을 더할 나위 없이 아꼈다. 그런데 미이데라의 승려였던 라이고의 원령이 들러붙어 유호몬인이 병들자 그 사찰의 조요增譽와 류메이隆明 같은 승려들이 기도를 올렸으나 효험이 없었다. 이에 히에이잔의 료신良眞을 부르자 료신이 중당中堂의 구주자久住者[50] 스무 명을 데리고 찾아와 정성껏 기도하여 원령을 진정시켰다. 상황은 몹시 기뻐하였으나 유호몬인이 갑작스럽게 세상을 떠나자 충격으로 슬픔에 잠겨 그대로 출가했다. 그 후 호리카와 천황이 붕어하자 시라카와 상황은 다시 즉위하려는 뜻도 있었겠지만 이미 출가한 후였으니 도바 천황을 즉위하게 한 후 궐 안의 선동仙洞[51]을 차지하고 치세하였다. 또 아침저녁으로 미나모토노 미쓰노부源光信[52]와 다메요시爲義,[53] 야스키요保淸, 이 세 명의 검비위사檢非違使로 하여금

50_ 오랜 기간 산사에 머물며 수행하는 사람, 특히 히에이잔에 오랜 기간 칩거하며 수행하는 사람을 말한다.

51_ 상황의 거처를 말한다.

52_ 미나모토노 미쓰노부(源光信, 1091-1145). 도바 원정기 유력무사로서 도바인 사천왕 중 하나였다.

53_ 미나모토노 다메요시(源爲義, ?-1156). 헤이안 시대 후기 장수이며 미나모토노 요시치카源義親의 넷째 아들이다. 다다자네와 요리나가의 신임이 두터웠고, 호겐의 난 때 스토쿠 천황 편에 가담하여 고시라카 상황 편이었던 아들 요시토모義朝의 손에 의해 사망했다. 1108년에 친부가 다이라노 마사모리에 의해 살해되자 숙부 요시타다義忠의 양자가 되었다. 이듬해 요시타다가 살해되자 그 용의자 미나모토노 요시쓰나源義綱 일족을 없앤 후 그 공로로 조부 요시이에義家의 뒤를 이어 미나모토 가문의 당주當主가 되었다. 이때 시라카와 상황으로부터 도바 천황을 경호하도록 기용되었다. 검비위사檢非違使로서도 활약했으나 자신과 그 부하들의 난폭함으로 인해 시라카와 상황과 도바 상황의 신임을 잃었다. 이 때문에 섭관가의 중심 인물이었던 후지와라노 다다자네에게 접근하여 그 후계자 요리나가를 경호하며 요리나가의 장원을 관리했으나 1155년에 아들 다메토모爲朝의 난폭한 행동때문에 해관되었다. 호겐의 난 때 스토쿠 상황의 설득으로 아들 요리카타賴賢, 다메토모爲朝와 함께 스토쿠 상황 편에 가담하여 참전, 고시라카와 상황 편에서 대적하던 장남 요시토모義朝와

궐 숙직을 하도록 했다. 그 사이에 굉장한 이야깃거리가 돌았지만 중요한 것은 아니니 덧붙이지 않겠다.

시라카와 상황은 재위 중 산노미야三宮 스케히토輔仁 친왕을 두려워했다고 한다. 행차 때에는 미나모토노 요시이에源義家[54]와 요시쓰나義綱[55] 등을 불러서 몰래 가마 주변과 뒤를 호위토록 하여 요시이에가 갑옷을 늠름하게 차려 입고 모셨다고 한다.

그런데 호리카와 천황 치세 때 히에이잔의 산문파山門派 무리가 히에日吉 신사神社의 신여神輿를 메고 내려와 시위를 했다. 모로미치師通는 거듭 해괴한 일이라며 즉각 조치하여 화살을 쏘게 했다.[56] 가마에 화살이 꽂히고 도모자네友實라는 신관이 상처를 입었으니 그 저주 때문에 모로미치가 일찍 세상을 떠났던 것이다. 좌주座主 닌겐仁源은 모로미치의 형제로 오미네大峯[57]에서의 수행을 거친, 세상이 알아주는 신통한 승려였다. 닌겐이 기도를 올리자 신들린 무동이 가슴을 풀어헤쳤다.

싸우다 패배했다. 잠복한 후 출가하여 아들 요시토모에게 의지했으나 참수되었다.

54_ 미나모토노 요시이에(源義家, 1039-1106). 미나모토노 요리이에의 첫째 아들. 전구년前九年의 역役 때 부친과 함께 활약했다. 후삼년後三年의 역 때 기요하라清原 씨의 내분을 진압하고 동국東國에 미나모토源 씨의 기반을 쌓았다. 천하제일의 용맹한 무사로 평가받았으며 관련된 전설이 많다.

55_ 미나모토노 요시쓰나(源義綱, ?-1134). 헤이안 후기의 무장武將. 미나모토노 요리요시源頼義의 둘째 아들. 1091년에 형 요시이에義家와 대립, 교토에서 전투를 벌이려 하여 조정을 놀라게 했다. 1109년에 셋째 아들 요시아키義明가 요시이에義家의 아들 요시타다義忠를 살해하려고 했다가 제압당하자 첫째 아들 요시히로義弘 등이 자살했다. 요시쓰나는 사도佐渡로 유배되었으며 후에 다시 공격당하자 자살했다.

56_ 1096년 히에이잔 승려들은 미나모토노 요리요시源頼義의 아들 요시쓰나義綱를 히에이잔의 장원에 관한 일로 유죄에 처하도록 청하였으나 받아들여지지 않자 하산하여 시위를 벌였고 무사들이 화살을 쏘아 이들을 막았다.

57_ 오미네산大峰山의 약칭, 나라 현奈良縣 요시노 군吉野郡에 있는 산으로 수행자의 근본 영장靈場이다.

"어디어디, 화살 맞은 상처를 보여 주마."

가슴에서 검은 피가 철철 뿜어져 나왔다. 그 모습이 생경하고 두려워서 좌주까지도 기도를 멈추자 마침내 모로미치는 세상을 떠났다고 전한다. 그리하여 모로자네가 관백으로 복귀해야 할 상황이었으나 모로미치의 아들 대납언 다다자네忠實가 내람內覽의 선지宣旨를 받고 후지와라 가문의 장자가 되었다. 호리카와 천황 치세 때는 관백도 두지 않았으나 치세 말기인 조지長治 연간에 관백의 칙명을 내린 것이다.

후에 시라카와 상황은 손자 도바 천황이 16년간 재위한 후 스토쿠崇德 천황에게 양위하여 증손의 즉위를 볼 때까지 살아 있다가 다이지大治 연간에 일흔일곱 살로 붕어하였다. 시라카와 상황은 시라카와 지방에 홋쇼지法勝寺를 건립하여 자신의 어원御願 사찰로 삼았다. 그 후 대대로 시라카와에 어원 사찰을 지었으니 로쿠쇼지六勝寺라는 큰 절이 연이어 건립되었다. 호리카와 천황은 손쇼지尊勝寺, 스토쿠 천황은 조쇼지成勝寺, 도바 천황은 사이쇼지最勝寺, 고노에 천황은 엔쇼지延勝寺로 그 이후에는 건립되지 않았다. 스토쿠 천황의 모친 다이켄몬인待賢門院이 건립한 엔쇼지圓勝寺를 더하여 로쿠쇼지六勝寺라 부른다.

다이지大治 이후 규주久壽 때까지는 도바 상황이 시라카와 상황의 뒤를 이어 세상을 다스렸다. 호겐保元 원년(1156) 7월 2일에 도바 상황이 서거한 후, 일본국 역란逆亂이라 불리는 사건이 일어나 그 이후에는 무사의 세상이 된 것이다. 이 책은 이러한 일련의 일을 소중히 여겨 쓴 것이다.

일본에서는 오토모 황자大友皇子, 안코安康 천황 시대의 반역에 관한 일을 일기나 기록에서조차 언급하려 하지 않는다. 다이호大寶 시대 이후의 일이나 이곳 헤이안쿄平安京로 옮긴 이후의 일을 기록에서 볼 수 있으며, 덴교天慶 시대 스자쿠朱雀 천황 때의 마사카도將門의 난[58]이나 미나모토노 요리요시源頼義[59]가 아베노 사다토安部貞任[60]를 해치운 12년의 전쟁,[61] 그리고 후지와라노 다카이에藤原隆家가 다자이노곤노소치太宰權帥로 규슈九州에 내려가 오랑캐 도이刀伊국을 해치운 일도 관동과 규슈에서 일어난 일이다.

군君과 신臣이 도읍지에서 난을 일으킨 것은 도바 상황 시대까지는 없었던 일이다. 황송하고도 안타까운 일이다. 이 사건은 고산조 상황이 후지와라노 요리미치藤原頼通를 탐탁지 않게 여긴 데서 비롯된 것이었다. 아무리 그렇다 해도 당시 군과 신이 서로 등을 돌리는 일은 없었다. 황송하게도 군신으로서의 도리를 서로 숙지하고 있었던 것이었다.

시라카와 상황이 도바 상황 재위 초기에 후지와라노 다다자네藤原忠實의 딸에게 중궁 간택의 명을 내렸으나 다다자네는 어명을 단호히 거절하고 따르지 않았다.[62] 모두 이를 이상히 여겼다. 하지만 이를 유추해 보면 도바 상황은 어릴 적 위험한 행동을 하였으며, 호위 무사의 얼굴에 작은 화살을 쏘아대었다고 생각했으니 다다자네가 그것을 두려워한 것이 아니냐고 사람들은 말한다.

58_ 다이라노 마사카도는 섭정 후지와라노 다다히라藤原忠平의 측근으로 검비위사檢非違使의 직책을 원하였으나 뜻대로 되지 않자 숙부 구니카國香를 살해, 939년, 스스로 신황新皇이라 칭하며 관동에서 세력을 떨쳤다. 다이라노 사다모리平貞盛가 이를 평정했다.

59_ 미나모토노 요리요시(源頼義, 988-1075). 무사. 전구년前九年의 역役 때 아베노 사다토를 토벌했다.

60_ 아베노 사다토(安部貞任, 1019-1062). 호족. 전구년의 역 때 미나모토노 요리요시에게 죽임을 당했다.

61_ 전구년前九年의 역과 후삼년後三年의 역을 말한다. 미나모토노 요리요시와 미나모토노 요시이에源義家 부자가 호족 아베노 사다토와 아베노 무네토安部宗任를 토벌한 사건. 1062년에 평정될 때까지 12년에 걸쳐 이어졌다. 미나모토씨가 동국東國에 세력을 쌓는 계기가 되었다.

62_ 후에 다다자네는 도바 천황이 양위한 후 딸 가야노인賀陽院을 상황이 된 도바에게 입궐시켰고, 가야노인은 도바 상황의 왕후가 되었다.

시라카와 상황은 후지와라노 긴자네藤原公實의 딸을 양녀로 두었는데 홋쇼지法勝寺의 다다미치忠通를 사위로 삼으려 했다. 그러나 일이 이미 진행되어 날을 택일할 무렵 운명적으로 그리되었던 것인지 방해물이 많이 생겨 뜻을 이루지 못했다. 그 사이에 다다자네는 딸을 입궐시키지 않겠다고 말했다.[63] 시라카와 상황은 몹시 화를 내더니 다다미치와 다이켄몬인待賢門院의 혼례를 파기하고, 그대로 다이켄몬인을 입궐시켰다. 마침 도바 상황도 어릴 때와 달리 얌전하고 도량이 망극한 군주로 성장했다. 시라카와 상황은 양녀였던 긴자네의 딸을 도바 천황의 황후로 삼게 한 것이었다. 다이켄몬인이란 이 여성을 말한다. 다이켄몬인에게는 자제가 많다. 먼저 스토쿠崇德 천황이 있고, 다음 두 자제는 나에미야

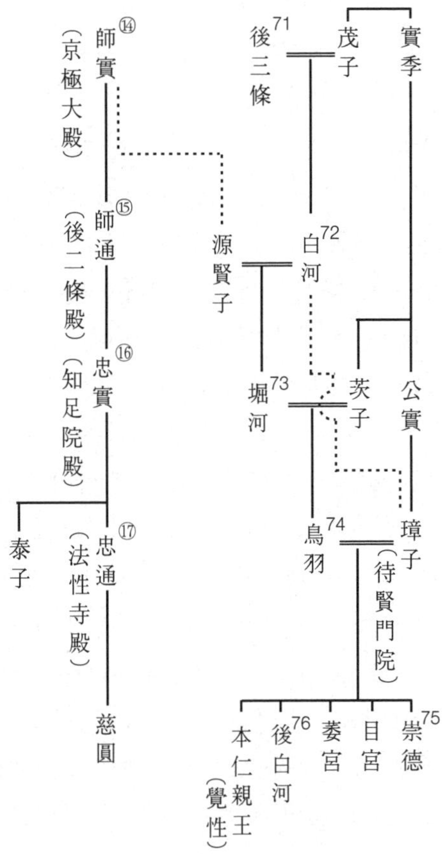

63_ 시라카와 법황은 후지와라노 긴자네藤原公實의 딸 쇼시璋子를 양녀로 삼고 있었고, 그녀를 후지와라노 다다자네의 장자인 다다미치와 맺어 주고자 하였으나 다다자네는 이를 거부했다. 1118년, 결국 18세의 쇼시를 도바 천황의 중궁中宮으로 입궐시켰고, 그녀는 이때 이미 양부 시라카와 상황의 자식으로 의심되는 아이를 임신하고 있었다 한다. 이 아이가 후의 스토쿠 천황이다.

萎宮와 메미야目宮라 하여 성인이 되기 전에 사망했다.

스토쿠 상황이 즉위하였다. 시노미야四宮[64]와 고노미야五宮 모두 다이켄몬인의 자제다. 시라카와 상황 치세 때 구마노熊野 참배가 시작되어 스토쿠 상황도 종종 참배를 갔는데, 하루는 시라카와 상황이 신심을 일으켜 신전에 있었다. 그러자 신전 앞에 내려져 있는 발 밑으로 신이 아름다운 손을 내밀어 두세 번 정도 뒤집더니 발 안으로 다시 넣었다. 이러한 일은 꿈에서나 있을 법한 일이었다. 너무나 선명하여 이를 이상히 여긴 스토쿠 상황이 당시 모여 있던 많은 무녀들에게 슬며시 물어 보았지만 그럴듯한 신탁이 없었다.

구마노에서 신을 모시는 무녀巫女 중에는 요카노이타라는 사람이 있었다. 미마사카美作[65] 사람이라고 했다. 요카노이타는 일곱 살 때 갑자기 신 내림을 받았다. 그의 말로는 신께서 말세에는 손바닥을 뒤집듯 세상이 뒤바뀔 것임을 보인 것이라고 하였다. 스토쿠 상황은 이렇듯 불가사의한 일도 경험한 군주다.

또 호안保安 원년(1120) 10월에 시라카와 상황이 구마노에 참배갔을 때의 일이다. 이때 도바 상황은 당시 관백이었던 다다자네의 딸을 입궐시키라고 친히 명을 내렸고, 다다자네도 내심 기뻐했다. 하여 그 딸이 황후가 되는가 했더니 누군가 이 일에 대해 구마노에 계신 시라카와 상황에게 좋지 않게 말한 것이었다. 시라카와 상황은 몹시 화를 내며 자신이 간택의 명을 내렸을 때에는 단호히 거절하던 사람이 도바 상황의 명을 듣고 자신에게는 알리지도 않고 결정했다며 괘씸하게 여겼다. 도읍지로 올라오자마자 당시 관백이었던 다다자네를 당장 자리에서 물러나게 하고, 11월 13일에는 그의 내람內覽을 중지시킨 후 근신을 명했다.

그리하여 섭정 관백을 바꾸려 하는데 이렇다 할 인물이 없었

64_ 고시라카와 천황을 가리킨다.

65_ 현재의 오카야마岡山 현 북부에 해당된다.

다. 시라카와 상황은 후지와라노 모로자네藤原師實의 아들 이에타다家忠가 어떨까 하여 후지와라노 아키타카藤原顯隆[66]에게 의논했다. 그러자 아키타카는 이나리稻荷 축제 때의 일은 어쩔 셈이냐고 말했다고 한다. 이에타다의 아들 중납언 다다무네忠宗는 아키스에顯季[67]의 아들로 재상 이에야스家保의 사위였다. 그런 연유로 아키타카는 이나리 축제 때 아키스에와 이에야스家保 등이 모여서 축제를 구경하며 술판을 벌이고 의기투합한 것을 비난한 것이었다. 분명한 사정은 모르나 그렇게 말한 것 같다.

섭정 관백의 자리는 조금이라도 자질이 부족하면 어느 누구도 오를 수 없는 자리다. 시라카와 상황은 내대신內大臣 후지와라노 다다미치藤原忠通 외에는 적합한 인물이 전혀 없다고 생각한데다 더 힘쓸 여력이 없었기에 다다미치에게 말했다.

"미천한 이들도 부모는 부모고 자식은 자식이라고 한다. 그대가 집정하라."

다다미치가 답했다.

"소신 다다미치가 이 직책을 이어야 한다면 소신을 보시어 하루 동안 아비의 죄를 면하게 하시고 궐문을 열게 하시옵소서. 대대로 이 직책에 오르는 이는 제 아비로부터 직책을 이어받는 날 밤

66_ 후지와라노 아키타카(藤原顯隆, 1072-1129). 원정기院政期를 대표하는 정치가로서 후지와라노 다메후사藤原爲房의 둘째 아들이다. 시라카와 상황의 측근으로 세력을 떨쳐 '밤의 관백'으로 불렸다. 고산조 천황과 시라카와 상황의 근신으로 활약한 부친 다메후사처럼 시라카와 상황의 근신으로 수령 등을 역임했다. 1103년 아키타카의 오조五條 다카쿠라테이高倉第에서 도바 천황이 태어나 그의 처는 도바 천황의 유모가 되었다. 1120년에 시라카와 상황이 관백 후지와라노 다다자네의 내람을 정지시킨 후 아키타카의 권세는 하늘을 찔러 천하의 정치가 그의 말 한 마디에 달렸다고 전해진다.

67_ 후지와라노 아키스에(藤原顯季, 1055-1123). 헤이안 후기 귀족, 가인. 지방관을 역임하면서 쌓은 재물을 토대로 시라카와인 벳토로서 권력을 잡았다. 수리대부修理大夫 정삼위가 되었다. 칙찬집에 57수가 실려 있으며 가집으로 『아키스에슈顯季集』가 있다.

곧바로 입궐하여 축하의 연을 해왔던 바, 소신 또한 그와 다르지 않게 하였으면 하옵니다. 소신이 직책에 올라 있는 동안 제 아비가 근신의 죄를 면하지 못하면 소신은 불효자의 몸이 될 터이므로 필시 신불神佛의 벌이 내려질까 두렵사옵니다."

시라카와 상황은 다다미치가 청한 내용이 거듭 타당하다고 감탄하며 청한 바와 조금도 다르지 않게 행했다.

다다미치는 시라카와 상황의 거처에 숙직소를 두고 입궐시에는 반드시 시라카와 상황을 먼저 만났고, 시라카와 상황이 세상사나 선례 등을 의논할 때마다 단 한 번도 거침없이 마치 거울을 마주하고 말하듯 분명히 말했으므로 시라카와 상황은 이런 인물도 없다고 여겼다.

도바 상황은 스토쿠 천황이 다섯 살 되는 해에 양위했다. 호안 4년(1123) 정월의 일이다. 이리하여 시라카와 상황은 증손이 즉위하는 것을 보았다. 다이지大治 4년(1129) 정월 아흐렛날에 다다미치의 딸 세이시聖子[68]가 간택되어 입궐하였다. 그 해 7월 7일에 시라카와 상황은 붕어했다. 향년 77세였다. 덴쇼天承 원년(1131) 2월 9일에 세이시는 스토쿠 천황의 황후가 되었다.

다다자네忠實는 도바 상황으로부터 특별히 내람의 명을 받았으므로 상황이 원하던 바를 이루자 도바 천황이 양위한 후 자신의 딸 가야노인賀陽院[69]을 도바 상황에게 입궐시켰다. 조쇼長承 2년(1133)

68_ 후지와라노 세이시(藤原聖子, 1121-1181). 관백 다다미치의 딸, 스토쿠 천황의 중궁. 1141년에 스토쿠 천황이 양위한 후 고노에 천황이 즉위하면서 황태후皇太后가 되었다. 1150년에 원호院號를 받았다. 고카몬인皇嘉門院. 호겐의 난으로 스토쿠 천황이 사누키讚岐로 유배되자 출가했다.

69_ 가야노인(賀陽院, 1095-1155). 高陽院으로도 표기함. 도바 상황의 황후. 후지와라노 다다자네의 딸. 이름은 군시勳子 혹은 다이시泰子. 도바 천황이 즉위할 때 시라카와 상황은 간택을 명했으나 다다자네는 이를 거부했다. 상황이 죽은 후 도바 상황이 원정 정치를 하면서 입궐, 황후가 된다. 이 사건은 상황이 황후를 맞이하는 일은 전례가 없다고 하여 세상의 비난을 받았다. 양자로

6월 29일에 가야노인은 도바 상황의 거처에 입궐하였고 3년(1134) 3월 19일에 황후가 되었다. 시라카와 상황이 붕어하고 5년 후의 일이다. 가야노인은 황자를 출산하지 못했다.

다이켄몬인은 규안 원년(1145) 8월 26일에 세상을 떠났다. 그녀는 덴에이天永 3년(1112) 3월 16일에 시라카와 상황의 환갑연을 보았을 것이다. 아직 젊었는데도 불구하고[70] 닌페이仁平 2년(1152) 3월 7일에 있었던 도바 상황의 50세 축하연은 보지 못하고 운명했다. 다이켄몬인 이후 간인閑院 가문의 사람들은 집안을 일으켰다.[71] 뇨인女院 다이켄몬인은 에이큐永久 5년(1117) 12월 13일에 입궐하여 17일에 뇨고女御가 되었고 에이큐 6년(1118) 26일에는 황후가 되었다.

한편 다다자네는 도바 상황을 찾아가서 말했다.

"전하의 부친이신 시라카와 상황 전하로부터 뜻하지 않게 근신의 명을 받았으나 섭정 관백의 직책을 소신의 자식에게 물려주셨으니 망극할 뿐이옵니다. 소신 다시 한 번 출사하여 새해 첫날 의례에 출두하고자 합니다. 그때에는 관백 다다미치보다 상좌에 앉고자 합니다."

다다자네는 덴쇼 2년(1132) 정월 초사흗날에 꼭 한번 출사했다.

당시 다다자네의 둘째 아들 요리나가頼長는 중장中將이었다. 다다자네는 예복 아래 입는 시타가사네下襲[72]를 길게 끌고 있었다고

고노에노 모토자네를 맞아들였으며 사후 그 소유지는 고노에 가문에 귀속되었다.

70_ 닌페이仁平 2년(1152) 3월 7일에 도바 상황의 50세 축하연이 있었으나, 다이켄몬인은 그 7년 전에 죽었다.

71_ 간인閑院 가문은 후지와라노 모시藤原茂子가 고산조 천황의 뇨고가 되고 인院의 근신인 아키타카顯隆와 혈연을 맺었으며 아키타카의 딸은 쇼시의 오빠 사네요시實能의 처가 되는 등 외척 세력으로 번창했다.

72_ 헤이안 시대 이후 공무 때 착용하였던 예복을 소쿠타이束帶라 하였는데, 이 소쿠타이 아래 입는 옷을 말함. 시타가사네는 관위에 따라 길이의 차이가 있었고 신분이 높을수록 그 길이가 길었다.

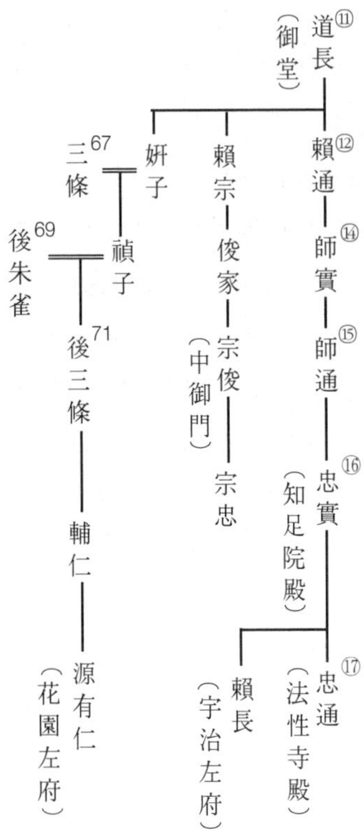

사람들은 전한다. 이 날은 섭정 태정대신太政大臣 다다미치, 다음으로 우대신右大臣 미나모토노 아리히토源有仁가 앉았다. 아리히토는 산노미야三宮[73]의 아들이다. 다음으로는 내대신內大臣 다다무네忠宗가 앉았으며 다다무네 역시 일족이다. 뒤를 이어 공경대신公卿大臣들이 모두 정중히 예를 올렸는데, 아리히토는 혼자서 살짝 미소를 지으며 허리를 약간 숙여 경의를 표했다. 역시 격이 높은 분은 대단하다고 모두 입을 모아 말했다.

다다자네는 얼마나 집착이 강한 사람이었는지 이 날도 예를 올리러 와서는 아직 대신들의 자리가 채 정돈되기도 전에 몸에 병이 있다며 서둘러 절을 올리면서 말했다.

"각기병에 걸린 지 오래라 어찌할 수가 없습니다. 간신히 예를 올릴 수 있을 듯 하옵니다."

이를 그대로 보고 있을 수가 없어서 섭정 태정대신 다다미치를 비롯하여 모두가 다다자네를 거들었고 다다자네는 대신들이 예를 올리기 전에 퇴청했다. 아마도 내대신 휘하의 사람들이 많았으므로 다른 사람들에게 일부러 보이기 위해 그렇게 한 것이 아니냐며 모두 수군거렸다. 다다자네는 무슨 일이 있을 때마다 과장되게 행동하고 말했다. 이렇게 집착이 강한 사람이었으니 그 원령怨靈 또

73_ 스케히토 친왕輔仁親王을 말한다.

한 무서울 법하다.

한편 요리나가는 일본 제일의 학자로 일본문장과 한문의 재능이 뛰어났고, 성격은 급했지만 모든 면에서 영민하여 부친 다다자네가 가장 아끼는 아들이었다. 어느 날 요리나가는 섭정 관백을 역임하고 내람을 해 보았으면 한다고 다다자네에게 말했다. 다다자네는 아들 요리나가에게 섭정 관백을 잠시 맡게 해 주려고 마음먹고 관백 다다미치에게 거듭 말했다.

"그리 했으면 하는구나. 후에 너의 자손에게 반드시 돌려주마."

다다자네의 진심어린 말에 다다미치는 이렇다 저렇다 가부可否의 대답을 하지 않았다. 시간이 지나자 다다자네는 이를 심히 불편히 여겨 도바 상황에게 알렸다.

"들어 주고 들어 주지 않고는 그 다음 일이라 여겨지옵니다. 그 생각하는 바, 답변을 듣고 싶사옵니다. 전하께서 말씀을 내리시어 그 연유를 물어 주시옵소서."

도바 상황은 다다미치에게 그 연유를 물었다.

"요리나가의 수완이나 마음 씀씀이는 이러하옵니다. 그가 전하의 후견인이 되면 필시 천하가 손해를 입을 것이옵니다. 그러나 이와 같이 대답을 하면 소신의 아비는 더욱 노할 것이기에 소신은 불효자가 될 것이옵니다. 아비의 청을 들어 수락하오면 이는 필시 이 나라를 위해 불충이 될 것이옵니다. 놀랍고 망극할 따름이옵니다."

다다미치의 생각하는 바를 전해들은 다다자네는 '그렇게 말하면서 어찌하여 나의 물음에는 대답조차 하지 않았던 것인가' 하며 더더욱 마음 깊이 언짢게 여겼다.

후지와라 가문의 씨족 장자에 관해서는 천황이 소관하는 일이 아니었으므로 다다자네는 규안 6년(1150) 9월 25일에 다다미치로부터 장자의 자리를 빼앗았다. 또한 후지와라 가문의 본가가 있는 도산조東三條[74]로 가서 가문의 장자가 지니는 주기태반朱器台盤을 요리나가에게 주었다.

다다자네가 도바 상황의 심기를 요리조리 교묘하게 맞추자 결국 도바 상황은 규안 7년(1151) 정월에 몰래 조정 중신을 모아서 옛날에도 두 사람이 내람을 함께 받은 예가 있다고 하며 요리나가에게 내람의 명을 내렸다.[75] 온 천하의 사람들이 참으로 한심한 일이라고 어이없게 여겼다.

천황 가문의 사이가 안 좋았던 일을 말하자면 다음과 같다. 스토쿠 천황이 재위하고 있을 때 도바 상황은 처음에는 중납언 후지와라노 나가자네藤原長實의 딸[76]을 특별히 어여삐 여겨 삼위三位에 두었다. 그리고 그 사이에서 태어난 아들[77]을 스토쿠 천황의 동궁으로 삼았다. 스토쿠 천황의 비妃로는 다다미치의 딸을 간택하였다. 그가 바로 고카몬인皇嘉門院[78]이다. 도바 상황은 다다미치에게 그의 딸 고카몬인과 스토쿠 천황의 인연을 생각하도록 하고 스토쿠 천황에게는 장인인 다다미치에게 예를 다하여 잘 모시도록 하였다. 이에 스토쿠 천황은 각별히 치성을 다하여 예로써 모셨다. 어느 날 도바 상황은 스토쿠 천황에게 말했다.

74_ 후지와라 가문의 장자가 역대 살았던 공저公邸로 공적인 의례가 종종 이루어졌다. 가네이에兼家, 모로자네師實, 모로미치師通, 다다자네忠實, 다다미치忠通, 요리나가賴長에게로 이어져 내려갔다.

75_ 다이고醍醐 천황 때에 좌대신 후지와라노 도키히라藤原時平와 우대신 스가와라노 미치자네菅原道眞가 함께 내람의 선지宣旨를 받았던 예를 말하는 것인지 그 진위는 불분명하다. 어쨌든 이때 관백關白은 후지와라노 다다미치였으나, 그의 동생 후지와라노 요리나가는 좌대신 겸 후지와라 가문의 장자였고 관백은 아니었지만 내람의 자격만은 얻은 셈이 된다.

76_ 후지와라노 도쿠시(藤原得子, 1117-1160)를 말한다.

77_ 고노에近衛 천황을 말한다.

78_ 고카몬인(皇嘉門院, 1121-1181). 관백 다다미치의 딸 세이시聖子를 말한다. 스토쿠 천황의 중궁으로 1129년에 입궐하여 1130년에 열 살의 나이로 중궁이 되었다. 호겐의 난으로 출가하였다.

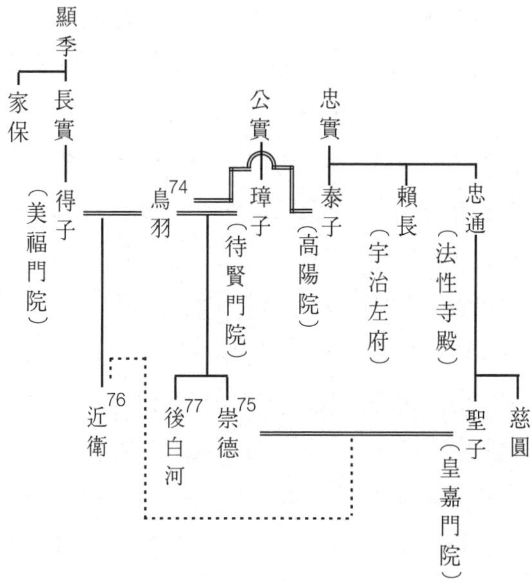

"법도에 따라 양위해야 할 것이다."

"그리 하겠습니다."

스토쿠 천황은 에이지永治 원년(1141) 12월에 양위하였다. 스토쿠 상황은 호엔保延 5년(1139) 8월에 동궁이 되었다. 스토쿠 천황은 자신이 양위한 후 동궁을 즉위시키라는 명이 있을 것이라고 생각했다. 그러나 도바 상황이 내린 센묘宣命[79]에는 황태제皇太弟[80]라 쓰여 있었으므로 도대체 어찌 된 영문인지 납득이 안 되고 마음에 맺힌 바가 있었다.

이리하여 고노에近衛 천황이 즉위하였다. 고노에 천황은 점차

79_ 천황의 명령을 전한 문서를 말한다.

80_ 천황의 부친이 아니면 원정院政 정치를 행할 수 없는데, 도바 상황은 스토쿠 천황이 원정 정치를 할 수 없도록 스토쿠 천황의 뒤를 잇는 고노에近衛에게 황태자가 아닌 황태제皇太弟를 명함으로써 스토쿠 천황의 원정 정치의 길을 막았던 것이다. 결국 도바 상황은 스토쿠 천황을 종용하여 양위시키고, 원정마저 막은 셈이 된다.

성장하였으며 요리나가는 내람의 명을 받은 신하로서 모든 일을 주관하였다. 좌대신 겸 제1대신이었기에 세치에節會 연회때에도 내변內辨[81]의 역할을 훌륭히 치루어내어 그 모습은 미치나가道長의 옛 모습을 떠올릴 만큼 미더웠다. 하지만 고노에 천황은 연회가 있을 때마다 밖에 나가는 일도 없이 병으로 누워만 있었다. 도바 상황이 무슨 말을 해도 듣지 않았다.

관백 다다미치는 거듭 재촉했다.

"그렇게 누워만 계시면 제 잘못이 됩니다."

도바 상황 역시 모든 것은 관백의 짓이라며 불쾌히 여겼다. 그러나 정작 다다미치는 이에 대해 조금도 거리끼는 기색 없이 후지와라 가문 장자 소유의 비젠국備前國[82] 영지 관련 업무를 처리했으며 관백과 내람의 직을 해임시킬 사람도 없었으므로 변함없이 궐에 출사했다.

그 후 다다미치와 요리나가는 궐에서 공교로운 때에 두 번 맞부딪쳤다. 좌부左府 요리나가는 한 집에서 자란 형 다다미치에게 예전처럼 허리를 숙여 인사했다. 다다미치는 다다자네의 아들이었던 것이다. 사람들은 기특하다고 칭찬했으나 부친 다다자네는 문책했다.

"왜 인사를 하였느냐?"

요리나가는 답했다.

"예는 되돌리지 않는다는 예기의 말씀이 있습니다. 사이가 안 좋다고 하여 어찌 인사하지 않을 수 있겠습니까?"

당시 사람들은 요리나가를 크게 칭찬했다.

이렇게 지내는 동안에 요리나가에게 악좌부惡左府[83]라는 별명이

81_ 세치에 때에 승명문承明門 안에서 모든 준비를 관장하는 직책.

82_ 현재의 오카야마 현岡山縣 남동부에 해당된다.

83_ 매사에 엄하여 붙게 된 별명으로 요리나가의 이러한 성격은 조정 대신들

붙었다. 그 이름에 걸맞은 일화가 많이 있다. 홋쇼지法勝寺 행차 때 중납언 사네히라實衡[84]의 가마를 부수고 도바 상황이 총애하는 중납언 이에나리家成[85]의 하인을 잡아들였기 때문에 도바 상황으로서는 요리나가를 미워하는 감정이 있었다. 도바 상황은 형 다다미치가 요리나가에 대해 참으로 잘 파악하여 말을 했다고 생각했지만 그대로 시간이 흘렀다. 세간의 이야기에 따르자면 요리나가가 다카마쓰高松 중납언 사네히라의 가마를 부순 일에 대하여 부친 다다자네는 대노해서 말했다고 한다.

"어찌하여 이런 일을…! 제 아무리 요리나가의 성정이 못 되었어도 도바 상황 전하의 총신인 이에나리에게는 그렇게 못할 게다."

요리나가는 이를 전해 듣고 부모라 해도 자신을 그렇게 생각하는 것은 싫다며 둘도 없이 아끼는 경호원 기미하루公春와 함께 일을 도모하였다. 이에나리의 집 근처 골목에 하인을 잠복시키고 그 집 앞을 지나가다가 다카아시다高足駄[86]를 신은 이에나리의 하인을 무례하다는 이유로 잡아들인 것이다. 요리나가는 자신의 원칙을 관철한다고 하면서 이와 같이 자신을 해칠 만큼 악행을 저질렀다.

그러던 차에 고노에 천황이 향년 열일곱 살로 규쥬久壽 2년

사이에 반발을 불러일으켰고, 도바 상황조차 요리나가에게서 멀어지게 되었다.

84_ 후지와라노 사네히라(藤原實衡, 1100-1142). 후지와라노 나카자네藤原仲實의 아들로 어머니는 후지와라노 아키스에藤原顯季의 딸이다. 1135년 참의가 되었다.

85_ 후지와라노 이에나리(藤原家成, 1107-1154). 시라카와 상황의 측근으로 유명한 이에야스家保의 아들. 자신은 도바 천황의 측근이었다. 비후쿠몬인과 손을 잡고 정치를 좌지우지했다. 후지와라노 다카무네藤原隆宗의 딸이었던 어머니 후지와라노 에쓰시悅子가 도바 천황의 유모였으며 도바 천황의 황후 비후쿠몬인, 즉 도쿠시得子와 사촌지간이었기 때문에 도바 천황의 총애를 받았다. 천하의 일은 오로지 이에나리에게 귀착된다고 일컬어질 만큼 위세가 대단했으며 후지와라노 요리나가는 이에나리에 대하여 격심한 대항 의식을 가졌다고 한다.

86_ 굽이 높은 게타下駄를 말한다.

(1155) 7월에 붕어했다. 이는 오로지 요리나가의 저주에 의한 것이라고 사람들은 말했다. 도바 상황 또한 그렇게 생각했다. 증거도 있었던 것 같다. 고노에 천황이 붕어하자 요리나가는 드디어 자신이 관백에 오르고 내람의 명을 받을 것이라고 생각했던 것 같다. 그리하여 선례에 따라서 좌대신과 내람의 직에서 스스로 물러났으나 이후 복직되지 않고 이듬해 정월에 좌대신의 지위만 원래대로 복직되었다.

도바 상황은 고노에 천황의 뒤를 이어 누구를 즉위시킬 것인지 고민하고 있었다. 고시라카와 상황은 다이켄몬인이 낳은 넷째 황자로 스토쿠 상황과는 형제였다. 그러나 도바 상황은 소문이 자자할 정도로 예능에 몰두하는 고시라카와 상황에게는 왕위에 오를 만한 기량이 없다고 여겼다. 그래서 고노에 천황의 누나인 하치조인 히메미야八條院姬宮[87]를 즉위시켜 여제女帝로 할 것인지, 스토쿠 상황의 첫째 아들[88]을 즉위시킬 것인지, 고시라카와後白河 상황의 어린 아들 니조二條[89] 천황을 즉위하게 할 것인지 숙고했다. 당시 도바 상황은 보위 문제를 다다자네나 요리나가와는 의논하지 않고 오로지 다다미치와 논의했다. 다다미치는 이 문제에 대해서 몇 번이고

87_ 하치조인 히메미야(八條院姬宮, 1137-1211). 도바 천황의 딸. 어머니는 비후쿠몬인 도쿠시. 석가탄신일에 태어나 세간의 축복을 받았다. 니조 천황의 어머니에 준하는 형식으로 원호院號를 받았다. 천황의 부인이 아니면서 원호를 받은 최초의 인물이며 불심이 매우 깊었다고 한다.

88_ 시게히토 친왕(重仁親王, 1140-1162). 고노에 천황이 사망하자 아버지 스토쿠 상황은 그의 즉위를 원하였으나 고시라카와 천황이 즉위하면서 꿈이 좌절되었다. 호겐의 난 때 패배한 후 출가하여 닌나지仁和寺의 대승정大僧正 간교寬曉의 제자가 되었다. 법명은 구쇼空性.

89_ 니조 천황(二條天皇, 1143-1165). 고사라카와 상황의 첫째 아들. 생후 7일에 어머니를 여의고 비후쿠몬인에 의해 양육되었다. 닌나지에 들어가 출가할 예정이었으나, 고노에 천황이 사망하자 천황 후보자로 급부상하여 아버지의 뒤를 이어 호겐 3년(1158)에 즉위했다. 천황 친정親政을 놓고 부친과 갈등을 겪었다.

답했다.

“차기 천황을 결정하는 것은 절대로 신하의 생각에 의해서는 안 됩니다. 오로지 전하의 뜻에 의해 이루어져야 합니다.”

도바 상황은 네 번째 하문에서 강요하듯이 물었다.

“그저 그대의 생각을 말하라. 그대의 답을 이세 대신궁伊勢大神宮의 신탁으로 여기겠다.”

다다미치는 말했다.

“전하의 뜻이 그러하시다면 소신의 의견을 말씀 올리겠습니다. 친왕親王이신 넷째 황자가 스물아홉이십니다. 친왕 마마가 계시는 이상 우선 이 분을 즉위시킨 연후에 생각하시는 게 어떨지요?”

도바 상황은 명했다.

“더 생각할 것 없다. 그대로 준비하여라.”

도바 상황은 고노에 천황의 죽음을 슬퍼하면서도 선례에 따라 스토쿠 상황의 거처에 있던 마사히토雅仁 친왕을 맞아들였다. 히가시산조東三條 남쪽에 있는 다카마쓰高松 저택에서 경축하며 양위의 의식을 행했다.

이처럼 나라를 다스리는 태상太上 천황인 도바 상황과 신하의 아버지 격인 전前 관백 다다자네는 모두 형을 미워하고 그 동생을 편들어서 이다지도 중요한 일을 처리했던 것이다. 이것도 말세에 이렇게 될 도리가 정해져 있었기 때문이다. 도바 상황과 다다자네가 마음을 합하여 세상을 다스린 기간이 조금 있었으나 결국 이 호겐의 난이라는 거대한 폐악이 세상을 지금과 같이 만들어 버린 것이다. 그러나 도바 상황은 치세 중에는 친히 두 눈으로 내란이나 싸움을 목격하지 않았다.

4월 24일에 도바 상황은 규쥬久壽에서 호겐保元으로 연호를 바꾼 후 7월 2일에 붕어했다. 도바 상황이 위중하여 누워 있는 동안 나이와 신분을 불문하고 모든 이가 말했다.

"상황 전하가 안 계시면 무슨 일이 일어날 것인가?"

대납언 무네요시宗能[90]는 도바 상황의 측근이라고 할 정도의 인물은 아니었으나 끓어오르는 생각을 다음과 같이 글로 적어 올렸다.

"당신께서 눈을 감으신 후에 이 세상은 어떻게 되리라 생각하시는지요? 어지러워져서 당장이라도 멸망할 것입니다. 잘 숙고하셔서 미리 말씀해 두셔야 합니다."

무네요시의 말이 아니더라도 도바 상황은 자신이 죽은 후에 큰 일이 일어날지도 모른다고 짐작했을 것이다. 그리하여 북면北面의 무사 다메요시爲義와 기요모리清盛 등 십여 명에게 제문을 쓰게 한 후 비후쿠몬인[91]에게 전하게 했다. 고시라카와 상황의 치세 때 신제이信西라고 하는 뛰어난 학승이 있었다. 고시라카와 상황의 유모인 기노니이紀二位는 신제이의 처였다. 사람들은 신제이를 신뢰했다. 도바 상황은 비후쿠몬인을 어머니로 여기고 섭정 다다미치와 대신을 비롯한 모든 신하들이 한 마음이 되어야 한다고 유언했다. 7월 2일에 임종을 위해 마련한 도바인鳥羽院의 안락수원安樂壽院에서 도바 상황은 붕어했다.

한편 임종에 즈음하여 찾아왔지만 궐 안에 들여보내 주는 사람조차 없어서 대노한 스토쿠 상황은 도바 남전南殿의 인적이 끊긴 곳에 행차하여 수레를 풀고 있었다. 도바 상황이 바야흐로 임종하려는 순간이어서 마차가 빈번하게 왔다갔다 하던 때였다. 스토쿠 상황이 승광명원勝光明院 앞 근처에서 노리이에範家의 아들인 지카노리親範[92]와 마주쳐서 열일곱, 여덟 살 정도였던 가게유노스케勘解由次

90_ 후지와라노 무네요시(藤原宗能, 1084-1170). 무네타다宗忠의 아들. 사리가 분명했다고 한다. 호겐의 난 당시 73세로 나카노미카도中御門 내대신이라 불렸다.

91_ 후지와라노 도쿠시(藤原得子, 1117-1160)를 말한다.

92_ 다이라노 지카노리(平親範, 1147-1220). 노리이에範家의 아들. 대대로 일기에

官[93] 지카노리를 때려 눈을 못 쓰게 만들었다고 한 바탕 난리가 났다. 도바 상황은 거의 임종에 이른 순간 자신의 마지막 총희였던 미쓰야스光安의 딸 도사土佐라는 뇨보女房가 "스토쿠 상황 전하께서 노리치카를 때려 눈을 못 쓰게 만들었습니다"라고 말하는 것을 들었다. 바야흐로 최후의 순간이었기에 도바 천황이 눈을 번쩍 떴으나 그대로 숨을 거두었다고 사람들은 말했다. 그 후 지카노리는 민부쿄 뉴도民部卿入道로 불리며 80세까지 장수했다. 세간에서는 지카노리에게 물었다.

"사람들이 그렇게 말하는데 어찌 된 일인가?"

지카노리는 말했다.

"눈을 못 쓰게 되지는 않았습니다. 아시다시피 소신은 마침 그 자리에 있었습니다만 스토쿠 상황께서 행차하는 기색이 있었다면 설마 그곳에서 소신이 가마를 풀고 있었겠습니까? 하인 중 한 명이 돌팔매를 던져서 소신이 타고 있던 가마의 창에 맞아 탁하고 소리가 났습니다. 그 때 마침 "스토쿠 상황 전하의 행차다"하며 외치는 벽제소리가 들리기에 주저치 않고 큰 소리로 가마에서 내리라고 말하고 소신 또한 서둘러서 가마에서 내렸습니다. 그러던 차에 어찌 된 일인지 가마에 친 대나무 발이 망가져 있던 곳에 눈 밑의 얇은 피부가 걸려 찢겨져서 군데군데 피가 났습니다. 그 피가 옅은 물색 현문사顯文紗[94]로 만든 가리기누狩衣에 묻었는데 그것을 보고 하인들이 걱정을 한 것입니다. 그런 일이 없었더라면 더 얻어 맞았을지도

의한 기록을 남기는 가계로 직위는 참의, 좌중변을 거쳐 민부경 정삼위에 이르렀다. 38세에 출가하여 이즈모데라出雲寺를 재건했다. 『헤이케모노가타리』에서 세상을 등진 현인으로 거론된다.

93_ 가게유시勘解由使의 차관. 지방관이 교체될 때 후임자에 대한 인수인계 여부를 증명하는 증명서를 발급하는 사람을 게유解由라 하는데 이를 가게유시에서 조사한다.

94_ 무늬를 두드러지게 만들어 짠 얇고 성긴 견직물의 일종이다.

모릅니다. 그 피가 묻었던 것은 오히려 신께서 도와준 것이니 다행이라 여겨집니다."

한편 스토쿠 상황이 다나카전田中殿[95]에 기거할 때의 일이다. 요리나가와 이야기가 있었던 것인지 7월 9일에 상황이 갑작스럽게 도바鳥羽[96]를 떠나 시라카와白河[97] 나카미카도中御門 가와라河原에 있는 천체아미타당千體阿彌陀堂 사지키전棧敷殿에 나타났다는 것이다. 그곳은 스토쿠 상황의 거처가 아니었으니 억지로 문을 열어 기거한 것이었다. 궐에서는 이미 그럴 것이라는 예상을 하고 관백 후지와라노 다다미치藤原忠通, 도쿠다이지德大寺 좌부 후지와라노 사네요시藤原實能[98] 등이 빼곡히 모여들었으며 제문祭文을 써들고 찾아온 무사들도 가담하여 경비를 굳건히 하고 있었다. 요리나가는 아직 우지宇治에 있었다. 스토쿠 상황은 요리나가가 우지에서 찾아오지 않겠는가 싶어 노부카누라는 무사에게 말했다.

"히쓰가와[99] 근처에 가서 요리나가를 맞이하고 출격하거라."

그러나 너무도 갑작스러워 출격이 늦어지는 동안에 요리나가는 우지를 떠나 한밤중에 나카미카도에 도착했다. 미나모토노 다메요시源爲義와 후지와라노 노리나가藤原敎長[100]는 이전부터 스토쿠 상황의 측근으로 활약하던 자들로 자주 상황을 찾아가서 만나던 차였다.

95_ 도바인鳥羽院의 별궁에 있었다고 한다.

96_ 교토京都 남부 지역의 지명이다.

97_ 교토 동부 가모가와賀茂川 부근의 지명을 말한다.

98_ 후지와라노 사네요시(藤原實能, 1096-1157). 후지와라노 긴자네藤原公實의 아들. 섭관 가문의 후지와라노 요리나가藤原賴長를 사위로 삼아 내대신에 오르지만 호겐의 난 때 요리나가와 대립하여 고시라카와 천황 편에 가담했다. 호겐의 난 후에 좌대신에 오른다.

99_ 교토에 있는 현재의 야마시나 강山科川을 말한다.

100_ 후지와라노 노리나가(藤原敎長, 1109-1180). 후지와라노 다다노리藤原忠敎의 둘째 아들. 모친은 미나모토노 도시아키源俊明의 딸이다. 스토쿠 상황의 근신으로 호겐의 난 때 히타치로 유배된 후 고야산高野山으로 들어갔다.

다메요시는 즉각 스토쿠 상황을 만나겠다고 알린 후, 두 아들 미나모토노 요리카타源頼賢[101]와 다메토모爲朝[102]를 데리고 찾아왔다. 한편 다메요시의 적자인 요시토모義朝는 천황의 편에 가담했다. 그들 부자는 평상시에도 사이가 소원했다. 자세한 사정은 생략하기로 한다. 한편 11일에 서로 협의가 있었고 세상이 어찌 될지 한창 소란스러울 때 다메요시는 스토쿠 상황을 찾아가서 말했다.

"세력이 너무도 부족합니다. 가신들은 모두 요시토모 편에 서서 대궐에 집결했습니다. 우리는 불과 어린 사내 두 명뿐입니다. 무슨 일을 도모해야 하겠습니까? 이 곳 거처에서 군사를 마냥 주둔시키고 기다려서는 도저히 당해낼 수 없습니다. 서두르고 또 서둘러서 전하께서 우지로 납신 후 우지 교宇治橋[103]를 잘라내면 잠시라도 버틸 수 있을 것 같습니다. 그렇지 않고 오미近江 지방[104]으로 내려가시게 되면 고카 산甲賀山을 뒤로 하고 진을 치고 있으면 관동關東 무사들이 달려올 것입니다. 만약 달려오는 것이 늦어지게 되면 관동 지방으로 납시셔서 아시가라 산足柄山[105]을 차단하여 방어하신다면 도읍지에서는 점차 지탱하기가 힘들 것이라 사료됩니다. 동국東國은 요리요시賴能, 요시이에義家 때부터 소신 다메요시를 거역하는 바가 없습니다. 도읍지에서는 모두 사태를 관망하고 있을 것입니다. 가능하다면 궐로 쳐들어가서 대결을 한다면 어떻게든 되지 않

101_ 미나모토노 요리카타(源頼賢, ?-1156). 미나모토노 다메요시源爲義의 넷째아들. 호겐의 난에 아버지와 함께 스토쿠인 쪽에 가담하여 활약했으나 패배 후 형 요시토모義朝의 손에 참수되었다.

102_ 미나모토노 다메토모(源爲朝, 1139-1170). 미나모토노 다메요시源爲義의 여덟째 아들. 난폭한 성격 때문에 부친 다메요시에 의해 규슈로 추방당했다. 규슈에서 세력을 확장하여 호겐의 난 때 스토쿠 상황 편에 가담했다. 패하여 이즈로 유배되었으나 다시 공격당하자 자살했다.

103_ 우지산에 걸쳐 있는 다리로 야마토大和로 가는 길에 있다.

104_ 현재의 시가 현滋賀縣에 해당하는 곳이다.

105_ 가나가와 현神奈川縣 남서부에 있는 산을 말한다.

겠습니까?"

요리나가가 다메요시를 진정시키며 만류했다.

"너무 서두르지 마십시오. 금세 무슨 일이야 일어나겠습니까? 지금은 아군의 세력이 참으로 미진합니다. 야마토 지방 간자冠者 히가키라는 자가 있습니다. 그에게 "요시노吉野의 세력을 결집시켜 즉시 서둘러 오라"는 명령을 내리셨으니 이제 곧 올 것입니다. 잠시 기다리도록 하십시다."

다메요시는 뜰로 내려가며 중얼거렸다.

"의외의 사태로세."

다메요시 이외에 마사히로正弘, 이에히로家弘, 다다마사忠正, 요리노리賴憲 등이 함께 있었다. 그들 모두의 세력은 미약했다.

한편 궐에 있던 요시토모는 신경을 곤두세우며 천황에게 말했다.

"어찌하오리까? 이렇듯 언제까지라는 기약도 없이 계속 기다리기만 해서야 되겠습니까? 어떠한 전략이 있으시옵니까? 전술은 이러한 것이 아니라고 사료되옵니다. 우선 먼저 밀어닥쳐서 무찌른 연후라야 할 것이옵니다. 다메요시爲義는 요리카타賴賢와 다메토모爲朝를 데리고 벌써 스토쿠 상황에게 가 있다고 합니다. 다메요시가 소인의 아비라고는 하나 제가 이렇듯 전하를 모시고 있는 한 대항해서 싸운다면 그들도 물러서지 않을 것이므로 그저 밀어붙여야 하옵니다."

7월 10일, 종일토록 결론은 나지 않았다. 미치노리 법사는 뜰에 나가서 다다미치에게 재차 물었다.

"어찌 해야 합니까?"

그러나 다다미치는 천황을 만난 후에도 두 눈만 껌벅일 뿐 아무런 말도 못 하고 있었던 것이다. 사네요시實能, 기미요시公能 이하 모두 그저 곁에서 지켜선 채 바라만보고 있을 뿐이었다. 11일 새벽녘, 다다미치가 명했다.

"그렇다면 서둘러 무찌르도록 하라."

다다미치의 말에 시모쓰케下野의 수령 요시토모는 해 그림이 그려진 선홍색 부채를 펄럭펄럭 부치며 기쁨에 차서 말했다.

"소신은 몇 번이나 전쟁을 치렀습니다. 종묘사직이 두려워서 어떤 부상을 입을지 가슴이 먹먹한 채로 번번이 나섰습니다. 오늘 적을 물리치라는 어명을 받드니 당장이라도 적을 맞을 결연한 마음뿐이옵니다."

요시토모는 아키安藝의 수령 기요모리清盛와 손을 잡고 산조三條궐을 떠나 나카미카도로 향했다. 그 밖에 미나모토노 요리마사源賴政,[106] 시게나리重成,[107] 미쓰야스光安 등이 함께 했다. 일각도 지체할 수 없었으므로 어스름한 새벽에 밀어닥쳤다. 요리카타賴賢, 다메토모가 적은 세력으로 버티고 있는 사이, 요시토모의 제일 부하 가마타鎌田의 마사키요正清[108]가 말을 달려서 공격했다. 상대의 세력을 가늠하기 힘들 정도였기에 빙 둘러서 불을 놓아버렸다.

106_ 미나모토노 요리마사(源賴政, 1104-1180). 미나모토노 나카마사源仲政의 장남으로 호겐의 난과 헤이지의 난을 거쳐 승자의 편에 속해 지위를 유지했다. 특히 다이라노 기요모리의 신뢰를 받아 미나모토 가문 출신으로는 유일하게 다이라 정권하에서 살아 남았다. 만년에는 무사로서는 파격적인 지위인 종삼위에 오르게 되고 그로 인해 겐잔미源三位라는 별칭을 얻게 된다. 다이라 가문의 전횡에 불만을 품고 모치히토오以仁王와 결탁하여 거병을 계획했으나 발각되어 전투에 패한 후 자결했다.

107_ 미나모토노 시게나리(源重成, ?-1159). 미나모토노 시게자네源重實의 장남으로서 관위는 종오위하, 고노에近江 지방의 수령을 역임하였다. 호겐의 난 당시 미나모토노 요시토모와 뜻을 같이하였으며 스토쿠 상황을 호송하였고, 헤이지의 난 때에는 고시라카와 상황을 호송함으로써 두 대에 걸쳐 상황을 호송했다는 사실로 여러 사람의 입에 오르내렸다.

108_ 가마타 마사키요(鎌田正清, 1123-1160). 미나모토노 요시토모의 측근으로 유모의 아들이었다. 호겐의 난 당시 큰 활약을 하였으며 이후 다이라노 기요모리에게 패한 요시토모를 따라 동국으로 낙향하였다. 오와리尾張 지방에서 장인 오사다 다다무네長田忠致에게 배반당하여 요시토모와 함께 살해당한다.

스토쿠 상황은 평상복 차림으로 말에 올라탔고 그 후위를 노부자네信實가 호위하며 거처를 닌나지仁和寺로 옮겼다.

요리나가는 갑옷 복대 같은 것을 입은 모습으로 누가 쏜 화살인지 화살이 얼굴에 명중하여 뺨 깊숙이 관통한 채로 말에서 떨어졌다. 어쩔 수 없이 민가에 숨어들었다.

드디어 이 날 후지와라 가문의 장자는 예전과 같이 처리하라는 천황의 칙명이 있었으니 다다미치는 복권되었다. 천황의 칙명으로 이런 일이 일어난 것은 처음이었다.

지쿠고筑後의 무사 미나모토노 시게사다源重定[109]는 도사土佐의 미나모토노 시게자네源重實의 아들이었다. 불문에 귀의한 후 여든이 되어 천황을 찾아가서 말했다.

"소인이 쏜 화살이 그대로 요리나가의 얼굴에 명중한 것입니다."

시게사다는 소매를 걷어 올려서 팔을 보이며 말을 이었다.

"소인에게는 이처럼 북두칠성 모양의 점이 있어서 그 가호로 활과 화살이 한 번도 어긋난 적이 없습니다."

한편 요리나가는 쓰네노리經憲 일행의 보호를 받으며 가쓰라桂川강 우메쓰梅津라는 곳에서 작은 배를 탄 후 우지로 가서 다다자네를 만나려고 했으나 다다자네 쪽에서는 한 번 만나자는 말조차 없었다. 결국 야마토의 한냐미치般若道 방면으로 내려가서 다음 날로 숨을 거두었다.

나카유키仲行의 아들에게 물어 정황을 자세히 들은바 다음과 같

109_ 미나모토노 시게사다(源重定, ?-1180). 헤이안 후기의 무사. 세이와淸和 겐지源氏 미쓰마사滿政의 자손으로 시게자네重實의 셋째 아들이다. 부친 시게자네는 도바 상황의 측근으로 도바 상황의 사천왕四天王 중 한 명으로 불렸다. 1156년 8월의 호겐의 난 때 패하여 오미近江 지방에 은신하고 있던 미나모토노 다메토모源爲朝를 잡아내어 그 공로로 승진하였다. 1180년, 미나모토노 요리마사源賴政의 거병을 따라 반反 다이라 씨 군세에 가담했으나 패하여 사망했다.

았다.

"요리나가 님은 전장戰場에 있던 오이미카도大炊御門 저택 한 채에 계셨던 것 같습니다. 말에 타지 않고 덧문 근처에 서서 일을 처리하고 계실 때 화살이 날아들어 귀 바로 아래에 명중하였습니다. 문 근처에 있던 구로도藏人 쓰네노리經憲라는 자가 모시고 가쓰라 강으로 이동하여 우부네鵜舟[110]를 타고 고쓰木津 강으로 내려갔습니다. 요리나가 님은 다다자네 님이 남도南都에 내려와 계시니 만나 뵙겠다고 말씀하셨습니다. 그러나 다다자네 님은 이미 알고 있는 일이라며 만날 필요가 없다고 하셨고 요리나가 님은 답을 들으신 후에 배 안에서 숨을 거두셨습니다. 쓰네요리, 도서윤圖書允 도시나리利成, 감물監物 노부요리信賴 등 두세 명이 한냐지般若寺 대로 쪽에서 얼마 떨어진 곳으로 올라가서 화장했다고 합니다."

이와 같은 일은 사람들이 말하는 것과 올바로 진상을 찾아 듣는 것과는 다른 경우가 많다. 이것저것 맞추어 보고 물어보면 웬만한 일은 대체로 어느 정도 알려지는 법이다.

한편 다메요시는 요시토모에게로 도망쳐서 왔는데 조정에 사정 이야기를 했으나 하루 빨리 참수해야 한다고 명이 떨어졌다. 요시토모는 다메요시를 수레에 태워 요쓰즈카四塚에 보내서 그대로 참수했다. 세간은 다시 한 번 떠들썩해졌다.

"요시토모가 부모의 목을 벴다!"

스토쿠 상황은 사누키로 귀양을 떠났으며 다다자네는 다다미치의 조치로 지소쿠인知足院에 유폐되었다.

이 7월 11일의 전투에 관한 내용은 중납언 미나모토노 마사요리源雅賴[111]가 당시 구로도 지부 다이후治部大輔를 역임하고 있었는데

110_ 가마우지를 이용하여 물고기를 잡는 배. 가쓰라 강의 명물이다.

111_ 미나모토노 마사요리(源雅賴, 1127-1190). 고시라카와 천황의 구로도藏人이자 벤칸辨官. 후지와라노 다다미치와 친교가 깊었으며 그 아들 가네자네兼實와도

그때 썼던 일기를 우연히 보고 이렇게 적는 것이다. "새벽에 쳐들어가서 무찌르고 돌아가기까지 시시각각 작금의 상황이 이러저러함을 요시토모의 사자使者가 달려오며 전해주니 기록을 하는 나는 한 치의 의혹도 없이 눈에 보는 듯했다. 요시토모는 참으로 대단한 인물이었다"고 마사요리는 전한다. 그 후 노리나가가 잡혀 들어왔고 이윽고 심문이 있었다. 관청에서 장자長者,[112] 대부사大夫史,[113] 대외기大外記[114] 등이 착석하였고 벤칸辨官[115]이 업무를 맡은 사무관으로서 심문을 하였다. 그 모습은 옛날 태정관에서 정치를 행하던 때를 능가하는 모습으로 상당히 훌륭했다. 요즘은 이처럼 될 수 없을 것이다.

밀접한 관계가 있었다. 1180년에 미나모토노 요리토모가 봉기하자 요리토모의 의향 전달자로서 교토와 가마쿠라를 왕래했다. 특히 가네자네와 요리토모의 중개자 역할을 했다.

112_ 태정관太政官의 사무장.

113_ 태정관의 관인으로 집필 역할을 했다. 좌우에 8명이 있어서 팔사八史라고도 한다.

114_ 태정관의 서기書記 담당.

115_ 태정관의 판관 역할을 했다.

구칸쇼 | 제5권

호겐의 난은 순식간에 일어났으나 별 탈 없이 관군이 승리하였고 죄과를 물어야할 자들은 모두 그에 상응하는 처벌을 받았다. 사형은 오랫동안 집행되지 않았으나 사건이 사건인지라 다시 시행되었고 이를 탐탁지 않게 여겼던 사람도 있었던 것 같다. 한편 고시라카와 천황은 불법 수행에 마음을 두었기에 재위시에도 내전에 있는 인수전仁壽殿에서 참회 법회를 열었다. 당시 권력은 오로지 신제이信西에게 치우쳐 있었는데, 그는 평소에 깊이 생각한 바가 있었는지 시라카와 천황과 도바 천황, 두 대에 걸쳐 복원되지 않았던 내전을 조영토록 한 것이다.

"조정의 정무는 내전에서 이루어지는 것이 기본인 것을…. 두 분 천황의 치세 때는 내전을 버려둔 채 분부조차 없구나."

조정의 의례에 정통한 사람들은 이처럼 내전이 없음을 한탄했던 것이다.

도바 천황 재위시에는 관백 후지와라노 다다미치藤原忠通에게 세간의 모든 일을 맡아 처리하도록 명했다. 천황은 관백이 첫 정무로 내전 조영을 우선적으로 계획한다는 소식을 들었다.

"말세에는 이루기 힘든 일이거늘. 그 사람은 어찌 그리 낡은 생각을 지녔더냐?"

도바 천황이 흡족해하지 않자 다다미치는 물러났다. 그러나 이토록 힘든 일을 신제이는 수월하게 기회를 잡아 훌륭하게 일을 도모하여 온 나라에 아무런 부담도 주지 않고 말끔하게 단 2년 만에 내전을 조영해냈다. 그 기간 동안 신제이는 밤새 손에서 주판을 내려놓지 않았다. 밤중부터 새벽까지 주판소리가 울렸고 셈을 하는 그 목소리가 맑고 고결했다고 사람들은 전했다. 이렇듯 꼼꼼히 공정을 헤아리고 각 지방의 부담은 최소화되도록 하였으니 내전이 실로 훌륭하게 조영되었다. 그 후 내전에서는 명령에 의해 나이엔內宴[1]을 행하고 기녀妓女[2]가 춤을 추었으니 사람들이 의아하게 여길 정도였다. 또한 내전은 천황이 평소에 거처하는 곳이기에 참회법회를 여는 것이 좋을 거라는 판단에 법회를 열었다. 그 즈음인 호겐保元 3년(1158) 8월 11일, 고시라카와 천황은 자리에서 물러났다. 보위는 동궁 니조二條 천황에게 양위하였고 자신은 시라카와, 도바 천황의 예처럼 태상천황으로서 세상을 다스렸다. 당시 후지와라노 다다타카藤原忠隆의 아들로 노부요리信頼[3]라는 당상관이 있었는데 고시라카와 상황으로부터 놀라울 만큼 총애를 받았다.

이와 같은 때에 다이라노 노부나리平信成와 노부타다信忠, 다메유키爲行와 다메야스爲康 같은 두 형제도 북면北面무사로서 출사했고, 노부요리는 중납언 우위문독中納言右衛門督까지 승진했다. 신제이의 아들 역시 도시노리俊憲[4]가 대변재상大辯宰相, 사다노리貞憲가 우중변右中辯, 나리노리成憲가 근위사近衛司로 있었다. 도시노리를 비롯한 신제이의 아들들은 다른 이보다 문재文才가 뛰어나 엔큐延久 연간의 선례에 따라 기록소를 재건하는 등 범상치 않았다. 대체로 신제이의 아들 중에는 법사가 된 이도 헤아릴 수 없을 만큼 많았고 각자 상당한 지위에 올라 있었기에 노부요리는 신제이를 질시하기 시작했다.

1_ 정월 20일이나 이후 정월 자일子日에 천황 입석하에 인수전에서 행하는 연회를 말한다.

2_ 궁중의 내교방內教坊에 소속되어 기가쿠伎樂를 연행한 무희를 지칭한다.

3_ 후지와라노 노부요리(藤原信頼, 1133-1159). 후지와라노 다다타카藤原忠隆의 넷째 아들로 호겐保元의 난 이후 고시라카와 천황의 신임을 얻어 갑자기 대두한 인물. 이후 고노에近衛 대장으로 임관하기를 희망했으나 신제이에 의해 저지를 받았다는 설(『헤이지모노가타리平治物語』)이 있다. 이후 후지와라노 요시토모源義朝와 결탁하여 헤이지平治의 난을 일으켰으나 패배하였고 이윽고 처형당한다.

4_ 후지와라노 도시노리(藤原俊憲, 1122-1167). 후지와라노 미치노리(신제이)의 아들로서 처음에는 문장박사의 양자로 들어가 유학의 길에 정진하였고, 고시라카와 천황의 즉위에 따라 동궁의 스승이 되었다. 호겐의 난 이후에는 부친 신제이의 정책 추진을 도왔다. 헤이지의 난 이후 직위에서 물러나 유배되자 출가하였다. 문장이 뛰어난 것으로 유명하며 『신임변관초新任辨官抄』, 『관수비초貫首秘抄』 등의 저작을 남겼다.

미나모토노 요시토모源義朝와 다이라노 기요모리平清盛는 미나모토源 가문과 다이라平 가문의 중심인물로 각자 호겐保元의 난 이후에 패권을 쥐고자 했다. 요시토모는 노부요리와 합심하여 갑자기 모반을 일으켰는데 그 또한 신제이에게 원한을 품었기 때문이었다. 당시에는 신제이를 상대할 자가 없었지만, 요시토모와 기요모리는 그에 필적할 만했다. 신제이의 아들 중에 고레노리是憲[5]라는 이가 있었는데 시나노뉴도信乃入道라고도 불렀다. 그는 니시야마西山 요시미네吉峰의 왕생원往生院에서 십념성취十念成就[6]하여 틀림없이 왕생했다고 일컬어지는 큰 스님이었다. 당시는 출가하기 전으로 장성한 청년이었는데 요시토모가 그를 칭찬하며 사위로 삼겠다고 했다.

"우리 아이는 학문의 길을 연마하고 있소. 당신의 사위로는 어울리지 않소."

신제이는 무례한 답장으로 청을 들어주지 않았으나 얼마 안 있어 기노니이紀二位 부인이 낳은 다른 아들 시게노리成憲[7]를 기요모리의 사위로 주었던 것이다. 어찌 원한이 쌓이지 않을 리 있겠는가? 이렇게 철저한 사람도 부주의한 일을 저지르는 법이다. 이는 도저히 사람의 힘이 미치지 못하는 일이다. 대저 만사 도리의 경중

5_ 후지와라노 고레노리(藤原是憲, ?-?). 후지와라노 미치노리(신제이)의 아들로서 미나모토노 요시토모는 고레노리를 사위로 삼기를 바랐으나 신제이가 거절하였다. 이것이 헤이지의 난이 일어나게 된 한 원인이라고도 한다. 출가하여 시나노뉴도信乃入道라 불렸으며 요시미네지善峰寺 왕생원에서 극락왕생했다고 한다.

6_ 죽음 직전에 아미타여래의 이름을 열 번 외침으로써 왕생하는 행위를 말한다.

7_ 후지와라노 시게노리(藤原成範, 1135-1187). 후지와라노 미치노리(신제이)의 아들로서 정이위 중납언의 지위에 올랐다. 호겐의 난으로 부친 신제이가 권세를 쥐면서 승진하였고 다이라노 기요모리의 딸과 혼약함으로서 앞길이 유망해 보였으나, 헤이지의 난으로 신제이가 살해되자 상황은 반전되었다. 그 후 유배를 당하였고 사면된 이후에는 중납언으로 승진하였으나 정치적인 면모보다는 와카 등의 문학에 심취하는 경향을 보여주었다.

을 잘 파악하여 그릇된 행동을 하지 않으려 노력하지 않는다면 어떠한 일도 이루기 어렵다. 특히 한번쯤은 잠시 사람들의 뜻대로 스쳐지나갈 수 있다. 그러나 두세 번 나쁜 일이 연속해서 일어난다면 결국 좋은 일이든 나쁜 일이든 그때 운명이 결정되는 것이다. 신제이의 행동, 아들의 승진, 천하집권, 이 충만한 모습에 요시토모쯤 되는 무사가 어찌 원한을 품었겠는가? 다만 운이 다한 것이며 멸망할 때가 도래한 것일 뿐이다. 또한 신제이는 음흉했던 것이 제일 큰 단점이었으니 그 신세를 멸하게 된 것이다. 정녕 음흉했다.

이럴 즈음인 헤이지平治 원년(1159) 12월 9일 밤에 미나모토노 요시토모 등이 산조三條 가라스마烏丸 궁궐을 포위하고 불을 질렀다. 그곳은 고시라카와 상황의 거처로서 신제이의 아들들이 항상 보위하던 곳이었는데, 이들 모두를 죽이겠다고 모의한 것이다. 노부요리와 뜻을 같이 한 중납언 미나모토노 모로나카源師仲[8]는 가마를 중문中門에 대어 놓고 고시라카와 상황과 조사이몬인上西門院[9] 두 사람을 태웠다. 가마 안에는 신제이의 부인이며 시게노리成範의 어머니인 기노니이가 조사이몬인의 옷자락 속에 숨어 있었다. 그녀는 키가 몹시 작아서 아무도 눈치채는 사람이 없었다. 다이켄몬인待賢門院의 소생인 조사이몬인은 고시라카와 상황과 친모가 같다. 이후 조

8_ 미나모토노 모로나카(源師仲, 1116-1172). 미나모토노 모로토키源師時의 아들로서 권중납언의 지위에 올랐다. 고시라카와 상황의 원정에 참여하였으나 신제이와 대립하면서 후지와라노 노부요리에게 접근하였다. 신제이 타도를 위해 많은 노력을 쏟았다. 헤이지의 난 당시에는 상황을 유폐시킬 호송용 가마를 준비하는 임무를 완수하였다. 그 이후에는 유배되었고 당시 유배지에서 읊은 와카가 『센자이와카슈千載和歌集』에 수록되어 있다.

9_ 조사이몬인(上西門院, 1126-1189). 도바 천황의 둘째 황녀로서 모친은 다이켄몬인待賢門院. 다이지大治 1년(1126)에 친왕의 선지를 받았으며 이듬해에는 준삼후准三后가 되었다. 불과 2세의 나이에 가모사이인賀茂齋院이 되었으나 병으로 인해 퇴위하였다. 같은 모친에게서 태어난 고시라카와 천황이 즉위하자 호겐 3년(1158)에 모친에 준하는 직위로 황후가 되었으며, 그 이듬해에 조사이몬인이라는 원호를 하사받았다. 에이랴쿠 1년(1160)에 출가하였다.

사이몬인은 다이켄몬인의 모후 자격을 물려받아 그에 힘입어 황후가 되었다고 한다.[10] 모든 면에서 서로 아끼는 마음이 깊어 두 사람은 늘 같은 처소에 있었다고 한다. 그들을 태운 가마는 미나모토노 시게나리源重成, 미나모토노 미쓰모토源光基,[11] 미나모토노 스에자네源季實[12] 등이 동행하여 내전 서책실[13]로 향했다. 이들 중 시게나리는 후에 스스로의 죽음을 사람들에게 은폐한 일[14]로 칭송받았다. 도시노리俊憲, 사다노리貞憲도 고시라카와 상황과 함께 있었으나 모두 도망쳤다. 도시노리는 이대로 있다가는 타죽을 것이라는 생각에 북쪽 방 툇마루 밑에 들어가 주위를 둘러보았다. 도망칠 수 있을 것 같아 보이자 불길이 마구 치솟아 오르는 사이로 뛰어나가 도망쳤다. 신제이는 이런 상황을 알아차리고 좌위문위左衛門尉 모로미쓰師

10_ 준모准母는 천황의 생모가 아닌 여성이 천황의 어머니의 역할을 하는 것을 의미하며 천황의 즉위시 어머니가 없는 경우, 어머니의 신분이 낮은 경우 등 필요에 의해 황녀 중에서 선정되었다. 나중에는 황녀를 예우하는 의식으로 바뀌어 천황과 혼인 관계가 없음에도 불구하고 황후로서 임명되기도 했다.

11_ 미나모토노 미쓰모토(源光基, ?-?). 관위는 종오위하로서 검비위사, 좌위문위, 이즈伊豆 지방의 수령을 거쳤다. 헤이지의 난 당시에는 고시라카와 상황을 호위하였다.

12_ 미나모토노 스에자네(源季實, ?-1160). 헤이안 시대 말기의 무인으로서 그 직위는 종오위하에 이르렀다. 도바 상황의 북면무사였던 미나모토노 스에노리源季範의 차남. 스에자네는 호겐의 난 당시 고시라카와 천황의 휘하에서 경호를 담당하였고, 여러 방면에서 활약하였다. 그러나 이후에 신제이信西의 덴노지 참배에 동행하지 않은 이유로 관위를 박탈당한 채 칩거했다. 스에자네는 결국 헤이지의 난을 통해 신제이를 제거하고 일시적으로 종오위하의 직위에 오르지만, 다이라노 기요모리의 반격으로 도망치다 붙잡혀서 참수당하였다.

13_ 잇폰고쇼도코로一本御書所. 세상에 유포되는 책을 각각 한 권씩 필사하여 궁궐 내에 보관하던 곳.

14_ 시게나리는 헤이지의 난 당시 요시토모 쪽에 가담하였다. 전세가 불리해지자 요시토모와 함께 동국지방으로 후퇴하였는데 도중에 미노美濃에서 대군의 적군을 만나게 되었다. 이때 요시토모를 살리기 위해 자신이 요시토모라고 밝히고 또한 신분이 밝혀지지 않도록 얼굴에 심하게 상처를 낸 후 자결하였다고 한다. 이 일을 지칭하는 표현으로 보인다.

光, 우위문위右衛門尉 나리카게成景, 다구치田口 가문의 넷째 아들 가네미쓰兼光, 우마윤右馬允 사이토 기요자네齋藤淸實를 데리고 야마토 지방 다하라田原로 갔다. 사람들이 눈치 채지 못하도록 면식이 없는 인부에게 가마를 들게 했다. 이윽고 다하라에 도착하여 구덩이를 판 후 자신을 묻게 했다. 부하 네 명이 모두 상투를 자른 후 불도에 입문하겠으니 법명을 지어달라고 하자, 신제이는 사이코西光, 사이케이西景, 사이지쓰西實, 사이인西印이라 이름을 붙여주었다. 훗날 사이코, 사이케이는 고시라카와 상황을 보필하였다.

"그냥 당나라로 건너가시지요. 제가 모시고 가겠습니다."

사이코의 말에 신제이가 답했다.

"도망쳐 나올 때 별자리를 보니 본성명위本星命位[15]였다. 아무리 해도 피할 수 없을 것이다."

한편 노부요리는 일을 이렇게 저질러 놓고 궁궐로 가서 니조 천황을 붙잡아두고 정권을 휘둘렀다. 고시라카와 상황마저 내전 서책실에 데려다 놓고 인사 이동을 감행하였다. 요시토모는 사위四位로 하리마播磨 군수가 되었고 그 아들인 요리토모賴朝는 열세 살의 나이에 우병위좌右兵衛佐에 임명되었다.

모두들 신제이는 용케도 잘 숨어 있다고 생각하던 참에 미나모토노 미쓰야스源光保[16]가 당시 신제이의 가마를 멨던 인부가 하는 말을 듣게 되었다. 미쓰야스는 자신이 신제이를 찾아내어 요시토모에게 잡아 바치겠다는 생각에 다하라로 갔다.

한편 다하라에서는 모로미쓰가 커다란 나무 위에 올라가 밤을

15_ 그 뜻이 분명치 않으며 본명성위本命星位의 잘못된 표기일 수도 있다. 본명성本命星이란 음양도陰陽道에서 자신이 태어난 해에 해당하는 별을 말한다.

16_ 미나모토노 미쓰야스(源光保, ?-1160). 좌위문위, 검비위사, 이즈모出雲 지방의 수령을 역임하였다. 헤이지의 난 당시 신제이를 잡는 공을 세웠다. 그 후 고시라카와 상황에 대한 모반 혐의로 유배를 당하였고 도중에 살해되었다.

지새우며 망을 보고 있었다. 구덩이 안에서는 아미타불을 소리 높여 외는 신제이의 목소리가 아스라이 들려왔다. 그 때 멀리서 수많은 횃불이 보이자 이를 수상히 여긴 모로미쓰는 나무에서 내려와 신제이에게 달려갔다.

"수상쩍은 불빛이 보입니다! 마음의 준비를 하십시오."

모로미쓰는 구덩이 속에 있는 신제이에게 큰소리로 외친 후 다시 나무 위로 올라갔다. 이윽고 무사들이 우르르 몰려와 여기저기를 살폈다. 교묘히 위장해 놓았지만 무사들은 나무판자로 덮힌 구덩이 입구를 찾아내어 파헤쳤다. 신제이는 자신의 단도短刀를 가슴에 깊이 박은 채 죽어 있었다. 무사들은 시체를 끄집어내어 목을 자르고 득의양양해 하며 가지고 가서 윗전에 바쳤다.

난이 일어나는 사이에 기요모리는 구마노熊野 참배차 행차 중이었다. 당시 기요모리는 다자이太宰 지방의 다이니大貳[17]였다. 일이 이렇게 벌어지고 있었지만 기요모리는 아직도 입궐하지 못한 채 다노베田邊에 있는 후타가와二川 역참에 있었다. 이때 파발마가 달려와 고했다.

"궐에 이 같은 사태가 벌어졌습니다."

기요모리는 고민에 빠졌다.

"이 사태를 어찌 수습해야 할꼬?"

기요모리 곁에는 아들인 에치젠越前 수령 모토모리基盛,[18] 열세 살인 아와지淡路 수령 무네모리宗盛, 그리고 열다섯 명의 장수가 있었다. 그 길로 곧장 쓰쿠시筑紫 쪽으로 후퇴하여 세력을 모아야 한다는 의견도 나왔다. 당시 장수들 중에는 기이紀伊 지방의 무사로서

17_ 율령제에서 다자이 지방을 다스리는 차관급 관료를 말한다.

18_ 다이라노 모토모리(平基盛, 1139-1162). 다이라노 기요모리平清盛의 둘째 아들로서 호겐의 난 중 첫 싸움이라 할 수 있는 전투에서 야마토 지방의 유력자를 생포했다. 이후 여러 지방의 수령직을 역임했으나, 24세의 나이로 요절했다.

유아사湯淺 지방 곤노카미權守 무네시게宗重[19]가 있었다. 그는 서른일곱 명의 기병을 거느리고 있었으며 당시 뛰어난 군세軍勢를 자랑했다. 그가 기요모리에게 권하였다.

"무조건 궐로 올라가십시오. 제가 모시고 들어가겠습니다."

무네시게의 말에 구마노 지방의 무사 단카이湛快는 당시에 비록 장수가 아니었음에도 믿음직하게 갑옷 일곱 벌과 활과 화살 등속을 선뜻 꺼내어 내주었다. 또한 무네시게의 자식 중 열세 살 된 아들이 자신이 지니고 있던 자색 가죽의 간이 갑옷을 무네모리에게 입혔다. 그는 몬가쿠文覺[20]가 데리고 있었던 조가쿠上覺[21]라는 스님이었다고 한다.

기요모리는 대신 참배할 사람을 구마노에 보내고 자신은 마침내 12월 17일에 교토로 들어갔다. 응당 요시토모를 처단해야 했지만 동국지방 군사들이 아직 올라오지 않아서였을까? 반대쪽에서도 기요모리의 귀경에 대해 아무런 조치가 취해지지 않았다. 조정에서는 산조三條 내대신 후지와라노 긴노리藤原公教,[22] 훗날 하치조八條 태

19_ 유아사 무네시게(湯淺宗重, ?-?). 무사로서 헤이지의 난 당시 다이라노 기요모리의 로쿠하라 입성을 도운 것으로 유명하다. 그 후에는 몬카쿠와 친분을 쌓아 중립적인 입장을 취했으며, 미나모토노 요리토모에게 충성을 다한 점이 높이 평가되어 기이紀伊 지방 유아사토湯淺黨 발전의 기초를 다졌다.

20_ 몬가쿠(文覺, 1139-1203). 진언종 승려로서 많은 전설이 남아 있는 인물이다. 고시라카와 상황에게 기진寄進을 강요한 이유로 이즈伊豆 지방에 유배되었다. 그 후 미나모토노 요리토모와 친분을 쌓았고 막부의 원조로 구카이空海와 연관이 있는 여러 절을 부흥시켰다.

21_ 조가쿠(上覺, 1147-1226). 승려이자 가인으로서 교지行慈라고도 한다. 몬가쿠의 제자로서 묘에明惠의 스승이기도 하다. 가학에 능통했으며 와카에 대한 글을 써서 고토바 상황에게 헌상하기도 했다.

22_ 후지와라노 긴노리(藤原公教, 1103-1160). 후지와라노 사네유키의 아들로서 도바 상황 원정의 집사로 활약하였다. 청빈하고 근면한 태도로 높은 칭송을 받았으며 원정의 재판제도를 정비하였다. 특히 도바 천황 사후에는 기록소를 운영하며 신제이의 정책을 후원하였고 내대신으로 승진하여 산조 내부三條內府로 불렸으나 부친에 앞서 사망하였다.

정대신이 된 후지와라노 사네유키藤原實行를 비롯하여 내로라하는 사람들은 모두 이 상황에서 국정을 어떻게 해야 할지, 노부요리와 요시토모, 모로나카 중에는 세상을 참되게 다스릴 만한 자가 없다며 우려했다. 니조 천황의 외숙인 대납언 후지와라노 쓰네무네藤原經宗와 도바 상황이 특별히 총애한 검비위사 벳토別當 고레카타惟方,[23] 두 사람은 주군의 곁을 지키고 있었다. 이들은 노부요리 쪽 사람이었는데도 은밀히 속닥속닥 수군거렸다.

"기요모리님은 무사히 교토에 들어와서 로쿠하라六波羅 저택에 계시다네."

결국 이런저런 논의 끝에 천황의 로쿠하라 행차를 결정하였다. 연락은 육위 다다아키尹明[24]에게 맡겼다. 그는 고노에近衛 천황이 동궁이었을 때 교육을 담당하던 후지와라노 도모미치藤原知通 박사의 아들이었다. 도모미치는 고레카타의 장인이었으니 고레카타와 다다아키는 뜻을 같이했다. 현명한 다다아키는 중간에서 그 역할을 잘 수행하였으며 때마침 천황의 문책을 받아 내전에 출사할 수 없었기에 오히려 사람들에게도 노출되지 않아 다행이었다. 12월 25일 을해乙亥날 축시丑時에 천황은 로쿠하라로 행차하였다. 기요모리는 다다아키에게 소상히 방법을 알려주었다.

23_ 후지와라노 고레카타(藤原惟方, 1125-?). 니조 천황의 측근으로서 호겐의 난 이후 실권을 장악한 신제이 밑에서 기록소 운영과 대궐 조영 등에 협력하였다. 니조 천황이 즉위하면서 참위에 올랐고 후지와라노 쓰네무네와 함께 니조 천황 친정파의 중심인물이 되어 신제이와 대립하였다. 헤이지의 난 이후에는 천황 친정을 위해 고시라카와 상황과 반목했으며 유배되어 출가하였다. 가인으로서도 알려져 있다.

24_ 후지와라노 다다아키(藤原尹明, ?-?). 후지와라노 도모미치藤原知通의 아들로 헤이지의 난 당시 니조 천황을 로쿠하라로 탈출시키는 역할을 맡았다. 그 공적으로 기요모리의 두터운 신뢰를 받았고 입신출세한다. 단노우라 전투에서는 포로가 되었고 이즈모 지방으로 유배 보내진다. 사면된 후 귀경하지만 그 후의 소식은 알려져 있지 않다.

"낮에는 뇨보가 외출하는 것처럼 보이도록 앞뒤로 휘장을 친 수레와 수레꾼 한 사람만 대기해두게. 그러다가 밤이 깊어졌을 때 니조二條 대궁大宮 주위에 불을 내면 무사들이 무슨 일인가 하여 그 곳으로 모두 모여들 것이네. 그 때 준비해 두었던 수레를 타고 행차하시면 될 것이네."

한편 이번 일에 관계된 사람들은 함께 모여 은밀히 논의하였다.

"기요모리가 구마노熊野에서 귀경했는데 아무런 움직임도 보이지 않으면 틀림없이 요시토모, 노부요리 모두 오늘이야말로 결전의 날이 될 것이라며 날마다 크게 불안해할 것 아니겠소. 워낙 촉각을 세우고 있으니 조그마한 소리가 나도 일을 그르치게 될 것인데, 마음을 풀어주는 게 좋겠소."

"기요모리가 복속하겠다는 징표[25]를 노부요리에게 보내야만 하오. 그 뜻을 상세히 전하시게."

기요모리에게 그 뜻을 전하자 답변이 왔다.

"지당하십니다. 이번 일은 여러분의 의견에 따르겠습니다."

내대신 긴노리가 그 징표를 그럴듯하게 작성하였다. 일등 가신 다이라노 이에사다平家定[26]는 노부요리에게 징표를 들고 가서 전했다. 행차 날 이른 아침의 일이었다.

"저의 이런 태도에 경계심을 품으셨을 지도 모릅니다. 징표를 바치지 않음은 소홀히 여겨서가 아닙니다. 무슨 일이 있어도 그 뜻

25_ '징표'로 번역한 '나즈키名簿'는 귀인에게 그 밑에 들어가 복속하겠다는 증거로 내놓는 명찰을 말한다.

26_ 다이라노 이에사다(平家貞, ?-?). 본문에는 家定으로 되어 있으나 家貞가 옳다. 다이라노 다다모리平忠盛의 일등가신으로 헤이케의 주요 거점인 이가伊賀 지방의 장원을 맡아 세력을 키웠다. 호겐, 헤이지의 난 때에 헤이케를 위해 분투하였으며 『헤이케모노가타리』에는 다다모리의 충성된 부하로서의 에피소드가 전해진다.

을 거스르는 일은 없을 것입니다. 그 증거로 감히 이 징표를 바치겠습니다."

"참으로 기쁜 마음으로 받겠습니다. 그대의 뜻을 알았으니 받아들이겠습니다. 참으로 마땅한 일입니다."

모두들 잘 됐다며 사전에 계획한 대로 일을 진행시켰다.

밤이 되자 고레카타는 고시라카와 상황이 있는 서책실로 가서 은밀히 아뢰었다. 자그마한 몸집에 평상복을 걸쳤고 바짓단은 걷어 올린 채였다. 수레는 고시라카와 상황을 위해서도 준비해 두었는데 상황에 대해서는 원래 참견하는 사람도 없었고 의심하는 이도 없었으니 안심이었다.

한편 니조 천황은 늘 곁에서 보필하던 다다아키가 모셨다. 그는 짚으로 만든 깔개 두 장을 준비하여 침소 복도에 깔고 천황이 밟고 지나가면 교대로 깔아가며 이동하도록 하였다. 나이시도코로內侍所[27]의 이요伊豫와 쇼스케少輔 두 사람은 계획을 알고 있었기에 우선 보옥이 든 상자와 보검을 수레에 실었다. 계획대로 불이 난 틈에 아무 일도 없다는 듯 궐을 빠져 나왔다. 불을 끈 후 노부요리는 구로도藏人[28]에게 명했다.

"화재는 별 탈 없이 진압되었다고 여쭙도록 해라."

구로도는 나이시 이요에게 전하였다.

"그렇게 여쭙겠습니다."

나이시 이요는 평상복에 머리는 양옆으로 갈라 묶고 퇴궐하였다. 다다아키는 조용히 긴 궤를 준비한 후 궐에 대대로 전해 내려

27_ 가시코도코로賢所라고도 하며 궐에 신경神鏡을 모셔둔 곳이다. 대대로 여관女官인 나이시內侍가 관리를 하므로 나이시도코로라고 불린 것이다. 헤이안 시대에는 양명전溫明殿에 설치되어 있었다.

28_ 구로도藏人는 궐의 곳간을 관리하는 관인을 말한다. 810년에 영하관令下官의 하나인 구로도노토藏人頭와 구로도가 설치되었으며 사가嵯峨 천황 때부터 기밀문서를 다루었다고 판단된다.

온 비파,[29] 육현금,[30] 피리 상자, 방울과 보검이 든 당궤,[31] 어전에 놓여 있던 대검, 천황의 의자[32] 등을 넣고 일행을 좇아 로쿠하라로 향했다. 로쿠하라에서는 무사들이 활과 긴 칼을 차고 삼엄하게 경비를 서다가 다다아키를 보고 제지하였다.

"누구시오!"

다다아키는 큰소리로 외쳤다.

"진사進士 구로도 다다아키가 보물을 갖고 왔다고 전하시게."

"빨리 들여보내거라."

날이 희미하게 밝아왔다. 이윽고 고시라카와 상황도 행차하였고 조사이몬인上西門院, 비후쿠몬인美福門院도 함께 왔다. 오도노大殿 후지와라노 다다미치藤原忠通는 관백 후지와라노 모토자네藤原基實와 동행하였다. 오도노는 홋쇼지도노法性寺殿를 말하는 것으로 관백 모토자네는 그의 아들이다. 모토자네는 호겐保元 3년(1158) 8월 11일 니조 천황 즉위 날에 열여섯의 나이로 관백과 후지와라 가문의 장자에 임명되었다.

참으로 젊기도 하다며 사람들은 모두 감탄하였다. 그는 나카도노中殿라 불렸다. 또한 로쿠조六條 섭정, 나카노인中院이라고도 했던 것 같다. 그가 노부요리 여동생과 혼인한 사이였기에 대신들은 그 부친인 다다미치를 다소 꺼리는 마음이 있었던 것 같다. 로쿠하라 저택에서는 신하들이 고시라카와 상황과 니조 천황을 알현하고 있었는데 긴노리가 기요모리 쪽을 보며 말하였다.

"관백이 왔다고 합니다. 어찌해야 합니까?"

29_ 닌묘 천황때 당나라에서 건너온 비파.

30_ 궁중에 대대로 전해 내려오는 일본 고유의 육현금.

31_ 칼과 물고기 모양을 한 방울. 모두 궁중에 전해 내려오는 보물이다.

32_ 청량전清涼殿에 놓여 있는 의자로 왕위를 상징하는 물건. 양위할 때 물려준다.

기요모리는 일말의 주저함도 없이 답하였다.

“관백에 관한 일은 의논할 필요도 없습니다. 오시지 않았다면 일부러 모셔야 했을지도 모르는데 이렇게 오셨으니 신묘한 일입니다.”

그 자리에 있던 사람들은 참으로 언변이 좋다며 감탄했다.

그날 밤 기요모리는 온 교토가 떠들썩하도록 “천황께서 로쿠하라로 행차하실 것이요, 천황께서 행차하실 것이요”라는 소문을 퍼뜨리게 했다.

도바 천황의 일곱 번째 황자인 홋쇼지法性寺의 좌주 법인法印은 히에이잔 쇼렌인青蓮院의 좌주 교겐行玄의 제자로서 수행 중에 법력을 얻었는지 불안佛眼[33] 수행의 명을 받았다. 그가 수행을 하던 어느 날 밤이었다. 기요모리의 심부름꾼이 수행 중인 시라카와보白川房로 찾아와 문을 두드리며 말했다.

“천황께서 로쿠하라로 납시었다고 합니다. 정성껏 기도를 잘 올려달라고 하셨습니다.”

한편 궐 남쪽 내전에서는 노부요리와 요시토모, 모로나카가 혼비백산하며 우왕좌왕하고 있었다. 나중에 중납언 모로나카가 전한 바로는 요시토모가 당시 이렇게 말했다고 한다.

“노부요리는 이 나라에서 제일가는 어리석은 자였구나. 그런 노부요리를 믿고 이런 일을 저지르다니!”

노부요리가 아무 말도 못하고 자진전紫宸殿 대청 위에 서서 갑옷을 꺼내어 입으며 보검이 든 당궤의 작은 쇳대를 호신용 칼에 걸려고 할 때였다. 모로나카가 나이시노도코로의 신경神鏡을 품에 넣으면서 말했다.

“이리 주시게나. 그 쇳대는 신경과 같이 내가 가지고 있겠네.

33_ 밀교의 수법으로서 불안존佛眼尊, 즉 지혜를 생성하는 무한한 공덕을 갖춘 불안佛眼의 모습을 인격화한 것을 본존으로 한다.

그 칼에 걸어보았자 소용없을 것이네."

"과연 그렇겠구려."

노부요리가 쇳대를 던져 주자 모로나카는 그것을 주워 들고 남색 상의를 걸치며 말했다.

"어느 하나도 이 모로나카의 몸에서 떨어뜨려서는 안 되지."

마침내 요시토모는 투구의 끈을 매고 출정했다. 모두 그가 탄 말 뒤를 따랐고 궐 밖의 좁은 길로 들어간 뒤에는 뿔뿔이 흩어졌다. "멋지게 한 판 승부를 벌여 기필코 로쿠하라에 뼈를 묻으리라!" 로쿠하라에서도 즉시 궐을 향해 출정했다. 다이라측에서는 기요모리의 아들인 좌위문좌左衛門佐 시게모리重盛와 기요모리의 동생 미카와三河 수령 요리모리賴盛[34]가 진정 대장군大將軍다운 모습으로 싸움에 임했다. 시게모리는 자신이 타고 있던 말이 적의 화살에 맞자 호리카와堀河 강 재목 위에서 활을 짚고 일어나 말을 바꾸어 탔으니 그 모습이 늠름했다. 수없이 많은 화살이 꽂힌 갑옷을 입은 채 각자 로쿠하라로 돌아왔다. 승리한 후인지라 마음이 놓여 그 모습조차 훌륭해 보였다.

요시토모가 다시 로쿠하라 담장까지 쳐들어와 공격하여 밖이 소란스러워졌을 때였다. 대장군 기요모리의 복장은 온통 검은색이었으니 짙은 쪽빛 관복 위에 검은 가죽으로 엮은 갑옷과 손잡이에 검은 옻칠을 한 활을 멘 채 검은 말을 타고 천황이 머무는 처소의

34_ 다이라노 요리모리(平賴盛, 1133-1181). 다이라노 다다모리의 다섯째 아들로 다이라노 기요모리와는 이복형제지간이 된다. 호겐의 난 이후 승진하여 아키安芸 지방의 수령이 되었다. 헤이지의 난에서는 큰 공적을 세우고 오와리尾張 지방의 수령이 되었다. 그 후 염원하던 참의 직책에 오르지만 한 달 만에 실각되었고 1년간 입궐할 수 없는 상태가 되었다. 이후 권중납언으로 승진하였고 모치히토오以仁王가 거병하자 수색 명령을 받고 그를 출가시킨다. 다이라 가문이 단노우라 전투에 패한 후 멸하자 출가하여 54세의 나이로 세상을 떠났다.

중문 복도로 다가왔다. 앞에 커다란 괭이 모양이 장식되어 있는 투구를 쓴 후 끈을 조여 매고 나서자 말 주변에 보병 이삼십 명이 달려와 뒤를 따랐다.

"소란스러우니 보고 오겠습니다."

어전에 고하고 성큼성큼 나가는 기요모리의 모습은 듬직하기 그지없었다.

요시토모측의 무사는 열 명이 채 안 되었으니 무엇을 할 수 있었겠는가? 그대로 동쪽 지방을 향하여 퇴각하면서 반드시 다시 한 번 설욕하리라 다짐하며 오하라大原의 천개의 고개를 넘어 오미近江 쪽으로 내려갔다. 마사키요正清도 그 곁을 떠나지 않고 요시토모를 따랐다. 당시 궐의 호지승護持僧[35]은 히에이잔의 승정僧正 주유重瑜였다. 그는 옅은 적황색 의복을 걸치고 로쿠하라로 찾아와서 히에이잔을 향해 "나무에이잔산보南無叡山三寶"를 외며 법식대로 이마를 바닥에 대고 기도를 올렸다. 그 모습이 더할 나위 없이 믿음직스러웠다. 이런 시절에는 반드시 영험한 사람이 있는 법이다.

기요모리는 전 날 노부요리에게 써 보낸 징표가 그 집에 그대로 있는데 오늘 되찾았다며 웃었다. 노부요리는 닌나지仁和寺 고노미야五宮[36]의 거처로 찾아갔으나 다음 날 고노미야는 노부요리를 로쿠하라로 넘겨주었다. 기요모리는 가신들을 모아 로쿠하라 뒤편 샘가에 넓게 천막을 치고 있었다. 그 앞으로 나리치카成親[37] 중장과

35_ 천황 처소에 들어 천황의 안위를 기도하는 고승.

36_ 가쿠쇼 뉴도 친왕(覺性入道親王, 1129-1169). 도바 천황의 다섯 번째 황자로서 모친은 다이켄몬인待賢門院. 닌나지에 들어가 출가하였고 이후 총법무總法務로 임명되었다.

37_ 후지와라노 나리치카(藤原成親, 1138-1177). 후지와라노 나리이에藤原家成의 아들로서 불과 4세의 나이에 작위를 받았다. 빼어난 미모를 지녔고 고시라카와 상황의 총애를 받아 승진을 거듭하였으며 권대납언의 지위에까지 오른다. 헤이지의 난 당시 노부요리에게 동조한 사실로 해관되었고 여러 풍파를 겪었지만 고시라카와 상황의 강력한 보호로 복귀되었다. 평소 다이라 가문에 원한

노부요리 두 사람이 끌려 왔다. 노부요리는 자신의 결백을 주장했는데 그 모습이 참으로 보기에 좋지 않았다. 이런 일을 벌여 놓고 가당키나 하겠는가? 기요모리는 고개를 가로저으며 외쳤다.

"어찌 감히……!"

부하들은 그 뜻을 알아채고 노부요리를 로쿠조六條 강변으로 끌고 가서 마침내 그 목을 쳤다. 나리치카는 중납언 후지와라노 이에나리藤原家成의 아들로 혈기 넘치는 젊은 당상관이었기에 노부요리를 따른 것이라서 깊은 연관이 있을 리 없다는 판단에 형벌도 없었다. 무사들에게는 각각 그에 맞는 형벌을 내렸다.

요시토모는 말도 타지 못하고 맨발로 오와리尾張까지 내려갔다. 발도 붓고 고단했기에 우쓰미內海 장원을 관리하던 오사다 다다무네長田忠致,[38] 즉 좌위문左衛門 오야 무네쓰네大矢致經의 후손을 찾아가 부탁했다. 그는 부하인 가마다鎌田의 차남 마사키요正淸의 장인이었다. 요시토모는 말했다.

"그런 연고로 이곳에 당도했으니 좀 부탁하네."

"기다리고 있었습니다. 목욕이라도 하시지요."

다다무네는 기뻐하며 목욕물을 데워 극진히 대접했으나 마사키요는 요시토모가 이곳에서 최후를 맞이할 것임을 알고 있었다.

"글렀습니다. 상황이 너무도 좋지 않습니다."

"그럴 테지. 다 알고 있다네. 내 목을 쳐주게나."

마사키요는 주군의 목을 내려친 후 이윽고 자신도 스스로 목

을 품은 그는 다이라 가문의 타도를 기도하며 모의했으나 그 사실이 사전에 발각되어 기요모리에 의해 살해되었다.

38_ 오사다 다다무네(長田忠致, ?-?). 헤이안 시대 말기의 무장으로서 오와리 지방을 본거지로 하였다. 헤이지 원년에 도주 중이던 미나모토노 요시토모를 받아준 후 포상을 노리고 요시토모의 목을 로쿠하라에 있던 다이라노 기요모리에게 바쳤다. 그 공적으로 포상을 받지만 불만을 토로하여 기요모리의 화를 샀다는 행적이 『헤이지모노가타리平治物語』에 상세하게 기술되어 있다.

숨을 끊었다. 다다무네는 요시토모의 목을 수습하여 교토로 보냈으니 동쪽 옥문 거친 목재에 내걸렸다. 매달린 목 한켠에 노래를 읊어 써놓았는데 다음과 같았다.

시모쓰케下野의 요시토모 죽어서 나무 위上 걸려
두 직위 얻었으니 과연 좋은 일일까

이런 노래 중에 이토록 한 글자의 소홀함도 없는 노래가 어디 있겠냐며 이를 본 사람들은 칭찬했다.

당시 사람들은 구조다이쇼코쿠九條大相國 고레미치伊通 자신이 읊은 노래를 적어서 항간에 흘려보낸 것이라 믿고 있었다.

니조 천황은 그 해 12월 29일에 비후쿠몬인의 거처였던 하지조八條 저택으로 행차했다. 고시라카와 상황은 이듬 해 정월 6일에 하지조 호리카와堀河에 있는 아키나가顯長[39] 경 저택에 있었는데, 그곳에는 사지키棧敷[40]가 있었다. 상황이 그곳에서 거리를 내려다보며 미천한 자들을 불러 모으니, 쓰네무네經宗와 고레카타惟方가 명령하여 밖이 안보이도록 사지키에 판자를 세게 박아놓았다. 이런 일이 있는데다가 그 두 사람은 평소 고시라카와 상황이 아닌 니조 천황이 세상을 다스려야 한다고 떠들고 다녔다. 상황은 이 말을 듣고 기요모리를 불러 눈물을 줄줄 흘리며 말했다.

"내가 세상을 다스릴 수 있을지 아닐지는 고레카타와 쓰네무네에게 달려 있구려. 그들을 한껏 혼내주시게."

39_ 후지와라노 아키나가(藤原顯長, 1118-1167). 지위는 중납언에 이르며 하치조八條 호리카와堀河 서쪽에 저택을 지니고 있어서 하치조 중납언이라고 불렸다. 시라카와 상황의 측근이었던 부친의 덕택으로 순조롭게 승진하였으며 가인으로서도 알려져 있다. 『신코킨와카슈新古今和歌集』에 와카가 수록되어 있다.

40_ 행렬이나 축제를 관람하기 위하여 높게 판자를 깔아 만든 관람석을 말한다.

그 자리에는 홋쇼지도노法性寺殿 다다미치도 있었던 것 같다. 기요모리 역시 느끼는 바가 있었는지 다다카게忠景, 다메나가爲長라는 두 명의 가신으로 하여금 그 둘을 잡아 결박한 후 호위관 결집소에 행차한 상황의 수레 앞에 꿇어앉혔다고 한다. 항간에는 그 비명소리가 들렸다는 소문이 나돌았다. 그때의 정황은 꺼림칙하므로 소상히 적지 않겠으나 사람들은 모두 알고 있는 것 같다. 이윽고 쓰네무네는 아와阿波로, 고레카타는 나가토長門로 유배되었다.

신제이의 아들은 모두 유배지에서 불러들였다. 쓰네무네와 고레카타를 붙잡은 것은 에이랴쿠永曆 원년(1160) 2월 20일의 일이었다. 이들이 유배될 때 요시토모의 아들인 요리토모 역시 이즈伊豆로 유배 보냈다. 같은 해 3월 11일에 유배형이 실행되었다. 사람들은 고레카타를 중소中小 벳토別當[41]라 이름 붙여 불렀다.

헤이지平治 원년(1159)부터 오호應保 2년(1162)까지 삼사년간은 상황과 천황이 서로 의논하며 같은 마음으로 잘 지냈는데, 이윽고 상황이 천황을 저주한다는 소문이 났다. 후지와라노 사네나가藤原實長[42]가 가미카모上賀茂 신사에서 천황의 모습을 그려놓고 저주를 거는 모습을 보았다고 아뢰었다. 신사에서 일하는 남자를 잡아들여 취조하자 상황 측근인 미나모토노 스케카타源資賢[43]를 비롯한 상황 측근들의 소행이라는 사실이 드러났다. 결국 그 해 6월 2일에 스케카타는 수리대부修理大夫 직에서 물러나게 되었다. 또한 다이라노 도키타

41_ 벳토는 영외관令外官의 하나로서 본관本官을 맡은 사람에게 별도로 일을 전담시키는 것을 말한다. 단, 승려의 경우에는 벳토라 하면 절의 사무를 맡아 하는 장관의 의미로 쓰인다.

42_ 후지와라노 사네나가(藤原實長, 1128-1183). 후지와라노 긴유키藤原公行의 장남으로서 구로도노토藏人頭를 거쳐 참의, 권대납언으로 승진하였고 정이위에 이르렀다.

43_ 미나모토노 스케카타(源資賢, 1113-1188). 미나모토노 아리카타源有賢의 아들로 시가, 관현에 능해 고시라가와後白河 상황에게 이마요今樣를 가르쳤다. 노래집으로 『스케카타슈資賢集』가 있다.

다平時忠는 다카쿠라高倉 천황이 태어났을 때, 자신의 여동생인 고벤노도노小辯殿[44]가 낳았다는 이유로 무례한 실언을 했다는 사실이 드러나 그 전 해에 자리에서 물러났다. 이런 일이 동시에 일어났으니 스케카타와 도키타다는 오호 2년(1162) 6월 23일에 유배되었다. 한편 기요모리는 조칸長寬 2년(1164) 4월 10일에 관백 모토자네를 자신의 어린 딸의 남편으로 삼았으니, 그 딸은 관백의 정실부인이 되었다.

니조 천황은 모든 정무를 돌보았으며 오시코지押小路 히가시토인東洞院에 황거를 조영하였고, 기요모리는 그 근처에 숙직소를 만들어놓고 일가의 모든 이들을 머무르도록 하였다. 고시라카와 상황이 계시는데도 니조 천황이 정무를 돌보는 것에 대해 기요모리를 비롯한 다른 사람들도 마음속으로는 의아함을 느꼈을 텐데, 기요모리는 훌륭히 삼가며 신중하게 고려하여 양쪽을 모두 섬겼던 것이다. 자신의 처제인 고벤노도노가 고시라카와 상황의 총애를 받아 황자를 생산하였으니 마음으로는 그 부분도 고려했을 것이다.

고시라카와 상황은 다년간 천수관음 천 체를 모신 불당을 지으려는 숙원을 품고 있었는데, 기요모리가 이를 받들어 비젠備前 지방에 그 비용을 부담케 하였고 조칸長寬 2년(1164) 12월 17일에 낙성 공양식을 거행하였다. 상황은 니조 천황이 그곳에 행차하기를 바랐지만 전혀 그럴 기색이 보이지 않았다. 사찰 관리의 공로를 상찬해줄 것을 청했지만 소식조차 없었다. 다이라노 지카노리平親範[45]

44_ 겐슌몬인建春門院 시게코(滋子, 1142-1176)를 말한다.

45_ 다이라노 지카노리(平親範, 1137-1220). 헤이안 말기의 귀족이자 승려. 구로도노토, 참위, 좌중변을 거쳐 종삼위 민부쿄民部卿의 직위에 오르지만, 이윽고 오하라大原 극락원에서 출가하였고 그 법명은 엔치圓智라 한다. 라쿠호쿠洛北의 이즈모데라出雲寺를 재건하여 이를 본원으로 삼고 자신의 땅을 기진하였다. 저서로는 『지카노리키親範記』가 있다고는 하나 전해 내려오지 않는다. 『센자이슈千載集』에는 한 수의 와카가 수록되어 있다.

가 구로도로서 명을 받들고 사자의 역할을 수행했다. 새로운 불당은 렌게이오인蓮華王院이라 하였는데 상황은 거처에서 지카노리를 어전으로 불렀다.

"일은 어찌 되었느냐?"

"칙허는 받지 못했습니다."

고시라카와 상황의 눈에 눈물이 가득 고였다.

"대관절 무슨 원한이 맺혔다고…"

훗날 지카노리는 당시의 일을 이렇게 회상하였다.

"상황께서는 이 일이 제 잘못이라고 여기셨던 것 같습니다. 몸 둘 바를 모르겠습니다."

한편 당시 진언眞言을 외는 스님 중에 고마狛 승정 교케이行慶[46]가 있었는데, 그는 시라카와 상황의 황자이며 미이데라 법통을 잇는 고승으로서 고시라카와 상황의 전적인 신임을 받고 있었다. 렌게이오인 중앙에 안치한 일장 육척[47] 불상의 면상은 교케이가 특별히 명하여 직접 고친 것이다. 사람들은 만사에 세심하다며 감탄했다. 교케이는 로쿠노미야六宮[48]의 스승이기도 하다.

원래 니조 천황은 출가의 뜻을 품고 닌나지仁和寺에 있는 고노미야五宮[49]의 승방을 오갔는데 황손이 귀해지자 뜻을 돌이켜 동궁의 자리에 올랐다. 이런 인연이 있었기에 니조 천황 재위시 고노미야는 니조궁 부근 산조三條 보몬坊門 가라스마루烏丸[50]에 손수 불단을

46_ 교케이(行慶, 1101-1165). 시라카와 천황의 황자로서 천태종에 입문하였다. 고노에近衛 천황의 호지승으로서 고마 승정, 사쿠라이櫻井 승정이라 불렸다. 호엔保延 원년(1135) 시텐노지四天王寺 벳토가 되었으며 닌페이仁平 2년(1152) 고노에近衛 천황의 호지승護持僧이 되었고 온조지園城寺 장리長吏에 임명되었다.

47_ 일장 육척一丈六尺은 약 4.8미터에 달하는 크기다.

48_ 도에 법친왕(道惠法親王, 1132-1168)을 말한다. 도바 천황의 여섯 번째 황자로서 천태종에 입문, 가쿠유覺猷의 밑에서 출가하였다.

49_ 도바 천황의 다섯번째 황자인 가쿠쇼覺性 법친왕을 말한다.

50_ 보몬坊門은 수도 헤이안의 구획으로서 니조二條 대로 남쪽을 동서로 관통하

만들어 놓고 아침저녁으로 천황을 알현하였으며 모든 정치적인 일에 개입하기도 했다. 천황이 덴노지天王寺 벳토인 로쿠노미야를 해임하고 그 자리에 고노미야를 앉히니 세상 사람들은 이를 비난하였다.

오호應保 2년(1162) 3월 7일, 대납언 쓰네무네經宗는 유배에서 풀려나 귀경하였고 조칸長寬 2년(1164) 정월 22일에 다시 대납언에 임명되었다. 그 후 좌대신에 올랐고 깊은 학식으로 오랫동안 중용되었다. 쓰네무네는 다름 아닌 교고쿠오도노京極大殿 후지와라노 모로자네의 손자다. 쓰네무네는 인품이 뛰어났으며 부친[51]인 이위二位 대납언 쓰네자네經實[52]와는 달리 정무를 잘 돌보았으며 식자識者로서의 품성도 갖추고 있었다. 그는 후지와라노 다다자네가 지소쿠인知足院 저택에 연금되어 움직일 수 없었을 때에도 그쪽으로 사람을 보내어 치세의 이치를 배웠기에 현 섭정인 다다미치 쪽에서도 이를 수상히 여겼다. 세상 사람들은 "니조 상황의 외숙부인데 섭정쯤이야…"라는 말을 지어내 쓰네무네를 모함했지만 아직 그런 잘못을 범하지는 않았다. 무릇 세상 사람은 얼마나 밉살스럽게 말을 하는지 조금이라도 다른 사람의 마음을 미혹시키려고만 한다. 이는 참으로 통탄할 일이다. 에이만永萬 2년(1166) 3월에는 고레카타도 유배

는 세 줄기의 길 중 가운데 있는 길을 말하며 가라스마루烏丸는 남북으로 나 있는 골목을 말한다. 현재는 교토 역에서 황거 앞을 지나는 가라스마 길이 이곳에 해당된다.

51_ 본문에는 조부로 표기되어 있으나 부친에 해당되므로 정정하였다.

52_ 후지와라노 쓰네자네(藤原經實, 1068-1131). 헤이안 말기의 귀족으로서 섭정 후지와라노 모로자네藤原師實의 셋째 아들이다. 니조 천황의 외조부로서 오이노미카도케大炊御門家 가문의 시조이기도 하다. 섭관가의 자제로 태어나 순조롭게 출세의 길에 올랐고 조정의 요직을 두루 거쳤다. 그러나 『주유키中右記』에 따르면 무사들을 모아 음주를 즐겼으며 술에 취해 난폭한 행동을 보이기도 했다고 한다. 딸 이시懿子와 고시라카와 천황과의 사이에 니조 천황이 탄생됨으로써 가문의 영화가 극에 달했으며 그의 적자 쓰네무네經宗는 좌대신의 자리에 올랐다.

에서 풀려나 귀경하였다.

이렇게 시간이 흐르는 사이 다다미치의 차녀인 이쿠시育子가 입궐하여 중궁이 되었으나 니조 천황의 각별한 애정에도 불구하고 회임하지 못하였다. 한편 니조 천황은 에이만 원년(1165) 6월에 중병이 들어 두 살배기 황자에게 양위하였는데, 황자의 모친이 누구인지는 분명하지 않다. 니조 천황은 그 해 7월 22일에 붕어했다. 향년 23세였다.

기요모리는 에이만 원년(1165) 8월 17일에 대납언이 되었으며 관백 후지와라노 모토자네藤原基實를 사위로 맞아들여 세상을 자신의 손에 넣고 흔들고자 하였다. 마침내 닌안仁安 원년(1166) 11월 13일에 내대신이 되었고 이듬해 2월 11일에 태정대신으로 승진하였다. 그 전해인 닌안仁安 원년(1166) 7월 26일에 갑자기 사위인 섭정 모토자네가 세상을 떠나자 기요모리는 어찌하여 이런 일이 일어났느냐며 할 말을 잃고 통곡하였다. 당시 다다미치의 총애를 받던 후지와라노 구니쓰나藤原邦綱[53]라는 심복이 있었는데 이요伊豫와 하리마播磨지방의 군수, 중궁량中宮亮 등으로 임명되어 중용되었다. 그런 구니쓰나가 기요모리를 찾아가 말했다.

"우리 섭정 전하 모토자네님의 상속에 관한 일입니다만, 모든 것을 반드시 섭관 한 사람에게 물려주어야 하는 것은 아닙니다. 다다자네님께서 말년에 여기저기 흩어져 있던 장원을 전부 한데 모으

53_ 후지와라노 구니쓰나(藤原邦綱, 1122-1181). 문장생이라는 낮은 신분이었지만 주도면밀한 성격으로 관백 후지와라노 다다미치藤原忠通의 신하로서 중용되었다. 다다미치 사후에는 그의 아들인 관백 모토자네를 섬기며 참의 직책에 올랐다. 그 후 여러 지방의 수령직을 거치며 부를 축적하였다. 모토자네 사후에는 다이라노 기요모리의 딸이자 모토자네의 처인 세이시盛子에게 막대한 재산을 상속시키기 위해 노력하였고 세이시의 후견인이 되었다. 그 후 자신의 아들을 기요모리의 양자로 삼았으며, 재력을 기반으로 기요모리의 오른팔로서 정계에서 활약하였다. 1181년에 출가하였으며 기요모리와 같은 달에 사망하였다.

셨습니다. 그런데 모든 재산과 권리를 소유하신 것은 다다미치님뿐입니다. 섭정 모토자네님의 부인이 이렇게 건재해 계시고 그분이 낳으신 것은 아니지만 아드님인 모토미치基通님도 계십니다. 기요모리님께서 사위인 섭정 전하 소유의 장원을 차지하셔도 잘못된 일은 아닐 듯합니다."

구니쓰나의 말을 듣고 순식간에 기쁨에 넘친 기요모리는 그 자리에서 구체적인 일을 의논하였다. 좌대신인 후지와라노 모토후사藤原基房를 아무런 거리낌 없이 섭정의 자리에 앉히고 섭관가 소유인 고후쿠지興福寺, 호조지法成寺, 뵤도인平等院, 권학원勸學院을 비롯하여 시카다鹿田, 가타가미方上 만을 다음 섭정에게 넘겨주었다. 그리고 다자이大宰의 시마즈島津 장원을 비롯한 대부분의 소유지와 가모이鴨居 저택에 대대로 내려오는 일기와 보물, 히가시산조東三條 궁궐에 이르기까지 모든 것을 기요모리의 딸 세이시盛子가 상속하였다.[54] 그리고 구니쓰나는 세이시의 후견인이 되어 모토자네의 어린 아들 모토미치를 돌보았다.

당시는 고시라카와 상황의 뜻에 따라 모든 것이 이루어지던 때였다. 상황의 총애를 받던 겐슌몬인建春門院은 고벤小辨님이라고 불렸는데 도키노부時信[55]의 딸이자 기요모리의 처제였다. 기요모리는

54_ 세이시는 모토자네의 아들 모토미치를 양육한다는 명목으로 당시 최대의 장원인 섭관가령攝關家領을 상속하였다. 당시 세이시의 나이는 열한 살, 모토미치의 나이는 일곱 살이었다. 그러나 세이시 사후, 고시라카와 상황은 소유지를 몰수하였고 이 일은 지쇼治承 3년(1179)에 일어난 기요모리 쿠데타의 직접적인 동인이 되었다.

55_ 다이라노 도키노부(平時信, ?-1149). 자제들이 훌륭히 성장하였으며 중요한 인물로는 권대납언 도키타다時忠, 다이라노 기요모리의 처, 고시라카와 상황의 처 겐슌몬인이 있다. 큰 승진을 하지는 못했지만 상황의 측근이자 기요모리와의 관계에 의해 정치적인 실권을 가지고 있었다. 외손자 다카쿠라高倉 천황의 즉위에 따라 정일위 좌대신으로 추증되었다. 일기 『도키노부키時信記』를 남겼다.

겐슌몬인과 한 뜻이 되어 상황과의 사이에서 태어난 황자를 양육하고 있었다. 히가시산조 궁궐로 거처를 옮긴 황자는 마침내 닌안 2년(1167) 10월 10일에 동궁으로 책봉되었다. 기요모리는 이듬해 2월 11일 병이 깊어져 출가했는데 그 뒤 쾌차하였다.

닌안 3년(1168)에 네 살배기 천황을 양위시키고 여덟 살인 동궁 다카쿠라 천황을 보위에 올렸다. 양위한 후 상황이 된 로쿠조六條 천황은 성인식도 치르지 못한 채 열 세살의 나이에 붕어했다. 구니쓰나 정실 소생의 맏딸을 다카쿠라 천황의 유모로 삼았다. 그녀는 다이후노산미大夫三位라 하였으며 후지와라노 나리요리藤原成賴[56]의 처였다. 나리요리의 출가에 관해서는 여러 이야기가 있으나 기술할 필요가 없다. 또한 둘째 딸을 다카쿠라 천황 재위시 동궁전 유모로 삼았으니 벳토노산미別當三位라 하였다. 이처럼 일련의 일들을 훌륭히 처리하여 영화를 보았으니 구니쓰나는 마침내 구로도노토藏人頭에 임명되었고 삼위三位 재상宰相 동궁권대부東宮權大夫까지 올랐다. 홋쇼지도노法性寺殿는 구니쓰나가 삼위 이상의 자리에 오를 거라고 생각지도 못했을 것이다. 그는 유모인 딸들 덕에 나중에 정이위正二位 대납언까지 오른 것이다. 기요모리의 아들인 시게모리重盛와 무네모리宗盛는 각각 좌우대장이 되었다. 기요모리 자신은 태정대신, 아들 시게모리는 내대신 좌대장이 되었다.

당시 고시라카와 상황은 겐슌몬인을 다시 총애하였으니 일본국여인입안日本國女人入眼[57]은 이 사실만 보아도 진실임에 틀림없다. 겐슌몬인은 황후궁을 거쳐 원호院號를 받은 국모가 되었다. 그녀는 기

56_ 후지와라노 나리요리(藤原成賴, 1136-1202). 좌중변을 거쳐 참의, 정삼위에 이르렀고 이윽고 출가하였다. 1184년에는 고야산高野山에 들어갔으며 그 곳에서 읊은 노래가 『신초쿠센슈新勅撰集』에 실려 있다. 『헤이케모노가타리平家物語』에는 출가에 관한 일 등이 기록되어 있다.

57_ 일본 역사상 정치의 중요한 국면에 반드시 뛰어난 여성이 나타나 시대를 움직인다는 사고를 말한다.

요모리의 아들 무네모리를 양자로 삼았다. 쇼안承安 원년(1171) 12월 14일, 기요모리의 딸이 입궐하여 이듬해 2월 10일에 입후立后, 중궁이 되었다. 딸이 황자만 낳으면 천황의 외조부가 되어 천하를 마음대로 할 수 있을 것이라고 생각했는지 기요모리는 온갖 기도를 올렸다. 기요모리의 처[58]가 히에日吉 신사에서 백일기도를 올렸으나 효험이 없자 기요모리가 말했다.

"당신의 기도가 효험이 없구려. 자, 보시오. 내가 효험을 보여줄 터이니."

기요모리는 아키安芸 지방 이쓰쿠시마嚴島 신사의 효험을 철석같이 믿었기에 쏜살같이 갈 수 있는 배를 만들어 매달 후쿠하라福原에서 그곳까지 기도를 하러 떠났다. 60일쯤 지나 중궁의 회임 소식이 들리더니 지쇼 2년(1178) 11월 11일, 로쿠하라 저택에서 염원대로 황자가 탄생하였고 기요모리는 천황의 외조부가 되었다.

겐슌몬인은 안겐安元 2년(1176) 7월 8일에 종기가 덧나 사망하였다. 그 후 고시라카와 상황의 처소는 적막함 속에 쌓여갔고 세월은 흘러갔다. 상황이 총애하는 인물로 나리치카成親가 있었으니 그는 노부요리信賴가 모반사건을 일으켰을 때 목숨을 잃을 뻔한 인물이다. 당시 나리치카와 함께 유배된 모로나카師仲와 같은 인물까지 신경神鏡과 노부요리에게서 받은 작은 열쇠 등을 가지고 상황을 찾아와 충성심을 아뢰었기에 상황은 이들마저도 유배에서 풀어주었다. 상황은 나리치카를 이만저만 총애한 것이 아니었다. 신제이의 심복이었던 모로미쓰師光, 나리가게成景가 출가하여 사이코西光, 사이케이西景가 되었는데 상황은 이들까지도 특별히 아꼈다. 또한 상황은 사루가쿠猿樂에 미쳐 있던 다이라노 야스요리平康賴[59]도 빈번히 불

58_ 니이노아마二位の尼라고도 한다.

59_ 다이라노 야스요리(平康賴, 1146-1220). 고시라카와 상황의 측근의 북면무사. 비운의 죽음을 당한 미나모토노 요시토모源義朝의 묘를 수리하고 사당을 세워

러들였다. 홋쇼지法勝寺의 집행執行직을 맡은 슌칸俊寬[60]을 승도僧都로 임명하였다. 세상이 너무도 다이라 가문의 뜻대로 되어가는 것을 부러워했는지 미워했는지, 상황의 생각을 미루어 짐작했던 것일까? 히가시야마東山 부근 시시노타니鹿谷라는 곳에 법인法印 조켄靜賢[61]이 있었으니 그는 홋쇼지의 전 집행직을 역임한 신제이의 아들이었다. 상황은 그를 렌게오인의 집행직으로 중용하였다. 만사에 능통하였으나 겸손하였고 진리를 깨달은 이였으니 상황과 기요모리는 그에게 자문을 구하였다. 상황은 조켄이 사는 작은 산장에 거듭 행차하였다. 한적한 그곳에 행차할 때 나리치카, 사이코, 슌칸 등이 모여 갖은 모의를 한다는 소문이 났다. 확실한 내막은 모르겠으나 그들은 미나모토노 미쓰나카源滿仲[62]의 자손인 구로도 다다노 유키쓰나多田行綱[63]를 불러 흰 깃발을 만들라며 우지宇治에서 나는 천 30필을

그 혼을 달래준다는 소문이 고시라카와 상황에게도 들어가 무사의 예를 아는 이라 하여 측근 무사로 중용되었다. 이마요今様를 즐겼던 고시라카와 상황은 야스요리도 그 제자로 삼았으며 그는 아름다운 성량으로 발군의 실력을 보여주었다.

60_ 슌칸(俊寬, 1143-1179). 헤이안 시대 후기의 진언종 승려. 닌나지仁和寺 법인法印의 아들. 직위인 승도를 붙여 흔히 슌칸 승도라 불렸다. 고시라카와 상황의 측근으로 홋쇼지 집행의 직위에 올랐다.

61_ 조켄(靜賢, 1124-?). 승려로서 조켄靜憲으로도 표기한다. 신제이의 아들로 어렸을 때 불도에 입문하였으며 고시라카와 상황의 측근으로서 홋쇼지 집행직을 맡아 정계와의 관계를 유지하였다. 헤이지의 난 당시 신제이에 연루되어 유배되었지만 곧 풀려났다. 그 후 고시라카와 상황과 다이라 가문이 대립한 상황에서 상황의 사자로서 각 세력과의 절충 역할을 하였다. 고시라카와 상황이 격동의 시간 속에서 살아남아 다시 권력을 장악할 당시 중요한 역할을 했던 인물로 평가된다. 와카에도 능통하여 『센자이와카슈千載和歌集』에 6수가 실려 있다.

62_ 미나모토노 미쓰나카(源滿仲, 912-997). 헤이안 중기의 무사로서 안나安和의 변의 발단이 되었던 음모 사건을 밀고한 것으로 유명하다. 지방관을 역임했으나 주로 수도에서 생활하였으며 조정의 경비를 담당하였다. 이치조一條 천황 시절에 뛰어난 무사 다섯 명 중의 한 명으로 평가된다.

63_ 다다 유키쓰나(多田行綱, ?-?). 헤이안 후기의 무사로서 시시가타니 사건 때 다

주었다. 당시 기요모리는 세상사를 다 이루었다며 출가하여 세쓰攝津 지방 후쿠하라에 머물고 있었다. 유키쓰나는 천을 들고 후쿠하라로 찾아와 고하였다.

"이런 일이 일어났습니다."

기요모리는 한 마디 대답도 없이 천을 집어들고는 정원에서 태워버린 후 교토로 올라갔다. 안겐 3년(1177) 6월 2일 무렵 사이코 법사를 기요모리 저택으로 잡아들여 심하게 고문하자 모두 자백하였다. 자백한 내용을 기록한 후 그 문서에 서명을 받았다. 이윽고 주작대로朱雀大路로 끌어내 목을 베었다. 그날 기요모리는 히에이잔에서 좌주座主 묘운明雲 쪽 승도들이 산을 내려와 니시사카모토西坂本까지 왔다는 통고를 받았다. 사람들은 망연자실했다. 사이코를 참수하기 전날 기요모리는 나리치카를 불러냈다. 다이라노 모리쿠니平盛國[64]의 아들 모리토시盛俊[65]라는 힘센 가신으로 하여금 나리치카를

이라 가문을 타도하기 위한 모의 사실을 기요모리에게 밀고한다. 이후 서해로 도망치던 미나모토노 요시쓰네를 공격한다.

64_ 다이라노 모리쿠니(平盛國, 1113-1186). 헤이안 말기의 무사로서 다이라 가문의 힘있는 무사로 활약하였다. 다이라노 기요모리의 측근으로서 호겐의 난과 헤이지의 난 당시 수많은 공적을 세웠다. 호겐 2년(1157) 신제이가 궁궐을 조영할 당시 공적을 인정받아 우위문위右衛門尉, 이윽고 좌위문위左衛門尉에 올랐다. 그 후 검비위사가 되었고 다이라 가문의 집사로서 활약하였다. 지쇼 5년(1181) 모리쿠니의 저택에서 다이라노 기요모리가 숨을 거두게 되고, 그 후 모리쿠니는 영락해가는 다이라 가문의 길을 따라갔다. 주에이 4년(1185) 단노우라 전투에서 포로가 되었으며 가마쿠라에 호송되었으나, 미나모토노 요리토모에 의해 그 목숨을 부지할 수 있게 되었다. 하지만 식음을 전폐한 채 하루 종일 단 한 마디의 말도 하지 않고 법화경에 몰두하다가 결국 분지文治 2년(1186) 7월 25일에 아사로 목숨을 거두었다.

65_ 다이라노 모리토시(平盛俊, ?-1184). 헤이안 말기의 무사로서 모리쿠니盛國의 아들이다. 부친과 함께 다이라 가문의 유력한 무사로 활약하였으며 다이라노 기요모리의 측근이었다. 호겐, 헤이지의 난에 참가하였으며 여러 전투에서 공적을 세웠으나 결국 이치노타니一の谷 전투에서 미나모토노 요시쓰네源義經의 군사에 의해 전사하였다.

덮쳐서 묶은 후 방에 가두도록 한 것이었다. 그날 사랑채에는 시게모리, 요리모리賴盛가 함께 있었는데 그 자리에 찾아온 나리치카가 물었다.

"무슨 일이십니까? 부르셨다기에 왔습니다."

그 때는 다카쿠라 천황의 모친 겐슌몬인의 상중이었기에 나리치카도 상복을 정갈하게 차려입고 있었다.

"가시기 전에 소상히 얘기하도록 합지요."

대답을 한 시게모리는 나리치카가 그렇게 금세 잡혀갔다는 사실에 놀라 그가 갇혀 있는 방으로 찾아갔다.

"이번에도 목숨만은 무사하도록 말해놓겠습니다."

시게모리의 처가 나리치카의 여동생이었기 때문인 것 같다. 시게모리의 말대로 되었는지 나리치카는 비젠肥前으로 보내졌으나 이레 동안이나 음식을 주지 않은데다 억지로 강한 술을 먹여 결국은 사망하였다. 슌칸俊寬과 검비위사檢非違使 야스요리康賴는 이오硫黃 섬으로 유배를 갔고 슌칸 역시 유배지에서 사망하였다.

안겐安元 3년(1177) 7월 29일에 사누키노인讃岐院을 스토쿠崇德 상황으로 추호追號하였다. 상황의 원령이 두려웠던 것이다. 이윽고 조쇼지成勝寺에서 팔강 법회를 열고 요리나가賴長 좌부左府를 정일위 태정대신으로 추증하였다. 또 그 해에 교토에 큰 화재가 나서 그 불길이 대극전大極殿으로 번져 소실되자 지쇼治承로 개원改元하였다.

기요모리는 이런 일련의 일을 저지른 후 사이코西光의 자백을 받아들고 상황의 처소로 찾아가서 우병위독右兵衛督 미쓰요시光能[66]를 불러내어 말하였다.

66_ 후지와라노 미쓰요시(藤原光能, 1132-1183). 고시라카와 상황의 측근으로 다이라노 기요모리의 자제를 뛰어넘어 구로도노토가 된다. 이어 참의에 올랐고 기요모리에 의해 해직된다. 원정院政이 재개된 후에 참의로 복귀하였고 정삼위가 된 후 출가하였다.

"사태가 이러하여 이렇게 처리했습니다. 오로지 이 나라와 전하를 위해서입니다. 제 몸을 위함은 그 다음 일이옵니다."

기요모리는 후쿠하라로 내려갈 행장을 한 채로 상황을 알현했다.

'세상이 어찌 되어 가는 것인가…!'

상황과 미쓰요시는 생각에 잠겼다.

이윽고 지쇼治承 3년(1179) 8월 초하루, 고마쓰小松 내부內府 시게모리重盛가 세상을 떠났다. 시게모리는 참으로 성정이 선량하였기에 부친 기요모리가 모반하려는 마음을 품고 있다는 사실을 알고 빨리 이 세상을 하직하고자 했다. 그런데 어찌된 셈인지 부친이 시키지도 않았는데 한 가지 이상한 일을 저질렀다.

시게모리의 아들 스케모리資盛[67]는 후지와라노 모토이에藤原基家 중납언의 사위로 지묘인持明院[68]의 삼위三位 중장中將이었다. 스케모리가 아주 젊었을 때 밤에 몰래 외출했다가 공교롭게도 섭정 모토후사基房의 행차를 만나 예를 갖추지 않았다고 하여 매를 맞고 수레의 발도 찢겼다. 이에 마음 속 깊이 원한을 품은 부친 시게모리는 가오嘉應 2년(1170) 10월 21일에 모토후사가 다카쿠라 천황 성인식 준비차 입궐하는 길에 무사를 잠복시켰다가 그 벽제꾼의 상투를 잘랐다. 그로 인해 성인식 준비가 연기되었다. 이런 이상한 일이 있었으나 세상에는 소문도 나지 않았고 모토후사도 다음 날부터 출사하였다. 이 이상한 일은 뒷일의 전초가 되었다.

67_ 다이라노 스케모리(平資盛, 1158-1185). 다이라노 시게모리의 차남으로 권소장, 권중장 등을 거쳐 구로도노토가 되었고 종삼위에 오른다. 미나모토 가문과의 전투에서 활약하였으며 단노우라 전투에서 전사하였다.

68_ 교토 시 조쿄上京 구에 있던 후지와라노 미치나가藤原道長의 증손 모토요리基賴가 저택 내부에 세운 지부쓰도持佛堂의 이름에서 유래하여 후지와라 가문 홋케北家 미치나가류道長流를 가리키게 되었다. 모토요리의 아들 미치모토通基가 가명으로 삼은 데서 기원한다.

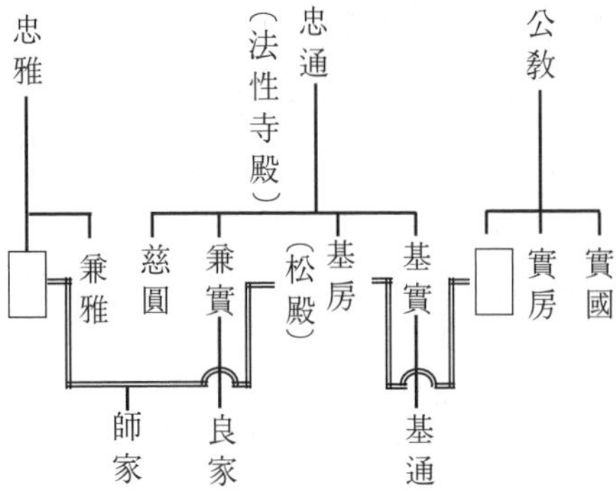

모토후사는 오랫동안 산조 내대신 후지와라노 긴노리藤原公教의 딸을 정실부인으로 두고 있었다. 모토후사의 부친이 생존했던 그 옛날부터 처남인 사네후사實房와 사네쿠니實國[69]는 모토후사의 신발을 들어주고 수레의 발을 올려주는 등 끔찍이도 그를 섬겼다. 그런데 모토후사가 섭정에 오르자 후지와라노 다다마사藤原忠雅가 모토후사를 사위로 맞이하여 자신의 딸을 섭정의 정실부인에 앉히려 했다. 모든 것을 이치에 맞게 잘 처리하여 두 사람은 사이좋은 부부가 되어 모로이에師家를 낳았다. 그 아들 모로이에가 여덟 살에 중납언中納言이 되는 일도 일어났다.

그 후 모토후사가 외출이라도 하려고 하면 긴노리의 아들 사네후사는 보란 듯이 옷소매를 중문 복도 여닫이문 밖으로 내놓고 관심이 없는 척 했는데 사람들은 그것 보라며 쑤군댔다. 그와는 달리 다다마사의 아들 가네마사 무리는 예를 다하였던 것 같다. 아아, 모름지기 사람에게는 기량만이 소중한 법이다.

한편 시라카와白川님이라 불린 모토자네의 정실부인은 엔쇼지延勝寺 서쪽에 훌륭한 저택을 지어 놓고 살다가 지쇼 3년(1179) 6월 17일에 세상을 떠났다. 1년여 지난 8월 초하루에 시게모리가 세상을 떠나자 고시라카와 상황은 기요모리에게 한 마디 언질도 없이 오랜 기간 시게모리가 소유해온 에치젠越前 장원을 막무가내로 차지

69_ 후지와라노 사네쿠니(藤原實國, 1140-1183). 후지와라노 긴노리의 차남으로서 참의, 권중납언, 좌위문독, 권대납언을 역임하였다. 시게노이滋野井 가문의 선조이기도 하다. 피리, 와카에 뛰어나며 산조三條 대납언이라 불렸다.

해 버렸다. 모토자네의 정실부인이 세상을 떠난 후에는 섭정 모토후사도 관백 가문 소유의 장원과 문서를 차지하고자 고시라카와 상황에게 탄원을 하기도 했다.

이전 해에 발각되었던 음모마저도 가슴 깊이 사무쳐 있던 기요모리였는데, 하물며 고시라카와 상황이 마침내 이와 같은 조치까지 내렸음을 알았으니 달리 방법이 있었겠는가? 급히 후쿠하라에서 무사를 이끌고 상경하여 스스로도 갑옷을 입고 결코 벗지 않았다고 한다. 이리하여 같은 해 11월 19일에 해관解官을 지시한 후, 같은 달 21일에 임관任官 임명을 행하였다. 약관 20세였던 이위二位 후지와라노 모토미치藤原基通 중장을 단숨에 내대신으로 승진시켰다. 시게모리의 사후 그때까지 내대신 자리가 공석이었던 것이다. 마침내 모토미치를 관백 내람의 신하로 삼았다. 그리고 구조九條 우대신 가네자네兼實는 후지와라노 다다미치의 셋째 아들로 거칠 것이 없었으니 천하의 정무를 자문하였으며 호위 무관까지 하사받았다. 기요모리는 우대신 가네자네에게 모토미치를 특별히 잘 도우라고 말하며 당시 열두 살이었던 가네자네의 아들 이위 중장 요시미치良通를 단박에 중납언 우대장으로 임명하였다. 구니쓰나邦綱 처리하에 비젠備前 지방으로 유배를 가게 된 전 관백 모토후사는 도중에 도바鳥羽에서 갑작스럽게 오하라大原 혼카쿠보本覺房 엔닌緣忍을 불러 출가하였다. 기요모리는 고시라카와 상황 측근들을 뿔뿔이 각 지방으로 보냈고 그 달 20일에는 수행원 하나 없이 상황을 도바 전鳥羽殿에 유폐시켰다. 겨우 로케이鄉慶라는 승려 한 명이 모시도록 하였으나 후에는 상황의 정인情人으로 당시 단고丹後라 불리던 조도지노니이淨土寺二位[70]만을 곁에 있도록 했다.

70_ 다카시나노 에이시(高階榮子, 1151-1216). 고시라카와 상황의 측근이었던 다이라노 나리후사平業房의 처로서 여러 명의 자녀를 낳았다. 고시라카와 상황이 유폐당했을 당시 남편 나리후사는 유배지에서 탈출시도를 하다 잡혀서 처형

다카쿠라노미야高倉宮[71]는 고시라카와 상황이 아끼던 다카쿠라노산미高倉三位라는 뇨보가 낳은 아들이었다. 사람들은 다카쿠라노미야가 모든 학문에 정진하는 것을 보고 왕위에 마음을 두고 있을 것이라 짐작하였다. 지쇼 4년(1180) 5월 15일, 기요모리는 다카쿠라노미야를 즉시 유배 보내려는 생각에 겐잔미源三位 미나모토노 요리마사源頼政의 아들 검비위사檢非違使 가네쓰나兼綱[72]에게 체포를 명하였고, 그는 산조三條에 있는 다카쿠라노미야의 거처로 향하였다. 그러나 다카쿠라노미야는 이미 몸을 피해 미이데라三井寺에 들어가 있었으니 승려들은 다카쿠라노미야를 지키는 한편 절로 들어가는 길목을 막아놓기도 하였다. 당시 출가해 있던 요리마사는 고노에가와라近衛河原에 있는 자신의 집을 불태운 후, 이즈伊豆의 수령 나카쓰나仲綱,[73] 가네쓰나 등을 데리고 다카쿠라노미야를 찾아갔다. 사람들은 그 일련의 일들이 오로지 다카쿠라노미야의 도주를 돕기 위한 것이었다고 여기고 이게 어찌된 일이냐며 당장이라도 세상에 곧 큰 일

을 당했다. 그 후 고시라카와 상황이 유폐된 곳에서 시중을 들게 된다. 타고난 미모의 소유자로서 상황의 총애를 받았으며 이후 정치에도 개입하게 된다. 상황의 붕어 후 출가하였으나 여전히 정치에 개입하였다. 고토바 상황이 원정을 시작하자 그 위상은 급격히 추락한다.

71_ 다카쿠라노미야(高倉宮, 1151-1180). 고시라카와 천황의 세 번째 아들로서 모치히토오以仁王라고도 한다. 다이라 씨의 압력으로 친왕이 되지 못하고 불우한 생을 보냈다. 미나모토노 요리마사源頼政의 권유로 다이라 가문 토벌의 의사를 각지의 미나모토 씨에게 보냈지만 발각과 동시에 거병하여 전사했다.

72_ 미나모토노 가네쓰나(源兼綱, ?-1180). 미나모토노 요리마사의 아들로 검비위사, 좌위문위를 역임하였다. 모치히토오의 명에 따라 요리마사의 다이라 가문 타도에 참가하였고 우지 뵤도인平等院에서 다이라 씨와 싸우다 전사하였다.

73_ 미나모토노 나카쓰나(源仲綱, 1126-1180). 헤이안 시대 말기의 무장이자 가인으로서 미나모토노 요리마사의 장남이다. 이즈伊豆의 수령으로서 부친 요리마사와 함께 모치히토오를 옹립하며 거병하였다. 『헤이케모노가타리平家物語』에서는 거병의 동기로서 다이라노 무네모리가 나카쓰나의 명마를 강탈했기 때문이라고 기술하고 있다.

이 일어날 것이라고 숙덕거렸다.

한편 다카쿠라노미야는 그대로 세월만 흘려보낼 수 없어 몰래 요시노吉野로 도망치고자 나라奈良 쪽으로 나아갔다. 요리마사는 22일에 미이데라에 도착하였고 그곳에서 로쿠하라 야간습격을 감행했다. 그러나 지체되어 마쓰사카松坂에서 날이 밝아버렸기에 야간습격은 성공하지 못했고, 24일에 미야는 우지宇治로 퇴각하여 하룻밤을 지내게 되었다. 25일에 다이라 가문 쪽에서 쳐들어와 공격함으로써 전투가 일어났는데 미야 쪽에는 오로지 요리마사가 있었을 뿐, 그 세력은 실로 미약했다. 상대방은 큰 무리를 지어 말을 뗏목삼아 우지 강을 넘어오니 무슨 도리가 있었겠는가? 마침내 나카쓰나는 뵤도인平等院 건물 회랑으로 들어가 자결하였다. 다카쿠라노미야는 니에노贄野 연못을 지나갈 즈음 좇아온 상대편에 의해 공격을 받고 쓰러졌다. 요리마사도 쓰러졌다. 다카쿠라노미야에 관해서는 잘 알려져 있지 않아 자른 목을 많은 사람들에게 보여주었다. 결국 다카쿠라노미야의 학문적 스승인 무네나리宗業[74]를 불러 보여주자 다카무라노미야가 틀림없다고 하였다. 이렇듯 죽음을 확인하였음에도 다카쿠라노미야가 여전히 살아있다는 소문이 나는 등 이상한 일들이 일어났지만, 그것을 믿는 사람들이 어리석은 것이라며 소문은 곧 잦아들었다. 이윽고 기요모리는 미이데라에 무사들을 보내 불당을 제외한 수많은 승방을 불태워버렸다.

그런데 다카쿠라노미야 생전에 미이데라에서 나라奈良로 향했던 것은, 나라와 요시노 쪽에서 다카쿠라노미야를 맞아들일 채비를 하고 있었기 때문인데 기요모리는 이 사실에 마음이 심히 편치 않았다. 이에 남도南都[75]를 공격해야겠다며 중신들을 모아 회의를 열었

74_ 후지와라노 무네나리(藤原宗業, 1151-?). 문장박사文章博士를 거쳐 식부대보式部大輔가 된다. 종삼위가 된 후 출가하였다.

75_ 남도라 할 때는 주로 나라奈良를 지칭하나 이곳에서는 후지와라 가문의 절

다. 다카스에隆季[76]와 미치치카通親 같은 중신들은 한결같이 기요모리의 편이 되어 그 의견에 동의했다. 좌우대신 쓰네무네經宗와 가네자네兼實는 다년간 대신의 자리를 지켜왔는데, 우대신 가네자네가 마음을 굳게 먹고 자신의 의견을 피력하였다.

"정확한 모반의 증거가 없이 그렇게 큰 사찰을 무작정 토벌하기는 불가능한 일입니다. 그 중에서도 특히 가스가春日 대명신大明神은 일본 제일의 수호신입니다. 왕법과 불법은 나란히 난 쇠뿔과 같은 것이기에 서로를 멸할 수 없습니다."

좌대신 쓰네무네는 예전부터 기요모리를 두려워했기에 설마 우대신과 같은 의견을 내리라고는 짐작도 못했으나 이렇게 말했다.

"우대신이 아뢴 말은 한 마디도 그릇됨이 없습니다. 전적으로 그와 같은 의견입니다."

과연 좌우대신의 의견은 일리가 있었으니 당시 계획은 무산되었다.

그 후 지쇼 4년(1180) 6월 2일, 기요모리는 갑자기 천도를 행하여 수도를 후쿠하라로 옮기고 천황의 행차를 거행하니 어떤 말로도 표현할 수 없는 상황이 되었다. 그렇다고 이대로 후쿠하라를 수도로 삼을 수도 없기에 다시 중신 회의를 열어 11월 23일에 교토로 환도還都하였다. 민심도 조금씩 안정되어갔지만 기요모리는 12월 28일, 마침내 남도로 쳐들어가 사찰을 불태웠다. 당시 대장군은 삼위중장 다이라노 시게히라平重衡[77]였다. 기가 막힌다는 말로도 이루 다

인 고후쿠지興福寺를 의미하기도 한다.

76_ 후지와라노 다카스에(藤原隆季, 1127-1185). 중납언 후지와라노 이에나리藤原家成의 아들로서 도바 상황의 벳토別當, 고시라카와 상황의 측근이었다. 도바 상황의 유력한 측근이었던 부친의 권세를 배경으로 7세에 관직에 임명된 후, 여러 지방의 수령이 되었다, 이후 참의, 권중납언, 중납언 등을 거쳐 권대납언에 이른다. 지병으로 사퇴한 후 출가하였다. 가인으로서도 알려져 있다.

77_ 다이라노 시게히라(平重衡, 1157-1185). 다이라노 기요모리의 다섯째 아들. 관

표현할 수 없었다. 중납언 후지와라노 나가카타藤原長方[78]의 말을 빌면 이러했다.

"후쿠하라로 천도한 이후에 어떻게 되어갈지 걱정하던 차에 중신 회의가 있었고 기요모리님도 환도를 원하신다고 느꼈다. 그래서 발언을 하여 환도가 좋겠다는 뜻을 피력했다."

한편 다카쿠라노미야는 생전에 일주일 정도 미이데라에 머무는 동안 선지宣旨[79]를 내려 무사들의 궐기를 촉구했다. 이 문서는 전국 칠도七道로 보내졌다. 문서를 받은 이들 중에 이즈 지방의 미나모토노 요시토모源義朝의 아들 요리토모頼朝 병위좌兵衛佐가 있었는데, 그는 변해가는 세상사를 깊이 근심하고 있었다. 헤이지平治의 난 당시 그는 열세 살로 병위좌였다. 12월에 난이 일어났고 정월에 에이랴쿠永曆로 연호가 바뀌었다. 요리토모는 2월 9일에 요리모리頼盛의 가신 우병위위右兵衛尉 다이라노 무네키요平宗清[80]에게 발각되어 붙잡혔다. 요리모리의 모친[81]은 수리권대부修理權大夫 무네카네宗兼의 딸이었는데 특별히 내세울 것 없는 뇨보女房였지만 남편인 다다모리忠盛를 극진히 섬기던 여인이었다. 호겐保元의 난이 일어났을 때도 그녀가

위는 종삼위에 이어 정삼위에 이르렀으며 삼위중장이라고 불렸다. 다이라 가문의 대장으로서 각지의 전투에 임했으며 남도 토벌시 도다이지東大寺와 고후쿠지興福寺를 불태웠다. 다이라 가문 멸망 후에는 남도의 요구로 인도, 참수되었다.

78_ 후지와라노 나가카타(藤原長方, 1139-1191). 지방 수령 역임 후에 검비위사, 구로도노토를 거쳐 참의, 종이위 권중납언이 된다. 실무에 능하며 와카에 뛰어났고 학식, 재능을 높이 평가받았다.

79_ 일명 다카쿠라의 영지令旨라고 한다.

80_ 다이라노 무네키요(平宗清, ?-?). 헤이안 시대의 무사로서 다이라노 요리모리를 섬겼다. 헤이지의 난 당시 미나모토노 요리토모를 붙잡는다. 이후에는 다이라노 무네모리를 섬겼다.

81_ 이케노젠지(池禪尼, ?-?). 다다모리忠盛의 후처로 요리모리頼盛와 이에모리家盛를 낳았다. 기요모리의 계모로 남편 사후 불문에 귀의했다. 죽은 아들 이에모리와 요리토모가 닮았다는 이유로 구명활동을 벌여 요리토모의 생명을 구했다. 훗날 요리토모는 요리모리를 가마쿠라로 불러 그 은혜에 보답했다.

스토쿠 상황의 첫째 황자를 길러준 유모였기에, 아들 요리모리는 스토쿠 상황 쪽에 서야만 하는 처지였다. 하지만 그녀는 아들에게 이렇게 일러주었다.

"이번 일은 분명 스토쿠 상황의 패배로 끝날 겁니다. 이길 이유가 없으니까요. 큰 아들 기요모리에게 철석 붙어 계셔야 합니다."

이런 그녀가 요리토모를 보았는데 요리토모가 너무도 어리고 사랑스러운 아이였기에 한없이 울며 청하였다.

"저런 아이의 목을 어찌 치려 하십니까? 저를 봐서 용서해 주십시오."

결국 요리토모는 이즈로 유배를 가게 되었다. 이 일은 처음부터 끝까지 흥미롭고 불가사의하다. 또한 세상이 뒤바뀌어 요리토모가 천하의 주인이 될 사람이어서 그러했는지 붙잡혀 왔을 당시 요리토모는 요리모리를 깊이 의지하는 기색이었다.

한편 요리토모는 다카쿠라노미야의 선지가 내려온 것을 보고 굳은 결심을 했다.

'그랬군. 내가 생각한 대로군.'

또한 이즈에는 다카오高雄 사찰 건을 과하게 밀어붙인 이유로 유배 온 큰 스님 몬가쿠文覺가 있었는데, 미쓰요시光能가 고시라카와 상황의 의향을 살펴 몬가쿠로 하여금 그 뜻을 요리토모에게 전하게 했다는 일설도 있다. 그러나 이는 잘못 전해진 말이다. 몬가쿠는 조가쿠上覺, 센가쿠千覺[82]와 같이 유배를 갔는데, 이즈 지방에서 보낸 4년동안 아침저녁으로 요리토모와 친숙하게 지냈다. 바로 그 몬가

82_ 센가쿠(千覺, ?-?). 후지와라노 모리자네藤原盛實의 아들. 고후쿠지興福寺에 들어갔으며 1153년에 권율사權律師가 된다. 호겐保元의 난 당시 후지와라노 요리나가藤原賴長에게 동조했으며 부상당한 요리나가가 숨어들어가 최후를 맞은 곳이 고후쿠지 센가쿠의 방이었다고 한다.

쿠가 고시라카와 상황의 명이 없었는데도 주제넘게 조정과 무가의 마음을 살펴 말을 꺼낸 것이었다.

그러던 지쇼 4년(1180), 요리토모는 거사를 감행하여 헤이조平三 가지와라 가게토키梶原景時,[83] 도이 사네히라土肥實平,[84] 장인인 이즈의 호조 도키마사北條時政[85]를 데리고 동국東國을 장악하려 했다. 그러나 당시는 다이라 일가가 세상을 다스린 지 오래였기에 동국에도 다이라 가문 쪽 가신이 많았다. 그 중에서도 하타케야마畠山 쇼지莊司,[86] 고야마다小山田 벳토別當[87]라는 형제가 있었는데, 이들은 당시 교토에

83_ 가지와라 가게토키(梶原景時, 1140-1200). 지쇼 4년(1180)에 일어난 전투에서 다이라 가문 쪽에 가담하여 싸웠으나 미나모토노 요리토모를 눈감아주고 도와주었다고 한다. 그 후 요리토모에게 중용되었다. 기소 요시나카 토벌 등에 참전하였으나 단노우라 전투를 둘러싸고 요시쓰네와 대립한다. 요리토모 사망 후 요리이에를 지지하나 다른 이들의 탄압을 받고 실각. 일족을 이끌고 도쿄로 향하던 도중에 공격을 받고 살해당한다.

84_ 도이 사네히라(土肥實平, ?-?). 다이라노 다카모치平高望의 후예. 지쇼 4년(1180), 미나모토노 요리토모의 거병에 참가하였으며 이시바시야마石橋山에서 패전한 후 요리토모를 도망치게 하여 재기할 기반을 만들어주었다. 이후 요리토모에게 중용되었으며 여러 전투에 가담하였다. 다이라 씨가 단노우라 전투에서 괴멸하자 포로가 된 다이라노 무네모리平宗盛를 교토로 호송하였다.

85_ 호조 도키마사(北條時政, 1138-1215). 호조 도키카타時方의 아들이다. 이즈伊豆 지방의 관리로서 호조北條에 살면서 호조 시로北條四郎라고 칭했다. 유배 온 미나모토노 요리토모를 감시하는 역할을 하다가 은밀히 내통하여 딸 마사코政子와 혼인시켰다. 지쇼 4년(1180) 야마키 가네타카山木兼隆를 급습하여 요리토모의 미나모토 가문 재건을 돕는다. 이후 요리토모를 도와 여러 전투에서 활약하며 신뢰를 얻었다. 요시쓰네 토벌을 위해 대군을 이끌고 상경하였고 요리토모의 사후에는 히키比企 씨를 배후에서 조종하며 독재를 꾀하였다. 그 후 히키 일족을 멸망시키고 사네토모實朝를 옹립하였으며 막부의 실권을 장악하였다. 장군 폐위를 획책하다 발각되어 막부에서 추방되었다. 출가하여 이즈로 유배된 후 사망하였다.

86_ 하타케야마 시게요시(畠山重能, ?-?). 헤이안 후기의 무사로서 하타케야마 쇼지로 통하였다. 하타케야마 성의 시조.

87_ 고야마다 아리시게(小山田有重, ?-?). 무사시武藏 지방 호족. 요리토모가 거병하였을 때 형과 함께 교토에 있었으며 헤이케의 충실한 가신으로 전투에 임했으나 곧 요리토모에게 복속되었다.

있었기에 그 아들인 쇼지 지로莊司次郎[88]가 쳐들어와 전투가 일어났고 요리토모는 하코네筥根 산으로 쫓겨 가게 되었다. 요리토모가 갑작스레 옷을 벗고 자결하려 할 때, 노련한 도이 사네히라가 말리며 말했다.

"대장군이 갑옷을 벗을 때는 법식이 있는 법이옵니다."

그는 솔잎을 잘라 투구 밑에 깔고 갑옷을 들어 위에 올려놓았으니 그 행동이 무척이나 훌륭했다. 이윽고 요리토모는 이들을 데리고 배에 올라탄 후 차관 가즈사 히로쓰네上總廣經[89]에게 가서 세력을 모았다. 그 후에는 동국의 모든 이들이 요리토모의 뒤를 따르게 되었다. 미우라三浦에 있던 세력은 요리토모에게 오는 도중 하타케야마 무리와 일전을 벌인 후 한 곳에 함께 모이게 되었다.

북쪽 지방에서는 다치하키센조帶刀先生 요시카타義賢[90]의 아들인 기소칸자木曾冠者 요시나카義仲 등이 궐기하였다. 그곳에는 다카쿠라노미야의 아들이 내려와 있었다. 기요모리는 다카쿠라노미야를 제거한 후 더욱 기세등등하여 일련의 일을 벌이고 있었는데, 동국에서는 미나모토源 일가가 들고 일어나 나라에 큰 일이 벌어진 것이었다. 기요모리는 고시라카와 상황으로 하여금 토벌의 선지를 내리

88_ 하타케야마 시게타다(畠山重忠, 1164-1205). 가마쿠라의 무장으로 시게요시重能의 아들이다. 1180년 이시바시야마石橋山 전투에서는 요리토모에 대항하여 싸웠지만 곧 요리토모의 편이 되어 헤이케와 요시나카 군을 물리치는 공을 세웠다. 1205년 아들이 호조 도키마사北條時政에게 살해되자 자신도 호조 군대와 전투를 벌인 뒤 전사하였다.

89_ 가즈사 히로쓰네(上總廣常, ?-?). 다이라노 쓰네즈미平常澄의 여덟 번째 아들이다. 본성은 다이라 씨. 미나모토노 요리토모가 거병했을 때 그에게 가담했으며 동국 지방 최대의 세력이었던 그의 가담이 성공을 결정지었다고도 한다.

90_ 미나모토노 요시카타(源義賢, ?-1155). 헤이안 말기의 무사로서 미나모토노 다메요시源爲義의 아들이다. 부친과 함께 섭관가의 후지와라노 다다자네藤原忠實, 요리나가賴長를 모셨으며 닌페이仁平 3년(1153)에는 무사시武藏 지방의 유력한 호족의 사위가 됨으로써 그 세력을 떨쳤으나, 요시토모義朝의 장자 요시히라義平의 공격을 받아 살해되었다.

도록 하였고 시게모리의 적자인 고마쓰小松 내부内府 삼위중장三位中將 고레모리維盛[91]를 대장군으로 삼아 요리토모를 치고자 했다. 지쇼 4년(1180) 9월 21일의 일이었다. 당시 동국으로 내려가는 모습을 구경하려는 사람들이 모여들었다. 그러나 스루가駿河 우키시마바라浮島原에서는 전투가 일어나지도 않았는데도 데리고 갔던 동국의 무사가 모두 도망을 쳐서 요리토모에게로 가버렸으니 상경할 때는 허둥지둥 도망치는 모습으로 교토로 돌아왔다. 같은 해 윤2월 5일, 기요모리는 역병이 깊어져 세상을 떠났다. 그 후 정권은 고시라카와 상황에게 되돌아갔고, 내대신 무네모리宗盛가 다이라 가문을 이어 다스렸다.

다카쿠라 상황은 기요모리보다 앞선 정월 14일에 붕어하였다. 이리하여 날이 갈수록 동국, 북쪽 지방으로 가는 길은 모두 끊어져만 갔으니, 다이라 가문이 전투에서 이기도록 조치를 취했지만 모든 사람의 마음은 위아래 구분 없이 미나모토 가문으로 향했다. 요리토모가 점차 교토로 진격해온다는 소식이 들려왔는데 이는 기요모리가 사망한 지 3년이 지난 주에이 2년(1183) 7월의 일이었다. 우선 북쪽 지방의 미나모토 가문이 진군하여 오미近江 지방에 그들의 세력이 넘쳐났다. 앞서 다이라 일가는 에치젠越前 쪽으로 군사를 보냈으나 무참히 패배하고 쫓겨 돌아왔다. 이를 도나미 산礪波山의 전투[92]라고 한다.

91_ 다이라노 고레모리(平維盛, 1158-1184). 헤이안 시대 말기 다이라 가문의 무장. 다이라노 시게모리의 아들로서 미모의 귀공자로 알려져 있다. 지쇼治承의 난 당시 대장군으로서 출정하였으나 큰 패배를 맛보게 된다. 다이라 가문이 수도를 떠난 후에 전선을 이탈하여 물속에 뛰어들어 자살하였다.

92_ 도나미 산礪波山의 전투는 구리카라俱利伽羅 고개 전투라고도 한다. 주에이壽永 2년(1183)에 엣추越中와 가가加賀 국경에 있는 도나미 산 구리카라 고개에서 미나모토노 요시나카의 군대와 다이라노 고레모리가 이끄는 군대가 싸운 전투로서 요시나카의 군대가 승리하였다.

그러던 중 사태가 화급해지니 7월 24일 밤에 안토쿠 천황을 로쿠하라로 옮기도록 한 후, 다이라 일가가 모여 야마시나山科 관문을 지키기 위해 대납언 요리모리를 파견하려 했지만 요리모리는 재삼 거절하였다.

"지쇼 3년(1179) 겨울 즈음에 흉측한 소문[93]으로 인해 앞으로는 무사의 길을 버리겠다는 뜻을 돌아가신 기요모리님께 전했습니다. 천도할 때 상황께도 그 뜻을 고했습니다. 이제 와서 그런 일을 따를 수는 없습니다."

하지만 그 거절은 내대신 무네모리에게는 소용이 없었다. 거듭 채근하자 요리모리는 어쩔 수 없이 야마시나로 향했다. 오늘 내일이라도 요시나카義仲, 동국의 다케다武田 같은 이들이 교토로 들어올 것 같은 형세였으니 그렇게 되면 큰 전투가 벌어질 것이라며 사람들은 두려움에 떨고 있었다. 그러던 24일 한밤에 고시라카와 상황이 호주지法住寺 저택에서 몰래 나와 구라마鞍馬 쪽으로 돌아 요카와横川로 올라가면서 그 사실을 오미近江 지방의 미나모토 가문에 알렸다. 상황 곁에는 쓰쓰미 병위兵衛라 불리는 하급 북면무사 도모야스知康만이 가마를 메고 호위했을 뿐이었다. 로쿠하라에서는 새벽녘에야 이상하다는 낌새를 채고 웅성거렸다. 진시辰時에서 오시午時 사이에 무네모리 일족은 어쩔 수 없이 안토쿠 천황을 모시고 도바鳥羽 방면으로 퇴각한 후 배를 타고 시코쿠四國로 향했다. 로쿠하라 저택에 불을 질러 태워버렸으니 교토 안의 도둑이란 도둑은 모두 나와 앞 다투어 불 속으로 뛰어들어가 물건을 집어갔다. 그런 와중에도 야마시나에 있는 요리모리에게는 퇴각 사실을 알리지 않았다. 이 사실을 알게 된 요리모리는 일단 아들 병위좌兵衛佐 다메모리爲盛[94]를

93_ 지쇼 3년 정변의 원인이 되었던 관백 후지와라노 모토후사의 행동에 요리모리가 동조했다는 소문.

94_ 다이라노 다메모리(平爲盛, ?-?). 다이라노 요리모리의 차남으로서 여러 전투에

보냈고 그는 도바 부근에서 무네모리를 따라잡아 물었다.

"어찌된 일입니까?"

무네모리는 그 물음에 답조차 제대로 할 수 없을 만큼 넋이 나간 것처럼 보였으니, 다메모리는 되돌아와 부친에게 그 사실을 고하였다. 이윽고 요리모리는 무네모리의 뒤를 따라 퇴각하였으나 마음속으로는 교토에 머무르고 싶은 심정이었다. 또한 당시 고시라카와 상황의 두터운 신임을 받던 삼위중장三位中將 스케모리資盛는 상황의 의중을 알아보려 하였다. 결국 두 사람은 도바鳥羽에서 돌아와 호주지 저택에 머물렀다. 교토는 천지가 개벽할 만큼 큰 난리를 겪었기에 두 사람은 그간의 사정을 히에이잔에 있는 상황에게 알렸다. 답변은 요리모리에게만 돌아왔다.

"그간의 사정은 잘 알고 있소. 평소에도 그렇게 생각했다오. 다른 이들의 이목을 피해 하치조인八條院 있는 곳까지 와 주시오."

법인法印 간가寬雅의 처, 일명 유모 재상宰相은 하치조인[95]의 유모이자 요리모리의 장모였다. 요리모리는 하치조인의 후견인 역할도 하였기에 교토에 그대로 머무른 것이다. 그러나 스케모리는 상황에게 중재를 해주는 이도 없고 답장조차 받지 못했으니 다시 교토를 떠났던 것이다.

7월 25일, 상황은 엔랴쿠지 동탑東塔에 있는 엔유보圓融房로 행차하였다. 당시 히에이잔에는 이전부터 다이라 가문의 호지승護持

참가하였다. 『겐페이성쇠기源平盛衰記』에는 구리카라 고개 전투에서 사망했다고 기록되어 있으나 『헤이케모노가타리』에는 다이라 가문이 몰락한 후 해직된 것으로 기록되어 있다. 이후 종사위로 서품되어 좌근위대장으로 임관된 것으로 보인다.

95_ 아키코 내친왕(暲子內親王, 1137-1211). 도바 천황의 황녀로 고노에 천황의 누이이며, 스토쿠 천황과 고시라카와 천황의 이복누이로서 왕후의 자리를 거치지 않고 여원女院이 되었다. 미혼으로 생을 마쳤으나 요시스케良輔 등을 양자로 양육하였다.

僧[96]을 역임하던 좌주 묘운明雲이 있었는데 다이라 가문과 동행하지 않고 교토에 머무른 그를 나쁘게 말하는 이들이 있어 산으로 올라온 것이었다. 하지만 그는 상황을 알현하지는 않았다. 한편 교토 사람 모두가 틀림없이 다이라 가문과 함께 퇴각했을 것이라고 여겼던 섭정 모토미치基通는 예상과는 달리 퇴각하지 않고 산으로 올라갔다. 모토후사基房와 우대신 가네자네兼實도 모두 히에이잔으로 모여들었다. 그 때 교토에서는 서로 약탈을 하여 변변한 물건이 남아나지 않을 지경이었다.

"다이라 가문의 무사들이 남김없이 퇴각하니 이제는 두려울 것이 없습니다."

이와 같은 전갈을 받은 고시라카와 상황은 26일 이른 아침, 산에서 내려와 교토로 돌아왔다. 오미近江에 들어와 있던 다케다武田가 먼저 알현하였다. 곧 이어 요시나카가 교토로 돌아와 로쿠조 호리카와六條堀川에 있는 하치조인의 뇨보 호키伯耆 비구니의 집을 본거지로 삼았다.

이렇듯 교토가 난리법석인 상황에서도 안토쿠 천황은 간신히 구슬과 보검, 신경神鏡을 가지고 서국西國으로 갔다. 교토에 천황이 없어서야 되겠느냐는 판단이 있었던 것일까? 교토에는 조부祖父 고시라카와 상황이 있으니 서국에 있는 안토쿠 천황의 안위를 보고 나서 결정하자는 등 여러 의견이 분분했다. 상황은 그간 좌우대신, 모토후사 등과 정사를 의논하였으나 우대신의 의견이 특별히 세심하다고 하여 그 의견을 따랐다.

무엇보다 먼저 천황을 새로 모셔야 했다. 다카쿠라高倉 천황에게는 세 명의 황자가 있었다. 황자 한 명[97]은 기요모리의 부인이

96_ 천황 처소에 들어 천황의 안위를 기도하는 고승. 묘운은 당시 안토쿠安德 천황의 호지승이었다.

97_ 모리사다 친왕(守貞親王, 1179-1223). 다카쿠라 천황의 둘째 황자로서 모친은

맡아 키웠는데 배에 태워 서쪽으로 데려갔고 다른 두 명은 교토에 남아 있었다. 고시라카와 상황이 산노미야三宮와 시노미야四宮를 불러 살펴보았더니 시노미야는 낯을 가리지도 않고 상황을 따랐다. 점괘 역시 길하게 나왔으니 주에이 2년(1183) 8월 스무날에 시노미야는 고토바 천황으로 즉위하였다. 만사가 전례 없는 의례였으나 상황은 매사에 조정 신료들의 의견을 구하였고 특히 우대신이 일을 잘 처리하여 이렇게 새 국왕이 나오게 되었다. 그렇지만 세상이 어찌 안정될 리 있겠는가? 이 같은 일은 본래 섭정이 해야 하는 것인데 일본국의 돌아가는 형상이 지금 이러한 것이다. 고시라카와 상황은 히에이잔에서 내려오기가 무섭게 섭정은 전처럼 모토미치가 해야 한다는 하명을 내렸다. 필시 다이라 가문을 따라 낙향해야 할 인물이 교토에 머물러 있었기 때문인지 혹은 다른 이유가 있었을지도 모른다. 그러나 모토미치는 국정을 처리할 수 있는 인물이 못 되었기에 조금이라도 미심쩍은 일이 있으면 우대신에게 묻곤 했으니 이름만 섭정일 뿐이었다. 자신보다도 어린 새어머니에게서 장원 문서를 얻어 기요모리의 비호하에 섭정이 되었는데 이렇듯 알려지게 된 것이었다. 실로 모든 이가 불가사의하게 여기던 일이 만천하에 드러나게 되었다. 이처럼 어지러워진 세상에서는 그 무엇도 이치에 맞는 일은 이루어지지 않는 시절을 맞게 된 것이다. 무릇 섭정이 시작된 이래 이토록 기량이 부족한 사람은 여지껏 없었다. 결국 이 세상은 스러지고 말 것이다.

증贈 좌대신 노리스에範季가 말했다.

"미나모토 가문 사람이 이미 오미 지방에 넘치고 로쿠하라가

시치조인七條院. 고호리카와後堀河 천황의 부친이기도 하다. 안토쿠 천황과는 배다른 형제, 고토바 천황과는 같은 모친에게서 태어난 형제다. 출가하였으나 아들인 고호리카와 천황 즉위 후 이례적으로 태상천황 호칭을 받아 원정을 행하게 된다. 고타카쿠라인後高倉院이라 하였다.

술렁댈 때 상황께서는 이마쿠마노今熊野에 칩거하셨습니다. 가까이 불러 주셔서 곁에서 모시다가 기회를 봐서 이제는 도저히 대적할 수 없다고 말씀드렸지요. 동국에서는 평민들조차 활과 화살을 지니고 있으니 다이라 가문은 당하지 못할 것이라고 말입니다. 도망치실 준비를 하셔야 한다고 했더니 웃음지으시며 지금이 그 때인 것 같다고 말씀하셨습니다."

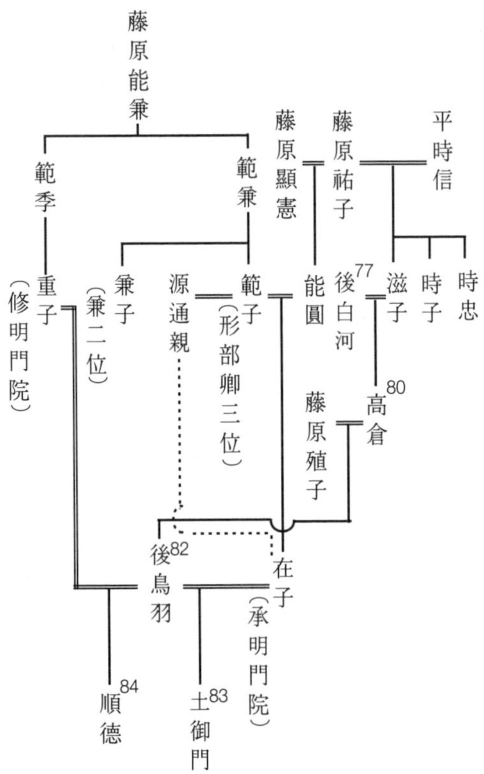

상황도 원래부터 그렇게 생각하고 있었던 것이다. 노리스에는 고토바 천황을 맡아 길렀으니 천황 즉위시에도 모든 일을 처리하였다. 관위는 이위二位까지 올랐으나 당대 천황의 외조부였기에 좌대신으로 추증되었다. 노리스에의 조카 즉 교부쿄노산미刑部卿三位[98]는 노엔能圓 법사의 처가 된다.

노엔은 쓰치미카도土御門 천황의 모후인 쇼메이몬인承明門院의 부친이다. 쇼메이몬인은 노엔과 처 교

98_ 후지와라노 노리코(藤原範子, ?-1200). 고토바 천황의 유모로서 종삼위. 교부쿄노산미刑部卿三位라고도 한다. 홋쇼지 집행 법인 노엔能圓의 처로서 쇼메이몬인承明門院을 낳는다. 다카쿠라 천황의 아들인 고토바 천황을 맡아 양육했는데, 남편인 노엔이 다이라 가문과 함께 교토를 떠난 후 숙부인 노리스에와 함께 양육하였다. 자신의 딸이 고토바 천황의 뇨보가 되어 낳은 황자가 쓰치미카토 천황으로 즉위함으로써 천황의 외조모가 된다.

부쿄노산미 사이에서 태어났다. 더구나 노엔의 처는 고토바 천황의 유모이기도 했는데 기요모리의 부인이 노엔을 양자로 삼았으니 그 처가 유모가 되었던 것이다. 노엔은 다이라 일가가 교토에서 퇴각할 때 동행하였기에 그 처는 오직 숙부인 노리스에範季만을 의지하였다. 또한 내대신內大臣 미치치카通親가 그녀를 사모하게 되어 둘 사이에서 많은 자식을 보았다. 그녀의 죽은 여동생 교노니이卿二位[99]는 오로지 일편단심으로 고토바 천황만을 섬겼으니 그런 운명을 타고난 사람이었다.

그러는 사이 요시나카는 요리토모를 적으로 생각하게 되었다. 다이라 가문 일가는 규슈九州에 머물면서 교토를 탈환하려 했다. 다이라 가문과 요시나카가 서로 연합하여 한 마음으로 관동의 요리토모를 공격할 것이라는 소문이 돌자 모두들 수군댔지만 그것도 확실한 사실은 아니었다. 한편 고시라카와 상황을 모시던 북면 하급무사 도모야스友康, 긴토모公友[100]는 스스로 무사임을 내세워 요리토모

99_ 교노니이(卿二位, 1155-1229). 이름은 가네코兼子로서 위계에 의해 교노니이라고 불린다. 고토바 상황의 뇨보로서 권세를 휘둘렀다. 숙부인 노리스에와 언니인 노리코가 고토바 상황을 양육한 이유로 유년시절부터 가까운 관계를 쌓았다. 양녀가 상황의 애첩이 되어 준토쿠 천황을 낳고 그를 양육하면서 큰 힘을 가지기 시작하였다. 중요사건의 매개자 역할을 하였으며 인사권을 장악하여 많은 재물을 축적하였다. 후지와라노 무네요리藤原宗頼와 결혼하였고 남편이 사망하자 요리자네와 재혼한다. 요리자네를 상황의 후견인으로 세웠으며 고토바 상황의 자제로 자신이 양육한 요리히토頼仁 친왕을 미나모토노 사네토모의 후계자로 하겠다는 약속을 호조 마사코北條政子와 맺는 등 막부와의 협조관계를 추진하였다.

100_ 오에노 긴토모(大江公朝, ?-?). 본문에는 公友로 되어 있으나 公朝가 옳다. 헤이안 말기의 하급 관인으로서 검비위사를 지냈다. 겐페이源平 내란 당시 두각을 나타내었으며 고시라카와 상황과 미나모노토 요리토모 사이의 교섭책으로서 활약하였다. 분지文治 1년(1185)에 요시토모의 목을 옮기는 칙사로서 가마쿠라로 파견되었으며 상황과 막부 사이의 절충 역할을 담당하였다. 겐큐建久 3년(1192)에 고시라카와 상황의 붕어를 따라 출가하였으며 그 후에도 사절로서의 역할을 하였다.

야말로 무사의 귀감이라 굳게 믿고 그의 인품 또한 훌륭하다고 하며 요리토모가 진군해 오기를 기다렸다. 또한 요시나카가 어떤 짓을 저지를지 모르기에 상황 처소를 요새로 삼고 무사들을 넘치도록 불러들였다. 미나모토 가문의 무사들을 비롯하여 승려들도 소집되었고 천태좌주 묘운은 승병을 동행하여 방위를 굳건히 하였다. 요시나카는 아군의 세력이 쇠하기 전에 일을 감행해야 한다는 생각에 바로 지금이 적기라 판단하여 주에이 2년(1183) 11월 19일에 야마다山田, 히구치樋口, 다테楯, 네노이根井라는 네 명의 가신과 천여 명의 기병 중 오백여 명을 이끌고 돌연 상황 처소를 공격하였다. 그로 인해 많은 이가 상황 편으로 돌아섰으나 미나모토 가문의 사부로센조三郎先生[101]는 여전히 요시나카와 뜻을 같이하였다. 사이쇼코인最勝光院을 수비하고 있던 좌주座主 쪽 병사 가운데에 좌주의 승병이 몇 명 있는 것을 겨냥하여 사부로센조가 계속해서 화살을 쏘아대자 이들은 모두 흩어졌다. 격렬하게 공격하여 어지간한 중신과 당상관들은 모두 무사에게 붙잡혔다. 당상관 위로는 미노美乃 수령인 노부유키信行가 그 자리에서 살해당했다. 그 밖에 사망한 자 가운데 신분이 높은 사람은 더 이상 없었고 훌륭한 무사들도 모두 도망갔다. 상황은 쇼조코인清淨光院으로 거처를 옮겼다. 그러나 무사들이 와서 정중히 로쿠조六條의 요시나카 저택 옆에 있던 노부나리信成 저택으로 모셨다. 당시 로쿠조 저택이라 불린 곳이 바로 이곳이다.

천태좌주 묘운과 온조지園城寺의 하치조노미야八條宮[102]라 불리던

101_ 미나모토노 요시히로(源義廣, ?-?). 미나모토노 다메요시源爲義의 셋째 아들로 시다 사부로센조志田三郎先生라고도 한다. 다메요시에게는 수많은 자녀가 있었으며 요시토모와 요시히로는 형제 사이이다. 요시히로는 조카인 기소 요시나카군에 참가하여 평생을 함께 했다. 우지 강 전투에서 요시나카가 전사하였고 이후 요시히로도 참수된다.

102_ 엔케이 법친왕(圓惠法親王, 1152-1184). 고시라카와 천황의 황자로서 모친은 보몬노쓰보네坊門局. 일명 하치조노미야八條宮라고도 한다. 지쇼治承 4년(1180)

고시라카와 상황의 황자는 사망하였다. 묘운의 목은 니시노토인西洞院 강가에서 찾아내 겐신顯眞[103]에게 전달되었다. 묘운과 함께 하며 마지막을 지켜본 자에 의하면 그간의 사정은 다음과 같다.

"우리가 지키고 있던 곳이 공격당했다는 소식을 들었을 때 좌주께서는 장견長絹으로 된 겉옷 위에 짙은 황색 가사를 입고 상황 처소에 계셨습니다. 좌주를 모시고 갈 가마를 멜 사람도 없었기에 어쩔 수 없이 말을 타시고 제자 몇몇과 함께 렌게이오인蓮花王院 서쪽 토담 밑을 따라 남쪽으로 도망가고 있었습니다. 때마침 화살이 비 오듯 쏟아졌으니 말안장 위에 앉아있던 좌주의 허리에 화살이 꽂힌 것입니다. 그것을 뒤에서 즉시 뽑았습니다만 허리띠 사이로 피가 흘렀습니다. 그리고 토담 남쪽 끝에 논에 댈 물을 모아둔 보가 있었는데 그곳에서 낙마하셨습니다. 무사들은 활시위를 당기며 쫓아왔습니다. 좌주님 제자 중에 인노미야院宮, 나중에 가지이노미야梶井宮[104]라 불리며 잠시 좌주로 계셨던 분이 있었습니다. 당시 열대여섯이었는데 그분이 그 순간 영특하게도 "내가 황자다!"라고 외쳐 생포되어 무사 집으로 끌려가서 당궤 위에 앉혔다고 합니다."

한편 하치조노미야는 수행하던 이가 판단을 잘못하여 승복과 가사를 벗게 하고 감색 홑옷을 입게 하였다. 그러자 무사가 달려들어 칼로 베려 하였다. 그 뒤에는 하지조노미야를 측근에서 모시던 쇼쇼보小將房라는 승려가 있었다. 그는 고토바 상황 처소에서 근무

에 일어난 모치히토오以仁王의 반란에 관련됨으로써 시텐노지四天王寺 검교檢校직에서 물러나게 된다. 미나모토노 요시나카源義仲가 고시라카와 상황을 공격할 당시 살해되었다.

103_ 겐신(顯眞, 1131-1192). 제61대 천태좌주로 후지와라노 아키요시藤原顯能의 아들이다. 히에이잔 사이운법친왕最雲法親王에게 사사하고 묘운明雲 등에게 현교顯敎와 밀교密敎를 배웠다. 조안承安 3년(1173)에 오하라大原로 퇴거하여 분지文治 2년(1186)에 호넨法然에게 정토淨土의 가르침을 물은 후 그 문하에 귀의하였다.

104_ 쇼닌 법친왕(承仁法親王, 1169-1197)을 말한다.

하는 우마노스케馬助 미나모토노 도시미쓰源俊光의 형이었는데 "내가 도시미쓰의 형이다"라며 양손을 벌려 하치조노미야를 막아섰다. 막아선 그 두 팔을 무사들이 칼로 내리쳐 떨어뜨렸다. 그 광경을 마지막까지 지켜본 자가 있었다. 한편 묘운의 목을 벤 무사는 요시나카에게 그 사실을 보고하였다. "뭐 그런 자의 목을"이라는 말에 니시노토인西洞院 강에 버린 것 같다. 고시라카와 상황 처소에는 황자 슈카쿠守覺 친왕[105]이 있었으나 제일 먼저 도망갔으니 참으로 유감이라고 사람들은 말했다. 묘운은 히에이잔에서 좌주직을 놓고 가이슈快修와 싸우며 눈 내린 날 고부쓰인五佛院에서 서탑西塔까지 마흔여덟 명을 죽인 인물로 모든 면에 악업을 쌓은 자였다. 예전에 사이코西光가 참수당하던 날 좌주 묘운은 궐기한 승도들로 하여금 니시사카모토西坂本까지 내려가 읍소하게 했다.

"우리가 여기까지 내려왔습니다."

이 소식을 전해들은 기요모리는 이렇게 답하였다고 전해진다.

"승도들이 히에이잔으로 올라가는 불이 보이는 동안은 마당에 깔개를 깔고 엎드려 있겠습니다."

제 아무리 말세라 하더라도 호주지 전투 때 묘운이 이토록 무사처럼 행동한 것을 의아해하는 사람들이 많았다. 하치조노미야는 존성왕법尊星王法을 행하였다. 제문에는 고시라카와 상황에게 위기가 닥칠 때에는 자신이 대신하겠다는 말을 써넣었다고 한다. 다카쿠라노미야가 미이데라에 쫓겨 왔을 때 쫓아내려 했던 것도 그였다. 호주지에서 벌어진 전투는 거듭 생각해도 덴구天拘[106]의 짓임에 틀림

105_ 슈카쿠 법친왕(守覺法親王, 1150-1202). 고시라카와 천황의 아들로서 진언종의 승려. 에이랴쿠 원년(1160)에 출가하였다. 안토쿠 천황 탄생시에는 출산 기원을 행하였으며 와카에 뛰어난 자질을 보였다.

106_ 깊은 산속에 사는 상상속의 요괴로 본서 7권에는 지엔이 생각했던 덴구의 특징, 성격에 대해 자세히 설명되어 있다.

없다. 덴구를 쫓아내어야 할 불법佛法이 효험이 없을 정도로 사람의 심성이 극악해지니 스스로 신불의 은혜를 받을 만한 그릇이 되지 못함이다. 어쩔 수 없는 일이다.

한편 요시나카는 모토후사基房의 아들, 당시 열두 살이었던 중납언 모로이에師家를 내대신으로 삼았고, 모로이에는 이윽고 섭정, 후지와라 가문의 장자가 되었다. 여덟 살에 중납언이 된 연유로 '여덟 살 중납언'이라는 별명을 가졌던 사람이다. 더구나 대신大臣의 결원도 없는 상황에서 사네사다實定의 내대신 자리를 잠시 빌려 그 직위에 올랐으니 세상에서는 '빌린 대신'이라는 별명을 다시 붙여주었다. 결국 정치는 모토후사의 손아귀에 들어가게 되었다. 다이라 가문에게 빼앗겼던 권력이었기에 이때만이라도 마음껏 누려보려는 심정이었던 것 같다. 이윽고 모토후사는 임명식을 거행하여 선정을 베풀려는 생각으로 도시쓰네俊經[107]를 재상으로 삼았다. 이런 상황이었으니 섭관가의 소유지 문서는 모두 모토후사가 관리해야 했기에 모토미치의 권력은 쇠잔해져가기만 했다. 고시라카와 상황은 모토미치를 더할 나위 없이 아꼈기 때문에 그 당시 가야노인賀陽院의 소유지만은 모토미치에게 남겨 줘야 한다는 뜻을 전했다. 그 소유지는 모토미치의 부친 모토자네가 가요인의 양자가 되어 물려받은 곳이었다. 하지만 그럴 수 없다는 대답이 돌아왔으니 고시라카와 상황은 이를 안타깝게 여겼던 것이다. 돌이켜보면 어찌하여 모토후사만한 인물이 요시나카의 세상에서 오랫동안 권력을 유지하려 했는지 거듭 안타까운 일이다. 당시 가네자네는 현명하게도 자신이 아닌 모토후사 쪽이 발탁된 사실을 신불의 보살핌 덕분이라고 기뻐했다.

107_ 후지와라노 도시쓰네(藤原俊經, 1113-1191). 후지와라노 아키나리藤原顯業의 차남으로 문장박사, 좌대변을 거쳐 참의에 올랐다. 정삼위에 서품되었으며 일기로 『도시쓰네경기俊經卿記』를 남겼다.

"사정상 열두 살짜리를 앞에 내세운 것이 어이없지만 모토후사가 다시 권력의 자리에 돌아온 것이니 기가 막히군."

해가 바뀌어 정월 20일이 되었다. 요리토모는 전투가 벌어졌다는 소식을 듣고 동생 가운데 구로九郎 요시쓰네義經[108]에게 도이 사네히라土肥實平, 가지와라노 가게토키梶原景時, 차관次官 지카요시親能[109] 등을 데리고 상경하게 했다. 그들은 지체 없이 교토로 쳐들어가서 그 날 안에 요시나카를 쓰러뜨린 후 목을 베었다. 요시나카는 그 전에 이미 관동 지방의 무사들이 공격해온다는 전령을 듣고 가신들로 하여금 세타勢多, 우지宇治, 요도淀 등지로 흩어져 방어하게 하였다. 요시나카의 병사들이 넓게 포진하여 있을 때에 요시쓰네와 지카요시는 민첩하게 우지 쪽에서 달려 들어와 가모賀茂 강가에 진을 쳤다. 이 소식을 들은 요시나카는 불과 기병 네댓 명을 거느리고 빠져 달려 나왔다. 곧이어 퇴각하여 세타 쪽 세력에 가담하려고 오쓰大津로 내려가고 있던 찰나, 뒤를 추격해온 요시쓰네 세력에 의해 오쓰의 밭 한가운데에서 낙마하게 되었다. 결국 이세노 사부로伊勢三郎[110]라고 하는 가신의 칼에 쓰러졌다고 한다. 요시나카의 목을

108_ 미나모토노 요시쓰네(源義經, 1159-1189). 미나모토노 요시토모의 아들로서 부친이 헤이지의 난에서 패배한 이후 다이라 가문에 쫓겨서 각지를 방랑하였다. 형 요리토모가 지쇼 4년(1180)에 군사를 일으키자 찬동하며 참가하였다. 이후 우지 강 전투에서 기소 요시나카를 물리침으로써 젊은 장군으로서 부상하였다. 이어서 셋쓰의 이치노타니 전투에서도 활약하였다. 그 상으로 검비위사가 되었고 구로 판관이라고 불렸다. 이후 수많은 전투를 통해 지배영역을 확장시켜갔으며 기습전법에 뛰어나 단노우라 전투에서 다이라 씨를 물리쳤다. 그러나 요리토모와의 불화가 시작되었고 요리토모의 냉대와 박해에 뜻을 굳혀 고시라카와 상황의 허가를 받아 요리토모 정벌에 나서지만 뜻을 이루지 못하고 결국 전사한다. 수많은 전설과 에피소드를 남긴 인물로 유명하다.

109_ 나카하라 지카요시(中原親能, 1143-1209). 어렸을 때 유배시절의 요리토모를 접했으며 겐페이 싸움에서는 요리토모 편에 섰다. 가마쿠라 막부의 실무 관리로서 중용되었으며 헤이케 토벌 등 실전에도 임했다. 1201년부터 교토에 상주하면서 조정과 막부와의 조정 역할을 담당하였다.

가지고 돌아오자 고시라카와 상황은 수레를 타고 궁궐 입구까지 나와서 그 광경을 지켜보았다.

한편 내대신 다이라노 무네모리는 요시나카와 결탁하려는 계획으로 자신의 군주인 안토쿠 천황을 보위하여 서국에서 교토를 향해 출발하였다. 같은 해(1184) 2월 6일, 일행이 후쿠하라에 도착했을 즈음이었다. 요리토모가 가신들로 하여금 공격을 감행케 하였다. 이치노타니一の谷라고 하는 곳에서 구로 요시쓰네는 후면 공격을 개시하였다. 구로 요시쓰네는 고쿄고쿠後京極 대감이라 불린 후지와라노 요시쓰네藤原良經와 이름이 같았기에 후에 요시아키義顯로 개명하였다. 바로 이 요시쓰네가 이치노타니를 공격하여 다이라 일가의 자제로 도다이지東大寺를 불태운 대장군 시게히라重衡를 생포하였고 그 밖에도 그 날 열 명 정도를 쓰러트렸다. 그 중에는 중납언 노리모리敎盛[111]의 아들 삼위 미치모리通盛,[112] 다다노리忠度[113] 같은 자도

110_ 이세노 사부로(伊勢三郎, ?-1186). 이름은 요시모리義盛로서 요시쓰네의 부하.

111_ 다이라노 노리모리(平敎盛, 1128-1185). 헤이안 말기의 무사로서 다이라노 다다모리平忠盛의 아들. 기요모리의 배다른 동생으로서 총애를 받았고 그 측근으로 영화를 누렸다. 그러나 오호應保 1년(1161)에 다이라노 도키타다平時忠가 노리히토憲仁 친왕을 태자로 옹립하려는 획책에 연루되어 좌천되었다. 이듬해에는 다시 등용되었고 노리히토 친왕이 다카쿠라 천황으로 즉위할 당시 정삼위 참의에 올랐다. 여러 지역의 수령을 역임하다가 지쇼治承 4년(1180), 모치히토오의 거병을 계기로 무사로서의 위력을 보였다. 기요모리 사후에는 한 가문의 장로로서 활약하였고 실제 전투에는 참여하지 않았다가 요시나카와의 싸움에서 공을 세운다. 겐랴쿠元曆 1년(1184)에 이치노타니 전투에서 장남과 삼남을 함께 잃고 단노우라 전투에서 본인도 사망에 이른다.

112_ 다이라노 미치모리(平通盛, ?-1184). 헤이안 말기의 무사로서 권중납언 다이라노 노리모리平敎盛의 아들이다. 구로도藏人를 거쳐 에치젠越前의 수령을 역임하였으나, 이치노타니 전투에서 사망하였다. 『헤이케모노가타리』에 의하면 지쇼治承 4년(1180) 남도 공격 당시에는 부장군으로서, 그 후 북국 토벌에는 대장군으로 출병하였다고 전한다. 또한 사랑하는 여인 고자이쇼小宰相가 그 뒤를 이어 투신자살한 비화가 묘사되어 있기도 하다.

113_ 다이라노 다다노리(平忠度, 1144-1184). 헤이안 말기의 무사로서 부친은 다이라노 다다모리忠盛. 뛰어난 용맹을 자랑하며 후지와라노 도시나리藤原俊成에게

있었다. 한편 무네모리는 혼비백산하여 배를 타고 도망쳤다.

그 후 얼마 안 있어 같은 해 4월 16일, 호겐保元의 난 전적지인 가스가春日 벌판에 스토쿠 상황과 중태정대신 후지와라노 요리나가의 신전을 조영하였다. 이곳을 지키는 신하, 노리스에範季가 영험한 뱀의 출몰을 알렸다. 또한 신직神職을 담당하는 신기神祇관 권대부權大副 우라베 가네토모卜部兼友도 꿈에서 신의 계시를 받았다고 전했다. 신전 조영은 단기간에 이루어졌다. 이는 사람들이 기소 요시나카[114]가 호주지法住寺를 공격한 것은 오로지 덴구에 홀려 저지른 짓이라고 생각했기 때문이며, 무엇보다 스토쿠 상황 원령의 탓이라고 이야기했기 때문이다. 스토쿠 상황이 사랑했던 가라스마루도노烏丸殿라는 이가 있었는데, 아직 생존해 있었기에 아야노코지綾小路 벌판에 있던 그녀의 저택에도 어영당御影堂을 조영하고 상황의 초상을 안치하였더니 영험이 있다 하여 여러 조치가 이루어졌다. 이리하여 다이라 가문은 서국 바다에 배를 띄우고 배 안에서 많은 영지를 다스렸다. 동국의 정세는 안정되어 갔지만 아직은 편안히 있을 수는 없었으며 교토의 사람들은 여전히 충격에서 벗어나지 못한 채 한탄하고 있었다. 그동안 해상 전투를 준비하던 요리토모의 무사들은 겐랴쿠 2년(1185) 3월 24일, 마침내 출정하라는 소식을 듣고 각지에서 서국으로 향하였다. 나가토長門 지방의 모지노세키門司關에 있는 단노우라壇の浦라는 곳에서 해전이 벌어졌다. 무네모리의 친모인 니이노아마二位尼는 손자인 안토쿠 천황을 품에 안고 보옥과 보검을 지닌 채 바다로 투신하였으니 참으로 용감한 여인이었다. 내대신 무네모리 이하 다이라 일가는 모두 바다로 뛰어들었다. 무네모리는 헤엄에 능한 이였기에 가라앉지 않고 계속 떠 있다 보니 살고 싶은 마음이 생겨났다. 그러다 결국 생포되었다. 또한 안토쿠 천황의

사사하여 와카를 잘 지었다. 이치노타니 전투에서 전사하였다.

114_ 미나모토노 요시나카(源義仲, 1154-1184)를 말한다.

생모 겐레이몬인建禮門院은 바다에서 끌어 올려져 생포되었다. 같은 해 4월 25일, 보옥과 신경神鏡은 교토로 반환되었으나 보검은 바다 속으로 가라앉았다. 상자에 담긴 보옥은 바다에 떠있었는데 어느 무사가 이를 건져내어 나이시內侍였던 다다아키尹明의 딸에게 보여주었다고도 한다. 신경은 대납언 다이라노 도키타다平時忠가 바다에서 건져내 가지고 있었다. 그는 니이노아마의 오빠였으며 도키노부의 아들로서 다이라 가문과 뜻을 같이하고 있었는데 영리한 척하다가 종종 유배되었던 인물이다. 이리하여 보옥과 신경은 교토로 전달된 것이다. 다카쿠라 천황의 두 번째 황자도 생포되었는데 그 뒤 조사이몬인上西門院이 양육하였다. 교토에서는 보검을 찾기 위해 여러 방책을 취했고 해녀까지 잠수했으나 결국 찾아내지 못했다. 그간의 사정을 어떻게 필설로 다할 수 있겠는가? 그저 헤아려주기 바란다. 큰일의 중요한 대목이라면 몰라도 그렇지 않은 소소한 일에 대해서는 써보았자 의미가 없으니 생략하고 쓸 따름이다.

그때 바다에 빠진 천황을 후에 안토쿠 천황이라 이름 지었다. 안토쿠 천황이 바다에 빠진 것은 그의 출생과 깊은 관련이 있다. 그는 기요모리가 아키安藝의 이쓰쿠시마嚴島 명신明神에게 기원하여 그 효험으로 태어났다. 이쓰쿠시마 명신은 용왕의 딸이라고 전해진다. 기요모리의 두터운 신심에 탄복하여 신이 몸소 안토쿠 천황이 되어 태어난 것이다. 그리고는 마침내 바다로 돌아간 것이다. 자세한 사정을 아는 이가 이야기한 것이다. 이 일은 진실이라 여겨진다.

무릇 보검을 잃어버린 일이야말로 이 치세에 진실로 가슴 아픈 일이다. 이 괴로움 또한 그럴 만한 도리에서 이루어진 것이리라. 여러모로 궁리해 본 결과 오로지 다음과 같은 연유임을 알게 되었다. 즉 지금은 공공연하게 무사들이 천황을 지켜주는 시대가 되었기에 그 대신에 보검이 사라진 것이 아니겠는가? 그 까닭은 칼이라는 것은 본디 병기兵器의 기본으로 무武를 상징한다. 왕은 문무라는 두 가지의 도로서 나라를 다스린다. 문文은 계체수문繼體守文[115]이라 하여 국왕이 체득해야 하는 것으로 이를 위해 동궁에게는 학사學士, 천황에게는 사독侍讀이라는 유교儒教를 가르치는 스승을 두었다. 무武는 보검에 의탁했으니 종묘를 지키는 신 또한 이 보검의 힘을 빌어 국왕을 지켰다. 그런데 지금은 천하가 무사대장군武士大將軍의 손아귀에 있으니 국왕이 그와 뜻을 달리해서는 국왕으로서 존재할 수 없는 시운時運이 확연하게 드러난 것이다. 이를 이세伊勢 대신궁과 하치만八幡 대보살이 허락하였으니 이제는 보검이 필요 없어진 것이다. 다카쿠라 천황은 다이라 가문에서 추대하였다. 천황이 지녔던 무武의 상징이 마침내 이때 사라진 것이야말로 확연히 납득이 간다. 그러나 변해가는 세상이 애달프다. 대저 신분이 높고 낮은 모든 이의 운명도, 삼세三世[116]의 시운時運도 법이자연法爾自然하여 움직여가니 깊이 생각해 보면 알 수 있다. 그렇지 않다고 할 사람이 있을지 모르겠으나 삼세에 걸친 인과의 도리를 명확히 그 기준으로 삼아 생각해보면 도리와 법이法爾의 시운時運은 본래부터 조화롭게 되어 있어서 흐름에 따라 흘러 내려가거나 거슬러 올라가기도 한다. 지혜로운 자는 이와 같은 이치를 분명히 인식하여 타심지他心智, 미래지未來智[117]를 얻은 것처럼 미래의 일을 조금도 틀리지 않게 예견하게 되는 것이다. 중국에서 성인이라 불리는 공자나 노자를 비롯한 뛰어난 사람들은 모두 이런 이치를 깨달아 앞일을 미리 예견하였다. 그리고 이 나라에서도 현명한 인물은 어떤 일을 계획할 때에 그 기량에 맞게 앞일을 예견한다. 그런 인재를 등용하면 세상은 잘 다스려지고 그렇지 않은 사람, 즉 눈앞의 일에만 연연하는

115_ 조상의 뒤를 잇고 물려받은 법과 질서를 잘 다스려 후대에 계승시킨다.

116_ 과거, 현재, 미래를 말한다.

117_ 타심지는 다른 사람의 마음을 읽는 지혜, 미래지는 미래를 예지하는 지혜를 말한다.

사람이 세상을 다스리면 그 세상은 스러지고 쇠퇴할 뿐이라고 한다.

한편 대부위大夫尉를 제수받은 요시쓰네는 5월 7일에 생포한 무네모리와 시게히라 등을 데리고 가마쿠라에 있는 요리토모에게 내려갔다. 다시 둘을 교토로 올려 보낸 후 내대신 무네모리는 6월 23일 세타瀨田 근처에서 참수하였다. 시게히라는 도다이지東大寺 대불을 태웠던 그 대장군이었다. 부처의 적을 응징한 증거로 삼고자 일부러 이즈미泉의 고쓰木津 근처에서 참수하였고 그 목은 나라奈良의 언덕길에 걸어두었다. 무네모리의 목을 검비위사청檢非違使廳으로 옮길 때 많은 사람들이 구경하였는데 고시라카와 상황도 그 광경을 보았다. 요리마사의 아들 요리카네賴兼[118]는 시게히라를 호송하여 상경하였는데 도다이지로 이송하던 중 참수하였다. 오쓰大津에서 다이고醍醐를 거쳐 히쓰櫃 강가로 나와 우지宇治 다리를 건너 나라奈良로 갔다. 시게히라의 처는 구니쓰나邦綱의 둘째 딸로 다이나곤노스케大納言典侍[119]라 불리던 여인이었다. 그녀는 다카쿠라 천황을 모셨으며 안토쿠 천황의 유모였다. 당시 히노日野와 다이고 중간쯤에 집을 짓고 살던 언니 다이후노산미大夫三位와 함께 기거하고 있었다. 부인의 처소 앞을 지나가던 시게히라는 기쁜 마음에 수레에서 내렸다. 이제 곧 참수당할 신세가 서러워 시게히라는 한없이 울며 천천히 옷을 갈아입었다. 요리카네의 허락 하에 부인은 남편의 마지막 의관

118_ 미나모토노 요리카네(源賴兼, ?-?). 미나모토노 요리마사源賴政의 아들로서 주에이 2년(1183) 궐의 슈고守護직에 오른다. 다이라노 시게히라平重衡를 가마쿠라에서 남도로 호송하기도 했다.

119_ 후지와라노 스케코(藤原輔子, ?-?). 대납언 후지와라노 구니쓰나藤原邦綱의 둘째 딸로서 다이라노 시게히라의 처. 안토쿠 천황의 유모로서 단노우라 전투에서 물에 뛰어들지만 포로가 되었다. 이후 언니인 다이후노산미大夫三位의 처소에서 은닉하고 있었다. 끌려가던 시게히라와 스케코의 재회와 이별은 『헤이케모노가타리』에서도 중요한 한 장면으로 인식되고 있으며 결국 그녀도 출가한다.

정제를 도와주었다. 무릇 악한 짓만을 일삼는 자는 미워할 만하지만 처지가 이렇게 되었다는 말을 들으면 슬픔의 눈물을 흘리게 마련이다.

한편 스에미치季通의 아들로 천태종의 석학이자 제자碩學題者[120]인 법인法印 한겐範源이 있었다. 예전에 그가 요시노吉野 산을 자주 오르내릴 무렵 관상을 잘 본다는 평판이 있었다. 어느 날 요시노 산에서 내려와 교토로 상경할 때였다. 상수리나무가 우거진 들판에서 시게히라 일행을 만난 한겐은 어찌된 연유인지를 물었다. 사정 이야기를 들은 그는 곧 죽을 사람의 관상이 궁금해져서 보고 싶은 마음에 가마에서 내렸다. 마침 근처에서 무사들은 식사를 하고 말들은 쉬고 있었기에 가까이 다가가 시게히라를 보았으나 전혀 죽을 사람의 관상이 아니었다. 이게 어찌된 일인가 한참을 살펴보았으나 죽음의 그림자조차 찾아내지 못하였다. 참으로 불가사의한 일이라고 했다. 관상이란 도대체 무엇일까? 요리토모가 시게히라를 이렇게 대우한 것에 대해 사람들은 혀를 차며 원망하였다. 요리카네는 요리마사에 이어 궐의 슈고守護[121]가 되었다. 그러나 뜻을 펴보지도 못하고 얼마 안 있어 사망하였다. 뒤를 이어 아들 요리모치賴茂가 궐을 지켰다.

이렇게 세상도 조금 안정을 찾아가는가 싶더니 겐랴쿠元曆 2년(1185) 7월 9일 정오 무렵 강한 대지진이 일어났다. 오래된 집은 모두 무너졌으며 여기저기 토담이 무너지지 않은 곳은 없었다. 조금이라도 약하게 지은 곳은 모두 부서졌으며 히에이잔의 곤폰추도

120_ 승단의 뛰어난 학자 중에 종교적 논의를 할 때 논제를 출제하는 승려를 말한다.

121_ 가마쿠라 막부 시대의 직명으로 미나모토노 요리토모가 칙허를 받아 각 지방에 설치하였다. 범죄자의 추포 등 군사, 경찰권을 중심으로 각 지방의 치안, 경비를 담당하였다.

根本中堂를 비롯하여 기울어지지 않은 곳이 없었다. 사태가 심각하니 마치 용龍이 꿈틀거리는 것 같다고들 했다. 세상 사람들은 기요모리가 용이 되어 지진을 일으킨 것이라고 했다. 홋쇼지法勝寺의 구층탑은 쉽사리 무너지지는 않았으나 기울어져 층마다 서까래가 모두 떨어졌다. 그 후 요시쓰네는 검비위사 오위위五位尉 이요伊予 수령이 되어 간토關東 가마쿠라鎌倉의 요리토모 저택과 교토를 오가는 사이에 요리토모에게 나쁜 마음을 품기 시작하였다.

한편 요리토모는 영지에 머무르면서 점차로 관위를 높여 정이위正二位가 되었다. 조정에서는 다이라 일가가 소유한 장원의 목록을 작성한 후 모든 재산을 몰수하여 국유로 환수한 오백여 곳을 다시 요리토모에게 주었다. 동국東國, 무사시武藏, 사가미相模를 필두로 하여 요리토모가 요구하는 대로 소유권이 주어졌다.

일전에 요시나카가 입성했을 때 그는 자신을 적대시하는 사람들을 붙잡아 목을 베려 하였는데 그 첫 대상이 대납언 요리모리였다. 당시 요리모리는 요리토모가 있는 곳으로 도망갔다. 요리토모는 가마쿠라에서 이틀이나 걸리는 곳까지 마중을 나와 마치 아버지를 대하듯 요리모리를 접대하였다. 요리토모에게는 여동생이 하나 있었는데 오미야곤노스케大宮權亮 요시야스能保[122]의 처로 오랫동안 부부의 연을 이어왔다. 이런 연유로 요시야스도 처를 데리고 가마쿠라로 내려왔다. 어지간한 사람들이 모두 가마쿠라로 모여들었으니 요리토모는 교토 사람들의 사정도 자세히 알 수 있었다.

한편 요리토모 대신 교토에 머무르던 판관判官 요시쓰네는 돌연

122_ 본문에는 能康으로 되어 있으나 能保가 맞다. 이치조 요시야스(一條能保, 1147-1197). 섭관가인 이치조 가문과는 다른 후지와라노 요리무네藤原賴宗 쪽 사람으로 교토 이치조에 저택이 있었기 때문에 이치조라 칭했다. 미나모토노 요리토모의 여동생을 처로 삼았으며 요리토모의 명으로 교토 슈고守護직에 올랐다. 검비위사, 벳토, 권중납언을 역임하였으며 친막부파로서 조정에서 세력을 과시하였다.

요리토모를 배신할 마음을 먹었으며 고시라카와 상황은 분지文治 원년(1185) 11월 3일, 요리토모를 토벌하라는 칙명을 내렸다. 상황은 그 전에 중신들에게 의견을 구하였으나 당시 중신들은 요시쓰네를 두려워하여 모두들 그리 함이 마땅하다고 대답했을 뿐이었다. 그 중 우대신 가네자네兼實만은 달리 말하였다.

"토벌의 칙명은 죄과가 있었을 때에만 내리는 것이옵니다. 요리토모의 죄가 무엇이옵니까? 아직 그 죄를 모르겠기에 어떠한 말씀도 드리기 어렵사옵니다."

요리토모 토벌 명령이 내려진 후, 요리토모의 가신 중 도사노보土佐房라는 법사가 망설임 없이 야밤에 요시쓰네를 습격하였다. 요시쓰네도 잠에서 깨어나 격렬하게 대항하여 위기는 모면하였으나 부상을 당했다. 게다가 변변한 군세도 갖추지 못했으니 분지 원년(1185) 11월 3일, 칙서를 목에 걸고 서국西國을 향하여 배를 타고 출발했다는 소문이 들렸다. 그날 밤 교토는 더욱 소란스러워졌다. 요시쓰네가 인질 한 명 정도는 데려가겠거니 생각했으나 그대로 내려갔다. 쫓아온 요리토모 가신들에게 가와지리川尻 부근에서 공격을 당하니 요시쓰네 일행은 모두 뿔뿔이 흩어졌다. 일전에 요시나카와 함께 후퇴했던 유키이에行家[123]라는 무사는 이번에는 요시쓰네와 행동을 같이 하였다. 그는 기타이와쿠라北石藏에서 공격당했으며 그의 잘린 목에 대해 이야기하는 이도 있었다. 요시쓰네는 잠시 동안 여

123_ 미나모토노 유키이에(源行家, ?-1186). 헤이안 말기의 무사로서 미나모토노 다메요시源爲義의 열 번째 아들이다. 구마노 신궁熊野新宮에 거주했다는 이유로 '신궁 주로新宮十郎'라 불렸다. 모치히토오以仁王가 병사를 일으켰을 당시 그 뜻을 전국의 미나모토 씨에게 전하였다고 한다. 요리토모賴朝에게 궐기를 촉구하였으나 그 휘하에 들어가지는 않았으며 독립 세력을 유지하였다. 요리토모에게 영지를 요구하였으나 받아들여지지 않자 요시나카義仲 휘하로 들어갔다. 요시나카와의 불화로 다시 교토를 떠나게 되었으며 단노우라 전투 후에 요시쓰네義經에게 접근, 연계하여 요리토모 토벌 명령을 고시라카와인에게 받아내지만 실패하여 참수되었다.

기저기 몸을 숨기며 도망쳤다. 그 와중에 무도지无動寺에 기거하는 자이슈財修라는 하급 승려가 자신의 방에 요시쓰네를 잠시 숨겨 주었다고 후에 전하여진다. 마침내 요시쓰네는 미치노쿠에 있는 야스히라康衡[124]의 거처로 도망쳤다. 사람들은 요시쓰네의 신출귀몰에 혀를 내둘렀으나 결국 요시쓰네는 야스히라의 칼에 쓰러졌고 야스히라는 그 사실을 요리토모에게 보고하였다. 미치노쿠 사람들은 입을 모아 말했다.

"그렇게까지 하지 않아도 될 일을 … 안타까운 짓을 했군."

분지 원년(1185) 12월 28일에 우대신 가네자네兼實에게 내람을 명하는 선지宣旨가 내려졌다. 요리토모는 자신을 토벌하라고 주장한 사람들을 모두 벌주어야 한다고 고시라카와 상황에게 탄원하였다. 구로도노토藏人頭 미쓰마사光雅[125]와 대부사大夫史 다카모토隆職[126] 등은 해임되었다. 요리토모 토벌에 대한 회의를 주재한 사람은 좌대신 쓰네무네였다. 요리토모는 그에 대해 아무 언급도 하지 않았으나 의진議奏[127] 중신을 선정할 때 쓰네무네를 제외시켰다. 사람들은 이 조치를 납득했다. 그토록 일일이 신경을 썼던 것 같다. 또한 고시

124_ 후지와라노 야스히라(藤原康衡, 1155-1189). 헤이안 시대 말기의 무장으로서 부친이 보호했던 미나모토노 요시쓰네를 요리토모의 뜻을 받들어 공격하여 살해한다. 그러나 요리토모에게 받아들여지지 못하고 도망치다 살해당한다.

125_ 후지와라노 미쓰마사(藤原光雅, 1149-1200). 후지와라노 미쓰요리藤原光賴의 아들로 관위는 정이위 권중납언에 이르렀다. 하무로葉室 미쓰마사, 호리카와堀河 중납언이라 불렸다. 고시라카와인의 측근이며 실무능력이 뛰어나 여러 방면으로 기용되었다. 지쇼 3년 정변후 기요모리의 명령으로 신임 관백 모토미치基通의 집사를 역임하였으며 분지 원년(1185) 고시라카와인의 요리토모 토벌 원선院宣을 받들었다는 이유로 요리토모에 의해 해임되기도 하였다.

126_ 오쓰키노 다카모토(小槻隆職, 1135-1198). 대부사大夫史 마사시게政重의 삼남. 분지 원년(1185) 고시라카와인의 요리토모 토벌 원선을 이유로 해임되었다가 요리토모의 조정 간섭을 좋지 않게 생각하는 고시라카와인의 뜻에 따라 1191년 재임되었다. 기록소의 관리로 근무하다 1198년 아들에게 지위를 넘겨주고 사망하였다.

127_ 중신 중 특정한 인물을 골라 중요 정무 심의를 명하는 것을 말한다.

라카와 상황의 측근인 삼위 다카시나노 야스쓰네高階泰經[128] 등은 모두 옥에 가두었다.

이듬해 11월 26일에 요시쓰네를 잡아 바치라는 명이 내려졌던 것이다. 기막힌 일이었다. 또한 요시쓰네 사후인 분지文治 5년(1189) 7월 19일에 요리토모 장군은 가마쿠라를 떠나 미치노쿠陸奧로 향하였다. 미치노쿠에서 히데히라秀衡[129]의 후계자인 야스히라를 제압하기 위함이었다. 지당한 일이었다. 야스히라는 그 누구도 따르지 않으며 미치노쿠처럼 큰 영지를 다스리고 있었으니 요리토모가 어찌 자신의 것으로 삼지 않을 리 있겠는가? 위세 좋게 진격하여 같은 해 9월 3일에 손쉽게 제압하였다. 미치노쿠 영지를 가신들에게 나누어주고 이 일을 조정에 보고한 후 보란 듯이 가신을 수령으로 삼으니 근년에 보기 드문 일이었고 수령에게도 좋은 일이었다.

히데히라에게는 하하타로母太郎, 지치타로父太郎라는 두 명의 아들이 있었다. 야스히라는 하하타로였다. 부친 히데히라가 야스히라에게 유산을 상속하였기 때문에 지치타로는 다른 곳을 거처로 삼고 있었다. 지치타로는 무사의 기량이 뛰어나서 전쟁 중에는 더욱 출

128_ 다카시나노 야스쓰네(高階泰經, 1130-1201). 헤이안 말기의 귀족으로 고시라카와 상황의 근신으로 활약하였다. 각 지방의 수령직을 거쳐 소납언에 이르렀으며 주에이壽永 2년(1183)에는 종삼위에 서품되었다. 구조 가네자네의 『교쿠요玉葉』에 의하면 '고시라카와 상황 제일의 근신'으로서 총애를 받았고 그 권세는 다카시나노 에이시高階榮子와 비견될 정도였다. 하지만 분지文治 1년(1185), 요시쓰네의 모반 사건 당시 음모의 중심인물로 지목되어 관위는 해제되었고 이즈伊豆 지방으로 유배가게 되었다가 4년 후에는 그 죄가 풀렸다. 겐큐建久 2년(1191)에 정삼위로 서품되었고 몇 년 후 출가하였다.

129_ 후지와라노 히데히라(藤原秀衡, 1122-1187). 헤이안 말기의 무사로서 후지와라노 모토히라藤原基衡의 아들. 미나모토노 요시쓰네源義經의 보호자로서 잘 알려져 있다. 지쇼治承 내란 당시 미나모토노 요리토모의 배후를 칠 것이라는 기대를 받았지만 거병을 하지는 않았다. 그러나 요리토모 토벌의 청원문을 제출한 것은 사실로 알려져 있다. 죽음이 임박하자 아들에게 요시쓰네를 대장군으로 삼아 일치단결하도록 유언을 남겼지만 후지와라 가문은 결국 멸망의 길로 들어서게 된다.

중해 보였다. 요리토모가 직접 지치타로를 치려고 마음먹었으나 쇼지 지로庄司次郎 시게타다重忠가 뛰어 들어 마침내 지치타로의 목을 쳤다. 요리토모는 언제나 시게타다를 선두에 서게 했던 것이다. 시게타다는 용맹한 무사였으니 휴식을 취할 때조차 그의 곁에서는 편히 앉아 있을 수 없었다고 한다. 잠시도 몸에서 활을 떼는 일이 없었기에 부하들은 그를 무척이나 두려워했다. 사냥을 할 때 그 손놀림이란 큰 사슴과 맞서서 뿔을 잡을 정도였다.

요리토모의 맏아들 요리이에頼家[130] 역시 고금에 다시 없을 정도로 기량이 출중했다고 평판이 자자했다.

130_ 미나모토노 요리이에(源頼家, 1182-1204). 가마쿠라 막부의 제2대 장군으로 요리토모와 호조 도키마사의 딸 마사코 사이에서 태어났으며 친부 요리토모의 기대가 매우 컸다고 한다. 요리토모 사망 후 정이대장군이 되었으나 외조부 호조 도키마사의 배후 조종과 권력 분할 등으로 시달렸다. 도키마사는 사네토모實朝를 옹립함으로써 일시적으로 막부 정권을 주도하기도 했다. 출가 후 이즈의 한 절에 유폐되었으나 결국 살해당했다.

愚管抄

Gukansho

구칸쇼 | 제6권

분지文治 2년(1186) 3월 12일, 마침내 가네자네는 섭정이 되었고 후지와라 가문의 장자로 삼는다는 명도 받았다. 그 전 해 12월 29일에 내람의 허락은 있었으나 섭정의 명을 받지 못하여 본인이나 주변에서도 마음에 걸려 했으나 이렇게 결정되니 세상에서도 과연 어엿한 섭정이 나타났다고 여겼다. 가네자네의 말은 이러했다.

"지쇼治承 3년(1179) 겨울 이후[1]에 어찌해야 좋을지 몰라 신불神佛께 기도하였더니 앞날에 반드시 섭정이 될 것이라는 예시가 있었기에 10년 후인 오늘을 기다리고 있었습니다."

이윽고 16일에 임관의 예를 올리기 위해 입궐하였다. 그날 밤 비가 매우 거세게 내렸다. 가네자네는 고시라카와 상황을 조용히 알현하였다.

"짐은 이렇게 아무것도 아닌 몸이지만 오랫동안 치세를 하였네. 거리낌 없이 좋을 대로 정무를 잘 돌보면 되네."

고시라카와 상황은 총애하는 단고丹後의 조도지노니이淨土寺二位, 즉 센요몬인宣陽門院[2]의 모친을 만나게 해 주었다. 또한 관동에 있던 요리토모도 여러 상서로운 약속을 하였으니 사람들은 세상이 완전히 진정되었다고 여겼고 세월은 흘러갔다.

분지 2년(1186) 10월 28일에 가네자네의 맏아들 대납언 요시미치良通 대장은 내대신에 임명되어 성대한 연회를 열었다. 가네자네는 분지 4년(1188) 정월에 가스가春日에 참배를 올리러 갔다. 적손으로서 내대신 요시미치도 함께 동행하였으니 그 전례가 드문 일로 부친과 마찬가지로 근위부 무관의 벽제꾼을 두었다. 벽제꾼이라 함

1_ 기요모리가 관백 모토후사를 해임시킨 일을 말한다.

2_ 센요몬인(宣陽門院, 1181-1252). 고시라카와 상황이 총애한 황녀로서 모친은 조도지노니이였다. 분지 5년(1189)에 내친왕이 되었고 겐큐2년(1191)에 원호를 하사받았다. 이듬해에 붕어한 상황은 그 직전에 75개소에 이르는 방대한 장원을 센요몬인에게 물려주었다. 그녀의 후견인은 미나모토노 미치치카였다.

은 대외기大外記,[3] 대부사大夫史, 변辯, 소납언少納言이 말을 타고 지붕이 달린 수레 앞쪽에서 선도先導하는 것을 말한다. 웅장한 모습이었다. 이렇듯 벽제꾼이 양쪽으로 호위할 때는 한쪽의 벽제꾼은 오위五位가 아니라 그저 사史와 외기外記였다. 그러나 오위인 사史와 외기가 두명씩 파견되었으니 그런 경우에는 분위기가 조금 더 엄중해졌을 것이다.

그해 2월 20일 새벽, 내대신 요시미치는 잠이 든 채로 급사하였다. 그는 한시, 와카和歌, 관현에 모두 뛰어났으며 학문을 배우고 유직고실有職故實을 익힌, 한학과 일본학문에 빼어난 이였다. 스물하나의 나이로 여겨지지 않을 정도였다. 키는 약간 작았지만 행동거지가 걸출했으니 사람들의 칭찬이 자자했다. 그 부친 가네자네도 비범한 자식을 가졌다고 여겼다. 요시미치는 고카몬인皇嘉門院에게 양육되어 자랐고 그녀의 모든 재산을 상속받기도 했다. 이런 아들이 갑작스런 죽음을 맞이하자 부친 가네자네는 근신하며 상중에 들어갔고 고시라카와 상황에게 그 사실을 알렸다.

'나는 이제 살 의미가 없다. 어렵게 인간으로 태어났으니 마땅히 불도에 그 뜻을 두어야겠지… 우리 가문에서 이루어야 할 것은 모두 성취했으니 출가를 해야겠구나.'

가네자네는 마음속 깊이 이런 생각을 하면서도, 요시미치만큼이나 사랑하는 딸을 걱정했으니 지금의 기슈몬인宜秋門院[4]이다. 가네

3_ 율령제에서 외기 가운데에서도 상위에 속하는 자를 말한다. 또한 외기는 태정관에 속하며 소납언 밑에 위치하면서 내기內記가 작성한 조칙의 정정, 선례 참고, 의식을 집행하는 관직을 말한다.

4_ 기슈몬인(宜秋門院, 1173-1239). 고토바 천황의 중궁으로서 부친은 관백 구조 가네자네. 1189년에 종삼위로 서품되었으며 1190년에 입궐하여 중궁이 되었다. 부친 가네자네는 황자 출산을 고대하지만 황녀 슌카몬인을 낳는다. 가네자네의 파면으로 궐에서 나가게 되었고 1201년에 출가하였다. 부친에게 50개소의 장원을 양도받았으며 요시쓰네가 경영에 협력하고 그 아들 미치이에가 상속하게 되었다.

자네는 그 딸을 이전의 조토몬인上東門院[5]을 선례로 삼아 입궐시키고자 했다. 고토바 천황은 당시 여덟 살로 열한 살에 올리게 될 성인식이 얼마 남지 않았기에 딸을 입궐시켜 황후로 만들려는 의중이 깊었던 것이다. 그러나 고시라카와 상황이 출가한 후라지만 조도지 노니이가 낳은 옹주가 있었고 요리토모에게도 여식이 있었다. 가네자네는 바라는 대로 일이 이루어지지 않을 것이라는 판단에 자신의 뜻이 성취되지 않는다면 아들의 사십구제가 끝난 후에 출가를 하겠다고 마음먹었다. 일념으로 청원의 기도를 올리니 그 소원이 이루어질 것이라는 또 다른 계시마저 받게 되었고 마음이 평온해졌다. 선정善政이라 생각되는 일, 궐 안의 정무와 의례를 행하면서 섭정이 된 초기부터 중신들의 의견에 귀를 기울이며 특히 기록소의 일을 잘 처리하였다. 분지 6년(1190) 정월 3일에 고토바 천황이 성인식을 올리니 정월 11일이 길일이라 하여 조토몬인의 선례처럼 바라는 바대로 딸을 입궐시켰다.

이와 같이 날이 흘러 분지 6년(1190) 4월 11일 되는 날에 겐큐建久로 연호가 바뀌었다. 겐큐 원년(1190) 11월 7일, 요리토모는 교토로 상경하였다. 세상 사람들은 이런 날이 오기를 기다렸다. 요리토모는 로쿠하라六波羅의 기요모리 집터에 한 단보 정도 되는 터를 마련하여 저택을 세운 후 상경하였다. 그 전날 교토에 들어오기로 했으나 비가 내려 세타勢田 부근에서 머무르게 된 것이었다. 예상대로 비가 그쳐 7일에 교토로 들어왔다. 요리토모 앞 쪽에 무사들이 3기騎씩 줄을 맞추어 행진하니 그 수가 7백여 기에 이르렀다. 그 뒤를 이어 3백여 기가 빼곡히 따라왔다. 요리토모는 감색, 청색, 붉은 색의 광택이 은은한 외출복 위에 사슴의 여름 가죽으로 만든 모피를 허리 아래에 두르고 무척 웅장한 모습으로 검은 말을 타고

5_ 후지와라노 쇼시(藤原彰子, 988-1074)를 말한다.

있었다. 그 후 상황의 처소와 궐에도 입궐하였으니 고시라카와 상황은 그를 더할 나위 없는 이로 여겼다.

이윽고 요리토모는 우대장이 되었다. 그 전인 11월 9일, 권대납언에 임명되었다. 참의와 중납언 직위도 거치지 않고 바로 대납언으로 임명된 것이었다. 같은 달 24일에 우대장으로 임명되었고 같은 날 입궐하여 임관의 예를 올렸다. 그러나 12월 3일, 요리토모는 권대납언과 우대장, 두 관직에서 물러났다. 이전부터 임명이 있을 때마다 관위가 올랐기에 정이위까지 이르러 있었다. 대신과 같은 직위도 받을 수 있었으나 요리토모는 자신의 뜻대로 간곡하게 주장하여 물러난 것이다. 말세의 장군에게서는 좀처럼 찾아볼 수 없는 출중한 기량을 지닌 인물이었다. 대장으로 임명되어 임관의 예를 올릴 때에도 무척 신선한 의식을 고안해냈다. 벽제꾼 열 명은 모두 상황 처소에서 파견된 북면무사를 배치하였고 호위무관으로는 가네요리의 맏아들 가네히라를 두었다. 조정중신으로는 요시야스能保 한 사람만을 동행했는데 그는 여동생의 남편으로 점차 그 직위가 높아져 중납언까지 이른 인물이었다. 그 외에 여동생이 낳은 딸의 남편인 중장 긴쓰네公經,[6] 중납언 모토이에의 아들인 소장 야스이에保家[7]를 데리고 왔다. 모토이에는 요리토모의 사촌을 양자로 삼은 인물이었다. 요리토모는 자신이 탄 수레 뒤에 갑옷은 입었으나

6_ 후지와라노 긴쓰네(藤原公經, 1171-1244). 사이온지 긴쓰네西園寺公經라 하며 내대신 후지와라노 사네무네藤原實宗의 아들이다. 가마쿠라 막부와는 깊은 관계가 있었으며 이 때문에 미나모토노 요리토모源賴朝가 사망하자 잠시 관직에서 물러났다. 그 후 복귀하였고 결정적으로 원院의 막부 토벌작전을 막부측에 알려 막부가 승리하는 데 큰 기여를 하였다. 이로 인해 절대적인 실권을 잡고 휘둘렀다. 예능에도 다재다능하였다.

7_ 지묘인 야스이에(持明院保家, 1167-1210). 지묘인 모토이에의 차남으로 모친은 다이라노 요리모리의 딸이다. 지방의 수령을 거쳐 우근위중장, 종삼위에 오른다. 그 후 참의, 좌위문독, 검비위사 벳토를 겸하였으며 중납언까지 올랐으나 병환으로 출가한다.

투구를 쓰지 않은 7기의 무사, 단 일곱 명을 따르게 하였다. 그들의 이름은 정확하게 기억하지 못하니 생략하겠다. 이를 지켜보던 사람들은 굉장한 구경거리라고 입을 모았다. 요리토모는 이윽고 입궐한 후 가네자네와 세상을 어떻게 다스려야할지 심도 있게 논의하였다.

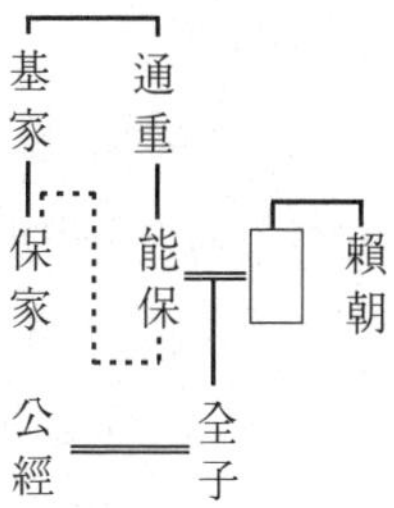

요리토모는 이따금 상황을 알현하였다. 그는 처음부터 대납언 쓰네후사經房[8]를 궐과 막부의 중개인으로 쓰기로 결정한 후 아뢰었다. 요리토모는 상경하여 로쿠하라 저택에 갈 때에도 무엇보다 먼저 신속하게 고시라카와 상황을 알현하였다. 이윽고 요리토모는 로쿠조전六條殿을 조영한 후 고시라카와 상황에게 헌상하였는데, 기둥 사이에 쓸 목재 아래위까지 꼼꼼하게 지시를 내렸다.

쓰네후사는 마치 오래 전부터 상황을 알현하는 일에 익숙하다는 듯 행동했으며 사람들에게 칭찬을 듣고자 했다. 내심 요리토모에게 고시라카와 상황을 알현할 때에는 앞에 서서 자신을 이끌어달라는 말을 듣기를 기대했다. 그러나 요리토모는 아무 말 없이 거침없이 상황전에 나아가니 쓰네후사는 그 뒤를 따라가는 형세가 되었다. 대낮이라 안 보일 리도 없는데 “이곳은 위쪽 방입니다, 이곳은 아래쪽 방입니다”라고 참견했다. 그는 천성이 말이 많고 시끄러운 사람이기에 이처럼 말을 건넸던 것이다. 훗날 요리토모는 쓰네후사를 앞뒤분간도 못하는 사람이라 했다고 한다. 요리토모는 교토에

8_ 후지와라노 쓰네후사(藤原經房, 1143-1200). 참의를 거쳐 권대납언 정이위에 오른다. 실무에 능하고 고시라카와 상황과 다이라 정권의 신뢰를 얻어 승진을 거듭한다. 미나모토노 요리토모에게도 중용되어 조정과 막부 사이의 교섭에 임했다. 와카에 능했으며 『센자이와카슈千載和歌集』를 비롯한 칙찬집에 12수의 노래가 실려 있다.

머무르는 동안 사람들의 칭찬 속에 야하타八幡, 도다이지東大寺, 덴노지天王寺 등을 순례한 후 얼마 안 있어 12월 18일에 가마쿠라로 돌아갔다. 그 전날 대공전大功田[9] 삼십만 평을 하사한다는 선지宣旨가 내렸다. 요리토모는 고시라카와 상황에게 상서上書하였다.

"저는 황실을 위하여 주군의 일을 조금의 사심도 없이 제 일이라 여겨왔고 그 징표로 감히 이런 말씀을 올리겠습니다. 가즈사 히로쓰네上總廣經는 동국의 유력자로 소신 요리토모가 주군의 적을 처단하고자 거병했던 당시 그를 우리 편에 끌어들였기에 싸움에서 이길 수 있었습니다. 공이 많은 자이기는 하나 제게 이런 말을 했습니다. '요리토모님께서는 무엇 때문에 그렇게 보기 흉할 정도로 조정일에만 신경을 쓰십니까? 우리가 이렇게 동국에 있다한들 감히 누가 건드리겠습니까?'라고 말입니다. 모반의 마음을 품은 자이기에 이런 자를 수하에 두었다가는 소신까지 신불의 가호를 잃어버릴까 두려워 그를 죽여 버렸습니다."

요리토모는 가지와라 가게토키梶原景時에게 히로쓰네를 처리하게 했는데, 가게토키의 무공은 이루 말할 수 없었다. 두 사람은 주사위놀이를 하고 있었는데 가게토키는 태연하게 주사위판 위로 넘어가 거리낌 없이 히로쓰네의 목을 뎅강 베어낸 후 이를 들고 요리토모에게 갔다고 하니 참으로 거짓말 같은 이야기이다. 상세히 기술하면 왜곡된 부분도 있겠지만 이 정도면 충분할 것이다. 고시라카와 상황에게 바친 요리토모의 상서가 진실이라면 요리토모는 참으로 조정의 보배로운 자이로다.

겐큐 3년(1192) 3월 13일에 고시라카와 상황이 붕어하였다. 그 전 해부터 와병 중이었으나 약간 차도가 있다는 소식이 들리던 터였다. 병명은 대복수소大腹水痟로 배에 물이 차고 배뇨를 못하는 병

9_ 큰 공을 세운 사람에게 주었던 땅으로 자손에게 세습이 가능했다.

이었다. 고시라카와 상황은 눈을 감기 전날까지 굳어져 움직이지 않는 손과 발로 하루 종일 고마護摩 수행[10]을 쉴 새 없이 행하였다. 붕어 후 상중喪中에 불교행사를 거행했으니 근래에 그 예를 찾아보지 못했을 정도로 성대했다고 한다. 무릇 고시라카와 상황은 출가하기 전 범속한 신분이었을 때도 가사를 걸치고 고마 수행까지 행하였다. 출가한 후에는 더욱 불도수행에만 정진하였다. 생전에 독경한 경전 수는 수만 부에 이르며 그 중 법화경이 이백 부에 달한다. 평소 춤과 사루가쿠를 즐겼기에 시연하게 하여 이를 감상하였다. 여동생 조사이몬인上西門院도 항상 법화경을 독송讀誦하였으니 읽는 속도가 조금 더 빨랐다. 고시라카와 상황은 이런 조사이몬인에게 늘 독경을 함께 하기를 권하였다. 고시라카와 상황이 와병 중이었을 때 고토바 천황은 상황을 계속 알현하였고, 상황은 정무에 관한 모든 일을 미리 천황에게 말해두었기에 상황이 없는 상태에서도 치세는 이루어졌다. 시라카와, 도바, 고시라카와로 이어지는 삼대는 상황이 치세하던 시대였으나, 고시라카 상황 사후에는 고토바 천황 퇴위 후의 절차에 대한 논의가 없었다. 보기 드문 일이었다. 상황 처소에서 이루어져 왔던 존승다라니尊勝陀羅尼 공양 같은 행사도 홋쇼지法勝寺에서 행해졌다. 고토바 천황은 관백 가네자네, 가마쿠라 장군 요리토모와 의논하여 정사를 돌보았다.

우선 고토바 천황은 상황의 영지였던 하리마播磨와 비젠備前 지방을 큰 스님, 도지東寺[11]의 몬가쿠보文學房와 도다이지東大寺의 슌조보

10_ 부동명왕不動明王과 애염명왕愛染明王을 본존으로 하는 고마단을 만들어 고마나무를 태우며 식재(息災, 재난의 제거), 증익(增益, 행복의 초래), 조복(調伏, 악마를 굴복), 경애(敬愛, 부처 · 보살을 찬탄)를 간구하는 수행을 말한다.

11_ 교토 남구 구조 거리에 있는 진언종의 총본산을 말한다. 정식 명칭은 교왕호국사教王護國寺. 본존은 약사여래로서 796년에 간무桓武 천황이 창건했으며 나성문羅城門 동쪽에 위치한 이유로 도지東寺라 불렸다. 823년에 사가嵯峨 천황이 구카이空海에게 하사함으로써 이후 진언밀교의 근본 도장이 되었다.

俊乘房에게 내렸다. 다음과 같은 명령이 있었다.

"아직 손도 대지 못하고 있는 도다이지를 서둘러 복원해야 하오. 또한 도지東寺는 고보弘法 대사가 세운 사찰로 이 나라의 안녕과 수호를 위해 대단히 중요한 곳인데 지금은 거의 없어진 것과 마찬가지 상태라오. 이 또한 복원해야 하오. 두 사찰의 조영만한 추선공양追善供養[12]이 어디 있겠소?"

하리마는 몬가쿠에게, 비젠은 슌조보에게 주었다. 원래부터 도다이지에는 스오周防 지방이 분배되어 있었으나 그것만으로는 부족하여 비젠을 추가로 내린 것이다. 몬가쿠는 예전에 이즈에 유배되었을 때 요리토모와 조석으로 왕래하며 불법佛法을 믿을 것과 왕법王法을 수호할 것을 설파하였다. 요리토모는 이렇게 덧없이 끝나 버릴 세상이 아니라며 자신이 출정할 날도 있을 것이라고 몬가쿠에게 앞으로의 일들을 약속했다. 과연 그들의 바람대로 일이 이루어지자 다카오데라高雄寺[13]도 도지도 다시 흥하게 되었다. 몬가쿠는 수행은 쌓았으나 학식이 없는 스님이었다. 기함할 정도로 다른 사람을 저주하고 비난하는 것으로 사람들에게 평판이 자자했다. 혹자는 몬가쿠가 덴구天狗를 모신다고도 했다. 하지만 진실된 마음이 있었는지 7년 동안 하리마播磨 지방을 다스리며 이와 같이 절들을 다시 흥하게 한 것이다.

한편 가네자네는 자신의 뜻대로 섭관이 되었으며 불타 없어진 고후쿠지興福寺 난엔도南圓堂의 본존 불공견색不空羂索 관음보살을 비롯

12_ 망자의 넋의 괴로움을 덜고 명복을 축원하려고 선근 복덕善根福德을 닦아 그 공덕을 회향하는 것을 말한다. 여기서는 붕어한 고시라카와 상황을 위한 공양을 뜻한다.

13_ 교토에 있는 진언종의 별격別格 본산本山을 말한다. 산 이름은 다카오高尾. 창립연대는 알려져 있지 않지만 구카이가 진언도장으로 삼은 다카오 산사高雄山寺에 우지데라氏寺를 합병하여 신호국조神護國祚 진언사眞言寺로 하였다. 가마쿠라 시대 초기에 몬가쿠가 부흥시켰고 절의 보물로 약사여래상 등이 있다.

한 일장육척一丈六尺 크기의 불상佛像과 대가람大伽藍을 도다이지와 근접한 곳에 만들었다.

겐큐 5년(1194) 9월 22일 고후쿠지 공양이 있었다. 비가 몹시 내리는 날이었다. 전날 가네자네는 가스가春日 참배를 하였다. 중납언 이하는 말을 탔다고 한다. 후지와라노 미치나가藤原道長 때 시작된 선례라고는 하나 너무 지나치다고들 생각했다.

겐큐 6년(1195) 3월 13일, 도다이지 공양에는 고토바 천황과 모후 시치조인七條院[14]이 행차하였다. 폭풍우가 세차게 몰아쳤다. 3월 4일에 요리토모 장군은 도다이지 공양에 참석하기 위해 다시 상경하여 공양 당일 무사들의 호위를 받으며 도다이지에 나타났다. 폭풍우 속에서도 무사들은 자신이 비에 젖는 것 따위는 아랑곳하지 않는 기색으로 늠름하게 정렬해 있었다. 그 광경은 세상사를 잘 아는 이들에게조차 놀랄 만한 광경이었다. 그 후 요리토모는 입궐하여 궐에서 가네자네와 가끔 회견하였다. 그러나 이번에는 모든 것이 서먹서먹하였는지 얼마 지나지 않아 6월 25일에 다시 가마쿠라로 내려갔다.

같은 해 8월 8일, 중궁의 출산준비로 분주하였다. 가네자네의 치성이 얼마나 대단했는지 전대前代에 찾아볼 수 없을 정도였다. 그러나 황녀가 태어났기에 가네자네는 몹시 실망하였다. 하지조인八條院이 황녀를 양육하였다. 황녀의 외모는 앉으나 서나 빛이 났으니 당대의 신분 고하高下 귀천을 불문하고 어느 뇨보에게서도 찾아볼 수 없는 아름다움이었다.

14_ 시치조인(七條院, 1157-1228). 고시라카와 상황의 측근인 후지와라노 노부타카藤原信隆의 딸로서 처음에는 다카쿠라 천황의 중궁 도쿠시德子를 섬겼으나 이후 다카쿠라 천황과의 사이에 모리사다守貞친왕과 고토바 천황을 낳는다. 1190년에 종삼위, 준삼후가 되었고 같은 해에 원호를 받았다. 고토바 상황과의 관계가 친밀하여 국모로서 권세를 떨쳤으며 고토바 상황보다 많은 장원을 소유하였다.

"아이고, 저 삼단 같은 머리 좀 보게나."

사람들은 입을 모아 말했다. 고토바 천황도 천하에 없는 귀한 딸로 여겨 늘 곁에 두고 보며 흐뭇해하였다. 후에 슌카몬인春花門院[15]이라는 원호院號를 받았으나, 사람들은 그 이름을 좋지 않게 여겼다.

이듬해 겨울 무렵 여러 가지 사건이 일어났다. 섭정 가네자네는 자택에 연금되었고 모토미치基通는 관백으로 복귀되었다. 가네자네의 여식인 중궁도 궐에서 쫓겨났다. 사건의 연유는 이러하다. 요리토모가 자신의 딸을 입궐시키려는 생각이 깊어져 대납언 미치치카通親에게 딸을 입궐시키고 싶다는 편지를 보냈다. 그런데 미치치카는 고토바 천황의 유모였던 교부쿄노산미와의 사이에서 자식을 낳았는데 그 사실을 숨기고 있었다. 한편 묘운明雲의 제자로 가지이노미야梶井宮[16]라는 이가 있었는데 요시나카가 호주지法住寺를 공격했을 때 생포되었던 인물이었다. 그가 성장하여 매일처럼 입궐하던 사이 조도지노니이淨土寺二位와 정분이 났다는 소문이 돌았다. 그리고 이들은 담합하여 고시라카와 상황이 붕어하였을 때 하리마播磨와 비젠備前에 큰 장원을 급히 세우려고 하였으나 가네자네에 의해 무산되었다. 또한 나리쓰네成經,[17] 사네노리實敎[18]처럼 대부大夫 집안에서

15_ 슌카몬인(春花門院, 1195-1211). 고토바 천황의 첫 번째 황녀로서 모친은 구조 가네자네의 딸 기슈몬인宜秋門院. 1195년에 내친왕의 선지가 내려와 하치조인에게서 양육되었다. 동궁 준토쿠 천황의 준모准母로서 황후궁이 되었고 원호를 받았다. 하치조인의 붕어에 의해 막대한 영지를 상속받지만 곧이어 사망하였기에 영지는 고토바 상황에게 돌아간다.

16_ 쇼닌 법친왕(承仁法親王, 1169-1197)을 말한다.

17_ 후지와라노 나리쓰네(藤原成經, 1156-1202). 후지와라노 나리치카藤原成親의 장남으로서 시시가타니 전투를 위한 모의에 관련되어 사쓰마 지방으로 유배된다. 그 후 참의에 올랐고 황태후궁대부로서 정삼위에 오른다.

18_ 후지와라노 사네노리(藤原實敎, 1150-1227). 후지와라노 이에나리藤原家成의 아들로서 구로도노토를 거쳐 참의, 정이위 중납언에 오른다. 고토바 천황의 피리 스승으로서 칙허에 의해 다카시나노 에이시高階榮子의 아들 노리시게敎成를 양

태어난 이들이 재상과 중장으로 임명되는 것을 막았으니 이는 모두 요리토모와 의논하여 그의 의도에 따른 것이었다. 가네자네는 이런 일들을 진심으로 선정善政이라 여겨 행한 것이었다. 그러나 이를 조도지노니이도 비난하였고 가지이노미야에게도 속닥거렸으니 미치치카도 설득된 것이었다. 가네자네는 매우 반듯하게 일처리를 하며 선정만을 부르짖었다. 이들이 고토바 천황의 기색을 살펴보니 천황마저도 유희를 삼가는 것 같았다. 이들은 천황에게는 요리토모의 의향은 이러이러하다고 여쭙고 요리토모에게는 천황이 가네자네를 나쁘게 여기고 있다고 전했다. 표면적으로는 아무 일도 없다는 듯 겉꾸미고 꼬투리를 잡혔을 때를 대비하여 양쪽에 할 변명거리도 준비해 두었다. 이는 정해진 음모였으니 이리하여 신불神佛의 가호도 받을 수 없는 시대가 도래하였다. 그해 11월 23일에 중궁은 궐에서 쫓겨나 하치조인으로 거처를 옮겼던 것이다.

그달 25일, 전 섭정 모토미치를 관백 및 후지와라 가문의 장자로 임명한다는 선지가 내려졌다. 이 일은 쇼케이上卿 미치치카, 벤辯 지카쿠니親國, 시키지職事 도모쓰네朝經가 처리했다고 한다. 이윽고 가네자네를 유배 보내야 한다고 여러 사람이 상소하였으나 고토바 천황은 이는 절대로 있을 수 없는 일이라고 생각하였다. 게다가 유배를 고집할 만한 죄과가 있다면 상소를 계속하겠으나 그렇지 않으니 결국 그만두었다. 이런 연유로 가네자네의 동생 좌주 지엔慈圓은 모든 직함에서 사임하였고, 그 후임으로 가지이노미야 쇼닌承仁을 임명하였다. 이듬해 4월, 그는 좌주 취임의 예를 올렸으나 얼마 안 있어 병환으로 입적하였다. 사람들은 새삼 신불의 영험함을 느꼈다. 요리토모도 승정僧正 지엔이 좌주에서 물러난 것을 매우 원망하였다.

자로 삼았다.

이러는 사이 겐큐 9년(1198) 정월 11일, 미치치카에 의해 돌연 양위가 단행되었다. 교부쿄노산미와 노엔能圓의 딸 쇼메이몬인承明門院이 황자를 출산하였고 황자의 나이 네 살 때 즉위가 이루어진 것이다. 고토바 천황은 이제는 자신의 뜻대로 일을 처리하겠다는 생각에 양위한 후 상황이 된 것이다. 관동의 요리토모에게는 확실한 승인을 받지는 못한 것 같다. 요리토모는 자신이 관여할 일이 아니라고 여겼던 것일까? 이와 같은 일은 사람들이 알 수 있는 일도 아니다. 그런데 쓰치미카도 천황의 외조부 법인法印 노엔이 아직 생존해 있으니 사람들은 이러쿵저러쿵 말들이 많았다. 이윽고 노엔이 병으로 입적하였으니 세상 사람들은 다행이라 생각했다.

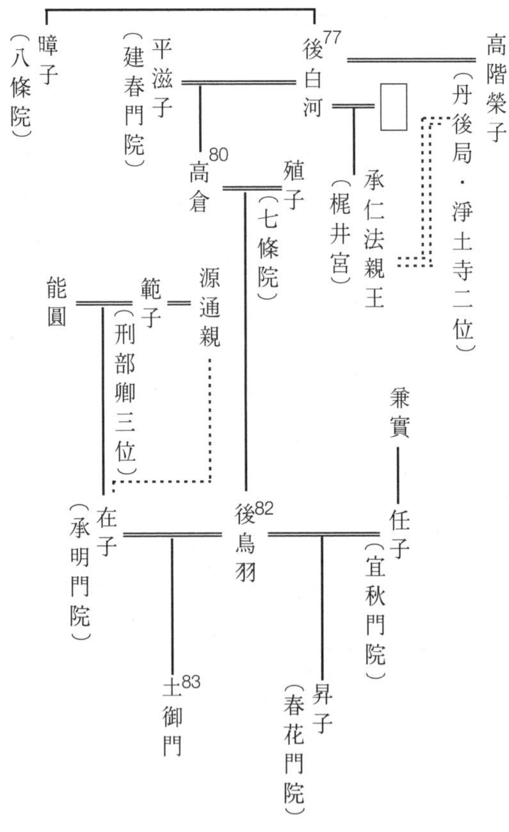

요시야스能保는 중납언 벳토가 되었지만 마침내 병이 심해져 출가하였다. 쾌유하여 천황을 알현하기도 했으나 이 사태를 보고 기가 질렸을 것이다. 가네자네의 아들인 섭정 요시쓰네良經는 요리토모의 조카인 요시야스의 딸과 부부의 연을 맺었으며, 요시야스는 사위를 맞이하는 의식을 성대하게 치렀다. 마침내 겐큐 8년(1197) 10월 13일에 요시야스가 세상을 떠났다. 이에 앞선 7월 14일에는 교토로 입궐시킨다는 풍문이 있던 요리토모의 딸이 오랜 지병으로 눈을 감았다. 교토로부터 법인 지쓰젠實全이라는 영험한 수행자가 가마쿠라에 내려갔지만 효험이 없었다. 그가 떠나기 전까지 요리토모는 마음을 쓰고 배려하여 딸이 나아졌다고 피로한 후 교토로 올려 보냈다. 하지만 그가 아직 교토에 도착하기도 전에 요리토모의 딸이 세상을 떴다는 소식이 들려왔다. 사망 소식 후에 교토에 들어섰으니 기도를 올려 죽어서 돌아온 셈이 되었으니 망측한 일이었다. 요시야스의 아들 다카요시高能[19]는 젊어서 고위 관리가 된 자로 당시 참의 병위독兵衛督이었는데, 이 소식을 듣고 서둘러 가마쿠라로 내려갔다. 요리토모는 그간의 교토 사정 이야기를 듣고 둘째 딸을 데리고 상경하겠다고 말하였는데, 겐큐 9년(1198) 9월 17일에 다카요시마저 세상을 떠났다.

그러는 사이에 사람들이 예상치 못했던 엄청난 일이 일어났다. 겐큐 10년(1199) 정월에 관동대장군 요리토모의 병세가 좋지 않다는 소식이 어렴풋하게 들리더니 마침내 정월 11일, 출가하여 13일에

19_ 이치조 다카요시(一條高能, 1176-1198). 이치조 요시야스의 아들로서 미나모토노 요리토모의 조카, 종삼위, 참의에 올랐다. 요리토모의 딸과 혼담이 있었으나 거절당하였고 이후 모토후사의 딸을 처로 삼는다. 당시 조정의 중추였던 미치치카는 정적이었던 가네자네, 다카요시와 결탁하여 요리토모와 대립관계를 이루지만 가네자네가 실각하자 요리토모와 융합하여 정권 유지를 기도하였다. 그 덕에 다카요시는 급격한 승진을 할 수 있었고 종삼위에 서품되지만 23세의 나이로 요절하였다.

세상을 떠났다는 소식이 15, 6일경 교토에 들려왔다. 사람들은 꿈인지 생시인지 알 수 없어 했다.

"올해는 반드시 조용히 올라가서 치세에 관한 것을 정해야겠다고 마음먹었습니다. 모든 것이 마음과 같지 않습니다."

요리토모는 죽기 전에 가네자네에게 이처럼 말했다. 요리토모가 세상을 뜬 직후 정월 20일에 관리 임명이 있었으며 미치치카通親는 우대장이 되었다. 고故 섭정을 고쿄고쿠님後京極殿[20]이라 불렀는데 당시 그의 관직은 내대신이었다. 요리자네頼實는 그 내대신을 뛰어넘어 좌대신으로 임명되었다. 요리자네로 하여금 우대장을 사퇴케 한 후 그 자리에 미치치카가 임명되었다. 당시 관리 임명식에서 요리토모 집안의 후계자인 적자嫡子 요리이에頼家를 좌중장左中將에 임명하였다.

그 무렵 불가사의한 풍문이 들려왔다. 요시야스, 다카요시의 후손에게는 몹시 좋지 않은 소문이었다.[21] 이들 집안의 가신들 중에 모토키요基淸,[22] 마사쓰네政經, 요시나리義成라는 세 명의 좌위문위

20_ 후지와라노 요시쓰네藤原良經, 즉 구조 요시쓰네를 말한다.

21_ 이른바 삼좌위문三左衛門 사건을 지칭한다. 이치조 요시야스, 다카요시 부자의 가신들이 권대납언 미치치카 습격을 기도했다고 하여 체포된 사건을 말한다. 이 사건의 명칭은 연루된 세 명이 모두 좌위문위 직위에 있었다는 점에서 유래한다. 사건은 요리토모가 사망한 다음 달에 발생했다. 미치치카가 우근위대장에 취임한 후 공석이 된 좌근위중장 자리에 요리이에가 앉게 되자 요리토모의 인척인 이치조 가문이 미치치카를 습격한다는 소문이 일어났고 이는 가마쿠라 막부가 미치치카를 위협한다는 의혹으로 확대되었다. 요리이에는 사신을 보내 변명하였고 조정은 변명을 받아들이는 대신 삼좌위문의 영토를 뺏고 가마쿠라에 환송 조치하였다. 결국 이치조 가문, 가마쿠라 막부와 친교가 두터웠던 승려 몬가쿠도 유배를 가게 되었다. 조정 내부의 가마쿠라 막부에 우호적인 존재들이 타격을 받게 되었다.

22_ 고토 모토키요(後藤基淸, ?-?). 고토 사네모토後藤實基의 양자로서 미나모토노 요리토모를 섬겼다. 이치조 요시야스의 가신으로서 활약하였다. 미나모토노 미치치카 습격을 기도한 이른바 삼좌위문사건으로 해임되었다. 그 후 고토바 상황의 신임을 얻어 검비위사, 하리마播磨 지방의 슈고守護직을 지냈다.

左衛門尉가 있었다. 요리이에의 세상이 된 후 가지와라 가게토키의 큰 아들 가게스에景末[23]가 좌위문위로 승진했을 때의 일이다. 그가 미치치카에 관한 소문을 어떻게 전했는지 미치치카는 고토바 상황을 알현하여 삼좌위문三左衛門이 이런저런 말을 했다고 고하며 상황 처소에 들어앉아 강하게 호소했다.

“지금 당장 궐 밖을 나갔다가는 제가 죽임을 당할 것입니다.”

이에 사태가 심상치 않게 돌아갔으며 미치치카는 직접 요리이에에게 부탁하는 한편 자기 편인 히로모토廣元를 통해서도 그에게 사정이야기를 잘 전달하게 했다. 항간에서는 이들 세 사람을 삼좌위문이라고 한다. 미치치카는 이들을 일단 고토바 상황에게 인도하였고, 세 무사의 신변을 인도받은 후 유배 보냈다. 그러는 한편 요리토모가 배하拜賀할 때[24] 동행했던 긴쓰네公經와 야스이에保家를 가택에 연금시켰다. 요시야스가 특별히 총애하여 좌마두左馬頭로 삼았던 미나모토노 다카야스源隆保라는 인물도 유배되었다. 2월 14일의 일이라고 전해진다. 하리마播磨 지방을 받은 후 평소의 바람대로 다카오지高雄寺를 건립하고 도지東寺를 멋지게 재건한 몬가쿠文學 또한 검비위사 관청의 감시 아래 놓이게 되었다. 그러나 삼좌위문은 미치치카 사후에 모두 유배에서 풀려나 잘 지냈다고 한다.

그 동안 고토바 상황의 뜻에 의해 잘못된 일이나 편파적인 일이 일어난 적은 단 한 번도 없었다. 다만 고토바 상황이 생각지도

23_ 가지와라 가게스에(梶原景末, 1162-1200). 가지와라 가게토키의 장남으로서 겐타源太로 불렸다. 부친과 함께 미나모토노 요리토모를 섬겼으며 큰 신임을 받았다. 우지宇治 강 전투에서는 요리토모에게서 받은 명마를 타고 선두에서 싸웠다는 일화가 전해진다. 분지 원년(1185)에 요리토모에게 알리지 않고 좌위문위에 임관한 사실로 인해 귀경을 금지당했지만 곧 용서받았다. 9월에는 요시쓰네에게 사자로서 파견되었다. 이후 막부에게 쫓기던 부친을 따라가던 중 교전하다 사망하였다.

24_ 요리토모가 우대신에 임명되어 감사의 인사를 올리기 위해 교토에 상경했을 때를 말한다.

못한 일을 꾸미는 자가 있었는데 이를 알아차리지 못하고 이해하지 못한 일이 있기는 했지만 이는 어쩔 수 없는 일이다. 요리토모 사후에 이러한 일들이 일어났으나 내대신 요시쓰네는 과연 관직을 빼앗기지 않은 채 머물러 있으니 상황은 심사숙고하여 우대신 요리자네賴實를 태정대신으로 올리고 쇼지正治 원년(1199) 6월 22일에 대신에 대한 인사이동을 감행했다. 가네마사兼雅가 사퇴한 좌대신 자리에 요시쓰네를 앉히고 우대신에는 고노에도노近衛殿 모토미치基通의 적자嫡子이자 현 섭정인 이에자네家實를 임명하였으며 미치치카通親는 내대신에 임명하였다. 요리자네는 기가 막힐 정도로 화를 내고는 도사土佐 지방을 돌보던 일도 사퇴하고 칩거에 들어갔다고 사람들이 수군댔다. 요리자네는 이 일은 미치치카 자신이 내대신이 되려고 꾸민 일이라 생각했다. 가네자네의 둘도 없는 후견인 무네요리宗賴[25]는 교노니이卿二位의 남편으로 가네자네는 그를 몹시 중용하였다. 무네모리는 기품이 있었으며 거친 면이 없었다. 늘 상황의 처소에서는 와카회和歌會, 시회詩會가 열려 미치치카와 요시쓰네 모두 좌대신, 내대신으로서 참석하였고 이들이 미나세水無瀨 궁궐 모임에서 서로 만나는 동안 어느덧 쇼지 2년(1200)이 되었다. 이해 7월 13일에 요시쓰네의 정실부인이 세상을 떠났다. 10일에 아이를 낳았는데 그 산후가 좋지 않았다고 한다. 결국 마쓰도노松殿 모토후사基房의 딸을 부인으로 삼으라는 이야기가 있었기에 이듬해 겐닌建仁 원년(1201) 10월 3일에 맞아들였다. 나이는 스물여덟이었다고 한다. 그 해 12월 9일에 요시쓰네의 모친마저 사망하였다.

겐닌建仁 2년(1202) 10월 21일에 미치치카 등이 사망하였다. 갑

25_ 후지와라노 무네요리(藤原宗賴, 1154-1203). 하무로 무네요리葉室宗賴로서 미나모토노 요리토모의 추천으로 직위에 올라 정이위 권대납언에 올랐다. 관백 구조 가네자네, 고토바 상황을 섬겼으며 처는 고토바 상황의 유모인 교노니이였다.

작스러운 죽음이었으니 사람들도 의아하게 여겼다. 미치치카는 부인이 죽은 후, 딸 쇼메이몬인承明門院을 더욱 아꼈다. 그 즈음 고토바 상황은 노리스에範季의 딸[26]을 총애하여 비후쿠몬인美福門院의 선례처럼 삼위三位로 삼았으니, 그녀는 여러 명의 왕자를 출산하였다. 상황이 그 중 첫째를 동궁으로 삼으려는 기색이었기에 미치치카가 조치를 취해 책봉이 이루어지도록 했다. 쇼지正治 2년(1200) 4월 14일, 동궁 책봉식이 거행되었다. 이렇게 세월이 흐르다 가네자네 역시 처가 먼저 세상을 떠나자 출가하였다. 그런 가운데 고토바 상황은 세상이 바뀌어 가네자네가 실각한 것이 자신의 마음에서 비롯된 것이 아님을 세상 사람들이 알아주었으면 하고 마음속으로 바랐던 것 같다. 겐닌 2년(1202) 11월 27일에 가네자네의 차남, 좌대신 요시쓰네에게 내람과 후지와라 가문 장자의 선지를 내렸다. 이윽고 28일에는 구마노熊野로 행차하였다. 요시쓰네는 모친의 상중이었으나 12월에 탈상하게 되었고, 구마노에서 귀경한 고토바 상황은 12월 27일에 섭정의 선지를 내렸다. 요시쓰네는 정월 1일 임관의 예에 앞서 감사의 말을 올렸으니 세상 사람들은 상서롭고 경사스러운 일이라고 생각했다.

한편 구마노에 동행했던 대납언 무네요리宗頼는 평소 고야高野산에서 수행을 하던 양부 나리요리成頼가 입적했을 때 상복을 입지 않은 자였다. 그는 친부인 대납언 미쓰요리光頼 상중에도 양부의 상 때 입어야 한다며 상복을 입지 않았다. 이는 당시 승승장구하던 그가 자리에서 떠나 있는 것을 꺼렸기 때문이다. 마치 부모도 없는 자처럼 구는 것을 사람들도 비난하는 것 같았다. 그는 구마노 행차에 동행하였다가 횃불의 불씨 때문에 발에 화상을 입고 그것이 큰 병으로 도져 정월 30일에 사망하였다. 그 후 무네요리의 처 교노니

26_ 슈메이몬인修明門院을 가리킨다.

이는 남편을 잃은 후 궁리 끝에 고토바 상황의 모친을 모시고 있던 요리자네賴實에게 접근했다. 마침내 요리자네를 남편으로 삼고 고토바 상황의 후견인이 되었다.

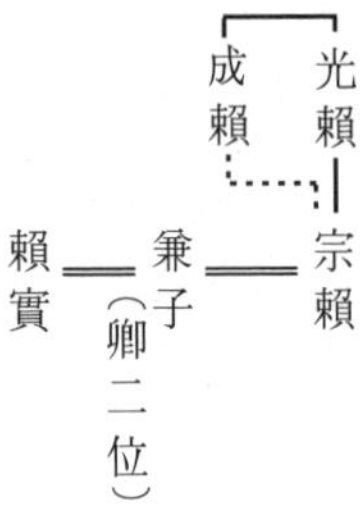

고토바 상황도 요시쓰네가 훌륭한 섭정 관백이라며 무척 흡족해하였고 그 임명을 잘한 일이라고 굳게 믿고 있었다. 천태좌주 승정 지엔이라는 자가 있었는데 가네자네의 동생이었다. 믿기지는 않는 일이지만 진정한 가인歌人이었으며 섭정과 동등한 신분을 가진 사람이었으니, 고토바 상황도 와카 연회에는 반드시 동석하라는 기색이었기에 항상 참석하였다. 그는 고토바 상황의 호지승護持僧으로 예전부터 상황은 비견할 이 없을 정도로 그를 의지했다고 사람들은 전한다.

한편 우지宇治에 웅장한 별궁이 조영되어 고토바 상황도 행차했으나 얼마 안 가 불에 타버렸다. 섭정 요시쓰네는 천황의 성인식이 다가오자 가깝게는 가네자네 때의 선례처럼, 또한 그 이전의 선례처럼 굳이 딸의 입궐을 성사시키려 했다. 요시쓰네에게는 많은 자녀가 있었으나, 그 중에서도 요시야스의 딸을 처로 맞이하여 낳은 아이가 장녀였다. 자신도 모르는 사이에 출산한 딸이었으나 그녀를 성대하게 입궐시키려고 고토바 상황에게도 아뢰고 준비를 서둘렀다. 그러나 요리자네의 처 교노니이가 강력히 반대하였다. 요리자네에게는 전처와의 사이에 아들은 없었으나 뇨고다이女御代[27]인 딸이 하나 있었기에 그녀를 입궐시키려는 의중이 깊었다. 또한 억지로 태정대신으로 임명되었지만 다시 좌대신으로 돌아가 부친인 쓰네무네처럼 태정관을 통괄하고 싶어 했다. 흔쾌히 교노니이의 남편이 되었으니 요시쓰네가 요리자네의 좌대신 복귀를 상소해주기를 기대

27_ 어린 천황의 즉위식이 거행될 때 임시로 간택되는 뇨고를 말한다.

했으나 고토바 상황이 대신의 강등은 픽이나 드문 일인데다 있을 수 없는 일이라 생각하여 허락하지 않을 것 같아 여쭙지 못했다. 요리자네는 요시쓰네 딸이 입궐한 후에는 자신의 딸을 입궐시킬 수 없으리라 여겼고, 자신의 딸이 입궐한 후에 요시쓰네 딸이 입궐하는 것은 선례에도 도리에도 어긋나지 않는다고 판단하여 하루라도 빨리 그 뜻을 성사시키려 하였다. 그는 교노니이로 하여금 요시쓰네에게 청을 넣었고 요시쓰네는 고토바 상황에게 고하여 의논하였다. 상황은 현 천황을 빨리 퇴위시킨 후, 슈메이몬인脩明門院의 첫째 아들인 현 동궁을 즉위시킬 때 요리자네의 딸을 입궐시키는 것이 좋으리라 여겼다. 다른 이들은 그 사실을 알지 못했다. 다만 요시쓰네가 상황과 의논했을 때 어렴풋이나마 그런 이야기가 오고갔을 것이라 미루어 짐작할 따름이다. 이윽고 요리자네의 뜻대로 그 딸은 입궐한 후 황후가 되었다.

요시쓰네는 미래에 다가올 행복에 확신이 없었는지 당시에는 요리자네를 질시했던 것 같다. 이목을 피해 지내다가 딸의 입궐이 이루어지지 않은 것도 괜찮다며 나카미카도 교고쿠中御門京極에 훌륭한 저택을 세웠는데, 산수山水와 지수池水가 빼어나니 영화롭기 그지없었다. 겐큐元久 3년(1206) 3월 13일에는 한동안 이루어지지 않았던 곡수연曲水宴[28]을 행하기 위해 앵무배鸚鵡杯[29]를 만들게 하였으니 세상 사람들도 이 날을 무척 애타게 기다렸다.

요시쓰네는 모토후사基房의 딸을 정실부인으로 삼았는데 현 섭관이 전 섭관의 사위가 되는 것도 드문 일이었다. 전 섭관 두 사람을 부친과 장인으로 두었으니 조정의 정무와 의례에 지극히 밝았으며 옛 사람들보다 빼어나게 시가를 읊었다. 모두들 그런 요시쓰네

28_ 주로 3월 3일에 이루어지는 행사로 문인들이 굽이진 물에 잔을 띄어 놓고 시를 읊는 연회를 말한다.

29_ 자개를 이용하여 앵무새 부리 모양으로 만드는 잔.

가 곡수연을 행하는 것도 당연한 일이라고 여겼다. 사람들이 마음을 열고 곡수연에 이목을 집중하고 있던 즈음인 3월 7일, 요시쓰네는 돌연히 세상을 떠났으니 천하는 말 못할 놀라움에 잠겼다. 고토바 상황은 한탄에 젖었으나 소용없는 일이었다. 이번에는 어쩔 수 없이 고노에 모토미치近衛基通의 아들로 당시 좌대신이었던 이에자네家實를 관백으로 임명하였다.

그 해 봄, 삼성합三星合[30]이라는 천체의 커다란 이변이 일어났다. 천문을 관장하는 관료가 크게 두려워하며 이 사실을 조정에 고했다. 그 즈음 승정 지엔慈圓은 이쓰쓰지五辻에 잠시 머무르며 약사수법藥師修法[31]을 성대하게 거행하고 있었는데 그런 와중에 변이 일어난 것이다. 금성, 목성, 화성 세 행성이 서로 다가가니 밤마다 서쪽 방면에서 겹쳐 보였다. 그러나 비가 내리자 그 모습이 보이지 않게 되었다. 맑으면 보이고 비가 오면 사라지기를 나흘에서 닷새 동안 거듭하다 수일간 하늘이 흐려서 상서로운 일이라고 여길 무렵이었다. 비가 갰는데도 여전히 세 행성은 서로 다가간 채 사라지지 않고 있었다. 승정 지엔이 수법을 시작한 지 3일째 되는 날이었다. 다시 하늘이 흐려졌으나 아침부터 밤이 될 때까지 내릴 듯 내릴 듯 결국 비는 내리지 않았다. 승정이 얼마나 열심히 기도를 올렸는지 마침내 밤이 되자 비가 추적추적 내리기 시작했고 새벽녘에 행성이 사라졌다는 보고가 있었다. 비가 갠 후에는 마침내 행성의 위치도 제자리로 돌아갔고 천체의 이변도 사라졌다. 천문박사 하루미쓰晴光는 이변 직후 요시쓰네가 급작스럽게 세상을 떠난 것에 대해

30_ 금성金星, 화성火星, 목성木星이 지구에서 볼 때 같은 방향으로 다가오는 것. 흔히 흉사의 전조로 생각되었다.

31_ 밀교密教에서 행하는 가지기도加持祈禱법. 단을 만들어 본존을 안치하고 호마의식을 거행하여 본존과 일체화함으로써 목적하는 기원을 달성하려 하는 것이다.

확실히 의견을 피력했다.

"그 이변은 틀림없이 천황께 일어날 천변이었으나 서로 기를 다투던 끝에 기도의 힘으로 삼성합이 사라진 것이다. 그러나 그 기운이 다시 되돌아와 요시쓰네님이 세상을 떠난 것이다."

때마침 원령도 힘을 얻었을 것이다. 승정 지엔의 기도에 크게 감화를 받아 상황은 포상으로 관위를 수여하였다. 사람들은 무엇보다 요시쓰네의 죽음을 진정 말세의 비극이라 여기며 이런 인물이 오랫동안 살아갈 수 없는 시운을 슬프게 생각하였다. 고故 내대신 요시미치良通와 섭정 요시쓰네가 세상을 떠나는 등 다다미치忠通 후손에게 여전히 이런 일이 일어나니 이는 필시 다다자네忠實 악령의 소행이라고들 여겼다. 다다미치에서 요시쓰네에 이르기까지 일곱 명이 섭정이 되었는데 그 중 다다자네의 혼령이 내세에 극락왕생하기를 진심으로 바라는 사람이 있었다면 이와 같은 사태는 결코 일어나지 않았을 것을…. 아아! 이 세상에 진심으로 사물의 도리를 추구하는 신하가 두셋이라도 있었다면 조금은 든든했을 텐데….

고토바 상황은 고인이 된 섭정 요시쓰네를 마음 깊이 그리워하였다. 이에자네家實가 섭정이 되어 좌대장직이 공석이 되자 요시쓰네의 장남 미치이에道家를 좌대장으로 임명하였다. 겐에이建永 원년(1206) 6월 26일의 일이었다. 섭정 관백의 이름을 이렇게 거리낌 없이 굳이 적고 또 적는 이유는 분명하게 기술하기 위함이다. 불가사의한 일이 다시 일어났다. 고시라카와 상황이 붕어한 후인 겐큐建久 7년(1196)년 무렵, 승려 이위二位 기미토키公時가 가신으로 부리던 가네나카兼中라는 남자가 있었다. 고시라카와 상황의 혼령이 가네나카의 처에게 빙의되어 말했다.

"나를 모시는 신사를 세워라. 영지를 기진寄進하라."

이 일이 조정에서 논의되어 가네나카는 오키隱岐, 그 처는 아와安房로 유배를 보냈다. 사람들은 얼마동안 고시라카와 상황의 빙의를 믿지 않았지만 중납언 요시야스能保의 일로 어렴풋이 믿게 되었던 참이었다. 그가 출가하여 거의 죽기 직전이었는데 다시 살아났던 것이다. 가네나카가 빙의를 거론하자 조도지노니이는 빙의된 내용대로 처리해야 할 것이라고 아뢰었다. 고토바 상황은 가네나카 부부를 이레간 붙잡아두면서 그들의 말이 틀림없는 진실인지 거짓인지를 살펴보고자 하였고 기미토키도 이레간 불러들였다. 어떤 신내림도 없었고 영험한 일도 일어나지 않았으니 믿지 못할 일이었다. 이윽고 광란의 상태에 이르렀기에 그대로 유배 보낸 것이다.

7, 8년이 지난 겐에이 원년(1206) 무렵 미쓰토光遠 법사의 아들, 나카쿠니仲國 법사의 처에게 고시라카와 상황의 영혼이 빙의되어 "나를 모셔라"는 신내림이 있었다. 나카쿠니 법사는 고시라카와 상황 생전에 상황을 아침저녁으로 보필하던 이었다. 조도지노니이 등은 나카쿠니 법사의 처를 자주 만나 눈물을 흘리며 접대하였다. 결국 고토바 상황에게 청하여 중신회의를 열기에 이르렀으니 고시라카와 상황을 신으로 섬기는 일이 마침내 이루어지려 하였다. 모든 사람들이 그렇게 하는 것이 마땅하다고 하였으나 전 우부右府 긴쓰구公繼만이 반대 의견을 여쭈었다고 한다. 승정 지엔은 고토바 상황이 특별히 신뢰하는 인물이어서인지 현명하게도 교노니이卿二位의 남편 요리자네賴實에게 한 통의 편지를 써 보냈다.

"이러이러한 소문을 들었습니다만 이게 도대체 어찌 된 일입니까? 무엇보다 이와 같은 일은 원령이 될 것이라 여겨지는 사람에게만 일어나는 법입니다. 돌아가신 상황께서 고토바 상황 탓으로 원령이 되었다니요? 돌아가신 상황이 하치만八幡 대보살처럼 종묘를 지키는 신으로 나타나기라도 했다는 겁니까? 아니면 영험한 신령이 되기라도 한 겁니까? 저는 그런 것이 아니라 여우나 덴구가 사람에게 들러붙어 한 말을 믿어서 이런 일이 일어난 것이라 생각합니다. 그리고 이 사실은 진실인 양 이미 교토 사람들 사이에 퍼져 있고 그 인근까지 평판이 나 있습니다. 그 소문을 들어보니 돌아가신 상황께서는 미천한 자를 가까이했으며 세상 사람들이 광인이라 칭하는 무당이나 박수무당, 놀이꾼 남사당패거리들, 구리 세공사 같은 이들을 가까이 하였는데 이들이 빙의된 나카쿠니 처의 말에 장단을 맞추었을 것임은 불을 보듯 훤합니다. 그 말대로 한다면 세상은 지금 당장이라도 쓰러질 것입니다. 그래도 여전히 사당을 짓고자 한다면 진정으로 기도를 올려 참된 신불의 뜻을 얻어야 할 것입니다."

고토바 상황은 승정 지엔이 이와 같은 편지를 보냈다는 소식을 들었다.

"나도 그리 생각하고 있었는데 정말로 훌륭한 말을 했소."

그 즉시 지엔과 의논하였다.

"나카쿠니 부부를 유배 보내야만 하겠지?"

"이번 일이 결코 여우나 너구리에 홀린 것이 아니라 제 정신으로 한 말이라면 유배 보냄이 마땅합니다. 다만 그들의 됨됨이가 이상하다고들 하지만 스스로 꾸며서 말했다고는 생각하지 않습니다. 그 전에 가네나카라는 자의 처도 비슷한 말을 한 적이 있었습니다. 이는 광적인 성격에서 연유하는 면도 있겠지만 여우나 텐구天狗도 분명 존재한답니다. 여우나 텐구는 세상이 어지러워지면 나타나 자신을 숭배하기를 바라는 법입니다. 이들이 사람들을 속이는 이야기는 예나 지금이나 있습니다. 또한 실제로도 그런 일이 있습니다. 이들이 인간에게 들러붙어 그런 병을 만듭니다. 병들었다고 하여 조정에서 처벌할 수 있는 것도 아니니 귀담아 듣지 마시고 한쪽 구석에 가두어 놓으면 여우나 너구리는 결국에는 틀어박힌 채 끽소리도 못할 것입니다. 그저 일이 어떻게 돌아가는지 지켜보시면 된다고 사려되옵니다."

고토바 상황은 아주 훌륭한 의견이라 하며 그대로 처리하여 나카쿠니 부부를 가두었다. 그들은 셋쓰攝津 지방 나카야마데라仲山寺에 있었는데 또다시 빙의 되는 일없이 조용히 마무리 되었다. 양식 있는 사람들은 감동하지 않은 이가 없었다. 조도지노니이도 거북해져서 아무 말도 하지 않았다. 이런 신기한 일도 있었다. 그 후 나카쿠니는 용서받아 교노니이의 후견인이 되었다. 일련의 일을 생각해 보면 고토바 상황은 더할 나위 없는 군주였다. 상황 스스로도 이를 정의라 여겼을 것이다. 그러나 세상에는 비겁한 사람들만 있어서 그들이 입을 모아 말하니 상황도 혹시나 하는 마음이 들었을 것이다. 그렇게 되었다면 위험할 뻔했다. 만약 이와 같은 현인賢人이 없었다면 그런 괴이한 일도 일어났을 것이며 이 나라도 사악한 요물들의 세상이 되었을 것이라 생각하니 끔찍할 따름이다. 덴구에 홀렸던 이들은 사면되어 지금까지 살아 있다.

또한 겐에이建永 무렵 호넨보法然房[32]라는 승려가 있었다. 교토 가까이에 살며 염불종念佛宗을 세워 전수염불專修念佛을 내세웠다.

"오로지 아미타불만을 외쳐야만 한다. 그 외의 수행은 천태종이건 밀교건 행해서는 안 된다."

이 가르침이 불가사의하게도 우매한 비구와 비구니의 환영을 받아 번창에 번창을 거듭하니 급속도로 퍼져만 갔다. 그 중에 안라쿠보安樂房[33]라는 자가 있었다. 그는 야스쓰네泰經를 섬기던 무사로 출가한 수행승修行僧이었다. 그는 주렌住蓮[34]과 함께 선도화상善導和上[35]

32_ 호넨(法然, 1133-1212). 히에이잔에서 천태종을 배웠으며 오로지 아미타불의 서약을 믿으며 '나무아미타불'이라고 염불을 외우면 죽은 후에 왕생할 수 있다고 믿는 전수염불의 가르침을 깨달았다.

33_ 준사이(遵西, ?-1207). 정토종의 승려로서 나카하라 모로히데中原師秀의 아들이다. 속명은 모로히로師廣.

34_ 주렌(住蓮, ?-1207). 정토종 호넨法然의 제자로서 로쿠지라이산六時禮讃 염불을 행했다. 고토바 상황의 뇨보가 이에 감화를 받아 출가한 이유로 상황의 분노를 사서 죽음을 당했다.

35_ 당唐 승려로 정토교淨土敎를 완성하였다.

의 수행법인 육시예찬六時禮讚[36]을 행했다. 이를 받들어 귀의歸依를 갈망하는 비구니들이 나왔다. 비구니들은 이를 과장하여 퍼뜨렸다.

"염불종의 수행자가 되면 여인네와의 잠자리를 밝히거나 생선이나 고기를 먹더라도 아미타불은 이를 조금도 책망하지 않는다. 오로지 전수염불만을 믿는다면 죽음을 맞음에 반드시 극락왕생할 것이다."

이 가르침은 교토와 지방으로 퍼져나갔다. 그 즈음 상황 처소의 뇨보, 닌나지仁和寺의 미치스케道助 법친왕法親王의 모친 등이 염불종을 믿게 되어 안라쿠보 같은 자를 몰래 불러들여 설법을 들으려 하였다. 이에 안라쿠보도 동료를 데리고 왔으니 밤에도 승려가 궐에 머무는 일이 일어났다.

이들의 폐해는 이러니저러니 말로 표현할 수 없을 정도였기에 안라쿠와 주렌은 참수되었다. 호넨 스님 또한 교토에 머무를 수 없다 하여 쫓겨나 유배되었다. 고토바 상황의 뜻에 따라 호넨을 이처럼 처벌하였으나 마음에 걸리는 바가 있어 처벌이 다소 완화된 것처럼 보인다. 호넨을 따르는 자가 많았으며 유배가 풀린 뒤 히가시야마東山의 오타니大谷에서 입적하였을 때는 그의 죽음을 왕생이라 칭하며 사람들이 몰려들었다. 그러나 이렇다 할 징표는 없었으며 입적할 때의 모습이 조가增賀[37] 스님 때처럼 사람들의 입을 통해 회자되지도 않았다. 그러나 입적 때의 일들이 지금까지 영향을 미쳤는지 육식을 하며 여인을 범하는 전수專修 불교가 여전히 근절되지

36_ 하루를 여섯으로 나누어 그 때마다 예배하고 참회하는 행위를 말한다.

37_ 조가(增賀, 917-1003). 천태종의 승려로서 속세를 떠나 은거한 것으로 알려져 있다. 후대에는 은거하는 이들의 이상으로 여겨졌으며 여러 가지 기행이 속세를 이탈한 행위로 상찬되었다. 열 살 때 히에이잔에 올라가 법화경 독경을 게을리하지 않으며 수행법을 배웠다고 한다. 이후 은거하였으며 『법화현의초法華玄義鈔』를 저술하였다. 은거 후에는 다른 이들과의 교제를 피했으며 수많은 설화집에 그 가르침이 전해진다.

않고 있다. 히에이잔比叡山 스님들이 궐기하여 호넨의 제자인 공空아미타불의 염불하는 무리를 쫓아내고자 했으니 그들은 허둥대며 도망치기도 했다. 무릇 도다이지東大寺의 슌조보俊乘房[38]는 자신을 아미타불의 화신이라 칭하며 이름을 나무아미타불이라 지었다. 또한 많은 사람들의 이름을 앞에 공空아미타불, 법法아미타불처럼 앞에 한 글자를 넣어서 지어주었는데 정말로 이를 자신의 이름으로 쓰는 비구와 비구니가 많았다. 결국에는 호넨의 제자와 같은 이들이 나오는 것을 보면 참으로 불법佛法이 멸상滅相하고 있음에 틀림없다.

이를 생각해 보면 다음과 같다. 마魔에는 순마順魔와 역마逆魔[39]가 있는데 슬프게도 순마가 이와 같은 길로 인도하는 것이다. 아미타불의 가르침만이 널리 퍼지며 그 유익이 커져만 가는 세상이 진실로 도래하면 그 세상에서는 참으로 모든 장애가 사라지고 극락에 가는 사람 또한 생겨날 것이다. 그러나 아직 그와 같은 세상은 도래하지 않았으니 진언과 지관止觀[40]을 통한 수행이 성해야 할 때이므로 순마가 인도하는 바를 따라 득도, 해탈하는 자는 결코 있을 수 없다. 슬픈 일이다.

한편 가네자네는 호넨 스님의 염불종을 믿고 그를 스승으로 삼아 출가하였다. 그 후 나카쿠니의 처와 관련된 일로 놀라기도 하고 호넨의 유배로 슬퍼하다 오랫동안 지병으로 누워 거동도 마음대

38_ 조겐(重源, 1121-1206). 정토종의 승려로서 호는 슌조보. 다이고지醍醐寺에서 밀교 수행을 하였으며 이후 호넨에게 사사를 받아 염불문念佛門에 입문한다. 도다이지 대불전 재건을 완성하였다.

39_ 마魔는 불도수행을 방해하는 자를 의미한다. 이 중 순마는 자신에게 집착하는 마음을 일으키는 장애를 일컬으며 가족, 재물들이 이에 속한다. 역마는 자신의 의지와는 별개로 외부로부터 주어지는 장애를 말하며 병이나 재해 등이 이에 속한다.

40_ 불교 명상법의 하나로서 지止는 마음을 흐트러뜨리지 않고 특정한 대상에 쏟는 것을 말한다. 관觀은 지에 의해 바른 지혜를 일으켜 모든 대상을 밝게 관찰하는 것을 말한다.

로 하지 못하던 중 겐에이建永 2년(1207) 4월 5일에 훌륭하게 임종을 맞이했다.

고故 요시쓰네 섭정의 딸은 마침내 고아가 되어 모든 상황이 여의치 않았으니 사람들도 과연 어찌될지 염려하였다. 그러나 고토바 상황은 그녀를 동궁비로 입궐시키고자 마음먹었으며 가스가春日 대명신과 하치만八幡 대보살도 이 일을 통해 황자가 태어나 세상을 다스리길 바랐던 것 같다. 사람들 역시 그녀의 조부 가네자네가 사직社稷을 위해 애쓰는 모습에 신불이 틀림없이 감동했을 것이라 생각했다. 모든 이의 생각대로 일이 실현되려 했는지 조겐承元 3년(1209) 3월 10일, 요시쓰네의 딸은 열여덟의 나이에 동궁비로 입궐하였다. 당시 좌대장이었던 남동생[41]은 어른보다 훨씬 의젓했으며 사람들은 모든 면에서 아버지보다 낫다고 여겼다. 그는 훌륭하게 일을 처리하여 누이를 입궐시켰다.

그런데 이 일에 앞서 다시 상서롭지 못한 일이 일어났다. 조겐 2년(1208) 5월 15일, 홋쇼지法勝寺 구중탑九重塔에 번개가 떨어져 불이 나 탑이 타버린 것이다. 기가 막힌 일이었으나 용케도 다른 곳으로 번지지는 않았다. 그 일이 있기 바로 전 고토바 상황은 승정 지엔을 불러 명을 내렸다.

"과인이 액을 막기 위해 근신을 해야 하는데 효험 있는 기도를 해 주었으면 하오."

"법화경을 올리도록 하겠습니다."

지엔은 보좌 스님 스무 명을 데리고 고토바 상황 거처에서 7일간 법화경을 올렸다. 그 후 얼마 안 있어 구중탑이 불에 탄 것이다. 지엔은 생각에 잠겼다.

'상황의 거처에서 수행중일 때 불이 났다면 얼마나 한스러웠을

41_ 후지와라노 미치이에(藤原道家, 1193-1252)를 말한다.

까? 이 일은 분명 고토바 상황에게 있던 액이 구중탑으로 옮아간 것이리라.'

이윽고 상황에게 아뢰었다.

"슬프게 여기지 마시옵소서. 구중탑이 불탄 것은 상서로운 일이옵니다. 다만 서둘러 구중탑 복원 조치를 취하셔야 하옵니다. 구중탑이 불탄 것은 폐하의 죽음을 대신한 것이옵니다. 곧 복원하면 죄를 없애고 선을 쌓는 일이 될 것이옵니다."

이윽고 고토바 상황은 대납언 긴쓰네公經에게 이요伊豫 지방에서 자금을 마련하여 탑을 짓도록 명했다. 긴쓰네는 즉시 착수하려고 했으나 이요 지방의 조세를 써버리면 나라의 대사大事에 타격을 줄 상황이었다. 당시 요조葉上[42]라는 이재에 뛰어난 스님이 있었다. 그는 당나라에 오랫동안 거주하던 이였다. 그에게 스오周防 지방을 맡기고 나가후사長房[43] 재상에게 집행토록 하여 구중탑을 재건하였다. 그런데 홋쇼지의 집행 법인法印 쇼겐章玄은 탑이 불타는 것을 보고 숨을 거두었다. 법력 80세 남짓이었다. 이 일에 사람들이 느끼는 바가 있었던 것 같다. 겐랴쿠建曆 3년(1213), 마침내 공사를 시작한 지 7년째에 완공하여 낙성식을 치르게 되었다. 이 때 요조는 그 공으로 승정이 되고자 고토바 상황에게 강청强請하였다. 그는 이미 법인의 직위에 있었는데 승정으로 승진한 것이다. 상황은 하지 말았어야 할 일을 했다며 이를 후회했다. 요조는 꼴사납게도 대사 칭호를 간구했으며 이 또한 회의에 부쳐졌으나 승정 지엔이 만류하여 그 뜻을 이루지 못하였다. 어쨌든 승정의 자리에는 올랐다.

42_ 묘안 에이사이(明庵榮西, 1141-1215). 헤이안 시대 후기의 승려로서 히에이잔에서 현밀교를 배우고 중국으로 건너갔다. 일본에 선禪을 전달한 태밀 요조台密葉上의 시조로 여겨진다. 별칭은 요조보葉上房.

43_ 후지와라노 나가후사(藤原長房, 1170-1243). 고토바 상황의 측근으로서 참의를 거쳐 민부경 정삼위에 올랐다. 1210년에 출가하여 법상종에 입문하였다.

시간이 흘러 조겐承元 4년(1210) 9월 30일, 오랫동안 보이지 않았던 혜성이 나타났다. 혜성은 하늘의 이변중 첫 번째로 손꼽히는 것이다. 몇 날밤이 거듭되도록 오랫동안 사라지지 않았다. 세상 사람들은 어찌 된 일일까 두려워했다. 법회가 열렸고 승정 지엔 등은 치성광법熾盛光法[44]을 행하였으니 혜성은 출몰하지 않았다. 그런데 11월 11일, 고토바 상황이 근신중이라 걱정하던 차에 다시 혜성이 나타났다. 이번에는 천문관들도 크게 놀라며 걱정하였다.

"상황께서 신념을 다해 염원기도를 올리셔서 꿈속에서 양위에 대한 계시가 있었던 것일 게야."

사람들이 이처럼 웅성거리는데 홀연 양위를 단행하여 조겐承元 4년(1210) 11월 25일에 준토쿠順德 천황의 즉위식이 이루어졌다. 한편 동궁비는 그 이듬해 조겐 5년(1211) 정월 25일에 입후되었다. 준토쿠 천황이 동궁이었을 당시 중궁은 요리자네의 딸이었다. 쓰치미카도土御門 천황이 퇴위하여 새로운 상황이 되었으니 그 옆에서 모셔야 했지만, 고토바 상황의 의향이 당분간은 그렇게 하지 말라는 것이었기에 원호를 받아 인메이몬인陰明門院[45]이라 불렀다.

그런데 준토쿠 천황이 다이조에大嘗會를 거행하려던 차에 갑자기 주작문朱雀門이 무너져 내린데다가 슌카몬인春花門院마저 세상을 떠났다. 천황은 상중에 들어갔고 다이조에는 다음 해로 연기되었다. 천황이 다이조에를 위해 정화 의례를 한 바로 그 날에 주작문이 무너졌기에 사람들은 무척 놀랐다. 그러나 정화 의례만 행한 후 다이조에가 연기된 전례가 있었으므로 미루게 되었다. 사람들은 세상이 어떻게 될지 걱정했지만 별다른 흉측한 일은 일어나지 않았

44_ 일체의 모든 재앙을 없애고 복을 부르는 수행법을 말한다.

45_ 인메이몬인(陰明門院, 1185-1243). 쓰치미카도 천황의 중궁으로서 요리자네賴實의 딸. 종삼위 뇨고女御를 거쳐 중궁이 되었다. 원호를 받은 후 출가하였다. 이름은 레이시麗子.

고, 이듬 해 주작문이 재건되어 별 탈 없이 다이조에가 치러졌다. 진실로 천황의 양위를 계시하기 위하여 혜성이 출몰했던 것인지 상황의 근신은 큰 일 없이 끝났다. 한편 요리자네는 인메이몬인이 중궁이었을 때 가스가春日신사로 행차를 한 일이 있었는데 선례에도 전혀 없었던 일을 자기 마음대로 행하여 스스로에게 호위병을 내리도록 하고 마치 섭정 관백인 양 중궁을 모시고 행차를 떠난 것이다. 나중에 출가하여 다이조뉴도大政入道라 불린 이다. 사람은 모두 분수에 맞추어 자신의 본뜻을 이루는 법이거늘 분에 넘치는 생각은 무엇보다 삼가야 하는 것이다.

한편 준토쿠 천황의 모친은 겐에이建永 2년(1207) 6월 7일에 원호를 받았다. 입후는 되지 않았고 이위二位에 서품되어 엄연한 준후궁准后宮이 되었다. 슈메이몬인修明門院이라는 원호를 하사받았다. 이와 같은 예는 하치조인八條院[46] 때부터 시작되었다고 한다. 또한 근래에는 동궁이 천황으로 즉위한 후에 그 모친은 예외 없이 원호를 받았다. 또한 슈메이몬인의 부친 이위 노리스에範季도 좌대신으로 추증되었다. 반드시 출가를 했어야 하는 이었는데 이 일을 염두에 두고 출가도 하지 않고 세상을 떠났으니 과연 영화로운 일이었다. 또한 겐랴쿠建曆 2년(1212) 6월 29일에 좌대장 미치이에道家는 내대신으로 임명되었다.

한편 관동에서는 장군 요리이에賴家가 이위로 서품되었고 좌위문독左衛門督이 되어 요리토모賴朝 장군의 뒤를 이었다. 중납언 노리미쓰範光가 벤辯으로서 관동에 사자로 파견되었을 즈음인 겐닌建仁 3년(1203) 9월 경, 요리이에는 큰 병에 걸려 죽음의 문턱에 다다랐다. 그는 판관 히키 요시카즈比企能員[47]라는 이의 딸을 마음에 품어

46_ 아키코暲子 내친왕(1137-1211)을 가리킨다.

47_ 히키 요시카즈(比企能員, ?-1203). 헤이안 시대 말기의 무장으로서 가마쿠라 막부의 유력한 가신이었다. 미나모토노 요리토모의 유모인 히키 비구니의 조카

아들을 하나 낳았는데 여섯 살이 된 아이의 이름은 이치만一萬[48]이라 하였다. 요리이에는 이치만에게 가문을 잇게 하려 했으니 그 외조부 요시카즈의 세상이 되려는 찰나였다. 요리이에의 외조부이자 도토우미遠江 지방 수령인 호조 도키마사北條時政는 그 소식을 듣자 요리이에의 동생인 센만千萬[49]이야말로 요리토모가 아끼던 아들이었으니 그야말로 미나모토 가문을 이을 적임자라 생각하였다. 같은 해 9월 20일에 도키마사는 요시카즈를 불러들여 도요카게遠景로 하여금 요시카즈를 붙잡게 한 후 닛타 시로新田四郎에게 찔러 죽이게 했다. 그리고 히로모토廣元의 집으로 무사를 보내 그곳에 병환으로 누워 있던 요리이에를 감금하였다. 이윽고 선례에 따라 종가에 머물러 있던 이치만에게도 사람을 보내어 죽이려 했으나 모친이 품에 안고 작은 문으로 도망쳤다. 그곳에 머물러 있던 가신들 중에 무사의 도리를 아는 자는 도망치지 않았으니 모두 살해되었다. 그 중에

로서 나중에 양자가 된다. 그런 연유로 가마쿠라 막부의 2대 장군 요리이에와 인연을 맺게 되고 딸이 요리이에의 측실이 됨으로써 권세를 넓혀갔다. 하지만 그의 세력을 두려워한 호조 도키마사와의 대립에 의해 난이 일어났고 히키 일족은 멸망하였다.

48_ 미나모토노 이치만(源一幡, 1198-1203). 가마쿠라 막부 2대 정이장군 미나모토노 요리이에의 적자, 모친은 히키 요시카즈의 딸. 이치만이 여섯 살이 되었을 때 부친인 요리이에가 큰 병에 걸려 위독한 상태에 빠지자 후계자를 둘러싸고 이치만의 모친 일가인 히키 씨와 요리이에의 외척인 호조 씨의 대립으로 인해 히키 요시카즈 사건이 일어났다. 이로써 히키 일가는 멸망당했으며 이치만 역시 살해당하였다.

49_ 미나모토노 사네토모(源實朝, 1192-1219). 미나모토노 요리토모와 호조 마사코 사이의 차남으로 요리이에가 히키 요시카즈 사건으로 유폐되자 장군으로 옹립되었다. 처음에는 도키마사, 마사코 등의 보좌와 후견을 받았으나 이후 직접 정치에 참여하여 막부의 소송, 정치제도를 정비해갔다. 그의 정치에는 교토 정치의 영향이 강했으며 적극적으로 교토풍의 문화를 도입하였다. 와카에 심취했으며 자신이 읊은 30수의 와카를 후지와라노 데이카藤原定家에게 보내 지도를 받기도 했다. 쓰루오카하치만구鶴岡八幡宮 경내에서 형 요리이에의 아들인 구교公曉에게 살해되었다.

가스야 아리스에糟屋有末[50]는 적들조차 그를 죽일 필요가 있겠냐며 나가게 해주라고 안타까워했지만 끝내 도망치지 않고 여덟 명의 적을 물리친 후 죽음을 맞이했다. 사람들은 무척 안타까워했다. 그 밖에 좌위문左衛門 가사하라 지카카게笠原親景, 형부刑部 시부카와 가네타다澁河兼忠 같은 자들은 모두 살해되었다. 히키 요시카즈의 아들, 그 사위인 고다마토兒玉黨[51] 등 그곳에 있던 모든 이들은 살해되었다. 이는 겐닌 3년(1203) 9월 2일의 일이었다. 닛타 시로라는 자는 요리이에가 특별히 아끼는 근위관이었는데 요리이에까지 이렇게 되리라고는 짐작도 못하고 요시카즈를 찔러 살해한 것이었다. 일이 이렇게 되자 같은 달 5일, 그는 종가인 요리이에 저택 동서東西에 있는 무사 집결소에 출사해 있던 요시토키義時와 멋지게 겨룬 후 죽음을 맞이하였다. 이윽고 도키마사는 그 달 10일에 요리이에를 이즈伊豆의 슈젠지修禪寺라는 산 속에 있는 절에 유폐시켰다. 일이 터지기 며칠 전에 유행병에 걸려 8월 그믐 2경更[52]에 출가한 요리이에는 요양차 히로모토의 집에 머물러 있었다. 그는 출가한 후 아들 이치만의 세상이 될 것이며 모두 사이가 좋을 것이라 여겼으니 일이 이렇게 되리라고는 생각지도 않았던 것이다. 그리고 출가한 후부터 병세도 호전되었다. 그러나 9월 2일에 요리이에는 이치만이 공격당하였다는 소식을 듣고서 이게 어찌 된 일이냐며 곁에 있던 칼을 들고 분연히 일어섰다. 그러나 병치레 끝의 몸 상태로는 도저

50_ 가스야 아리스에(糟屋有季, ?-1203). 가스야 모리히사糟屋盛久의 아들로 히키 요시카즈比企能員의 딸을 처로 맞아들였다. 여러 전투에 참여했으며 요리토모 사후에 가지와라 가게토키 사건 당시에도 공적을 세웠다. 히키 요시카즈 사건 당시 요시카즈의 사위로서 호조 요시토키의 대군과 맞서 싸우다 전사하였다.

51_ 고다마토兒玉黨는 헤이안 시대 후기부터 가마쿠라 시대에 무사시武藏 지방에서 할거한 무사단을 말한다. 고다마토의 종가는 처음에는 고다마 가문이었으나 이후 많은 변화가 있었다.

52_ 오후 10시를 전후한 2시간.

히 당해낼 수가 없었으니 모친 마사코도 요리이에에게 매달리며 만류했다. 이윽고 요리이에는 호위 감시를 받다가 슈젠지에 유폐되었다. 슬픈 일이다. 그 해 11월 3일, 마침내 요시토키義時는 이치만을 생포하였고 도마藤馬라는 무사를 시켜 살해케 한 후 땅에 묻었다. 이듬해인 겐큐元久 원년(1204) 7월 18일, 슈젠지에서 요리이에 또한 살해했다. 갑작스러운 공격에 대항도 없었으니 끈으로 목을 매단 후 음낭을 잘라내어 죽였다고 한다. 뭐라 할 말이 없는 일이다. 어찌 그 보복이 없겠는가? 아무리 강한 사람이라도 그 힘이 미치지 않는 일이 있는 법이다. 히키 요시카즈는 부친이 몸담은 그 마을의 고다마토에 가담하여 대부大夫 미세야 유키토키라는 사람의 딸을 처로 삼았으니 그녀가 이치만을 낳았던 것이다. 유키토키 역시 고다마토의 무사를 사위로 삼았다.

이보다 앞선 쇼지正治 원년(1199) 무렵, 가지와라 가게토키는 무사들에게 탄핵을 받았다. 그는 요리토모의 오른팔로서 자신의 처 또한 요리이에의 유모였기에 기세등등하여 하급 무사들을 경멸했기 때문이었다. 게다가 요리이에 또한 가게토키를 치려 했기 때문에 가게토키는 고향을 떠나 교토로 올라가던 중 살해당했다. 가마쿠라 막부의 일등 공신이었던 가지와라 씨는 모두 멸하였으니 자식 하나 남지 않았다. 사람들은 이 일을 요리이에의 실수로 생각하였는데 과연 오늘날 이와 같은 일이 일어난 것이다.

결국 도키마사는 교토에 심부름꾼을 급히 올려 보내어 센만의 성인식을 올리고 사네토모實朝라 이름 지었다. 겐닌建仁 3년(1203) 12월 8일, 마침내 사네토모를 쇼군將軍으로 임명한다는 선지宣旨가 내려왔으니 관동 지역은 아직 어린 사네토모를 앞세운 조부 호조 도키마사의 세상이 되었다. 적합한 사람을 쇼군의 처

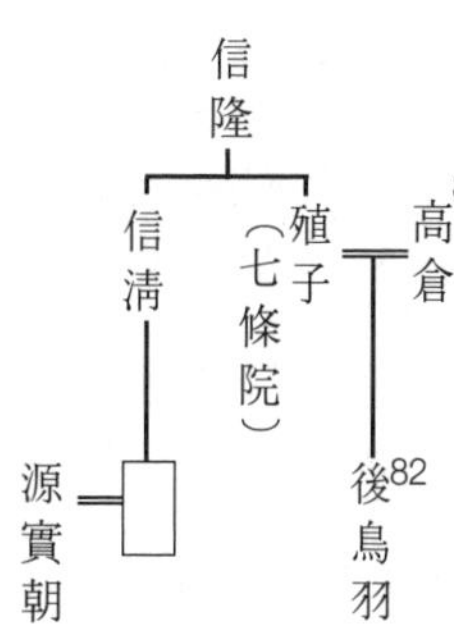

로 삼아야 한다고 하여 고토바 상황의 외숙부이자 시치조인七條院의 동생인 대납언 노부키요信清[53]의 여러 딸 중에서 열세 살 난 딸을 화려하게 준비시켰다. 관동에서 온 무사들이 그녀를 모시고 내려갔으니 이는 겐큐 원년(1204) 11월 3일의 일이었다. 고토바 상황은 엔쇼지延勝寺 집행執行이었던 법인法印 조인增圓에게 명하여 홋쇼지 서쪽 작은 골목에 단을 만들게 하고 그 단 위에서 일행을 구경하였다. 한편 노부키요는 오랫동안 중병을 앓았으니 가까운 사람이나 소원한 사람 할 것 없이 필시 그가 죽게 될 것이라고 여겼으나 병이 나아 결국 대신大臣이 되었다. 겐포建保 3년(1215) 2월 18일에 출가하여 이듬해 2월 15일에 세상을 떠났다. 이렇게 사람들의 일을 적고 보니 세월이 많이 흐른 것 같다. 관동에서 이런 일이 일어나는 사이 도키마사는 젊은 처를 얻어 그 사이에 아들을 얻고 여러 딸을 두었다. 그 처는 오도네리노조大舍人允 무네치카宗親[54]의 딸이었으며 그녀에게는 오위위五位尉, 오오카大岡 판관判官 도키치카時親라는 형제가 있었다. 무네치카는 오랫동안 요리모리賴盛를 보좌하다 스루가駿河 지방 오오카노마키大岡牧라는 곳을 다스렸다. 무사도 아니면서 이런 복을 누리다니 불가사의한 일이다.

도키마사는 아들을 교토로 올려 보내고 우마노스케로 임관시켰으나 아들은 얼마 안 있어 세상을 떠났다. 장녀는 미나모토 가문 도모마사朝雅[55]의 처가 되었다. 도모마사는 고레요시惟義[56]의 동생 요

53_ 후지와라노 노부키요(藤原信清, 1159-1216). 보몬 노부키요坊門信清라고도 하며 후지와라노 노부타카藤原信隆의 아들이다. 누이인 시치조인은 고토바 천황을 낳았으며 그는 고토바 천황의 측근 신하였다. 대납언, 내대신을 역임하였다. 딸은 고토바 천황의 후궁으로 입궐하였으며 조정과 막부 양쪽에 우호적인 관계를 유지하며 권세를 누렸다.

54_ 마키노 무네치카(牧宗親, ?-?)를 말한다. 헤이안 시대 말기의 스루가駿河 지방의 호족으로서 오도네리노조大舍人允. 호조 도키마사 후처의 부친으로서 통칭 사부로三郎라 불렸다. 아들로는 오오카 도키치카大岡時親가 있다. 다이라노 요리모리를 오랫동안 섬겼다.

리토모의 양자라고 한다. 도키마사는 사위인 도모마사를 교토에 올려 보내 고토바 상황을 알현하게 하였으니 도모마사는 가사가케笠懸[57] 경기 때에도 상황을 보필하였다. 다른 딸들도 모두 귀족과 당상관의 처가 되었다. 한편 관동에서는 사네토모實朝를 죽이고 도모마사를 쇼군으로 삼자는 모의가 있었다. 그 이야기를 듣고 당황한 사네토모의 모친 마사코는 미우라노 요시무라三浦義村[58]를 불러서 말했다.

"이런 말을 들었습니다. 틀림없는 일입니다. 도와주세요. 어찌하면 좋겠습니까?"

요시무라는 전략가였다. 사네토모를 요시토키의 집에 데려다 두고 아무 일도 없는데 일부러 하급 무사들을 불러 모아 쇼군의 명이라며 진을 치고, 가마쿠라에 있던 조부 도키마사를 불러내어 고향 이즈 지방으로 보냈다. 도모마사는 교토에 있었으니 교토에 있던 무사들에게 그를 치라는 명을 내렸고 그 사정을 고토바 상황에게 보고하였다. 도모마사는 교토 롯카쿠六角 히가시토인東洞院에 집을 짓고 머물러 있었는데 무사들이 빈틈없이 에워싸고 공격하자 얼

55_ 히라가 도모마사(平賀朝雅, ?-1205)를 말한다. 가마쿠라 막부의 가신으로서 미나모토노 요리토모에게 중용된 히라가 요시노부平賀義信의 차남이다. 미나모토노 사네토모를 폐위하고 도모마사를 가마쿠라의 새로운 쇼군으로 옹립하려고 했던 호조 도키마사가 실각하게 된다. 결국 막부의 실권을 잡은 호조 요시토키의 명령으로 도모마사는 교토에서 살해된다.

56_ 오우치 고레요시(大內惟義, ?-?). 미나모토노 요리토모의 거병에 참여하였으며 공적을 인정받아 이가伊賀 지방의 슈고직에 임명된다. 배다른 형제인 히라가 도모마사平賀朝雅가 호조 요시토키北條義時의 명령으로 주살당한 사건이 발생하였으나 사건에 연좌되지는 않았다. 이후 고토바 상황의 측근이 되었다.

57_ 말 위에서 활로 목표물을 쏘는 경기로 처음에는 갓을 목표물로 삼았다.

58_ 미우라 요시무라(三浦義村, ?-1239). 미우라 요시즈미義澄의 아들로서 가마쿠라 막부의 무장. 가지와라 가게토키梶原景時 배척을 모의하였으며 장군 사네토모 암살사건에서는 구교公曉를 주살하였고 호조 야스토키北條泰時를 따라 공적을 쌓았다. 미우라 가문의 전성기를 구축한 인물로 평가된다.

마간 항전하다 결국 집에 불을 놓고 빠져나와 오쓰大津 쪽으로 퇴각하였다. 일부러 퇴로를 열어두고 치려 한 것이리라. 좇아오는 무사들이 있었으니 도모마사는 야마시나山科에서 스스로 목숨을 끊었다. 그 목을 호키伯耆의 수호 무사였던 가나모치라는 자가 베어 들고 올라갔는데 고토바 상황은 수레를 타고 문으로 나와서 보았다고 한다. 이는 겐큐 2년(1205) 7월 26일의 일이었다.

이렇듯 도키마사를 내몰았는데 사네토모의 생모이자 요리토모의 미망인[59]은 아들인 사네토모를 위해 그런 행동을 함에도 주저함이 없었다. 요시토키義時 또한 도키마사의 자식이기는 하지만 도키마사는 현재 처와의 관계로 일련의 잘못된 일을 저질렀고, 게다가 외손자인 사네토모를 죽이려 했기에 도키마사를 유폐하게 된 것이다. 이로써 세상은 완전히 사네토모의 것이 되었고 정무는 그에게 맡겨졌다. 그런데 도키마사의 딸이자 사네토모와 요리이에의 생모가 아직 살아 있었으니 그녀의 세상이라 할 수 있을 것이다. 그녀는 동생 요시토키를 천황에게 천거하였으니 그는 갑자기 신분이 높아져 우경권대부右京權大夫에 임명되었다. 이로써 요시토키와 마사코 남매가 관동의 정무를 도맡았고 교토에서는 교노니이가 정권을 장악하고 있었다. 일본국의 정치에 여인의 입김이 세다는 말은 진실이라 해야 할 것인가?

이렇게 세월은 지나갔는데, 아직 도키마사가 실권을 잡고 있었을 때의 일이다. 관동에 세력을 가지고 있었기에 도키마사에게 조금이라도 거스르는 자는 쇼지 시게타다莊司重忠를 비롯하여 모든 이들이 참살당했다. 시게타다는 무사로서의 뜻을 이룬데다 제일가는 무사로 평판이 높았기에 싸움이 벌어졌을 때도 감히 맞서는 자가 없어서 결국 자결하였다. 다이라平 가문이 흔적도 없이 멸망한 것

59_ 호조 마사코를 의미한다.

도 쇼군 미나모토노 요리토모가 고금古今에서 찾아볼 수 없는 기량으로 천하를 장악한 후 흘러가던 형세도 인간의 일이라고는 생각되지 않는다. 엄연히 무사의 세상이어야 한다고 종묘宗廟의 신들도 정해 놓았으니 이는 도리에도 맞는 필연이다. 게다가 다이라 가문에 원령이 많았으니 양식 있는 사람들은 명계冥界에도 인과응보의 도리가 작용했음을 알 것이다.

세월은 이렇게 흘러갔다. 세상 사람들은 관동에서 또 무슨 일이 벌어지지 않을까 의심했지만 사네토모는 마침내 성인이 되어 몸소 정무를 돌보고자 했다. 당시 미쓰토光遠의 아들 나카아키라仲章[60]라는 자가 있었는데, 그는 가문을 일으키고 유가儒家에 입문하여 스가와라노 나가모리菅原長守의 제자로서 학문에 정진하고 있었다. 어떤 인연이 있었는지 그는 관동의 쇼군, 사네토모의 스승이 되어 늘 가마쿠라에 내려가 있었다. 의외로 사네토모는 무武보다 문文에 관심이 많았다. 스승 나카아키라는 교토의 조정과 막부 사이의 연락을 담당하였다. 그가 쇼군에게 이런저런 예를 들어 한학漢學을 가르친다는 소문이 났으니 사람들은 어찌 된 일인지 의아해했다. 한편 관동에서는 불가사의하게도 사네토모의 관저가 불에 타 소실될 뻔한 위험한 일이 일어났다. 좌위문左衛門 요시모리義盛[61]라는 미우라토三浦党[62]의 장자長子가 요시토키를 깊이 시기하여 그를 죽이려고 마음먹었다. 요시

60_ 미나모토노 나카아키라(源仲章, ?-1219). 가마쿠라 시대 전기의 유학자이자 무사. 미나모토노 사네토모의 측근으로서 급속하게 승진하여 지방 수령에서 벳토別當, 문장박사가 되어 승전을 허락받았다. 사네토모와 함께 암살당한다.

61_ 와다 요시모리(和田義盛, 1147-1213). 사가미相模 지방 미우라三浦 군의 호족의 자손으로 요리토모에게 합류하였다. 요시나카와 다이라 가문을 토벌하기 위한 원정에 참여하였고 다른 전투에도 참여하여 공적을 쌓았다. 요리토모 사후에는 호조 씨와도 우호적인 관계를 구축하였으나 호조 씨의 교묘한 도발에 군대를 일으켜 싸우다 패하여 죽음을 맞이하였다.

62_ 사가미(相模, 현재의 가나가와 현 부근) 미우라三浦를 중심으로 하는 다이라 가문의 일당을 말한다.

모리는 자신의 계획이 만천하에 알려졌다는 소식을 듣고 겐랴쿠 3년(1213) 5월 2일에 황급히 요시토키의 집을 습격하였다. 사네토모도 요시토키와 함께 있었기에 정면을 막아서며 같이 싸웠다. 당시 가마쿠라에 있던 무사란 무사는 모두 요시토키의 편이었으니 이틀간의 싸움 끝에 요시모리의 목을 베었다. 요시모리에게 동조했던 고다마兒玉, 요코야마橫山 등은 모두 죽음을 맞이하였다.

그 후 요리이에의 아들 중 요조葉上 승려 문하에서 법사가 된 자가 있었는데 그가 열네 살이 되었을 무렵이었다. 요시모리 쪽 사람 중에 살아남은 자들이 모여들었고 한 마음으로 그를 우두머리로 삼아 요시토키를 공격하려 하였다. 이 또한 발각되어 모두 죽음을 맞이하였다. 열네 살의 법사도 장렬하게 자결하였다. 그 후 조금씩 안정을 되찾았다.

한편 준토쿠 천황의 중궁이 중병에 걸렸다. 중궁의 오빠인 법인法印 료손良尊[63]은 온조지園城寺의 승려 대승정 짓케이實慶[64]의 제자였다. 스승과 부친이 모두 사망한 뒤 오미네大峯의 쇼노이와야笙岩屋 등지에서 수행을 하고 밀교 기도를 올렸다. 중궁을 위해 기도를 올릴 때마다 왠지 기도가 뜻대로 되지 않고 잡귀가 나타나기에 마음을 굳게 먹고 기도를 올렸더니 효험이 있어 중궁의 병세가 현저히 나아졌다. 그는 대승도를 겸하지 않은 법인이었으나 그 공으로 대승도가 되었다. 그 즈음 중궁이 곧 회임을 하여 겐포建保 5년(1217) 4월 24일에 황녀를 출산하였다. 역시 황자는 생산하기 어려운 법인가! 부친이 계시지 않으니 어쩌면 오히려 황자가 태어날지도 모른다고 사람들은 생각했다. 이듬해 정월에 또 회임 소식이 들려왔고

63_ 료손(良尊, 1279-1349). 민간염불승으로서 고야산高野山에 올랐다가 43세에 귀향하였다. 료손에 대한 사료는 거의 존재하지 않는다.

64_ 짓케이(實慶, 1117-1207). 천태종 승려로서 수험도修驗道 수행에 정진하였다. 고토바 천황과 쓰치미카도 천황의 호지승으로 임명되었다.

10월 10일 인시寅時에 순산하여 바라는 대로 황자 출산이 이루어졌다. 애타게 기다리던 고토바 상황은 더욱 기뻐하며 드디어 11월 26일에 동궁으로 책봉하였다. 세이와清和 천황 때부터 한 살에도 동궁이 될 수 있었다. 이토록 경사스러운 일이 말세에 쉽사리 일어날 수 있는 일이겠는가! 그래도 세상은 앞으로 얼마간 지속될 것이라고 신분 고하를 막론한 모든 사람들이 생각했다.

미치나가의 딸 조토몬인은 이치조一條 천황의 황후로서 고이치조後一條 천황과 고스자쿠後朱雀 천황을 낳았다. 또한 조토몬인의 여동생은 고스자쿠 천황에게 입궐하여 나이시노가미內侍督로서 고레이제이後冷泉 천황을 낳았다. 그 후 섭정 관백의 딸이 입궐하여 황후가 된 예는 많으나 아무도 황자를 생산하지 못하였다.

시조노미야四條宮 요리미치賴通의 딸, 고레이제이 천황의 황후.

오노小野 황태후[65] 노리미치敎通의 딸, 고레이제이 천황의 황후.

가야노인賀陽院 다다자네忠實의 딸, 도바鳥羽 천황의 황후.

고카몬인皇嘉門院 다다미치忠通의 딸, 스토쿠崇德 천황의 황후.

황후궁皇后宮 다다미치의 딸, 니조二條 천황의 황후.

이들은 모두 후손을 낳지 못했다.

기슈몬인宜秋門院 가네자네兼實의 딸, 고토바 천황의 황후.

기슈몬인은 슌카몬인春花門院을 낳았는데 이에 대해서는 앞서 기술하였다.

현 중궁은 요시쓰네良經의 딸로 입궁한 후 황녀를 낳고 그 후에 황자를 낳아 그가 동궁에 오르니 이는 참으로 귀한 일이다.

한편 대납언 긴쓰네公經는 이번 동궁 책봉식에서 동궁대부가 되어 위엄을 뽐내었다. 그는 본디 간인閑院 가문 출신이었는데 동궁대

65_ 오노 황태후(小野皇太后, 1021-1102). 고레이제이 천황의 황후로서 후지와라노 노리미치의 딸이다. 이름은 간시歡子이며 관백 요리미치의 딸이 궁중에 들어오자 분노하여 오노에 있는 산방에 들어가 출가하였다.

부였던 후지와라노 긴자네藤原公實가 적자嫡子로 삼았다. 긴쓰네는 소용돌이 모양의 문양으로 장식한 수레를 가문에 전한 중납언 좌위문독左衛門督 미치스에通季[66]의 자손이기도 하다. 미치스에는 중납언 시절에 요절했기 때문에 다이켄몬인待賢門院의 세도가 대단했을 때 외척행세도 변변히 하지 못했다. 그러나 동생 사네요시實能, 사네유키實行 집안에서는 대신과 대장이 배출되었다. 미치스에의 아들 긴미치公通[67]는 대납언의 자리에까지 올랐으나 수석 대납언에는 오르지 못한 채 병으로 세상을 떠났다. 긴미치의 아들 중에 내대신에 오른 이가 있었으니 바로 사네무네實宗[68]였다. 그때까지 대신을 배출한 적이 없는 집안이라 어려움도 있었으나, 당시 고토바 상황을 오랫동안 모시던 긴쓰네는 대신이 될 만한 이들 중 사네무네를 능가하는 자가 없기에 갖은 말로 천거하였다. 사네무네는 중풍기가 있었음에도 내대신으로 임명되었다. 긴쓰네는 사네무네의 아들이었으니 대장의 지위를 신청한 것이다. 이는 사네유키實行의 아들 긴노리公教 내대신의 전례를 따른 것이다.

"제 아버지가 대신의 자리에서 물러났을 때 돌아가신 섭정 요시쓰네님께서 긴노리의 선례는 너에게도 적용될 것이라고 분명히 말씀하셨습니다."

66_ 후지와라노 미치스에(藤原通季, 1090-1128). 권대납언 긴자네의 아들로서 대대로 천황가의 외척이었다. 또한 모친이 호리카와, 도바 천황의 유모였던 연유로 이른 나이에 관위 승진을 거듭했다. 참의를 거쳐 정삼위 권중납언에 이르렀다. 미성의 소유자로서 이마요를 불러 열병을 극복했다는 이야기가 전해진다.

67_ 후지와라노 긴미치(藤原公通, 1117-1173). 사이온지西園寺 가문의 제2대로서 권중납언 후지와라노 미치스에의 아들. 도바 천황부터 로쿠조 천황까지 6대에 걸쳐 조정에 임했으며 관위는 정이위 권대납언에 이른다.

68_ 후지와라노 사네무네(藤原實宗, 1145-1214). 사이온지 가문의 제3대로서 권대납언 후지와라노 긴미치의 장남. 고노에 천황부터 쓰치미카도 천황까지 혼란기의 조정에 임했으며 관위는 정이위 내대신에 이른다.

긴쓰네의 말에 고토바 상황은 그리 하겠다는 약조를 했다. 한편 교노니이卿二位의 남편 요리자네頼實는 양자로 삼은 동생 모로쓰네師經[69]를 대장에 천거해야 하는 상황이었다. 당시 모로쓰네는 긴쓰네보다 관위가 낮은 대납언이었다. 아직 결원이 생긴 것도 아닌데 각자 약속의 말을 주고받은 것이다. 말세에는 이런 법이다. 무릇 임관任官은 주인의 뜻이며, 이렇다 할 잘못이 없는 한 사후의 공석을 기다리는 법이거늘 이런 세상이 되고 보니 사임을 종용하며 사람의 마음을 흐트러 놓고 많은 이들이 덕을 보는 것이 좋은 정치라고 여긴다. 이런 풍조가 만연하니 허튼 약속에 의해 그토록 큰 일이 벌어진 것일까?

그 무렵 고토바 상황의 북면 무사들 중에 다다쓰나忠綱[70]라는 자가 있었다. 부하로서 딱히 이렇다 할 재주가 없는 자로서 한문도 배우지 못했으나 수행원으로 여러 집안에서 보낸 제가諸家의 벽제꾼 무리에 속해 있었다. 그 옛날 고토바 상황이 재위할 때부터 곁에서 모셨기에 상황은 익숙하여 그를 가까이에 두고 부렸으며 그런 연유로 구라노카미內藏頭 당상관에 올렸다. 고토바 상황은 그를 사자로 세워 긴쓰네에게 말을 전했다.

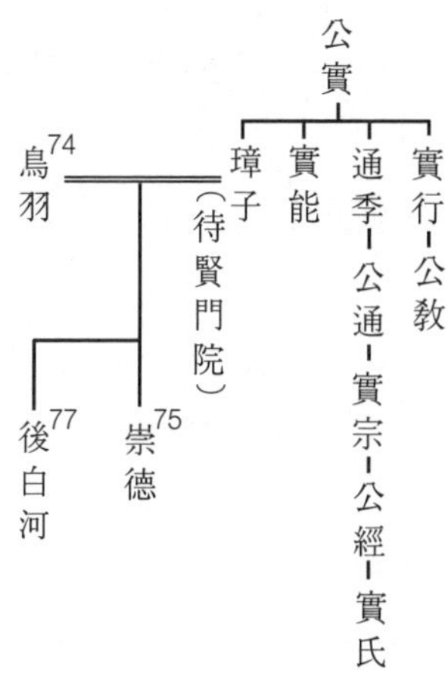

69_ 후지와라노 모로쓰네(藤原師經, 1176-1259). 좌대신 쓰네무네의 차남으로서 형인 요리자네의 아들로 들어간다. 권중납언을 거쳐 준토쿠 천황의 동궁권대부가 되었으며 이후 우대신에 올랐다.

70_ 후지와라노 다다쓰나(藤原忠綱, ?-?). 고토바 천황의 측근으로서 북면에 근무하며 벳토가 되었다. 조정의 조영사업을 담당하였으며 가마쿠라에 파견되어 막부와의 교섭에 임하는 등 고토바 상황의 신임을 얻어 여러 방면에서 활약하였다. 그러나 결국 상황에 의해 해관되었다.

"태정대신이 이렇게 말하니 대장으로 임명하겠다는 약속은 이번에는 무리일 듯하오."

고토바 상황이 미나세水無瀨 별궁에서 전한 내용은 약속을 변경하겠다는 뜻이 아니라 어쩔 수 없으니 이번만은 봐달라는 뜻이었으나 다다쓰나는 그 취지를 전혀 전달하지 않은 채 오로지 약속이 바뀌었다고만 말하였으니 대납언 긴쓰네는 공연히 원망하는 마음이 생겼다.

"그러시다면 어느 촌구석에서 출가라도 해야겠습니다. 이 세상 사람들은 귀천을 막론하고 처자식을 애틋하게 생각합니다. 제 처가 사네토모와 연고가 있으니[71] 관동으로 내려가 목숨만이라도 연명하고자 합니다."

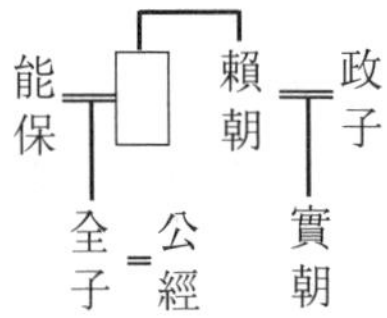

긴쓰네의 아들 중납언 좌위문독左衛門督 사네우지實氏[72]는 한시와 와카를 잘 짓는 뛰어난 인재였다. 긴쓰네는 사네우지를 비롯한 아들들을 고토바 상황 곁에 두어 보필하게 했다. 그런데 다다쓰네가 긴쓰네의 말을 그대로 전하며 상황을 위협했다.

"사네토모에게 읍소를 한다고 합니다."

마침내 고토바 상황은 격노하여 대납언 긴쓰네를 유폐시켰다. 겐포建保 5년(1217) 11월 8일의 일이라고 한다. 이 사건은 대장 지위를 둘러싼 암투에서 비롯된 것만은 아니다. 깊은 사정이 있는 것 같다. 준토쿠 천황 외에도 고토바 상황의 뒤를 잇고자 마음먹은 황자들이 있었다. 이런저런 연유가 있었으리라. 잘은 모르겠지만 고

71_ 긴쓰네의 처는 요리토모의 외조카로 사네토모와는 사촌지간이다.

72_ 사이온지 사네우지(西園寺實氏, 1194-1269). 사이온지 긴쓰네의 장남으로서 우대신, 태정대신을 역임하였다. 딸을 고사가 천황에게 입궐시켰으며 외척으로서 권세를 누렸다. 이후 출가하였으며 관위는 종일위에 이른다.

토바 상황이 준토쿠 천황을 보위에 올릴 때부터 자신의 뒤를 이을 인물로 확고하게 믿었던 것 같다. 이윽고 긴쓰네의 소식을 듣게 된 사네토모는 크게 놀랐으며 가까운 사람의 일이라 걱정스러워했다. 게다가 긴쓰네로부터 처자식 모두 신변만이라도 의지하여 목숨을 연명하고자 한다는 이야기를 은밀히 들은 터였다. 상황은 즉각 처벌을 내렸다. 사네토모의 장인인 노부키요信淸는 오랫동안 막부와 조정의 연락을 담당해 왔으며 긴쓰네의 역할 역시 이와 다를 바가 없었다. 지금 유폐되어야 할 이유가 없다고 생각한 사네토모는 교노니이卿二位에게 적의를 표명하려 한 것에 대해 유감의 뜻을 전했다. 교노니이는 놀라 허둥대며 중재하여 겐보建保 6년(1218) 2월 18일에 연금 상태에서 풀려나게 했다. 지금까지의 일들은 당사자나 타인 모두 그저 꿈처럼 잊히기를 바라는 마음에서 내린 처사였다.

같은 해 2월 21일에 사네토모의 모친[73]이 구마노熊野에 참배를 하겠다며 상경했는데 교노니이도 이따금 들러서 이런저런 이야기를 나누었다. 그 모친은 비구니로서는 처음으로 삼위三位에 임한다는 명을 받고 4월 15일에 가마쿠라로 내려갔다. 그 후 이위二位가 되었으니 가마쿠라노니이鎌倉二位라고 불렀다. 사람들은 처음 있는 예라고 했다. 이렇게 시간이 흐를 즈음 미나모토노 나카아키라源仲章라는 자는 사자로서 가마쿠라와 교토를 왕래하였다. 사네토모는 모친의 서품 전에 중납언과 중장 직위를 간청하여 그 자리에 올라 있었다. 이윽고 대장이 되기를 바랐는데 가네자네의 선례에 따라 우대신[74] 미치이에가 겸하던 대장직을 호위병과 맞바꾼 후 서둘러 자리를 비워 좌대장직에 올랐다. 이윽고 대신이 되기를 간청하였다. 시게모리重盛, 무네모리宗盛 같은 이들도 모두 내대신직을 역임하였

73_ 호조 마사코를 말한다.

74_ 본문에는 좌대신으로 기술되어 있으나 당시는 우대신직에 있었으므로 우대신으로 정정하였다.

으나 그 말로가 좋지 않았다는 이상한 소문이 들렸다. 한편 당시 좌대신은 가네자네의 아들 요시스케良輔[75]로 일본국에서 고금을 막론하고 비견할 자 없는 학자이자 수석 좌대신으로 조정의 보물 같은 존재로 여겨졌다. 학식 있는 사람들은 예전의 좌대신 모로타다師尹[76]나 우대신 고레타다伊尹와 비슷하다고 생각했다. 고토바 상황도 그가 무척 뛰어나다고 생각했다. 요시스케는 모친 삼위님이 하치조인을 모셨던 친분으로 하치조인에게 양자로서 양육되어 성장하였으며 가장 뛰어난 사람으로 여겨졌다. 그 해 겨울쯤 세상에 천연두가 창궐하였는데 그 병으로 몹시 앓다가 11월 11일에 세상을 떠났다. 모로타다도 마찬가지로 좌대신으로 세상을 마감했으니 이마저도 닮았던 것이다. 같은 해 10월 10일에는 가문에 황자가 탄생하였고 이는 세상의 기쁨이요 가문의 융성이었다. 요시스케는 죽기 바로 전날 이렇게 말했다.

"분명 나는 죽을 것이다. 보잘 것 없는 내가 이 정도의 신분이 되었으니 궂은 일과 기쁜 일이 한 집안에 함께한다는 건 바로 이 몸을 두고 하는 말이구나."

요시스케의 죽음으로 좌대신 자리가 공석이 되었기에 우대신 미치이에가 좌대신이 되었고 내대신 사네토모는 그의 바람대로 우대신이 되었다. 그러나 교토에 상경하지는 않았으며 대장이 되었을 때의 축하의례 역시 관동지방 가마쿠라에서 예를 올리며 축하하였

75_ 구조 요시스케(九條良輔, 1185-1218). 구조 가네자네의 셋째 아들로서 하치조 좌대신이라 불렸다. 하치조인八條院의 양자가 되어 하치조인에서 양육되었다. 우중장, 권중납언, 권대납언 등을 거쳐 우대신, 좌대신에 올랐으며 종일위에 서품되었다. 학문에 뛰어났으며 하치조 좌대신이라 불렸다.

76_ 후지와라노 모로타다(藤原師尹, 920-969). 후지와라노 다다히라藤原忠平와 미나모토노 요시아리源能有의 딸 쇼시昭子의 아들. 「모로마사」라고도 한다. 고호康保 3년(966) 12월 우대신이 되었다가 안나의 변(安和の変, 969) 때 좌천된 좌대신 미나모토노 다카아키라源高明의 후임자가 되었으나 7개월 후 사망했다. 이후 안나의 변의 주모자로 다카아키라를 실추시킨 탓에 죽었다는 소문이 났다.

다. 우대신으로 임관된 축하의례 또한 화려하게 준비하여 겐포建保 7년(1219) 정월 28일 정오에 식을 올렸다. 그 때 교토로부터 중신 다섯 명이 상황의 하사품인 빈랑자檳榔子로 장식한 수레를 끌고 와 참석하였는데 그들은 다음과 같다.

대납언 다다노부忠信[77] 내대신 노부키요信清의 아들.

중납언 사네우지實氏 동궁대부大夫 긴쓰네의 아들.

재상중장宰相中將 구니미치國通[78] 고故 대납언 야스미치泰通[79]의 아들로 도모마사朝政 전처의 남편.

정삼위 미쓰모리光盛[80] 대납언 요리모리賴盛의 아들.

형부경삼위刑部卿三位 무네나가宗長[81] 원래 축국蹴鞠을 하기 위해 하향 운운云云.

융숭히 대접하며 축하의례를 마쳤다. 밤이 되자 봉폐奉幣[82]도 끝이 났고 사네토모는 신전 돌계단을 내려가고 있었다. 아래에 겹쳐 입은 긴 옷자락을 끌며 홀대를 쥔 채 뒤따르는 중신들이 열을 지어 서 있는 앞을 인사를 하며 지나가려 했다. 그 때 법사 옷차림에 두건을 쓴 자가 달려들어 사네토모의 옷자락을 밟으며 그의 목

77_ 후지와라노 다다노부(藤原忠信, 1187-?). 보몬坊門 다다노부라고도 한다. 숙모인 시치조인이 고토바 천황의 생모였고 누이가 쇼군 사네토모의 부인이었기에 승진이 순조로웠다. 조큐의 난 당시는 우지宇治에서 막부군에게 패해 관동으로 오게 되어 출가한다. 이후 에치고越後에 유배되었다.

78_ 후지와라노 구니미치(藤原國通, 1176-1259). 야스미치의 아들로서 참의직을 거쳐 종이위 중납언에 이르렀다. 1232년에 출가하였다.

79_ 후지와라노 야스미치(藤原泰通, ?-?). 후지와라노 나리미치成通의 양자로서 직위는 참의를 거쳐 정이위 권대납언에 이르렀다. 1208년에 출가하였다.

80_ 다이라노 미쓰모리(平光盛, 1172-1229). 다이라노 요리모리의 셋째 아들로서 부친이 요리토모의 목숨을 구해준 연유로 다이라 가문 멸망 후에도 부친과 함께 요리토모의 비호를 받았다. 우근위 소장, 지방관 등을 역임하였다.

81_ 후지와라노 무네나가(藤原宗長, 1164-1225). 후지와라노 요리쓰네賴經의 장남으로서 부친과 함께 유배되었다. 나중에는 형부경이 되었으며 종삼위에 이르렀다. 축국의 명수로서 한 파를 형성하였다.

82_ 칙명을 받들어 신사에 공물을 바치는 행위.

을 단칼에 베었고, 사네토모가 쓰러지자 그 목을 쳐내어 가져갔다. 그 뒤를 이어 같은 차림을 한 서너 명이 나타나서 시중드는 자들을 잇달아 쫓아버렸다. 선두에서 횃불을 들고 걷고 있던 나카아키라를 요시토키라고 착각하였는지 마찬가지로 베어 쓰러뜨려 죽였다. 식전에 요시토키는 큰 칼을 차고 사네토모 옆에 있으려고 했는데 사네토모가 중문에 머물러 있으라며 제지했던 것이다. 대저 조심성이 부족했던 것은 뭐라 할 여지가 없다. 중신을 비롯한 모든 이는 거미줄 퍼지듯 도망쳐 버렸다. 현명하게도 미쓰모리光盛는 그 곳에 오지 않고 도리이鳥居 부근에서 기다리고 있었기에 자신의 빈랑자 수레를 타고 돌아갔다. 모두 산산이 흩어졌으나 도리이 밖에 있던 수만 명의 무사는 이 일을 알지 못했다. 사네토모를 찌른 법사는 요리이에의 아들[83]로서 하치만궁의 벳토別當직에 있으면서 평상시에 복수의 뜻을 품었으니 이 날 그 뜻을 이룬 것이다. 칼을 휘두를 때 "부모의 원수는 이렇게 갚는 것이다!"라고 했는데 중신들은 분명히 그 말을 들었다. 그는 이 같은 일을 저지른 후에 제일가는 무사라고 짐작되는 미우라 요시무라三浦義村 좌위문에게 말했다.

"내가 했다. 지금은 내가 바로 대장군이다. 그렇게 될 것이다."

요시무라는 이 말을 요시토키에게 전하였고, 이윽고 그가 혼자

83_ 구교(公曉, 1200-1219)를 말한다. 가마쿠라시대 전기의 승려로 2대 쇼군 미나모토노 요리이에源頼家의 아들이다. 어린 시절 미우라노 요시무라三浦義村를 유부乳父로 두고 성장, 부친 요리이에가 쇼군직에서 쫓겨나자 시즈오카鶴岡 하치만구데라八幡宮寺 벳토別當였던 손교(尊曉, ?-1209)의 제자가 되었다. 겐에이建永 1년(1206)에 쇼군 미나모토노 사네토모源實朝의 양자가 되었으나 겐랴쿠建暦 1년(1211)에 출가하여 구교라 불렸다. 그 후 미이데라三井寺에서 수행하고 겐포建保 5년(1217)에 시즈오카 하치만구데라의 벳토가 되었다. 숙부 사네토모를 부친의 적으로 여기고 조큐承久 1년(1219)에 사네토모와 미나모토노 나카아키라源仲章를 살해, 그 목을 베어 미우라노 요시무라에게로 달려갔으나 오히려 그에게 죽임을 당했다. 이로써 미나모토 가문은 3대로 멸했으며 사네토모 암살의 배후를 둘러싸고 여러 설이 있으나 진상은 밝혀진 바가 없다.

사네토모의 목을 가지고 간 것인지, 큰 눈이 내려 쌓인 언덕과 산을 넘어 요시무라의 거처로 가는 길에 요시토키가 사람을 보내 치게 했다. 그는 금세 쓰러지지 않고 여기저기 칼을 휘두르며 도망치다 요시무라 집 담장 근처까지 와서 담장을 넘어 들어가려는 찰나 칼을 맞고 쓰러졌다. 뭐니뭐니 해도 요리토모는 비범하고 훌륭한 쇼군이었다. 그 손자가 이런 일을 저지른 것이다. 무사로서의 혼을 지닌 사람에게도 이런 자가 나온다. 또한 어리석게도 조심도 하지 않고 문文에 빠져 있던 사네토모 역시 대신과 대장의 품위에 손상을 입혔다. 미나모토 가문 또한 흔적도 없이 스러져갔다.

사네토모의 목은 오카야마岡山 눈 속에서 찾아냈다. 사네토모를 살해한 자는 평소 와카미야若宮라 불렸던 곳 근처에 승방을 짓고 지냈는데, 그곳에 요시토키가 쳐들어와 같이 모의했던 자들을 모두 칼로 벤 후 불태웠다. 이런 꿈같은 일이 다시 일어났으니 2월 2일 새벽, 교토에 그 소식이 들려왔다. 그 무렵 고토바 상황은 미나세 별궁에 있었다. 대납언 긴쓰네 처소에 사네우지實氏의 편지가 도착하자 그는 허둥대며 달려가 상황에게 알렸다. 같은 날, 교노니이는 구마노 참배 길에 덴노지天王寺에 들렀는데 이 소식을 듣고 돌아가려고 했다. 그러나 연달아 세 명의 시종이 달려나와 아깝다며 돌아가지 말라고 간청하자 그대로 구마노로 향했다. 세상 사람들이 불가사의한 일이라며 웅성대고 있는 동안 가마쿠라에 내려가 있던 귀족들이 하나둘씩 모두 귀경하였다. 한편 가마쿠라의 평의 결과, 쇼군의 모친 가마쿠라노니이가 쇼군의 모든 권한을 이어받고, 그녀의 남동생 우경권대부右京權大夫 요시토키가 모든 집행을 하기로 했다는 소식이 들려왔다. 그날 밤과 다음 날까지 하급 무사 중 출가한 자가 칠팔십 명에 이르렀으니 그 모양새가 좋지 않았다. 그 중 오에노 히로모토大江廣元[84]는 오랫동안 대선대부大膳大夫로 있던 자였다. 그 전에 눈병을 앓다가 병이 깊어져 실명할 지경에 이르렀다. 조금이라도 앞을 볼 수 있을까 싶어 출가한 모양이나 전과 달리 이제는 판단력이 흐려진 것 같다. 그 자식들도 모두 젊은 나이에 출가하였다. 얼마나 많은 이가 출가를 했는지 더 할 말이 없다. 이러한 상황이었기에 준토쿠 천황은 친필로 문文과 무武의 수장이 세상을 떠난 사정에 관해 칙서를 적은 후 귀족 칙사를 이세 대신궁伊勢大神宮으로 보냈다. 그 전 해 겨울에는 좌대신 요시스케良輔, 그 해 봄에는 사네토모가 이처럼 사망하였으니 놀라움을 금할 수 없다고 적었다. 요시스케 대신은 참으로 비견할 바 없는 사람이었다.

그 즈음 가마쿠라노니이가 교토로 칙사를 보냈다. 칙사는 오랫동안 막부의 정무를 처리하던 유키미쓰行光라는 인물이었는데 막부는 출중한 인물이라며 그를 중용하였다. 그는 조고成功[85]에 의해 시나노信濃의 수령이 된 사람이었다. 가마쿠라노니이가 구마노 참배를 갈 때에도 수행하여 상경하였다. 가마쿠라노니이는 그를 조정에 보내 진상품을 올리며 이런 말을 전하게 했다.

"폐하의 자제분 중에 마땅하다 여기시는 분을 가마쿠라로 내려보내 쇼군으로 삼아 다스리도록 하십시오. 쇼군에게 딸린 무사가 이제는 정주하여 수백에 이르는데 주군을 잃어 필시 온갖 상념에 젖어 있을 것입니다. 새로운 쇼군이 오셔야만 진정될 것입니다."

이는 사네토모 생전에 가마쿠라노니이가 구마노에 참배차 상경했을 때 교노니이가 사네토모가 자식을 얻지 못하였으니 고토바 상

84_ 오에노 히로모토(大江廣元, 1148-1225). 가마쿠라 막부 성립기의 수뇌부로서 오랫동안 나카하라中原 성을 가지고 있었으나 1216년에 성에 대한 개칭을 허락받아 오에 씨가 되었다. 조정의 실무를 쌓았으며 30대 중반 이후에는 막부 수뇌의 길로 전환하였다. 요리토모가 그의 문학적 소양을 간파하고 공문소公文所 벳토로 임명하였다. 이후 조정과의 교섭에 기용되었으며 요리토모의 사절로서 교토에 체재하며 조정과 막부 관계의 기초를 다졌다.

85_ 사재를 조정에 헌납하고 조영造營 등을 위해 수고한 자에게 관직이나 직위를 수여하는 일을 말한다.

황의 자제를 쇼군으로 삼아야 하는 것이 아니냐고 했던 말을 떠올리며 올린 말이었다. 일찍이 교노니이는 노부키요 대신의 딸로 고토바 상황을 모시던 니시노온카타西御方를 양녀로 삼았다. 니시노온카타는 상황의 자제를 생산했으니 교노니이는 그 아이를 스구루라 이름 짓고 양육하였다. 처음에는 미이데라三井寺의 법사로 만들고자 하였으나 스구루가 성인식을 올린 후 친왕이 되자 잘 키워 즉위시키고자 하는 뜻도 깊어졌다. 그게 아니면 쇼군이라도 되기를 바랐던 것 같다. 이와 같은 추측은 교노니이를 미워하는 사람들의 마음에서 나온 것이리라. 참된 마음을 지닌 사람이라면 어찌 그리 생각하겠는가? 황위를 둘러싼 다툼은 예로부터 있어 왔으나 당시에는 그런 마음이 있을 리가 없었다. 고토바 상황의 의중을 헤아린다면 어찌 그리하겠는가? 이와 같은 소망을 듣게 된 고토바 상황은 있어서는 아니 될 일이라고 여겼다.

"장래에 일본국을 두 개로 나누는 일을 어찌 할 수 있겠는가? 이 어인 말인가?"

고토바 상황은 직접 답했다.

"불가하오. 다음 쇼군에는 어떤 신하라 해도, 가령 섭정 관백의 자식이라 해도 그대들의 말에 따를 것이오."

고토바 상황의 말을 들은 요시무라義村[86]는 이를 빌미로 거듭 청했다.

"정히 그러시다면 어쩔 도리가 없습니다. 좌대신 미치이에道家의 자제 중 삼위 쇼쇼少將를 영접하겠습니다. 좌대신의 아들은 요리토모 여동생의 손자가 낳았으니 요리토모와의 혈연관계도 있습니다. 황손이 안 된다면 좌대신의 아들을 내려보내 주시어 잘 키워 쇼군으로 삼아 상황 폐하를 수호케 해야 할 것입니다."

86_『일본국사대계日本國史大系』에서는 요시무라를 요시토키義時의 오류로 본다.

그 후 여러 절차를 거쳤고, 고토바 상황은 사신으로 내려 보낸 적이 있는 다다쓰나忠綱를 가마쿠라로 내려 보냈다.

"그저 좌대신의 아들이라고만 했소. 좌대신에게 아들이 여럿 있으니 그 중 누구를 쇼군으로 삼아도 좋소."

"그렇다면 참으로 다행입니다."

조부 대납언 긴쓰네 밑에서 자란 두 살배기 어린 도령이 인년寅年, 인월寅月, 인시寅時 출생으로 그야말로 보통 어린 아이와 다른 데다 점괘나 별의 운행으로 보아도 상서롭게 합운했다. 마침내 6월 25일, 무사들은 상경하여 그를 영접하여 내려갔다. 교토를 떠날 때부터 가마쿠라에 도착할 때까지 조금도 우는 소리를 내지 않았다 하니 불가사의한 일이었다고 한다.

한편 대납언 긴쓰네는 그해 겨울 10월 13일에 마침내 우대장으로 임명되었다. 임관 축하의례를 준비하라는 명이 있었다. 고토바 상황의 구마노熊野 참배 후인 11월 13일의 관리임명식에서 드디어 우대장이 되었다. 그 달 19일에는 성대하게 임관 축하의례를 올렸으니 모든 이들의 칭송을 받았다.

같은 해 7월 13일, 요리마사의 손자로서 궐에서 일하던 요리모치賴茂가 홀연 모반의 뜻을 품고 자신이 쇼군이 되려 했다는 사실이 발각되었다. 고토바 상황은 교토에 있는 무사들을 소집한 후 요리모치를 상황 처소로 불러들였다. 그러나 요리모치가 응하지 않자 내전을 포위하여 공격하였고, 그는 내전에 불을 질렀다. 내전은 불타버렸다. 좌위문위左衛門尉 모리토키盛時[87]가 그의 목을 베어 바쳤다. 요리모치가 모반에 동참하자고 설득했던 이요伊予 지방의 무사 고노河野가 그 사실을 이러쿵저러쿵 떠들어댔다고 한다.

8월경에 병환이 든 고토바 상황은 이렇게 말했다.

87_ 다이라노 모리토키(平盛時, ?-?). 가마쿠라 초기의 막부 관료. 미나모토노 요리토모에게 중용되었다.

"차분하게 곰곰이 생각해 보았는데…, 다다쓰나忠綱같은 자들을 당상관이나 구로도노토藏人頭까지 올린 과실이야말로 아무리 생각해도 돌이킬 수 없는 과오라는 사실을 깨달았소."

마침내 다다쓰나는 해임되었고 상황의 영지 가운데 그에게 관리되던 곳은 모두 거두어들였다. 조금이라도 양식 있는 사람들은 아주 잘된 일이라 여겼고 상황의 병환도 무탈하게 쾌차하였다. 다다쓰나가 사자로서 가마쿠라를 왕래했을 때도 여러 과오를 저지르고 이상한 모의를 했다고 한다. 다다쓰나는 고토바 상황의 양자 미치이에道家[88]를 양육하고 있었다. 좌대신 미치이에는 요시쓰네良經와 정실부인 모토후사의 딸 사이에서 태어났다. 다다쓰나는 미치이에가 성장하자 그를 쇼군으로 삼아 가마쿠라에 내려보낼 준비를 하면서 교토와 가마쿠라 양쪽에 거짓말을 했다고 한다. 또한 다다쓰나는 요리모치와 각별한 사이라 사람들에게 의심을 사기도 했는데, 요리모치의 후견인이었던 법사가 잡혔을 때 여러 가지 이야기를 했으나 다다쓰나는 밖에 알리지도 않고 법사를 관동으로 내려보냈다고 한다. 온갖 악행을 일삼던 다다쓰나가 사라진 것은 고토바 상황의 신기한 운이며 뛰어난 판단력에 의한 것이라며 양식 있는 사람들은 특히 이 사실을 경사스럽게 생각했다. 그럼에도 여전히 다다쓰나의 사면을 요구하는 교노니이를 사람들은 조롱했다.

무릇 이 나라 일본국의 왕과 신하, 무사의 변천과 그간의 사정은 지금까지 기술한 대로이며 모든 것이 명백해졌음이다. 이는 각각의 도리에 맞추어 생각해 보고, 그리고 잘못된 일이 세상을 멸한다는 사실과 그 취지를 사람들에게 깨닫게 하고 그런 마음을 갖게 함으로써 후대 사람들이 신중하게 세상을 잘 다스리고 정사正邪의 도리, 선악의 도리를 잘 분별하며 말세의 도리에 따르고 신불神佛의

88_ 미치이에의 이복동생에 해당하는 내대신 모토이에基家의 오기誤記이다.

은혜를 받을만한 그릇이 되도록 하고자 함이다. 이제 백 대의 왕 중에 16대가 남은 이 시점에 불법佛法이 왕법王法을 끝까지 수호함으로써 앞으로 끝없이 나타날 부처님의 은덕, 불신佛神의 수호가 있을 것이다. 그것이 바로 이곳에 쓰고자 하는 핵심이다. 그 자세한 사정은 광범위하게 걸쳐 있으니 다음 권으로 넘겨서 쓰고자 한다. 그 취지에만 이끌려서 읽게 되면 졸려서 다 보지 못할 것이다. 앞으로 적는 글은 흥미로운 이야기이니 눈이 번쩍 뜨일 것이다. 못다 쓴 많은 이야기, 다 적지 못한 한스러움은 어쩔 수 없음이다. 그런 일들을 어찌 다 쓸 수 있겠는가? 이 글을 읽고 다른 사람의 이야기를 덧붙여 들은 사람은 그것이 진실인지 거짓인지를 이해할 수 있을 것이다. 신불에게 맹세코 이 글에는 꾸밈이나 거짓이 단 한 마디도 없음이다. 조금이라도 석연치 않은 일은 금세 그런 티가 날 것이다. 많은 부분을 누락시켰으니 이 역시 마음이 언짢아진다. 앞으로의 일들을 예견하건데 세상이 변해가는 모습이나 근래 이십 년 전부터 올해 조큐承久까지의 정치, 사람들의 마음이 향하는 바를 살펴보니 불안하기 그지없다. 상세히 말해도 미래를 예언하는 말이 되어버리니 맞혔다 한들 참된 것이 아니다. 다만 하치만 대보살의 보살핌 아래 세상일은 펼쳐지고 나타날 것이다. 양식 있는 사람들은 그 모습을 써 내려가면서 여기에 덧붙여야 할 것이다.

구칸쇼 | 제7권

요즘 가나假名 문자로 글을 쓰는 일은 흔한 듯하다. 세상이 변해가는 양상과 이치를 가나 문자로 쓰고자 했는데 그 의도한 바는 다음과 같다. 전체적으로 승려나 속인俗人 모두 지금 세상을 바라봄에 지혜와 깨달음이 몹시 부족하며 학문이라는 것을 하지 않는다. 학문이라 함은 승려가 현밀顯密[1]을 배우는 것과 속인이 기전紀傳[2]과 명경明經[3]을 배우는 것을 의미한다. 이와 같은 학문을 배우면 지혜와 깨달음으로 그 뜻하는 바를 터득하게 되니 즐거움이 생겨 익히게 된다. 그러나 말세가 되면 그 참뜻을 이해하지 못하여 별을 지키는 개[4]와 같이 되어 버린다.

우선 배워야 할 학문인 불교 경전은 범본梵本[5]에서 나와서 한문으로 표기되어 있으니 일본국 사람들은 이를 알기 쉽게 일본국의 말로 풀어서 배우나 여전히 어려워 지혜와 깨달음이 필요한 것이다. 명경에는 13경[6]이라 하여 『효경孝經』과 『예기禮記』를 비롯하여 공자의 『춘추春秋』와 그 주석서인 『좌전左傳』 『공양公羊』 『곡穀』 등이 있는데, 기전의 『삼사三史』[7] 『팔대사八代史』[8] 또는 『문선文選』 『백씨문집白氏文集』 『정관정요貞觀政要』를 읽고 그 뜻을 터득한 사람은 일본국의 말로 공부하는 것을 하찮게 여겨 그런 방법을 취하지 않는다.

1_ 현교顯教와 밀교密教를 아우르는 말.

2_ 『사기史記』를 비롯한 역사서를 의미한다.

3_ 『주역』, 『논어』 등의 경서를 의미한다.

4_ 속담으로서 개는 한눈팔지 않고 별을 지켜보지만 별의 의미를 이해하지 못한다는 뜻.

5_ 범어梵語로 쓰인 서적.

6_ 『역경易經:周易』 『서경書經:尙書』 『시경詩經:毛詩』 『주례周禮』 『예기禮記』 『의례儀禮』 『춘추좌씨전春秋左氏傳』 『춘추공양전春秋公羊傳』 『춘추곡량전春秋穀梁傳』 『논어論語』 『효경孝經』 『이아爾雅』 『맹자孟子』.

7_ 『사기』 『한서漢書』 『후한서後漢書』를 지칭.

8_ 『진서晉書』 『송서宋書』 『제서齊書』 『양서梁書』 『진서陳書』 『주서周書』 『수서隨書』 『당서唐書』의 총칭.

한편 일본 국내에서는 소가노 이루카蘇我入鹿가 살해당했을 때 그의 부친인 도요라豊浦 대신 집에 있던 서적이 모두 불타버렸지만 도네리舍人 친왕은 기노 기요히토紀淸人[9]와 함께 『일본기日本記』[10]를 다시 만들었다. 이 책을 지은 이가 오노 아손 야스마로大朝臣安麿[11]라는 설도 있다. 그 뒤를 이어 『속일본기續日本記』 50권 중 앞부분 20권은 중납언 이시카와노 나타리石川名足[12]가, 중간 14권은 우대신 후지와라노 쓰구나와藤原繼繩가, 나머지 16권은 민부대보民部大輔 스가노 마미치菅野眞道[13]가 중심이 되어 편찬하였다. 『일본후기日本後記』는 좌대신 후지와라노 오쓰기藤原緖嗣,[14] 『속일본후기續日本後記』는 후지와라노 요시후사藤原良房, 『몬토쿠실록文德實錄』은 후지와라노 모토쓰네藤原基經, 『삼대실록三代實錄』은 좌대신 후지와라노 도키히라藤原時平가 완성하였다.

또한 율령은 후지와라노 후히토藤原不比等가 만들었다. 고닌弘仁격식格式은 간인閑院 대신 후지와라노 후유쓰구藤原冬嗣가, 조간貞觀 격식은 대납언 후지와라노 우지무네藤原氏宗[15]가, 엔기延喜 격식은 후지와

9_ 기노 기요히토(紀淸人, ?-753). 나라奈良시대 관리로 문인으로서의 명성이 높았다. 국사편찬에 참여했으며 『만엽집萬葉集』 17권에 그의 노래가 수록되어 있다.

10_ 본문에는 『일본기』라 되어 있으나 『일본서기』를 지칭한다.

11_ 오노 야스마로(太安麻侶, ?-723). 나라奈良시대 초기의 학자. 히에다노아레稗田阿禮가 암송한 것을 기록하여 『고지키古事記』를 만들어 천황에게 헌상하였다.

12_ 이사카와노 나타리(石川名足, 728-788). 나라奈良시대 관료. 지방관을 역임한 후 중앙에 진출, 『속일본기』 편찬에 참여했다. 기억력이 탁월하며 영리했으나 성품은 그다지 좋지 않았다.

13_ 스가노 마미치(菅野眞道, 741-814). 나라奈良, 헤이안平安 초기 귀족. 백제계 도래인渡來人 혈통으로 간무桓武 천황의 두터운 신임을 받았다. 헤이안 조영造營과 『속일본기』 편찬에도 종사했다.

14_ 후지와라노 오쓰기(藤原緖嗣, 774-843). 헤이안 전기 귀족. 후지와라노 모모카와藤原百川의 장남. 아버지가 옹립한 간무桓武 천황의 총애를 받아 이례적인 승진을 거듭하였다. 헤이안 조영과 에미시蝦夷 정벌이 백성을 도탄에 빠지게 한다고 주장, 스가노 마미치와 덕정德政논쟁을 벌였다.

라노 도키히라가 만들던 것을 후지와라노 다다히라藤原忠平가 완성하였다. 이 밖에도 『관조사류官曹事類』라는 서적이 있는 것 같은데 소장하고 있는 사람은 없다. 렌게오인蓮華王院의 보물 창고에 있다고 하는데 꺼내서 보려는 이도 없다.

과연 모든 불교 경전과 그 밖의 불교서적은 일체경一體經[16]을 필두로 훌륭하게 갖추어져 있으나 이를 공부하는 이가 없다. 이는 작은 금시조金翅鳥[17]가 딱딱한 호두를 쪼지 못하는 것, 또는 이웃집의 보물의 수를 세는 것과 같다. 학문하는 집안에 태어난 자가 특별히 학문을 즐기는가 싶어 살펴보지만 사물의 도리를 깨닫는 경우는 거의 없다. 게다가 지금 살아 있는 사람들의 자손을 보면 먼 미래에 부모의 뒤를 잇기에 조금이라도 합당하다고 여겨지는 사람이 없다.

이런 생각이 든다. 오히려 이처럼 가나假名 문자로 희언戲言을 써 두면 엄숙한 표정을 짓고 있는 서생들도 마음속으로는 알기 쉬워 혼자 빙그레 웃으며 지식으로 삼고자 할 것이다. 그러나 전거典據가 되는 문장을 열심히 인용하며 학문한 티를 내고자 하는 이에게 이 책은 별 소용이 없을 것이다. 이 몸은 정말이지 세상 이치를 조금도 모르지만 나를 기준으로 타인을 가늠해 보건데, 사물의 도리를 분별하는 글은 이와 같은 문체로 써야 조금이라도 후대에 남을 것이다. 이와 같은 생각에 이 글을 쓴 것이다. 이 글은 가나로 썼으며 내용도 다소 우스꽝스럽고 이해하기 쉽지만 함의하고 있는 뜻은 심오하다. 그 심오한 뜻을 재미있고 경박한 희언으로 표현함

15_ 후지와라노 우지무네(藤原氏宗, ?-872). 헤이안 전기 귀족. 미노美濃, 무쓰陸奧 지방관을 역임한 후 세이와淸和 천황치세에 고속 승진하여 우대신에 이르렀다. 조간貞觀 격식格式을 만드는 일에 참여했다.

16_ 경經, 율律, 론論 및 그 주석서들을 망라한 불교경전 총서로 대장경이라고도 한다.

17_ 가루라. 인도신화에 나오는 상상의 새.

으로써 사람들의 마음을 사로잡아 바른 도리를 이해시키고자 하였다. 다만 이해하기 어려운 사항은 표현을 덜어내어 그 의미만을 전달하고자 노력했다. 세상의 도리는 조금씩 변화하면서 세상을 지키고 인간을 지켜왔다는 사실을 서술하고자 하였다.

혹여 만에 하나 이를 알아채고 '이건 정말 너무하군. 원문을 좀 봐야겠어'라고 생각하는 이가 나온다면 이것이야말로 내가 바라는 바이다. 이런 마음을 먹은 사람은 지금 열거한 불교 경전과 한적漢籍 들을 꼭 읽어보기 바란다. 그리고 간표寬平 유계遺誡,[18] 이대어기二代御記,[19] 후지와라노 모로스케藤原師輔의 유계, 또한 이름 있는 식자識者 집안의 일기, 그리고 불교 경전에는 현밀顯密을 공부한 고승들이 남긴 발췌본 등도 조금은 도움이 될 것이다. 만약 그것을 완전히 자신의 것으로 만들고 서책에 흘러넘치는 의미를 깨달은 자가 있다면 그 사람이야말로 본서가 뜻하는 바를 이해할 것이다. 섣불리 파고들어 본서의 도리를 깨달을 자는 필경 없을 것이다.

이 책에는 상당히 가벼운 말들이 많다. 예를 들면 탁, 꽉, 쓱, 착, 퍽과 같은 표현을 많이 쓴 것은 일본국 말의 참 모습에는 이런 표현이 있어야 한다고 생각했기 때문이다. 한자의 훈은 그 글자의 의미를 좇아 해석을 나타내는 것이기 때문에 아무래도 그 의미의 외연이 넓어지지 않는다. 한자로 나타냈을 때 별반 뛰어나지 않아 그저 그렇게 느껴지는 말이야말로 일본국 말의 진가를 보여 줄 것이다. 그 까닭은 일본국 말에는 마음이 담겨 있으니 만사를 언술해 감에 있어 당대의 정황을 명료하게 알려줄 수 있기 때문이다.

일본국 말을 아녀자의 말이라며 폄하하지만, 이는 시가詩歌의 참 모습을 논할 때나 쓰는 표현이다. 무지몽매한 이들에게 사물의

18_ 우다宇多 천황이 간표 9년(897)에 다이고醍醐 천황에게 양위할 때 만든 교훈서.

19_ 다이고 천황과 무라카미村上 천황의 일기.

도리를 마음 깊이 가르치려고 가나 문자로 이 글을 썼으며 도리관계를 밝힘에 있어서는 이해를 위한 방편으로 진실 하나만을 들었다. 여기에 쓰인 기묘한 일들은 오로지 진실 그 하나에 비추어 이해해야 할 것이다. 이 글은 시대에 따라 변해가는 도리들 속에서 마음에 떠오르는 바를 기술한 것이며, 특히 이를 한데 묶어 그 궁극의 의미를 밝히고자 진무神武 천황 때부터 조큐承久 연간까지 핵심적인 내용을 거론하면서 생각나는 대로 기술한 것이다.

중국 황실에는 크게 나누어 세 가지 도가 있다. 황도皇道, 제도帝道, 왕도王道가 그것이다. 일본국 천황을 이 세 가지의 도에 비추어 말하고 싶지만, 『일본기』 이하 역사서에 보이는 의례도 중국에 뒤쳐져 비교할 만한 것이 전혀 없으니 황실의 삼도에 비견하는 것은 오히려 합당치 않다. 그 차이를 알고 싶은 사람이 가나로 쓴 본서의 희언戲言을 읽는다면 "아, 이 정도구나"라며 수긍하는 바가 있을 것이다.

중국의 위앙衛鞅[20]이라는 집정 신하에게 얽힌 일은 만사의 기량을 아는 데 있어 좋은 이야깃거리일 것이다. 진秦나라 때 효공孝公[21]이 뛰어난 신하를 찾고 있었는데 경감景監이라는 자가 위앙을 찾아내 알현케 하였다. 위앙은 효공을 배알하여 천하를 다스리는 바를 아뢰었다. 그러나 그 말을 들은 효공은 마음에 들어 하지 않았다. 위앙은 다시 찾아가 의견을 올렸다. 효공은 졸면서 듣지 않았다. 세 번째에 경감은 한 번 더 어떻게든 배알토록 하겠다며 위앙으로 하여금 효공을 찾아가게 하였다. 이번에는 위앙이 말을 올릴 때 효

20_ 위앙(衛鞅, ?-기원전 338). 중국 전국시대 진秦나라의 정치가이며 상앙商鞅이라고도 한다. 효공에게 채용되어 법가사상을 토대로 진나라의 국정개혁을 추진, 훗날 진나라 천하통일의 기초를 닦았으나 자신은 주변 사람들의 원한을 사 처형되었다.

21_ 효공(孝公, 기원전 381-338). 중국 전국시대 진秦나라의 군주. 위앙을 등용, 국정 개혁을 단행, 진나라를 강력한 중앙집권국가로 만들었다.

공은 가까이 다가앉으며 경청하였고 그를 높이 중용하였다. 그리하여 위앙은 굳건히 천하를 다스렸다.

처음에 위앙은 제도帝道를 설파하며 효공에게 충고하였고 그 다음에는 왕도王道를 설파하며 가르치려 들었다. 그러나 두 번 모두 효공의 마음에 들지 않았던 것이다. 세 번째 설득에서 위앙은 앞서의 설득이 효공에게는 맞지 않았음을 알아차리고 패업霸業을 설파하여 중용된 것이었다. 진秦나라의 시황 역시 패업의 군주라 할 수 있다. 그 후 위魏나라 제왕齊王 때 범숙范叔[22]이라는 신하가 집권하였다. 그가 위앙을 훌륭한 사람이라고 했더니 채택蔡澤[23]이라는 자가 나타나서 논지를 펼쳤다.

"위앙은 훌륭한 사람일지 모르지만 나중에 능지처참을 당했지요. 자고로 신하된 자는 일생 동안 무위자연하고 무사히 지낼 수 있는 것이 가장 좋은 법입니다."

범숙은 채택의 말에 수긍하여 그렇다면 정무를 채택에게 물려주겠다며 물러나 은거하였다. 채택은 이를 받아들여 신하로서 일생을 온화하게 보냈다. 아아! 이 얼마나 바람직한 사람들이었던가! 채택의 훌륭함보다 범숙이 도리에 승복하며 스스로 자리에서 물러난 그 마음이야말로 멋지고도 귀하다. 이런 일화를 통해 중국의 성인, 현인의 모습을 모두 알 수 있을 것이다. 당나라 태종太宗의 일은 『정관정요貞觀政要』[24]에 명백히 기술되어 있다. 부처의 깨달음

22_ 범숙(范叔, ?-기원전 255). 범수范雎, 범저范雎, 范且라고도 한다. 중국 전국시대 진나라의 정치가. 자는 숙叔. 위魏나라 수가須賈의 수행원으로 제나라에 갔던 것이 화가 되어 망명의 길에 오르게 되고 장록이란 이름으로 진秦나라에 출사, 재상이 되었다.

23_ 채택(蔡澤, ?-?). 연나라 사람으로 고향에서 불우하게 살다가 진나라에 들어와 재상이 되어 출세한 인물. 채택은 공을 세운 후에는 물러나는 것이 최상의 도라고 재상인 범수를 설득하여 물러나게 한 후 재상이 되었다. 후에 그도 스스로 물러나 평안한 말년을 보냈다. 달도 차면 기운다는 월만즉휴月滿則虧라는 유명한 말을 남겼다.

이건 보살의 42계위[25]이건 선악의 깨달음과 그 경계, 모든 것을 이 글을 통해 이해할 수 있다.

진무神武 천황 이후 엔기延喜, 덴랴쿠天曆를 지나 지금 이 세상에 이르기까지를 어찌 표현해야 할지 고심하고 있으나 헤아리기도 힘들고 말로 나타내기도 힘들다. 그렇지만 현시대에 비추어 보면 이런 생각이 든다. 진무 천황부터 세이무成務 천황까지 13대는 왕법王法과 속체俗諦[26]만이 존재하였고 별 탈 없이 황자에서 황자로 보위가 이어져 846년의 세월이 흘렀다. 주아이仲哀 천황에서 긴메이欽明 천황까지 17대는 그 사이사이 부침이 거듭되었으니 안코安康 천황, 부레쓰武烈 천황 같은 폭군도 섞여 있는가 하면 닌토쿠仁德 천황, 닌켄仁賢 천황 같은 성군의 시절도 있었다. 394년에 걸친 17대의 세월은 앞서 언급한 진무 천황에서 세이무 천황까지의 13대보다 짧다.

한편 긴메이欽明 천황 치세에 불교가 전파되기 시작했다. 비다쓰敏達 천황 치세시, 즉 쇼토쿠聖德 태자가 5, 6세로 아직 어렸을 때 경론經論이 전해졌으며 이는 오로지 어린 태자에게 맡겨졌다. 태자는 경론을 보고 이해하여 천황에게 충언하였다. 이렇듯 비다쓰 천황, 요메이用明 천황, 스슌崇峻 천황의 삼대가 지나갔다. 그 다음 여제女帝인 스이코推古 천황 때 태자를 확고한 섭정으로 삼았으니, 불법佛法으로써 왕법王法을 수호하였던 것이다. 비다쓰 천황부터 간무桓武 천황까지는 21대이며 헤이안平安으로 수도가 옮겨질 때까지를 하나의 시대 구분으로 삼으면 총 236년이 된다. 그리고 이 또한 앞

24_ 10권. 당唐나라의 태종太宗이 근신近臣들과 정관 시대에 행한 정치상의 득실에 관하여 문답한 것을 모아 놓은 책으로 치도治道의 요체要諦를 서술하였다. 당나라 오긍吳兢이 지었다.

25_ 10주住, 10행行, 10회향廻向, 10성聖, 등각等覺, 묘각妙覺.

26_ 불교 용어로서 속제라고도 하며 여러 가지 차별이 존재하는 현실생활의 이치를 말한다. 진속이체眞俗二諦 중 세상적인 진리를 가리키는 불교어. 왕법을 속체라고도 한다.

서 언급한 주아이 천황에서 긴메이 천황까지의 17대보다 짧다.

이와 같이 세상의 도리가 변해가는 바를 규명하다 보면, 모든 진리는 그저 도리라는 두 글자가 지탱하고 있음을 알게 된다. 그 외에는 아무것도 없다. 그릇된 일도 도리임을 알고 이해하는 것은 지극히 중요한 일이다. 이 도리의 길을 이 세상의 시작에서 끝으로 훑어 내려가거나 끝에서 시작으로 거슬러 올라가는 것이며, 또한 크고 작은 나라들의 처음부터 끝을 훑어 내려가는 것이다. 이 같은 도리를 밝힘에 있어 그 모습은 다양하고 다채로울 것이니, 이를 납득하지 못하는 사람을 이해시키기 위해 다소 알기 쉽게 기술하여 밝힐 것이다.

1. 명현冥顯[27]이 화합하여 도리가 도리로서 통하는 것이 그 시작이다. 이 도리가 통한 시대는 진무 천황부터 13대까지일 것이다.

2. 현계顯界 사람은 명冥의 도리가 막힘 없이 변화하는 것을 도저히 이해하지 못한다. 전후수미前後首尾가 서로 어긋나기만 하니 선한 것이 선으로 통하지 않고 악한 것이 악으로 통하지 않음을 인간은 도저히 깨달을 수 없다. 이 도리가 통한 시대는 주아이 천황에서 긴메이 천황까지일 것이다.

3. 현계에서는 도리라고 모든 사람들이 허용하지만 명계冥界의 신불神佛의 마음에는 맞지 않은 것이 이 시대의 도리다. 선이라고 여겨 행한 일은 반드시 후회가 남는 법이다. 그때 도리라고 여겨 행한 사람이 훗날 다시 생각해보면 신불의 뜻에 맞지 않음을 깨달아 알게 될 것이다. 이 도리가 통한 시대는 비다쓰 천황에서 고이치조後一條 천황, 후지와라노 미치나가藤原道長 시대까지일 것이다.

4. 일을 처리하고 있는 당시에는 너도 나도 그것을 선한 도리로 여기지만 지혜로운 자가 나타나 이는 말이 안 된다고 하면 과

27_ 명계冥界와 현계顯界. 사후死後의 세계와 현실의 사바娑婆 세계.

연 그렇구나하고 생각을 돌이키게 되는 것이 이 시대의 도리다. 이는 말세의 사람들이 근본으로 삼아야 하는 도리다. 이 도리가 통한 시대는 후지와라노 요리미치藤原賴通에서 도바鳥羽 상황 무렵까지일 것이다.

5. 애초부터 그 의견이 양편으로 나뉘어서 격렬하게 논쟁하고 흔들려가나 도리는 역시 하나이니 그 유일한 도리가 승리를 향하여 흘러가며 마침내 이루어지게 된다. 본래 도리를 알고 있지는 않으나 위덕을 갖춘 훌륭한 인물이 군주일 때에는 이와 같은 도리가 유용하다. 이 도리가 통한 시대는 무사 시대 인물인 미나모토노 요리토모源賴朝의 시대까지일 것이다.

6. 이 시대의 도리는 분별조차 어려우니 한편으로는 이렇게 저렇게 논하고 한편으로는 정하지 못한 채 세월을 보내다가 마침내 한 방향에 도달하여 행하려 할 때 악한 마음이 이끄는 대로 행하게 되어 무도無道를 도리라고 악하게 획책함으로써 그릇된 일이 도리가 되는 것이 이 시대의 도리다. 대저 이 도리는 세상의 흐름이 그릇되었을 때 일어나며 시간의 흐름에 따라 그것이 더욱 악화되는 법이다. 또한 이 도리가 통한 시대는 고시라카와後白河 천황 때부터 그가 상황으로 물러났을 무렵까지일 것이다.

7. 대저 일을 획책함에 있어 자신도 타인도 애초부터 전혀 도리라는 것을 알지 못한 채 그저 맞닥뜨리는 대로 따라가며 뒤돌아보지 않는 경우를 말한다. 뱃속의 기생충으로 병을 앓는 사람이 아직 병이 드러나지 않아 목이 마르다며 물을 마셨다가 얼마 후 병이 드러나 죽음에 이르는 것과 같은 도리다. 이는 현세의 도리다. 그러니 현세에는 도리라는 것이 없는 것일까?

일본국은 개벽 이래 왕과 신하의 기량과 과보果報가 점차 쇠함에 따라 이와 같은 도리를 만들고 바꾸기를 거듭하여 왔다. 겁초劫初부터 겁말劫末에 이르는 도리, 불법佛法과 왕법王法, 상고上古와 중고

中古, 왕과 신하, 만민의 기량까지 잘 조합하여 흘러온 것이다. 그러므로 한 사람의 인간이 이리저리 궁리한다고 될 것도 아니며 결국 세상은 이렇게 멸해가는 것이다. 그러나 불교의 내외 경전에 멸죄생선滅罪生善[28]의 도리, 차악지선遮惡持善[29]의 도리, 제악막작諸惡莫作,[30] 제선봉행諸善奉行[31]이라는 부처의 말씀이 엄연히 존재하며 모든 부처와 보살이 중생을 이롭게 이끄는 방편方便이라는 것이 틀림없이 있다. 이를 앞서 서술한 도리와 함께 생각해 보아야 한다. 깨달음의 방법을 묻는다 해도 이는 결코 다른 이가 가르쳐서 되는 것이 아니다. 지혜로운 사람이 자신의 지혜와 깨달음으로 알아야 한다. 그럼에도 혹시나 하는 생각에 마음이 가는 바를 말로 전할 수 있을 정도로만 개진하려 한다.

대저 상고上古의 일을 기록한 옛 사람들은 단편을 듣고도 만사를 깨닫는 마음을 가졌기에 그 기록한 바가 극히 미약하다. 이를 읽고 말하는 것은 그저 추측과 같고 요즘 사람은 상고의 일을 믿지 못하니 상세히 말하기 어렵다. 불충분하나마 사물의 핵심이 이러하지 않을까 생각되는 바를 그대로 적어 두었다. 후대에는 사건이 빈번히 일어나 이루 다 말하기 어렵다. 그러나 세이와清和 천황 재위시에 처음으로 섭정을 두어 후지와라노 요시후사藤原良房 대신이 나타난 이후, 즉 그 아들 모토쓰네基經가 조카 요제이陽成 천황을 퇴위시키고 고코光孝 천황을 옹립시킨 이후의 일은 기술해야 할 것이다. 무엇보다도 도리가 흘러 변하는 것임을 사람은 잘 알아야 한다. 국왕이라 함은 천하를 돌보고 세상을 다스리며 백성을 긍휼히

28_ 현세의 죄를 소멸시키고 사후의 선보善報를 만드는 것.

29_ 악을 막고 선을 지녀야 한다는 것.

30_ 모든 악을 저질러서는 안 된다는 것. 칠불통계七佛通戒의 게偈 중 첫 구.

31_ 과거에 칠불七佛이 공통되게 지녔다고 전해지는 석가의 훈계, 게偈. 제악막작諸惡莫作, 중선봉행衆善奉行, 자정기의自淨其意, 시제불교是諸佛教를 말한다.

여겨야 할 것인데 어찌 열 살도 안 된 어린 아이를 국왕으로 삼았던 것인가? 그러나 이것이 그 시대의 도리였다. 또한 국왕에 즉위한 후에는 그가 아무리 변변치 못해도 그대로 두어야 하는 법이다. 그럼에도 불구하고 요제이 천황이 자신의 마음에서 우러나와 왕위에서 물러나겠다고 한 것도 아닌데 강제로 퇴위시킨 것은 말이 되지 않는다. "이런 것을 일컬어 모반이라 하지 않겠는가"라는 비난 또한 필연적일 것이다. 그런데 요제이 천황을 퇴위시킨 일을 일컬어 모토쓰네의 모반이라고 이야기하는 사람이 세상에 어디 있겠는가? 결코 그렇게 생각지도 않으며 이야기하지도 않는다. 오히려 천황을 위해 한없는 공을 세웠다고 전해진다. 또한 네다섯 살짜리 어린 천황이 보위에 오르는 것은 옳지 못하다며 정무를 처리할 수 있는 나이에 보위에 올라야 한다고 말하는 사람 또한 있겠는가? 예나 지금이나 왕위에 올라서는 안 되는 자가 보위에 오른 예는 없으며 어리다고 꺼리면 왕위는 끊어져 버릴 것이다.

이와 같은 도리가 있어 어린 천황을 기피하지 않는 것이다. 이 두 가지를 통해 사물의 도리를 알아야 할 것이다. 무릇 세상을 위해, 사람들을 위해 이로운 쪽을 택하는 법이다. 어떤 것에든 궁극의 도리라는 것이 존재한다. 세상이라는 것과 사람이라는 것은 별개의 것이 아니다. 세상이란 사람을 일컫는다. 사람에게 있어 세상이란 조정朝廷의 도리를 의미하며 조정의 정무를 담당하면서 선악을 판단하는 것을 의미한다. 또한 사람이라는 것은 나라를 다스리는 일에 관여하지 않는 일체의 모든 사람들을 의미하며 그 사람들의 집안까지도 온화하게 살피며 다스리는 정치를 인정仁政이라 한다. 국왕에서부터 비천한 천민에 이르기까지 다양한 사람이 존재한다. 그리고 국왕의 자리에는 군주로서의 처신을 훌륭하게 해 낼 사람이 올라야 한다. 일본국에는 황족 출신이 아닌 자를 국왕으로 삼아서는 안 된다는 법도가 신대神代부터 정해져 내려온다. 같은 핏줄이라면 그 중에서 더 나은 인물을 옹립하고자 하는 것은 세상의 인지상정일 것이다. 게다가 국왕이 몸소 모든 일을 훌륭하게 처리하기 힘든 까닭에 후견인으로서 대신大臣이라는 신하를 두어 서로 의논하며 세상을 다스리게 하였던 것이다. 이러한 도리에 따라 국왕도 너무 포악해지면 세상과 사람들의 과보果報에 의해 보좌를 유지할 수 없게 되는 것이다. 폭군의 운이 다하는 것에도 여러 양상이 있다.

이세伊勢 대신궁大神宮과 하치만八幡 대보살의 가르침에 의하면 후견인이 되는 신하와 군주 사이에는 경계하는 마음이 전혀 없어야 하니 어수합체魚水合體의 예禮[32]라는 것을 정해 두었다. 천하가 잘 다스려지는가는 오직 이것에 달려 있다. 그 먼 옛날 아마테라스오카미天照太神[33]의 "궐에 있으면서 잘 지켜주시오"라는 하명을 아마노코야네노미코토天兒屋根命[34]가 받아들여 지금에 이르고 있다. 반드시 이 약속이 지켜져야 할 도리가 있었기에 후지와라 가문의 삼공三功이 생겨났다. 이 세 가지 공이라 함은 후지와라노 가마타리藤原鎌足가 소가노 이루카蘇我入鹿를 주살한 것,[35] 나가테永手 대신과 모모카와百川 재상이 고닌光仁 천황을 옹립한 것,[36] 모토쓰네基經가 고코光孝 천황을 옹립한 것[37]을 이른다. 앞의 두 사건은 오래 전 이야기이다. 그러

32_ 물고기와 물과 같이 왕과 신하가 한 몸이 되어야 한다는 뜻이다.

33_ 天照大神으로 표기하기도 한다. 일본신화에 등장하는 해의 여신으로 황실 조상신이자 신도神道의 중심 역할을 하는 신.

34_ 후지와라藤原 씨의 선조신先祖神.

35_ 정권을 장악하고 전횡을 일삼던 이루카는 라이벌이었던 덴치天智 천황과 가마타리鎌足의 쿠데타에 의해 교고쿠皇極 천황 앞에서 암살되었다. 이후 가마타리는 덴치 천황의 심복으로 대화개신大化改新을 이끌어나가는 중추적인 역할을 하게 된다.

36_ 독신 여제인 쇼토쿠稱德 천황이 붕어할 때 후임에 대한 협의가 이루어졌는데 덴무 천황 계열을 옹립하고자 하는 우대신 기비노 마키비吉備眞備와 시라카베오白壁王를 추대하는 좌대신 후지와라노 나가테가 대립하였으나 후지와라노 모모카와의 암약에 힘입어 시라카베오가 동궁으로 책봉되었다.

37_ 요제이 천황이 성인식을 치른 후 모토쓰네와의 관계는 악화일로를 겪게 되

나 고코 천황 추대는 세이와清和 천황보다 후의 일로 분명하게 일어났던 사건이다. 그 뒤로는 모든 국왕의 수명이 짧았음은 말로 다 표현할 수 없다. 재위시 50세에 이르렀던 천황은 한 명도 없다. 그러나 퇴위한 뒤에는 모든 천황이 오랫동안 생존했던 것 같다.

이 사실은 모든 이들이 아는 바이지만 한꺼번에 머릿속에 떠올리기 어렵기에 번거롭지만 우선 그 구체적인 양상을 기술하여 밝히고자 한다.

세이와清和 천황은 불과 향년 31세에 붕어하였고 18년간 재위하였다.

요제이陽成 천황은 재위 8년 만에 양위하였다. 81세까지 장수하였으나 상황으로서 나라를 다스리지는 않았다.

고코光孝 천황은 겨우 3년간 재위하였다. 이 천황은 아주 특별한 경우로 55세에 비로소 즉위하였다.

우다宇多 천황은 30년간 재위한 후 출가하였고 65세까지 생존하였다.

다이고醍醐 천황은 33년간 오랫동안 재위하였으며 향년 46세에 붕어하니 이는 상서롭고 훌륭하다 할 것이다.

스자쿠朱雀 천황은 16년간 재위하였고 향년 30세에 붕어하였다.

무라카미村上 천황은 21년간 재위하였고 향년 42세에 붕어하였다.

다이고, 무라카미 천황이 치세했던 엔기延喜, 덴랴쿠天曆시대에는 천황이 조금 더 오랫동안 재위하였다.

레이제이冷泉 천황은 재위 2년에 양위하였고 향년 62세에 붕어

는데 그 와중에 궁중에서 천황 유모의 아들이 죽는 살인사건이 발생하게 된다. 진위여부와는 관계없이 요제이 천황이 구타해서 죽였다는 소문이 떠돌게 되고 결국 모토쓰네를 비롯한 조정중신들의 강압에 의해 퇴위하기에 이른다. 그리고 후임으로 55세의 고코 천황을 옹립하였다.

하였다. 요제이 천황과 같은 경우이다.

엔유圓融 천황은 15년간 재위하였고 향년 34세에 붕어하였다.

가잔花山 천황은 2년간 재위하였고 향년 41세에 붕어하였으나 언급할 만하지 않다.

이치조一條 천황은 25년간 재위하였고 향년 32세에 붕어하였다. 어린 군주였을 뿐 오랜 재위기간은 의미가 없다.

산조三條 천황은 5년간 재위하였다. 동궁으로 오랫동안 있었으나 이 또한 의미가 없다.

고이치조後一條 천황은 20년간 재위하였고 향년 29세에 붕어하였다. 이 천황 또한 어린군주로 재위기간이 길었다.

고스자쿠後朱雀 천황은 9년간 재위하였다. 즉위할 때 이미 사리분별을 할 수 있는 나이였으며 향년 37세에 붕어하였다. 재위기간이 짧다.

고레이제이後冷泉 천황은 23년간 재위하였고 향년 42세에 붕어하였다. 이 천황의 재위기간은 다소 길지만 실제로는 오로지 후지와라노 요리미치藤原頼通의 뜻대로 모든 일이 이루어졌다.

이처럼 대대로 천황이 어린 나이에 죽음을 맞이하였으니 그 의미를 깊이 깨달아야 할 것이다. 고귀한 자도 미천한 자도 운명으로 정해진 수명을 연장할 수 있는 도리를 만들어 이를 실현할 수 있는 방법을 얻을 수는 없다. 상황이 세상을 다스릴 때는 아직 도래하지 않았으며 시대에 맞게 일본국의 정치 양상이 바뀌어 가는 도리가 있어 섭관 신하가 국정을 돌본 것이다. 만약 이 시기에 천황이 60, 70세까지 생존하였다면 섭관 정치라는 역사의 한 국면은 있을 수 없었을 것이다. 즉위한 뒤 50, 60세까지 양위하지 않고 재위한다면 그것은 정말 옛날과 같은 치세라 할 수 있을 것이다.

천황의 나이가 참으로 어려 처음에는 어린 천황의 섭정으로서 정무를 돌보나 마침내 적당한 연령이 되어도 천황은 스스로 정치를 하려는 생각을 가진 적이 없다. 섭정의 기량이 뛰어나 어린 천황을 도와 세상을 다스려감에 부족함이 없었다. 그러던 중 천황의 나이 서른 전후에 모두 붕어한 것이다. 이렇게 된 연유는 세이와 천황 이후에는 예전처럼 군주가 군주로서 존재할 수 없었기 때문이며 신대神代부터 황실의 조상신이 미리 "궐 안을 잘 지켜주시오"라고 후지와라 씨 조상신에게 명했기 때문이다. 그래서 후지와라 가문에는 뛰어난 기량을 지닌 자손이 계속해서 태어나 마침내 우승상 모로스케師輔의 자손이 천황의 정무를 보필하게끔 되었다. 이 모든 것은 조화롭게 계획되어진 것이다.

그 후 태상천황이 세상을 다스리는 법도가 세워지니 시라카와白河, 도바鳥羽, 고시라카와後白河 삼대는 모두 70세와 60세, 50세를 한참 넘길 때까지 세상을 다스렸다.[38] 일련의 일을 보건대 도리가 흐르고 있음을 알 수 있다. 그러나 원정院政을 실현한 고산조後三條 천황이 오랫동안 치세를 함이 마땅한데 향년 40세에 붕어한 것이야말로 이해되지 않는 일이다. 그러나 이는 갑자기 세상이 스러질 도리가 나타났기 때문이리라. 고산조 천황이 마음속에 품은 뜻은 얼마나 훌륭했던가? 이러니저러니 해도 세상을 다스리는 군주와 섭관 신하는 시대에 맞게 완전히 한 마음을 이루어야 하며 서로 뜻이 달라서는 절대로 안 된다. 그런데 남녀를 불문하고 상황의 측근 신하[39]라는 자들이 따로 생겨나니 이들이 왕과 섭관 신하 사이에 끼어들어 그 사이가 참으로 좋지 않게 되었다. 아아, 미나모토노 도시아키源俊明까지는 훌륭한 측근 신하였도다! 따라서 군주는 측근

38_ 붕어시의 나이를 말한다. 시라카와 천황은 76세, 도바 천황은 53세, 고시라카와 천황은 65세였다.

39_ 원근신院近臣. 상황의 측근들로 원래는 중하급 귀족이었으나 장원기진, 경제적 지원 또는 상황의 유모라는 인연 등으로 상황과 친밀한 관계를 유지하였다. 상황의 권력을 등에 업고 섭관가 또는 유력사원과 대립할 정도로 정치적 세력을 형성하였다.

신하를 화두로 삼아 숙고한 뒤 잘 치세해야 할 것이다.

또한 최근에는 무사라는 신하가 생겨나 쇼군이라 칭하며 군주와 섭관가를 압박하고 권력을 잡고 있다. 그러나 세상이 말세이다 보니 이 쇼군 또한 모두 세상을 떠나게 되어 누군가의 부하가 될 만한 무사만이 남아 있어 결국 쇼군의 자리에는 섭관가의 자제가 앉게 되었다. 이는 참으로 종묘를 지키는 신들이 군신일체하던 옛날로 돌아가 세상을 잠시 다스리게 하고자 한 것이니 그 전말을 전부 기술하고자 한다. 4년간 재위했던 고산조 상황 때부터 자세히 이야기하겠다. 이때부터 법도가 바뀌어 천황은 퇴위한 후 치세를 하고자 마음먹고 계획하게 되었다. 고산조 상황은 일찍 붕어했으나 시라카와 상황은 77세까지 세상을 다스렸다. 상황의 치세는 신하로서의 보좌역과 같은 것이었기에 오랫동안 장수할 수 있었다.

도바 상황은 54세까지 치세하였고 고시라카와 상황은 5대에 걸쳐 천황의 부친, 조부로서 66세까지 치세하였다. 상황이 세상을 다스리게 된 후에는 천황에 즉위한 아들과 손자의 재위기간이 길고 짧음은 의미가 없으니 굳이 서술할 필요가 없을 것이다. 일부러 그렇게 하기라도 한 것처럼 금세 바뀌었던 것 같다. 고시라카와 상황의 뒤를 이어 고토바後鳥羽 상황이 치세하였으며 그 치세는 고시라카와 상황 사후 28년이 지난 조큐承久 연간에 이르고 있다.

엔기延喜 덴랴쿠天曆까지는 군신합체하여 마치 물과 물고기의 관계처럼 참으로 훌륭했다. 스가와라노 미치자네菅原道眞의 일조차 천황과 도키히라時平의 뜻이 다르지 않았음을 상징하는 징표가 된다.

레이제이冷泉 상황 치세 후에는 천하의 권세가 집정 신하에게 완전히 쏠렸던 것 같다. 미치나가道長 때까지는 섭관이 천황을 무시하는 마음을 전혀 품지 않았으며 천황이 언짢아하는 일에 대해서는 다시 한 번 잘 설득하였다. "세상을 내 뜻대로 다스리지 못하게 하다니 과인을 무시하는 것인가?"라며 천황이 불쾌한 마음을 품게 된 것은 엔유圓融, 이치조一條 천황 때부터인데, 이는 모두 군주의 잘못이라 할 것이다.

고레이제이後冷泉 천황 치세 때 요리미치賴通는 세상을 잘 다스린 후 조금은 군주를 무시하였으니 세상을 자신의 것이라 생각하는 마음이 있었던 것 같다. 고산조後三條 천황은 요리미치의 시정施政이 이와 같음을 보고 지금은 그저 보위에서 물러나 자신이 직접 세상을 다스려야겠다고 생각했다. 요리미치와 고산조 천황은 서로 각자의 생각을 품고 있었지만 다른 모든 사람은 천황에게 대립하는 것은 좋지 않다며 생각을 바꾸어 왕도에 도달하였으니 이로써 세상의 정무政務는 해결되었던 것 같다.

시라카와 상황 치세 후 정치는 오로지 상황의 뜻에 따라 이루어졌으며 섭관 신하가 앞에 나서는 일은 없었다. 그 시절에 측근 신하라 하여 초기에는 미나모토노 도시아키源俊明가, 나중에는 후지와라노 아키타카藤原顯隆, 후지와라노 아키요리藤原顯賴[40] 같은 자들이 나타났다. 근본이 되어야 할 섭관 신하가 어리석고 비천한 측근 신하와 같이 정무를 돌보게 되었으며 심지어 측근 신하에게 억눌려 그들을 두려워하였으니 안타까운 일이다. 그러나 섭관가의 권세는 여전히 강하게 남아 있어 도바, 고시라카와 상황 초, 즉 후지와라노 다다미치藤原忠通 때까지 내려왔다고 생각된다.

시라카와 상황과 후지와라노 다다자네藤原忠實는 특별히 사이가 좋지 않아 상황은 다다자네를 원수처럼 대하며 자택에 유폐시키고 아버지와 따로 떼어내기라도 하듯 아들 다다미치忠通를 중용하는 잘

40_ 후지와라노 아키요리(藤原顯賴, 1094-1148). 아키타카의 셋째 아들로 도바 상황의 측근. 다이라노 다다모리平忠盛, 기요모리淸盛의 유배를 요구하는 엔랴쿠지延曆寺의 읍소에 대해 기요모리의 편을 들어주었다. 딸을 섭관가에 시집보내어 섭관가와도 관계를 돈독히 하여 상황과 섭관가의 대립을 조정하는 역할을 하기도 했다.

못을 저질렀다. 이 잘못으로 인해 세상은 완전히 스러지게 되었다. 이 일을 통해 명현冥顯의 두 가지 도리가 분명히 작용하고 있으며 사악한 신과 선한 신의 싸움이 때로는 표면에 드러나기도 하고 또 때로는 감추어지기도 하면서 존재하고 있음을 알게 된다.

도바 상황은 마지막 순간이 되어 깨달았는지 모든 것을 다다미치와 의논한 후 그의 뜻대로 고시라카와 천황에게 양위하였다. 국면이 수습되려던 차에 세상이 이같이 되어 버린 것은 세상이 바로 설 수 없음이며 이는 일본국의 운이 다 했음이다. 큰 난이 일어나더니 확실하게 무사의 세상이 된 것이다. 그 후 섭관 신하라는 자의 위세는 세상에서 3, 4위로 하락하고 그 빛을 찾아볼 수 없게 되었다. 모토후사基房와 가네자네兼實 두 사람은 일인자에 가까운 면이 다소나마 남아 있었으나 이 또한 세상이 이렇게 된 데 대한 동정이었다. 모토후사는 다이라 가문에 의해 실각되었고 가네자네는 미나모토 쇼군에 의해 발탁된 사람이었으니 국왕의 뜻에 따라 섭관 신하를 자신의 측근으로 의지하기도 하고 미워하기도 하는 일은 어느새 사라지게 되었다. 좋든 싫든 이제 섭관 신하 운운하는 것도 우스운 일이 되어 버렸다.

고토바 상황은 고시라카와 상황 붕어 후 요시쓰네良經를 섭관으로 삼았으니 이것이야말로 길한 일이라고 여겼다. 그러나 이것도 잠시, 요시쓰네는 허무하게 세상을 떠나버렸다. 모토미치基通, 이에자네家實 부자가 섭관 가문에 태어나 관직에 올랐으나 이들은 세상의 이치나 섭관가의 관습은 조금도 알지 못하며 보지도 듣지도 배우려고도 하지 않았다. 게다가 섭관가의 땅문서를 움켜잡고 있다가 빼앗겼다 돌려받았다[41]하며 아직까지 죽지 않고 살아 있는 것을 보면 국왕과 신하의 도리가 세상에서 완전히 사라졌음을 확연히 알

41_ 모토미치가 상속해야 할 영지를 다이라노 세이시平盛子에게 빼앗겼다가 지쇼治承 3년에 다시 되찾은 것을 말한다.

수 있다. 게다가 국왕도 신하도 근래 가네자네 섭정이 세상일을 생각한 것처럼 정당한 방법으로 무력을 사용하는 것은 종묘사직의 근본이니 그것이 통하여야 할 것이다.

이제 하치만 대보살은 좌대신 미치이에道家의 아들 요리쓰네賴經[42]를 무사들의 대장군으로 삼았다. 이는 사람이 한 일이 아니다. 필경 신들의 처사로 보이는 불가사의한 일이 일어난 것이다. 모토미치와 이에자네라는 이 상종 못할 부자는 이 일에 관해 "우리 가문에 이런 일은 없다. 가네자네 가문은 수치를 당할 것이다"라고 하였다는데 이를 진실로 여기는 사람도 있는 것 같다. 이것이야말로 우스운 일이다. 자신이 가문의 대를 훌륭하게 이은 자라면 어리석으나마 이런 말을 할 법도 하다. 그러나 세상을 난세로 만든 다이라平 장군의 모반[43]의 결과, 새파랗게 젊어 아무것도 모르면서 명색만 이위 중장에서 섭관이 된 인물이 '집안의 수치'를 말한다면 그것이 하치만 대보살의 뜻에 맞을 리 있겠는가? 원령의 수호를 받으며 자신이 집안을 망하게 하기 위해 수를 누리고 있다고는 생각지도 못할 사람이다. 말할 가치도 없다 함은 이를 두고 하는 말이다.

세상이 변하고 도리가 변하는 이치는 인간이 이해하기 조금 어려우니 그 때문에 이 글을 쓰고 있지만 이 글을 읽는 사람도 이 글을 자신의 마음에 담고 또 담아 넣지 않으면 그 이치를 전혀 이해할 수 없을 것이다. 요리쓰네가 대장군이 된 것을 어떻게 이해해

42_ 후지와라노 요리쓰네(藤原賴經, 1218-1256). 미치이에道家의 셋째 아들로 가마쿠라 막부의 4대 장군. 아명은 미토라三寅. 미나모토노 사네토모源實朝가 암살된 뒤 가마쿠라로 내려보내지고 훗날 장군이 되었다. 호조 요시토키北條義時, 마사코政子 형제가 내세운 허수아비 장군이었으며 결국 그들의 뜻에 따라 장군의 자리를 아들에게 넘겨주었다.

43_ 지쇼 3년 쿠데타 후 고시라카와 원정을 정지시킨 기요모리淸盛는 자신의 뜻에 반하는 공경公卿들을 대량 해임시키고 모토미치를 내대신, 섭정에 임명했다.

야 할 것인가? 이는 섭관 가문과 무사 가문을 하나로 하여[44] 문무겸행文武兼行한 이가 세상을 보살피고 군주를 보필해야 한다는 뜻으로 보인다. 이를 바라보매 옛일을 통해 현재를 되돌아보며 세상일을 바른 뜻 위에 올바로 두어 사악함을 버리고 바른 것으로 귀착하는 길을 분명히 알아야 한다. 어떤 불가사의한 일이 정녕 하치만 대보살의 뜻인지 덴구天狗나 요괴의 짓인지를 먼저 깊이 의심해야 할 것이다. 이 의심과 관련하여 말하자면 예부터 원령이라고 하는 것은 세상을 멸하고 사람을 멸하는데 이것 또한 세상의 도리 중 하나이다. 그러니 지금은 우선 신불께 빌어야 할 것이다.

모모카와百川 재상은 고닌光仁 천황을 훌륭히 모셨으나 왕위를 이을 동궁 책봉을 논함에 있어 다툼이 있었다. 간무桓武 천황 옹립의 뜻은 이루었으나 지나치게 책략을 많이 썼다. 동굴을 파 감옥을 만든 후 이노우에井上 내친왕을 감금하였으니 이노우에 내친왕은 마침내 산 채로 용이 되어 모모카와를 발로 차서 죽였다고 한다.

또한 이치조 섭정 후지와라노 고레타다藤原伊尹는 중납언 아사히라朝成[45]의 생령生靈에 사로잡혀 그 아들 노리타카義孝 소장까지 잃었다고 한다. 아사히라는 우대신 사다카타定方의 아들이었다. 재상[46] 시절에는 고레타다가 아사히라보다 지위가 낮았으나 중납언 자리를 놓고 서로 경합하게 되었고 아사히라는 고레타다에게 마구 악담을 퍼부었다. 그러나 아사히라가 대납언이 되고자 하였을 때 고레타다

44_ 요리쓰네는 섭관가의 자제이면서 동시에 요리토모의 누이 보몬히메坊門姫의 증손자로 무사의 핏줄이기도 하다. 섭관 가문과 무사 가문의 피를 동시에 이어받고 있어 이렇게 표현한 것이다.

45_ 후지와라노 아사히라(藤原朝成, 917-974). 다이고 천황의 외숙부인 사다가타定方의 아들. 후지와라 씨 방계인 까닭에 승진이 순조롭지 않았다. 관직을 둘러싸고 고레타다와 경쟁을 하였으나 패하여 원령이 되었다는 이야기가 『오카가미大鏡』에 실려 있다.

46_ 참의參議를 일컫는 당나라 명칭.

는 이미 섭관이 되어 있었다. 아사히라는 고레타다를 찾아갔으나 예전에는 함부로 집안에 오르는 일이 없었으니 꽤 오랫동안 마당에서 있었다. 한참 만에 아사히라를 불러들인 고레타다는 자신이 대납언이 되어야 할 이유를 설명하는 아사히라의 이야기를 듣더니 말했다.

"그 옛날 중납언 시절 그대는 내게 악담을 했더랬지요. 지금 그대의 승진은 내 뜻에 달렸구려. 세상은 알 수 없는 법이군."

말을 마치자 고레타다는 그대로 안으로 들어가 버렸고 아사히라는 이루 말할 수 없이 화가 나서 뛰쳐나가자마자 수레에 홀을 집어 던졌다. 수레가 둘로 갈라지더니 아사히라는 생령이 되었다고 오에노 마사후사大江匡房도 말했다. 산조三條 히가시노토인東洞院은 아사히라의 집터로서 고레타다 섭정의 자손은 그곳에 발을 들여놓지 않는다고 한다.

대납언 모토카타元方는 무라카미 천황의 첫째 황자 히로히라廣平 친왕의 외조부로서 레이제이 천황을 옥죄이고 압박했다. 또한 아키미쓰顯光 대신은 후지와라노 미치나가에게 한을 품은 원령이 되었다. 고이치조인小一條院[47]이 아키미쓰 대신의 사위였던 까닭에 이와 같은 이야기가 전해진다. 그러나 당시는 불법佛法이 번성하고 지혜와 수행을 겸비한 승려가 많았기에 저주를 받는다 해도 뜻밖의 재앙은 막을 수 있었던 것 같다. 마음으로 깊이 존경하는 승려에게 성실하게 귀의하면 삼보三寶의 은덕을 받을 수 있다. 후지와라노 모로스케藤原師輔에게는 지에慈惠 대사, 미치나가에게는 산마이三昧 화상과 무도지無動寺 좌주, 요리미치에게는 지가滋賀 승정 등이 그런 존재라고 전해진다.

지나간 세월을 깊이 생각해 보건데 다다미치忠通가 스토쿠 천황

47_ 아쓰아키라敦明 친왕으로서 동궁으로 책봉되었으나 후지와라노 미치나가의 압박으로 자리에서 물러났다.

이나 다다자네의 원령을 진혼하지 않았기 때문에 다다자네의 원령은 자신의 집안을 멸하려 하였다. 그러나 다다미치가 다다자네의 아들임에도 불구하고 너무나 기량이 뛰어났기 때문에 원령도 손을 댈 수 없었던지 다다미치 자신에게는 그렇게 심각한 일은 일어나지 않았다. 모토자네基實의 요절, 모토후사基房와 가네자네兼實의 실각, 모토미치基通가 거듭 직위를 박탈당하고도 지금껏 연명하면서 노는데 정신이 팔려 섭관가를 위태롭게 만든 일, 고시라카와 상황 치세 동안 밤낮으로 내란이 일어났던 일 등은 영험하게도 원령이 그럴 만한 도리를 얻어 반응하여 나타난 것이라 여겨진다.

애초에는 몹시도 쉬워 보이는 일이 결국에는 중차대한 일이 된다. 스토쿠 상황을 사누키讃岐 지방에서 불러들여 교토에 두고 장원 하나를 헌상하며 "선업을 쌓기를"과 같은 노래를 읊게 했더라면 이 정도의 일은 일어나지 않았을 것이다. 마찬가지로 다다미치가 다다자네의 신변을 맡아 우지宇治 조라쿠인常樂院에 있게 하면서 약간의 영지를 바친 후 유희나 관현놀이를 열었더라면 이 정도의 일은 일어나지 않았을 것이다. 다다미치는 다다자네가 자신의 부친이었기에 유배만 면하게 해달라고 소원을 빌었을 것이다. 지당한 일이었지만 어떤 일을 능숙히 도모하려면 그만큼 여러모로 깊이 생각하고 이해해야 한다. 그렇지 않은 경우에 사건이 일어나는 것이다. 설령 자신에게는 두드러진 재앙이 없다고 하더라도 말이다.

인간계에는 원증회고怨憎會苦[48]가 있어 반드시 그 한을 풀게 되어 있다. 그저 입으로 한 마디 자신보다 뛰어난 사람을 지나치게 폄하하는 말을 내뱉으면 그 자리에서 푹 찔려 목숨을 잃는다. 궁극적으로 원령이라는 것은 현세에 있을 때 원한을 품고 원수가 되어 일개 가문에서 천하에 이르기까지 그 힘을 떨친다. 원수를 함정에

48_ 불교에서 말하는 여덟 가지 고통 중 하나로서 원한을 품어 미워하는 사람과 함께 살아가야 하는 괴로움을 말한다.

빠트리기 위해 구멍을 파고 참언이나 거짓말을 만들어내니 결국 세상은 흐트러지고 사람은 상처를 입게 되고 이는 인간세계의 증오와 같은 이치이다. 다만 원령은 눈에 보이는 형태로 보복을 할 수 없으니 눈에 보이지 않는 방법으로 복수를 할 뿐이다.

쇼토쿠 태자의 17개조 헌법에서 "질투를 그만두라. 질투심에는 한계가 없다. 현명함과 어리석음은 또한 하나의 원처럼 끝없이 이어진 것과 같다. 자기 혼자만 안다고 생각하지 말라"라고 경계하고 있으며, "재산이 있는 자의 송사訟事는 수월하게 이루어진다. 돌을 물속에 던져 넣는 것과 같다. 가난한 자의 송사는 어려우니 잘 이루어지지 않는다. 물로 바위를 치는 것과 같다"고 했다. 이 세 가지, 질투와 분노와 탐욕을 억누르는 것이 불도수행의 궁극일진데, 말세가 되어 예전에는 세간에 이와 같은 경계의 말이 있었다는 사실조차 알지 못한 채 특별히 이 세 가지를 훌륭한 것으로 여긴다. 또한 조금이라도 양식 있는 자는 다른 이를 질투하는 일, 자신에게 관대하고 타인을 비난하는 일, 그리고 추종과 뇌물을 일삼는다면 오로지 이로써 나라가 유지되기 어렵다는 사실을 알 것이다. 이는 명명백백할 것이로다.

태평성대에는 자리가 사람을 구하고 난세에는 사람이 자리를 좇는다. 근간에 대납언은 열 명, 삼위는 오륙십 명이지만, 고시라카와 상황 치세 때까지도 삼위는 열 명 안팎이었다. 채부위靫負尉, 검비위사檢非違使의 수는 정해져 있지도 않았다. 그러나 근간에는 한 차례의 임명식을 살펴보더라도 채부위, 병위위兵衛尉가 마흔 명에 미치지 않을 때가 없으니 모두 합하면 그 수가 천 명에 이를 것이다. 사람이 자리를 좇아 매관, 매직을 찾아다니며 이를 원하는 자는 근신近臣이나 측근 남녀가 되려고 아무 주저함이 없는 것 같다. 이렇게까지 되리라고는 짐작도 하지 못했다. 진실로 말세의 험한 세상에 무사 천지가 되었으며 말법末法 시대[49]에 접어들었으니 군주도 이런 도리를 그저 티끌만큼이라도 깨달아야 할 것이다. 대체 어찌 된 일인지 놀라 눈을 부릅뜨고 이토록 허무하게 세상을 악마, 악령의 손에 넘길 수 없다며 남녀 근신近臣도 약간의 경각심만이라도 가지기를 염원하였다. 그러나 무사들은 장군을 잃고 자신들에게 두려운 존재가 없으니 모두 지두地頭,[50] 지두를 외치며 일본국의 조세 연공을 받아 챙겼다. 고토바 상황과 관계된 일조차 무사가 지두의 수익으로 측근 신하의 비위를 맞추면 만족하지 않는 측근 신하가 없다. 어느 순간 뜻대로 되지 않는 경우에는 무사이기 때문에 한껏 쏘아보면 대드는 사람도 없다.

무사들은 지금 그저 마음 내키는 대로 하고자 결심을 굳게 한 것처럼 보인다. 이와 같은 잘못된 일이 쌓여 큰 난이 일어나니 이 세상은 자신도 다른 이들도 모두 스러지고 말 것이다. 그러나 아직 세 가지 대재난[51]은 일어나지 않았고 불도수행도 그나마 명맥을 유지하고 있으며 종묘사직을 수호하는 신도 엄연히 존재하고 있다. 세상을 다스리는 국왕은 조금이라도 바른 마음을 내어 무간지옥無間地獄에 떨어질 만한 도리에 어긋난 일을 조금이라도 없애야 할 것이다. 또한 세상에는 말세의 도리를 분별할 수 있는 사람이 승속僧俗을 불문하고 두서, 네댓은 있을 터인데 이들을 불러들여 천하를 위해 쓰는 것이 좋을 것이다. 그러나 궁극적으로는 일체지一切智를 갖춘 진정한 현인, 성인이 나타나는 일은 없을 것이다. 국왕을 비롯하여 주인의 자리에 오른 자는 각자의 기량에 맞게 선악을 판단하여 사람들을 부려야 한다. 이와 같은 마음가짐 하나가 일을 쉽게 진전시킬 수 있는 궁극의 비결이다. 그럼에도 의도적으로 모든 일

49_ 일본에서는 에이쇼 7년(1052)에 말법에 들어갔다고 생각되었다.

50_ 전국의 장원에 있던 관직명으로 장원을 관리하고 조세를 징수하며 치안을 담당했다.

51_ 수화풍水火風의 삼난三難 또는 기아, 질역疾疫, 도병刀兵의 세 가지 재난.

에 까마귀를 가마우지처럼 사용하고자 한다면[52] 명백하게 세상은 스러져 갈 것이다.

한편 도리라는 것은 쉽게 실현할 수 있다. 도리를 분별할 수 있는 신하는 세력을 지닌 무사들을 불러 모아 다음과 같은 말을 들려주었으면 한다.

"우선 무사는 지금과 같은 말세에 꼭 있어야 할 존재이다. 무사가 반드시 필요한 말세가 되었다고 확신한다. 작금의 무사의 존재는 이론의 여지가 없다. 게다가 무사의 존재를 탐탁하지 않게 여긴들 이보다 나은 집단은 나오지 않을 것이다. 아무리 노력해도 세상이 말세라 마침내 악인만이 넘칠 것이다. 무사들을 멸하고자 하는 동란은 어떠한 일이 있어도 있을 수 없는 일이며 하늘에 계신 신의 뜻 외에는 천황이 너희들을 드러내놓고 미워하시고 의심하시는 일은 없을 것이다."

지두地頭야말로 중요한 일이니 무사들에게 거듭거듭 조용히 하명하여 잘 처리해야 할 것이다. 무사가 지두 자리에서 파면되지 않으려고 횃불을 쳐들고 조정을 협박하는 일 또한 있어서는 안 된다. 그런 일이 있다고 하여 조정에서 무사를 두려워해서도 안 된다. 다만 지금은 대다수의 무사들이 올바른 도리를 아는 세상이다. 현現 동궁과 쇼군은 겨우 두 살배기 아이들이다. 오로지 종묘사직을 돌보는 신들의 계획에 의해 이들이 탄생되었음은 자명하다. 동궁의 어머니는 일찍이 고아가 되었으니 아무도 왕자의 탄생을 빌어줄 사람이 없었는데 외조부[53]의 기도가 효험이 있어서 이처럼 왕자가 탄생했겠는가? 어찌하여 미나모토源 가문의 쇼군이 그렇게 세상을 떠나고 미나모토, 다이라 가문의 대가 끊긴 것일까? 그리고 그 대신

52_ 헤엄칠 수 없는 까마귀를 가마우지처럼 헤엄치게 하여 물고기를 잡으려고 한다는 뜻으로 능력 밖의 불가능한 일을 시키는 것을 의미한다.

53_ 후지와라노 요시쓰네良經를 가리킨다.

요리쓰네頼經를 장군에 임명한 것일까? 이는 모두 분명 예삿일이 아니다.

세상이 변해가는 모습을 예로부터 지켜본즉, 지금은 거의 쇠하여 가던 세상이 다시 일어나는 때에 해당한다. 이보다 지나치면 세상은 멸한다고 하는데 어떻게 멸망에 이르는 것일까? 그 예가 기전紀典과 경서經書에 약간 남아 있다. 명법明法[54]과 법령에도 다소 남아 있는 것 같다. 현밀顯密의 승려들 또한 과실이 없다고 들었다. 백대百代 천황까지는 이제 16대가 남았다. 지금 이 두 살배기 아이들이 자라나 세상을 완전히 멸하게도 흥하게도 할 수 있을 것이니 다음과 같은 말을 천황이 무사에게 들려주었으면 한다.

"앞으로 스무 해, 무릇 이들의 성장을 기다리는 동안 무사는 나쁜 일을 해서는 절대 안 된다. 무사들만 그릇된 행동을 하지 않으면 다른 이들의 그릇된 행동은 쉽사리 막을 수 있을 것이다."

또한 신사, 절, 사관祠官, 승려에게는 유례없을 정도로 훌륭한 장원을 많이 기진寄進하며 강력하게 말했으면 한다.

"이 세상을 멸하고자 하는 사악한 마귀들을 신력神力, 불력佛力으로 제어하고 악인, 모반의 뜻을 품으려 하는 이들은 그와 같은 마음이 생기기 전에 죽게 해 달라고 빌어라."

이렇게 하면 작금의 뇌물수수는 다소 진정될 것이다. 참으로 쉬운 방법이다. 진무神武 천황 이래 지금까지의 역사를 돌이켜 생각해 보니 과연 차악지선遮惡持善의 도리가 남아 있음을 깨닫는다. 참으로 하고 싶은 말이 너무도 많도다! 그중에서 그저 티끌만큼 적었을 뿐이다. 두 사람이 어른이 되어 이 글을 읽었으면 한다. 어찌 생각할지 모르겠다. 그러나 세상이 변해가는 가장 진실된 모습을 쓴 이가 하나도 없었기에 한 치의 거짓도 없이 그저 한 줄기 도리

54_ 율령격식律令格式을 연구하는 법률학을 지칭.

가 흐르고 있음을 기술하였다.

궁극의 진리가 하나 더 있다. 사람이라는 것은 종국에 가서는 닮은 이를 친구로 삼는 법인데 참으로 그러하다. 그로 인해 말세에는 악한 이들이 한 마음으로 힘을 모아 권력을 잡고자 한다. 마찬가지로 선한 이들도 서로 마음을 합치겠지만 선한 이들이 존재해야 힘을 모으든 할 것이다. 참으로 슬프다. 미약하나마 신불의 가호를 기대할 따름이다.

사람을 쓰고자 한다면 범처럼 유능한 인물이 당연히 있겠지만 그와 같은 뛰어난 인물은 이 세상의 형국을 보고는 선뜻 나타나지 않을 것이다. 세상이 이토록 스러져가는 것을 보니 군주도 신하도 거짓으로 세상을 다스리는 듯하다. 조정에 거짓이라는 것은 추호도 없어야 하는 법이다. 만약 거짓으로써 정무를 돌본다면 유능한 인물이 세상에 나올 수 없다. 이러한 상황에서는 말세일수록 오히려 정직한 장군이 나와서 백성을 다스려야만 한다. 섭관가 출신의 장군이 나온 것은 하치만 대보살의 계획이다. 하치만 대보살이 문무文武를 겸하여 위세가 있으며 나라를 지키고 군왕을 수호할 섭관가 출신 장군을 점지하여 나라와 백성, 군주를 위해 내놓았다는 사실을 고토바 상황은 이해하지 못했다. 하지만 이 점이야말로 중요하다. 하치만 대보살은 필시 군주를 위해 섭관과 장군을 한 인물이 겸하는 것이 좋을 것이라고 내다보고 계획했을 것이며 그 이유는 분명하다. 즉 섭관가 출신 장군은 모반하려는 마음이 없으며 게다가 세력이 강하니 그로 하여금 군주를 돌보게 하려 함이다. 군주는 하치만 대보살의 이와 같은 뜻을 이해해야 한다.

요제이 천황 때처럼[55] 된다면 더욱 경사로울 것이다. 이를 막

55_ 후지와라노 모토쓰네藤原基經는 궁중에서 살인 사건을 일으킨 요제이 천황을 재위 8년 만에 병을 구실삼아 양위시켰다. 모토쓰네는 여동생 고시高子가 낳은 요제이 천황이 아홉 살에 즉위하자 섭정이 되었고, 880년에는 태정대신에

으려 한다면 고토바 상황이야말로 이세 대신궁과 하치만 대보살의 뜻을 거스르는 것이 될 것이다. 모름지기 군주는 이 점을 잘 깨우쳐야 한다. 후지와라 가문 출신 섭정은 군주에게 모반하는 마음을 버려야 하며 그런 마음이 있어서도 안 된다고 정해져 있다. 또한 군주가 악할 때에는 굳건히 보좌하여 왕도의 길을 거스르지 않게 지키는 것이니 요제이 천황 같은 군주는 세상에 이롭지 않을 것이다. 그런 군주는 반드시 본성을 드러내게 되어 있다. 더구나 좋은 섭관을 질투하기까지 한다면 어찌 왕도를 이루겠는가? 이는 이세 대신궁과 하치만 대보살의 뜻이니 추호도 틀림없이 확고히 정해져 있는 도리다. 쇠했던 것이 다시 홍할 때의 도리와 예로부터 변해온 말세의 도리를 종묘사직의 신이 지키고 있다는 사실에 대해서도 모르는 채 고토바 상황이 어이없는 일을 계획한다고 들었다. 사물의 도리나 일본국의 형상은 앞서 서술한 것을 행함으로써 확고히 자리 잡는 법이다. 이는 불교에서 말하는 십여시十如是[56] 중 여시본말구경如是本末究竟[57]에 해당한다. 즉 과거와 현재는 반드시 호응하며 외견은 과거와 현재로 비록 다르나 같은 이치로 귀착하고 지탱된다. 대직관 후지와라노 가마타리藤原鎌足가 소가노 이루카蘇我入鹿를 주살함으로써 세상은 차악지선遮惡持善의 도리에 부합되었다. 현재 또한 그렇게 되어야 한다. 그래야만 군신은 합체하여 영화로워질 것이다.

더구나 이 세상이 돌아가는 모습을 대략 보자 하니 고토바 상

올랐으나 요제이의 난폭함 때문에 곤란을 겪다 사표를 제출하기도 했다. 885년 요제이천황이 살인 사건을 일으키자 그를 퇴위시키고 55세의 고코光孝천황을 즉위시킨 후 사실상의 관백이 되었다.

56_ 천태종에서 법화경 방편품에 근거하여 모든 존재를 상相, 성性, 체體, 력力, 작作, 인因, 연緣, 과果, 보報, 본말구경本末究竟의 열 방면으로 설명하는 것. 십여十如 혹은 여시如是라고도 한다.

57_ 십여시 중 한 가지로 본本의 상相에서 말末의 보報까지 귀착하는 곳은 결국 동일하며 실상實相이라는 것.

황은 형식적으로는 섭관을 두었으나 속으로는 기괴한 존재라 여기며 꺼리고 있다. 또한 상황의 측근 신하는 섭관을 폄훼하는 것이 상황의 뜻에 부합하는 것임을 알고 있다. 이러한 일이 세상을 스러지게 하는데 이는 그 무엇이라 형용할 수 없는 잘못이라 할 것이다. 이 이치는 각 집안의 가장과 그에 상응하는 후견인에 이르기까지 마찬가지이다. 가장과 후견인이 서로 배려하는 집안이야말로 잘 다스려진다. 하물며 문무文武를 겸했던 가마타리의 후손과 국왕이 불화하여 서로 마음에 거리를 두는 것은 어찌 명계冥界와 현계顯界, 시작과 끝, 처음과 중간과 마지막, 과거와 현재, 미래에 있어서 사물의 도리에 맞는 길이라 할 수 있겠는가.

아아! 말세에는 잘못된 것을 행하게 될 것이라는 도리가 이와 같이 확실히 나타날 것이라는 것을 전부터 알고 있었다. 그것은 인간의 힘으로는 도저히 당해낼 수 없는 일이며 말세에는 세상이 평안하지 않게 되는 도리 쪽으로 흘러가는 듯하다. 악마와 사악한 신이 세상을 그르치려 하는데 시운時運까지 따르지 않는다면 불법승佛法僧 삼보三寶와 선한 신의 가르침, 그리고 그 은혜가 미치지 못할 것이며 매사에 쇠하기를 거듭하여 이처럼 말세로 떨어지는 것이다. 그 구체적인 양상으로 군주가 강하고 참견 많은 섭관을 원치 않는 마음이 말세에는 점점 강해지는 것을 들 수 있다. 이 그릇된 마음이 무시무시하도록 큰 영향을 미친다. 대단히 강인하여 주위 사람들에 의해 흔들리지 않는 문무를 겸한 강력한 섭관이 나오는 것에 어찌 군왕의 마음에 부합하지 않는 점이 있겠는가? 이 어긋남으로 인해 세상은 스러지는 것이다. 군왕은 이 도리를 거듭 되새겨 그릇된 뜻을 완전히 없애야 한다. 군주는 신하를 천거하고 신하는 군주를 옹립하는 이치가 확연히 존재한다. 일본국은 이와 같은 이치를 예로부터 양식으로 정해 놓았으니 그것으로 선례를 명백히 이해할 수 있다. 군주가 매사를 하나하나 이에 비추어 생각하고 도리까지도 꿰뚫어 이해하게 된다면 영화로운 세상이 될 것이다.

멀리는 이세伊勢 대신궁大神宮과 가시마鹿島 대명신大明神이, 가까이는 하치만 대보살과 가스가春日 대명신이 예나 지금이나 엄격히 의논하고 결정하여 세상을 유지해 왔다. 지금은 문무를 겸비한 이가 군주의 후견인 역할을 맡아야 한다고 이렇게 저렇게 바뀌더니 말세에 이르러 이와 같이 정해졌음이 분명하다. 중국 황실의 경우 군주가 될 사람에게 중요한 것으로 기량 하나만을 드니 기량이 몹시 뛰어나다는 점만으로 국왕이 되는 것이라 정해져 있다. 그러나 일본국은 처음부터 군주의 혈통이 바뀐 적이 없으며 신하의 가문 또한 정해져 있었다. 그리고 어떤 일이 일어나도 어긋남 없이 그대로 오늘날까지 유지되어 왔다. 백 명의 군주까지 앞으로 16대가 남아 있으나 그 사이에 이 같은 방식이 갑자기 변하지 않을 것이다. 이런 시점에 종묘사직의 신들이 문무를 겸비한 집정 신하를 만들어 진상했는데도 군주가 이를 미워하거나 질시한다면 이는 더 이상 군주로서 존재할 수 없음이다.

일본국에도 신하가 군주를 옹립하는 길이 있었으니 그 중에 그럴 듯한 두 가지 길이 있다. 우선 하나는 다이라노 기요모리平清盛가 고시라카와 상황을 좋지 않게 생각하여 그 아들, 손자로 하여금 세상을 다스리게 한 일, 또는 기소 요시나카木曾義仲[58]가 전투에서 한 번 승리한 후 고시라카와 상황을 유폐시킨 일이다. 이는 군주를 옹립했다고는 할 수 없지만 무사가 마음속으로 나라를 다스리는 군주를 바꾼 것이라 할 수 있다. 군주를 옹립하는 데에는 세상을 흐트러뜨리는 쪽과 세상을 다스리는 쪽 두 가지 길이 있는데 흐트러뜨리는 쪽은 모반이 된다. 이는 성공할 리 없다. 나라를 잘 다스리기 위해 신하가 군주를 옹립한 예로서 후지와라노 모토쓰네

58_ 미나모토노 요시나카(源義仲, 1154-1184)를 말한다.

藤原基經가 요제이陽成 천황을 물러나게 한 후 고코光孝 천황을 옹립한 것, 나가테永手 대신, 모모카와百川 재상 두 사람이 고닌光仁 천황을 옹립한 것, 부레쓰武烈 천황이 서거한 후 신하들이 게이타이繼體 천황을 찾아내어 옹립한 것을 들 수 있다. 이와 같은 일은 군주를 위해 세상을 위해 틀림없이 나쁜 군주이니 바꾸어야한다고 도리로서 정해졌다. 좋은 군주가 나오면 일본국은 시종일관 융성할 것이라는 도리가 확실히 정해져 있으니 그 도리에 따라 신들이 명계冥界에서 정한 바를 대신하여 신하는 군주를 옹립한 것이다. 따라서 이렇게 옹립된 천황의 자손은 모두 틀림없이 황위를 이어받아 오늘날까지 이 세상이 유지되고 있음이다. 이처럼 명백하게 두 가지의 길이 있다.

그런데 지금 이와 같이 문무를 겸비한 섭정이 나왔는데도 군주가 그를 미워하는 마음을 일으킨다면 이는 일본국의 운명이 다함이니 슬픈 일이다. 이 섭정 신하는 어떤 일이 있어도 군주를 배반하여 모반의 마음을 일으키지 않을 것이다. 그저 약간 완강한 면이 있어 부리기 힘들 따름이다. 매사는 오로지 도리에 따라 처리해야 한다. 그저 천도天道에 맡길 뿐이니 만약 문무를 겸비한 섭정 신하가 도리에 벗어난 일을 행한다면 명계의 벌이 내려질 것이다. 말세의 군주가 오직 자신의 뜻대로 세상을 다스려 만약 일이 일어난다면 백대의 왕을 기다리기도 전에 세상은 스러질 것이다. 군주는 누구에게나 거침없이 이치에 맞게 설득하고 납득시키며 정무를 살펴야 한다. 그렇게 해야만 지금 세상은 잠시 동안이라도 평정될 것이며 신들의 뜻에 의해 이렇게 정해졌다는 것을 분명히 이해해야 할 것이다. 군주는 이를 마음에 잘 새겨서 신들의 뜻에 맞추어 세상을 다스려야 한다.

"신은 존재하지 않는다"고들 하는데 이는 힘든 때에 사람들이 입버릇처럼 원망하며 내뱉는 말이다. 그러나 겁말劫末까지 신이 존재하지 않았던 때는 한 시도 없다. 하물며 사람들이 이처럼 도리가 있다고 생각하고 행동할 때에는 신들의 영험함은 특히 더 두드러질 것이라 지금도 생각한다. 이는 섭관가 출신 장군에 대해 깊이 생각한 바를 언급한 것인데 지금 이와 같은 일이 있어났기에 이를 토대로 언급한 것일 뿐이다. 다른 쇼군에 대해서도 군주는 언제나 이런 취지를 잘 이해하여 세상을 다스려야 한다는 것이 내 마음이다. 쇼군이 모반의 마음을 일으켜 운이 다할 때는 또한 쉽사리 허망하게 무너질 것이다. 이는 사네토모[59]의 죽음을 보면 알 수 있다. 다이라 가문이 멸하는 모습을 봐도 명백하다.

이 글에서는 쇼군이 안팎으로 잘못함이 없는데도 군주가 그를 이유없이 미워하는 것은 좋지 않다는 점을 소상히 밝히는 바다. 이와 같은 일의 단초는 품성이 바르지 못한 상황의 남녀 측근 신하에게서 비롯되었다. 궁극적으로는 이 사실을 고토바 상황이 알아야만 한다. 생각지도 못한 것을 기술하게 되었구나! 이를 기술하는 자신조차 스스로 한 것이라고는 조금도 생각되지 않는다. 도저히 뭐라 형용할 수 없다. 아아, 신불이 말을 할 수 있는 세상이라면 물어보고 싶구나!

세상이 바뀌는 과도기에 태어나 변해가는 모습을 눈앞에서 이처럼 선명하게 목격하는 것이야말로 진정 슬프고 한탄스러울 뿐이다. 무릇 사람은 열서너 살까지는 어리다 할 것이다. 열대여섯 정도가 되면 양식 있는 사람들은 모든 것을 분별할 수가 있게 된다.

59_ 미나모토노 사네토모(源實朝, 1192-1219). 가마쿠라 막부 3대 장군. 요리토모의 차남. 요리이에賴家가 히키 요시카즈比企能員의 사태로 유폐되자 장군으로 옹립되었다. 처음에는 도키마사時政, 마사코政子 등의 보좌와 후견을 받았으나 이후 직접 정치에 참여하여 막부의 소송, 정치제도를 정비해갔다. 그의 정치에는 교토 정치의 영향이 강했으며 적극적으로 교토풍의 문화를 도입하였다. 와카에 심취했으며 자신이 읊은 30수의 와카를 후지와라노 데이카藤原定家에게 보내 지도를 받기도 했다.

최근 오년 사이에 세상 돌아가는 것을 보고 들으매 상황이 실로 좋지 않다. 훌륭한 이들은 세상을 떠나고 말았다. 유명을 달리한 이들의 곡절을 일일이 설명할 수는 없으나 무엇보다 세상 사람들이 죽어간 이들의 마음을 헤아릴 기회가 충분치 않으니 기억을 더듬어 써내려 가고자 한다.

지금 세상의 겉모습은 후지와라노 요시후사藤原良房 이후에 이루어졌다고들 하지만 이 역시 상대上代에서 내려온 것이다. 이치조 천황 치세시 네 명의 대납언[60] 시절이야말로 훌륭했다. 이 시대에는 승려도 고보弘法, 지카쿠慈覺, 지쇼智證의 제자인 닌카이仁海,[61] 고케이皇慶,[62] 게이소慶祚[63]와 같은 이가 있었다. 훌륭한 시대의 모습이 승속僧俗의 세태에 조금이라도 남아 있는 것이 언제까지인지 가문별로 살펴보고자 한다. 우선 섭관가의 적자들, 그 다음으로는 그 서자와 후손들, 미나모토源 가문 일가, 중류 귀족들로 나누어 살펴보자.

60_ 후지와라노 긴토藤原公任, 후지와라노 나리노부藤原齊信, 후지와라노 유키나리藤原行成, 미나모토노 도시카타源俊賢. 이들 네 명의 대납언大納言을 이치조 천황 재위 때의 사현四賢이라 불렀다.

61_ 닌카이(仁海, 951-1046). 헤이안 중기 진언종 승려. 7세에 고야산에 들어가 가신雅眞에게서 사사받았다. 1018년 대기근 때 지낸 기우제를 필두로 생애 10번의 기우제를 성공적으로 이끌어 '비승정雨僧正'이라는 별명이 붙여졌다. 영험할 뿐만 아니라 정치적 수완도 뛰어나 고야산의 부흥을 이끌었으며 많은 제자를 양성하였다.

62_ 고케이(皇慶, 977-1049). 헤이안 중기 천태종 승려. 7세에 히에이잔에 들어갔으며 각지를 돌아다니며 수행하기도 했다. 규슈九州에서 게이운景雲에게서 밀교 비법을 전수받았으며 만주萬壽 연간에 천황을 위해 십비비사문법十臂毘沙門法을 행해 아사리阿闍梨가 되었다. 뛰어난 밀교승을 많이 배출하였으며 곡류谷流라는 법통을 형성하였다.

63_ 게이소(慶祚, 953-1020). 헤이안 중기 천태종 승려. 덴랴쿠 원년(947), 9년(956) 출생설도 있다. 엔닌, 엔친 계열의 대립후 엔친 계열이 하산했음에도 불구하고 히에이잔 센주인千手院을 지키다 후에 다이운지大雲寺로 옮겼다. 겐신源信과 비견될 정도의 학식을 자랑하며 게이소가 온조지에 들어온 것을 계기로 승려들이 모여들어 온조지 융성의 계기가 되었다.

요새 사람들은 시라카와白河 상황이 치세하던 때야말로 정법正法 시대라고 여긴다. 지당한 말이다. 이 시기는 양위한 천황, 즉 상황이 나라를 다스리는 시대로 변화하는 과도기이다. 시라카와 상황 때 조정 신료였던 이가 근래까지 생존해 있으니 당시 상황을 알 수 있다. 이치조 천황 때 활약했던 네 명의 대납언 자손도 시라카와 상황 치세 초기까지는 예전처럼 활약했으나 점차로 그 세력이 약해졌다. 시라카와 천황이 양위 후 세상은 점차로 쇠락했으나 그 자손들에게는 아직 옛 흔적이 남아 있었다.

고시라카와後白河 상황 시대에는 섭관으로는 후지와라노 다다미치藤原忠通, 섭관 가문의 서자로서는 다다마사忠雅, 쓰네무네經宗, 고레미치伊通가 있었다. 후지와라노 모로스케藤原師輔 가문으로는 가깝게는 긴요시公能의 아들인 사네사다實定, 사네이에實家,[64] 사네모리實守[65]가 있으며, 긴노리公敎의 아들로는 사네후사實房, 사네쿠니實國, 사네쓰나實綱[66]가 있다. 또한 긴미치公通와 사네무네實宗 부자父子도 들 수 있다. 섭관가 또는 그 서자들 중에는 이들까지가 옛날의 위엄을 자랑했다고 할 수 있다.

다음으로 미나모토源 가문으로는 마사미치雅通가 있고 대부大夫로는 아키스에顯季 자손으로 다카스에隆季, 시게이에重家[67]가 있다. 가

64_ 후지와라노 사네이에(藤原實家, 1145-1193). 긴요시의 아들로 정이위, 대납언에 올랐다. 많은 우타아와세歌合에 참석하는 등 가인歌人으로 활약했으며 『센자이와카슈千載和歌集』에 그의 시가 다수 수록되어 있다.

65_ 후지와라노 사네모리(藤原實守, ?-1185). 긴요시의 셋째아들. 권중납언. 겐랴쿠元曆 2년(1185) 4월 25일 사망.

66_ 후지와라노 사네쓰나(藤原實綱, 1128-1181). 긴요시의 장남으로 참의, 권중납언을 역임했으며 고시라카와 상황의 측근으로 활약하다 지쇼治承 3년(1179) 기요모리에 의해 해임되었다. 이듬해 복귀하였으나 12월에 급사하였다.

67_ 후지와라노 시게이에(藤原重家, 1128-1180). 헤이안 후기 귀족, 가인. 좌경대부座京大夫 아키스케顯輔의 아들. 와카와 한시, 관현에도 뛰어나 아버지보다 빠른 출세를 보여 로쿠조토케六條藤家의 자존심을 지켰다. 자신의 집에서 열린 우타아와세에 슌제이俊成를 심판관으로 초대하는 등 파벌에 얽매이지 않았다. 가

주지勸修寺 집안에는 도모카타朝方,[68] 쓰네후사經房가 있고, 히노日野 집안에는 스케나가資長,[69] 가네미쓰兼光[70] 부자父子가 있다. 이들을 보거나 그 명성을 들은 자는 이들에게서 옛 영광을 조금이나마 찾을 수 있다고 여기는데 각 집안의 역량을 보면 절로 그런 생각이 든다. 내부에서 일어나는 비난에 대해서는 논외로 하겠다.

대납언 미쓰요리光賴는 가쓰라노뉴도桂入道라 불리었으며 말세에 보기 드문 뛰어난 인물이라 칭송받았다. 니조 천황 치세 때 모든 정무를 맡으라는 어명이 있었으나 모두 고사하고 출가한 사실은 정녕 훌륭하다 할 것이다. 단 대납언에 오른 점은 납득이 되지 않는다. 대부大夫 집안 출신으로 대납언이 된 이는 미쓰요리가 처음이라고 사람들은 말하는 것 같다. 그 정도의 기량을 가진 인물이라면 스스로 대납언 자리에 오르지 않았어야 한다고 생각하는 사람도 있을 것이다. 옛날에는 특출한 기량이 있는 관리라 하더라도 쉽사리 대부大夫의 지위에 임명하지 않았다. 그와 같은 옛날에 대부 집안 출신이 대납언 자리에 오르지 못하는 것은 당연하다. 오랜 세월이 흘러 이와 같은 위계와 봉록이 정해졌으니 대부 집안 출신으로 대

집에는 『시게이에슈重家集』가 있다.

68_ 후지와라노 도모카타(藤原朝方, 1135-1201). 헤이안 말, 가마쿠라 초기 귀족. 권중납언 도모타카朝隆의 아들. 참의, 정이위를 거쳐 권대납언에 올랐다, 지쇼 3년(1179) 고시라카와 상황이 유폐되었을 때 상황과 연락을 취하는 등 측근으로 활동하였다. 서예가로도 유명하다.

69_ 후지와라노 스케나가(藤原資長, 1119-1195). 헤이안 말기 귀족. 참의, 권중납언을 거쳐 정이위 민부경民部卿에 오른다. 문장박사를 역임하는 히노류日野流 유가儒家로 호겐保元에서 지쇼治承에 이르는 내란기에 정무를 담당하다 지쇼 5년(1181)에 출가하였다.

70_ 후지와라노 가네미쓰(藤原兼光, 1145-1196). 헤이안 말, 가마쿠라 초기 귀족. 히노류 후지와라 씨. 실무에 능했으며 참의를 거쳐 종이위 권중납언에 올랐다. 고노에, 구조 등 섭관가의 총애를 얻었으며 고시라카와 상황의 총희였던 단고노쓰보네丹後局의 사위로 순조롭게 승진을 거듭하여 히노 집안의 입지를 강화하였다.

납언이 된 이는 미쓰요리가 처음이라며 세상 사람들처럼 떠들어 대는 것은 품위 있는 현인이 입에 담을 만한 내용은 아니다. 그러나 이와 같은 비난은 말세에는 지나치다 할 것이다. 어쨌든 미쓰요리는 그 기량을 높이 인정받은 사람이다. 앞에서 언급한 이들의 아들 세대는 이미 태어날 때부터 그 기량이 모자라 조부와 같은 이가 없고, 더욱이 손자 세대, 즉 지금 살아 있는 사람들은 그 기량이 딱히 좋다 나쁘다 말하기조차 불가능한 형국이다.

한편 근래 섭관의 자리에 오른 이는 연달아 네다섯 명이 된다. 그 중에서 다다미치忠通의 자손으로서 섭정이 된 이로는 모토자네基實의 아들 모토미치基通, 모토후사基房의 아들 모로이에師家, 가네자네兼實의 아들 요시쓰네良經가 있다. 특히 세 사람[71] 중 가네자네는 종묘사직을 위하는 마음이 한이 없었는지 두 형님의 자손 중에는 뛰어난 기량의 소유자가 없었다. 모토후사의 아들 이에후사家房[72]라는 중납언이 뛰어나다고 평판이 자자했으나 서른이 되기도 전에 일찍 세상을 떴다. 가네자네의 자손은 옛 기풍을 그대로 따랐다. 세 아들 모두 특출하다며 세상 사람들의 칭송을 받았다. 내대신 요시미치良通는 22세에 세상을 떠났으나 그 좋은 평판은 사람들의 입을 통해 전해지고 있다. 요시쓰네 또한 집정 신하가 되었으며 그 역시 마찬가지로 재능이 뛰어났다. 시가와 서예는 옛 사람들에 뒤지지 않으며 조부의 뒤를 이어 정무政務와 의례에도 통달하였다. 좌대신 요시스케良輔는 한학漢學에 재능이 있어 비견할 만한 이가 없다고 여겨졌으나 35세에 일찍 세상을 떠났다. 이와 같은 이들이 요절하니

71_ 모토자네, 모토후사, 가네자네를 가리킨다.

72_ 후지와라노 이에후사(藤原家房, 1167-1196). 헤이안 후기, 가마쿠라 시대 귀족. 모토후사의 아들로 분지文治 2년(1186) 좌근위 중장을 비롯하여 권중납언, 종이위에 이르렀으나 요절하였다. 『신코킨와카슈新古今和歌集』에 노래가 실려 있다.

세상이 스러지는 것도 당연할 것이다.

참으로 슬프도다. 지금 요시쓰네의 아들 중에 좌대신 미치이에道家만이 혼자 남아 있으며 가네자네 형제의 자손은 겉으로 보기에는 그럴 듯하지만 누구를 고를지 곤란하기만 하다. 그 밖의 가문에서는 한 사람도 선택할 만한 이가 없다. 대부 가문에도 특출한 이가 전혀 없다. 직사職事,[73] 변관辨官[74]과 같은 직책은 옛날 그대로이나 적임자가 없는 것과 마찬가지이다. 어쩌다 인재가 있다 하더라도 출가입도出家入道한 이다. 또한 억지로 구하면 서너 명 정도는 찾아낼 수 있을 것이다. 그러나 뛰어난 인재가 많이 있어 숨은 인재 몇을 그대로 내버려두는 것이야말로 마음 든든한 일이다. 그러니 이를 어찌하겠는가? 인재가 부족한 것을…. 이 와중에 사네후사實房는 살아 남아 출가한 좌대신이라며 어느새 사람들 마음에 부화뇌동하고 있다고 한다.

승려 가운데는 엔랴쿠지延曆寺의 좌주座主 교겐行玄 이후로는 전혀 눈에 띄는 이가 없다. 교겐이 입적한 후 60년이 훨씬 넘었다. 온죠지園城寺 역시 교케이行慶, 가쿠추覺忠 이후로는 인물이 전혀 없다. 도지東寺와 닌나지仁和寺에는 가쿠세이覺性 법친왕[75] 이후로는 없다. 도지의 승려 가운데는 간조寬助,[76] 간신寬信[77]과 같은 이를 들 수

73_ 구로도노도코로藏人所의 우두머리, 또는 5위, 6위의 구로도의 총칭.

74_ 태정관 내의 사무를 관할 처리하는 관리.

75_ 가쿠세이 법친왕(覺性法親王, 1129-1169). 헤이안 후기 진언종 승려. 도바 천황의 다섯 번째 황자로서 닌나지仁和寺 가쿠호覺法 법친왕을 스승으로 출가했으며 이후 천황가의 안녕과 국가 수호를 위해 많은 밀교 의식을 주관하였다. 닌안仁安 2년(1167) 전국 불교를 총괄하는 총법무總法務에 취임하였다.

76_ 간조(寬助, 1057-1125). 헤이안 후기 진언종 승려. 미나모토노 모로카타源師賢의 아들로 「법관백法關白」이라 불렸다. 공작경법孔雀經法 등 수행에 뛰어나 시라카와 상황의 호지승護持僧이 되었다. 법무, 대승정에 올랐으며 도다이지 벳토, 도지東寺 장자長者를 역임했다.

77_ 간신(寬信, 1084-1153). 헤이안 후기 승려. 후지와라노 다메후사藤原爲房의 아들이며 겐카쿠嚴覺에게 진언을 배웠다. 삼론三論과 화엄華嚴에도 정통했다. 가

있다. 한창 때는 리쇼理性,[78] 산미쓰三密[79]와 같은 이의 명성이 높았다. 나라奈良에는 법무法務 에신惠信[80]이 유배된 후에는 누가 있었는지 말할 수 없을 정도이다. 헤아릴 가치조차 없다. 가쿠친覺珍[81]은 그다지 풍문이 나쁘지 않다. 오히려 다다미치의 아들 전대승정前大僧正 신엔信圓[82]이 살아 있어 고귀한 이들의 기품을 전한다고 한다. 또한 대승정 지엔이 그 동생으로서 엔랴쿠지에 남아 있다고 한다. 그러니 이 세상을 어찌하면 좋단 말인가? 인재가 참으로 없음을 생각하다 보니 참으로 안타까운 마음이 되어 기다릴 것도, 의지가 될 것도 없으니 이제는 죽음을 생각하며 불도에 정진하여 빨리 세상을 떴으면 하고 바랄 따름이다.

지금과 같은 말세는 너무나 한스럽게 보이며 그렇기에 이런 일들이 일어난다고 여겨진다. 그 증거로 섭정을 지낸 이가 네댓 명이 줄지어 있으면서도 전혀 아무렇지도 않은 얼굴을 하고 있는 것

주지勸修寺 유파를 세웠으며 가주지 장리, 도지東寺 장자 법무長者法務, 도다이지東大寺 벳토를 역임하였다.

78_ 겐카쿠(賢覺, 1080-1156). 헤이안 후기 진언종 승려. 쇼켄聖賢의 형이며 자는 리쇼理性이다. 아버지 겐엔賢圓의 승방을 고쳐 리쇼인理性院을 열어 리쇼인 유파의 시조가 되었다. 『달마초達磨鈔』 등의 저술이 있다.

79_ 쇼켄(聖賢, 1083-1147). 헤이안 후기 진언종 승려. 자는 삼밀三密이다. 가죠嘉承 3년(1108) 다이고지에서 관정을 하여 후에 곤고오인金剛王院을 창건하였다. 곤고오인 유파는 오노小野 6파 중의 하나로 손꼽힌다.

80_ 에신(惠信, 1114-1171). 대승정. 제39대 고후쿠지興福寺 벳토. 다다미치의 아들로 가네자네의 이복형이다. 호겐 2년 고후쿠지 벳토가 되었으나 엔랴쿠지와의 분쟁이 일어났을 때 대응을 잘못하여 추방되었다. 무리하게 복귀를 계획하다 이즈伊豆에 유배되었다.

81_ 가쿠친(覺珍, ?-1175). 제41대 고후쿠지 벳토이며 후지와라 씨 긴스에公季 류로 사네타카實隆의 아들이다.

82_ 신엔(信圓, 1153-1224). 헤이안 후기, 가마쿠라 시대 법상종 승려. 다다미치의 아들로 지엔의 형이다. 고후쿠지 벳토인 형 에신에게 배웠으며 고후쿠지 벳토, 대승정이 되었다. 분지文治 원년(1185)년 도다이지 대불東大寺大佛 개안공양開眼供養을 이끌었다.

을 들 수 있다. 섭정은 전임이 한 명 있기도 힘든 직책인데 아이들이 "입도入道 전하,[83] 소小 전하,[84] 고노에近衛 전하,[85] 지금 전하[86]"라며 춤추며 노래한다. 거기에 요시쓰네가 또한 섭정이 되었으니 전하가 다섯 명이 되었다. 천태좌주에는 지엔, 지쓰젠實全, 신쇼眞性, 조엔承圓, 고엔公圓의 다섯 명이 있다. 나라奈良에는 신엔信圓, 가엔雅緣,[87] 가쿠켄覺憲,[88] 신켄信憲, 료엔良圓[89]이 있다. 신켄도 가쿠켄이 생존해 있을 때 벳토別當가 되었다. 또한 대납언은 열 명, 중납언도 열 명, 산산미散三位[90]는 오십 명이나 될 것이다. 승직을 보면 정식 율사律師가 백오륙십 명이나 되었다. 고시라카와 상황 때에는 백 명의 법교法橋라 하여 사람들이 놀랐다고 하는데 이는 참으로 부끄러운 일이다. 승정僧正은 고시라카와 상황 때까지만 해도 다섯 명을 넘지 않았다. 지금은 정식 승정이 한꺼번에 다섯 명이 배출되어 열세 명에 이른다. 전前 승정 또한 십여 명이 있으나 호위부 관리는

83_ 모토후사를 지칭.

84_ 모로이에를 지칭.

85_ 모토미치를 지칭.

86_ 가네자네를 지칭.

87_ 가엔(雅緣, 1138-1223). 가마쿠라 전기 승려. 미나모토노 마사미치源雅通의 아들로 네 번에 걸쳐 고후쿠지 벳토를 역임하였다. 고토바 상황의 측근으로 딸을 입궁시키는 등 정치적인 활동을 하는데 이 때문에 고후쿠지 승려의 반발을 사기도 하였다.

88_ 가쿠켄(覺憲, 1131-1212). 가마쿠라 초기 고후쿠지 학승學僧. 요와養和 원년(1181) 고후쿠지 곤노 벳토로 부임하여 전년 다이라노 시게히라平重衡에 의해 불타 소실되었던 절의 재건에 힘썼다. 남도南都 불교계의 신망이 두터웠으며 겐큐建久 원년(1190) 권승정에 임명되었다.

89_ 료엔(良圓, 1179-1220). 헤이안 말기, 가마쿠라 시대 승려. 구조 가네자네의 아들이며 아버지의 뜻에 따라 출가, 신엔信圓에게 법상종을 사사받았다. 뛰어난 재능으로 인해 아버지를 비롯한 많은 사람들의 기대를 받으며 쇼겐承元 원년(1207) 고후쿠지 벳토에 임명되었다. 그러나 병약한 탓에 과중한 업무를 견디지 못하고 1년 남짓 재임한 후 사임하였다.

90_ 관직은 없고 위계만 있는 산미三位.

셀 수 없을 정도이니 이러쿵저러쿵 할 수도 없는 처지이다. 자리가 사람을 찾는다는 것은 이미 있을 수 없는 상황이 되었다. 사람이 관직을 추구하는 일조차 지금은 사라졌다. 조정이 성공成功[91]할 사람을 구하여도 마땅한 자가 없다. 그래서 요즘에는 예정했던 양의 반도 기부하지 않은 자를 관직에 임명한다고 한다.

관직에 대해서는 이와 같으나 이는 있을 법한 일이다. 말세의 전형이라고도 생각된다. 그러나 무릇 양식 있는 사람이 없는 것이야말로 말하면 할수록 슬픈 일이다. 인재가 필요하기에 섭관 가문은 자식이 많은 것이로구나. 엔랴쿠지의 옛 기록을 보자면 승정 지엔이 천태좌주가 될 때까지는 그 수를 헤아리기가 수월하니 섭관 가문 출신으로 좌주가 된 인물은 이무로飯室의 승정 진젠尋禪과 닌겐仁源, 교겐行玄, 지엔慈圓으로 단 네 명이었다고 한다. 지금은 엔랴쿠지만 해도 섭관의 자식이 한꺼번에 줄지어 나와 열 명이 넘는다. 미이데라三井寺와 나라奈良의 고후쿠지興福寺, 닌나지仁和寺, 다이고지醍醐寺까지 헤아리면 사오십 명은 넘을 것이다. 비록 전관前官이라지만 한 번에 섭관이 네댓 명이나 세워지는 형국이니 이도 당연하다. 황자 중에 출가한 사람은 뉴도 친왕入道親王이라고 하였는데 닌나지에서는 드문 일이었으나 히에이잔에는 두 명이 있었던 것 같다. 쓰치미카도 상황과 현 준토쿠 천황은 모리사다守貞 친왕, 고레아키惟明 친왕[92] 같은 수많은 어린 황자를 법사로 만든다며 스승들을 두는 것 같다. 아! 『세멸송世滅松』[93]에 쇼토쿠 태자가 남긴 말은 꼭 들어맞은 것 같다. 이것을 보고 옛날 고귀한 사람들은 자식을 갖지 않

91_ 지방 수령이 공을 이룬다는 뜻으로 관리가 자신의 재산을 조정에 헌납하여 궁궐 조영 등의 비용을 충당함으로써 관직이나 직위를 받는 것을 이름.

92_ 고레아키 친왕(惟明親王, 1179-1221). 다카쿠라 천황의 셋째 황자이며 고토바 천황의 형이다. 준토쿠 천황의 즉위에 의해 황위 계승의 희망이 완전히 사라져 조겐承元 5년(1221) 출가하였다.

93_ 아직까지 발견되지 않은 책으로 구체적인 내용은 미상이다.

았던 것 같다며 의심하는 사람이 세상에 많은 것 같다. 잘 새겨두고 볼 일이다.

예전에는 천황의 자식이 많았으나 모두 성姓을 하사하여 공경대신으로 삼았으니 황자들의 자손 또한 특별히 취급하지 못했다. 섭관의 자손도 가문을 이어 섭관으로 삼으려는 아들 외에는 일개 범인으로 행동하고 조정에 봉사하게 했다. 섭관 이하 가문의 자손도 인물이 될 법한 아들을 가려내었으며 그렇지 않은 경우는 세상에 나오지 않고 우둔하게 지내다 말았으니 세상에 나온 인물은 모두 비범했으며 까다로운 이가 없었다. 그러나 요즘에는 황자나 섭관의 아들도 제각기 황자인 양, 섭관의 장자인 양 행동하고, 그보다 신분이 낮은 가문에서도 좋은 부모를 만들고자 시답지 않은 자손을 세상에 내보내어 억지로 이 집 저 집 끼워 맞추려 하니 이와 같은 세상이 되어 버린 것이다. 또 승려 중에도 주지를 거치면 문하 운운하니, 승려 세계의 사제지간은 속계의 부자지간 같은 것이므로 너나할것없이 그 분파가 참으로 많도다! 그러니 양식 있는 사람이 없다는 것은 이와 같은 사람이 많음을 뜻한다. 아아! 유약망有若亡,[94] 유명무실有名無實을 사람들이 입에 담는 것은 오로지 이를 두고 이르기 위함이다. 이와 같으니 승속僧俗이 모두 원수가 되어 더욱 싸울 것이 확실하다. 귀천을 가릴 것 없이 사람다운 사람이 없고 말로써 어느 것도 설명할 수 없게 되었다. 이런 상황이니 마지막으로 자문자답하며 마음의 위로를 얻고자 한다.

묻기를, 그렇다면 지금은 어쩔 수 없는 상황이며 세상은 이렇게 다시 일어서지 못할 것인가?

답하기를, 얼마간은 수월하게 다시 일어설 것이다.

94_ 있어도 없음과 같다는 뜻.

묻기를, 이미 세상은 추락할 만큼 추락했다. 인재 또한 없다. 예전의 자취조차 없어졌다. 그런데 수월하게 좋아질 것이라 함은 무슨 말인가?

답하기를, 그래서 '얼마간'이라고 한 것이다. 틀림없이 좋아질 것이다.

묻기를, 다시 일어서려면 어떻게 해야 하는가?

답하기를, 인재는 사라졌으나 군주와 섭관신하가 한 마음이 되어 승속僧俗을 샅샅이 뒤져 뛰어난 사람을 골라내어 오로지 도바 천황, 시라카와 천황 시절의 관직 인원만큼만 고용한 후, 그 외에는 완전히 잘라 내버려야 한다. 지금 세상에 나와 있는 자들에게는 안 된 일이지만 주저하지 말아야 할 것이다. 불필요한 자를 진정 다 잘라 내버리고 동정의 눈길조차 주지 않는다면 훌륭하고 영화롭게 다시 일어설 것이다. 얼마간은 다시 일어선다 함은 이를 말한다. 그러나 인재가 없기에 좀처럼 예전처럼 되지는 않을 것이다. 인재를 골라내어 질서를 바로잡아야만 하는 세상은 좋지는 않지만, 다시 잘 일어선다면 이 세상이 바로 그러한 세상이 될 것이다.

묻기를, 이토록 많은 관직과 많은 사람을 어찌 잘라 내버릴 수 있을까?

답하기를, 잘라 내버린다 함은 결단코 신하로 부리지 않음을 말한다. 그런 자가 세상에 있었는지조차 군주가 알지 못해야 할 것이다. 요제이 상황은 붕어하기 전까지 여러 나쁜 일을 저질렀으나 우다 천황과 다이고 천황은 그 모든 일을 듣거나 거론하지 않았기에 간표寬平, 엔기延喜 시대가 영화로웠다. 관직을 박탈할 필요도 없다. 그저 내버려두고 선택된 이들에게는 내버려진 자들과는 진정 상대하지 말라고 알리고 그대로 놓아두는 것이다.

묻기를, 내버려진 사람이 너무 많아서 그들이 한데 모여 모반을 일으켜 큰 일이 나지는 않겠는가?

답하기를, 이렇듯 무사를 둔 것은 그런 이유에서다. 조금이라도 모반의 낌새가 있다면 어찌 그 소문이 들리지 않겠는가? 소문이 들릴 때 그런 자를 두세 명 유배시킨다면 모반할 마음을 일으키는 자는 완전히 없어지게 된다.

묻기를, 그것이 핵심일 것이다. 무척 뛰어난 방법이다. 단, 누가 그 인재를 골라내는가?

답하기를, 그것이야말로 중요한 부분이다. 그러나 의견을 낼 수 있는 사람이 필시 네댓 명은 있는 법이다. 그 네댓 명이 서로 머리를 맞대어 골라내 천거한 자를 군주는 강하게 밀어붙여 바꾸지 않고 확실하게 중용한다면 이 세상은 쉽사리 다시 일어날 것이다.

묻기를, 그런데 관직을 박탈하지 않는다 함은 어째서인가?

답하기를, 천거받은 이가 참의參議, 변관辯官, 직사職事 정도의 자리에 오르는 것이 중요하기에 그 자리는 면직을 시켜야 한다. 지당한 일이다. 그 밖의 자리는 굳이 조치를 취하지 않아도 된다는 것이다. 승려와 속인의 관직 수를 정하는 것이야말로 중요한 일인데 말세에는 도바 상황 치세가 한창이던 때의 관직 수가 가장 적당하다.

愚管抄

Gukansho

구칸쇼 | 해제

1. 중세의 서막을 알리는 역사 철학서 『구칸쇼愚管抄』

중세 벽두에 쓰인 『구칸쇼』는 진무神武 천황 이후의 일본 역사를 기록한 역사서이다. 일본 역사를 서술한 역사책은 『구칸쇼』 이전에도 많았지만 『구칸쇼』는 몇 가지 중요한 측면에서 기존의 역사서와는 성격을 달리한다. 『구칸쇼』의 특징을 명확하게 알기 위해서는 『구칸쇼』 전후에 쓰인 역사서와 비교하여 고찰할 필요가 있으나 여기서는 지면의 제약상 그 특징만을 간단히 언급하고자 한다.

일본의 역사서는 고대 중앙집권화와 더불어 편찬되었는데 『고지키古事記』 『일본서기日本書紀』가 그 대표적인 예이다. 이들 역사서는 국책사업적인 성격을 띠고 있으며 특히 『일본서기』를 필두로 하는 육국사六國史 형식은 정사正史 기록의 틀을 확고히 하였다는 점에서 중요한 의미를 지닌다. 반면 정사의 틀에서 벗어나 자유롭게 이야기 형식으로 역사를 기술한 『오카가미大鏡』는 가가미鏡 형식의 붐을 일으켰고 새로운 역사서의 가능성을 보여주며 역사서의 새로운 흐름을 형성하였다.

이처럼 『구칸쇼』 이전의 역사서는 그 형식에 많은 차이가 있으나 한 가지 공통점을 지니고 있다. 그것은 바로 저자가 불분명하거나 또는 알려져 있어도 자신의 생각을 직접적으로 서술하고 있지 않다는 점이다. 특히 국가사업의 일환으로 역사를 정리하고 기술하는 경우 개인의 사적인 견해는 그다지 의미가 없다. 이에 반해 『구칸쇼』의 가장 큰 특징은 앞서 언급한 선행 역사서와 달리 지엔慈圓이라고 하는 한 개인이 자신의 눈으로 직접 보고 느낀 체험을 바탕으로 일본의 역사를 회고 성찰한 기록이다. 즉 단순한 역사적 사실의 나열도, 과거 영광을 회고하는 이야기식 역사서도 아닌 과거를 회고하고 반추함으로써 현재를 재인식하고 역사의 변하지 않는 진리를 찾고자 한 사색의 기록인 것이다. 지엔이라는 한 개인이 역사를 반추하면서 쓴 일본 최초의 사론史論, 역사철학서가 바로 『구칸쇼』인 것이다.

2. 저자 소개
— 천태좌주天台座主 지엔慈圓(1155-1225)

지엔은 헤이안平安 말기에서 가마쿠라 초기에 걸쳐 활약한 승려이자 가인歌人이다. 그는 관백關白 후지와라노 다다미치藤原忠通의 아들이자 친막부파로 유명한 후지와라노 가네자네藤原兼實의 동생이다. 지엔의 이름이 『구칸쇼』의 저자로 널리 알려지게 된 것은 최근 50년 전후의 일이다. 그 이전에는 『신고킨와카슈新古今和歌集』에 91수의 와카和歌가 수록된 뛰어난 가인이자, 불교계의 정점인 천태좌주天台座主를 4번이나 역임했던 고승高僧으로 오랫동안 인식되었다.

지엔은 『구칸쇼』 안에서 자신을 다음과 같이 소개하고 있다.

> 천태좌주 승정 지엔이라는 자가 있었는데 가네자네의 동생이었다. 믿기지는 않는 일이지만 진정한 가인歌人이었으며 섭정과 동등한 신분을 가진 사람이었으니, 고토바 상황도 와카和歌 연회에는 반드시 동석하라는 기색이었기에 항상 참석하였다. 그는 고토바 상황의 호지승護持僧으로 예전부터 상황은 비견할 이 없을 정도로 그를 의지했다고 사람들은 전한다. (본서, p.384)

위의 인용문에서 지엔은 세 가지 자긍심을 통해 자신을 설명하고 있다. 첫 번째는 천태좌주, 즉 당대 불교계를 대표하는 인물이라는 자긍심이다. 지엔은 고토바 상황의 호지승이며 고토바 상황은 그의 종교적 힘에 상당히 의지했다고 서술되어 있다. 두 번째는 섭관가 출신이라는 신분상의 특징이다. 형 가네자네는 섭관일 뿐만 아니라 막부와 조정을 잇는 통로로 중요한 정치적 역할을 담당했던 인물이다. 섭관가 출신이라는 신분상의 특징은 때로는 자긍심으로, 그리고 때로는 지엔을 옭아매는 질곡으로 작용했다. 세 번째는 가인으로서의 자긍심이다. 지엔은 수많은 와카를 남겼으며 고토바 상황은 지엔의 와카를 높이 평가하여 사이교西行의 뒤를 잇는다며 칭찬하였다[1]고 한다.

지엔은 형 가네자네를 도와 구조케九條家를 위해 많은 정치활동을 하였으며, 미나모토노 요리토모源頼朝와 접촉하는 등 종교계와 정치계에서 눈부신 활약을 하였다. 날카로운 역사 감각을 지니고 있었으며 섭관가 출신임에도 불구하고 무가 대두를 역사적 필연으로 생각하여 형과 더불어 막부 등장을 옹호하는 입장을 취했다. 또한 와카와 기도를 통해 고토바 상황과도 깊은 신뢰관계를 유지했다.

그러나 순탄했던 그의 정치 인생은 조정과 막부의 갈등이 심화되면서 힘든 순간을 맞이하게 되었다. 고토바 상황은 막부 토벌의 뜻을 품기에 이르렀고 이는 친막부파인 가네자네는 물론 지엔의 정치적 실추를 의미했다. 그리고 암흑과도 같은 절망의 순간, 지엔은 홀로 일본 역사를 성찰하여 그 안에 면면히 흐르는 역사의 도리를 깨닫고자 하였던 것이다. 그리고 그 사색의 결과, 일본 최초의 사론인 『구칸쇼』가 탄생한 것이다.

자신이 우려했던 대로 조정과 막부가 충돌하는 사건을 목도한 뒤 지엔은 나라의 안녕과 자신의 극락왕생을 빌며 조용히 제자들이 지켜보는 가운데 세상을 떠났다. 사후 지친慈鎭 화상이라는 시호를 받았으며 그의 와카 4300여 수는 『슈교쿠슈拾玉集』에 정리·편집되었다.

1_ 대승정은 대체로 사이교西行의 가풍과 비슷하다. 뛰어난 노래는 어떤 가인에도 뒤지지 않는다. 주로 진귀한 풍의 노래를 좋아한다(『고토바인고쿠덴後鳥羽院御口傳』).

3. 성립배경과 구성

『구칸쇼』의 성립 시기는 조큐의 난承久の亂이 일어나기 직전인 조큐承久 2년(1220)으로 보는 것이 학계의 정설이다. 지엔은 난 이후에도 4년 정도 생존했지만 『구칸쇼』의 서술 내용이 조큐의 난 이전의 긴장과 불안감을 잘 서술하고 있으며 난에 대한 언급이 전혀 없는 것으로 보아 1220년에 성립된 것으로 생각하는 것이 타당할 것이다. 저술 의도는 잘 알려져 있듯이 조정과 막부 사이에 깊어가는 갈등을 풀고 혹시나 일어날지 모르는 두 세력간의 무력충돌을 미연에 막고자 하는 것이었다.

7권에서 지엔은 무사의 대우와 역사적 역할에 대해 언급하면서 이 책을 읽었으면 하고 바라는 두 명을 지목하고 있다.

> 참으로 하고 싶은 말이 너무도 많도다! 그 중에서 그저 티끌만큼 적었을 뿐이다. 두 사람이 어른이 되어 이 글을 읽었으면 한다. 어찌 생각할지 모르겠다. 그러나 세상이 변해가는 가장 진실된 모습을 쓴 이가 하나도 없었기에 한 치의 거짓도 없이 그저 한 줄기 도리가 흐르고 있음을 기술하였다. (본서, pp.446-447)

위의 인용문에서 두 사람이란 두 살배기 현現 동궁과 쇼군, 즉 주쿄仲恭 천황과 후지와라노 요리쓰네藤原賴經를 지칭한다. 지엔은 막부와 조정의 두 지도자가 성장한 뒤 이 책을 읽어 역사 속에 면면히 흐르고 있는 도리를 깨달아 스러져 가는 일본을 다시 일으켜 세우기를 기원했다. 그는 무사, 즉 막부 등장의 필연성을 인식하고 막부와 조정이 조화롭게 세상을 이끌어 나가야 한다는 것을 역설하며 이 두 사람에게 희망을 걸었던 것이다. 그러나 주지하듯이 역사는 그의 바람이 아닌 기우대로 3명의 천황과 황태자가 막부에 의해 유배되는 조큐의 난이라는 최악의 사태로 치달았다.

다음으로 『구칸쇼』의 구성에 대해 간단히 언급하고자 한다. 『구칸쇼』는 전7권으로 구성되어 있으며 내용적으로는 상이한 세 부분으로 이루어져 있다. 1권과 2권은 황제 연대기로 진무 천황 이래의 역사가 연대기형식으로 약술되어 있다. 주목할 만한 것은 일본의 역사를 서술함에 앞서 책 서두에 중국역사를 〈한가연대漢家年代〉라는 제목으로 약술하고 있다는 점이다. 이는 물론 중국 왕조에 대한 간략한 소개이기는 하지만 이를 통해 지엔이 얼마나 중국을 의식하고 있었는지 엿볼 수 있다.[2] 또한 주요 관직은 물론 천태좌주를 비롯한 불교계 인사이동에 대해서도 자세히 서술하고 있어 특기할 만하다.

『구칸쇼』의 꽃이라고 할 수 있는 3권에서 6권까지는 도리를 중심으로 역사의 주요 국면들을 상세히 서술하고 있다. 당시의 일화, 설화적인 것을 엮어 역사를 서술하고 있는데 이는 기존의 정사와는 전혀 다른 서술양식으로 굳이 고르자면 가가미鏡 형식에 가깝다고 할 수 있다. 그리고 마지막 7권은 도리道理에 대한 총론으로 앞으로 어떻게 정치를 해야 할지, 구체적인 시무책에 대한 의견이 담겨져 있는 부분이다. 『구칸쇼』 역사 철학의 중심이라고 할 수 있는 도리 사관에 대한 자세한 설명과 미래에 대한 전망이 제시되어 있다.

2_ 지엔은 중국을 일본보다 뛰어난 국가, 또는 세계의 중심으로 인식하고 있었던 것 같다. 7권에서는 중국황실의 삼도三道를 언급하면서 일본의 천황제를 중국의 황도皇道, 제도帝道, 왕도王道에 비교하여 서술하고 싶으나 일본의 의례가 예로부터 지금까지 중국과 비교도 할 수 없을 정도로 뒤떨어져 있어 그럴 수 없다고 강조하고 있다.

4. 『구칸쇼』 이해하기 코드 1.
— 헤이안平安 말기, 가마쿠라鎌倉 초기 정치 사료

『구칸쇼』는 근세에 들어 역사서로서 가치를 인정받게 되었고 이후 고대에서 중세로 넘어가는 전환기를 잘 보여주는 가마쿠라 초기 정치 사료로서 각광을 받았다. 특히 호겐保元의 난 이후의 역사는 지엔이 직접 보고 들은 사실, 관계자로부터 전해들은 이야기, 혹은 사람들 사이의 소문 등, 동시대의 숨결을 느낄 수 있는 생생한 자료를 곳곳에 담아내고 있다. 다른 사료에서는 찾아볼 수 없는 내용, 예를 들면 요리나가賴長 최후에 관한 증언과 같은 사건 당사자 혹은 연고자들의 현장감 넘치는 증언이 많아 당시 상황을 보다 입체적으로 느낄 수 있게 해준다.

이와 같은 생동감 넘치는 표현이 가능했던 데에는 지엔의 출신과 지위가 주요한 역할을 하였다. 섭관가 출신 천태좌주로 막부와 고토바 상황에게 중용되었던 지엔은 섭관가는 물론, 조정과 대사원大寺院, 막부의 동향에 대한 자세한 정보는 물론, 이들의 사적인 내막까지도 자연스럽게 알 수 있는 위치에 있었다. 지엔은 『구칸쇼』를 서술함에 있어 자신의 풍부한 인적 네트워크를 적극적으로 활용했다. 즉, 자신의 네트워크를 통해 얻은 정보를 과감히 역사 서술에 집어넣은 것이다. 그 정보는 때로는 지극히 개인적인 내용이기도 하고 때로는 인간이 아닌 신, 귀신들의 이야기이기도 하다. 지엔은 공적인 사실史實 중심의 역사서술에서는 서술대상이 될 수 없었던 사적私的이고 설화적인 이야기를 통해 역사를 이해하고 자신만의 역사철학을 피력하고자 한 것이다.

이와 같은 서술 태도는 지엔이 살았던 당대사를 서술함에 있어 빛을 발한다. 그 대표적인 예로 호겐保元의 난에 대한 그의 독특한 서술 방식을 들 수 있다. 호겐의 난을 「무사들 세상ムサノ世」의

시작으로 정의한 그는 난의 원인으로 천황가와 섭관가의 차남에 대한 지나친 애정을 들고 있다. 궁정의 복잡한 인간관계를 해명함으로써 난을 이해하고자 한 것이다. 물론 이와 같은『구칸쇼』서술상의 특징은 정치를 섭관가를 중심으로 한 소小정치권의 운영으로 축소시킨 한계를 지니고 있다. 그러나 지엔의 이와 같은 역사의식으로 인해 기존의 정사에서 간과했던 개인적이고 사소한 관계자들의 언술을 기록함으로써 또 다른 모습의 역사를 우리들에게 보여주고 있는 것 또한 사실이다. 당시 막부와 조정, 종교계의 움직임, 민중들의 반응을 보다 상세히 전달하고 있는『구칸쇼』는 가마쿠라 초기 정치사를 입체적으로 이해하는 데 있어 꼭 필요한 텍스트라 할 수 있다.

5.『구칸쇼』이해하기 코드 2.
— 도리道理 사관

『구칸쇼』는 기술된 내용의 사료적 측면뿐만 아니라 역사 사상적 측면에서도 일본의 고전으로 인정받고 있는데 그 핵심을 이루는 것이 도리道理 사관이다. 승려 지엔은 불교적 세계관을 토대로 하면서도 그 나름의 독특한 해석을 통해 당시를 풍미하던 말법사상과는 다른 현실 긍정적인 새로운 역사관을 피력했다. 7권을 통해 자세히 언급하고 있듯이 그의 역사관의 키워드는 〈도리〉이다. 즉 유사 이래 당대에 이르기까지 역사의 도리는 끊이지 않고 면면히 이어져 왔다는 주장이다. 그러나 시간이 흐름에 따라 그 도리를 꿰뚫어 볼 수 있는 양식 있는 사람이 줄어들어 이를 밝히기 위해 자신이『구칸쇼』를 집필하게 되었다고 서술하고 있다.

역사의 다양한 국면을 설명하기 위해 지엔은 도리를 고정 불변의 가치개념이 아닌 유동적이며 상대적인 개념으로 설명하였다.

예를 들면 난세도 도래할 만한 도리가 있어 도래했다는 식의 논법이 그 대표적인 예라 할 수 있다. 반면에 이렇듯 가변적이며 상대적인 하위개념의 도리를 아우르는, 그리고 역사를 통해 변하지 않는 진리로서의 도리 또한 동시에 상정하고 있다. 지엔이 생각한 포괄적이며 불변하는 진리로서의 도리란 무엇일까? 그것은 바로 만세일계萬世一系 천황이 일본을 다스려왔으며 섭관가가 천황을 도와 정무를 돌보아 왔다는 이데올로기이다.

> 일본국에는 황족 출신이 아닌 자를 국왕으로 삼아서는 안 된다는 법도가 신대神代부터 정해져 내려온다. … (중략) … 그 먼 옛날 아마테라스오카미天照太神[3]의 "궐에 있으면서 잘 지켜주시오"라는 하명을 아마노코야네노미코토天兒屋根命[4]가 받아들여 지금에 이르고 있다. 반드시 이 약속이 지켜져야 할 도리가 있었기에 후지와라 가문의 삼공三功이 생겨났다. (본서, pp.431-432)

역성혁명의 불가, 집정 신화로서의 후지와라藤原 가문의 번성은 『구칸쇼』의 씨실과 날실이 되어 끊임없이 되풀이되어 서술된다. 인용문을 통해 알 수 있듯이 지엔은 두 가문의 공조 체제에 대한 정당성을 신화에서 끌어오고 있다. 『구칸쇼』는 일본 신화를 구체적으로 서술하고 있지는 않지만 그 어떤 역사책에 뒤지지 않을 정도로 황조신과 후지와라 가문의 조상신을 강조하고 있다.

상황에 따라 크고 작은 도리가 상충되어도 천황가와 섭관가의 협력을 통해 일본이 다스려져야 한다는 도리만은 변하지 않는다고 지엔은 생각했던 것이다. 이와 같은 지엔의 도리 사관은 지나치게

3_ 天照大神으로 표기하기도 한다. 일본신화에 등장하는 해의 여신으로 황실 조상신이자 신도神道의 중심 역할을 하는 신이다.

4_ 후지와라藤原 씨의 선조신先祖神.

작의적이며 객관적이지 못한 한계를 내포하고 있어 부정적인 평가를 받기도 한다. 그러나 당시의 말법사상 특유의 숙명론에서 벗어나 바른 정치, 도리를 따르고자 하는 인간의 노력을 강조하며 인간의 자유의지를 역설함으로써 말법사상과는 다른, 보다 긍정적인 새로운 역사관을 낳았다는 면에서 『구칸쇼』는 중세 역사 철학을 대표하는 고전이라 할 수 있다.

6. 『구칸쇼』 이해하기 코드 3.
— 역사와 문학

『구칸쇼』는 역사서임에도 불구하고 텍스트 여기저기에 항간에 떠도는 소문, 사건의 후일담, 설화적인 이야기, 꿈이나 신의 계시, 원령담 등이 편재되어 있어 역사적 사실만을 연구 테마로 삼는 역사학자를 당혹하게 한다. 또한 문학적 수사법이 사용된 문체를 구사하기도 하고 의성어, 의태어와 같은 구어적인 표현 또한 풍부히 사용하여 마치 현장에 있는 듯한 느낌을 주기도 한다. 건조한 기록의 나열이 아니라 살아 있는 인간의 희로애락을 서술하고 있는 『구칸쇼』의 이와 같은 서술상의 특징은 역사와 문학의 만남, 역사적 사건의 문학화, 두 장르의 월경越境이라는 측면에서 중요한 의미를 지닌다.

실제로 『구칸쇼』는 동시대에 성립된 『호겐모노가타리保元物語』『헤이지모노가타리平治物語』『헤이케모노가타리平家物語』와 같은 군담류 소설을 연구하는 데 있어 꼭 비교, 대조해야 할 중요한 1차 자료이다. 이들 작품을 해석함에 있어 『구칸쇼』가 결정적인 역할을 하는 경우 또한 종종 있다. 특히 『헤이케모노가타리』의 경우, 『구칸쇼』와 거의 똑같은 공통 본문이 여러 개 있어 두 책 사이의 영향관계가 학계의 주요 쟁점이 되기도 하였다. 『헤이케모노가타리』

연구자들에게 『구칸쇼』는 작품 연구를 위해 꼭 고찰해야 할 연구대상인데 이는 단순히 『구칸쇼』의 주요 서술내용이 지쇼治承, 주에이壽永 내란이기 때문만은 아니다. 여기에는 소문이나 후일담, 꿈이나 계시, 원령담을 모두 아우르며 문학적인 수사법을 통해 생생하게 그려내고 있는 『구칸쇼』의 서술 양식의 특징이 크게 영향을 미치고 있다고 할 수 있다.

문학과의 관련성을 고찰함에 있어 더불어 생각해야 할 것이 있는데 그것은 지엔의 언어관, 즉 자국어로서의 일본어에 대한 인식이라 할 수 있다. 지엔은 자신이 한문이 아닌 일본어로 역사를 기술하고 있다는 사실에 대해 대단한 자긍심을 가지고 있었다.

> 이 글은 가나假名로 썼으며 내용도 다소 우스꽝스럽고 이해하기 쉽지만 함의하고 있는 뜻은 심오하다. 그 심오한 뜻을 재미있고 경박한 희언戲言으로 표현함으로써 사람들의 마음을 사로잡아 바른 도리를 이해시키고자 하였다. (본서, pp.423-424)

인용문에서 지엔은 『구칸쇼』를 가나로 쓴 이유로 자신이 깨달은 역사의 도리를 보다 잘 전달할 수 있기 때문이라고 지적하고 있다. 일본인에게 한문은 전달력이 낮은 언어이며 읽을 수 있는 독자 또한 제한된다. 한문이 가지고 있는 제약을 확연히 인식한 지엔이 자신의 생각을 보다 잘 전달하기 위해 택한 것이 모국어 일본어인 것이다. 일본어를 아녀자의 말이라 폄하하는 의견에 대해 반대의견을 피력하면서 그는 일본어에 담겨 있는 일본인의 정서에 대해 강조하며 다음과 같이 서술하였다.

> 한자의 훈은 그 글자의 의미를 좇아 해석을 나타내는 것이기 때문에 아무래도 그 의미의 외연이 넓어지지 않는다. 한자로 나타냈을

때 별반 뛰어나지 않아 그저 그렇게 느껴지는 말이야말로 일본국 말의 진가를 보여 줄 것이다. 그 까닭은 일본국 말에는 마음이 담겨 있으니 만사를 언술해감에 있어 당대의 정황을 명료하게 알려줄 수 있기 때문이다. (본서, p.424)

한문으로 옮기면 그 빛이 바래 그저 그런 평범한 말이 되고 마는 표현, 바꿔 말하면 일본어로 써야만 광채를 발하는 표현에 일본 고유의 정서가 담겨 있다는 것이다. 일본인이 쓰는 한문처럼 의미만을 좇는 것이 아니라 의미를 넘어서서 서로 공유되는 일본인의 정서, 〈마음〉이 있음을 역설하고 있다고 할 수 있다. 『구칸쇼』 저변에 이와 같은 생각이 흐르고 있기에 세월이 흐른 지금에도 여전히 고전으로서 높이 평가받고 있는 것이라 여겨진다.

황실계보①

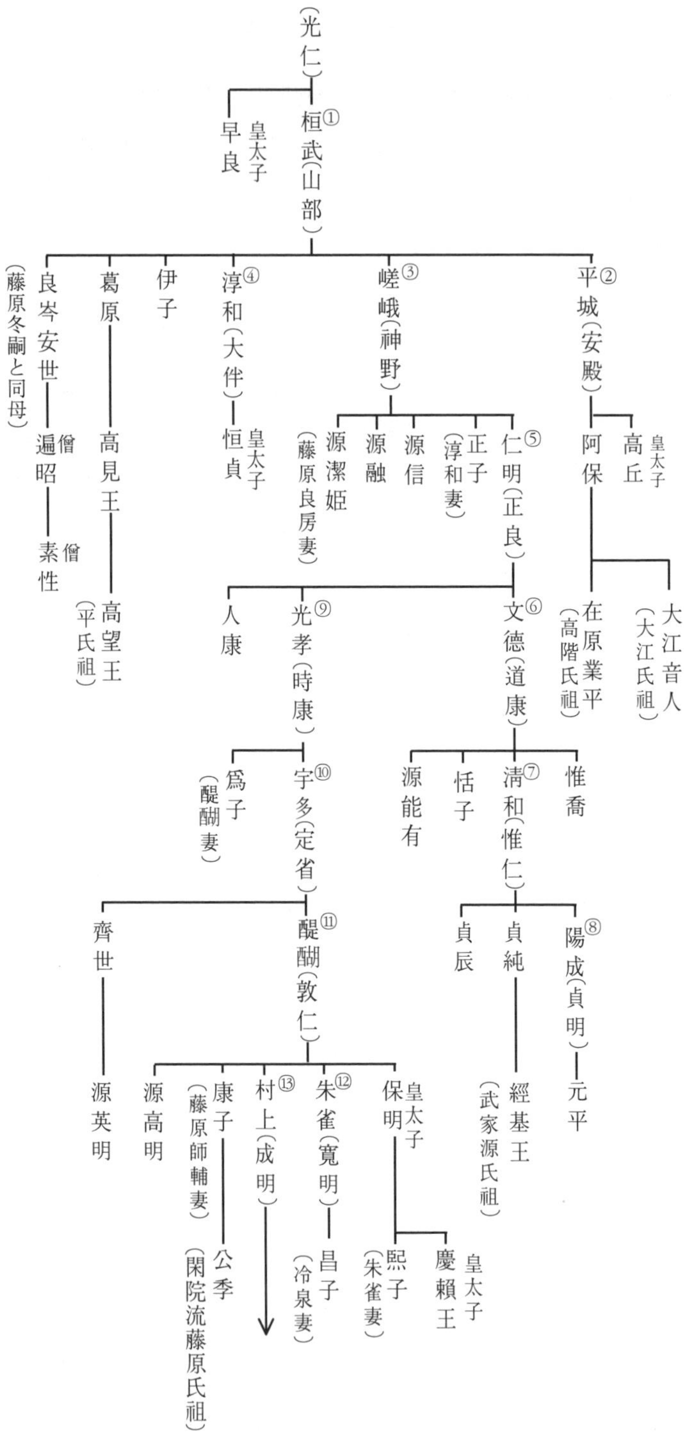
(光仁)
早良 皇太子
①桓武(山部)
②平城(安殿)
③嵯峨(神野)
④淳和(大伴)
伊子
葛原
良岑安世(藤原冬嗣と同母)
高丘 皇太子
阿保
⑤仁明(正良)
正子(淳和妻)
源信
源融
源潔姫(藤原良房妻)
恒貞 皇太子
高見王
遍昭 僧
素性 僧
大江音人(大江氏祖)
在原業平(高階氏祖)
⑥文德(道康)
⑨光孝(時康)
人康
高望王(平氏祖)
惟喬
⑦清和(惟仁)
恬子
源能有
⑩宇多(定省)
爲子(醍醐妻)
⑧陽成(貞明)
貞純
貞辰
⑪醍醐(敦仁)
齊世
元平
經基王(武家源氏祖)
保明 皇太子
⑫朱雀(寬明)
⑬村上(成明)
康子(藤原師輔妻)
源高明
源英明
慶頼王 皇太子
熙子(朱雀妻)
昌子(冷泉妻)
公季(閑院流藤原氏祖)

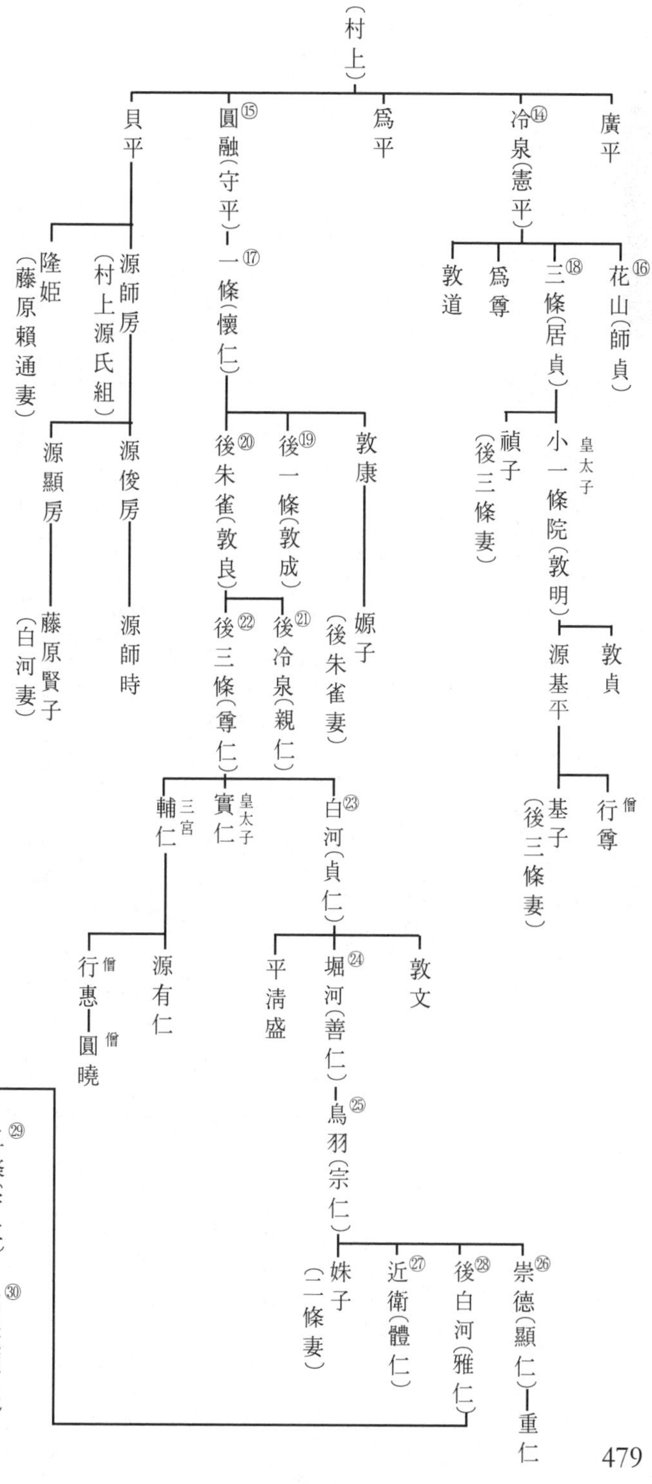
(村上)
貝平
圓融⑮(守平)
爲平
冷泉⑭(憲平)
廣平
源師房(村上源氏組)
隆姫(藤原頼通妻)
一條⑰(懷仁)
敦道
爲尊
三條⑱(居貞)
花山⑯(師貞)
源顯房
源俊房
後朱雀⑳(敦良)
後一條⑲(敦成)
敦康
禎子(後三條妻)
小一條院(敦明) 皇太子
藤原賢子(白河妻)
源師時
後三條㉒(尊仁)
後冷泉㉑(親仁)
嫄子(後朱雀妻)
源基平
敦貞
輔仁 三宮
實仁 皇太子
白河㉓(貞仁)
基子(後三條妻)
行尊 僧
行惠 僧
圓曉 僧
源有仁
平清盛
堀河㉔(善仁)
敦文
鳥羽㉕(宗仁)
高倉㉛(憲仁)
安德㉜(言仁)
以仁王
二條㉙(守仁)
六條㉚(順仁)
姝子(二條妻)
近衛㉗(體仁)
後白河㉘(雅仁)
崇德㉖(顯仁)
重仁

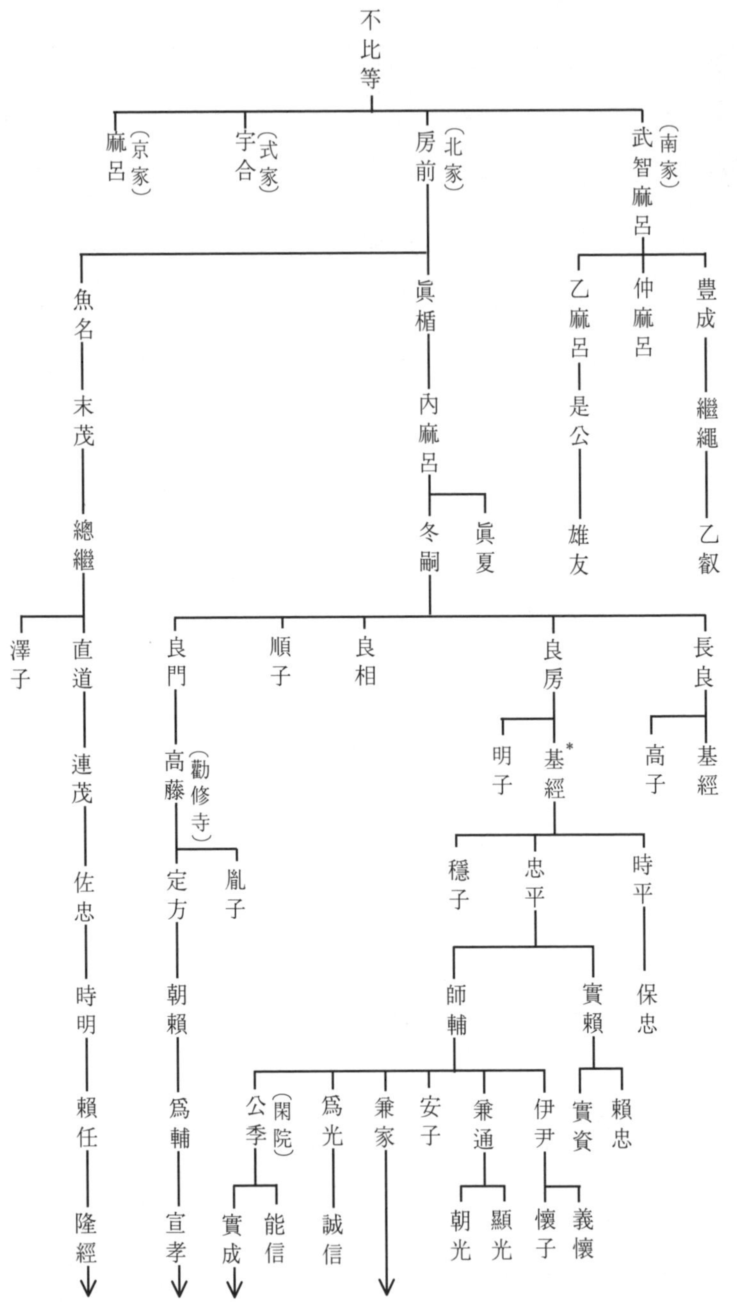
不比等
麻呂(京家)
宇合(式家)
房前(北家)
武智麻呂(南家)
魚名
眞楯
乙麻呂
仲麻呂
豊成
末茂
內麻呂
是公
繼縄
總繼
冬嗣
眞夏
雄友
乙叡
澤子
直道
良門
順子
良相
良房
長良
連茂
高藤(勸修寺)
明子
基經*
高子
基經
佐忠
定方
胤子
穏子
忠平
時平
時明
朝頼
師輔
實頼
保忠
頼任
爲輔
公季(閑院)
爲光
兼家
安子
兼通
伊尹
實資
頼忠
隆經
宣孝
實成
能信
誠信
朝光
顯光
懷子
義懷

* 표시는 양자를 말한다.

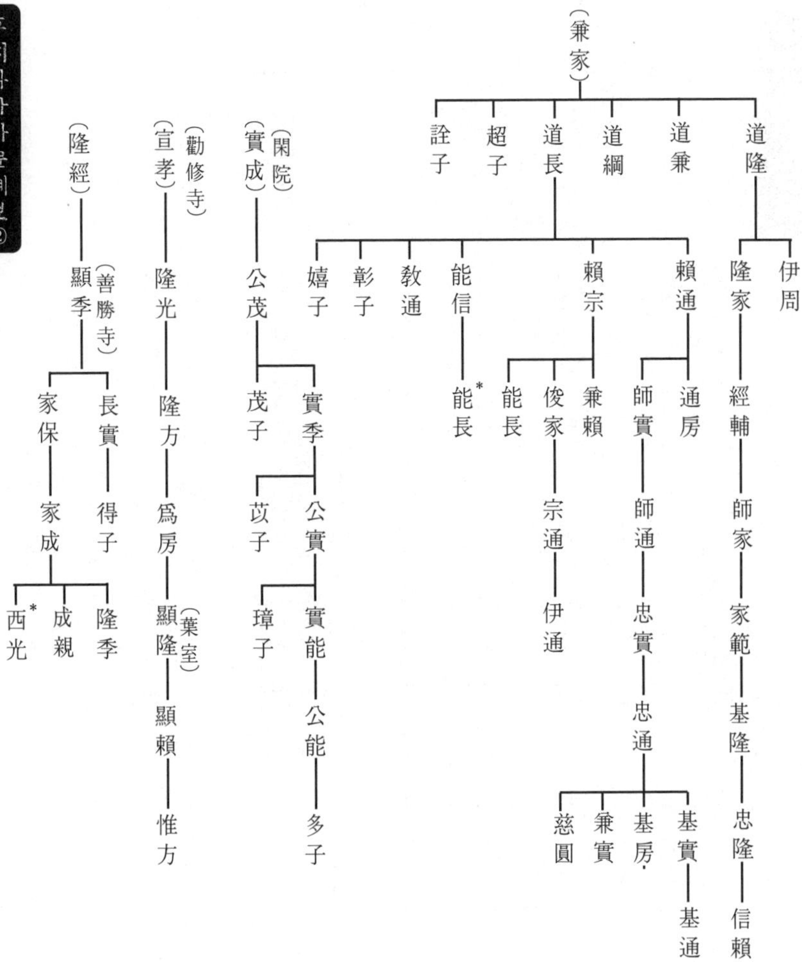
(兼家)
詮子
超子
道長
道綱
道兼
道隆
嬉子
彰子
教通
能信
賴宗
賴通
隆家
伊周
能長*
能長
俊家
兼賴
師實
通房
經輔
宗通
師通
師家
伊通
忠實
家範
忠通
基隆
慈圓
兼實
基房
基實
忠隆
基通
信賴
(閑院)
(實成)
公茂
茂子
實季
苡子
公實
璋子
實能
公能
多子
(勸修寺)
(宣孝)
隆光
隆方
爲房
顯隆
(葉室)
顯賴
惟方
(隆經)
顯季
(善勝寺)
家保
長實
家成
得子
西光*
成親
隆季

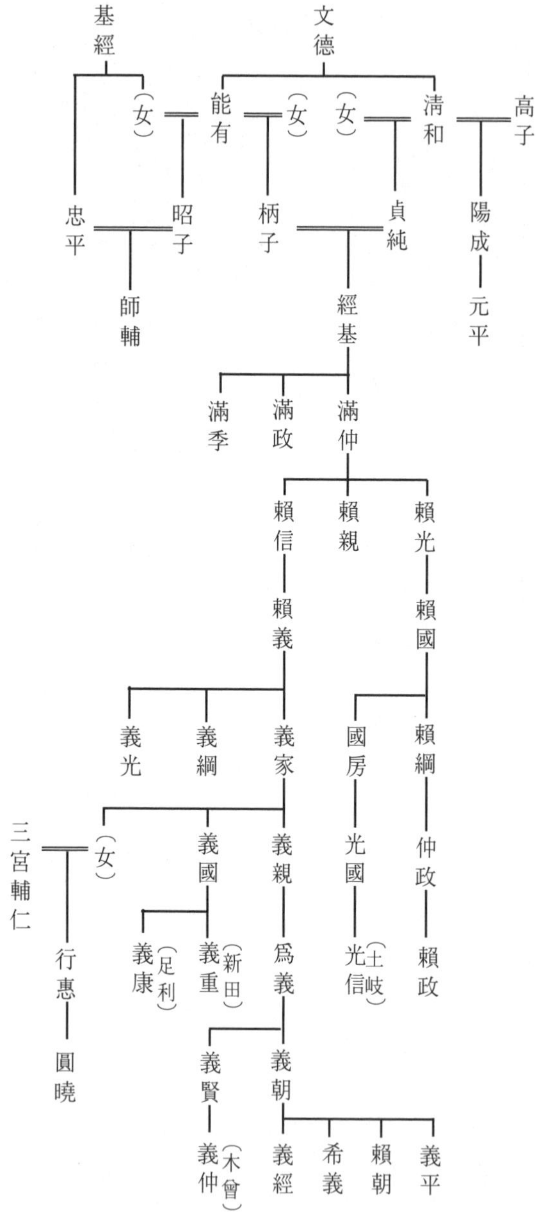
文德
基經
(女)
能有
(女)
(女)
淸和
高子
忠平
昭子
柄子
貞純
陽成
師輔
經基
元平
滿季
滿政
滿仲
賴信
賴親
賴光
賴義
賴國
義光
義綱
義家
國房
賴綱
三宮輔仁
(女)
義國
義親
光國
仲政
行惠
義康
(足利)
義重
(新田)
爲義
光信
(土岐)
賴政
圓曉
義賢
義朝
義仲
(木曾)
義經
希義
賴朝
義平

참고문헌

安藤淑江, 「保元の亂に至る道ー愚管抄における」, 『名古屋自由學院短期大學研究紀要』, 1993年 2月.

_______, 「『愚管抄』 皇帝年代記についてー皇位繼承の道理を中心として」, 『名古屋自由學院短期大學研究紀要』, 1992年 12月 9日.

石田一良, 「和光同塵の思想と『愚管抄』ー古代における佛教日本化の軌跡」,『季刊日本思想史』, 1984年 4月.

上宇都ゆりほ, 「『愚管抄』における後白河院記述について」, 『説話文學研究』, 2004年 6月.

上杉和彦, 「中世人の「古代」觀に關する覺書」, 『文化繼承學論集』, 2006年 3月.

_______, 「『愚管抄』に於ける「道理」概念の構造」, 『文研論集』, 1995年 3月.

尾崎勇, 「愚管抄の攝關家ーその形成と發展」, 『熊本學園大學文學・言語學論集』, 2003年 6月.

_______, 「『愚管抄』と『大鏡』ーその説話についてー」, 『國文學論叢』, 1984年 3月.

小澤富夫, 「『愚管抄』の歴史觀」, 『季刊日本思想史』, 1989年 11月.

大隅和雄, 「『愚管抄』における歴史と説話」, 『大倉山論集』, 2002年 9月.

_______, 「慈圓の日本紀認識」, 『解釋と鑑賞』, 1999年 3月.

大塚智, 「慈圓『愚管抄』に觀る理想」, 『山手國文論攷』, 1991年 3月.

鎌田東二, 「「モノノケ學」の構築ー 「日本的靈性」の再檢證」, 『山形市文化振興事業團紀要』, 2006年 3月.

神田龍身, 「『愚管抄』という言語行爲」, 『文學』, 2007年 11月.

河内祥輔, 「中世における神國の理念」, 『日本古代の傳承と東アジア』, 1995年 3月.

小峯和明, 「中世の歴史敍述研究の軌跡と展望」, 『解釋と鑑賞』, 1989年 3月.

佐伯眞一, 「動亂期の記錄と文學」, 『岩波講座日本文學史』, 1996年 3月.

佐々木馨, 「慈圓と日蓮―その武家政治觀」, 『佛法の文化史』, 2003年 1月.

鈴木則郎, 「『愚管抄』·『玉葉』と『平家物語』」, 『あなたが讀む平家物語 3』, 1994年 9月.

鈴木正道, 「慈圓―文學と佛教と政治の解釋」, 『解釋と鑑賞』, 1992年 3月.

鶴岡雅代, 「慈圓の歴史認識について」, 『日蓮教學研究所紀要』 1996年 3月.

名波弘彰, 「寶劍喪失 `密教と神話の間の王權論(下) ―『愚管抄』と延慶本平家物語の關係をめぐって」, 『文芸言語研究(文芸篇)』, 2006年 10月.

野中哲照, 「語り手の視座－歴史文學をとおして」, 『早稲田大學大學院文學研究科紀要別册(文學·芸術學)』, 1988年 1月.

間中富士子, 「慈鎭和尙と鎌倉幕府」, 『新國學の展開』, 1997年 12月.

山本一, 「「ものの果て」の問答―『愚管抄』の〈結論〉」, 『院政期文化論集』, 2001年 9月.

山本ひろ子, 「靈告をめぐる慈圓の精神史的一考察」, 『寺小屋語學文化研究所論叢』, 1983年 10月.

색 인

愚管抄
Gukansho